David Gooding | John Lennox

WAS DÜRFEN WIR HOFFEN?

Antworten einfordern – Den Schmerz des Lebens ertragen –
Was ist Wirklichkeit?

WAS DÜRFEN WIR HOFFEN?

ANTWORTEN EINFORDERN • DEN SCHMERZ DES LEBENS ERTRAGEN • WAS IST WIRKLICHKEIT?

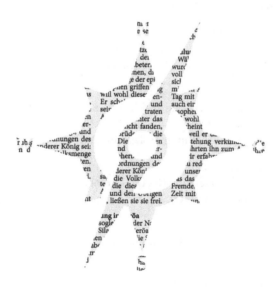

DAVID GOODING
JOHN LENNOX

FSC MIX Papier aus verantwortungsvollen Quellen FSC® C014496 www.fsc.org

David Gooding | John Lennox
WAS DÜRFEN WIR HOFFEN?
Antworten einfordern – Den Schmerz des Lebens ertragen – Was ist Wirklichkeit?

Best.-Nr. 271 728
ISBN 978-3-86353-728-9
Christliche Verlagsgesellschaft Dillenburg

Sammelband – Titel der englischen Originale:
Claiming to Answer
How One Person Became the Response to our Deepest Questions
Book 5, The Quest for Reality and Significance
Copyright © Myrtlefield Trust, 2018

Suffering Life's Pain
Facing the Problems of Moral and Natural Evil
Book 6, The Quest for Reality and Significance
Copyright © Myrtlefield Trust, 2018

Finding Ultimate Reality
In Search of the Best Answers to the Biggest Questions
Book 2, The Quest for Reality and Significance
Copyright © Myrtlefield Trust, 2018

Wenn nicht anders angegeben, wurde folgende Bibelübersetzung verwendet:
Elberfelder Bibel 2006, © 2006 by SCM R. Brockhaus in der
SCM Verlagsgruppe GmbH Witten/Holzgerlingen.

Außerdem wurden verwendet:
Neue evangelistische Übersetzung (NeÜ), Zürcher Bibel (ZÜ),
Neue Genfer Übersetzung (NGÜ).

1. Auflage
© 2021 Christliche Verlagsgesellschaft Dillenburg
www.cv-dillenburg.de

Übersetzung: Christiane Henrich
Satz und Umschlaggestaltung:
Christliche Verlagsgesellschaft Dillenburg
Umschlagmotiv: © Myrtlefield Trust/Frank Gutbrod

Druck: GGP Media GmbH, Pößneck
Printed in Germany

UNSEREN JÜNGEREN
KOMMILITONEN GEWIDMET,
IN DER ERINNERUNG,
DASS WIR SELBST
EINST STUDENTEN WAREN
UND IMMER NOCH SIND.

INHALTSVERZEICHNIS

ABBILDUNGEN

ZEIGE MIR DEINE HOFFNUNG UND ICH SAGE DIR, WIE DU LEBST

IST KEIN GOTT WIRKLICH EINE LÖSUNG?

Jürgen Habermas, einer der einflussreichsten deutschen Philosophen und Soziologen des 20. und 21. Jahrhunderts, schreibt:

„Angesichts von Schuld, von Einsamkeit, von Leid und von Tod ist die Lage des Menschen prinzipiell trostlos."[1]

Für einen jungen Menschen, der voller Tatendrang und Lebensfreude steckt, mag das viel zu pessimistisch klingen. Geht nicht immer irgendwo eine Tür auf, wenn eine andere zugeht? Hat das Leben nicht viel mehr zu bieten? Da ist sicher etwas Wahres dran, zum Glück!

Aber nehmen wir einfach mal die langfristige Perspektive ein: Jeder von uns wird in seinem Leben früher oder später auf mindestens eines dieser vier Probleme stoßen, die Habermas anspricht (der zum Zeitpunkt des Zitats gerade einmal Mitte 40 war). Ein Lachen im falschen Moment, ein Wort im unpassenden Kontext oder eine (unterlassene) Tat mit fatalen Folgen – wie schnell bin ich verantwortlich für etwas, was ich am liebsten ungeschehen machen würde. Weil andere dadurch massiv verletzt wurden. Ich bin *schuldig* geworden. Und alles, was ich tun kann, ist, zu versuchen, die Folgen zu lindern. Aber die Tat ist geschehen, Geschichte, ein Fakt.

Vielleicht geht durch ein solches „Missgeschick" sogar eine Beziehung zu Bruch, die mir viel bedeutet hat. Plötzlich bin ich allein. Ich habe niemanden, mit dem ich meine Bedürfnisse, Träume und Ängste teilen kann, vielleicht genau dann, wenn ich Hilfe bitter nötig habe. Auch dieses Gefühl tiefster *Einsamkeit* und des Alleingelassenseins hat vermutlich jeder schon erlebt. Egal, ob das durch böse Absichten anderer verursacht wurde oder einfach aufgrund eines Studiensemesters im Ausland, weil man einfach die Sprache nicht gut genug beherrscht.

---

1   J. Habermas, Legitimationsprobleme des Spätkapitalismus, Frankfurt 1973, S. 165

Auch von *Leid* wird wohl niemand verschont bleiben. Schon Kinder vergießen bittere Tränen, wenn ihr geliebter Hamster stirbt, auch wenn das bei zwei Jahren Lebenserwartung natürlich vorher absehbar war. Auch verfehlte Lebensziele oder der unerreichbare Traumpartner können ein Leben zerbrechen lassen. Hinter den meisten Alkoholabhängigkeiten stehen in Wirklichkeit Beziehungskisten mit Verwandten oder Freunden, sagte mir mal ein erfahrener Großstadtseelsorger.

Und am Ende lauert unweigerlich auf jeden von uns der *Tod*. Und wir wissen nicht, ob er uns viel zu früh und unerwartet mitten aus einem gesunden Leben reißen wird oder ob er erst nach langwieriger, schmerzhafter Krankheit wie eine Erlösung unser irdisches Leben beenden wird. Bisher endete das Leben für jeden tödlich! Aber viel zu oft gestehen wir uns das nicht ein.

Wenn diese Welt alles ist, der Mensch nur ein biologischer Algorithmus, dann haben wir keine tragfähige Hoffnung. Dann können wir nur versuchen, uns wie *Sisyphus* immer wieder einen neuen subjektiven Glücksgipfel zu suchen. Aber es ist sicher: Am Ende wird der Stein über uns hinweg zurück ins Tal rollen, und es wird kein Happy End geben.

Rein subjektive Motive und Gefühle sind keine ausreichenden *Gründe für Hoffnung*. Sie werden irgendwann an der Realität zerschellen. Hoffnung ist nur dann berechtigt, wenn sie in der Realität begründet ist. Tragfähige Hoffnung muss sich besonders in den Abgründen des Leides bewähren, wenn sie wirkliche Hoffnung ist.

Was sagen die Weltreligionen und Weltanschauungen dazu? Sind sie alle einer Meinung? Was ist das Besondere an der christlichen Hoffnung, und wie gut ist sie begründet?

Dieses Buch wird Ihnen helfen, sich wirklich wichtige Fragen des Lebens zu stellen und herauszufinden, worauf Sie Ihr Leben gründen können!

Dr. Alexander Fink
Marburg
Leiter des Instituts für Glaube und Wissenschaft (www.iguw.de)

ZUR DEUTSCHEN AUSGABE

Liebe Leser,

im vorliegenden vierten und letzten Band unserer Reihe *Die Suche nach Wirklichkeit und Bedeutung* wenden sich unsere Autoren der Frage „Was dürfen wir hoffen?" zu. Immanuel Kant hatte diese große Frage menschlichen Denkens dem Bereich der Religion zugeordnet: Dementsprechend präsentieren wir in diesem Buch die vollständigen Bände 5, 6 und 2 der englischen Ausgabe in drei Teilen.

Teil 1 – *Antworten einfordern* – geht der aktuellen Frage nach, ob alle Religionen zum selben Ziel führen. Was verstehen Judentum, Christentum und Islam unter Gott? Welchen Gottesbegriff haben die östlichen Religionen, der Hinduismus und der Buddhismus? Und wie erklären diese Religionen die Welt? Was verstehen sie unter Schuld und Sünde, und was ist Erlösung für sie? Dann wenden sich die Autoren dem Christentum zu, um die historische Zuverlässigkeit des Neuen Testaments zu prüfen. Finden wir hier zuverlässige Informationen über Jesus Christus? Hat er tatsächlich behauptet, Gott zu sein – und wie glaubwürdig ist diese Behauptung? Schließlich geht es um die Frage, ob es Wunder geben kann und besonders um die Auferstehung Jesu– kann man intellektuell aufrichtig daran glauben, und was sind die Gründe dafür?

Im zweiten Teil – *Den Schmerz des Lebens ertragen* – wenden sich unsere Autoren der klassischen Theodizee-Frage zu: Wie kann man angesichts des Leides und des Bösen in der Welt an einen allmächtigen, guten und liebenden Gott glauben? Dabei differenzieren die Autoren zwischen dem moralisch Bösen auf der einen und dem natürlich Bösen auf der anderen Seite. Im ersten Fall ist der Mensch selbst verantwortlich, weil er seinen freien Willen missbraucht hat und weiter missbraucht, was uns vor die schwierige Frage stellt: Warum greift Gott nicht ein und gebietet dem Bösen Einhalt? Wie soll man Gottes Gericht am Ende der Zeit verstehen, und wie passt dies alles mit seiner Liebe zusammen? Im zweiten Fall geht es um das natürlich Böse, um Schmerz und Leid. Welche Antworten geben die unterschiedlichen Weltanschauungen auf diese Nöte, insbesondere auch der Atheismus? Ein besonderes Augenmerk liegt dabei auf der Frage, wie Gott mit dem Leid und dem Bösen aus Sicht der unterschiedlichen Religionen umgeht und welche Perspektive sie für die Zukunft der Welt bieten. Besteht ein berechtigter Grund zur Hoffnung auf ein Ende des Leids?

Teil 3 – *Was ist Wirklichkeit?* – geht der Frage nach, welches Verständnis die unterschiedlichen Weltanschauungen und Religionen von der Realität haben. Dabei kommen die östlichen Religionen ebenso in den Blick wie die griechische Philosophie, die das westliche Denken stark geprägt hat. Was verstehen Naturalismus und Atheismus, die die Existenz eines Gottes kategorisch ausschließen, unter Wirklichkeit? Werden diese Weltanschauungen der Realität gerecht oder reduzieren sie die Komplexität der Wirklichkeit so radikal, dass wesentliche Eigenschaften unserer Welt ausgeblendet werden müssen? Am Ende des dritten Teils diskutieren Gooding und Lennox schließlich den christlichen Theismus, den beiden Autoren selbst vertreten, und gehen dabei besonders auf die Hindernisse ein, die Menschen heute davon abhalten, daran zu glauben.

Als Kant seine vier großen Fragen[2] formulierte, meinte er in unserem Fall: Was dürfen wir *berechtigterweise* hoffen? Darum geht es den beiden Autoren in diesem Buch: die Antworten des Christentums mit denen der anderen Religionen und Weltanschauungen zu vergleichen und zu fragen, ob diese einer vernünftigen Überprüfung standhalten. Denn dazu hat Gott selbst uns im höchsten Gebot aufgefordert: Wir sollen ihn lieben von ganzen Herzen, mit unserer ganzen Seele und mit unserem „ganzen Verstand" (Mt 22,37).

Der Verlag, im August 2021

---

2   Siehe dazu Bd. 1, S. 9–10

VORWORT ZUR SERIE

Viele Studenten haben ein Problem – viele Probleme sogar, aber eines ganz besonders: Ihre Kindheit ist vorbei, das Erwachsenenleben beginnt, und nun müssen sie sich einer Flut von Veränderungen stellen, die die Unabhängigkeit des Erwachsenseins mit sich bringt. Das kann spannend sein, ist manchmal aber auch beängstigend: Plötzlich muss man auf eigenen Füßen stehen und selbst entscheiden, wie man leben möchte, welche Berufslaufbahn man einschlagen will, welche Ziele man verfolgen und welche Werte und Prinzipien man sich zu eigen machen will.

Wie trifft man solche Entscheidungen? Zunächst einmal durch reichlich Nachdenken. Mit der Zeit werden wachsendes Wissen und Erfahrungen einem diese Entscheidungen leichter machen. Aber vernachlässigt man diese grundlegenden Entscheidungen zu lange, besteht die Gefahr, dass man sich einfach durchs Leben treiben lässt. Schnell vernachlässigt man dabei den charakterformenden Prozess, die eigene Weltsicht zu durchdenken. Denn genau das brauchen wir: Einen in sich stimmigen Rahmen, der dem Leben eine echte Perspektive und überzeugende Werte und Ziele gibt. Eine solche Weltsicht zu gestalten – besonders zu Zeiten, in denen die traditionellen Vorstellungen und Werte der Gesellschaft radikal infrage gestellt werden –, kann eine gewaltige Aufgabe für jeden sein, nicht zuletzt auch für Studenten. Schließlich bestehen Weltanschauungen normalerweise aus vielen Elementen, die unter anderem aus Wissenschaft, Philosophie, Literatur, Geschichte und Religion stammen. Und man kann von keinem Studenten erwarten, schon in einem dieser Bereiche ein Experte zu sein, geschweige denn in allen Bereichen (aber wer von uns ist das schon?).

Dabei müssen wir nicht auf die gesammelte Weisheit der späteren Lebensjahre warten, um zu erkennen, was die großen Themen des Lebens sind. Denn wenn wir erst einmal begriffen haben, was wirklich wichtig ist, wird es umso einfacher sein, fundierte und weise Entscheidungen jeder Art zu treffen. Als Beitrag dazu haben die Autoren diese Buchserie geschrieben, insbesondere für jüngere Menschen, die sich mit diesen Themen auseinandersetzen wollen. Dabei steht jedes Buch dieser Serie für sich, liefert gleichzeitig aber einen Beitrag zum umfassenden Bild des Gesamtprojektes.

Daher werden wir jeweils am Anfang die Themen in einer umfassenden Einleitung darlegen. Hier geben wir einen Überblick über die grundlegenden Fragen, die wir stellen müssen, über die wichtigsten Standpunkte, die wir kennen sollten, und warum die Bedeutung und das Wesen der letzten Wirklichkeit für jeden von uns wichtig sind. Denn es ist unvermeidbar, dass sich jeder von uns irgendwann und auf irgendeine Weise mit den grundlegenden Fragen unserer Existenz auseinandersetzt. Ist unser Dasein hier gewollt oder sind wir nur zufällig hier? In welchem Sinn – wenn es ihn denn gibt – sind wir wichtig, oder sind wir einfach winzige Staubkörnchen, die eine bedeutungslose Ecke des Universums bevölkern? Liegt in all dem ein Sinn? Und wenn unser Dasein wirklich wichtig ist, wo können wir verlässliche Antworten auf diese Fragen finden?

In Buch 1, *Was ist der Mensch?*, betrachten wir Fragen rund um die Bedeutung des Menschen. Wir werden nicht nur über die Freiheit des Menschen nachdenken und wie diese oft auf gefährliche Weise abgewertet wird, sondern werden auch das Wesen und die Grundlage der Moral betrachten und dabei die Gemeinsamkeiten und Unterschiede verschiedener Moralvorstellungen untersuchen. Denn jede Interpretation der Freiheit, für die Menschen sich entscheiden, wirft Fragen nach der Macht auf, die wir über andere Menschen und auch über die Natur ausüben, manchmal mit katastrophalen Folgen. Was sollte uns leiten, wenn wir Macht ausüben? Was – wenn überhaupt etwas – sollte unseren Entscheidungen Grenzen setzen? Und in welchem Maß können diese Einschränkungen uns davon abhalten, unser volles Potenzial zu entfalten und unsere Bestimmung zu verwirklichen?

Die Gegebenheiten dieser Fragen führen uns zu einem weiteren Problem. Auch wenn wir uns für eine Weltanschauung entschieden haben, ist es nun einmal nicht so, dass sich das Leben dann automatisch vor uns entfaltet und wir keine weiteren Entscheidungen mehr zu treffen haben. Ganz im Gegenteil: Von Kindheit an werden wir immer mehr mit der praktischen Notwendigkeit konfrontiert, ethische Entscheidungen zu treffen, über Richtig und Falsch, Gerechtigkeit und Unrecht, Wahrheit und Lüge. Solche Entscheidungen beeinflussen nicht nur unsere individuellen Beziehungen zu den Menschen in unserer direkten Umgebung: Wir alle tragen unseren Teil dazu bei, den sozialen und moralischen Grundton einer Nation und sogar der ganzen Welt mitzuprägen. Wir brauchen daher jede mögliche Hilfe, um zu lernen, wie man wahrhaft ethische Entscheidungen trifft.

Aber alles Nachdenken über Ethik bringt uns unweigerlich zu der Frage, was die letzte Autorität hinter der Ethik ist. Wer oder was besitzt die Autorität, uns zu sagen: „Du solltest dies tun" oder „Du solltest dies nicht tun"? Wenn wir keine befriedigende Antwort auf diese Frage haben, fehlt unserer Vorstellung von Ethik eine ausreichend tragfähige und gültige Grundlage.

Letztendlich führt uns die Antwort darauf unweigerlich zu einer weiter reichenden philosophischen Frage: In welchem Verhältnis stehen wir zum Universum, dessen Teil wir sind? Was ist das Wesen der letzten Wirklichkeit? Gibt es einen Schöpfer, der uns geschaffen hat? Der uns mit einem moralischen Bewusstsein versehen hat und der von uns erwartet, nach seinen Gesetzen zu leben? Oder ist der Mensch das Produkt geistloser, amoralischer Kräfte, die sich nicht um Ethik scheren? Dann ist es der Menschheit selbst überlassen, ihre eigenen ethischen Regeln zu schaffen, so gut sie kann. Dann muss sie versuchen, einen größtmöglichen Konsens dafür zu erhalten, entweder durch Überzeugungsarbeit oder – leider – sogar durch Gewalt.

Wir werden dieses Thema im vierten Buch unter der Überschrift *Was ist Wirklichkeit?* abschließend besprechen. Dort werden wir die Sichtweisen und Glaubensüberzeugungen aus unterschiedlichen Teilen der Welt und aus verschiedenen Jahrhunderten vergleichen: die indische Philosophie des Shankara, die Natur- und Moralphilosophie der alten Griechen mit einem Beispiel aus der griechischen Mystik, den modernen Atheismus und Naturalismus und schließlich den christlichen Theismus.

Die Auseinandersetzung mit unterschiedlichen Sichtweisen wirft weitere Fragen auf: Wie können wir wissen, welche von ihnen wahr ist – wenn überhaupt eine wahr ist? Und was ist überhaupt Wahrheit? Gibt es überhaupt so etwas wie eine absolute Wahrheit? Und woran können wir diese erkennen, wenn wir auf sie stoßen? Daraus ergibt sich eine grundlegende Frage, die nicht nur unsere wissenschaftlichen und philosophischen Theorien beeinflusst, sondern auch unsere alltäglichen Erfahrungen: Wie können wir überhaupt irgendetwas wissen?

Den Teil der Philosophie, der sich mit diesen Fragen auseinandersetzt, nennt man Erkenntnistheorie, und diesem Thema widmen wir uns in Buch 2, *Was können wir wissen?*. Hier beschäftigen wir uns besonders mit einer Theorie, die in jüngerer Zeit sehr populär geworden ist: dem Postmodernen Denken. Damit werden wir uns intensiv auseinandersetzen, denn wenn diese Denkrichtung wahr wäre (und wir denken, sie ist es nicht), würde dies nicht nur ernsthafte Auswirkungen auf die Ethik haben, sondern auch die Wissenschaft und die Interpretation von Literatur beeinträchtigen.

Wenn wir grundlegende ethische Prinzipien beurteilen wollen, die allgemein befolgt werden sollten, sollten wir beachten, dass wir nicht die erste Generation sind, die über diese Frage nachdenkt. Daher stellt das vorliegende Buch 3, *Was sollen wir tun?*, eine Auswahl von namhaften ethischen Theorien vor, damit wir von solchen Einsichten profitieren können, die von bleibendem Wert sind. Gleichzeitig wollen wir herausfinden, wo eventuell ihre Schwächen oder sogar Irrtümer liegen.

Aber jede ernsthafte Untersuchung des ethischen Verhaltens der Menschheit wird letztendlich ein weiteres praktisches Problem aufwerfen: Wie Aristoteles vor langer Zeit bemerkte, kann uns die Ethik zwar sagen, was wir tun sollten, aber sie gibt uns selbst nicht die Kraft, die wir brauchen, um es auch wirklich zu tun. Es ist eine unbestreitbare Tatsache, dass es uns oft nicht gelingt, die Dinge zu tun, die richtig sind, obwohl wir wissen, dass sie aus ethischer Sicht richtig sind und es unsere Pflicht wäre, sie zu tun. Andererseits tun wir oft auch Dinge, von denen wir wissen, dass sie falsch sind und wir sie eigentlich nicht tun sollten. Warum ist das so? Wenn wir auf dieses Problem keine Antwort finden, wird sich die Ethiktheorie – wie auch immer diese aussehen mag – letztlich als unwirksam erweisen, weil sie nicht praktikabel ist.

Daher empfinden wir es als unzureichend, Ethik einfach nur als Philosophie zu behandeln, die uns sagt, welche ethischen Maßstäbe wir im Leben anstreben sollten. Unser menschliches Dilemma ist, dass wir Dinge tun, obwohl wir wissen, dass sie falsch sind. Wie können wir diese universale Schwäche überwinden?

Jesus Christus, dessen Betonung der ethischen Lehre unverkennbar und in mancher Hinsicht beispiellos ist, beharrte darauf, dass ethische Unterweisung unwirksam bliebe, wenn nicht zuvor eine geistliche Neugeburt stattgefunden habe (siehe Joh 3). Aber das führt uns auf das Gebiet der Religion, welches viele Menschen als schwierig empfinden. Welches Recht hat die Religion, über Ethik zu sprechen, sagen sie, wenn Religion doch die Ursache so vieler Kriege gewesen ist und noch immer zu so viel Gewalt führt? Dasselbe trifft jedoch auch auf politische Philosophien zu – was uns ja auch nicht davon abhält, über Politik nachzudenken.

Dann wiederum gibt es viele Religionen, und sie alle behaupten, ihren Anhängern beim Erfüllen ihrer ethischen Pflichten helfen zu können. Wie können wir wissen, ob sie wahr sind und uns wirkliche Hoffnung geben können? Es hat den Anschein, dass man eine Religion erst praktizieren und persönlich erfahren muss, bevor man wissen kann, ob die von der Religion angebotene Hilfe wirklich ist oder nicht. Wir, die Autoren dieses Buches, sind Christen und würden es als anmaßend betrachten, wenn wir die Bedeutung anderer Religionen für ihre Anhänger beschreiben würden. Daher beschränken wir uns im Abschnitt *Antworten einfordern* in Buch 4 darauf, darzulegen, warum wir die Behauptungen der christlichen Botschaft für gültig halten und die Hoffnung, die sie verspricht, für wirklich.

Wenn man über Gott spricht, stößt man dabei jedoch auf ein offensichtliches und sehr schwerwiegendes Problem: Wie kann es einen Gott geben, dem Gerechtigkeit wichtig ist, wenn er anscheinend nicht versucht, der Ungerechtigkeit ein Ende zu setzen, die unsere Welt zerstört? Und wie kann man an einen allliebenden, allmächtigen und allwissenden Schöpfer glauben, wenn so viele Menschen so viel Leid ertragen müssen, das ihnen nicht nur durch die Grausamkeit des Menschen, sondern auch durch Naturkatastrophen und Krankheiten zugefügt wird? Dies sind gewiss schwerwiegende Fragen. Es ist das Ziel des Abschnitts *Den Schmerz des Lebens ertragen* in Buch 4, diese Schwierigkeiten zu diskutieren und mögliche Lösungen zu betrachten.[3]

Am Ende bleibt nun nur noch der Hinweis, dass die Teile dieses Buches durch Fragen ergänzt werden, die sowohl beim Verständnis des Themas helfen sollen als auch eine breite Diskussion und Debatte anregen wollen.

DAVID GOODING
JOHN LENNOX

---

[3] Im Gegensatz zur englischen Ausgabe, die sechs Bände umfasst, ist die deutsche Ausgabe auf vier Bände konzipiert. Dieser Band 4 – *Was dürfen wir hoffen?* – enthält die Originalbände 5, 6 und 2 der englischen Ausgabe (ungekürzt, in dieser Reihenfolge).

KAPITELÜBERSICHT

EINFÜHRUNG
IN DIE SERIE

Unsere Weltanschauung ... umfasst all unsere Ansichten –
ob nun schlecht oder gut durchdacht, richtig oder falsch –
über die schweren, aber faszinierenden Fragen
zu unserer Existenz und dem Leben:

Wie erkläre ich mir das Universum?
Wo liegt sein Ursprung?
Wer bin ich?
Wo komme ich her?
Wie kann ich Dinge wissen?
Hat mein Leben irgendeine Bedeutung?
Habe ich irgendwelche Pflichten?

EINE WELTANSCHAUUNG ENTWICKELN
FÜR EIN LEBEN VOLLER MÖGLICHKEITEN

In dieser Einleitung werden wir uns mit der Notwendigkeit jedes Menschen befassen, eine eigene Weltanschauung zu entwickeln. Wir werden diskutieren, was eine Weltanschauung ist und warum es wichtig ist, eine zu bilden, und wir werden die Frage stellen, auf welche Stimmen wir dabei hören müssen.

Wenn wir anfangen, darüber nachzudenken, wie wir die Welt sehen, werden wir auch prüfen, ob wir überhaupt die letzte Wahrheit über die Wirklichkeit wissen können. So wird uns jedes der Themen in dieser Serie zurück zu folgenden beiden zusammenhängenden Fragen führen: Was ist real? Und warum ist es von Bedeutung, ob wir wissen, was real ist? Daher werden wir am Ende dieser Einleitung fragen, was wir mit „Realität" meinen und was das Wesen der letzten Realität ist.[4]

WARUM WIR EINE WELTANSCHAUUNG BRAUCHEN

In unserer modernen Welt gibt es die Tendenz, sich immer mehr zu spezialisieren. Die große Vermehrung des Wissens im vergangenen Jahrhundert hat zur Folge, dass wir nur dann mit der immer größer werdenden Flut von neuen Entdeckungen Schritt halten und deren Bedeutung erfassen können, wenn wir uns auf das eine oder andere Thema spezialisieren. In gewisser Hinsicht ist dies zu begrüßen, denn es ist das Ergebnis von etwas, das schon an sich eines der Wunder unserer modernen Welt ist: der fantastische Fortschritt in den Bereichen Wissenschaft und Technik.

---

4   Bitte beachten Sie, dass diese Einleitung in jedem Buch der Serie dieselbe ist, mit Ausnahme des letzten Abschnitts (Unser Ziel).

Dabei müssen wir uns jedoch auch daran erinnern, dass wahre Bildung ein größeres Ziel als das im Blick hat. Wenn wir beispielsweise den Fortschritt in unserer modernen Welt verstehen wollen, müssen wir ihn vor dem Hintergrund der Traditionen betrachten, die wir aus der Vergangenheit geerbt haben. Dafür brauchen wir ein gutes Geschichtsverständnis.

Manchmal vergessen wir, dass schon die antiken Philosophen sich mit den grundlegenden philosophischen Prinzipien auseinandergesetzt haben, die jeder Wissenschaft zugrunde liegen und uns Antworten geliefert haben, von denen wir noch immer profitieren können. Wenn wir dies vergessen, investieren wir vielleicht viel Zeit und Mühe darin, dieselben Probleme zu durchdenken, und doch sind vielleicht die Antworten, die wir finden, nicht so gut wie die der antiken Philosophen.

Außerdem besteht die Rolle der Bildung sicher darin zu versuchen zu verstehen, wie all die verschiedenen Wissens- und Erfahrungsbereiche im Leben zusammenpassen. Um ein großes Gemälde zu verstehen, muss man das Bild als Ganzes betrachten und den Zusammenhang all seiner Details begreifen, statt sich nur auf eines seiner Bestandteile zu konzentrieren.

Auch wenn wir zu Recht auf der Objektivität der Wissenschaft bestehen, dürfen wir nicht vergessen, dass wir es sind, die Wissenschaft betreiben. Und daher müssen wir früher oder später die Frage stellen, wie wir uns selbst in das Universum einordnen, das wir untersuchen. Dabei dürfen wir uns beim Studium nicht so sehr in die materielle Welt und ihre Technologien vertiefen, dass wir unsere Mitmenschen vernachlässigen; denn wie wir später noch sehen werden, sind sie wichtiger als der gesamte Rest des Universums.[5] Das Erforschen von uns selbst und unseren Mitmenschen erfordert natürlich mehr als naturwissenschaftliche Kenntnisse. Dazu gehören auch die Bereiche Philosophie, Soziologie, Literatur, Kunst, Musik, Geschichte und einiges mehr.

Aus pädagogischer Sicht sind daher die Wechselwirkungen und die Einheit allen Wissens wichtig und spannende Themen. Wie kann man zum Beispiel wissen, was eine Rose ist? *Was ist die Wahrheit über eine Rose?*

Um diese Frage angemessen zu beantworten, sollten wir eine ganze Reihe von Personen konsultieren. Als Erstes die Naturwissenschaftler. Wir beginnen mit den *Botanikern*, die ständig Listen mit allen bekannten Pflanzen und Blumen der Welt zusammenstellen und überarbeiten und diese dann nach Familien und Gruppen klassifizieren. Sie helfen uns, unsere Rose

---

5   Besonders im ersten Buch dieser Serie, *Was ist der Mensch?*

wertzuschätzen, indem sie uns sagen, zu welcher Familie sie gehört und was ihre Unterscheidungsmerkmale sind.

Als Nächstes werden wir von den *Pflanzenzüchtern* und *Gärtnern* erfahren, was die Geschichte unsere Rose ist, wie sie aus anderen Arten gezüchtet wurde und unter welchen Bedingungen ihre Sorte am besten gedeihen kann.

BILD I.1. *Eine Rose*
In William Shakespeares Stück *Romeo und Julia* spielt die Angebetete die Bedeutung der Tatsache herunter, dass ihr Geliebter aus dem rivalisierenden Haus Montague stammt, indem sie die Schönheit einer der bekanntesten und beliebtesten Blumen der Welt beschwört: „Was ist ein Name? Was uns Rose heißt, wie es auch hieße, würde lieblich duften."[3]

© unsplash.com/Ivan Jevtic

Dann würden uns die *Chemiker, Biochemiker, Biologen* und *Genetiker* etwas von den chemischen und biochemischen Bestandteilen unserer Rose und der verblüffenden Komplexität ihrer Zellen erzählen: von diesen mikrominiaturisierten Fabriken und ihren Mechanismen, die komplizierter sind als alle, die von Menschen gebaut werden, und dabei doch so klein sind, dass wir hoch spezialisierte Ausrüstung benötigen, um sie zu sehen. Sie werden uns etwas über die riesige codierte Datenbasis genetischer Informationen erzählen, mit denen die Zellfabriken die Bausteine der Rose produzieren. Sie werden neben einer Menge anderer Dinge den Prozess beschreiben, durch den die Rose lebt: wie sie durch Photosynthese die Energie des Sonnenlichts in Zucker umwandelt und durch welche Mechanismen sie bestäubt wird und sich verbreitet.

Danach werden uns die *Physiker* und *Kosmologen* sagen, dass die chemischen Bestandteile unserer Rose aus Atomen bestehen, die sich wiederum aus verschiedenen Partikeln wie Elektronen, Protonen und Neutronen

---

6   http://www.zeno.org/Literatur/M/Shakespeare,+William/Tragödien/Romeo+und+Julia/Zweiter+Aufzug/Zweite+Szene

zusammensetzen. Sie werden darlegen, woher das Grundmaterial des Universums stammt und wie es gebildet wurde. Wenn wir fragen, wie solches Wissen zu unserem Verständnis von Rosen beitragen kann, würden die Kosmologen vielleicht darauf hinweisen, dass die Erde der einzige Planet in unserem Sonnensystem ist, auf dem Rosen wachsen können! Nicht nur in dieser Hinsicht ist unser Planet sehr besonders – und das ist sicherlich etwas, über das man staunen kann.

Aber wenn uns die Botaniker, Pflanzenzüchter, Gärtner, Chemiker, Biochemiker, Physiker und Kosmologen alles erzählt haben, was sie wissen – und damit könnte man viele Bände füllen –, würden viele von uns immer noch das Gefühl haben, dass sie gerade erst begonnen haben, uns die Wahrheit über Rosen zu sagen. In der Tat haben sie uns nicht erklärt, was für die meisten von uns wohl das Wichtigste an einer Rose ist: die Schönheit ihrer Form, ihrer Farbe und ihres Duftes.

Denn eines ist dabei ganz wichtig: Wissenschaftler können zwar die verblüffende Komplexität der Mechanismen erklären, die hinter unserem Seh- und Geruchssinn liegen und es uns ermöglichen, die Rosen zu sehen und ihren Geruch wahrzunehmen. Aber wir müssen keinen Wissenschaftler fragen, ob wir Rosen als schön erachten sollen oder nicht: Das können wir selbst sehen und riechen! Wir nehmen dies *intuitiv* wahr. Wir schauen die Rose einfach an und können sofort sehen, dass sie schön ist. Wir brauchen niemanden, der uns sagt, dass sie schön ist. Wenn irgendjemand so töricht wäre und behaupten würde, Schönheit existiere nicht, weil die Wissenschaft Schönheit nicht messen könne, würden wir einfach sagen: „Sei nicht albern."

Aber die Wahrnehmung von Schönheit beruht nicht allein auf unserer eigenen Intuition. Wir könnten auch die *Künstler* fragen. Mit ihrem hoch entwickelten Sinn für Farbe, Licht und Form werden sie uns helfen, in der Rose eine Tiefe und Intensität von Schönheit wahrzunehmen, die uns ansonsten entgehen würde. Sie können unsere Augen schulen.

Und es gibt die *Dichter*. Mit ihren ausgefeilten Fähigkeiten als Wortkünstler werden sie Bildsprache, Metaphern, Anspielungen, Rhythmus und Reime verwenden, um uns zu helfen, die Gefühle zu formulieren und artikulieren, die wir beim Anblick von Rosen empfinden – Gefühle, die wir sonst nur vage und schwer ausdrücken könnten.

Wenn wir der Frage nach der Schönheit der Rose noch tiefer auf den Grund gehen wollten, könnten wir schließlich auch noch die *Philosophen* fragen, insbesondere Experten in Ästhetik. Für jeden von uns ist die Wahrnehmung der Schönheit einer Rose eine sehr subjektive Erfahrung, etwas,

was wir auf einer ganz tiefen Ebene in uns drin wahrnehmen und empfinden. Dennoch erwarten wir, wenn wir anderen Menschen eine Rose zeigen, dass diese uns zustimmen, die Rose sei schön. Und gewöhnlich wird ihnen das nicht schwerfallen.

Die Wertschätzung von Schönheit scheint also eine höchst subjektive Erfahrung zu sein, und doch lässt sich Folgendes beobachten:

1. Es gibt einige objektive Kriterien für die Entscheidung, was schön ist und was nicht.

2. Jeder Mensch besitzt einen Sinn für Ästhetik und die Fähigkeit, Schönheit wahrzunehmen.

3. Wenn manche Menschen in Dingen wie zum Beispiel einer Rose keine Schönheit sehen (vielleicht nicht sehen können) oder wenn sie sogar das Hässliche dem Schönen vorziehen, muss der Grund darin liegen, dass ihre innere Fähigkeit, Schönheit zu sehen, beeinträchtigt ist. Der Grund dafür kann zum Beispiel in einer Farbenblindheit oder der mangelhaften Fähigkeit, Formen zu erfassen, liegen oder aber in irgendeiner psychischen Störung (wie zum Beispiel bei Menschen, die sich eher an Grausamkeit als an Freundlichkeit erfreuen).

Nun könnten wir denken, wir hätten bei der Suche nach der Wahrheit über Rosen alle Möglichkeiten ausgeschöpft, aber das haben wir natürlich noch nicht. Wir haben über die wissenschaftlichen Erklärungen von Rosen nachgedacht. Dann haben wir den Wert betrachtet, den wir ihnen geben, ihre Schönheit und was sie uns bedeuten. Aber gerade weil sie eine Bedeutung und einen Wert haben, ergeben sich weitere Fragen – nach der moralischen, ethischen und letztendlich geistigen Bedeutung von dem, was wir mit ihnen tun. Bedenken Sie folgende beispielhafte Situationen:

Erstes Beispiel: Eine Frau hat mit dem wenigen Geld, das sie dafür erübrigen konnte, ein paar Rosen gekauft. Sie mag Rosen sehr und möchte sie so lange wie möglich behalten. Aber eine arme Nachbarin von ihr ist krank, und sie hat das starke Gefühl, dass sie zumindest ein paar dieser Rosen ihrer kranken Nachbarin schenken sollte. Also hat sie jetzt zwei Instinkte in sich, die im Widerspruch zueinander stehen:

1. einen Instinkt des Selbstinteresses – der starke Wunsch, die Rosen selber zu behalten, und
2. ein instinktives Pflichtgefühl – sie sollte ihren Nächsten lieben wie sich selbst und daher ihre Rosen ihrer Nachbarin schenken.

Dies wirft Fragen auf. Woher kommen diese Instinkte? Und wie soll sie sich für einen von ihnen entscheiden? Manche argumentieren vielleicht, dass ihr egoistischer Wunsch, die Rosen selber zu behalten, nur der Ausdruck der blinden, aber kraftvollen grundlegenden Antriebskraft der Evolution ist: Selbsterhaltung. Aber das uneigennützige Pflichtgefühl, ihrer Nachbarin auf Kosten ihres eigenen Verlustes zu helfen – wo kommt dies her? Warum sollte sie diesem nachgeben? Und sie hat noch ein weiteres Problem: Sie muss sich für das eine oder das andere entscheiden. Sie kann nicht darauf warten, dass Wissenschaftler oder Philosophen oder irgendjemand anderes ihr hilft. Sie muss sich auf eine Handlung festlegen. Wie und auf welcher Grundlage sollte sie sich zwischen den beiden konkurrierenden Forderungen entscheiden?

Zweites Beispiel: Ein Mann mag Rosen, hat aber kein Geld, sich welche zu kaufen. Er sieht, dass er Rosen aus dem Garten eines anderen stehlen könnte, und zwar so, dass er sicher sein könnte, dass der andere es nie herausfinden würde. Wäre es falsch, sie zu stehlen? Wenn weder der Besitzer der Rosen noch die Polizei noch die Gerichte jemals herausfinden würden, dass er sie gestohlen hat, warum sollte er sie nicht stehlen? Wer hat das Recht zu sagen, dass Stehlen falsch ist?

Drittes Beispiel: Ein Mann schenkt einer Frau zum wiederholten Mal einen Strauß Rosen, während ihr eigener Mann im Ausland auf Geschäftsreise ist. Der Verdacht liegt nahe, dass er ihr die Rosen schenkt, um sie zur Untreue gegenüber ihrem Ehemann zu verführen. Das wäre Ehebruch. Ist Ehebruch falsch? Immer falsch? Wer hat das Recht, dies zu sagen?

Um nun solche Fragen sorgfältig und angemessen beantworten zu können, müssen wir die viel grundlegenderen Fragen über Rosen – und auch über alles andere – stellen und beantworten:

Wo kommen Rosen her? Wir Menschen haben sie nicht erschaffen (und sind immer noch weit davon entfernt, irgendetwas dergleichen zu erschaffen). Gibt es einen Gott, der sie entworfen und erschaffen hat? Ist er ihr eigentlicher Eigentümer, der das Recht hat, die Regeln festzulegen, nach denen wir sie verwenden sollten?

Oder sind Rosen einfach aus ewig existierender anorganischer Materie entstanden, ohne irgendeinen Plan oder Zweck, ohne einen letzten Eigentümer, der die Regeln festlegt, wie sie zu verwenden sind? Und wenn dem so ist, ist der einzelne Mensch dann frei zu tun, was er will, solange es niemand herausfindet?

Bis jetzt haben wir die einfache Frage „Was ist die Wahrheit über eine Rose?" beantwortet und gemerkt, dass wir für eine angemessene Antwort nicht nur auf *eine* Wissensquelle (wie Wissenschaft oder Literatur) zurückgreifen müssen, sondern auf viele. Schon die Betrachtung von Rosen hat uns zu tiefen und grundlegenden Fragen über die Welt geführt, die weit über die Rosen selbst hinausgehen.

Es sind unsere Antworten auf solche Fragen, die in ihrer Gesamtheit den Rahmen bilden, in den wir unser ganzes Wissen über andere Dinge einfügen. Es ist dieser Rahmen, der aus all jenen bewussten oder unbewussten Ideen besteht, die wir über die Grundgegebenheiten der Welt, uns selbst und die Gesellschaft haben, den wir als unsere Weltanschauung bezeichnen. Sie umfasst all unsere Ansichten – ob nun schlecht oder gut durchdacht, richtig oder falsch – über die schweren, aber faszinierenden Fragen zu unserer Existenz und dem Leben: Wie erkläre ich mir das Universum? Wo liegt sein Ursprung? Wer bin ich? Wo komme ich her? Wie kann ich

> ☻ *Unsere Weltanschauung ist das Gesamtbild, in das wir alles andere einfügen. Sie ist die Brille, durch die wir blicken, um die Welt zu verstehen.*

Dinge wissen? Hat mein Leben irgendeine Bedeutung? Habe ich irgendwelche Pflichten? Unsere Weltanschauung ist das Gesamtbild, in das wir alles andere einfügen. Sie ist die Brille, durch die wir blicken, um die Welt zu verstehen.

DIE GRUNDLEGENDEN FRAGEN STELLEN

„Wer Erfolg haben will, muss die richtigen Fragen stellen", soll Aristoteles gesagt haben. Das müssen auch wir tun, wenn wir eine Weltanschauung entwickeln wollen.

Tröstlich ist, dass wir nicht die Ersten sind, die solche Fragen stellen. Das haben in der Vergangenheit schon viele getan (und tun es auch weiterhin in der Gegenwart). Das heißt, dass sie schon einen Teil der Arbeit für uns erledigt haben! Um von ihrem Denken und ihrer Erfahrung zu profitieren, wird es für uns hilfreich sein, einige dieser grundlegenden Fragen zusammenzutragen, die praktisch von allen gestellt werden. Dann wollen wir darüber nachdenken, warum diese besonderen Fragen als so wichtig erachtet werden. Anschließend werden wir kurz einige der verschiedenen

BILD I.2.

Die Schule von Athen von Raffael

Wahrscheinlich malte der italienische Renaissance-Maler Raffael zwischen 1509 und 1511 das Fresko *Scuola di Atene* (Die Schule von Athen) für den Vatikan – eine Versinnbildlichung der Philosophie. Viele glauben, dass die Handgesten der zentralen Figuren, Platon und Aristoteles, und die Bücher, die jeder von ihnen in der Hand hält, *Timaios* und *Nikomachische Ethik*, zwei Herangehensweisen an die Metaphysik symbolisieren. Zudem hat Raffael eine Reihe von weiteren großen griechischen Philosophen der Antike auf seinem Bild abgebildet, darunter Sokrates (die achte Figur links neben Platon).

© *commons.wikimedia.org*

Antworten zusammenfassen, bevor wir dann die Aufgabe in Angriff nehmen, unsere eigenen Antworten zu formulieren. Lassen Sie uns also eine Liste von „Weltanschauungs-Fragen" zusammenstellen. Am Anfang stehen Fragen über das Universum im Allgemeinen und unseren Heimatplaneten Erde im Besonderen.

Das erste Volk in Europa, das wissenschaftliche Fragen über die Bestandteile und die Funktionsweise der Erde und des Universums stellte, waren die Griechen. Scheinbar stellten sie ihre Fragen aus rein intellektueller Neugier. Ihre Forschung war absichtslos. Sie waren nicht zuerst an einer Technologie interessiert, die sich daraus ergeben könnte. Es war reine, nicht angewandte Wissenschaft. An dieser Stelle möchten wir kurz darauf hinweisen, dass es jedem Bildungssystem immer noch guttut, wenn auf seinem Lehrplan ein Platz für die reine Wissenschaft reserviert ist und intellektuelle Neugier um ihrer selbst willen gefördert wird.

Aber wir können es uns hier nicht leisten, uns nur auf reine Wissenschaft zu beschränken (und noch weniger nur auf Technik, so großartig diese auch sein mag). Dies wurde bereits Jahrhunderte zuvor von Sokrates erkannt. Zunächst interessierte er sich nur für das Universum, kam jedoch allmählich zu dem Schluss, dass es viel wichtiger sei, herauszufinden, wie sich Menschen verhalten sollten, als zu ergründen, woraus der Mond gemacht war. So wandte er sich von der Physik ab und widmete sich der Moralphilosophie.

Zudem kamen die Leiter der großen philosophischen Schulen des antiken Griechenlands zu der Erkenntnis, dass man keine angemessenen Lehrsätze über das moralische Verhalten des Menschen bilden könne, ohne zu verstehen, in welchem Verhältnis die Menschen zum Universum stehen und zu den Kräften und Prinzipien, die es kontrollieren. Damit lagen sie sicherlich richtig, was uns zu der grundlegendsten aller Fragen führt.[7]

Die erste grundlegende Frage einer Weltanschauung

Was liegt hinter dem beobachtbaren Universum? Die Physik lehrt uns, dass die Dinge nicht immer so sind, wie sie scheinen. Ein hölzerner Tisch, der stabil erscheint, ist in Wirklichkeit eine Zusammensetzung aus Atomen, die durch starke Kräfte zusammengehalten werden, die in den ansonsten leeren Zwischenräumen wirken. Auch ist jedes Atom in Wirklichkeit ein weitgehend leerer Raum und kann in gewisser Hinsicht als ein von Elektronen umkreister Zellkern beschrieben werden. Der Zellkern nimmt nur etwa ein Milliardstel des Raumes in einem Atom in Anspruch. Spaltet man

---

7   Siehe Buch 3, *Was sollen wir tun?*

den Zellkern, stößt man auf Protonen und Neutronen. Diese wiederum sind aus Quarks und Gluonen zusammengesetzt. Sind das nun die Grundbausteine der Materie oder gibt es vielleicht noch geheimnisvollere Elementarbausteine? Das ist eine der spannenden Fragen der modernen Physik. Und während die Suche weitergeht, bleibt eine brennende Frage: Was steckt überhaupt hinter der Grundmaterie?

Die Antworten auf diese Fragen lassen sich grob in zwei Gruppen aufteilen: Die einen vertreten die Ansicht, dass nichts „hinter" der Grundmaterie des Universums steckt, und die anderen, dass es da auf jeden Fall etwas geben muss.

Gruppe A: Es gibt nichts außer Materie. Sie ist die oberste Realität, selbstexistent und ewig. Sie ist von nichts und niemandem abhängig. Sie ist blind und zwecklos; dennoch steckt in ihr die Kraft, sich selbst – noch immer blind und zwecklos – in all die Varianten der Materie und des Lebens zu entwickeln und zu organisieren, die wir heute im Universum sehen. Das ist die Philosophie des Materialismus.

Gruppe B: Hinter der Materie, die einen Anfang hat, steht eine nicht erschaffene, selbstexistente, kreative Intelligenz oder, wie Juden und Muslime sagen würden: „Gott", und Christen: „der Gott und Vater unseres Herrn Jesus Christus". Dieser Gott erhält das Universum und wirkt in ihm, ist aber selbst kein Teil von ihm. Er ist Geist, nicht Materie. Das Universum existiert als Ausdruck seiner Gedanken und zum Zweck der Erfüllung seines Willens. Das ist die Philosophie des Theismus.

Die zweite grundlegende Frage einer Weltanschauung

Das führt uns zu unserer zweiten grundlegenden (dreiteiligen) Frage zur Weltanschauung: *Wie ist unsere Welt entstanden, wie hat sie sich entwickelt, und wie kam es dazu, dass sie von einer so erstaunlichen Vielfalt des Lebens bevölkert wurde?*

Auch hier kann man die Antworten auf diese Fragen grundsätzlich in zwei Gruppen einteilen:

Gruppe A: Leblose Materie formte sich – ohne vorherigen Plan oder Ziel – in das Konglomerat, das zu unserer Erde wurde, und brachte dann irgendwie (was noch nicht erforscht oder erkannt wurde) als Ergebnis ihrer inhärenten Eigenschaften und Kräfte durch Spontanerzeugung Leben hervor. Die zunächst niederen Lebensformen entwickelten sich schrittweise in die gegenwärtige große Vielfalt des Lebens. Dies geschah durch natürliche Prozesse wie Mutation und natürliche Selektion – ebenfalls Mechanismen ohne Plan oder Ziel. Daher steckt weder hinter der Existenz des Universums noch hinter der Existenz der Erde oder ihrer Bewohner irgendein letzter rationaler Sinn.

Gruppe B: Das Universum, das Sonnensystem und der Planet Erde wurden erdacht und präzise konstruiert, um das Leben auf der Erde zu ermöglichen. Darauf weisen sowohl die verblüffende Komplexität der Lebenssysteme als auch die atemberaubende Perfektion ihrer Mechanismen hin.

Es ist nicht schwer zu erkennen, welche unterschiedlichen Auswirkungen diese zwei radikal unterschiedlichen Sichtweisen auf die Bedeutung und das Handeln des Menschen haben.

Die dritte grundlegende Frage einer Weltanschauung

Die dritte grundlegende Frage zur Weltanschauung besteht wieder aus mehreren zusammenhängenden Fragen. *Was ist der Mensch? Woher kommen seine Rationalität und sein Sinn für Moral? Welche Hoffnungen hat er für die Zukunft und auf ein Leben nach dem Tod (falls dieses existiert)?*

Die üblichen Antworten auf diese zentralen Fragen lassen sich erneut in zwei Gruppen einteilen:

Gruppe A: *Die menschliche Natur:* Menschen sind nichts als Materie. Sie besitzen keinen Geist, und ihr rationales Denkvermögen ist aus geistloser Materie durch nicht rationale Prozesse entstanden.

Moral: Der Sinn des Menschen für Moral und Pflicht entstammt einzig und allein der sozialen Interaktion zwischen ihm und seinen Mitmenschen.

Menschenrechte: Menschen besitzen keine angeborenen natürlichen Rechte, sondern nur die Rechte, die ihnen von der Gesellschaft oder der aktuellen Regierung gewährt werden.

Sinn im Leben: Der Mensch schafft sich seinen eigenen Sinn.

Die Zukunft: Die erträumte und ersehnte Utopie wird erreicht werden, entweder durch die unaufhaltsamen Auswirkungen der inhärenten Kräfte der Materie und/oder Geschichte oder wenn der Mensch lernt, die biologischen Prozesse der Evolution selbst zu steuern und kontrollieren.

Der Tod und das Leben danach: Der Tod bedeutet für jedes Individuum die totale Auslöschung. Nichts überlebt.

Gruppe B: *Die menschliche Natur:* Die Menschen wurden von Gott geschaffen als sein Ebenbild (zumindest laut Judentum, Christentum und Islam). Die rationale Kraft der Menschen leitet sich vom göttlichen „Logos" ab, durch den sie erschaffen wurden.

Moral: Ihr Sinn für Moral basiert auf gewissen „Gesetzen Gottes", die ihr Schöpfer in sie hineingelegt hat.

Menschenrechte: Menschen besitzen gewisse unabdingbare Rechte, die alle anderen Menschen und Regierungen respektieren müssen, einfach weil sie Geschöpfe Gottes sind, geschaffen im Bilde Gottes.

Sinn im Leben: Der Hauptsinn im Leben ist, die Gemeinschaft mit Gott zu genießen und ihm wie auch ihren Mitgeschöpfen zu dienen, um ihres Schöpfers willen.

Die Zukunft: Die ersehnte Utopie ist kein Traum, sondern eine sichere Hoffnung, die sich auf den Plan des Schöpfers gründet, die Menschheit und die Welt zu erlösen.

Der Tod und das Leben danach: Der Tod bedeutet keine Auslöschung. Der Mensch wird nach dem Tod von Gott zur Rechenschaft gezogen. Sein letzter Zustand wird entweder die völlige Gemeinschaft mit Gott im Himmel sein oder aber der Ausschluss aus seiner Gegenwart.

Dies sind grob gesagt die Fragen, die Menschen immer wieder im Laufe der Geschichte gestellt haben, und ein kurzer Überblick über einige der Antworten, die die Menschen auf diese gegeben haben und immer noch geben.

Der grundlegende Unterschied zwischen den beiden Gruppen von Antworten

Nun ist es offensichtlich, dass die zwei Gruppen von Antworten sich diametral gegenüberstehen; aber wir sollten hier kurz innehalten, um sicherzugehen, dass wir auch wirklich verstanden haben, was genau die Art und die Ursache dieser Gegensätze sind. Wenn wir darüber nicht sorgfältig genug nachdenken, könnten wir schnell zu dem Schluss kommen, dass die Antworten der Gruppe A der Wissenschaft und die Antworten der Gruppe B der Religion zuzuordnen sind. Doch damit würden wir die Situation grundsätzlich falsch einschätzen. Es stimmt zwar, dass die Mehrheit der heutigen Wissenschaftler den Antworten der Gruppe A zustimmt, aber es gibt auch eine wachsende Anzahl von Wissenschaftlern, die die Antworten der Gruppe B unterstützen. Es handelt sich daher hierbei nicht um einen Konflikt zwischen Wissenschaft und Religion. Tatsächlich geht es um einen fundamentalen Unterschied zwischen den zugrunde liegenden Philosophien, die die Interpretation der Beweise bestimmen, die von der Wissenschaft geliefert werden. Atheisten werden die Beweise auf eine Art interpretieren, Theisten (oder Pantheisten) auf eine andere.

Das ist verständlich. Kein Wissenschaftler betreibt Forschung, ohne dabei völlig frei von Vorannahmen zu sein. Der Atheist betreibt Forschung mit der Vorannahme, es gebe keinen Gott. Das ist seine Grundphilosophie, das ist seine Weltanschauung. Er behauptet, er könne alles ohne Gott erklären. Manchmal wird er sagen, dass er sich überhaupt nicht vorstellen könne, welche wissenschaftlichen Beweise es für die Existenz eines Gottes geben könnte; und es überrascht nicht, dass er keine zu finden scheint.

Der Theist wiederum beginnt mit dem Glauben an Gott und findet in seinen wissenschaftlichen Entdeckungen zahlreiche – überwältigende, wie er sagen würde – Beweise für die Handschrift Gottes in der ausgeklügelten Gestaltung des Universums und seinen Mechanismen.

Es zeigt sich einmal mehr, wie wichtig es ist zu erkennen, mit welcher Weltanschauung wir beginnen. Manche von uns, die noch nie intensiver über diese Dinge nachgedacht haben, haben vielleicht das Gefühl, dass sie gar keine Weltanschauung haben und sich daher völlig unvoreingenommen den Fragen des Lebens im Allgemeinen und den Fragen der Wissenschaft im Besonderen nähern. Aber das ist äußerst unwahrscheinlich. Wir übernehmen Vorstellungen, Überzeugungen und Einstellungen von unserer Familie und der Gesellschaft. Dies geschieht häufig nebenbei und ohne dass wir erkennen, wie diese meist unbewussten Einflüsse und Vorannahmen unsere Antworten auf die Fragen bestimmen, die uns das Leben stellt. Deshalb ist es so wichtig, unsere Weltanschauung bewusst zu durchdenken und sie gegebenenfalls anzupassen, wenn die Beweise dies erfordern.

> ✪ *Wir übernehmen Vorstellungen, Überzeugungen und Einstellungen von unserer Familie und der Gesellschaft. Dies geschieht häufig nebenbei und ohne dass wir erkennen, wie diese meist unbewussten Einflüsse und Vorannahmen unsere Antworten auf die Fragen bestimmen, die uns das Leben stellt.*

Daher sollten wir in diesem Prozess der Wissenschaft auf jeden Fall Gehör schenken und auch zulassen, dass sie unsere Vorannahmen hinterfragt und korrigiert, falls das nötig ist. Aber um eine vernünftige Weltanschauung zu entwickeln, sollten wir genauso auf viele andere Meinungen und Stimmen hören.

STIMMEN, AUF DIE WIR HÖREN SOLLTEN

Bisher haben wir einige Fragen zur Weltanschauung aufgegriffen und die Antworten untersucht, die darauf gegeben werden. Jetzt müssen wir uns selbst diese Fragen stellen und anfangen, unsere eigenen Antworten zu finden.

Wir brauchen eine eigene Weltanschauung, die wir persönlich durchdacht und aus freiem Willen für uns angenommen haben. Niemand hat das Recht, uns seine Weltanschauung aufzuzwingen. Zum Glück sind die Zeiten vorbei, in denen die Kirche Galileo zwingen konnte, das zu leugnen, was ihn die Wissenschaft klar gelehrt hatte. Ebenfalls sind die Zeiten überwiegend vorüber, in denen der Staat dem Volk unter Androhung von Gefängnis oder Todesstrafe eine atheistische Weltanschauung aufzwingen konnte.

Die Menschenrechte fordern, dass es jedem freisteht, die Weltanschauung zu haben, an die er glaubt, und diese auch durch vernünftige Argumente zu verbreiten – natürlich nur so lange, wie dies keinem anderen schadet.

Wir, die Autoren dieses Buches, haben eine theistische Weltanschauung. Aber wir werden nicht versuchen, irgendjemandem unsere Sicht aufzuzwingen. Wir kommen aus einer Tradition, deren Grundprinzip lautet: „Jeder soll mit voller Überzeugung zu seiner Auffassung stehen!"

Daher muss jeder zu seiner eigenen Überzeugung gelangen und eine eigene Weltanschauung entwickeln. Dabei gibt es eine Reihe von Stimmen, auf die wir hören müssen.

Die Stimme der Intuition

Die erste Stimme, auf die wir hören müssen, ist die Intuition. Es gibt Dinge im Leben, die wissen wir nicht durch lange philosophische Überlegungen oder genaue wissenschaftliche Experimente, sondern durch direkte, instinktive Intuition. Wir „sehen", dass eine Rose schön ist. Instinktiv „wissen" wir, dass Kindesmissbrauch falsch ist. Ein Wissenschaftler kann manchmal „sehen", was die Lösung für ein Problem sein wird, noch bevor er durch wissenschaftliche Techniken den formalen Beweis geliefert hat.

Einige Wissenschaftler und Philosophen versuchen uns immer noch davon zu überzeugen, dass die Gesetze von Ursache und Wirkung im menschlichen Gehirn völlig deterministisch sind und unsere Entscheidungen deshalb im Voraus festgelegt sind: Eine echte Wahl sei nicht möglich. Aber, was auch immer sie sagen, wir wissen doch intuitiv, dass wir in Wirklichkeit frei entscheiden können – ob wir beispielsweise ein Buch lesen oder stattdessen spazieren gehen oder ob wir die Wahrheit sagen oder lügen wollen. Wir wissen, dass wir die Freiheit haben, uns für das eine oder das andere zu entscheiden, und alle anderen wissen es auch und handeln dementsprechend. Diese Freiheit ist so sehr Teil unserer ureigenen Vorstellung von Würde und Wert eines Menschen, dass wir (meistens) darauf bestehen, als eigenverantwortliche Menschen behandelt zu werden und andere ebenso zu behandeln. Aus diesem Grund wird der Richter, wenn wir ein Verbrechen begangen haben, uns fragen a) ob wir, als wir das Verbrechen begingen, wussten, dass wir etwas Falsches taten, und b) ob wir unter Zwang handelten oder nicht. Die Antwort auf diese Fragen wird das Urteil maßgeblich mitbestimmen.

Daher müssen wir der Intuition angemessene Beachtung schenken und dürfen nicht zulassen, dass uns mit pseudointellektuellen Argumenten Dinge eingeredet (oder ausgeredet) werden, von denen wir intuitiv wissen, dass sie richtig (oder falsch) sind.

Andererseits hat die Intuition auch ihre Grenzen. Sie kann irren. Als die antiken Wissenschaftler zuerst vermuteten, die Welt sei eine Kugel, wurde diese Vorstellung sogar von ansonsten großen Denkern abgelehnt. Sie empfanden es intuitiv als absurd, dass es auf der anderen Seite der Erde

Menschen geben könnte, die „verkehrt herum" laufen und deren Füße auf unsere Füße ausgerichtet sind (daher der Begriff „antipodisch"), während ihr Kopf gefährlich im leeren Raum hängt! Aber ihre Intuition hatte sie getäuscht. Die frühen Wissenschaftler, die an die Kugelform der Erde glaubten, hatten recht; die Intuition der anderen war falsch.

Die Lektion daraus ist, dass wir sowohl unsere Intuition als auch die Wissenschaft benötigen, damit diese sich gegenseitig kontrollieren und gegebenenfalls korrigieren.

Die Stimme der Wissenschaft

Die Wissenschaft spricht in unsere moderne Welt mit einer sehr kraftvollen und einflussreichen Stimme. Sie kann stolz auf eine Reihe von fulminanten theoretischen Durchbrüchen verweisen, die eine fast endlose Palette von technischen Nebenprodukten hervorgebracht hat: von der Erfindung der Glühbirne zur virtuellen Realität, vom Rad zur Mondrakete, von der Entdeckung von Aspirin und Antibiotika zum Entdecken des genetischen Codes, vom Staubsauger zum Smartphone, vom Rechenbrett zum Parallelrechner, vom Fahrrad zum autonomen Fahrzeug. Die Vorzüge dieser wissenschaftlichen Errungenschaften sind offensichtlich, und sie wecken nicht nur unsere Bewunderung, sondern verleihen der Wissenschaft auch eine immense Glaubwürdigkeit.

Doch für viele Menschen hat die Stimme der Wissenschaft auch eine gewisse Ambivalenz, denn ihre Errungenschaften wurden nicht immer nur zum Wohle der Menschheit eingesetzt. Im vergangenen Jahrhundert hat die Wissenschaft in der Tat die schrecklichsten hocheffektiven Vernichtungswaffen hervorgebracht. Der Laser, der zur Wiederherstellung der Sehkraft eingesetzt wird, kann genauso zur Steuerung von Raketen mit tödlicher Wirkung verwendet werden. Diese Entwicklung hat in der jüngeren Vergangenheit zu einer starken antiwissenschaftlichen Reaktion geführt.

Das ist verständlich, aber wir müssen uns vor dem offensichtlichen Trugschluss hüten, der Wissenschaft die Schuld für den Missbrauch ihrer Entdeckungen zu geben. So ist beispielsweise die Schuld an der durch die Atombombe bewirkte Verwüstung nicht in erster Linie bei den Wissenschaftlern zu suchen, die die Möglichkeit der Kernspaltung entdeckt haben, sondern bei den Politikern, die darauf bestanden, diese Entdeckungen für die Herstellung von Massenvernichtungswaffen für die globale Kriegsführung zu nutzen.

Die Wissenschaft an sich ist moralisch neutral. Die Christen unter den Wissenschaftlern würden sogar sagen, sie sei eine Form der Anbetung Gottes – durch das ehrfurchtsvolle Erforschen seiner Werke – und daher auf jeden Fall begrüßenswert. Aus diesem Grund ließ James Clerk Maxwell, ein schottischer Physiker des 19. Jahrhunderts, der die berühmten Gleichungen der elektromagnetischen Wellen entdeckte, den folgenden Vers aus den hebräischen Psalmen über die Tür des Cavendish-Labors in Cambridge schreiben: „Groß sind die Taten des Herrn, zu erforschen von allen, die Lust an ihnen haben" (Ps 111,2). Der Vers ist heute noch dort zu lesen.

Natürlich müssen wir unterscheiden zwischen der Wissenschaft als methodische Forschung und einzelnen Wissenschaftlern, die diese Untersuchungen durchführen. Wir müssen auch unterscheiden zwischen den Fakten, die sie über jeden (vernünftigen) Zweifel erhaben herausfinden, und den vorläufigen Hypothesen und Theorien, die sie auf Grundlage ihrer anfänglichen Beobachtungen und Experimente formulieren und von denen sie sich bei ihren weiteren Forschungen leiten lassen.

Diese Unterscheidungen sind wichtig, denn Wissenschaftler behandeln manchmal ihre vorläufigen Theorien fälschlicherweise als bewiesene Fakten und präsentieren diese in Lehrveranstaltungen und öffentlichen Vorlesungen so, obwohl sie nie wirklich bewiesen wurden. Manchmal passiert es auch, dass Wissenschaftler eine vorläufige Theorie vorschlagen, die die Aufmerksamkeit der Medien erregt, die diese an die Öffentlichkeit weitergeben. Dabei wird ein solcher Presserummel erzeugt, dass der Eindruck entsteht, diese Theorie sei unbestritten bewiesen.

> 🌐 *Wissenschaftler behandeln manchmal ihre vorläufigen Theorien fälschlicherweise als bewiesene Fakten und präsentieren diese in Lehrveranstaltungen und öffentlichen Vorlesungen so, obwohl sie nie wirklich bewiesen wurden.*

Dann muss man sich wieder die Grenzen der Wissenschaft in Erinnerung rufen. Wie wir bei unseren Überlegungen über die Schönheit von Rosen festgestellt haben, gibt es Dinge, für die man von der eigentlichen Wissenschaft keine Erklärung erwarten kann oder sollte.

Manchmal vergessen Wissenschaftler dies und schaden dem Ansehen der Wissenschaft, indem sie sich mit höchst übertriebenen Behauptungen auf sie berufen. Der berühmte Mathematiker und Philosoph Bertrand Russell zum Beispiel schrieb: „Welches Wissen auch immer erlangt werden kann, es muss durch wissenschaftliche Methoden erlangt werden; und was die Wissenschaft nicht herausfinden kann, kann die Menschheit nicht wissen."[8]

---

8   Russell, *Religion and Science*, 243

Der Nobelpreisträger Sir Peter Medawar hatte eine vernünftigere und realistischere Sicht auf die Wissenschaft. Er schrieb:

„Ein Wissenschaftler kann sich und seinen Beruf auf keine andere Weise schneller in Misskredit bringen, als wenn er – zumal dann, wenn keinerlei Erklärung verlangt ist – rundheraus erklärt, dass die Wissenschaft die Antworten auf alle Fragen, die der Rede wert sind, bereits besitze oder bald besitzen werde und dass jene Fragen, die keine wissenschaftliche Beantwortung zulassen, auf irgendeine Art und Weise Unfragen oder ‚Pseudofragen‘ seien, die nur Einfaltspinsel stellen und nur Tölpel zu beantworten sich anmaßten."[9]

An anderer Stelle sagt Medawar: „Dass die Wissenschaft Grenzen hat, wird daran deutlich, dass sie nicht in der Lage ist, grundlegende kindliche Fragen zu beantworten, die die ersten und die letzten Dinge betreffen, wie: ‚Wie hat alles angefangen?‘, ‚Weshalb sind wir hier?‘, ‚Was ist der Sinn des Lebens?‘"[10] Er fügt hinzu, dass wir uns an die Dichtung und die Religion wenden müssten, um Antworten auf diese Fragen zu finden.

Wenn wir nun alles über die Grenzen der Wissenschaft gesagt haben, was gesagt werden muss, ist die Stimme der Wissenschaft dennoch eine der wichtigsten Stimmen, auf die wir hören müssen, wenn wir unsere Weltanschauung entwickeln. Natürlich können wir nicht alle wissenschaftliche Experten sein. Aber wenn die Experten ihre Ergebnisse den Studenten anderer Bereiche oder der allgemeinen Öffentlichkeit präsentieren (was sie immer häufiger tun), müssen wir ihnen zuhören – so kritisch, wie man Experten in anderen Bereichen auch zuhört. Aber zuhören müssen wir.[11]

Die Stimme der Philosophie

Die nächste Stimme, auf die wir hören sollten, ist die Stimme der Philosophie. Für manche ist allein der Gedanke an Philosophie einschüchternd, aber im Grunde genommen denkt bereits jeder philosophisch, der ernsthaft versucht, die Wahrheit einer Aussage zu ergründen. Der bedeutende Philosoph Anthony Kenny schreibt:

---

9   Medawar, *Ratschläge für einen jungen Wissenschaftler*, 61
10 Medawar, *Limits of Science*, 59–60
11 Die Leser, die sich gerne umfassender mit diesem Thema beschäftigen möchten, weisen wir auf den Text *Was ist Wissenschaft?* im Anhang hin (S. 283) sowie auf die dort gelisteten Bücher von John Lennox.

Philosophie ist spannend, weil sie die umfangreichste aller Disziplinen ist, denn sie erforscht grundlegende Konzepte, die sich durch
unser gesamtes Reden und Denken über jedes Thema ziehen. Zudem
kann man sie anwenden, ohne besondere vorhergehende Ausbildung
oder Anweisung; jeder, der bereit ist, scharf nachzudenken und einer
Argumentationslinie zu folgen, kann Philosophie betreiben.[12]

Ob uns dies bewusst ist oder nicht: Unsere alltägliche Art zu denken und zu
argumentieren hat sehr viel mit Philosophie zu tun – wir haben also auch
hier bereits auf ihre Stimme gehört!

Von der Philosophie können wir in vieler Weise profitieren. An erster
Stelle steht das leuchtende Beispiel von Männern und Frauen, die sich ge-
weigert haben, einfach die Sicht der Mehrheit ihrer Zeit zu übernehmen.

Sokrates sagte, dass „ein Leben ohne Selbsterforschung ... gar nicht verdient, gelebt zu werden."[13] Diese Männer und Frauen waren dazu entschlossen, ihre ganze intellektuelle Kraft einzusetzen, um zu verstehen, woraus
das Universum besteht und wie es funktioniert. Was ist der Platz des Menschen im Universum? Was ist das Wesen der menschlichen Natur? Warum machen wir Menschen so oft Fehler und schaden so uns selbst und der
Gesellschaft? Was könnte uns helfen, falsche Handlungen zu vermeiden?
Und was könnte unser höchstes Ziel im Leben – unser *Summum Bonum*[14]
(lateinisch für *höchstes Gut*) – sein? Ihr Eifer, die Wahrheit zu entdecken
und dann gemäß dieser Wahrheit zu leben, kann uns beschämen. Es sollte
uns jedenfalls ermutigen, ihrem Beispiel zu folgen.

Zweitens entdeckten Philosophen seit Sokrates, Platon und Aristoteles
in ihrer Suche nach Wahrheit, wie wichtig präzises logisches Denken war
und welchen Regeln es folgen sollte. Der Nutzen für die Menschheit davon ist unschätzbar, denn dadurch haben wir gelernt, klar zu denken und
Vorannahmen, die manchmal sogar unbemerkt unseren wissenschaftlichen
Experimenten und Theorien zugrunde liegen, aufzudecken. Wir haben gelernt, Denkvoraussetzungen offenzulegen, die Aussagen und Meinungen
zugrunde liegen, auf Trugschlüsse in Argumentationen hinzuweisen, Zir-
kelschlüsse aufzudecken usw.

Jedoch hat die Philosophie, genau wie die Wissenschaft, ihre Grenzen.
Sie kann uns nicht sagen, welche Prinzipien oder grundlegenden Prämissen

---

12 Kenny, *Brief History of Western Philosophy*, xi
13 Platon, *Des Sokrates Verteidigung*, 38a7, Übers. F. Schleiermacher
14 Höchstes Gut; höchster Wert

wir wählen sollen, aber sie kann und wird uns helfen zu erkennen, ob das Glaubenssystem, das wir auf diese Grundsätze aufbauen, in sich logisch schlüssig ist.

Es gibt noch einen dritten Nutzen, den wir aus der Philosophie ziehen können. Die Geschichte der Philosophie hat gezeigt, dass keines der vielen verschiedenen philosophischen Systeme oder keine Weltanschauungen, die von stringent denkenden Philosophen nur auf Grundlage menschlicher Argumentation entwickelt wurden, alle anderen Philosophen überzeugen konnten, geschweige denn die allgemeine Öffentlichkeit. Keines dieser Systeme hatte dauerhaft Bestand, eine Tatsache, die recht frustrierend sein kann. Aber vielleicht ist diese Frustration auch gar nicht schlecht, denn sie kann uns zu der Frage führen, ob es vielleicht noch eine andere Informationsquelle gibt, ohne die unser menschlicher Verstand allein per Definition unzureichend wäre. Und wenn wir in Bezug auf die Philosophie frustriert sind, weil sie uns erst so erfolgversprechend schien, aber am Ende so wenig geliefert hat, und wir deswegen nach einer anderen Informationsquelle Ausschau halten, könnte sich unsere Frustration sogar als großer Nutzen erweisen.

Die Stimme der Geschichte

Doch gibt es noch eine weitere Stimme, auf die wir hören sollten: die der Geschichte. Wir können uns glücklich schätzen, dass wir in einer Zeit leben, in der die Menschheitsgeschichte bereits so weit fortgeschritten ist. Schon im 1. Jahrhundert v. Chr. wurde von Heron von Alexandria eine einfache Form des Düsenantriebs beschrieben. Doch beim damaligen Stand der Technik kannte man keine Mittel, um diese Entdeckung irgendwie praktisch und sinnvoll einzusetzen. Es sollten noch 1800 Jahre vergehen, bevor es Wissenschaftlern gelang, Düsentriebwerke zu entwickeln, die stark genug für Flugzeuge waren.

Als in den 1950er- und 1960er-Jahren Wissenschaftler auf Grundlage einer Entdeckung Albert Einsteins behaupteten, es sei möglich, Laserstrahlen zu erzeugen, und dies dann auch wirklich taten, sagten viele Leute spöttisch, dass Laser die Lösung für ein nicht existierendes Problem seien, denn niemand konnte sich vorstellen, welchen praktischen Nutzen sie haben könnten. Die Geschichte hat gezeigt, dass diese Kritiker falschlagen, und hat die Wissenschaftler gerechtfertigt (als ob reine Wissenschaft irgendeine Rechtfertigung bräuchte!).

In anderen Fällen hat uns die Geschichte das Gegenteil gelehrt. So gab es eine Zeit, in der die Phlogistontheorie der Verbrennung fast überall Akzeptanz fand. Doch die Geschichte hat sie schließlich als falsch erwiesen.

Fanatische religiöse Sekten haben (trotz eines ausdrücklichen Verbots in der Bibel) immer wieder einmal vorhergesagt, dass das Ende der Welt zu dieser oder jener Zeit und an diesem oder jenem Ort stattfinden werde. Die Geschichte hat ausnahmslos gezeigt, dass diese Vorhersagen falsch waren.

Im letzten Jahrhundert erlebte das philosophische System des logischen Positivismus einen kometenartigen Aufstieg. Es schien die philosophische Landschaft zu beherrschen und verdrängte alle anderen Systeme. Doch die Geschichte offenbarte den fatalen Fehler in diesem System: Es basierte auf einem Nachweisprinzip, das prinzipiell nur zwei Arten von Aussagen als bedeutsam zuließ – *analytische* Aussagen (die per Definition wahr sind, wie zum Beispiel eine Tautologie wie „eine Füchsin ist ein weiblicher Fuchs") oder *synthetische* Aussagen (die man durch ein Experiment verifizieren kann, wie „Wasser besteht aus Wasserstoff und Sauerstoff"). Dabei wurden alle metaphysischen Aussagen als bedeutungslos zurückgewiesen. Doch wie der Philosoph Karl Popper sagte, ist das Verifikationsprinzip selbst weder analytisch noch synthetisch und daher bedeutungslos. Der logische Positivismus widerlegt sich somit selbst. Professor Nicholas Fotion sagt in einem Artikel über dieses Thema in *The Oxford Companion to Philosophy:* „Ende der 1960er-Jahre wurde deutlich, dass diese Bewegung überholt war."[15]

Zuvor hatte Marx mit Berufung auf Hegel seinen dialektischen Materialismus erst auf die Materie und dann auf die Geschichte bezogen. Er behauptete, er habe in den Abläufen der sozialen und politischen Geschichte ein Gesetz entdeckt, das unweigerlich zur Errichtung einer Utopie auf Erden führen könnte; und Millionen von Menschen setzten ihr Leben dafür ein, diesen Prozess voranzutreiben. Doch es hat sich gezeigt, dass die Geschichte ein solches unaufhaltsames Gesetz nicht zu kennen scheint.

Die Geschichte hat auch ein vernichtendes Urteil über die Theorie der Nationalsozialisten gefällt, die arische Rasse sei den anderen überlegen, was – so wurde es zugesichert – zu einer neuen Weltordnung führen würde.

Die Geschichte ist daher ein sehr wertvoller, wenn auch manchmal beängstigender Richter über unsere Ideen und Gedankensysteme. Wir sollten auf jeden Fall ihren Lektionen viel Beachtung schenken und für sie dankbar sein.

Aber es gibt noch einen weiteren Grund, aus dem wir auf die Geschichte hören sollten. Geschichte bringt uns in Berührung mit den großen Männern und Frauen, die sich weltweit als Vordenker erwiesen haben und deren Einfluss heute noch lebendig ist. Zu denen gehört natürlich auch Jesus Christus.

---

15 Fotion, *Logical Positivism*

Wie wir wissen, wurde er von seinen Zeitgenossen abgelehnt und hingerichtet. Aber das trifft auch auf Sokrates zu. Sokrates' Einfluss besteht weiter; doch der Einfluss von Christus war und ist noch immer unendlich viel größer als der des Sokrates oder jeder anderen weltweiten Führungsperson. Es wäre sehr seltsam, wenn wir zwar auf Sokrates, Platon, Aristoteles, Hume, Kant, Marx und Einstein hören würden, aber es versäumen oder uns weigern würden, auf Christus zu hören. Die zahlreichen (und teilweise sehr frühen) Manuskripte des Neuen Testaments liefern uns einen authentischen Bericht über seine Lehre. Nur Leute mit starken Vorurteilen würden ihn einfach ablehnen, ohne sich zuerst anzuhören, was er sagt.

> 🌐 *Geschichte bringt uns in Berührung mit den großen Männern und Frauen, die sich weltweit als Vordenker erwiesen haben und deren Einfluss noch heute lebendig ist. Es wäre sehr seltsam, wenn wir zwar auf Sokrates, Platon, Aristoteles, Hume, Kant, Marx und Einstein hören würden, aber es versäumen oder uns weigern würden, auf Christus zu hören.*

Die Stimme der göttlichen Selbstoffenbarung

Die letzte Stimme, die beansprucht, gehört zu werden, ist eine Stimme, die sich unentwegt durch die ganze Geschichte zieht und sich nicht zum Schweigen bringen lässt: Sie behauptet, es gebe eine andere Informationsquelle jenseits von Intuition, wissenschaftlicher Forschung und philosophischem Denken. Diese Stimme ist die Stimme der göttlichen Selbstoffenbarung. Ihr Anspruch lautet, dass der Schöpfer, dessen Existenz und Macht intuitiv durch seine geschaffenen Werke wahrgenommen werden kann, auch darüber hinaus nicht still und distanziert geblieben ist. Im Laufe der Jahrhunderte hat er durch seine Propheten und vor allem durch Jesus Christus zu unserer Welt gesprochen.

Natürlich werden Atheisten sagen, dass dieser Anspruch ins Reich der Märchen gehört. Atheistische Wissenschaftler werden einwenden, dass es keinerlei wissenschaftliche Beweise für die Existenz eines Schöpfers gebe (sie würden sogar behaupten, dass die Annahme der Existenz eines Schöpfers die Grundlage der wahren wissenschaftlichen Methodologie zerstöre – mehr dazu erfahren Sie im Anhang dieses Buches). Daher sei die Vorstellung, wir könnten direkte Informationen vom Schöpfer selbst erhalten, bereits vom Gedanken her absurd. Diese Reaktion stimmt natürlich vollkommen mit der Grundannahme des Atheismus überein.

Doch scheinbare Absurdität ist jedoch kein positiver Beweis dafür, dass etwas nicht möglich oder nicht wahr ist. Denken Sie daran, dass viele

Vordenker, als sie zuerst mit der Vermutung in Berührung kamen, die Erde sei keine Scheibe, sondern eine Kugel, diese sofort zurückwiesen, weil ihnen der Gedanke absurd erschien.

Im 2. Jahrhundert v. Chr. beschloss ein gewisser Lukian von Samosata, das zu entlarven, was er für fantasievolle Spekulationen der frühen Wissenschaftler und groteske Reiseberichte von sogenannten Entdeckern hielt. Er schrieb ein Buch, das er augenzwinkernd *Verae historiae* (Wahre Geschichten) nannte. In dem Werk erzählte er von seiner Reise durch den Weltraum zum Mond. Er habe entdeckt, dass die Mondbewohner eine besondere Art von Spiegel hätten, mit dem sie sehen könnten, was die Menschen auf der Erde tun. Sie besäßen auch so etwas wie einen Brunnenschacht, durch den sie sogar hören könnten, was die Menschen auf der Erde sagen. Seine Erzählung war so nüchtern, als hätte er tatsächliche Ereignisse aufgeschrieben. Aber er erwartete, dass seine Leser sofort erkennen würden, dass dies gedanklich völlig absurd war, was wiederum bedeutete, dass diese Dinge unmöglich existieren konnten und dass das auch für immer so bleiben würde.

Doch ohne dass er davon wusste, existierten in der Natur bereits die Kräfte und Stoffe, die es der Menschheit einmal ermöglichen würden (als sie lernte, diese Kräfte zu nutzen), Astronauten in die Umlaufbahn des Mondes zu senden, auf ihm zu landen und Bild- und Ton-Kommunikation zwischen Mond und Erde herzustellen!

Wir sollten auch daran denken, dass atomare Strahlung und Radiofrequenzemissionen aus fernen Galaxien nicht erst von Wissenschaftlern in den letzten Jahrzehnten erfunden wurden. Sie waren die ganze Zeit da, wenn auch unsichtbar und unentdeckt, und jahrhundertelang hatte niemand an sie geglaubt oder noch nicht einmal darüber nachgedacht. Doch entdeckt wurden sie erst in jüngerer Zeit, als brillante Wissenschaftler sich die Möglichkeit vorstellen konnten, dass entgegen jeder öffentlichen Erwartung solche Phänomene existieren könnten. Sie suchten nach ihnen und fanden sie.

Ist es also gedanklich wirklich so absurd zu glauben, dass unser menschlicher Intellekt und unsere Rationalität nicht aus geistloser Materie durch unpersönliche und ziellose Kräfte entstanden sind, sondern von einem höheren persönlichen Intellekt und einer höheren Vernunft stammen?

Eine alte, aber immer noch gültige Analogie wird uns an dieser Stelle helfen. Wenn wir im Hinblick auf einen bestimmten Automotor fragen: „Wo liegt der Ursprung dieses Automotors?", wäre eine Antwort: „Er hat seinen Ursprung in der Produktionsanlage dieser oder jener Fabrik und wurde von Menschen und Robotern zusammengebaut."

Eine weitere, tiefer gehende Antwort wäre: „Er hat seinen Ursprung in den Materialien, aus denen seine Bestandteile gefertigt wurden."

Aber im eigentlichen Sinn des Wortes „Ursprung" hat das Automobil, von dem dieser besondere Motor nur ein Teil ist, seinen Ursprung weder in der Fabrik noch in seinen Grundmaterialien, sondern in etwas ganz anderem: im intelligenten Geist einer Person – seinem Erfinder. Das wissen wir natürlich durch die Geschichte und aus eigener Erfahrung, aber wir wissen es auch intuitiv: Es ist offensichtlich wahr.

Millionen von Menschen haben es ebenfalls intuitiv wahrgenommen – und spüren es noch immer –, dass auch das, was Christus und seine Propheten über den „Anfang" unserer menschlichen Rationalität sagten, offensichtlich wahr ist: „Am Anfang war das Wort – der Logos –, und der Logos war bei Gott, und der Logos war Gott … Alle Dinge sind durch ihn geschaffen …" (Joh 1,1-2; unsere Übersetzung). Das ist auf jeden Fall eine um einiges wahrscheinlichere Geschichte als die, dass unsere menschliche Intelligenz und Rationalität ursprünglich geistloser Materie entsprungen sein sollen, durch zufällige Mutationen, selektiert durch eine nicht zielgerichtete Natur.

Der Begriff „Logos" steht sowohl für Rationalität als auch für die Ausdrucksform dieser Rationalität durch verständliche Kommunikation. Wenn diese rationale Intelligenz Gott ist und zugleich persönlich ist und wir Menschen unser Menschsein und unsere Intelligenz von ihm erhalten haben, dann ist es alles andere als absurd zu denken, dass der göttliche Logos mit uns auch kommuniziert. Denn das entspricht seinem eigenen Wesen und dem Ausdruck dieser Intelligenz, dass sie kommuniziert. Im Gegenteil, wenn man von vornherein die Möglichkeit einer göttlichen Offenbarung ausschließt und seine Ohren vor dem verschließt, was Jesus Christus zu sagen hat, ohne sich seine Lehre zuvor anzuhören, um zu sehen, ob sie nun wahr ist oder nicht, ist das keine wahre wissenschaftliche Einstellung: offen zu sein für Neues und jeden vernünftigen Weg zur Wahrheit zu erkunden.[16]

Außerdem wird die Befürchtung, die Annahme der Existenz eines Schöpfergottes würde wahre wissenschaftliche Methodologie untergraben, durch reine geschichtliche Fakten widerlegt. Sir Francis Bacon (1561–1626), der weitestgehend als Vater der modernen wissenschaftlichen Methode betrachtet wird, glaubte, dass Gott sich in zwei großen Büchern offenbart habe: dem Buch der Natur und dem Buch des Wortes Gottes, der Bibel. In

---

16 Diese Fragen und damit zusammenhängende Themen werden ausführlicher im vierten Buch dieser Serie im Abschnitt *Antworten einfordern* behandelt.

seinem berühmten Werk *Advancement of Learning* (1605) schrieb Bacon: „Kein Mensch ... sollte denken oder behaupten, ein Mensch könnte zu sehr im Buch des Wortes Gottes oder im Buch von Gottes Werken ... nachforschen oder bewandert sein. Vielmehr sollten die Menschen einen unaufhörlichen Fortschritt oder Sachverstand in beidem anstreben."[17] Es ist dieses Zitat, das Charles Darwin an den Anfang seines Werkes *Die Entstehung der Arten* (1859) stellte.

Wissenschaftshistoriker weisen darauf hin, dass es diese theistische Sicht der „zwei Bücher" war, die maßgeblich für den kometenhaften Aufstieg der Wissenschaft am Anfang des 16. Jahrhunderts verantwortlich war. C. S. Lewis bezieht sich auf eine Aussage eines der bedeutendsten Historiker aller Zeiten, Sir Alfred North Whitehead: „Professor Whitehead weist darauf hin, dass erst Jahrhunderte des Glaubens an einen Gott, der ‚die persönliche Energie Jahwes' mit ‚der Rationalität eines griechischen Philosophen' verbindet, jene feste Erwartung einer systematischen Ordnung bewirken konnten, die die Geburt der modernen Wissenschaft möglich machte. Die Menschen wurden zu Wissenschaftlern, weil sie erwarteten, dass es in der Natur ein Gesetz gäbe; und sie erwarteten ein Gesetz in der Natur, weil sie an einen Gesetzgeber glaubten."[18] Mit anderen Worten: Der Theismus war die Wiege der Wissenschaft. In der Tat waren die meisten führenden Wissenschaftler zu jener Zeit weit davon entfernt, die Vorstellung eines Schöpfers als gedanklich absurd abzutun, sondern glaubten an einen Schöpfer.

Johannes Kepler	1571–1630	Himmelsmechanik
Blaise Pascal	1623–1662	Hydrostatik
Robert Boyle	1627–1691	Chemie, Gasdynamik
Isaac Newton	1642–1727	Mathematik, Optik, Dynamik
Michael Faraday	1791–1867	Magnetismus
Charles Babbage	1791–1871	Computerwissenschaft
Gregor Mendel	1822–1884	Genetik
Louis Pasteur	1822–1895	Bakteriologie
Lord Kelvin	1824–1907	Thermodynamik
James Clerk Maxwell	1831–1879	Elektrodynamik, Thermodynamik

---

17 Bacon, *The Advancement of Learning*, 8
18 Lewis, *Wunder*, 125–6

Alle diese berühmten Männer hätten Einstein zugestimmt: „Wissenschaft ohne Religion ist lahm, Religion ohne Wissenschaft blind."[19] Die Geschichte zeigt uns also sehr deutlich, dass der Glaube an Gott für die Wissenschaft kein Hindernis ist, sondern vielmehr einen der wichtigsten Impulse für ihre Entwicklung gegeben hat.

Auch heute gibt es viele hochrangige Wissenschaftler, die an Gott glauben. Zum Beispiel ist Professor William D. Philips, der 1997 den Nobelpreis für Physik erhielt, praktizierender Christ, wie auch der weltberühmte Botaniker und ehemalige Direktor der Königlichen Botanischen Gärten in London, der *Kew Gardens*, Sir Ghillean Prance. Ebenso trifft dies auf den ehemaligen Direktor des Nationalen Gesundheitsinstituts der Vereinigten Staaten zu, den Genetiker Francis S. Collins, der durch seine Leitung des internationalen Humangenomprojekts bekannt wurde, das 2003 seinen Höhepunkt in der vollständigen Entschlüsselung der menschlichen DNA fand.[20]

Viele Menschen haben aber folgenden Einwand: Wenn man sich nicht sicher sein kann, ob Gott überhaupt existiert, ist es dann nicht unwissenschaftlich, nach Beweisen für die Existenz Gottes zu suchen? Sicher nicht. Nehmen wir als Beispiel Professor Carl Sagan und das von ihm geförderte SETI-Projekt (SETI = The Search for Extra Terrestrial Intelligence; auf Deutsch: Die Suche nach außerirdischer Intelligenz). Sagan war ein berühmter Astronom, aber als er seine Suche begann, hatte er keine verbindlichen Beweise, auf die er aufbauen konnte. Er ging einfach auf Grundlage einer Hypothese vor: Wenn sich intelligentes Leben auf der Erde entwickelt hat, ist es auch möglich – vielleicht sogar wahrscheinlich –, dass es sich auch auf anderen geeigneten Planeten im Universum entwickelt hat. Er hatte keine Garantie, dass sich diese Hypothese als wahr erweisen würde oder dass er auf Leben stoßen würde, selbst wenn es existierte. Aber trotzdem fand er und auch die NASA (die Nationale Luft- und Raumfahrtorganisation) es für sinnvoll, viel Aufwand, Zeit und erhebliche Geldsummen zu investieren, um mit Radioteleskopen entfernte Galaxien abzuhören, um herauszufinden, ob es irgendwo im Universum sonst noch intelligentes Leben geben könnte.

Warum sollte es also weniger wissenschaftlich sein, nach einem intelligenten Schöpfer zu suchen, insbesondere, wenn es Belege dafür gibt, dass

---

19 Einstein, *Science and Religion*
20 Diese Liste könnte weitergeführt werden, wie eine Internetsuche nach „berühmte christliche Wissenschaftler" zeigen wird.

das Universum den Stempel seines Geistes trägt? Die einzig gültige Rechtfertigung dafür, dass man nicht nach Gott sucht, wären überzeugende Beweise dafür, dass Gott nicht existiert beziehungsweise nicht existieren kann. Aber niemand hat solche Beweise.

Doch für viele Menschen scheint die göttliche Offenbarung trotzdem vollkommen unmöglich zu sein, weil sie den Eindruck haben, die Wissenschaft sei aus der Wiege herausgewachsen, in der sie geboren wurde, und habe dann irgendwie bewiesen, dass es doch keinen Gott gibt. Aus diesem Grund werden wir im Anhang dieses Buches ausführlicher darauf eingehen, was Wissenschaft eigentlich ist, was es heißt, eine wirklich wissenschaftliche Perspektive einzunehmen, was die Wissenschaft bewiesen hat und was nicht und wie die Wissenschaft oftmals allgemein missverstanden wird. Doch hier müssen wir zunächst noch weiter gehende Fragen über die Realität betrachten.

> ✈ *Die einzig gültige Rechtfertigung dafür, dass man nicht nach Gott sucht, wären überzeugende Beweise dafür, dass Gott nicht existiert beziehungsweise nicht existieren kann. Aber niemand hat solche Beweise.*

Die Bedeutung der Realität

Eine der zentralen Fragen, die wir jetzt untersuchen werden, lautet: Können wir die letzte Wahrheit über die Realität wissen? Bevor wir verschiedene Aspekte der Realität betrachten, müssen wir definieren, was wir mit „Realität" meinen. Lassen Sie uns daher mit dem üblichen Gebrauch in unserer Alltagssprache beginnen. Danach können wir dann den Gebrauch des Begriffs auf höheren Ebenen betrachten.

In unserer Alltagssprache haben das Substantiv „Realität" sowie das Adjektiv und das Adverb „real" mehrere, unterschiedliche Bedeutungen, je nachdem, in welchem Kontext sie stehen. Hier ein paar Beispiele:

Zum einen ist das Gegenteil von „real" in manchen Situationen „eingebildet" oder „imaginär". So könnte beispielsweise ein durstiger Reisender in der Sahara in der Ferne etwas sehen, was er für eine Oase mit Wasser und Palmen hält, obwohl da eigentlich keine Oase ist. Was er zu sehen glaubt, ist eine Luftspiegelung, eine optische Illusion. Die Oase ist nicht real, sagen wir, sie existiert nicht wirklich.[21] Oder eine Patientin, der während einer

---

21 Luftspiegelungen entstehen, „wenn sich große Unterschiede in der Temperatur und folglich auch in der Dichte zwischen zwei dünnen Luftschichten auf oder direkt über dem Boden entwickeln. Dadurch wird das Licht gebrochen oder abgelenkt, während es

schweren Operation starke Medikamente injiziert wurden, kann aus der Narkose aufwachen und unter Halluzinationen leiden. Sie kann glauben, sie sehe alle möglichen seltsamen Wesen durch ihr Zimmer laufen. Aber wenn wir sagen, dass diese Dinge, die sie zu sehen glaubt, nicht real sind, meinen wir damit, dass diese eigentlich nicht existieren. Wir könnten natürlich argumentieren, dass etwas im Gehirn der Patientin geschieht und sie ähnliche Eindrücke erlebt, als wären diese seltsamen Wesen real. Ihre Eindrücke sind daher in dem Sinne real, dass sie in ihrem Gehirn existieren, aber sie entsprechen nicht der äußeren Realität, von der die Patientin glaubt, sie sei der Ursprung dieser Sinneseindrücke. Die Mechanismen ihres Gehirns erzeugen ein falsches Bild: Die seltsamen Wesen existieren nicht. Sie sieht nicht *sie*. Sie sind nicht real. Auf Grundlage solcher Beispiele (der Reisende und die Patientin) haben manche Philosophen argumentiert, dass keiner von uns sich jemals sicher sein kann, ob die Sinneseindrücke, die wir von der äußeren Realität zu empfangen glauben, die äußere Welt auch wirklich darstellen und keine Illusionen sind. Ihre Argumente werden wir ausführlich in Buch 2 dieser Serie, *Was können wir wissen?*, behandeln und dabei auch auf die Erkenntnistheorie und verwandte Themen eingehen.

Zusammenfassend lässt sich Folgendes sagen: Weder der Reisende noch die Patientin nahmen die äußere Realität so wahr, wie sie wirklich war. Aber die Gründe für ihr Unvermögen waren unterschiedlich: Beim Reisenden war es eine äußere Illusion (möglicherweise verstärkt durch den Durst), die ihn dazu brachte, die Realität falsch zu interpretieren und sich vorzustellen, es gebe dort eine wirkliche Oase, obwohl diese nicht da war. Bei der Patientin gab es in ihrem Raum nichts Ungewöhnliches, was ihre Wahrnehmungsstörung verursacht hätte. Das Problem lag vollständig in ihrem Inneren. Die Medikamente hatten die Wahrnehmungsmechanismen ihres Gehirns verzerrt.

---

durch eine Schicht zur nächsten wandert. Am Tag, wenn sich eine warme Schicht direkt über dem Boden befindet, werden Objekte nahe des Horizontes oftmals auf flachen Oberflächen widergespiegelt, wie zum Beispiel Strände, Wüsten, Straßen und Wasser. Dies erzeugt die flimmernden, schwebenden Bilder, die man oft an sehr heißen Tagen beobachten kann." *Oxford Reference Encyclopaedia*, 913.

Aus diesen beiden Beispielen können wir einige praktische Lektionen lernen:

1. Es ist für uns alle wichtig, von Zeit zu Zeit die Frage zu stellen, ob das, was wir einfach so als Realität empfinden, auch wirklich der Realität entspricht.

2. In Fällen wie den gerade beschriebenen muss die externe Realität der Maßstab sein, anhand dessen wir darüber urteilen, ob unsere Sinneswahrnehmungen richtig oder falsch sind.

3. Ob man Menschen von ihren inneren subjektiven Fehlwahrnehmungen befreien kann, hängt davon ab, ob man sie irgendwie dazu bringen kann, sich der externen, objektiven Realität zu stellen und sie wahrzunehmen.

Zweitens lautet in anderen Situationen das Gegenteil von „real" in der Alltagssprache „gefälscht", „unecht", „betrügerisch". Wenn wir zum Beispiel ein Stück Metall als „reales" oder „wirkliches Gold" bezeichnen, meinen wir damit, dass es echtes Gold ist und nicht so etwas wie Messing, das nur wie Gold aussieht. Die praktische Bedeutung davon, dass man in der Lage ist, zwischen dem zu unterscheiden, was in diesem Sinne real ist und was wiederum unecht oder gefälscht, lässt sich leicht aufzeigen.

Nehmen wir als Beispiel die Münzprägung. In vergangenen Jahrhunderten, als Münzen aus echtem Gold oder Silber hergestellt wurden (oder hergestellt werden sollten), verunreinigten Betrüger oft das Material der Münzen durch die Beimischung von minderwertigem Metall. Wenn die Käufer oder Verkäufer keine Möglichkeiten hatten zu überprüfen, ob die Münzen echt waren oder den vollen Wert besaßen, konnten sie leicht betrogen werden.

In unserer modernen Welt drucken Fälscher falsche Banknoten und bringen sie heimlich in Umlauf. Wenn der Betrug schließlich aufgedeckt wird, verweigern Banken und Händler die Annahme dieser falschen Banknoten, und unschuldige Leute bleiben auf wertlosen Fetzen Papier sitzen.

Oder ein unehrlicher Juwelier zeigt einer reichen Frau eine Halskette und erzählt ihr, sie sei aus wertvollen Edelsteinen gefertigt worden; und die reiche, arglose Frau bezahlt einen hohen Preis dafür, nur um später festzustellen, dass die Edelsteine nicht echt sind: Sie waren Nachahmungen, die aus einer Art Glaspaste oder Strass hergestellt wurden.

Im umgekehrten Fall bringt eine ältere Frau ihre Halskette, die aus echten Edelsteinen besteht, zu einem Juwelier und bietet sie ihm zum Verkauf an, um etwas Geld für ihren Lebensunterhalt zu erhalten. Doch der skrupellose Juwelier behauptet, die Edelsteine seien nicht so wertvoll, wie sie gedacht hatte: Sie seien aus Glaspaste hergestellte Nachahmungen. Durch diese Täuschung kann er die zögerliche Frau überzeugen, ihm die Halskette für einen viel geringeren Preis zu verkaufen, als sie eigentlich wert ist.

Erneut wird es aufschlussreich sein, die diesen Beispielen zugrunde liegenden Prinzipien genauer zu betrachten, denn später, wenn wir dazu kommen werden, die Realität auf einer höheren Ebene zu studieren, können sie uns hilfreiche Analogien und Gedankenmodelle liefern.[22]

Beachten Sie, dass den letzten drei Beispielen Prinzipien zugrunde liegen, die sich signifikant von den Prinzipien der Beispiele unterscheiden, die wir zuvor betrachtet haben. Die Oase und die seltsamen Wesen waren nicht real, weil sie in der äußeren Welt nicht wirklich existierten. Aber die gefälschten Münzen, die betrügerischen Banknoten sowie die echten und die nachgeahmten Edelsteine existierten alle in der äußeren Welt. In diesem Sinne waren sie alle real, Teil der externen Realität, wirkliche Stücke Materie.

Was war dann das Problem mit ihnen? Es waren die Betrüger, die für die Münzen und die Banknoten einen Wert und eine Kaufkraft beanspruchten, die sie in Wirklichkeit nicht besaßen; und bei den zwei Halsketten hatten die skrupellosen Juweliere in beiden Fällen das Wesen der Materie, aus der die Edelsteine bestanden, falsch dargestellt.

Das führt uns zur Frage: Wie können Menschen vermeiden, auf solche falschen Behauptungen und Falschdarstellungen hereinzufallen? Es ist nicht schwer zu erkennen, warum solche Fragen wichtig werden, wenn wir uns mit der Materie des Universums und seinen Eigenschaften befassen.

Zur Überprüfung, ob ein Objekt aus reinem Gold besteht oder nicht, wird damals wie heute ein schwarzes, feinkörniges, kieselhaltiges Gestein eingesetzt, das als Prüfstein bezeichnet wird. Wenn man reines Gold an diesem Prüfstein reibt, hinterlässt es auf dem Stein besonders beschaffene Streifen. Wenn ein Objekt aus verunreinigtem Gold oder aus minderwertigerem Metall besteht, werden die Streifen, die es auf dem Stein hinterlässt, anders beschaffen sein.

---

22 Siehe dazu besonders den Abschnitt *Was ist Wirklichkeit?* in Band 4.

BILD I.3. *Ein Prüfstein*

Prüfsteine wurden zum ersten Mal von Theophrastos (um 372 bis 287 vor Chr.) in seiner Schrift *De lapidibus* (Über die Steine) erwähnt. Prüfsteine sind Tafeln aus feinkörnigem schwarzen Stein, die dazu verwendet werden, den Gold- oder Silberanteil in einer Metallprobe zu bestimmen oder abzuschätzen. Auf dem Stein sieht man Spuren von Gold.

© jcw – Eigenes Werk, CC BY-SA 3.0/commons. wikimedia.org, ursprünglich in Farbe

In der Antike trugen Händler immer einen Prüfstein mit sich, doch man brauchte auch beachtliches Wissen und Erfahrung, um die Prüfung korrekt zu interpretieren. Bei Banknoten und Edelsteinen können Nachahmungen so geschickt gemacht sein, dass nur ein Experte den Unterschied zwischen echt und falsch erkennen kann. In diesem Fall müssten sich Nichtexperten wie wir auf das Urteil von Experten verlassen.

Aber was sollen wir tun, wenn die Experten sich nicht einig sind? Wie entscheiden wir, welchem Experten wir vertrauen wollen? Gibt es eine Art Prüfstein, den gewöhnliche Leute bei den Experten selbst anwenden können oder zumindest bei ihren Interpretationen?

Es gibt noch eine weitere Situation, die wir an dieser Stelle genauer betrachten sollten, bevor wir uns unserem Hauptthema widmen.

Drittens: Wenn wir mit etwas konfrontiert werden, das beansprucht, ein Bericht über ein vergangenes Ereignis und seine Ursachen zu sein, stellen wir zu Recht folgende Fragen: „Hat dieses Ereignis wirklich stattgefunden? Hat es so stattgefunden, wie der Bericht behauptet? War die vermutete Ursache auch die tatsächliche Ursache?" Die Schwierigkeit bei Ereignissen aus der Vergangenheit ist, dass wir sie nicht einfach in die Gegenwart holen können und ihren Ablauf in unseren Laboren noch einmal beobachten können. Wir müssen deshalb nach vorhandenen Beweisen suchen, sie analysieren und dann entscheiden, welche Interpretation der Beweise das Geschehene am besten erklärt.

Das ist natürlich nichts Ungewöhnliches. Polizisten, die versuchen, einen Mord aufzuklären und den Mörder ausfindig zu machen, befinden sich konstant in dieser Situation, und auch Historiker, Archäologen und

Paläontologen machen dies ständig. Aber beim Umgang mit Beweisen und ihrer Interpretation können Fehler gemacht werden. Ein Beispiel: Im Jahr 1980 campte eine Familie im australischen Outback, als sie plötzlich von einem Dingo (einem australischen Wildhund) angegriffen wurde. Dabei kam das kleine Kind der Familie ums Leben. Als die Polizei jedoch den Fall untersuchte, glaubten sie die Geschichte der Eltern nicht. Sie unterstellten der Frau, das Kind tatsächlich selbst getötet zu haben. Das Gericht befand sie für schuldig, und sie wurde verurteilt. Doch später tauchten neue Beweise auf, die die Geschichte der Eltern bestätigten und bewiesen, dass wirklich ein Dingo für den Tod des Kindes verantwortlich gewesen war. Erst 2012 wurde das Paar vollständig von den Beschuldigungen freigesprochen.

Zeigt uns dies, dass wir uns nie wirklich sicher sein können, ob ein historisches Ereignis tatsächlich stattgefunden hat? Oder, dass wir uns nie über seine wahren Ursachen gewiss sein können? Natürlich nicht! Es steht völlig außer Zweifel, dass beispielsweise Napoleon Russland eroberte und Dschingis Khan Peking (das damals Zhongdu genannt wurde) belagerte. Wie wir bereits festgestellt haben, lautet die Frage: Was für Beweise müssen wir haben, um uns sicher zu sein, dass ein historisches Ereignis wirklich stattgefunden hat?

Doch genug von diesen Vorübungen – es ist jetzt an der Zeit, den ersten Schritt zur Beantwortung folgender Frage zu tun: Können wir die letzte Wahrheit über die Realität erfahren?

WAS IST DAS WESEN DER LETZTEN REALITÄT?

Wir haben über die Bedeutung von Realität in verschiedenen praktischen Situationen des täglichen Lebens nachgedacht. Jetzt müssen wir anfangen, die Realität auf den höheren Ebenen unserer eigenen individuellen Existenz zu betrachten sowie die unserer Mitmenschen und schließlich die des gesamten Universums.

Wir selbst als Individuen

Lassen Sie uns mit uns selbst als Individuen beginnen. Wir wissen, dass wir existieren. Wir müssen keine langen philosophischen Diskussionen führen, bevor wir wissen, dass wir existieren. Wir wissen es intuitiv. In der Tat können wir dies nicht logisch leugnen. Wenn ich behaupten sollte: „Ich existiere nicht", würde ich meine Behauptung allein dadurch widerlegen, dass ich sie mache. Eine nicht existente Person kann nun einmal nichts behaupten.

Wenn ich nicht existieren würde, könnte ich noch nicht einmal sagen: „Ich existiere nicht", da ich dazu existieren müsste, um dies zu behaupten. Daher kann ich nicht auf logische Weise meine eigene Nichtexistenz behaupten.

Es gibt noch mehr Dinge, die wir intuitiv über uns selbst wissen.

Erstens besitzen wir Selbstbewusstsein, das heißt, wir sind uns unserer selbst als einzelne Individuen bewusst. Ich weiß, dass ich nicht mein Bruder bin oder meine Schwester oder mein Nachbar. Ich bin das Kind meiner Eltern, aber ich bin nicht einfach nur eine Weiterentwicklung meines Vaters und meiner Mutter. Ich bin ein einzelnes Individuum, ein eigenständiger Mensch. Mein Wille ist keine Fortführung ihres Willens, das heißt, wenn sie etwas wollen, will ich nicht automatisch dasselbe. Mein Wille ist mein eigener Wille.

Mein Wille wurde vielleicht geprägt durch viele Erfahrungen in der Vergangenheit, von denen die meisten nun in mein Unterbewusstsein gelangt sind, und wird vielleicht von vielen inneren Wünschen oder Ängsten bedrängt und von den äußeren Umständen. Aber was immer deterministische Philosophen behaupten – tief in unserem Herzen wissen wir, dass wir uns frei entscheiden können. In diesem Sinn ist unser Wille frei. Wäre er es nicht, könnte niemand jemals für sein Fehlverhalten angeklagt werden oder für gute Taten gelobt werden.

Zweitens sind wir uns selbst auch intuitiv als Personen bewusst, die sich wesentlich von unpersönlichen Dingen unterscheiden und ihnen überlegen sind. Es ist keine Frage der Größe, sondern des Geistes und der Persönlichkeit. Ein Berg mag groß sein, aber er ist ohne Geist und unpersönlich. Er besteht aus nicht rationaler Materie; er ist sich nicht bewusst, dass wir da sind. Er ist sich auch seiner selbst nicht bewusst. Ein Berg liebt weder, noch hasst er, er erwartet weder Dinge, noch reflektiert er sie, er hat weder Hoffnungen noch Ängste. Und doch könnte er uns vernichten, wenn er zu einem Vulkan wird – obwohl wir rationale Wesen sind und er ohne Geist ist. Trotzdem sollten wir aus der Tatsache, dass unpersönliche, nicht rationale Materie größer und stärker ist als wir, nicht schlussfolgern, dass sie auch eine höhere Existenzform ist als ein persönlicher, rationaler Mensch. Doch dadurch stellt sich uns folgende Frage: Was ist nun die Stellung unserer menschlichen Existenz in dieser materiellen Welt und dem Universum?

Unsere Stellung in der Welt

Wir wissen, dass wir nicht immer existiert haben. Wir können uns daran erinnern, dass wir einmal kleine Kinder waren. Nun sind wir zu Männern und Frauen herangewachsen. Wir haben auch gesehen, dass Menschen früher oder später sterben und dass die unpersönliche und geistlose Erde zu ihrem Grab wird. Was ist also die Bedeutung eines einzelnen Menschen und seines vergleichsweise kurzen Lebens auf der Erde?

Manche denken, dass es auf die Menschheit als Ganzes ankommt: Das Individuum zählt nur wenig. So gesehen ist die Menschheit wie ein großer Apfelbaum. Jedes Jahr bringt er eine reiche Ernte an Äpfeln hervor. Jeder Apfel ist mehr oder weniger gleich. Ein einzelner Apfel hat keine besondere Bedeutung. Er ist für ein kurzes Leben bestimmt, bevor er wie der Rest der Ernte verspeist und vergessen wird und so Platz macht für die Ernte des nächsten Jahres. Der Baum selbst lebt weiter und bringt Jahr für Jahr neue Ernten hervor, in einem scheinbar endlosen Kreis von Geburt, Wachstum und Verschwinden. So gesehen ist der Baum das bedeutende und dauerhafte Phänomen; der einzelne Apfel dagegen ist fast bedeutungslos.

BILD I.4. *Ein Apfel*
Apfelbäume brauchen vier bis fünf Jahre, bevor sie die erste Frucht bringen, und die Bildung eines Apfels erfordert die Energie von 50 Blättern. Archäologen haben Beweise entdeckt, dass die Menschen seit Beginn der aufgezeichneten Geschichte Äpfel essen.

©unsplash.com/Fumiaki Hayashi

Unser Ursprung

Aber diese Sicht des Einzelnen im Verhältnis zu seiner Art bringt uns nicht zur Wurzel unserer Frage, denn auch die Menschheit hat nicht immer existiert, sondern hatte einen Anfang, wie auch das Universum selbst. Dadurch wird die Frage nur noch eine Stufe weiter zurückgeschoben: Wem verdanken die Menschheit als Ganzes und das Universum selbst letztlich ihre Existenz? Was ist die große Realität hinter der nicht rationalen Materie des Universums und hinter uns rationalen, persönlichen, individuellen Mitgliedern der menschlichen Art?

Bevor wir beginnen, die Antworten zu untersuchen, die im Laufe der Jahrhunderte auf diese Fragen gegeben wurden, sollten wir beachten, dass uns die Wissenschaft zwar auf eine Antwort hinweisen kann, eine endgültige und vollständige Antwort kann sie uns aber nicht liefern. Das liegt nicht daran, dass mit der Wissenschaft etwas nicht stimmt, die Schwierigkeit liegt einfach in der Natur der Dinge. Die heute am weitesten verbreitete (wenn auch nicht die einzige) wissenschaftliche Theorie zur Entstehung des Universums ist die des Urknalls. Doch die Theorie sagt uns, dass wir hier auf eine Singularität stoßen, auf einen Punkt, an dem alle Gesetze der Physik in sich zusammenbrechen. Wenn das stimmt, folgt daraus, dass uns die Wissenschaft selbst keinen wissenschaftlichen Bericht darüber liefern kann, was davor gewesen ist und durch den Urknall zum Universum geführt hat und letztendlich zu uns als einzelnen Menschen.

Unsere Bestimmung

Die Tatsache, dass die Wissenschaft diese Fragen nicht beantworten kann, heißt natürlich nicht, dass es sich dabei um Pseudofragen handelt, die es nicht wert wären, gestellt zu werden. Adam Schaff, der polnische marxistische Philosoph, beobachtete vor langer Zeit:

„,Sinn des Lebens' oder ,Mensch und Welt', das klingt schrecklich, und man kann schwerlich behaupten, dass es möglich ist, sich in einer so nebelhaften Angelegenheit vernünftig zu äußern. Und dennoch! Wenn wir auch zehnmal sagen, es sei ein typisches Pseudoproblem, *liquidieren wir das Problem damit nicht.*"[23]

Ja, natürlich würden Probleme bestehen bleiben, und sie sind die wichtigsten Fragen des Lebens. Nehmen wir an, wir würden mithilfe der Wissenschaft alles über jedes Atom, jedes Molekül, jede Zelle, jeden elektrochemischen Strom und jeden Mechanismus unseres Körpers und Gehirns wissen. Wie viel weiter wären wir dann? Wir würden wissen, aus was wir bestehen und wie wir funktionieren. Aber wir würden noch immer nicht wissen, wozu wir gemacht wurden.

Stellen wir uns folgende Analogie vor: Eines Morgens wachen wir auf und sehen einen neuen, leeren Geländewagen vor unserem Haus parken, den irgendein anonymer Spender auf unseren Namen zugelassen und zu unserem Gebrauch bestimmt hat. Wissenschaftler könnten jedes Atom und Molekül beschreiben, aus dem das Auto besteht. Ingenieure könnten uns erklären, wie es funktioniert und dass es für den Transport von Menschen

---

23 Schaff, *Marx oder Sartre?*, 32 (Kursivsetzung durch uns)

entwickelt wurde. Der Jeep ist offensichtlich dazu gedacht, an andere Orte zu fahren. Aber wohin? Weder die Wissenschaft noch die Ingenieure könnten uns sagen, wohin wir mit dem Geländewagen fahren sollen. Sollten wir dann nicht herausfinden, wer der anonyme Spender ist, und klären, ob wir mit dem Geländewagen tun und lassen können, was wir wollen, ohne jemandem dafür Rechenschaft ablegen zu müssen? Oder ob der Geländewagen uns vom Hersteller und Besitzer als dauerhafte Leihgabe zur Verfügung gestellt wurde in der Erwartung, dass wir die Absichten des Spenders berücksichtigen, die Regeln im Fahrerhandbuch befolgen und uns am Ende vor dem Spender dafür verantworten, wie wir das Auto eingesetzt haben?

Das ist genau die Situation, in der wir uns als Menschen befinden. Wir sind ausgestattet mit einem großartigen Exemplar physikalischer und biologischer Ingenieurskunst – unserem Körper und unserem Gehirn. Und wir haben uns weder selbst geschaffen noch die „Maschine", für die wir verantwortlich sind. Müssen wir uns nicht fragen, wie unser Verhältnis zu dem ist, dem wir unsere Existenz verdanken? Was wäre, wenn sich letztendlich herausstellen würde, dass wir unsere Existenz nicht einem unpersönlichen Etwas verdanken, sondern einem persönlichen Jemand?

Für manche erscheint die zweite Möglichkeit intuitiv unattraktiv, wenn nicht sogar beängstigend; sie würden lieber denken, dass sie ihre Existenz unpersönlicher Materie und unpersönlichen Kräften und Prozessen verdanken. Jedoch hat auch diese Sicht bei manchen sonderbare Ängste ausgelöst. Der Wissenschaftler Jacob Bronowski (1908–1974) bekannte sich zu der tiefen, intuitiven Sehnsucht, nicht einfach nur zu existieren, sondern ein erkennbar eigenständiges Individuum zu sein – nicht nur einer von Millionen ansonsten nicht unterscheidbarer Menschen:

> *Müssen wir uns nicht fragen, wie unser Verhältnis zu dem ist, dem wir unsere Existenz verdanken? Was wäre, wenn sich letztendlich herausstellen würde, dass wir unsere Existenz nicht einem unpersönlichen Etwas verdanken, sondern einem persönlichen Jemand?*

„Wenn ich sage, ich möchte ich selbst sein, meine ich so wie der Existenzialist damit, dass ich frei sein möchte, um ich selbst zu sein. Dies impliziert, dass ich von Zwängen befreit sein will (inneren wie äußeren), um auf überraschende Weise zu handeln. Doch damit meine ich nicht, dass ich zufällig oder unberechenbar handeln möchte. Nicht in diesem Sinne möchte ich frei sein, sondern so, dass es mir erlaubt ist, anders als andere zu sein. Ich möchte meinen eigenen Weg gehen –

aber ich möchte, dass dieser Weg als mein eigener wahrgenommen wird und nicht als Zickzackkurs. Und ich möchte, dass andere dies bemerken: Ich möchte, dass sie sagen: „Wie ungewöhnlich!"[24]

Doch gleichzeitig bekannte er, dass ihn bestimmte Interpretationen der Wissenschaft erschrecken und ihm die Zuversicht rauben:

„Dort liegt der Dreh- und Angelpunkt unserer Ängste: dass sich der Mensch als Spezies und wir als denkende Wesen uns als reine Maschinen von Atomen erweisen. Wir bekennen uns zum Eigenleben der Amöbe und der Käsemilbe, doch was wir verteidigen, ist der menschliche Anspruch, ein Komplex aus Willen, Gedanken und Emotionen zu sein – einen Geist zu besitzen. ...

Die Krise der Zuversicht ... entspringt dem Wunsch des Menschen, ein Geist und eine Person zu sein, angesichts der nagenden Angst, nur ein Mechanismus zu sein. Die zentrale Frage, die ich stelle, lautet: Kann der Mensch sowohl eine Maschine als auch ein Selbst sein?"[25]

Unsere Suche

Und so kommen wir zu unserer ursprünglichen Frage zurück; aber nun wird deutlich, dass es sich um eine doppelte Frage handelt: Es geht nicht nur darum, was oder wem die Menschheit als Ganzes ihre Existenz verdankt, sondern auch, was der Status des einzelnen Menschen im Verhältnis zu seiner eigenen Art ist und zu den unzählbaren Myriaden von Einzelphänomenen, aus denen das Universum besteht. Oder anders gefragt: Was ist unsere Bedeutung innerhalb der Realität, in der wir uns befinden? Das ist die letzte Frage, die über jedem einzelnen Leben steht, ob wir nun nach Antworten suchen oder nicht. Die Antworten, die wir finden, werden unser Denken in allen wichtigen Lebensbereichen beeinflussen.

Es handelt sich also nicht um rein akademische Fragen, die für unser praktisches Leben ohne Bedeutung wären. Sie stehen im Zentrum des Lebens selbst, und natürlich wurden im Laufe der Jahrhunderte bemerkenswerte Antworten darauf gegeben, von denen viele auch heute noch vertreten werden.

---

24 Bronowski, *Identity of Man,* 14–15
25 Bronowski, *Identity of Man,* 7–9

Wenn wir verstehen wollen, warum viele unserer Mitmenschen so ernsthaft an ihren Sichtweisen festhalten, müssen wir versuchen, ihre Ansichten zu verstehen und die Gründe zu erkennen, warum sie diese haben. Aber an dieser Stelle müssen wir eine Warnung äußern, die wir auch im Laufe dieser Bücher mehrmals wiederholen werden: Wer anfängt, ernsthaft nach der Wahrheit zu fragen, wird herausfinden, dass er – egal, wie niedrig die Ebene ist, auf der er anfängt – aus logischen Gründen nicht widerstehen kann, auch nach der letzten Wahrheit über alles zu fragen.

Darum wollen wir im Geist der Wahrheit und Aufrichtigkeit direkt sagen, dass wir, die Autoren dieses Buches, Christen sind. Wir geben nicht vor, neutrale Führer auf dieser Reise zu sein. Wir empfehlen Ihnen die Antworten, die wir selbst gefunden haben, von ganzem Herzen. Wir werden Ihnen begründen, warum wir die Aussagen der christlichen Botschaft für gültig halten und glauben, dass sie wirkliche Hilfe bieten können. Dies schließt jedoch nicht aus, dass wir uns in diesem Geiste der Aufrichtigkeit und Fairness auch mit anderen Ansichten auseinandersetzen werden. Wir hoffen, dass jene unter Ihnen, die unsere Ansichten nicht teilen, sich mit diesen im selben Geist auseinandersetzen werden. Mehr können wir nicht verlangen, wenn wir uns gemeinsam auf die Suche machen – die Suche nach Realität und Bedeutung.

UNSER ZIEL

Unseren kleinen Beitrag zu dieser Suche finden Sie in den vier Bänden dieser Serie. Im **ersten Teil** dieses vierten Buches der Serie – *Antworten einfordern*[26] – betrachten wir verschiedene Beweise für die Ansprüche des christlichen Evangeliums. Zunächst vergleichen wir einige der Antworten, die uns die großen Weltreligionen geben, und fragen, ob – wie viele denken – alle Religionen zum selben Ziel führen. Dann befassen wir uns mit der Frage nach der Historizität des Neuen Testaments, nach der Genauigkeit seiner Dokumente, auch anhand externer Quellen, in denen Bezug auf seine zentralen Ereignisse genommen wird. Wir wenden uns dann Jesus Christus zu und der Frage, ob er eine reale historische Person war oder ob er nur das Produkt eines religiösen Mythos war, der durch literarische Fiktionen entstanden ist. Danach betrachten wir die Auffassung, dass Christus von den Toten auferstand, und die Frage, ob man heute noch daran (oder an irgend-

---

26 Dieser Teil entspricht Bd. 5 der englischen Ausgabe *Claiming to Answer*.

ein anderes Wunder) glauben sollte. Und schließlich werden wir uns mit den konkreten Beweisen für die Auferstehung Christi befassen – jenem Wunder, auf dem die Wahrheit des Christentums beruht und in dem sowohl Hoffnung für diese Welt als auch das Gericht über sie angekündigt wird.

Im **zweiten Teil** dieses Buches – *Den Schmerz des Lebens ertragen*[27] – werden wir uns mit dem Problem des Leids auseinandersetzen. Leid lässt sich logisch auf zwei unterschiedliche Ursachen zurückführen, auch wenn beide in der Praxis manchmal untrennbar miteinander verbunden sind.

Ein Teil des Leids wird durch Naturkatastrophen und Krankheiten verursacht, für die der Mensch nicht unmittelbar verantwortlich ist (oder zumindest nicht vollständig), auch wenn wir vielleicht für manches davon *indirekt* verantwortlich sind. Wir werden diese Art von Schmerz und Leid und die dadurch aufgeworfenen Probleme im zweiten Abschnitt – „Das Problem des natürlich Bösen" – diskutieren.

Der andere Teil des Leids ist der, für den der Mensch unmittelbar verantwortlich ist, und dieser Teil ist gewaltig: wirtschaftliche, politische und zivile Ungerechtigkeit, Korruption, Ausbeutung, Aggression, Gewalt, Folter, Mord, Kindesmissbrauch, Vergewaltigung, Untreue, Verrat, Sklaverei, Kriege, Völkermord, Selbstmordattentate und Ähnliches. Dem müssen wir noch all das Unrecht hinzufügen, dessen Auswirkungen geringer sein mögen, das aber für das Elend in der Welt verantwortlich ist, was vielleicht am weitesten verbreitet ist – nämlich die schmerzlichen, zerstörerischen Dinge, die wir uns alle gegenseitig antun. Das durch diese Art von Leid aufgeworfene Problem nennen wir „das Problem des moralisch Bösen", was auch der Titel des ersten Abschnitts im zweiten Teil dieses Buches ist.

Im **dritten Teil** dieses Buches kehren wir zurück an den Anfang unserer *Suche nach Wirklichkeit und Bedeutung*[28], indem wir uns zum Schluss noch einer zentralen Grundfrage stellen, die eine Weltanschauung beantworten muss: *Was ist Wirklichkeit?*[29] Hier haben wir vier weitgehend repräsentative Antworten auf die großen Fragen über die Wirklichkeit ausgewählt, in der wir uns befinden. Sie sind in dem Sinne repräsentativ, dass jede Antwort – ganz oder teilweise – von einer Reihe unterschiedlicher Philosophien und/ oder Religionen vertreten wird und Millionen von Menschen diese geglaubt

---

27   Dieser Teil entspricht Bd. 6 der englischen Ausgabe *Suffering Life's Pain*.
28   So der Titel der gesamten Buchreihe.
29   Dieser Teil entspricht Bd. 2 der englischen Ausgabe *Finding Ultimate Reality*.

haben bzw. immer noch glauben. Nachdem wir diese Antworten betrachtet haben, können wir die Frage stellen, welche (wenn überhaupt eine) davon in unseren Augen wahrscheinlich wahr ist.

Lassen Sie uns die Fragen genau formulieren, die wir an diese vier repräsentativen Philosophien/Religionen stellen wollen:

Was ist die letzte Realität? Gibt es nur eine, wie viele Philosophien und Religionen behauptet haben, oder gibt es viele? Ist sie persönlich oder unpersönlich? Ist dies der Schöpfer des Universums oder ist die Entwicklung des Universums das Produkt einer geringeren Macht bzw. irgendeines Prozesses? Existiert sie unabhängig vom Universum oder ist sie Teil der Materie des Universums? Oder ist das Universum selbst die letzte Realität – für sich selbst existierend, eigenständig und unabhängig?

Welche Beziehung haben wir zur letzten Realität und zu welchen Bedingungen? Wenn wir unsere Existenz einer letzten Realität verdanken, müssen wir in irgendeinem Sinne ihre Geschöpfe sein. Aber in welchem Sinne? Wurden wir – Körper, Seele und Geist – von einer letzten Realität erschaffen in dem Sinne, dass die Menschheit nicht schon immer existiert hat, sondern zu existieren begann, als diese letzte Realität bewusst das erste Menschenpaar erschuf? Sind wir Emanationen (das heißt Ausstrahlungen) dieser letzten Realität, wie Sonnenstrahlen, die kontinuierlich von der Sonne ausgestrahlt werden, sodass wir zwar nicht selbst die letzte Realität sind, aber aus demselben Stoff wie die letzte Realität bestehen? Ist die letzte Realität blinde, geistlose Materie, aus der wir uns ohne irgendeine dahinterstehende Absicht entwickelt haben? Gab es in der Ursprungsmaterie irgendeine Lebenskraft oder unpersönliche Intelligenz, die die Materie von Anfang an zur Entwicklung von uns Menschen angetrieben und angeleitet hat?

Haben wir gegenüber dieser letzten Realität irgendeine moralische Verantwortung?

Hat die letzte Realität die Initiative ergriffen, um sich uns zu offenbaren, oder bleibt es uns selbst überlassen, diese zu entdecken?

Das sind also die Fragen; und wenn wir uns die verschiedenen Antworten darauf ansehen, werden wir natürlich auch erfahren wollen, auf welcher Autorität sie basieren. Die Antworten stammen aus dem Bereich des indischen pantheistischen Monismus, der griechischen Philosophie und der Mystik, dem Naturalismus und dem atheistischen Materialismus und dem christlichen Theismus.

Beginnen wir aber zunächst mit Teil 1 und mit der Frage, ob eine Person die Antwort auf unsere tiefsten Fragen sein kann.

WAS DÜRFEN WIR HOFFEN?

TEIL I:
ANTWORTEN EINFORDERN

*Wie eine Person zur Antwort
auf unsere existenziellen Fragen wurde*

I·1
FÜHREN ALLE RELIGIONEN ZUM SELBEN ZIEL?

*Ohne ihre Lehren und Überzeugungen,
die sie von anderen Religionen unterscheiden,
würde eine Religion nicht länger als Religion existieren.
Zudem muss man die Freiheit haben,
das, was man ernsthaft für wahr hält,
ehrlich zu verbreiten (vorausgesetzt, man tut dies
mit friedlichen Mitteln); und sowohl die Wahrheit als auch
die Logik erfordern es, dass man frei behaupten darf,
dass etwas, was dieser Wahrheit widerspricht,
nicht wahr ist.*

EINLEITUNG

Mehr oder weniger Religion?

Wenn jemand behaupten würde, dass Religion das Heilmittel für die Fehler und Versäumnisse der Menschheit und das Gegenmittel für moralische Verwirrung, Zynismus und Nihilismus ist, unter denen die Welt leidet, dann muss diese Behauptung vielen Leuten gelinde gesagt problematisch erscheinen, wenn nicht sogar ganz und gar unglaubwürdig. Schaut euch die Geschichte der Religionen an, sagen sie. Religion ist die Ursache für endlose Kriege, Not und Blutvergießen gewesen. Und ist es nicht das Aufeinanderprallen der Weltreligionen, das gegenwärtig international Konflikte und Terrorismus schürt? Tatsache ist, dass die Christenheit in den Kreuzzügen Armeen aufstellte und mit ihnen Muslime, Türken und Juden im Streit um heilige Ländereien und Stätten abschlachtete. Der Katholizismus folterte und verbrannte in den *Autodafés* der spanischen Inquisition sowohl Juden als auch Protestanten; und in anderen Ländern bekämpften Protestanten wiederum katholische Armeen und richteten katholische „Häretiker" hin. Noch immer bekämpfen Hindus und Muslime einander im Streit um den Besitz heiliger Stätten. Und stellt nicht die Streitfrage, wem der Tempelberg in Jerusalem gehört, noch immer eine Bedrohung für den Weltfrieden dar? All dem könnten wir noch hinzufügen, dass im 20. Jahrhundert im Osten wie im Westen säkulare Ideologien mit dem Absolutismus eines praktisch religiösen und messianischen Eifers betrieben und durchgesetzt wurden – mit dem Ergebnis, dass große Volkswirtschaften ruiniert wurden und viele Millionen Menschen ihr Leben ließen. Ganz gewiss, sagen viele, brauchen wir weniger Religion, nicht mehr.

Andere sind sich da nicht so sicher. Sie haben die Erfahrung gemacht, dass Atheismus, Naturalismus und Säkularismus nicht dazu fähig sind, eine feste Grundlage oder eine adäquate Begründung für private und öffentliche Moral zu liefern. Instinktiv fühlen sie, dass Religion mit ihrer spirituellen

Dimension eine Basis für Glauben, Hoffnung und Mut liefern könnte, die stark genug ist, um im Privaten und Öffentlichen Selbstlosigkeit, Uneigennützigkeit und Moralität zu fördern, die für den Zusammenhalt von Familien und der Gesellschaft so nötig sind. Zumindest könnte Religion dies schaffen, meinen sie, falls (aber es ist ein sehr großes „Falls") alle Religionen dazu bewegt werden könnten, sich nicht länger gegenseitig zu bekämpfen und sich stattdessen zusammen für das Gemeinwohl einzusetzen.

So weit, so gut; und im Lichte von Christi Verbot, sein Reich und seine Wahrheit mit Gewalt zu verteidigen oder zu verbreiten (siehe Joh 18,36-37), werden sich Christen in Grund und Boden schämen allein bei dem Gedanken, dass Menschen im Namen Christi Krieg gegen andere Religionen führen oder anderen das christliche Evangelium gewaltsam aufzwingen.[30]

Ein typisches Argument für gegenseitige Toleranz
Aber nun kommt ein weiteres Argument ins Spiel, und es lautet wie folgt:

1. Die Betonung der Unterschiede zwischen den verschiedenen Religionen war und ist dafür verantwortlich, dass Feindseligkeit und Hass zwischen Menschen unterschiedlichen Glaubens geschürt wird.

2. Diese Betonung der Unterschiede zwischen Religionen ist unsinnig, da alle Religionen im Wesentlichen dasselbe Ziel verfolgen. Sie mögen vielleicht unterschiedlichen Wegen folgen, aber es sind Wege, die auf denselben Berg führen, und sie alle haben denselben Gipfel zum Ziel und werden diesen schließlich erreichen.

3. Es ist daher die Pflicht aller Religionen und religiösen Menschen, sich auf die Tatsache zu einigen (und diese zu verkündigen), dass alle Religionen zum selben Gott führen, dass alle dasselbe Ziel anstreben und dass ihre Unterschiede von untergeordneter Bedeutung sind. Daher können und sollten alle für das Gemeinwohl zusammenarbeiten.

---

30 Eine ausführlichere Diskussion von Christi Verbot finden Sie in Bd. 2, *Was können wir wissen?*, in Kap. 8, *Die Wahrheit auf der Anklagebank*, 241-256.

Dieses dreifache Argument ist zweifellos attraktiv, aber seine Stichhaltigkeit hängt von der Wahrheit der Annahmen ab, die dort enthalten sind:

1. dass das von allen Religionen angestrebte Hauptziel ein gutes Verhalten der Menschen untereinander ist;

2. dass sich alle Religionen darüber einig sind, dass dies ihr Hauptziel ist; und

3. dass alle Religionen akzeptieren, dass die Lehren und Überzeugungen, die sie von den anderen unterscheiden, von untergeordneter Bedeutung sind.

Annahme 1 ist plausibel, weil alle hochentwickelten Religionen versuchen, die Menschen zu lehren, einen bestimmten Moralkodex zu befolgen, und diese Moralkodizes haben recht viel gemeinsam: Sie legen beispielsweise Wert auf einen freundlichen Umgang mit kleinen Kindern und älteren Menschen, Almosen für die Armen, die Fürsorge für Waisen und Kranke, einen respektvollen Umgang miteinander, Ehrlichkeit im Geschäftsleben, Wahrheitsliebe, Selbstlosigkeit, gutes staatsbürgerliches Verhalten usw.

Trotzdem darf man nicht vergessen, dass nicht bei allen Religionen die Moral im Zentrum steht. Die antiken klassischen Religionen Griechenlands und Roms verehrten Götter und Göttinnen, deren Verhalten in ihren Mythen noch viel unmoralischer dargestellt wurde als das Verhalten der Leute, die sie verehrten. In der klassischen Antike war es nicht die Aufgabe der Religion, die Menschen ernsthafte Ethik zu lehren, sondern der Philosophie.

Ebenso geht es beim Ahnen- oder Geisterkult, der auch heute noch sogar in wissenschaftlich und technologisch fortschrittlichen Nationen praktiziert wird, nicht allein (oder vielleicht nicht hauptsächlich) darum, der verstorbenen Verwandten im liebevollen Respekt zu gedenken, sondern größtenteils darum, die Geister durch entsprechende Riten in der Geisterwelt zu bannen und zu verhindern, dass sie diese verlassen und Unruhe stiften, indem sie die Häuser ihrer lebenden Nachkommen heimsuchen. Und andernorts bringen Leute (was wir selbst schon gesehen haben) den Göttern Opfer und Gaben dar, um sie zu bewegen, ihnen Erfolg in der Fußballlotterie zu schenken, oder um sie zu bestechen, damit sie ihnen gewogen sind und sich dann gleichzeitig von ihren Geschäftskonkurrenten abwenden.

Aber lassen wir das beiseite und kehren wieder zu der Beobachtung zurück, dass es hochentwickelten Religionen ein ernsthaftes Anliegen ist, die Menschen zu lehren und zu ermutigen, sich gut gegenüber ihren Mitmenschen zu verhalten. Aber was folgt daraus?

Annahme 2 geht davon aus, dass alle diese hochentwickelten Religionen darin übereinstimmen, dass es ihr Hauptziel ist, Menschen zu ermutigen, sich gut gegenüber dem anderen zu verhalten und ihre Pflicht gegenüber der Gesellschaft zu erfüllen. Aber diese Annahme ist nicht richtig. Die Religionen selbst würden ihr nicht zustimmen, und das zu Recht. Religion ist nicht einfach nur eine Moralphilosophie. Auch wenn es wahrer Religion darum geht, wie es das christliche Neue Testament ausdrückt, „Waisen und Witwen in ihrer Bedrängnis zu besuchen" (Jak 1,27), ist Religion mehr als das. Bei Religion geht es in der Hauptsache um Gott bzw. die Götter und das Verhältnis des Menschen zu ihm bzw. zu ihnen. Auch einem Atheisten kann es ein ernsthaftes und aufrichtiges Anliegen sein, für das Gute seiner Mitmenschen zu leben und zu arbeiten, und bei den meisten Atheisten, so vermuten wir, ist das auch so. Aber die Einstellung eines Atheisten gegenüber Gott ist ernsthaft fehlgeleitet. Lassen Sie uns diesen Punkt mithilfe einer Analogie veranschaulichen.

In vergangenen Jahrhunderten wurden die Weltmeere von unzähligen Piratenschiffen befahren. Auf einigen dieser Schiffe verhielten sich die Piraten untereinander zweifellos sehr gut und befolgten strenge Regeln, damit die von ihnen gemachte Beute auch gerecht aufgeteilt wurde. In diesem Sinne dürften sie wohl mit dem erreichten Standard ihrer Moral sehr zufrieden gewesen sein. Aber man darf nicht die grundlegende Tatsache außer Acht lassen, dass sie Piraten waren, die sich gegen die rechtmäßige Regierung ihres Landes auflehnten! Hätte ihre Regierung sie gefasst, hätte ihnen ihr hervorragendes moralisches Verhalten untereinander keinesfalls den Galgen erspart!

Wenn es ein höchstes Wesen gibt, einen Schöpfer, dem wir unser Leben und jeden Atemzug verdanken, ist es unsere erste Pflicht ihm gegenüber, ihn zu „lieben mit [unserem] ganzen Herzen und mit [unserer] ganzen Seele und mit [unserer] ganzen Kraft", wie es die jüdische Bibel ausdrückt (siehe 5Mo 6,5), und zweitens unseren „Nächsten [zu] lieben wie [uns] selbst" (3Mo 19,18). Das zweite Gebot hängt eng mit dem ersten zusammen, so sehr, dass das Neue Testament argumentiert: „Wenn jemand sagt: Ich liebe Gott, und hasst seinen Bruder, ist er ein Lügner. Denn wer seinen Bruder nicht liebt, den er gesehen hat, kann nicht Gott lieben, den er nicht gesehen hat" (1Jo 4,20). Aber das heißt nicht, dass es, solange ich nur meinen

Bruder gut behandle, egal ist, ob ich Gott ignoriere, seine Autorität ablehne, ihm meine Liebe, meinen Gehorsam und meine Treue verweigere und seine Existenz leugne. Und wenn ich Gott so behandelt habe, wird es, wenn er mich am Ende zur Rechenschaft zieht, keine Entschuldigung sein, wenn ich dann vorbringe, dass ich mich doch gegenüber meinen Mitmenschen gut verhalten habe.

Annahme 3 – dass alle Religionen bereit wären zu akzeptieren, dass die Lehren und Überzeugungen, die sie voneinander unterscheiden, von untergeordneter Bedeutung sind – ist eine Beleidigung der Intelligenz und Integrität ihrer Anhänger. Außerdem grenzt sie ans Absurde. Ohne ihre Lehren und Überzeugungen, die sie von anderen Religionen unterscheiden, würde eine Religion nicht länger als Religion existieren. Zudem muss man die Freiheit haben, das, was man ernsthaft für wahr hält, ehrlich zu verbreiten (vorausgesetzt, man tut dies mit friedlichen Mitteln); und sowohl die Wahrheit als auch die Logik erfordern es, dass man frei behaupten darf, dass etwas, was dieser Wahrheit widerspricht, nicht wahr ist. Keine Religion wird akzeptieren, dass ihre Lehren bloß eine Form von Pragmatismus sind, bei dem es am Ende egal ist, ob sie wahr sind oder nicht.

> ✦ *Wenn es ein höchstes Wesen gibt, einen Schöpfer, dem wir unser Leben und jeden Atemzug verdanken, ist es unsere erste Pflicht ihm gegenüber, ihn zu „lieben mit unserem ganzen Herzen und mit unserer ganzen Seele und mit unserer ganzen Kraft ..."*

Ebenso hat keine Religion das Recht, Anstoß daran zu nehmen, wenn andere die Wahrheit ihrer Überzeugungen infrage stellen. Religionen, die die Macht des Staates benutzen, um allen zu verbieten, öffentlich die Wahrheit ihrer Lehren infrage zu stellen, zeigen damit bloß die Schwäche dieser Lehren auf. Ein solches Infragestellen zieht keinesfalls die Ernsthaftigkeit jener in Zweifel, die diese Lehren glauben, aber in keinem Lebensbereich würde sich eine verantwortungsbewusste Person damit zufriedengeben, Ernsthaftigkeit als Garantie für Wahrheit oder Sicherheit zu akzeptieren. Beispielsweise haben alle Formen von medizinischen Praktiken per Definition dasselbe Ziel, nämlich die Heilung von Kranken. Aber nicht alle Arzneimittel sind gleich wirksam oder gleich sicher. Manche sind auch giftig. Wir sollten so klug sein, den Inhalt einer Flasche nicht einfach so zu schlucken, nur weil auf dem Etikett das Wort „Medizin" steht. Was die Medizin betrifft, glauben wir alle an die Objektivität von Wahrheit. Ebenso können wir es uns nicht leisten, eine Religion allein deshalb für wahr zu halten, nur weil sie sich selbst als „Religion" deklariert.

Die Fakten

Unsere Aufgabe ist es nun, eine ehrliche Antwort auf die Frage zu finden, mit der dieses Kapitel überschrieben ist: „Führen alle Religionen zum selben Ziel?" Zu diesem Zweck werden wir fünf große Religionen betrachten: Hinduismus, Buddhismus, Judentum, Christentum und Islam. Wir werden betrachten, was sie im Zusammenhang mit Themen glauben und lehren, die für alle Religionen von fundamentaler Bedeutung sind.[31]

WAS DIE HAUPTRELIGIONEN MIT „GOTT" MEINEN

Hindu-Religion

Die Ansichten der Hindu-Philosophie zu diesem Thema werden wir im dritten Teil dieses Buches betrachten.[32] Hier werden wir uns nun mit der Hindu-Religion beschäftigen.

Manche behaupten, die ursprüngliche Hindu-Religion sei monotheistisch gewesen. Sicherlich glaubt der volkstümliche Hinduismus noch immer an ein höchstes Wesen mit dem Namen Brahman, der (bzw. das) größtenteils unergründbar ist. Aber daneben glauben Hindus an buchstäblich Tausende von Göttern und Göttinnen, unter ihnen Ganesha, den Elefantengott, und diese verehren sie eher als Brahman. Es gibt zahlreiche Tempel für all die anderen Götter und Göttinnen; Tempel für Brahman jedoch sind selten oder existieren praktisch gar nicht. Natürlich kann niemand alle diese Gottheiten verehren. Die Leute konzentrieren sich auf einen oder mehrere von ihnen, denen sie sich besonders verpflichtet fühlen.

Die volkstümliche Hindu-Religion vertritt, wie auch der philosophische Hinduismus, die Lehre des Pantheismus, dass jeder und alles mit Gott identisch ist.[33] Diese Lehre ist jedoch mit großen Schwierigkeiten behaftet, wie wir an der folgenden Aussage von Sri Ramakrishna sehen:

---

31 Wir sind uns natürlich bewusst, dass es auf der Welt noch viele andere Religionen gibt, aber ein Überblick über sie alle wäre in diesem Kapitel unmöglich und würde auf jeden Fall einfach nur denselben Punkt demonstrieren: dass sich die Weltreligionen über fundamentale Fragen nicht einig sind. Schüler und Studenten sollten jedoch selbst die Richtigkeit unserer Darstellung anhand von detaillierten Abhandlungen und Nachschlagewerken überprüfen.

32 Siehe Teil 3, Kap. 1 – „Der indische pantheistische Monismus" in *Was ist Wirklichkeit?*

33 Siehe die Diskussion des Pantheismus in Kap. 1 und 2 im dritten Teil: *Was ist Wirklichkeit?*

Gott allein ist, und er ist es, der dieses Universum geworden ist ... „Als Schlange beiße ich, als Heiler heile ich." Gott ist der unwissende Mensch und Gott ist der erleuchtete Mensch. Gott als unwissender Mensch bleibt verblendet. Als Guru wiederum schenkt er Gott im Unwissenden Erleuchtung.[34]

Ravi Zacharias hebt die Auswirkungen dieser Lehre auf andere Religionen hervor:

Somit ergibt sich die Frage: Als Buddha die Veden [die heiligen Schriften des Hinduismus] verwarf, war er da Gott in Unwissenheit oder in Erleuchtung? Als Mohammed den Monotheismus und den Weg der Unterwerfung unter Allah postulierte, war er da Gott in Unwissenheit oder Gott in Erleuchtung? So muss man endlos fragen, wenn alles, was existiert, Gott ist.[35]

Die Lehre impliziert auch zwingend, dass das Böse ebenso wie das Gute Gott ist. Auf solche Ansichten reagieren Judentum, Christentum und Islam entsetzt.

Buddhismus

Der *ursprüngliche Buddhismus* ist ein Ableger des Hinduismus. Strenggenommen ist er keine Religion: Er beschäftigt sich nicht mit irgendeinem Gott (und glaubt auch nicht unbedingt an einen). Er ist eine Philosophie, die ihren Anhängern eine Sammlung von Lehren („Die drei Pitaka" / „Pali-Kanon") und eine Reihe von psychologischen Disziplinen anbietet, die das Ziel haben, sie von der Tyrannei der Begierde zu befreien und sie zu einem Lebensstil zu führen, der frei von Unruhe, Stress und Angst ist, und auch zu friedlichen Beziehungen zu ihren Mitmenschen.

Der *Mahayana-Buddhismus* (das heißt der volkstümliche Buddhismus): Diese Form des Buddhismus, von der es viele Varianten gibt, wird stark vom Hinduismus beeinflusst und glaubt folglich an eine Vielzahl von Gottheiten.

---

34 Isherwood, *Vedanta for Modern Man*, 222
35 *Jesus – der einzig wahre Gott?*, 202

Judentum, Christentum und Islam

Da diese Religionen grundsätzlich an Gott glauben, müssen sie die Missachtung (bzw. Leugnung) der Existenz Gottes durch den ursprünglichen Buddhismus als eine Form der grundlegenden Sünde der Menschheit betrachten. Da sie zudem monotheistisch sind, werden Judentum, Christentum und Islam niemals mit der Verehrung von Tausenden von Göttern im Hinduismus und Mahayana-Buddhismus einverstanden sein. Sie betrachten es als schwere Sünde, die Einzigartigkeit des einen wahren Gottes zu kompromittieren.

WAS DIE HAUPTRELIGIONEN
ÜBER DIE MATERIELLE WELT LEHREN

Judentum, Christentum und Islam (jeweilige Hauptrichtung)

Alle drei glauben, dass die materielle Schöpfung gut war, als sie der Schöpfer geschaffen hat, und dass unsere physischen Körper ebenso im Wesentlichen gut sind, bewusst und absichtlich gestaltet und erschaffen von dem einen wahren Gott. Auch wenn sie durch die Sünde verdorben und Vergänglichkeit und Tod unterworfen sind, werden sie eines Tages auferstehen und verherrlicht werden.

Hinduismus und Mahayana-Buddhismus

Diese beiden Religionen lehren genau das Gegenteil. Sie lehren, dass die materielle Welt und unsere physischen Körper nicht die direkte Schöpfung der höchsten Gottheit gewesen seien, auch wenn sie von ihr (bzw. ihm) ausgegangen seien. Sie seien die Schöpfung einer geringeren Gottheit oder einer geringeren Form der höchsten Gottheit gewesen, und Materie sei lästig, wenn nicht sogar ausgesprochen böse. Dementsprechend sei es für die Menschen weise, so weit wie möglich dem Makel ihrer physischen Körper zu entfliehen und nach einem höheren Pfad der Spiritualität zu streben, bis sie am Ende völlig frei von Materie seien, den Zustand von Moksha erreichten, ins Nirvana einträten und eins würden mit der reinen Weltseele.

Alle drei monotheistischen Religionen betrachten diese Abwertung des menschlichen Körpers praktisch als Beleidigung des Schöpfers. Das Christentum meint zudem, dass dies absolut unvereinbar sei mit der Menschwerdung des Sohnes Gottes, seiner körperlichen Auferstehung und Himmelfahrt und schließlich mit der Auferstehung und Verherrlichung der Körper der Menschen seines Volkes und der Erlösung und Wiederherstellung der ganzen Schöpfung.

Schon jetzt wird deutlich, dass wir es hier nicht mit kleineren Unterschieden, sondern mit zwei grundsätzlich unvereinbaren Weltanschauungen zu tun haben.

WELCHE ANTWORT HABEN DIE HAUPTRELIGIONEN AUF DAS PROBLEM DER SCHULD?

Das Problem

Wie wir bereits festgestellt haben, ist es richtig, dass alle hochentwickelten Religionen mehr oder weniger dasselbe lehren, wenn es um die Grundprinzipien der Moral geht. Vergleichen Sie z. B. die „Fünf Silas" des Buddhismus mit den Zehn Geboten des Judentums. Mit einem Wort: Alle Religionen lehren, dass wir gut sein sollen. Unser menschliches Dilemma ist jedoch, dass wir nicht gut sind. Wir haben gegen Gott gesündigt, seine Gesetze gebrochen und müssen die Strafe dafür tragen. Wir haben gegen unsere Mitmenschen gesündigt und ihnen Schaden zugefügt. Wir haben gegen uns selbst gesündigt, und wenn wir tatsächlich Gottes Geschöpfe sind, ist das Sündigen gegen unsere Mitgeschöpfe und uns selbst auch eine schwere Sünde gegen den Schöpfer.

Ob unser Gewissen noch funktioniert und unsere Schuld wahrnimmt, oder ob es aufgehört hat zu funktionieren und sie nicht mehr wahrnimmt – das Ergebnis ist: Wir alle, und das ist eine objektive Tatsache, sind schuldig. Wenn wir wieder Frieden mit unserem Schöpfer auf solider Grundlage haben wollen, müssen wir von unserer Schuld befreit werden. Daher muss jede Religion, die diese Bezeichnung verdient, irgendeine Antwort auf das Problem der Schuld haben.

Aber welche? Es ergibt offensichtlich keinen Sinn, wenn man Menschen einfach sagt, ihre Sünden und die Schuld aus ihrer Vergangenheit seien nicht wichtig und könnten getrost vergessen werden. Denn letztendlich würde das heißen, dass die Leute, gegen die sie gesündigt haben, nicht wichtig sind, der Schaden, den sie angerichtet haben, nicht wichtig ist und das Gewissen bloß eine mentale Schwäche ist, die man ungestraft unterdrücken kann. Aber das wird niemals die Sicht Gottes sein.

Es kann auch keinen Gedanken daran geben, dass wir bei Gott für unsere Sünden irgendwie Wiedergutmachung leisten könnten. Selbst wenn wir unsere Pflicht perfekt erfüllten und unserem Gott mit ganzem Herzen und Geist, ganzer Seele und Kraft dienten, hätten wir immer noch nichts, was wir Gott zur Wiedergutmachung anbieten könnten.

Jeder Mensch braucht daher dringend eine Antwort auf dieses Problem, die seinen eigenen moralischen Maßstäben und seinem Gerechtigkeitsgefühl gerecht wird, aber auch – und vor allem – Gottes Maßstäben. Eine Lösung, die ihm aber gleichzeitig auch Vergebung bringen und ihn in gerechter Weise von den Ketten der begangenen Schuld befreien kann. Was sagen die großen Religionen dazu?

Die Lehre von Karma, Reinkarnation und Seelenwanderung

Der Weg für den Umgang mit Schuld, der von östlichen pantheistischen Religionen wie Hinduismus und Buddhismus dargelegt wird, ist die Lehre vom Karma. Diese besagt, dass jede böse Tat oder Sünde einer Person verdientermaßen eine unvermeidliche Menge an Leid einbringt. Es ist das Prinzip: „Was du säst, wirst du ernten." Zudem kann das Leid erst dann enden, wenn der volle Anteil erlitten worden oder abbezahlt worden ist, der durch das Gesetz des Karmas bestimmt wird.

In diesem Kontext ist die Idee der Vergebung irrelevant. Sie ergibt hier einfach keinen Sinn, und folglich gibt es bei einigen Formen des Buddhismus so etwas wie Vergebung gar nicht. Das Gesetz des Karmas wird als unpersönliches Prinzip verstanden, wie z. B. das Gesetz der Schwerkraft. Sünde ist hier also nicht wie die Sünde gegen das Gesetz eines persönlichen Schöpfergottes, der aus Gnade heraus die Schuld der Sünde vergeben kann. Das unpersönliche Gesetz des Karmas schreibt vor, dass der einzige Weg für einen Menschen, von den Konsequenzen seiner Sünde befreit zu werden, das Erleiden der notwendigen Menge an Leid ist, das er durch seine Sünde verdient. Er kann dabei keine Hilfe von außen erwarten. „Niemand kann den anderen reinwaschen."[36]

Weiter sagt das Gesetz des Karmas, dass dann, wenn ein Mensch stirbt und seine Seele seinen Körper verlässt und dieser bis zu diesem Zeitpunkt noch nicht ausreichend gelitten hat, um das Gesetz des Karmas zufriedenzustellen, seine Seele zur Erde zurückkehren und in einem anderen menschlichen Körper reinkarniert werden muss. (Die Lehre der Seelenwanderung besagt, dass ein Mensch, der sich zu Lebzeiten sehr schlecht verhalten hat, vielleicht auch im Körper eines wilden Tieres reinkarniert werden kann.) Dieser Kreislauf muss so lange wiederholt werden (wenn nötig viele Male), bis der Mensch

---

36   Zaehner, *The Concise Encyclopaedia of Living Faiths*, 265

genug gelitten hat, um sein ganzes Karma abzuarbeiten, und so dann davon befreit werden kann, immer und immer wieder reinkarniert zu werden.

Aber sehen Sie, was das bedeutet. Wenn ein Kind mit einer Behinderung geboren wird, wird die Lehre der Reinkarnation sagen, dass dies so ist, weil das Kind (oder seine Seele) in einer vorherigen Inkarnation gesündigt und bis zum Zeitpunkt seines Todes nicht genug gelitten hat, um sein Karma abzuarbeiten. Daher musste es reinkarniert werden, damit es weiter leiden konnte. Niemand kann jedoch sagen, welche Sünden es waren, die es in seiner vorherigen Inkarnation begangen hatte und für die es jetzt leidet, oder wie viele Reinkarnationen es bereits durchgemacht hat, in denen es noch immer nicht genug gelitten hat, um sein Karma abzuarbeiten. Welche Hoffnung hat es daher, dass es in dieser gegenwärtigen Inkarnation nicht weiter sündigen und so endlose weitere Inkarnationen erforderlich machen wird? Außerdem wäre es nicht wirklich hilfreich, das Leiden des Kindes zu lindern, denn das würde ja die Menge des Leids verringern, welches das Kind durchmachen muss, um sein Karma zu erfüllen.

In den Augen vieler ist dies eine sehr grausame Lehre. Sie hat zudem die logische Folge, dass ein Mann, der sich von Kindheit an einer hervorragenden Gesundheit und an Wohlstand erfreuen konnte, gemäß dieser Lehre behaupten kann, er verdiene diesen Wohlstand, weil er sein vorheriges Leben besser gelebt habe als das Kind, sogar wenn sein gegenwärtiger Wohlstand durch betrügerische Finanzgeschäfte erzielt wurde. Weiter hat diese Lehre zweifellos dazu beigetragen, das Kastensystem zu untermauern und zu rechtfertigen.

Judentum, Christentum und Islam lehnen diese Lehre daher entschieden ab. Sie bestreiten, dass es eine Strafe für die Sünden einer vorherigen Inkarnation ist, in diese Welt hineingeboren zu werden. So etwas zu unterstellen, ist ganz gewiss eine Beleidigung des Lebens selbst und eine Verleumdung des Schöpfers. Als Christus einen Mann traf, der von Geburt an blind war, und gefragt wurde: „Rabbi, wer hat gesündigt, dieser oder seine Eltern, dass er blind geboren wurde?", antwortete Jesus einfühlsam: „Weder dieser hat gesündigt noch seine Eltern ..." (Joh 9,1-3).

> ✦ *Judentum, Christentum und Islam bestreiten, dass es eine Strafe für die Sünden einer vorherigen Inkarnation ist, in diese Welt hineingeboren zu werden.*

Wenn sich eine Frau durch Geschlechtsverkehr mit wechselnden Partnern mit AIDS ansteckt, wird sich vielleicht auch ihr Neugeborenes infizieren und infolge dessen in seinem kurzen Leben viel leiden müssen. In diesem Sinne leiden dann Kinder wirklich als Folge der Sünde ihrer Vorfahren.

Aber weder Judentum noch Christentum noch Islam werden sagen, dass dies der Fehler des Kindes sei, weil es in einer früheren Inkarnation gesündigt habe.

DIE FRAGE DER ERLÖSUNG
IN DEN DREI MONOTHEISTISCHEN RELIGIONEN

Unsere kurze Übersicht bis hierhin hat einige der grundlegenden Unterschiede zwischen Judentum, Christentum und Islam auf der einen Seite und den anderen großen Weltreligionen auf der anderen Seite aufgezeigt. Aber es ist kein Geheimnis, dass diese drei monotheistischen Religionen sich nicht immer einig sind, insbesondere bei einer Frage, die bei ihnen jeweils im Mittelpunkt steht. Wenn wir also ihre besonderen Merkmale verstehen wollen, müssen wir nun untersuchen, was dieser grundlegende Unterschied ist.

Aber lassen Sie uns am Anfang hervorheben, was sie gemeinsam haben. Zunächst einmal sind alle drei monotheistisch, das heißt, sie glauben an einen einzigen wahren Gott, dem sie die Schöpfung der Welt und der Menschheit zuschreiben.

Die Christen erkennen gerne an, wie viel sie dem Judentum zu verdanken haben. Sie akzeptieren das Alte Testament als das inspirierte Wort Gottes – welches die Juden *Tanach* nennen, ein Akronym für die hebräischen Wörter *Torah* (Gesetz), *Nebiim* (Propheten) und *Ketubim* (Schriften). Außerdem ist das christliche Neue Testament ein jüdisches Buch, und vor allem war der, den die Christen als Messias, den Sohn Gottes und Erlöser verehren, ein Jude. Christen glauben sogar, dass er derjenige war, dessen Kommen die Propheten des Alten Testaments vorhersagten.

Das heilige Buch des Islam, der Koran, gebietet den Muslimen, den *Taurat*, den *Zabūr* und den *Indschīl* zu ehren, das heißt die fünf Bücher Mose, die Psalmen Davids und das Evangelium von Jesus (Koran, *Sure* 10. 94; 5. 44–46; 4. 163). Der Koran glaubt an die jungfräuliche Geburt Jesu (*Sure* 3. 45–47; 19. 16–21), akzeptiert, dass Jesus der Messias ist (*Sure* 3. 45), dass er in gewissem Sinne das Wort Gottes ist (*Sure* 4. 171) und dass er der Geist oder die Seele Gottes ist (*Sure* 4. 171), und er glaubt, dass Jesus nun im Himmel lebt (*Sure* 4. 157–158).[37]

---

37 Wie bei jedem Vergleich von Religionen müssen wir darauf achten, dass wir verstehen, wie die Anhänger eines Glaubens sowohl ihre eigenen Begriffe definieren als auch jene des anderen Glaubens, mit dem sie behaupten, übereinzustimmen.

Aber wenn es um die Frage geht, wie und zu welchen Bedingungen der Mensch von der Schuld der Sünde befreit werden und Frieden mit Gott haben kann, widersprechen sowohl das Judentum als auch der Islam dem Christentum entschieden.

Die christliche Lehre von der Erlösung

Das christliche Evangelium stellt Jesus nicht nur als Propheten, Lehrer oder Messias dar, sondern auch als Retter und Erlöser. Die klassische Botschaft des Evangeliums lautet wie folgt:

> Ich tue euch aber, Brüder, das Evangelium kund, das ich euch ver-
> kündigt habe, das ihr auch angenommen habt, in dem ihr auch steht,
> durch das ihr auch gerettet werdet ...: dass Christus für unsere Sün-
> den gestorben ist nach den Schriften; und dass er begraben wurde
> und dass er auferweckt worden ist am dritten Tag nach den Schriften.
> (1Kor 15,1-4)

Nach dem Christentum hängt also die Erlösung von Christus ab. Christi Tod am Kreuz war das von Gott bestimmte Opfer für die Sünden der Welt: Er war „das Lamm Gottes, das die Sünde der Welt wegnimmt" (Joh 1,29). Seine Auferstehung und Himmelfahrt waren Gottes Weg zu bestätigen, dass das Opfer von Christus die Strafe bezahlt hat, die Gottes Gerechtigkeit für die menschliche Sünde bestimmt hat, und dass Gott infolgedessen mit voller Berechtigung in Gerechtigkeit alle begnadigen und annehmen kann, die in echter Reue ihr Vertrauen in Jesus setzen (Röm 3,23-28; 4,24-25). Das heißt, Menschen erlangen Vergebung und Rettung nicht durch ihr eigenes Leiden (wie im Hinduismus), sondern durch das Leiden Christi an ihrer statt; nicht auf Grundlage von verdienstvollen Werken (wie in so vielen Religionen), sondern auf Grundlage des Erlösungswerks, das Christus für sie durch seinen Tod und seine Auferstehung vollbracht hat (1Petr 3,18; Tit 3,3-7; Eph 2,1-10). Der daraus resultierende Frieden und die Zuversicht, die dies uns im Hinblick auf das Endgericht schenkt, werden dann wie folgt ausgedrückt:

> ... sonst hätte er oftmals leiden müssen von Grundlegung der Welt
> an –; jetzt aber ist er einmal in der Vollendung der Zeitalter offenbar
> geworden, um durch sein Opfer die Sünde aufzuheben. Und wie es den
> Menschen bestimmt ist, einmal zu sterben, danach aber das Gericht,
> so wird auch der Christus, nachdem er einmal geopfert worden ist, um

vieler Sünden zu tragen, zum zweiten Male ohne Beziehung zur Sünde denen zum Heil erscheinen, die ihn erwarten. (Hebr 9,26-28)

Oder wie der christliche Apostel Paulus sagt:

Denn Christus ist, als wir noch kraftlos waren – noch zum damaligen Zeitpunkt –, für Gottlose gestorben. Denn kaum wird jemand für einen Gerechten sterben; denn für den Gütigen mag vielleicht jemand auch zu sterben wagen. Gott aber erweist seine Liebe zu uns darin, dass Christus, als wir noch Sünder waren, für uns gestorben ist.

Vielmehr nun, da wir jetzt durch sein Blut gerechtfertigt sind, werden wir durch ihn vom Zorn gerettet werden. Denn wenn wir, als wir Feinde waren, mit Gott versöhnt wurden durch den Tod seines Sohnes, so werden wir viel mehr, da wir versöhnt sind, durch sein Leben gerettet werden. Nicht allein aber das, sondern wir rühmen uns auch Gottes durch unseren Herrn Jesus Christus, durch den wir jetzt die Versöhnung empfangen haben. (Röm 5,6-11)

Die islamische Lehre von der Erlösung

• *Ihr Unterschied zum Christentum*

Der Islam verneint die Göttlichkeit von Jesus Christus. Zwar betrachtet er ihn als Messias, als das Wort und den Geist Gottes, aber er bestreitet, dass er der Mensch gewordene Gott ist. Außerdem bestreitet der Islam, dass Jesus am Kreuz gestorben ist (auch wenn er glaubt, dass Johannes der Täufer nach dem Neuem Testament Jesus offiziell als Lamm Gottes ankündigte, welches die Sünde der Welt wegnehmen werde; Joh 1,29). Im letzten Moment, so lehrt der Koran, bevor Jesus gekreuzigt werden sollte, sei er von Gott lebendig in den Himmel entrückt worden, und jemand anderes – vielleicht Barabbas oder jemand, der ihm ähnlich sah, niemand kann sicher sagen, wer – habe seinen Platz eingenommen (siehe *Sure* 4. 156–158).

• *Die eigene Lehre des Islams von der Erlösung*

Der Islam lehrt die Realität von Himmel (z. B. *Sure* 2. 59; 7. 40) und Hölle (z. B. *Sure* 81. 12; 82. 14–16; 83. 16; 85. 10) und betont die Notwendigkeit, an den einen wahren Gott zu glauben und gute Werke zu tun, um den Himmel zu erlangen und die Hölle zu vermeiden. Sie nimmt das Endgericht sehr ernst und hebt seine Gerechtigkeit hervor:

> Und Wir stellen die gerechten Waagen für den Tag der Auferstehung auf. So wird keiner Seele um irgend etwas Unrecht zugefügt; und wäre es auch das Gewicht eines Senfkorns, Wir bringen es bei. Und Wir genügen als Berechner. (Sure 21, 47)[38]

Aber der Islam kennt keinen Erlöser – der Prophet Mohammed erhob nie diesen Anspruch – und kein Sühneopfer, auf dessen Grundlage Gott Erlösung schenkt. Die Hoffnung auf Erlösung ist daher letztendlich davon abhängig, ob auf Gottes Waage der Gerechtigkeit die guten Werke einer Person schwerer wiegen als die schlechten. Zum Thema Vergebung sagt der Koran:

> Allah vergibt gewiss nicht, dass man Ihm (etwas) beigesellt. Doch was außer diesem ist, vergibt Er, wem Er will. (vgl. Sure 4, 48)

> ... diejenigen, die glauben und rechtschaffene Werke tun, für sie wird es Vergebung und großen Lohn geben. (Sure 35, 7)

> ✸ Wenn Vergebung von Gottes willkürlicher Entscheidung abhängt, kann niemand in diesem Leben jemals sicher sein, dass ihm vergeben wird.

Niemand kann sich von vornherein sicher sein, dass seine guten Werke schwerer wiegen als seine schlechten. Und selbst wenn man dies könnte – wie könnte ein heiliger Gott mit einer Vermischung des Bösen mit Gutem zufrieden sein? Wenn außerdem Vergebung von Gottes willkürlicher Entscheidung abhängt – „Doch ... vergibt Er, wem Er will" (Sure 4. 48) –, kann niemand in diesem Leben jemals sicher sein, dass ihm vergeben wird.

Wenn Vergebung von Gottes willkürlicher Entscheidung abhängt, kann niemand in diesem Leben jemals sicher sein, dass ihm vergeben wird.

---

38   Anmerkung des Übers.: Die Übersetzung dieser und weiterer Suren stammt von *islam.de*, aufgerufen am 26.02.2021.

Die Lehre des Judentums von der Vergebung

Im Unterschied zum Islam bestreitet das Judentum nicht, dass Jesus am Kreuz starb; es lehnt aber seine Auferstehung und Himmelfahrt ab und auch, dass Gott durch diese Auferstehung Jesu Behauptung, der Sohn Gottes zu sein, bestätigte. Folglich bestreitet das Judentum, dass Jesus der Erlöser der Menschheit und sein Tod das von Gott bestimmte Opfer für die Sünden der Welt ist.

All das bedeutet, dass es im Judentum heute kein Sühneopfer für Sünde gibt. Im Judentum hängt wie im Islam die finale Errettung von der Qualität der Werke einer Person ab, obwohl auch hier wieder darauf gehofft werden muss, dass Gott in seinem Urteil gnädig und großzügig sein wird.

Historisch gesehen war dies in Israel nicht immer so gewesen. Nach ihren eigenen heiligen Schriften war Gottes Vergebung mit der Darbringung von Opfern für die Sünde im Tempel verbunden. Kein ernsthafter Denker in Israel hatte jedoch die Vorstellung, dass der Tod der Tiere bei Gott als Wiedergutmachung für seine Sünden gelten oder ihn dafür bezahlen würde – und ihn erst recht nicht bestechen würde –, um seine Sünden zu vergeben. Diese Opfer waren ein Hinweis auf Gottes Gerechtigkeit und eine ständige Erinnerung daran. Als moralischer Herrscher des Universums konnte er nicht einfach die Sünden der Menschen vergessen und so den Eindruck erwecken, dass Sünde am Ende doch keine Rolle spielt. Die Gerechtigkeit verlangte es, dass Gottes Zorn und seinem Missfallen über die Sünde Ausdruck verliehen und die Schuld der Sünde bezahlt werden musste. Daher die Opfer.

In diesem Licht ist es von Bedeutung, dass einer von Israels berühmtesten Propheten, der schließlich das Kommen des Gottesknechtes vorhersagte, verkündete, dass Gott seinem Knecht die Strafe für all unsere Missetaten auferlegen würde und er für unsere Übertretungen verwundet werden würde. So würde er das wahre Opfer für Sünde sein, welches die Tieropfer Israels nur im Voraus angedeutet hatten (Jes 53).

Israel führte also die Praxis der Darbringung von Opfern für Sünde bis zu der Zeit Jesu fort. Jesus behauptete, die Erfüllung jener Opfer zu sein, das Lamm Gottes, das die Sünde der Welt hinwegnimmt. Die Mehrheit Israels war davon nicht überzeugt und fuhr fort, Tiere zu opfern, bis die Römer im Jahr 70 n. Chr. ihren Tempel zerstörten, den einzigen Ort der Erde, an dem nach ihren Schriften diese Opfer dargebracht werden durften. Noch heute feiern die orthodoxen Juden alljährlich das Versöhnungsfest – Jom Kippur – und bekennen ihre Sünden nach den alttestamentlichen Vorschriften. Aber die Opfer, die das Alte Testament vorschrieb, können sie nicht mehr darbringen, und einen Ersatz dafür haben sie nicht.

Aber um den zentralen Unterschied zwischen Judentum und Islam auf der einen und Christentum auf der anderen Seite auf den Punkt zu bringen, kann man sagen: Der Islam leugnet, dass Jesus starb; das Judentum leugnet, dass er von den Toten auferstand. Aber diese Fragen gehören in den Bereich der Geschichte, und Geschichte ist das nächste Thema, dem wir uns nun zuwenden werden.

1·2
DIE HISTORIZITÄT
DES NEUEN TESTAMENTS

*Wenn man die Person Jesus Christus aus dem
christlichen Evangelium entfernt, hat man es zerstört.
Die Wahrheiten des Evangeliums sind vor allem Wahrheiten
über ihn – über sein Leben und seine Lehren über ihn selbst,
seinen Tod, seine Auferstehung und seine Himmelfahrt;
dies sind in erster Linie Tatsachen der Geschichte,
auch wenn die Botschaft, die sie vermitteln, geistlich
und unvergänglich ist.*

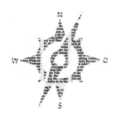

DIE HISTORIZITÄT DES CHRISTLICHEN EVANGELIUMS

Wer das Neue Testament liest, wird schon bald feststellen, wie historisch es an vielen Stellen klingt. So leitet beispielsweise der Autor des dritten Evangeliums, Lukas, sein Werk mit folgenden Worten ein:

> Da es nun schon viele unternommen haben, einen Bericht von den Ereignissen zu verfassen, die sich unter uns zugetragen haben, wie sie uns die überliefert haben, die von Anfang an Augenzeugen und Diener des Wortes gewesen sind, hat es auch mir gut geschienen, der ich allem von Anfang an genau gefolgt bin, es dir, hochedler Theophilus, der Reihe nach zu schreiben, damit du die Zuverlässigkeit der Dinge erkennst, in denen du unterrichtet worden bist. (Lk 1,1-4)

Lukas behauptet also, über Ereignisse zu schreiben, die sich in einem bestimmten Zeitraum ereignet haben, und dass sein Bericht auf Augenzeugenberichten beruht. Er behauptet auch, dass er selbst eigene Nachforschungen betrieben hat, um einen geordneten Bericht für einen hochrangigen Römer namens Theophilus vorzubereiten mit dem Ziel, ihm zu zeigen, dass diese Ereignisse auch wirklich stattgefunden haben.

Er hatte also unter anderem die Absicht, seinen Bericht über das Leben Jesu fest in der Zeitgeschichte zu verankern. So beginnt er seinen eigentlichen Bericht mit der Aussage: „Es war in den Tagen des Herodes, des Königs von Judäa" (Lk 1,5). Die Ereignisse rund um die Geburt Christi datiert er noch genauer: „Es geschah aber in jenen Tagen, dass eine Verordnung vom Kaiser Augustus ausging, den ganzen Erdkreis einzuschreiben. Diese Einschreibung geschah als erste, als Quirinius Statthalter von Syrien war" (Lk 2,1-2). Als er zum Anfang des öffentlichen Wirkens Jesu kommt, liefert er uns noch weitere Informationen zur Datierung:

Aber im fünfzehnten Jahr der Regierung des Kaisers Tiberius, als Pontius Pilatus Statthalter von Judäa war und Herodes Vierfürst von Galiläa und sein Bruder Philippus Vierfürst von Ituräa und der Landschaft Trachonitis und Lysanias Vierfürst von Abilene, unter dem Hohen Priester Hannas und Kaiphas ... (Lk 3,1-2)

Diese Art der Details und Datierung ist charakteristisch für seriöse antike Historiker, die wichtige Ereignisse hervorheben wollen. Lukas gibt sich nicht mit dem „Irgendwann, irgendwo" der Mythologie zufrieden; er setzt das Ereignis mit überprüfbaren Informationen präzise in den historischen Kontext, was seinen Lesern zeigt, dass er möchte, dass sie seine Berichte als ernsthaft historisch auffassen sollen.

Lukas' Glaubwürdigkeit als Historiker ist ein anderes Thema, welches wir später noch diskutieren werden. Im Moment wollen wir einfach die Tatsache hervorheben, dass das Neue Testament den Anspruch erhebt, fest in der Geschichte verankert zu sein. Dies zeigt, dass die christliche Botschaft nicht wie die Mathematik oder Philosophie einfach nur aus einer Reihe von zeitlosen Ideen und Wahrheiten besteht, wo zwar die Inhalte wichtig sind, aber nicht so sehr, wann, wo oder von wem sie als Erstes verkündet wurden. Sie ist auch keine Reihe von religiösen Vorstellungen wie beim Buddhismus, in dem die Lehre selbst das Entscheidende ist und nicht so sehr die Person, von der sie stammt. Das christliche Evangelium basiert auf der historischen Person von Jesus Christus und den historischen Ereignissen rund um seine Person. Wenn man die Person Jesus Christus aus dem christlichen Evangelium entfernt, hat man es zerstört. Die Wahrheiten des Evangeliums sind vor allem Wahrheiten über ihn – über sein Leben, Lehren über ihn selbst, seinen Tod, seine Auferstehung und seine Himmelfahrt; dies sind in erster Linie Tatsachen der Geschichte, auch wenn die Botschaft, die sie vermitteln, geistlich und unvergänglich ist.

> ✥ Die christliche Botschaft besteht nicht wie die Mathematik oder Philosophie einfach nur aus einer Reihe von zeitlosen Ideen und Wahrheiten, wo zwar die Inhalte wichtig sind, aber nicht so sehr, wann, wo oder von wem sie als erstes verkündet wurden.

Zwei Beispiele für die frühe christliche Verkündigung

Von Anfang an war die christliche Verkündigung dadurch gekennzeichnet, dass darin ständig der Schwerpunkt auf diese großen Themen gelegt wurde. Wir sehen dies in der ersten öffentlichen Wiedergabe des christlichen

Evangeliums durch Petrus in Jerusalem an Pfingsten, gerade mal fünfzig Tage nach der Auferstehung Christi (Apg 2). Solche Aussagen finden wir in der Apostelgeschichte immer wieder in Beispielen der frühen christlichen Verkündigung. Hier ist z. B. ein Teil der Rede des Apostels Paulus in der Synagoge von Antiochia in Pisidien:

> Aber nach dem Vorlesen des Gesetzes und der Propheten sandten die Vorsteher der Synagoge zu ihnen und sagten: Ihr Brüder, wenn ihr ein Wort der Ermahnung an das Volk habt, so redet!
> Paulus aber stand auf, winkte mit der Hand und sprach: Männer von Israel und ihr, die ihr Gott fürchtet, hört: Der Gott dieses Volkes Israel erwählte unsere Väter und erhöhte das Volk in der Fremdlingschaft im Land Ägypten, und mit erhobenem Arm führte er sie von dort heraus; und eine Zeit von etwa vierzig Jahren ertrug er sie in der Wüste. Und nachdem er sieben Nationen im Land Kanaan vertilgt hatte, ließ er sie deren Land erben für etwa vierhundertfünfzig Jahre. Und danach gab er ihnen Richter bis zu Samuel, dem Propheten. Und von da an begehrten sie einen König, und Gott gab ihnen Saul, den Sohn des Kisch, einen Mann aus dem Stamm Benjamin, vierzig Jahre lang. Und nachdem er ihn verworfen hatte, erweckte er ihnen David zum König, welchem er auch Zeugnis gab und sprach: „Ich habe David gefunden, den Sohn Isais, einen Mann nach meinem Herzen, der meinen ganzen Willen tun wird." Aus dessen Nachkommenschaft hat Gott nach Verheißung dem Israel als Retter Jesus gebracht, nachdem Johannes vor dessen Auftreten die Taufe der Buße dem ganzen Volk Israel verkündigt hatte. Als aber Johannes seinen Lauf erfüllte, sprach er: Was ihr meint, dass ich sei, bin ich nicht, sondern siehe, es kommt einer nach mir, dem ich nicht würdig bin, die Sandale an den Füßen zu lösen.
> Ihr Brüder, Söhne des Geschlechts Abrahams und ihr, die unter euch Gott fürchten, uns ist das Wort dieser Rettung gesandt. Denn die zu Jerusalem wohnen und ihre Obersten haben, da sie diesen nicht erkannten, auch die Stimmen der Propheten erfüllt, die jeden Sabbat gelesen werden, indem sie über ihn Gericht hielten. Und obschon sie keine todeswürdige Schuld fanden, baten sie den Pilatus, dass er umgebracht werde. Und nachdem sie alles vollendet hatten, was über ihn geschrieben ist, nahmen sie ihn vom Holz herab und legten ihn in eine Gruft. Gott aber hat ihn aus den Toten auferweckt, und er ist mehrere Tage hindurch denen erschienen, die mit ihm

hinaufgezogen waren von Galiläa nach Jerusalem, die jetzt seine Zeugen an das Volk sind. Und wir verkündigen euch die gute Botschaft von der zu den Vätern geschehenen Verheißung, dass Gott sie uns, ihren Kindern, erfüllt hat, indem er Jesus erweckte; wie auch im zweiten Psalm geschrieben steht: „Du bist mein Sohn, heute habe ich dich gezeugt." Dass er ihn aber aus den Toten auferweckt hat, sodass er nicht mehr zur Verwesung zurückkehrte, hat er so ausgesprochen: „Ich werde euch die zuverlässigen heiligen Güter Davids geben." Deshalb sagt er auch an einer anderen Stelle: „Du wirst nicht zugeben, dass dein Heiliger die Verwesung sieht." Denn David freilich entschlief, nachdem er seinem Geschlecht nach dem Willen Gottes gedient hatte, und wurde zu seinen Vätern versammelt und sah die Verwesung. Der aber, den Gott auferweckt hat, sah die Verwesung nicht. So sei es euch nun kund, ihr Brüder, dass durch diesen euch Vergebung der Sünden verkündigt wird; und von allem, wovon ihr durch das Gesetz Moses nicht gerechtfertigt werden konntet, wird durch diesen jeder Glaubende gerechtfertigt. Seht nun zu, dass nicht eintrifft, was in den Propheten gesagt ist: „Seht, ihr Verächter, und wundert euch und verschwindet! Denn ich wirke ein Werk in euren Tagen, ein Werk, das ihr nicht glauben werdet, wenn es euch jemand erzählt."

Als sie aber hinausgingen, baten sie, dass am folgenden Sabbat diese Worte noch einmal zu ihnen geredet würden. (Apg 13,15-42)

Dieser Abschnitt gibt uns einen faszinierenden Einblick in das, was die frühen Christen predigten. Lassen Sie uns die einzelnen Elemente zusammenstellen.

1. Paulus fasst die Geschichte Israels zusammen, von seiner Gründung bis zu der Zeit von König David.

2. Jesus wird als historischer Nachkomme Davids vorgestellt, dessen einzigartiger göttlicher Charakter dem Volk Israel durch eine historische Person angekündigt wurde, die als Johannes der Täufer bekannt war.

3. Trotzdem wurde Jesus von den Anführern in Jerusalem abgelehnt und vom bekannten römischen Statthalter Pilatus hingerichtet (durch Kreuzigung).

4. Jesus wurde bestattet.

5. Aber Jesus stand wieder von den Toten auf und wurde über einen längeren Zeitraum hinweg von vielen Augenzeugen gesehen.

6. Mit all diesen Ereignissen wurde genau das erfüllt, was die hebräischen Propheten vorhergesagt hatten.

7. Auf Grundlage dieser Tatsachen wird allen Menschen Vergebung durch den Glauben an Jesus Christus angeboten.

Die ständige Betonung der historischen Dimension ist unverkennbar.

Oder nehmen Sie eine andere berühmte Zusammenfassung des christlichen Evangeliums, erneut aus der Feder des Apostels Paulus:

Ich tue euch aber, Brüder, das Evangelium kund, das ich euch verkündigt habe, das ihr auch angenommen habt, in dem ihr auch steht, durch das ihr auch gerettet werdet, wenn ihr festhaltet, mit welcher Rede ich es euch verkündigt habe, es sei denn, dass ihr vergeblich zum Glauben gekommen seid.

Denn ich habe euch vor allem überliefert, was ich auch empfangen habe: dass Christus für unsere Sünden gestorben ist nach den Schriften; und dass er begraben wurde und dass er auferweckt worden ist am dritten Tag nach den Schriften; und dass er Kephas erschienen ist, dann den Zwölfen. Danach erschien er mehr als fünfhundert Brüdern auf einmal, von denen die meisten bis jetzt übrig geblieben, einige aber auch entschlafen sind. Danach erschien er Jakobus, dann den Aposteln allen; zuletzt aber von allen, gewissermaßen der Missgeburt, erschien er auch mir. Denn ich bin der geringste der Apostel, der ich nicht würdig bin, ein Apostel genannt zu werden, weil ich die Gemeinde Gottes verfolgt habe. (1Kor 15,1-9)

Hier schreibt Paulus hauptsächlich an Nichtjuden, und daher wird die Geschichte Israels hier nicht erwähnt, aber erneut sehen wir dieselben historischen Aussagen wie zuvor:

1. Christus starb für unsere Sünden.

2. Er wurde bestattet.

3. Er stand am dritten Tag wieder auf.

4. All dies erfüllt die hebräischen prophetischen Schriften.

5. Es gibt viele Zeugen, die Jesus nach seiner Auferstehung lebend gesehen haben.

6. Die meisten dieser Zeugen sind noch am Leben (und könnten daher dazu befragt werden).

7. Paulus ist einer dieser Zeugen, der – weit davon entfernt, zugunsten Christi voreingenommen zu sein – am Anfang der christlichen Gemeinde absolut feindselig gegenüberstand.

Natürlich ist das, was den Anspruch erhebt historisch zu sein, auch offen für historische Kritik, und so müssen wir uns hier erst einmal mit dem Thema der historischen Methode befassen.

DIE VERLÄSSLICHKEIT DER HISTORISCHEN QUELLEN

Die historische Methode

Geschichte und Naturwissenschaft sind zwei sehr unterschiedliche Disziplinen. Während eines der grundlegenden Instrumente der Naturwissenschaft wiederholbare Experimente sind, beschäftigt sich die Geschichte per Definition mit nicht wiederholbaren vergangenen Ereignissen. Die Schlacht von Waterloo kann nicht wiederholt werden, damit wir beobachten können, was wirklich geschah! Daher gleicht der Historiker mehr einem Juristen als einem Naturwissenschaftler, denn er muss sich auf Belege von historischen Quellen verlassen. Er muss entscheiden, wie verlässlich und authentisch diese Quellen sind, und dann möglichst sinnvolle Schlüsse daraus ziehen, um die Belege bestmöglich und schlüssig zu erklären.

Historiker werden dabei eine Reihe von Fragen stellen, unter anderem die folgenden:

1. Was beweist, dass die Dinge, von denen das Neue Testament spricht, auch wirklich passiert sind?

2. Welche Quellen gibt es für die im Neuen Testament enthaltenen Informationen?

3. Wie nah sind die vorhandenen Quellen zeitlich an den Ereignissen?

4. Wie zeitnah zu den Ereignissen wurden die Berichte verfasst?

5. Wie zuverlässig sind die schriftlichen Quellen?

6. Welche archäologischen und unabhängigen historische Belege aus der damaligen Zeit gibt es darüber hinaus?

Die frühesten datierbaren schriftlichen Quellen

Am Anfang ist vielleicht das Wichtigste, sich bewusst zu machen, dass die Reihenfolge der Bücher im Neuen Testament nicht chronologisch ist. Die ersten vier Bücher, die Evangelien, welche Biografien von Jesus sind, wurden nach fast allen Paulusbriefen geschrieben. Paulus' Briefe, die mehr als die Hälfte des Neuen Testaments ausmachen, können auf die frühen 40er-Jahre des 1. Jahrhunderts und danach datiert werden; die meisten entstanden in den 50er-Jahren.

Viele Jahre lang war die Standarddatierung der Evangelien folgendermaßen: Markus wurde auf die 70er-Jahre, Matthäus und Lukas auf die 80er-Jahre und Johannes auf die 90er-Jahre datiert, auch wenn es Argumente dafür gab, Johannes schon früher zu datieren. Auch wenn einige damit nicht einverstanden sind, ist sich die Forschung mittlerweile weitgehend einig, dass alle Evangelien bereits früher entstanden sind, und es ist recht wahrscheinlich, dass alle bis auf das Johannesevangelium vor dem Jahr 70 v. Chr. geschrieben wurden.

Die Apostelgeschichte endet damit, dass Paulus in Rom unter Hausarrest gestellt wird, also erfahren wir aus der Apostelgeschichte über sein weiteres Schicksal nichts mehr (er wurde im Jahr 62 von Nero hingerichtet). Dies deutet stark darauf hin, dass die Apostelgeschichte vor Paulus' Tod geschrieben wurde – also vor dem Jahr 62.

Das heißt, der Großteil des Neuen Testaments wurde zu Lebzeiten vieler Augenzeugen der Ereignisse geschrieben, und diese Augenzeugenberichte waren es, aus denen die Schreiber des Neuen Testaments ihre Aufzeichnungen zusammenstellten. Das bedeutet auch, dass das Neue Testament zu einer Zeit geschrieben wurde, als feindlich gesinnte Augenzeugen leicht gegen eine ungenaue Berichterstattung oder gegen die Überlagerung der historischen Fakten mit legendenhaften Inhalten hätten protestieren können.

An dieser Stelle ist es sinnvoll, dies einmal im Vergleich mit anderen historischen Dokumenten zu betrachten. Z. B. wurden zwei der frühesten Biografien von Alexander dem Großen mehr als 400 Jahre nach Alexanders Tod im Jahr 323 v. Chr. geschrieben (von Arrian und Plutarch), und doch werden sie von Historikern als allgemein verlässlich betrachtet. Interessant ist, dass auch um die Geschichte von Alexander herum Legenden entstanden, aber erst spät in den Jahrhunderten nach Arrian und Plutarch. Im Vergleich dazu ist also der Zeitraum zwischen den in den Evangelien und der Apostelgeschichte dargestellten Ereignissen und ihrer Niederschrift praktisch unerheblich, sodass die Frage nach der Beifügung von Legenden im Grunde genommen ins Leere führt.

> ⚘ *Der Großteil des Neuen Testaments wurde zu Lebzeiten vieler Augenzeugen der Ereignisse geschrieben.*

Um jedoch die frühesten Informationen zu erhalten, wenden wir uns als Erstes Paulus zu und fragen, ob es bei ihm irgendwelche Hinweise gibt, dass ihm noch frühere Quellen zur Verfügung standen. Die Antwort lautet eindeutig Ja, da Paulus in seine Schriften einige sehr frühe Glaubensbekenntnisse aufnimmt, die auf die Anfangszeit der Gemeinde zurückgehen.

Das wichtigste dieser Bekenntnisse ist wahrscheinlich das, welches wir oben zitiert haben, aus 1. Korinther 15, geschrieben von Paulus um das Jahr 55 herum. Betrachten Sie seine historische Bedeutung. Paulus' Bekehrung fand etwa im Jahr 32 statt. Unmittelbar nach seiner Bekehrung ging er nach Damaskus und traf sich dort mit Hananias und einigen anderen christlichen Jüngern; sein erstes Treffen mit den Aposteln müsste um das Jahr 35 in Jerusalem stattgefunden haben. Im Jahr 55, nachdem er selbst das christliche Evangelium in Asien und Europa verkündigt hatte, schrieb er dann in Form eines Bekenntnisses auf, was er in den letzten 20 Jahren gepredigt hatte. Wenn wir uns seine Schriften ansehen, sehen wir, dass sie dieselben großen Themen enthalten wie die allererste Predigt, die Petrus am Pfingsttag hielt.

Dieser extrem kurze Zeitabstand zwischen den Ereignissen und den Quellen, die von ihnen berichten, widerlegt den weitverbreiteten Gedanken, die Auferstehung Jesu sei nur eine Legende, die der Geschichte in späteren Jahrhunderten hinzugefügt worden sei, um seinen Status bei seinen Anhängern zu festigen.

Der Althistoriker A. N. Sherwin-White, der sich umfassend damit beschäftigt hat, wie Mythen und Legenden in der Antike der Geschichtsschreibung hinzugefügt wurden, kommt zu folgendem Schluss:

Herodot ermöglicht es uns zu untersuchen, wie schnell Mythen entstehen, und die Untersuchungen deuten darauf hin, dass zwei Generationen sogar eine noch zu kurze Zeitspanne sind, um es der Neigung zum Mythos zu erlauben, die Oberhand über den harten historischen Kern der mündlichen Weitergabe zu gewinnen.[39]

Lukas' Glaubwürdigkeit als Historiker: die Bestätigung der Archäologie

Die historische und archäologische Forschung hat Lukas' Status als Historiker immer wieder bestätigt. Beispielsweise haben wir ihn oben zitiert, wie er den Beginn des öffentlichen Wirkens Christi auf die Zeit datierte, als Lysanias Vierfürst von Abilene war (Lk 3,1). Lange Zeit wurde dies als Beweis dafür angeführt, dass Lukas als Historiker nicht ernst genommen werden könne, da es allgemein bekannt sei, dass Lysanias kein Vierfürst war, sondern der Herrscher von Chalkis, etwa ein halbes Jahrhundert davor. Doch dann wurde eine Inschrift aus der Zeit des Tiberius (14–37 n. Chr.) entdeckt, die einen Lysanias als Vierfürsten in Abilene nahe Damaskus bezeichnete – genau so, wie Lukas gesagt hatte!

Ebenso meinten manche Kritiker, Lukas habe sich geirrt, als er in seiner Geschichte der frühen Gemeinde, der Apostelgeschichte, die Stadtbeamten von Thessalonich als „Politarchen" (siehe Apg 17,6 Fußnote) bezeichnete, da es keine Belege aus anderen römischen Dokumenten aus jener Zeit dafür gab, dass ein solcher Begriff gebräuchlich war. Doch später fanden Archäologen über 35 Inschriften, in denen von Politarchen die Rede war (manche davon in Thessalonich), die aus derselben Zeit stammten wie die, auf die Lukas sich bezog.

Eine frühere Generation von Wissenschaftlern war der Meinung, die Erwähnung nicht jüdischer „Anbeter" in der Apostelgeschichte (siehe z. B. Apg 17,17) zeige, dass Lukas nicht als ernst zu nehmender Historiker betrachtet werden könne, da es zweifelhaft sei, ob eine solche Gruppe unter den Nichtjuden existiert habe. Die Althistorikerin Irina Lewinskaja von der Russischen Akademie der Wissenschaften und der Universität von St. Petersburg zeigt jedoch in ihrem Buch[40] eindrucksvoll auf, dass Lukas' Bericht

---

39 *Roman Society and Roman Law in the New Testament*, 190
40 *The Book of Acts in its First Century Setting*, 5:51–82

durch die archäologische Forschung gestützt wird. Es wurden Inschriften gefunden, die auf die Existenz von genau einer solchen Gruppe von Nicht-juden hinweisen. In einer griechischen Inschrift von Aphrodisias wurden sie sogar neben den Mitgliedern der jüdischen Gemeinde in einer eigenen Rubrik geführt. Lewinskaja schreibt:

> Die Bedeutung dieser Inschrift für die historische Kontroverse über nicht jüdische Sympathisanten mit dem Judentum liegt in der Tat-sache, dass sie ein für alle Mal die Lage dahin gehend verändert hat, dass die Beweislast nun nicht länger bei denen liegt, die an die Exis-tenz von Lukas' „Anbetern" glauben, sondern bei jenen, die dies ent-weder geleugnet oder daran gezweifelt haben.[41]

Der bedeutende Historiker Sir William Ramsay, der über zwanzig Jahre lang archäologische Forschung in den Gebieten betrieben hat, über die Lukas berichtet, zeigte auf, dass Lukas bei seiner Erwähnung von 32 Ländern, 54 Städten und 9 Inseln keine Fehler gemacht hat.[42]

In seinem maßgebenden Werk beschreibt Colin Hemer detailgenau viele der Bereiche, in denen Lukas sehr akkurates Wissen zeigt[43]:

1. Apg 13,7 bezeichnet Zypern korrekt als eine zu dieser Zeit pro-konsularische (senatorische) Provinz, deren Prokonsul in Pa-phos residierte.

2. Apg 14,11 zeigt korrekt, dass zu dieser Zeit in Lystra (unge-wöhnlicherweise) Lykaonisch gesprochen wurde.

3. Apg 14,12 spiegelt das lokale Interesse an und die Vorstellungen von den Göttern Zeus und Hermes wider.

4. Apg 16,11-12 identifiziert Philippi korrekt als römische Kolonie, und der Name ihres Seehafens wird korrekt als Neapolis wieder-gegeben.

---

41 *The Book of Acts in its First Century Setting*, 80
42 *St. Paul the Traveller and the Roman Citizens*
43 *The Book of Acts in the Setting of Hellenistic History*, 107–155

5. Apg 16,14 identifiziert Thyatira als Zentrum der Textilfärberei, was durch mindestens sieben Inschriften in der Stadt bestätigt wurde.

6. Apg 17,1 nennt Amphipolis und Apollonia richtigerweise als Stationen auf der Via Egnatia von Philippi nach Thessalonich.

7. Apg 17,16-18 zeigt, wie genau Lukas Athen kannte: die Vielzahl von Götterbildern, die dort vorherrschende philosophische Debattenkultur, die ansässigen stoischen und epikureischen Philosophen mit ihren Lehren.

8. Apg 27–28 zeigt, wie detailliert und genau er die Geografie und die Einzelheiten der Navigation auf der Seereise nach Rom kannte.

Alle diese akkurat festgehaltenen Details und noch vieles mehr stützen das Urteil des Althistorikers A. N. Sherwin-White: „Bei der Apostelgeschichte ist die Bestätigung ihrer Historizität überwältigend ... jeder Versuch, ihre grundsätzliche Historizität, sogar bei Detailfragen, zu verneinen, muss jetzt absurd erscheinen."[44] Damit hat sich Lukas als erstklassiger Historiker erwiesen, und wir haben keinen Grund, seinen Bericht anzuzweifeln.

Die Genauigkeit der mündlichen Überlieferung, auf die sich die Evangelien stützen

Jesus hat selbst nichts aufgeschrieben; so blieb es seinen Nachfolgern überlassen, uns die Berichte über das zu liefern, was er gesagt und getan hat. Manche empfinden dies als Schwachstelle der Beweise für die Authentizität der neutestamentlichen Dokumente. Diese Reaktion ist Ausdruck der Tatsache, dass die meisten von uns heute in Kulturen leben, in denen mündliche Überlieferung keine wichtige Rolle mehr spielt und Auswendiglernen nicht mehr Teil des Alltags eines Wissenschaftlers ist.

Zur Zeit des Neuen Testaments war dies ganz anders. Die Geschichtsforschung hat festgestellt, dass die mündliche Überlieferung in vielen antiken Gesellschaften, einschließlich Israel, eine wichtige Rolle spielte und diese daher mit einer erstaunlichen Genauigkeit bewahrt wurde. Manche Rabbis waren berühmt dafür, das ganze Alte Testament auswendig zu können,

---

44 *Roman Society*, 189

welches viel umfangreicher als das Neue Testament ist, und so ist es wirklich nicht schwer zu glauben, dass Jesu Jünger in der Lage waren, die Lehren von Jesus auswendig zu lernen und sie genau weiterzugeben.

Die mündliche Überlieferung wurde oft direkt vom Großvater an den Enkel weitergegeben und überspannte so akkurat und zeitnah die Generationen. Da sie immer wieder erneut erzählt wurde, unterlag sie ständig der Überprüfung einer sachkundigen und kritischen Zuhörerschaft – ähnlich wie bei Kindern, die manchmal darauf bestehen, dass wir ihnen eine bestimmte Geschichte immer wieder erzählen, und zwar mit exakt demselben Wortlaut; und wie die meisten Eltern wissen, wird es den Kindern sofort auffallen, wenn wir irgendetwas verändern.

Wenn Sie nun (irgendwann in der Zukunft) Ihrem Enkel etwas erzählen, bei dem Sie sich ganz genau daran erinnern, dass Ihr Großvater dies so gesagt hat, werden Sie feststellen, wie einfach es ist, eine Brücke über mehr als 120 Jahre zu schlagen! Viele von uns, die schon älter sind, können sich noch äußerst lebhaft an wichtige Ereignisse und Gespräche von vor 40 Jahren erinnern.

Zudem ist es vorstellbar – sogar recht wahrscheinlich –, dass sich einige von den Jüngern Jesu schriftliche Notizen seiner Lehren machten, als er diese predigte, so wie sich auch viele Studenten in den Schulen der ersten beiden Jahrhunderte n. Chr. Notizen von dem machten, was sie von ihren Lehrern hörten. Matthäus, der Autor des ersten Evangeliums, war ein ehemaliger Steuereintreiber. Solche Leute waren in der Antike bekannt dafür, sich gewohnheitsmäßig Notizen zu machen und Dinge schriftlich festzuhalten. Es ist daher gut möglich, dass Matthäus das tat, was wir von vielen Autoren des 1. Jahrhunderts wissen: Er benutzte seine Notizen, um damit die finale Version seines Evangeliums fertigzustellen.[45]

Die Genauigkeit und Stimmigkeit der vier Evangelien

Oft wurde behauptet, dass die vier Evangelien mit ihren unverwechselbaren Berichten über das Leben, den Tod und die Auferstehung Christi nicht als historisch betrachtet werden könnten, da sie sich an manchen Stellen widersprächen. Hinsichtlich dieser Frage gilt es, mehrere Aspekte zu beachten.

Wenn jedes der Evangelien einfach nur Wort für Wort das wiederholen würde, was ein anderes sagt, würde den Autoren vorgeworfen werden, dass sie sich einfach untereinander abgesprochen hätten, um ein abgestimmtes

---

45 Siehe Millard, *Pergament und Papyrus, Tafel und Ton: Lesen und Schreiben zur Zeit Jesu*; siehe auch Powers, *The Progressive Publication of Matthew*

Zeugnis anstelle von vieren zu erstellen. Das würde ihnen sicherlich den Status als unabhängige Zeugen entziehen und uns die Frage stellen lassen, warum überhaupt vier Berichte notwendig waren.

Wenn die Evangelien jedoch tatsächlich größtenteils unabhängige Werke sind, die von vier verschiedenen Leuten aus vier verschiedenen Perspektiven geschrieben wurden, um uns einen abgerundeten und umfassenden Bericht zu liefern, dann ist es hochwahrscheinlich, dass es in ihren Berichten Dinge gibt, die uns – zumindest auf den ersten Blick – wie Widersprüche vorkommen. Wir haben bereits gesehen, dass sich wiederholt gezeigt hat, dass ein Autor wie Lukas auch da Recht hatte, wo Kritiker zuvor dachten, er habe falschgelegen, weil ihnen das entsprechende Wissen fehlte. Daher sollten wir zumindest vorsichtig sein, bevor wir von vornherein davon ausgehen, dass eine scheinbare Unstimmigkeit zwischen den Berichten diese ungültig macht.

So weist z. B. Craig Blomberg, eine Autorität auf dem Gebiet der Evangelien, darauf hin, dass manche der Unterschiede mit der Tatsache erklärt werden könnten, dass Studien von Kulturen mit mündlichen Überlieferungen Folgendes gezeigt hätten: In diesen Kulturen „gab es viel Freiheit, Geschichten je nach Situation zu variieren – was man erzählte, was man wegließ, was man paraphrasierte, was ausführlich erklärt wurde und so weiter"[46]. Im Folgenden sagt Blomberg, dass wir, wenn wir dies berücksichtigten, feststellen würden, „dass die Evangelien nach antikem Standard extrem konsistent sind ... Und der antike Standard ist der einzige Standard, den man fairerweise zur Beurteilung ansetzen darf"[47].

Ein Beispiel hierfür ist, dass Matthäus im Zusammenhang mit einer bestimmten Begebenheit sagt, dass ein gewisser Hauptmann zu Jesus kam, um ihn zu bitten, seinen Diener zu heilen (Mt 8,5), während Lukas sagt, der Hauptmann habe Älteste der Juden mit dieser Bitte zu Jesus geschickt (Lk 7,3). Für die Menschen jener Zeit stellte dies jedoch keinen Widerspruch dar, da es akzeptabel und allgemein üblich war, dass manche Handlungen Amtsträgern direkt zugeschrieben wurden, obwohl diese Handlungen eigentlich von ihren Untergebenen ausgeführt wurden. Dasselbe geschieht übrigens auch heute noch. Wir wissen alle, wenn es in den Nachrichten heißt: „Der Präsident sagte heute ...", kann es durchaus sein, dass die Rede

---

46 In einem Interview mit Lee Strobel, *Der Fall Jesus*, 49
47 *Der Fall Jesus*, 51–52

von einem Redenschreiber geschrieben, von einem Pressesprecher vorgetragen und vom Präsidenten nur bestätigt wurde.[48]

BELEGE AUS NICHT CHRISTLICHEN QUELLEN

Tacitus

Tacitus (ca. 56 – ca. 120 n. Chr.) ist einer der wichtigsten römischen Historiker dieser Zeit und wird als einer der genaueren antiken Historiker betrachtet. In seinem Bericht über den großen Brand von Rom verweist er auf die
Tatsache, dass der Kaiser Nero beschuldigt worden war, das Feuer gelegt zu
haben, und die Christen als Sündenböcke benutzte:

> Daher schob Nero, um dem Gerede ein Ende zu machen, andere als
> Schuldige vor und belegte die mit den ausgesuchtesten Strafen, die,
> wegen ihrer Schandtaten verhasst, vom Volk Chrestianer [das heißt
> Christen] genannt wurden. Der Mann, von dem sich dieser Name
> herleitet, Christus, war unter der Herrschaft des Tiberius auf Veran-
> lassung des Prokurators Pontius Pilatus hingerichtet worden; und für
> den Augenblick unterdrückt, brach der unheilvolle Aberglaube wie-
> der hervor, nicht nur in Judäa, dem Ursprungsland dieses Übels, son-
> dern auch in Rom ... So verhaftete man zunächst diejenigen, die ein
> Geständnis ablegten, dann wurde auf ihre Anzeige hin eine ungeheu-
> re Menge nicht so sehr des Verbrechens der Brandstiftung als einer
> hasserfüllten Einstellung gegenüber dem Menschgeschlecht schuldig
> gesprochen.[49]

Sueton

Sueton (geb. ca. 69 n. Chr.), der Sekretär des römischen Kaisers Hadrian
(regierte von 117 bis 138 n. Chr.), schrieb die beiden folgenden wichtigen
Passagen:

---

48 Eine ausführlichere Diskussion dieses Abschnitts aus dem Matthäus-Evangelium und der
    damit zusammenhängenden Fragen finden Sie in Poythress, *Inerrancy and the Gospels*.
49 *Annalen*, xv.44 (zitiert aus P. Cornelius Tacitus, *Annalen*, hg. von Erich Heller, 749–751)

a) „Die Juden, die auf Betreiben des Christus ständig Unruhe stifteten, vertrieb er aus Rom."[50]

b) „Mit Hinrichtungen verfolgte er Christen [nach dem großen Brand von Rom], diese einem neuen und ruchlosen Aberglauben anhängende Gruppe von Menschen."[51]

Wieder sehen wir, dass die Texte die historische Existenz von Christus bestätigen. Die Unruhen in Rom hingen mit Christus zusammen (aber wurden natürlich nicht direkt von ihm verursacht: Sueton war wohl nicht in der Lage und hatte kein Interesse daran, die Details zu überprüfen). Interessant ist, dass Sueton mit seiner Erwähnung der Vertreibung der Juden aus Rom durch Claudius Lukas' Bericht über dasselbe Ereignis (in Apg 18,2) bestätigt.

Josephus

Weitere Beweise stammen von dem Historiker Flavius Josephus (37/38–97 n. Chr.), einem jüdischen Revolutionär, der später zu den Römern überlief. In seinem berühmten Buch *Jüdische Altertümer* erwähnt er, wie ein Hoher Priester mit Namen Ananias den Tod des römischen Statthalters Festus nutzte, um Jakobus töten zu lassen. Ananias (bzw. Hannas) und Festus werden beide im Neuen Testament erwähnt, ebenso Jakobus, den Josephus als „den Bruder des Jesus, der Christus genannt wird"[52] bezeichnet, womit er die Behauptung des Neuen Testaments bestätigt, dass Jesus, genannt Christus, und sein Bruder Jakobus existiert haben. Aber Josephus' berühmtestes Zitat ist: „Um diese Zeit lebte Jesus, ein weiser Mensch, wenn man ihn überhaupt einen Menschen nennen darf. Er war nämlich der Vollbringer ganz unglaublicher Taten ... Denn er erschien ihnen am dritten Tage wieder lebend, wie gottgesandte Propheten dies und tausend andere wunderbare Dinge von ihm vorherverkündigt hatten."[53]

Der Konsens von jüdischen und christlichen Gelehrten über diesen Text besteht darin, dass er im Allgemeinen authentisch ist, auch wenn es sein kann, dass es Erweiterungen gab, die möglicherweise von späteren christlichen Abschreibern eingefügt wurden. Es gibt z. B. gute Gründe zu denken,

---

50 *Claudius*, 25 (aus Suetons *Kaiserbiographien*, Übersetzung: Otto Wittstock)
51 *Nero*, 16 (aus Suetons *Kaiserbiographien*, Übersetzung: Otto Wittstock)
52 *Jüdische Altertümer*, XX.9 (Übersetzung: Dr. Heinrich Clementz)
53 *Jüdische Altertümer*, XVIII.3

dass die Erwähnung von Jesus keine christliche Erweiterung ist. Christen würden ihn normalerweise nicht als „weisen Menschen" bezeichnen. Andererseits hätten Christen durchaus hinzufügen können: „wenn man ihn überhaupt einen Menschen nennen darf". Zudem setzt die oben angeführte Erwähnung von Jesus in den *Jüdischen Altertümern* XX.9 wohl eine frühere Erwähnung in diesem Buch voraus.

Plinius

Der römische Autor und Verwaltungsbeamte Plinius der Jüngere, der Statthalter in Bithynien war (was im Nordwesten der heutigen Türkei liegt), liefert uns eine interessante und bedeutende Beschreibung des frühen christlichen Gottesdienstes in seiner berühmten Korrespondenz mit seinem Freund, dem Kaiser Trajan, in der er die Verurteilung und Bestrafung von Christen beschreibt (ca. 112 n. Chr.):

> Ich fragte sie, ob sie Christen seien. Die Geständigen fragte ich ein zweites und ein drittes Mal unter Androhung der Todesstrafe; diejenigen, die darauf beharrten, ließ ich hinrichten. Darüber bestand für mich nämlich kein Zweifel, dass Hartnäckigkeit und unbeugsame Starrköpfigkeit auf jeden Fall bestraft werden müssen ... Sie behaupteten aber, ihre ganze Schuld – oder ihr ganzer Irrtum – habe darin bestanden, dass sie sich an einem bestimmten Tage vor Sonnenaufgang zu versammeln pflegten, Christus zu Ehren, wie einem Gotte, im Wechselgesang ein Lied anstimmten und sich eidlich nicht etwa zu einem Verbrechen verpflichteten, sondern keinen Diebstahl, keinen Raub, keinen Ehebruch zu begehen, kein gegebenes Wort zu brechen, kein anvertrautes Gut, wenn es zurückgefordert wird, abzuleugnen. Darauf seien sie in der Regel auseinandergegangen und wieder zusammengekommen, um ein Mahl einzunehmen, das jedoch ganz gewöhnlich und harmlos war.[54]

Das ist eine eindrucksvolle Bestätigung der Behauptung des Neues Testaments, dass die frühen Christen Jesus als Gott verehrten und sich bemühten, ein Leben von beispielhafter Rechtschaffenheit zu führen. Das Mahl, das hier erwähnt wird, ist „das Mahl des Herrn" oder „Abendmahl", das laut dem Neuen Testament von Christus selbst initiiert wurde (siehe z. B. Lk 22,7-20 und 1Kor 11,23-26).

---

54 *Briefe*, XX.96 (Übersetzung: André Lambert)

Plinius' Briefe bestätigen auch die schnelle Verbreitung des Christentums, nicht nur geografisch (er schreibt aus Bithynien), sondern auch die Durchdringung der Gesellschaft; denn an anderer Stelle in dem Brief erwähnt er, dass er christliche Sklavinnen foltern ließ und römische Bürger unter den Christen zur Verurteilung nach Rom schickte. Die Folterung römischer Bürger durch römische Statthalter wäre eine strafbare Handlung gewesen.

All das zeigt, dass Bertrand Russell die Fakten schlichtweg ignorierte, als er schrieb: „Historisch erscheint es recht zweifelhaft, ob Christus überhaupt existiert hat, und wenn ja, dann wissen wir nichts über ihn."[55]

DIE MANUSKRIPTE DES NEUEN TESTAMENTS

Die Anzahl der Manuskripte

Tatsache ist, dass keine Originalmanuskripte des Neuen Testaments bis heute erhalten geblieben sind: Alles, was wir haben, sind Abschriften. Deswegen fragen sich viele Leute: Wenn alles, was wir haben, das Ergebnis eines Prozesses des vielfachen Abschreibens über Jahrhunderte hinweg ist, wie können wir dann heute überhaupt darauf hoffen, dass das, was wir lesen, noch irgendwie Ähnlichkeit mit dem Originaltext hat?

Diese Schwierigkeit wird im Allgemeinen von Leuten geäußert, die sich nicht bewusst sind, wie überwältigend stark eigentlich die Beweise dafür sind, dass der Text des Neuen Testaments dem Original entspricht. Erstens ist da die reine Anzahl an Manuskripten. Es gibt 5664 vollständige Manuskripte oder Teile von Manuskripten des Neuen Testaments im griechischen Urtext, die katalogisiert worden sind, und über 9000 frühe Übersetzungen ins Lateinische, Syrische, Koptische, Arabische, und so weiter. Daneben wurde das Neue Testament 38 289-mal von den frühen Kirchenvätern zitiert, die ihre Schriften zwischen dem 2. und 4. Jahrhundert n. Chr. verfassten. Sollten wir alle neutestamentlichen Manuskripte verlieren, könnten wir aus diesen Zitaten das gesamte Neue Testament rekonstruieren (mit Ausnahme von elf Versen).

Um eine Vorstellung von der Bedeutung dieses Manuskriptbeweises zu bekommen, können wir dies mit den Dokumentbelegen vergleichen, die es für andere antike literarische Werke gibt. Nehmen wir z. B. die *Annalen*, die

---

55 *Warum ich kein Christ bin*, 36

der römische Historiker Tacitus etwa im Jahr 116 n. Chr. schrieb. Die ersten sechs Bücher der *Annalen* blieben nur in einem Manuskript erhalten, welches etwa 850 n. Chr. abgeschrieben wurde. Die Bücher XI bis XVI stammen aus einem anderen einzelnen Manuskript, das sich auf das 11. Jahrhundert datieren lässt. Daher ist hier nicht nur der Manuskriptbeweis extrem dürftig, sondern der Zeitabstand zwischen der ursprünglichen Zusammenstellung und den ältesten Manuskripten beträgt über 700 Jahre.

Oder nehmen wir *Der jüdische Krieg*, geschrieben auf Griechisch vom Historiker Josephus im 1. Jahrhundert. Die erhalten gebliebenen Dokumente bestehen aus neun Manuskripten, die im 10. bis 12. Jahrhundert n. Chr. abgeschrieben wurden, einer lateinischen Übersetzung aus dem 4. Jahrhundert und einigen russischen Versionen aus dem 11. und 12. Jahrhundert.

> ✦ *Das antike säkulare Werk, für das am meisten Belege vorliegen, ist Homers Illias (ca. 800 v. Chr.) ... der Zeitabstand zwischen dem Original und den ältesten erhalten gebliebenen Handschriften beträgt 1000 Jahre.*

Das antike säkulare Werk, für das die meisten Belege vorliegen, ist Homers Illias (ca. 800 v. Chr.), von dem es 643 Manuskriptabschriften gibt, die auf das 2. Jahrhundert n. Chr. oder später datiert werden. Daher beträgt in diesem Fall der Zeitabstand zwischen dem Original und den ältesten erhalten gebliebenen Manuskripten 1000 Jahre.

Der sehr wichtige Punkt, der hier festzustellen ist, ist, dass trotz der geringen Anzahl von Manuskripten und ihren späteren Datierungen Wissenschaftler ihnen so sehr vertrauen, dass sie diese Dokumente als authentische Wiedergaben der Originale behandeln.

Verglichen damit, ist das Neue Testament sogar das am besten belegte Dokument der Antike.

Das Alter der Manuskripte

Wir haben die Zeitspannen zwischen den Daten bestimmter antiker Manuskripte und den Originalen, von denen sie abgeschrieben wurden, festgestellt. Jetzt müssen wir dieselbe Frage im Hinblick auf das Neue Testament betrachten. Auch hier sind die Belege für die Authentizität des Textes des Neuen Testaments einfach überwältigend.

Einige der neutestamentlichen Manuskripte sind sehr alt. Die Bodmer-Papyri (in der Bodmer-Sammlung in Cologny, Schweiz) beinhalten etwa zwei Drittel des Johannesevangeliums in einem Papyrus, das auf etwa 200 n. Chr. datiert wird. Ein weiterer Papyrus aus dem 3. Jahrhundert beinhaltet Teile von Lukas und Johannes. Die vielleicht wichtigsten Manuskripte sind die Chester-Beatty-Papyri, die im Jahr 1930 entdeckt wurden und heute im Chester-Beatty-Museum in Dublin, Irland, aufbewahrt werden. Der erste Papyrus stammt aus dem 3. Jahrhundert und enthält Teile der vier Evangelien und der Apostelgeschichte. Der zweite Papyrus enthält große Teile von acht Paulusbriefen, plus Teile des Hebräerbriefs, und wird auf etwa 200 n. Chr. datiert. Der dritte Papyrus beinhaltet einen großen Teil der Offenbarung des Johannes und datiert auf das 3. Jahrhundert.

Manche Fragmente sind sogar noch älter. Das berühmte Rylands-Fragment („Rylands Library Papyrus P52", aufbewahrt in der John-Rylands-Bibliothek in Manchester, England), das aus fünf Versen aus dem Johannesevangelium besteht, wird von manchen auf die Zeit des Kaisers Hadrian (117–138 n. Chr.) datiert und von manchen auf die Regierungszeit von Trajan (98–117 n. Chr.). Das widerlegt die einflussreiche Auffassung von skeptischen deutschen Wissenschaftlern im 19. Jahrhundert, das Johannesevangelium sei nicht vor dem Jahr 160 n. Chr. geschrieben worden.

Die ältesten erhalten gebliebenen Manuskripte, die alle Bücher des Neuen Testaments enthalten, entstanden etwa 325–350 n. Chr. Nebenbei bemerkt, wurde im Jahr 325 beim Konzil von Nizäa verfügt, dass die Bibel nun uneingeschränkt kopiert werden durfte. Die wichtigsten dieser Manuskripte sind der *Codex Vaticanus* und der *Codex Sinaiticus*, die auch als „Unzialmanuskripte" bezeichnet werden, weil sie in griechischen Großbuchstaben geschrieben wurden. Der *Codex Vaticanus* wurde im Jahr 1475 von der Vatikanischen Bibliothek katalogisiert (daher sein Name), doch die nächsten 400 Jahre war es Gelehrten verboten, ihn zu studieren – was angesichts der ursprünglichen Entscheidung des Konzils von Nizäa doch recht seltsam ist!

Der *Codex Sinaiticus* wurde von Tischendorf (1815–1874) im Katherinenkloster auf dem Berg Sinai in Arabien entdeckt und befindet sich heute im Britischen Museum in London. Man betrachtet ihn aufgrund seines Alters, seiner Genauigkeit und des Fehlens von Auslassungen als eines der wichtigsten Zeugnisse für die Authentizität des Textes des Neuen Testaments.

Fehler im Abschreibeprozess

Wir können nun leicht sehen, dass der Einwand, das Neue Testament könne nicht verlässlich sein, weil es so viele Male abgeschrieben worden sei, keinerlei Grundlage hat. Nehmen wir z. B. ein Manuskript, das um das Jahr 200 n. Chr. geschrieben wurde und damit nun etwa 1800 Jahre alt ist. Wie alt war das Manuskript, von dem die ursprüngliche Abschrift erstellt wurde? Das wissen wir natürlich nicht, aber es hätte gut sein können, dass es zu der

Zeit, als die Abschrift erstellt wurde, schon 140 Jahre alt war. Wenn dies so wäre, dann wurde dieses Manuskript zu einer Zeit geschrieben, als viele der Autoren des Neuen Testaments noch lebten. So gelangen wir mit nur *zwei* Schritten von der Zeit des Neuen Testaments in unsere heutige Zeit!

Und auch wenn es in den meisten Manuskripten Abschreibfehler gibt (es ist praktisch unmöglich, ein längeres Dokument per Hand abzuschreiben, ohne dabei ein paar Fehler zu machen), gibt es keine zwei Manuskripte, die genau die gleichen Fehler enthalten. Wenn man nun alle diese Manuskripte miteinander vergleicht, ist es möglich, den ursprünglichen Text bis zu dem Punkt zu rekonstruieren, an dem laut Ansicht der Experten weniger als zwei Prozent dieses Textes unsicher sind (wobei ein Großteil dieser zwei Prozent kleine linguistische Merkmale ausmachen, welche für die allgemeine Bedeutung keinen Unterschied machen). Da zudem keine Lehre im Neuen Testament nur auf einem Vers oder Abschnitt beruht, wird durch diese kleineren Unsicherheiten keine Lehre des Neuen Testaments in Zweifel gestellt.[56]

Sir Frederic Kenyon, ehemaliger Direktor des Britischen Museums und ein führender Experte für antike Manuskripte, fasste die Situation wie folgt zusammen:

> Die Anzahl der Manuskripte des Neuen Testaments, der frühen Übersetzungen davon und der Zitate daraus bei den ältesten Autoren der Kirche ist so groß, dass es praktisch sicher ist, dass die richtige Leseweise jedes zweifelhaften Abschnitts bei der einen oder anderen dieser antiken Quellen erhalten geblieben ist. Das kann man von keinem anderen antiken Buch in der Welt sagen.[57]

Dieses Urteil wurde von Bruce Metzger, ehemaliger emeritierter Professor für das Neue Testament am *Princeton Theological Seminary*, bestätigt:

> Wir können darauf vertrauen, dass dieses Material äußerst zuverlässig überliefert wurde, vor allem, wenn man es mit anderen antiken literarischen Werken vergleicht.[58]

---

56 Siehe Wallace, *The Majority Text and the Original Text: Are They Identical?*. Siehe auch Geisler und Nix, *A General Introduction to the Bible*.

57 *Our Bible and the Ancient Manuscripts*, 23

58 Interview mit Lee Strobel, *Der Fall Jesus*, 71. Metzger war der Autor von *The Text of the New Testament: Its Transmission, Corruption and Restoration*. Bis zu seinem Tod im Jahr 2007 war er einer der weltweit angesehensten Experten für das Neue Testament.

Auf dieser Grundlage können wir nun bei einer Sache absolut zuversichtlich sein: Wenn wir heute das Neue Testament lesen, liegt uns für alle praktischen Aspekte das vor, was die ursprünglichen Autoren beabsichtigten.

DER KANON DES NEUEN TESTAMENTS

Wenn man nun akzeptiert, dass es überwältigend viele Manuskriptbeweise für die Authentizität der neutestamentlichen Texte gibt, muss man als Nächstes fragen: Warum besteht das Neue Testament nur aus diesen 27 Büchern und nicht noch aus weiteren? Z. B. befinden sich im Kanon des Neuen Testaments nur vier Evangelien; aber es gibt auch noch weitere Dokumente, die den Anspruch erheben, Evangelien zu sein: z. B. die Evangelien von Barnabas, Nikodemus, Philippus, Petrus, Thomas, das *Ägypterevangelium*, das *Mariaevangelium* und viele andere. Warum sollten Matthäus, Markus, Lukas und Johannes dazugehören und diese nicht?

Daher stellt sich folgende Frage: Wer entschied, welche Bücher zum Kanon dazugehören und welche von ihm ausgeschlossen sein sollten, und anhand welcher Kriterien wurde über diese Frage entschieden? Bruce Metzger sagt: „Der Kanon ist eher eine Liste autorisierter Bücher als eine autorisierte Liste von Büchern." Im Folgenden erklärt er, was er damit meint:

> Diese Dokumente erhielten ihre Autorität nicht, weil sie für den Kanon ausgewählt wurden. Jedes einzelne war schon für sich autorisiert, bevor man sie zusammenstellte. Die Christen der Urkirche hörten und spürten ihnen ab, dass diese Bücher autorisierte Aufzeichnungen waren. Wenn heute jemand sagt, dass der Kanon erst entstand, nachdem Konzile und Synoden die entsprechenden Verlautbarungen gegeben hatten, ist das, als würde man sagen: „Lasst uns ein paar Musikakademien zusammenrufen und allgemein verkünden, dass die Musik von Bach und Beethoven wundervoll ist." ... „Danke vielmals, aber das wussten wir schon vorher." Wir wussten es, weil wir sensibel dafür sind, was gute Musik ist und was nicht. Dasselbe gilt für den Kanon.[59]

---

59   In einem Interview mit Lee Strobel, *Der Fall Jesus*, 78

Die allgemeinen Überlegungen, die die frühe Gemeinde leitete, waren eine Kombination aus Folgendem:

Apostolische Autorität. Ein Buch, das von einem Apostel oder von Menschen, die den Aposteln nahestanden, geschrieben wurde, wurde in den Kanon aufgenommen.

Konformität mit der Regula Fidei (Glaubensnorm). Bücher wurden nur als Teil des Kanons anerkannt, wenn sie mit den grundlegenden Lehren des Christentums übereinstimmten, so wie sie von Beginn an von Christus und seinen Aposteln gelehrt worden waren.

Die meisten der Bücher, die heute das Neue Testament bilden, wurden sehr schnell akzeptiert. In ein paar wenigen Ländern gab es ein oder zwei Bücher, die bis zum 4. Jahrhundert nicht in allen Gegenden akzeptiert wurden. Danach waren sie jedoch jahrhundertelang nicht mehr umstritten.

Unechte Evangelien

Über die „Evangelien", die nicht als kanonisch betrachtet werden, sagt Metzger: „Sie sind später als die vier Evangelien geschrieben, im zweiten, dritten, vierten, fünften, ja sogar im 6. Jahrhundert, lange nach Jesus, und die Inhalte sind im Allgemeinen ziemlich banal. Sie tragen Namen – wie das Evangelium von Petrus oder das Evangelium von Maria –, die nichts mit dem eigentlichen Verfasser zu tun haben."[60] Sie beinhalten auch Material, das völlig anders ist als das, was in den kanonischen Evangelien steht. Im *Thomasevangelium* heißt es z. B., Jesus habe gesagt: „Spalte Holz, und ich bin dort. Hebe einen Stein auf, und du wirst mich dort finden."[61] Das ist Pantheismus. Am Ende des Evangeliums lesen wir: „Lasst Maria von uns weggehen, denn Frauen sind des Lebens nicht wert."[62] Eine solche Aussage passt absolut nicht zum Jesus der kanonischen Evangelien, der Frauen viel respektvoller und würdevoller behandelte, als es in der Gesellschaft der Antike üblich war. Es ist nicht schwer zu sehen, warum die Kirche das *Thomasevangelium* ablehnte.

---

60 Strobel, *Der Fall Jesus*, 76
61 Strobel, *Der Fall Jesus*, 77
62 Strobel, *Der Fall Jesus*, 77

Das Barnabasevangelium

Ein interessanter Testfall ist das sogenannte *Barnabasevangelium*, das angeblich von Barnabas, einem Gefährten des Paulus (Apg 13,1-3), geschrieben wurde. Nebenbei bemerkt ist es wichtig, das *Barnabasevangelium* nicht mit dem *(Pseudo-)Barnabasbrief* aus dem 1. Jahrhundert zu verwechseln, welches ein völlig anderes Buch ist, das ebenfalls kein Teil des Kanons ist. Die Frage lautet: Warum sollten wir die Berichte des *Barnabasevangeliums* nicht neben denen der kanonischen Evangelien akzeptieren?

In ihrer Einführung zum Text einer englischsprachigen Übersetzung des *Barnabasevangeliums* weisen Londsdale und Laura Ragg darauf hin, dass das Buch Folgendes aufweist:

1. „eine offensichtliche und primäre Anlehnung an die christliche Bibel und insbesondere die vier kanonischen Evangelien";

2. häufige und umfangreiche Einfügungen von jüdischen und islamischen Inhalten;

3. Spuren von mittelalterlichen Inhalten.[63]

Die Raggs machen die wichtige Beobachtung, dass der erste Punkt endgültig den Anspruch des *Barnabasevangeliums* entkräftigt, ein authentisches und unabhängiges Evangelium zu sein. Andere wichtige Gründe, weshalb das Buch nicht in den Kanon aufgenommen wurde, sind folgende:

Das Fehlen eines frühen Manuskriptbeweises. Die Raggs stellen fest, dass die älteste uns bekannte Form des *Barnabasevangeliums* in einem italienischen Manuskript gefunden wurde. Dieses wurde von Wissenschaftlern genau untersucht, und nach deren Urteil stammte es aus dem 15. oder 16. Jahrhundert n. Chr., also 1400 Jahre nach der Zeit von Barnabas.[64] Außerdem hat vom 1. bis zum 15. Jahrhundert kein Lehrer der christlichen Kirche jemals daraus zitiert, was wohl kaum der Fall gewesen wäre, wenn es jemals als authentisch betrachtet worden wäre.

Das Vorhandensein von Anachronismen. Z. B. benutzt es den Text der lateinischen Vulgata-Bibel (4. Jahrhundert), auch wenn es heißt, Barnabas habe es im 1. Jahrhundert n. Chr. geschrieben. Es enthält Beschreibungen vom Leben und von Bräuchen des mittelalterlichen Europas, was zeigt, dass

---

63 *The Gospel of Barnabas*, ix
64 *The Gospel of Barnabas*, xxxvii

es wohl kaum vor dem 14. Jahrhundert geschrieben worden sein kann. Z. B. erwähnt es, dass das Erlassjahr nur einmal alle 100 Jahre stattfindet anstelle der in der Bibel genannten 50, und wir wissen, dass es ein päpstlicher Erlass im Jahre 1343 war, der den Zeitabstand auf alle 100 Jahre änderte.

Das Vorhandensein von faktischen Fehlern. Es gibt deutliche und ernsthafte historische Fehler, wie beispielsweise die Behauptung, Jesus sei geboren worden, als Pilatus Statthalter von Judäa war, obwohl Pilatus tatsächlich erst im Jahr 26 oder 27 n. Chr. Statthalter wurde. Es gibt eklatante geografische Fehler, wie die Behauptung, Jesus sei nach Nazareth gesegelt – eine Stadt, die gar nicht am Meer liegt! Es gibt sogar Fehler bei der Nennung der biblischen Bücher: Das Buch der Sprüche wird „David" genannt und Jesaja „Hesekiel"!

Das *Barnabasevangelium* ist auch bekannt für seine Widersprüchlichkeit zu den kanonischen Evangelien, denn es behauptet (Abs. 217), Jesus sei nicht am Kreuz gestorben, sondern Judas Iskariot sei an seiner Stelle gekreuzigt worden. Seit dem 15. oder 16. Jahrhundert haben viele Muslime das *Barnabasevangelium* zitiert, um ihre Überzeugung zu stützen – was sie bis heute mit großem Nachdruck tun –, dass die Christen das Neue Testament verändert hätten, damit es so aussähe, als sei Jesus am Kreuz gestorben, obwohl es doch ursprünglich gesagt habe, dass dies nicht so gewesen sei. Es ist schon seltsam, dass man das *Barnabasevangelium* verwendet, um diese Sicht zu stützen, weil es an anderer Stelle dem Koran widerspricht. So sagt das *Barnabasevangelium* beispielsweise, Jesus habe gesagt, er sei nicht der Messias, sondern ein Vorbote von Mohammed, der wiederum als Messias bezeichnet wird. Es behauptet sogar, der Name Mohammeds („Mahomet") sei vor der Erschaffung Evas auf Adams linken Daumennagel geschrieben worden.

Sir Norman Anderson, ehemaliger Professor für orientalisches Recht und Direktor des *Institute of Advanced Legal Studies* an der Universität von London, schreibt:

> Es ist außerdem an sich unwahrscheinlich, dass der Barnabas des 1. Jahrhunderts namentlich das Kommen von Mohammed vorhergesagt haben soll und ihn (im Gegensatz sowohl zum Koran als auch zur Bibel) statt Jesus als Messias bezeichnet haben soll. Es ist sehr seltsam, dass orthodoxe Muslime ein Buch akzeptieren, das wiederholt der deutlichen Aussage des Korans kategorisch widerspricht: „O Maryam [Maria], Allah verkündet dir ein Wort von Ihm, dessen

Name al-Masīḥ [Messias] ʿĪsā [Jesus], der Sohn Maryams ist ...“ ...
Der Koran gibt Mohammed niemals diesen Titel.[65]

Auf jeden Fall wird die Behauptung, Jesus sei nicht gestorben, nicht nur durch die vorhandenen Tausenden von Manuskripten der vier Evangelien widerlegt, sondern auch durch die Beweise aus nicht biblischen Quellen, die wir oben zitiert haben und die deutlich Jesu Tod durch Kreuzigung bestätigen. Die schiere Last der Quellenbeweise zeigt, dass es ganz einfach den klaren historischen Tatsachen widerspricht, wenn man auf Grundlage eines einzigen mittelalterlichen Dokumentes behauptet, die neutestamentlichen Dokumente seien verändert worden und hätten ursprünglich mit dem *Barnabasevangelium* übereingestimmt. Die extreme Unwahrscheinlichkeit dieses Standpunkts wird noch offensichtlicher, wenn man bedenkt, dass dies zu der Annahme zwingen würde, dass auch an den nicht biblischen Quellen gleichermaßen herumgepfuscht wurde, wenn die Annahme wahr wäre.

Außerdem haben wir gesehen, dass die frühesten datierbaren Quellen auf die Apostel selbst zurückgehen, also nur wenige Jahre nach den Ereignissen entstanden sind, die sie beschreiben. Diese Quellen haben gemeinsam, dass sie den Tod Jesu in den Mittelpunkt ihrer Botschaft stellen. Im Lichte von all dem ist es schlichtweg unglaubwürdig, wenn man meint, alle Manuskripte, die den historischen Tod Jesu bestätigen, seien verfälscht und verändert worden.

---

65 *Islam in the Modern World*, 234. Anmerkung des Übersetzers: Das Zitat aus dem Koran stammt aus Sure 3. 45 und wurde der Website *islam.de* entnommen (aufgerufen am 01.02.2021). Die Erklärungen in eckigen Klammern wurden vom Übersetzer eingefügt.

I·3
DIE PERSON JESUS CHRISTUS: FIKTION, MYTHOS ODER REALITÄT?

*Wenn Jesus der Sohn Gottes ist, dann sprechen diese Berichte
über das, was er auf der Erde gesagt und getan hat,
tatsächlich zu uns mit seiner Autorität.
Aber wenn wir bereit sind, sie zu lesen, dann liegt es an ihm,
uns zu überzeugen, dass er die Wahrheit ist.
Es wird berichtet, wie er selbst seine Zeitgenossen aufforderte,
den moralischen Charakter seiner Worte und Taten
zu beurteilen.*

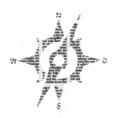

EINLEITUNG

Im vorherigen Kapitel haben wir festgestellt, dass das christliche Evangelium fest in der Geschichte verwurzelt ist. Wir haben z. B. gesehen, dass der Prolog des Lukasevangeliums deutlich zeigt, dass Lukas die Absicht hatte, einen historischen Bericht aufzuschreiben, und dass er zu diesem Zweck alle verfügbaren Quellen, mündliche und schriftliche (Lk 1,1-4), gründlich erforschte. Mit Bedacht ordnete er sowohl die Geburt Christi als auch den Beginn seines öffentlichen Wirkens in den Kontext der zeitgenössischen politischen Geschichte ein (Lk 2,1-2; 3,1). Darüber hinaus hat sich Lukas in der Apostelgeschichte – seinem Bericht über den Anfang und die beginnende Ausbreitung des Christentums von Jerusalem aus – als äußerst genau bei der Verwendung von Hintergrundbegriffen erwiesen: geografisch, politisch, gesellschaftlich, nautisch usw.

Wie wir jedoch alle wissen, würde auch ein moderner Autor eines historischen Romans den geschichtlichen Hintergrund für seinen Roman sorgfältig recherchieren, damit alle historischen, geografischen, gesellschaftlichen und technischen Details authentisch sind. Aber selbst wenn der Hintergrund richtig dargestellt ist, ist das natürlich noch keine Garantie dafür, dass der Romanautor nicht doch sehr erfinderisch war und bei der Darstellung der Hauptpersonen der Erzählung etwas übertrieben oder sie sogar erfunden hat.

Daher stellt sich die Frage, ob das auch für die Autoren des Neuen Testaments gilt. Es fällt uns vielleicht nicht schwer zu glauben, dass der historische Hintergrund richtig ist, aber die Autoren stellen einige außergewöhnliche Behauptungen über die zentrale Person – Jesus Christus – auf. Insbesondere berichten sie, dass er behauptete, der Sohn Gottes zu sein. Wie können wir genau wissen, dass die Person Jesus Christus, so wie sie im Neuen Testament dargestellt wird, nicht doch erfunden worden ist? Seine Biografen waren offensichtlich glühende und loyale Anhänger von ihm:

Könnte es nicht sein, dass sie ihre Ergebenheit ihm gegenüber dazu gebracht hat, ihren Bericht über ihn aufzupolieren oder zu übertreiben?

Um eben diese Frage dreht sich die Diskussion zwischen dem Literaturredakteur Berlioz und dem Dichter Besdomny in der Eröffnungsszene von Bulgakows literarischem Meisterstück *Der Meister und Margarita*. Berlioz hat Besdomny beauftragt, ein antireligiöses Gedicht für sein Journal zu schreiben, aber das Ergebnis stellt Jesus für Berlioz' Geschmack viel zu authentisch dar. „Berlioz wollte nun dem Dichter beweisen, dass es gar nicht darum ging, ob Jesus schlecht oder gut gewesen sei, sondern darum, dass er als Persönlichkeit nie existiert hatte und dass alle Erzählungen über ihn Erfindungen, ganz gewöhnliche Mythen seien."[66] Ein fremd aussehender Mann (der sich später als der verkleidete Teufel herausstellt) klinkt sich in ihre Diskussion ein:

> „Wenn ich mich nicht verhört habe, geruhten Sie zu sagen, dass Jesus überhaupt nicht auf der Welt war?", fragte er und wandte sein grünes linkes Auge Berlioz zu. „Ja, ganz recht", antwortete Berlioz höflich. „Genau das habe ich gesagt." ...
>
> „Und Sie, waren Sie derselben Meinung wie Ihr Gesprächspartner?", erkundigte sich der Fremde und wandte sich rechts an Besdomny. „Voll und völlig!", bejahte der Lyriker, der sich gerne bildhaft und verschnörkelt ausdrückte. ...
>
> „In unserem Land verblüfft Atheismus keinen", sagte Berlioz mit diplomatischer Höflichkeit. „Die Mehrheit unserer Bevölkerung hat Bewusstsein und glaubt schon lange nicht mehr an die Märchen über Gott."[67]

All dies führt uns nun zu der Frage, ob Berlioz und Besdomny recht haben. Ist die Person Jesus Christus eine literarische Fiktion, ein religiöser Mythos oder historische Realität?

---

66 *Der Meister und Margarita*, 12–13
67 *Der Meister und Margarita*, 16–18

IST DIE PERSON JESUS CHRISTUS
IN DEN EVANGELIEN EINE ERFINDUNG?

Die Leistung der Evangelisten

Stellen wir uns um des Arguments willen vor, dass die Autoren der Evangelien nicht einfach einen Jesus beschrieben haben, der wirklich gelebt hat, sondern diese Gestalt erfunden haben. Vielleicht haben sie als „Rohmaterial" irgendeinen „weisen Mann" aus dem einfachen Volk genommen und dieses Material dann frei rekonstruiert, ergänzt, umgearbeitet und überhöht, sodass das Resultat eine ideale, übermenschliche, jedoch fiktionale Gestalt war, die so nie existiert hat. Lassen Sie uns einfach mal davon ausgehen, dass dies so passiert ist, und dann herausarbeiten, was diese Theorie bedeuten würde.

Das Erste, was dazu gesagt werden kann, ist Folgendes: Wenn die Person Jesus Christus literarische Fiktion wäre, wäre das, was wir mit den Evangelien vorfinden, nahezu ein Wunder. Die Literatur ist voll von fiktionalen Charakteren, aber vergleichsweise wenige haben weltweiten Ruhm erlangt. Um die Person Jesu zu erschaffen, Gleichnisse zu erfinden (die literarische Meisterwerke an sich sind) und ihm diese in den Mund zu legen, hätte man ein absolutes literarisches Genie sein müssen. Aber bei den Autoren der Evangelien treffen wir offensichtlich auf vier solcher Genies, die alle gleichzeitig ihre Blütezeit hatten. Wer waren diese Männer? Was für eine Art von Mensch waren sie? Waren es brillante Persönlichkeiten, die zur absoluten literarischen Elite gehörten? Wohl kaum. Nach dem Neuen Testament war Matthäus ein Steuerbeamter niederen Ranges und Johannes ein Fischer. Über Markus haben wir nur wenige Informationen. Lukas, der Arzt, war wahrscheinlich der Einzige, der irgendeine nennenswerte Ausbildung vorweisen konnte. Es ist daher kaum vorstellbar, dass alle vier zufällig zur selben Zeit literarische Genies von Weltklasse gewesen sind.

Aber es gibt noch mehr zu sagen. Sogar die brillantesten, realistischsten fiktionalen Charaktere bleiben für ihre Leser genau das: fiktive Figuren. Sie entsteigen nicht den Seiten und beginnen, unabhängig vom Buch zu existieren. Sie werden für ihre Leser nicht zu realen, lebenden Personen, die sie kennen können, so wie man eine lebendige Person kennen und mit der man eine persönliche Beziehung haben kann. Selbstverständlich nicht! Doch genau das wäre dann mit dieser vermeintlich fiktionalen Gestalt, Jesus Christus, passiert. Für Millionen von Menschen (und das über 20 Jahrhunderte lang) ist sie zu einer realen, lebendigen Person geworden. Sie behaupten, eine persönliche Beziehung zu dieser Person zu haben – zu einer Person, die sie lieben, und zwar so sehr, dass sie bereit wären, für sie zu sterben (was auch Tausende wirklich taten). Nun könnte man denken, diese Menschen seien tatsächlich ernsthaft irregeleitet, weil sie so etwas für Jesus empfinden, aber das ändert nicht die unbestreitbare Tatsache, dass sie es tun. Und unser Punkt ist folgender: Wenn Jesus bloß eine fiktive Gestalt war, die die Autoren der Evangelien erfunden haben, dann ist den Autoren mit der Erschaffung dieser Gestalt ein literarisches Kunststück gelungen, das in der ganzen Weltliteratur seinesgleichen sucht – eine literarische Figur, die für Millionen Menschen eine lebende Person geworden ist, die unserer Liebe, Hingabe und unseres Opfers würdig ist. Das Wort „Wunder" wäre nicht stark genug dafür.

In der Literatur gibt es natürlich einige (wenn auch bemerkenswert wenige) Charaktere, die uns wie reale Personen vorkommen, die wir kennen und wiedererkennen können. Einer davon ist Platons Sokrates. Platons Dialoge sind nicht nur philosophische Werke; sie sind literarische Werke von Weltrang. Doch der Sokrates, der darin vorkommt, erschien Generationen über Generationen von Lesern wie eine reale Person, deren Charakterzüge sie überall wiedererkannt hätten – so sehr, dass sie, wäre ihnen eine Darstellung von Sokrates in irgendeinem zweifelhaften, zweitrangigen Werk gezeigt worden, sofort gesagt hätten: „Nein, so hätte der reale Sokrates niemals reagiert oder geredet."

Aber der Grund, weshalb uns der Sokrates aus Platons Dialogen so real erscheint, ist, dass Platon ihn eben nicht erfunden hat. Er war eine reale, historische Person, die wirklich gelebt hat. Platons Bild von Sokrates war vielleicht ziemlich aufpoliert, aber die Person und der Charakter des Sokrates waren keine Erfindung Platons. Es war genau anders herum. Es war die Wirkung von Sokrates' Charakter, die dazu beitrug, den Philosophen und literarischen Künstler Platon zu „erschaffen". Und so ist es auch mit Jesus Christus.

Jesus: So stellt sich niemand einen Helden vor

Wir bleiben einen Moment länger bei der Hypothese, dass jemand die Gestalt Jesus erfunden hat und diese Fiktion der Welt präsentierte, wo sie sofort bei vielen Menschen aus sehr unterschiedlichen Kulturen Anklang fand und von ihnen als ihr religiöses Idealbild übernommen wurde.

Aber diese Hypothese scheitert schon an der ersten historischen Hürde. Je mehr wir über die führenden Kulturen jener Zeit wissen, desto deutlicher wird Folgendes: Wenn die Person Jesu keine historische Realität gewesen wäre, hätte niemand sie erfunden – auch wenn er es gekonnt hätte. Der Jesus der Evangelien passte in kein zeitgenössisches Heldenbild. Griechen, Römer und Juden – für alle war er genau das Gegenteil ihres Idealbilds.

- *Nicht das jüdische Idealbild*

Nehmen wir als Erstes die Juden – nicht nur die Juden, die von Anfang an Jesus gegenüber feindselig eingestellt waren, sondern die vergleichsweise wenigen, die zu Beginn seine Freunde waren. Sie erzählen uns selbst – und das haben sie sich mit Sicherheit nicht ausgedacht –, dass sie, als er zum ersten Mal ankündigte, er werde nach Jerusalem gehen, von den Führern der Nation abgelehnt und getötet werden, so schockiert waren, dass sie mit aller Kraft versuchten, ihn davon abzuhalten (Mt 16,21-23). Der Grund für diese Reaktion: Hätte sich diese Ankündigung erfüllt, hätte sich Jesus als jemand erwiesen, der das absolute Gegenteil davon war, wie sie sich einen Helden vorstellten. Ihre Vorstellung von einem Helden war eine messianische Figur wie die des Makkabäers: ein starker, militärischer Typ, angetrieben durch religiöse Ideale, dazu bereit, das imperialistische Rom zu bekämpfen, welches das Land unterworfen hatte – und all das mit der Hilfe von Engeln, wie das Volk inbrünstig glaubte. Zumindest ein Teil der Popularität Jesu muss auf die Tatsache zurückgeführt werden, dass viele in Israel auf einen solchen Messias warteten.

> ✣ *Der Jesus der Evangelien passte in kein zeitgenössisches Heldenbild. Griechen, Römer und Juden – für alle war er genau das Gegenteil ihres Idealbilds.*

Aber als sich der Konflikt zwischen Jesus und den Autoritäten zuspitzte und sie kamen, um ihn zu verhaften, weigerte sich Jesus zu kämpfen; auch seinen Jüngern erlaubte er dies nicht, und er ließ sich freiwillig festnehmen. An diesem Punkt verließen ihnen alle seine Nachfolger für eine gewisse Zeit (Mt 26,47-56). Eine solche Widerstandslosigkeit gegen das Böse passte einfach nicht in das Idealbild der Juden. Auch heute noch sehen das viele Juden so. Ein jüdischer Freund eines der Autoren, der nur knapp Hitlers Gaskammern entkam, sagte einmal: „Dieser Jesus von euch ist ein Schwächling. Für mich wäre das kein Messias. Meine Philosophie ist: Wenn dir jemand eins auf die Nase gibt, schlag zurück!" Genau so dachten Jesu Jünger am Anfang auch. Der Historiker Lukas berichtet von einem Gespräch, das zwischen dem auferstandenen Jesus und zweien seiner Jünger auf dem Weg zwischen Emmaus und Jerusalem stattfand. Zunächst erkannten sie nicht, wer Jesus war, und diskutierten mit ihm die Ereignisse, die kurz vorher in Jerusalem stattgefunden hatten. Im Hinblick auf Jesus sagten sie: „Wir aber hofften, dass er der sei, der Israel erlösen solle" (Lk 24,21). Sie hatten eindeutig einen starken, militärischen Befreier erwartet, der sie in die politische Unabhängigkeit führen würde – dass er gekreuzigt werden würde, passte da überhaupt nicht in ihre Erwartungen. Jesus musste ihnen deshalb erklären, dass ihre vorgefassten Ideen über den Messias falsch waren. Am Ende, so erzählen sie uns, war es seine Auslegung der alttestamentlichen Schriften, die ihre Vorstellungen darüber, wie der Messias sein würde und was er tun würde, radikal veränderten. Erst das brachte sie dazu zu glauben, dass er wirklich von den Toten auferstanden war.

• *Nicht das griechische Idealbild*

Die Griechen jener Zeit bewunderten verschiedene Charaktertypen. Manche bevorzugten den typischen Epikureer, der weitestgehend darauf bedacht war, jegliches Leid und Vergnügen zu vermeiden, die seine Ruhe stören könnten. Andere favorisierten den typischen Stoiker, der nur seinem Verstand folgte, seine Emotionen unterdrückte und Leid und Tod mit ungetrübter Gemütsruhe begegnete. Platons Anhänger blickten mit Bewunderung auf Sokrates zurück, der – wir erinnern uns – den Giftbecher mit unbeirrbarer Unbeschwertheit und Gleichmütigkeit trank.

In Form eines Augenzeugenberichts des Phaidon von Elis vor einer Gruppe von Philosophen, unter ihnen Echekrates, gibt uns Platon folgende Information – wir steigen in seinen Bericht an der Stelle ein, als der Gefängnisbeamte Sokrates den Giftbecher reicht:

> Damit reichte er dem Sokrates den Becher, und dieser nahm ihn und ganz getrost, o Echekrates, ohne im Mindesten zu zittern oder Farbe oder Gesichtszüge zu verändern, sondern, wie er pflegte, ganz gerade den Menschen ansehend, fragte er ihn:
> Was meinst du von dem Trank wegen einer Spendung? Darf man eine machen oder nicht?
> – Wir bereiteten nur so viel, o Sokrates, antwortete er, als wir glauben, dass hinreichend sein wird.
> – Ich verstehe, sagte Sokrates. Beten aber darf man doch zu den Göttern und muss es, dass die Wanderung von hier dorthin glücklich sein möge, worum denn auch ich hiermit bete, und so möge es geschehen.

Und wie er dies gesagt hatte, setzte er an, und ganz frisch und unverdrossen trank er aus.[68]

Wie völlig anders ist doch der Jesus der Evangelien. Gepeinigt von Angst und Qualen in Gethsemane, bis ihm sein Schweiß wie schwere Blutstropfen am Gesicht herunterlief, flehte er zu Gott, er möge es ihm ersparen, den Becher zu trinken, den man ihm reichen würde, und am Kreuz schrie er öffentlich: „Mein Gott, mein Gott, warum hast du mich verlassen?" (Mt 27,46). Er war sicherlich niemand, den die Griechen als Helden gesehen hätten, niemand, den ein griechischer Philosoph als ein Idealbild ersonnen hätte, zu dem man hätte aufschauen können.

- *Nicht das römische Idealbild*

Was die Römer betrifft, neigten die philosophisch Gesinnten unter ihnen dazu, den Stoizismus (vgl. Cicero und Seneca) zu bevorzugen. Christus hätte nicht in ihr Idealbild gepasst. Pilatus, ein Mann des Militärs und der Politik, schien Christus weltfremd und sein Verhalten unsinnig zu finden.[69] König Herodes verspottete ihn, und seine Soldaten betrachteten einen „König" wie Jesus als Freiwild für äußerst primitive Späße (Lk 23,11).

Tatsache ist: Letztendlich war Jesus genau das Gegenteil der allgemeinen Vorstellung von einem idealen Helden – sowohl in politischer als auch in philosophischer und religiöser Hinsicht. Niemand hat ihn erfunden, und niemand (selbst wenn man ihn erfunden hätte) hätte ihn auch nur einen Moment lang als Idealbild betrachtet, das bei der Öffentlichkeit sofort Anklang gefunden hätte.

Das Kreuz: So stellt sich niemand eine Philosophie vor

Das trifft auch ganz besonders auf die Verkündigung der frühen Christen zu. Sogar noch einige Jahre nach Christi Auferstehung bekannte der große christliche Prediger und Missionar Paulus in seinen Schriften, dass die Predigt vom Kreuz Christi den Juden immerzu skandalös und den Griechen

---

68 Platon, *Phaidon* 117b–c (Übersetzung: Friedrich Schleiermacher), siehe auch *Apologie des Sokrates* 40c

69 Siehe Kap. 8 – „Die Wahrheit auf der Anklagebank", in Buch 2: *Was können wir wissen?*, S. 241–256

als schiere Torheit vorgekommen sei (1Kor 1,20-25). Es ist wichtig, dass wir verstehen, warum.

- *Die skandalöse Torheit des christlichen Evangeliums*

In der römischen antiken Welt war Kreuzigung die schändlichste Form von Strafe, die man sich vorstellen konnte, sodass sie noch nicht einmal als passendes Thema für eine gepflegte Unterhaltung betrachtet wurde. Martin Hengel, ehemaliger Professor für Neues Testament und Antikes Judentum an der Universität Tübingen, schreibt:

> Denn wir müssen wissen, dass wir nur ganz wenige wirkliche Schilderungen von Kreuzigungen aus der Antike besitzen. Sie waren antiken Autoren zu unappetitlich. Die Evangelien berichten mit Abstand am ausführlichsten über eine Hinrichtung am Kreuz. *Darum* hören wir kaum von solchen Details.[70]

Der berühmte Redner Marcus Tullios Cicero schrieb: „Die bloße Bezeichnung ‚Kreuz‘ sei nicht nur vom Leib und Leben der römischen Bürger verbannt, sondern auch von ihren Gedanken, Augen und Ohren."[71] In diesem Lichte erschien die frühe christliche Verkündigung vom Kreuz Christi der kultivierten griechisch-römischen Welt höchst geschmacklos und töricht – wie könnte ein gekreuzigter Mann die ultimative Lösung für die Probleme der Welt und der Schlüssel zum Mysterium des Universums sein?

Für die Juden war es noch schlimmer. Zu predigen, dass ein kürzlich Gekreuzigter Gottes Messias und der Erlöser der Menschheit sei, empfanden sie als abscheuliche Blasphemie. Der Grund dafür war einfach: Nach dem jüdischen Gesetz wurde bei den schlimmsten Fällen von Kapitalverbrechen der Täter zu Tode gesteinigt, und dann wurde sein Leichnam für eine kurze Zeit als abschreckendes Beispiel an einen Baum gehängt:

> Und wenn bei einem Mann eine Sünde geschieht, auf die das Todesurteil steht, und er wird getötet, und du hängst ihn an ein Holz, dann darf seine Leiche nicht über Nacht an dem Holz bleiben, sondern du

---

70 *Studien zur Christologie*, 271
71 *Pro Rabirio*, v.16 (Übersetzung: Manfred Fuhrmann)

sollst ihn unbedingt am selben Tag begraben. Denn ein Aufgehängter ist ein Fluch Gottes. (5Mo 21,22-23)

Daher war für die Juden die Tatsache, dass Gott zugelassen hatte, dass Jesus Christus an ein Kreuz gehängt wurde, der Beweis dafür, dass Gottes Fluch auf ihm lag. Dass ihnen gesagt wurde, jemand, den Gott verflucht hatte, sei ihr Messias, der Sohn Gottes und Retter der Welt, erschien ihnen nicht nur absurd, sondern auch als unsägliche Blasphemie.

• *Der Ursprung der Botschaft vom Kreuz*

Es ist also offensichtlich, dass die Jünger Christi die Geschichte von der Kreuzigung nicht erfunden haben. Woher kam dann die Idee hinter ihrer Botschaft? War es so, dass die Christen nach der Kreuzigung ihr Bestes taten, ihren Glauben an Jesus als ihren Messias zu retten, indem sie die Idee erfanden, sein Tod sei ein Opfer für die Sünden der Welt? Die Antwort darauf ist ein entschiedenes Nein. Diese Idee geht auf Christus selbst zurück, der vor dem Kreuz ankündigte: „... so wie der Sohn des Menschen nicht gekommen ist, um bedient zu werden, sondern um zu dienen und sein Leben zu geben als Lösegeld für viele" (Mt 20,28).

Außerdem führte er am Vorabend seiner Kreuzigung eine Zeremonie ein, anhand derer sich seine Nachfolger später an ihn erinnern sollten. Es ist sehr aufschlussreich, sich die Bedeutung dieser Zeremonie bewusst zu machen. Als seine Nachfolger zusammenkamen, bat er sie nicht darum, den Menschen die Geschichte eines seiner spektakulären Wunder zu erzählen: Dann hätte es so ausgesehen, als seien seine Wunderwerke das Wichtigste an seinem Dienst gewesen. Auch bat er sie nicht, einen Teil seiner Morallehre auszuwählen und den Leuten weiterzugeben: Dies hätte den Anschein erweckt, der Hauptzweck seines Lebens sei gewesen, ein Philosoph und Lehrer zu sein. Er bat sie darum, Brot und Wein als Symbole seines Leibes und Blutes zu nehmen und sie zu essen und zu trinken als Erinnerung an die Tatsache, dass er am Kreuz seinen Leib hingab und sein Blut vergoss, um ihnen die Vergebung ihrer Sünden zu garantieren (Mt 26,26-28).

So war nach Christus die Botschaft vom Kreuz, die der Welt so skandalös und so töricht erschien, in Wirklichkeit der Mittelpunkt des christlichen Evangeliums von der Vergebung der Sünden. Außerdem wies er darauf hin, dass ihre Wurzeln noch weiter zurückgingen und in der Überlieferung der alttestamentlichen Propheten verankert waren. In dem in Lukas 24 wiedergegebenen Gespräch zwischen den zwei Jüngern auf dem Weg nach Emmaus und dem auferstandenen Christus, auf das wir oben Bezug genommen haben, wies Jesus sie zurecht, weil sie nicht aus dem Alten Testament heraus erkannt hatten, dass der Messias (griechisch für Christus), wer auch immer es war, leiden musste:

> Ihr Unverständigen und im Herzen zu träge, an alles zu glauben, was die Propheten geredet haben! Musste nicht der Christus dies leiden und in seine Herrlichkeit hineingehen? Und von Mose und von allen Propheten anfangend, erklärte er ihnen in allen Schriften das, was ihn betraf. (Lk 24,25-27)

Als er über seinen Tod als Lösegeld für die Vergebung der Sünden sprach, wiederholte Christus Worte, die der hebräische Prophet Jesaja etwa sieben Jahrhunderte vor der Kreuzigung geschrieben hatte:

> Jedoch unsere Leiden –
> er hat sie getragen, und unsere Schmerzen –
> er hat sie auf sich geladen.
> Wir aber, wir hielten ihn für bestraft,
> von Gott geschlagen und niedergebeugt.
> Doch er war durchbohrt um unserer Vergehen willen,
> zerschlagen um unserer Sünden willen.
> Die Strafe lag auf ihm zu unserm Frieden,
> und durch seine Striemen ist uns Heilung geworden.
> Wir alle irrten umher wie Schafe, wir wandten uns jeder auf seinen eigenen Weg;
> aber der HERR ließ ihn treffen unser aller Schuld.
> Er wurde misshandelt, aber er beugte sich und machte seinen Mund nicht auf
> wie das Lamm, das zur Schlachtung geführt wird
> und wie ein Schaf, das stumm ist vor seinen Scherern;
> und er machte seinen Mund nicht auf.
> (Jes 53,4-7)

In diesem Zusammenhang wird in den Evangelien auch die Tatsache hervorgehoben, dass Johannes der Täufer, der Wegbereiter Christi, die Erfüllung einer anderen Vorhersage des Propheten Jesaja aus Kapitel 40 war (siehe Mt 3,1-3; Mk 1,1-4; Lk 3,1-20; Joh 1,19-34). Es war Johannes, der – nicht erst nach dem Kreuz, sondern zu Beginn des Dienstes Christi – ihn als „Lamm Gottes, das die Sünde der Welt wegnimmt" (Joh 1,29) ankündigte, und der Begriff, den er verwendete – „Lamm Gottes" – wurde von allen seinen Zuhörern verstanden. Sie waren daran gewöhnt, dass Lämmer als Opfergaben für Sünde dargebracht wurden, insbesondere im Rahmen der jüdischen Zeremonie des Passahfestes, und so verstanden sie klar und deutlich, dass Johannes damit sagte, Jesus sei gekommen, um als ein solches Opfer zu sterben.

Und die frühen Christen verstanden dies alles sehr gut. Die Berichte zeigen, dass sie von Anfang an am ersten Tag der Woche zusammenkamen (Apg 20,7), um das zu tun, was Christus ihnen geboten hatte: Brot zu essen und Wein zu trinken, um sich an seinen Opfertod am Kreuz zur Vergebung ihrer Sünden zu erinnern. Dieses Verständnis seines Todes war also keine nachträgliche theologische Interpretation durch spätere Theologen.

• *Die frühe Verkündigung vom Kreuz*

In ihrer Verkündigung in den Synagogen vermittelten die Christen ihren jüdischen Zuhörern sehr bald, dass der Tod Christi die Prophezeiungen des Alten Testaments erfüllt hatte (siehe z. B. Apg 13,13-52). Aber dann wiesen sie auch darauf hin, dass es nicht die Christen gewesen waren, die die Kreuzigung Christi in die Wege geleitet hatten, um damit den Anschein zu erwecken, er habe diese alttestamentlichen Prophezeiungen erfüllt – es waren die jüdischen Autoritäten, die Christus gegenüber feindlich gesinnt waren und in Absprache mit Pilatus erreicht hatten, dass Christus gekreuzigt wurde, um damit seinem Anspruch, der Messias zu sein, ein Ende zu setzen. Die Christen beobachteten scharfsinnig:

> Denn die zu Jerusalem wohnen und ihre Obersten haben, da sie diesen nicht erkannten, *auch die Stimmen der Propheten erfüllt*, die jeden Sabbat gelesen werden, indem sie über ihn Gericht hielten. Und obschon sie keine todeswürdige Schuld fanden, baten sie den Pilatus, dass er umgebracht werde. Und nachdem sie alles vollendet hatten, was über ihn geschrieben ist, nahmen sie ihn vom Holz herab und legten ihn in eine Gruft. (Apg 13,27-29; Kursivsetzung durch uns)

Es bleibt noch zu sagen, dass diese Geschichte vom Kreuz Christi als Gottes Bestimmung für die Vergebung und Versöhnung des Menschen mit Gott in der ganzen Religionsgeschichte einzigartig ist, und es ist nicht respektlos gegenüber anderen Religionen, etwas von den Händen Christi anzunehmen, was sonst keine andere Religion oder Philosophie zu bieten hat.

WELCHE BEWEISE GIBT ES, DASS JESUS BEHAUPTETE, DER SOHN GOTTES ZU SEIN?

Alternative Erklärungen

Auf die christliche Behauptung, Jesus sei der Sohn Gottes, sind drei Reaktionen recht häufig:

1. Man vermutet, dass Jesus das selbst nie behauptet hat, sondern dass diese ganze Idee das Produkt eines primitiven Aberglaubens ist.

2. Man vermutet, dass diese im Zusammenhang mit einem späteren Missverständnis aufkam, als die Worte Christi in späteren Jahrzehnten aus ihrer ursprünglichen Sprache (Aramäisch) ins hellenistische Griechisch übersetzt wurden.

3. Man vermutet, dass der Begriff „Sohn Gottes" zur Sprache der christlichen Mythologie gehört.

Lassen Sie uns dieses drei Vermutungen nacheinander betrachten.

- *Erste Vermutung: ein primitiver Aberglaube*

Da die Welt der Antike voll von Göttergeschichten war, die die Erde in der Gestalt von außergewöhnlichen Menschen besuchten, wird in diesem Zusammenhang vermutet, dass die Evangelien wahrscheinlich unter dem Einfluss dieses Aberglaubens geschrieben wurden. Es stimmt, dass die Völker der Antike an die Existenz vieler Götter glaubten und daran, dass diese Götter von Zeit zu Zeit die Erde besuchten. Das heißt, das taten alle Nationen, mit einer bemerkenswerten Ausnahme. Diese Ausnahme bildete die jüdische Nation, zu der fast alle der Autoren des Neuen Testaments gehörten. Die Juden zur Zeit Christi waren strenge Monotheisten. Sie verachteten die anderen Nationen für ihren absurden Polytheismus und dafür, dass sie aus ihren Königen und Helden Götter machten. Für sie war es eine Blasphemie, göttliche Ehren für irgendjemand anderen als Gott den Schöpfer zu beanspruchen, die so schlimm war, dass sie nach ihrem Gesetz mit dem Tode bestraft werden sollte. Jahrhundertelang war ihnen in jedem Haus des Landes beigebracht worden, bei ihrer täglichen Religionsausübung den folgenden fundamentalen Glaubensgrundsatz zu rezitieren: „Höre, Israel: Der HERR ist unser Gott, der HERR allein!" (5Mo 6,4). Sie waren daher die letzte Nation und Kultur auf der Erde, bei der man erwartet hätte, dass jemand behauptet, ein Mensch sei der Sohn Gottes. Doch nach den Evangelien behaupte Jesus genau das – in diesem Land.

- *Zweite Vermutung: ein Übersetzungsfehler*

Hier lautet die Vermutung, dass die Idee, Jesus sei der Sohn Gottes, nicht bei den ursprünglichen Jüngern Christi entstand, sondern erst Jahrzehnte später bei den hellenistischen Christen, und zwar aufgrund eines Missverständnisses bei der Übersetzung der ursprünglichen Worte Jesu aus dem Aramäischen ins Griechische. Im Aramäischen konnte der Begriff „Sohn Gottes" auch als Ehrentitel für einen König benutzt werden (siehe z. B. die erhabene Anrede für den König in Psalm 45). Es heißt, als das Evangelium in die Länder hineingetragen wurde, in denen Griechisch gesprochen wurde, hätten Griechisch sprechende Menschen dabei etwas falsch verstanden und den Begriff „Sohn Gottes" so aufgefasst, als sei damit wirklich Gottes Sohn im ontologischen Sinne gemeint.

Weiter haben manche festgestellt, dass diese Betonung der Göttlichkeit Jesu besonders im Johannesevangelium zu finden ist, wo Christus als das Wort *(Logos)* Gottes bezeichnet wird (Joh 1,1). Ältere Kritiker haben darauf hingewiesen, dass der Begriff „Logos" in der hellenistischen Philosophie weitverbreitet ist, z. B. in den Schriften des Philon von Alexandria. Sie meinten daher, dass das Johannesevangelium erst spät unter dem Einfluss von hellenistischem Gedankengut entstanden sei. Das Ergebnis sei eine Neuinterpretation und Aufwertung der Person Christi gewesen.

Die historische Forschung hat jedoch gezeigt, dass diese Vorstellungen unbegründet sind. Martin Hengel[72] weist nach, dass Palästina zur Zeit Christi bereits seit zwei oder drei Jahrhunderten gründlich hellenisiert worden war. Viele kannten und sprachen Griechisch, und die zehn von Al-

---

72 *Judentum und Hellenismus*

exander dem Großen gegründeten Städte (die Dekapolis) waren natürlich griechische Städte. Es ist sogar möglich, dass Christus gelegentlich selbst Griechisch sprach. Es gibt daher keine Beweise dafür, dass die Verwendung des Begriffs *Logos* für Christus auf eine spätere hellenistische Interpretation hindeutet.

Es gibt noch eine weitere Überlegung, die diese Sicht stärkt. Tatsache ist, dass in den Texten der Schriftrollen vom Toten Meer (die aus der Zeit Christi stammen und auf Aramäisch geschrieben wurden), wie wir heute wissen, bereits das aramäische Wort *memra* (= Wort) als Bezeichnung für das Wort Gottes verwendet wurde, durch das Gott das Universum erschuf. Wenn daher das Johannesevangelium den Herrn Jesus als das Wort Gottes bezeichnet, durch das Gott das Universum erschuf (Joh 1,1-3), verwendet es damit sicherlich ein griechisches Wort, das von den Griechen *verstanden* wurde (als Bezeichnung für den rationalen Geist hinter dem Universum). Aber das beweist nicht, dass Johannes diesen Begriff der hellenistischen Philosophie entnahm und die Natur Christi im Lichte dieser Philosophie falsch interpretierte.

• *Dritte Vermutung: ein mythologischer Begriff*

Die dritte Vermutung lautet, dass Begriffe wie „Sohn Gottes" Teil des mythologischen Vokabulars seien, mit denen die Apostel versucht hätten, dem Einfluss, den er auf sie gehabt hatte, Ausdruck zu verleihen. Da sie den Einfluss der Person und Lehre Christi persönlich erfahren hätten, hätten die frühen Christen die einzige Art von Sprache verwendet, die ihnen zur Verfügung gestanden habe, um dieser Erfahrung Ausdruck zu verleihen, nämlich mythologische Sprache. Aber wenn wir heute ihre Schriften deuten und sie dabei in eine einfache theologische Sprache umwandelten, müssten wir uns von ihrer mythologischen Sprache lösen. Übrig bliebe dann ein Jesus, der sicherlich ein bemerkenswerter Lehrer über Gott gewesen sei, aber dennoch nicht mehr als ein Mensch. Schaut man sich diese Sicht jedoch einmal genauer an, zeigt sich, dass sie nicht zutrifft, denn die Behauptung, dass Jesus wirklich im vollen ontologischen Sinne, das heißt von seinem ganzen Sein her, der Sohn Gottes war, hat Christus zu seinen Lebzeiten auf Erden selbst aufgestellt.

Die ausdrücklichen Ansprüche von Christus

Es gibt zwei Dinge, die dafür sprechen. Zum einen sind da die ausdrücklichen Aussagen Christi. Hier ein paar Beispiele dafür, wie Jesus behauptete, der Mensch gewordene Gott zu sein (festgehalten vom Apostel Johannes). Er sagte zu seinen Mitmenschen: „Ich bin von dem, was oben ist ... ich bin nicht von dieser Welt. ... denn wenn ihr nicht glaubt, dass ich es bin[73], so werdet ihr in euren Sünden sterben" (Joh 8,23-24). Er behauptete auch, schon vor Abraham existiert zu haben: „Ehe Abraham war, bin ich" (Joh 8,58).

An anderen Stellen behauptete er, eins mit dem Vater zu sein. „Ich und der Vater sind eins", sagte er (Joh 10,30), und zusätzlich behauptete er, die genaue Darstellung des Vaters zu sein: „Wer mich gesehen hat, hat den Vater gesehen" (Joh 14,9).

Aus den Evangelien geht klar hervor, dass die damaligen Juden ihn genau so verstanden. Als sie ihn einmal beschuldigten, die Sabbatregeln gebrochen zu haben, antwortete er: „Mein Vater wirkt bis jetzt, und ich wirke." Was er da sagte, lehnten sie entschieden ab. „Darum nun suchten die Juden noch mehr, ihn zu töten, weil er nicht allein den Sabbat aufhob, sondern auch Gott seinen eigenen Vater nannte und sich so selbst Gott gleich machte" (Joh 5,17-18). Einige Zeit später gab es einen erneuten Versuch, ihn zu töten, und zwar aus demselben Grund: „Wegen eines guten Werkes steinigen wir dich nicht, sondern wegen Lästerung, und weil du, der du ein Mensch bist, dich selbst zu Gott machst" (Joh 10,33).

> ✳ „Wegen eines guten Werkes steinigen wir dich nicht, sondern wegen Lästerung, und weil du, der du ein Mensch bist, dich selbst zu Gott machst." (Joh 10,33)

Und als sie ihn schließlich vor den römischen Statthalter brachten, bedrängten sie Pilatus mit ihrem Anliegen, ihn kreuzigen zu lassen, und sagten: „Wir haben ein Gesetz, und nach dem Gesetz muss er sterben, weil er sich selbst zu Gottes Sohn gemacht hat" (Joh 19,7).

Historisch betrachtet kann also kein Zweifel bestehen, dass Jesus selbst behauptete, der Mensch gewordene Gott zu sein, und dafür musste er sterben. Zudem stellte Jesus den Glauben an ihn selbst auf eine Stufe mit dem Glauben an Gott. Zu seinen Jüngern sagte er: „Ihr glaubt an Gott, glaubt auch an mich!" (Joh 14,1). Er akzeptierte auch göttliche Ehren von seinen Mitmenschen. Wie wir gleich noch sehen werden, behauptete er sogar,

---

73 Wir sollten daran denken, dass Gott in 2Mo 3,14 seinen Namen als „Ich bin, der ich bin" zum Ausdruck bringt. Weil Jesus mit dieser Formulierung über sich selbst redete, wollten die Leute ihn steinigen (Joh 8,59).

der Vater habe ihm das ganze Gericht überlassen mit der ausdrücklich genannten Absicht, „damit alle den Sohn ehren, wie sie den Vater ehren" (Joh 5,22-23). Und als nach Johannes der Jünger Thomas während einer von Jesu Erscheinungen als Auferstandener in Jerusalem Jesus mit „mein Herr und mein Gott" ansprach, wurde er dafür nicht von ihm getadelt, sondern er war mit dieser Verehrung durch Thomas einverstanden und antwortete: „Weil du mich gesehen hast, hast du geglaubt" (Joh 20,28-29).

Die indirekten Ansprüche von Christus
Das Zweite, was dafürspricht, dass Christus sich selbst als Sohn Gottes betrachtete, ist ebenso wichtig und betrifft die *indirekten* Ansprüche in Christi Aussagen, selbst göttlich zu sein. Verschiedene Male (und das nicht nur im Johannesevangelium) waren seine Mitmenschen geschockt, als sie hörten, wie er anderen ihre Sünden vergab (Mk 2,1-12). Verschiedene Merkmale der Aufzeichnungen sprechen eindeutig dafür, dass dies eine Aussage Christi war, die er damals wirklich machte und die nicht von den Aposteln erfunden wurde. C. S. Lewis schreibt dazu Folgendes:

> Es ist ganz in Ordnung, wenn ein Mensch einem anderen ein Unrecht vergibt, das er *ihm* zugefügt hat. Wenn mich jemand um fünf Pfund betrogen hat, so ist es durchaus möglich und vernünftig, dass ich sage: „Nun gut, ich vergebe ihm; wir wollen nicht mehr darüber sprechen." Aber wie in aller Welt würden Sie es finden, wenn jemand *Sie* um fünf Pfund betrogen hätte, und *ich* würde sagen: „Schon gut, ich vergebe ihm!" [74]

Die einzige Person, die das Recht hat, Sünden zu vergeben, ist Gott, denn letzten Endes ist jede Sünde eine Sünde gegen ihn und sein Gesetz. Aus diesem Grund sagten die Gesetzeslehrer, als Jesus behauptete, die Sünden des Gelähmten zu vergeben: „Wer kann Sünden vergeben außer einem, Gott?" (Mk 2,7). Sie verstanden es richtig, dass er, als er dem Mann vergab, ohne sich auf die Person zu beziehen, gegen die dieser gesündigt hatte, damit direkt den Anspruch erhob, göttlich zu sein.

In der Bergpredigt stellt Christus sich in den Mittelpunkt der Moral. Er beendet die Reihe seiner berühmten Seligpreisungen („Glückselig die Armen im Geist" etc.), indem er einen Segen über jene ausspricht, die um seinetwillen verfolgt werden: „Glückselig seid ihr, wenn sie euch schmähen

---

74 *Gott auf der Anklagebank,* 94

und verfolgen und alles Böse lügnerisch gegen euch reden werden um meinetwillen" (Mt 5,11). Und dann nimmt er wiederholt Vorschriften aus dem Alten Testament und kommentiert sie auf eine Art und Weise, die impliziert, dass er dieselbe Autorität besitzt wie Gott, der sie dem Volk ursprünglich gegeben hatte: „Ihr habt gehört, dass zu den Alten gesagt ist: Du sollst nicht töten; wer aber töten wird, der wird dem Gericht verfallen sein. Ich aber sage euch, dass jeder, der seinem Bruder zürnt, dem Gericht verfallen sein wird" (Mt 5,21-22). Oder an anderer Stelle: „Ihr habt gehört, dass gesagt ist: Du sollst deinen Nächsten lieben und deinen Feind hassen. Ich aber sage euch: Liebt eure Feinde, und betet für die, die euch verfolgen, damit ihr Söhne eures Vaters seid, der in den Himmeln ist!" (Mt 5,43-45).

Nicht nur das, Christus machte sich selbst und seine Lehre zum Kriterium des letzten Gerichts:

> Viele werden an jenem Tage zu mir sagen: Herr, Herr! Haben wir nicht durch deinen Namen geweissagt und durch deinen Namen Dämonen ausgetrieben und durch deinen Namen viele Wunderwerke getan? Und dann werde ich ihnen bekennen: Ich habe euch niemals gekannt. Weicht von mir, ihr Übeltäter!
>
> Jeder nun, der diese meine Worte hört und sie tut, den werde ich mit einem klugen Mann vergleichen, der sein Haus auf den Felsen baute; und der Platzregen fiel herab, und die Ströme kamen, und die Winde wehten und stürmten gegen jenes Haus; und es fiel nicht, denn es war auf den Felsen gegründet. Und jeder, der diese meine Worte hört und sie nicht tut, der wird mit einem törichten Mann zu vergleichen sein, der sein Haus auf den Sand baute; und der Platzregen fiel herab, und die Ströme kamen, und die Winde wehten und stießen an jenes Haus; und es fiel, und sein Fall war groß. (Mt 7,22-27)

Solche indirekten Behauptungen göttlicher Autorität hatten eine unglaubliche Wirkung auf die, die sie hörten. Die Reaktion der Menschen, von der Matthäus am Ende berichtet, ist also nicht verwunderlich: „Da erstaunten die Volksmengen sehr über seine Lehre; denn er lehrte sie wie einer, der Vollmacht hat, und nicht wie ihre Schriftgelehrten" (Mt 7,28-29).

C. S. Lewis fasst die Situation wie folgt zusammen:

> Die Historiker stehen vor einem großen Problem, wenn sie für das Leben, die Aussagen und den Einfluss Jesu eine Erklärung finden sollen, die nicht schwerer ist als die christliche. Die Diskrepanz zwischen der

Tiefe, der Vernünftigkeit und (lassen Sie mich das hinzufügen) dem *Scharfsinn* seiner Morallehre einerseits und dem zügellosen Größenwahn andererseits, der seiner Theologie zugrunde liegen müsste, wenn er nicht wirklich Gott wäre, ist niemals zufriedenstellend geklärt worden. Deshalb folgt eine nicht christliche Hypothese der anderen, und alle bringen nur Verwirrung zustande.[75]

Übrigens gibt es in anderen Religionen nichts, das der Behauptung Christi gleichkäme. C. S. Lewis schreibt dazu:

Wenn Sie zu Buddha gegangen wären und ihn gefragt hätten: „Bist du der Sohn Brahmas?", so hätte er geantwortet: „Mein Sohn, du lebst noch im Tal der Illusion." Wenn Sie zu Sokrates gegangen wären und ihn gefragt hätten: „Bist du Zeus?", so hätte er Sie ausgelacht. Wenn Sie zu Mohammed gegangen wären und ihn gefragt hätten: „Bist du Allah?", so hätte er zuerst seine Kleider zerrissen und Ihnen dann den Kopf abgeschlagen. Wenn Sie Konfuzius gefragt hätten: „Bist du der Himmel?", so hätte er wahrscheinlich etwa geantwortet: „Bemerkungen, die nicht mit der Natur im Einklang stehen, sind geschmacklos." Keiner der großen Sittenlehrer der Welt hat sich je ähnliche Dinge angemaßt wie Jesus.[76]

In Anbetracht dieser Beweise, dass Christi Behauptung, der Sohn Gottes zu sein, keine Erfindung der frühen Christen war, sondern von ihm selbst stammt, fragen wir als Nächstes: War er dann ein bewusster Lügner?

War Christus ein Hochstapler?

Wenn Christus jemand war, der die Menschen bewusst getäuscht hat, stoßen wir sofort auf eine große moralische Schwierigkeit. Um dies begreifen zu können, stellen Sie sich einfach mal vor, wir bräuchten eine Meinung zu einer Frage, die etwas mit Musik zu tun hat. Wir sollten dabei nicht irgendjemanden fragen. Wir sollten noch nicht einmal einen erstklassigen Mediziner fragen, da die höchsten Qualifikationen im medizinischen Bereich rein gar nichts über die musikalischen Fähigkeiten einer Person aussagen. Wir sollten die besten Musiklehrer fragen, die wir finden können. Könnten wir Bach wiederauferstehen lassen, würden wir natürlich ihn fragen.

---

75 *Wunder*, 130 (Kursivsetzung im Original)
76 *Gott auf der Anklagebank*, 95

Stellen Sie sich nun vor, wir wollten nicht etwas über Musik, sondern über Moral erfahren. Erneut würden wir dazu gerne die weltbesten Experten befragen, die wir finden können. Und das würde uns natürlich direkt zu Jesus Christus führen. Niemand lehrte jemals eine höhere, reinere Moral. Seine Bergpredigt bleibt ein unübertroffener Maßstab – was jeder ganz leicht feststellen wird, wenn er nur eine Woche lang versucht, nach ihren Grundsätzen zu leben.

Aber damit kommen wir zum Punkt dieser Diskussion. Im ganzen Neuen Testament sehen wir, wenn wir dort Jesus Christus begegnen, dass seine Lehre über die Moral und seine persönliche gelebte Heiligkeit uns vor uns selbst als die Sünder entlarvt, die wir sind. Wir brauchen keinen äußeren Beweis, dass er auf dieser Ebene recht hat: Wir wissen es instinktiv. Aber dann kommt die bemerkenswerte Tatsache, dass es dieser Jesus Christus war – dessen Morallehre makellos war und dessen Leben mit seiner Lehre übereinstimmte –, der behauptete, Gott gleich zu sein. Wie das oben angeführte Zitat von C. S. Lewis zeigt, hat kein anderer großer Morallehrer jemals so etwas von sich behauptet. Dieser einzigartige Umstand bedeutet zweifellos, dass, sollte seine Behauptung falsch sein, Jesus ein Hochstapler der verachtenswertesten moralischen und religiösen Art war, weil er zwar Moral lehrte, aber andere in einem solchem Umfang bewusst täuschte. Daher ergibt die Ansicht, Jesus sei ein Hochstapler gewesen, im Hinblick auf die Moral überhaupt keinen Sinn.

Könnte es sein, dass Jesus sich in seinem Anspruch geirrt hat?

Manche werden jedoch sagen, dass Jesus sich einfach geirrt habe, ohne dabei ein bewusster Hochstapler zu sein. Er habe vielleicht behauptet, der Sohn Gottes zu sein, und dabei nicht erkannt, dass er damit falschlag. Die logischen Implikationen dieser Sicht zeigen jedoch sehr schnell, dass sie nicht haltbar ist. Leute, die irrtümlicherweise denken, sie seien Gott, leiden unter ernsthaftem Größenwahn und sind eindeutig geistesgestört. Sollten wir also den Schluss ziehen, dass Jesus Christus geisteskrank war? Man ist versucht zu sagen: Sollte dies der Fall sein, dann sind nur sehr wenige Menschen jemals geistig gesund gewesen.

Was den Größenwahn betrifft, ist es unmöglich, das Verhalten und die Worte Christi im Neuen Testament zu betrachten und zu einem solchen Schluss zu kommen. Der Jesus, der mit Überzeugung sagen konnte: „Kommt her zu mir, alle ihr Mühseligen und Beladenen! Und ich werde euch Ruhe geben. Nehmt auf euch mein Joch, und lernt von mir! Denn ich bin sanftmütig und von Herzen demütig" (Mt 11,28-29), war kein Hitler oder Mussolini. Man könnte sogar meinen: Wäre er wirklich größenwahnsinnig gewesen, würde die Welt mehr von seiner Sorte brauchen, denn es ist ganz einfach eine Tatsache, dass Jesus Christus für mehr geistige Gesundheit und Stabilität verantwortlich gewesen ist als sonst irgendjemand. Das Lesen seiner Worte hat Millionen von Menschen Frieden gebracht. Der Glaube an ihn und sein Opfer hat Millionen von Menschen von der Qual eines schuldbeladenen Gewissens befreit.

Natürlich war es Jesus Christus, der uns lehrte, dass Gott Liebe ist. Wenn wir überhaupt an Gott glauben, ist es für uns wahrscheinlich selbstverständlich, dass er Liebe ist. Wir könnten sogar meinen, dass jeder in jedem Jahrhundert hätte sehen können, dass Gott Liebe ist. Doch wenn wir z. B. die große Menge an antiker griechischer und lateinischer Literatur betrachten, gibt es darin (soweit wir wissen) nicht *einen* Schriftsteller oder Philosophen, der von Gott behauptete, Liebe zu sein. Allmächtig, ja. Dass er gut ist, in einem distanzierten, absoluten Sinne, und das gute Verhalten des Menschen begrüßt sowie seine bösen Taten missbilligt. Aber nicht Liebe im Sinne einer positiven, warmherzigen, anteilnehmenden, fürsorglichen, aufopfernden Liebe für die Menschheit.[77] Niemand dachte oder lehrte dies so, wie Jesus Christus es tat: „Werden nicht fünf Sperlinge für zwei Münzen verkauft? Und nicht einer von ihnen ist vor Gott vergessen. Aber selbst die Haare eures Hauptes sind alle gezählt. Fürchtet euch nicht! Ihr seid mehr als viele Sperlinge" (Lk 12,6-7). Dies sind wohl kaum die Worte eines verblendeten Größenwahnsinnigen.

WOHER KOMMT LETZTENDLICH DER BEWEIS, DASS JESUS GOTTES SOHN IST?

Ein Zirkelschluss?

Die Antwort auf unsere Frage lautet: Er kommt von Jesus selbst! Wir geben sofort zu, dass dies so aussieht, als sei es ein Zirkelschluss, der wie folgt aussieht:

1. Jesus behauptet, der Sohn Gottes zu sein.
2. Woher weiß ich, dass er die Wahrheit sagt?

---

77 Siehe die Konzepte von Gott, die im Zusammenhang mit Hinduismus, Aristoteles und Plotin im Teil *Was ist Wirklichkeit?* diskutiert werden.

3. Ich weiß es, weil er es ist, der es behauptet.

Worauf Sie vielleicht einwenden: Aber Sie gehen von etwas aus, das Sie beweisen wollen! Nun, in gewisser Hinsicht haben Sie damit recht. Das Argument dreht sich im Kreis, aber es ist kein Teufelskreis.

Um das zu verdeutlichen, beginnen wir erst einmal mit Gott. Nun, natürlich kann es sein, dass Sie nicht an Gott glauben. Aber um des Arguments willen ist es wichtig, dass Sie sich Folgendes bewusst machen: Wenn es einen Gott gibt, muss er selbst letzten Endes den Beweis für sich selbst liefern. Da er der Schöpfer aller Dinge ist, ist per Definition alles von ihm abhängig: Nichts und niemand ist von ihm unabhängig oder kann von ihm unabhängig sein. Es liegt in der Natur der Dinge, dass es keine Quelle für Beweise für Gottes Existenz geben kann, die unabhängig von Gott selbst wäre. Tatsächlich ist es so: Wenn wir letztendlich von etwas abhängig wären, das unabhängig von Gott ist, um einen Beweis für Gottes Existenz zu erhalten, dann hätte dieses Etwas unvermeidlich eine noch größere Autorität als Gott selbst – was absurd ist.

In diesem Lichte ist es hilfreich zu sehen, wie Christus selbst auf die Quelle des Beweises verwies, dass er der Sohn Gottes ist. Johannes, der Autor des vierten Evangeliums, berichtet detailliert von einem Vorfall, der sich am Teich von Bethesda nahe dem Schaftor in Jerusalem ereignete, wo Jesus einen Mann heilte, der seit 38 Jahren krank gewesen war (Joh 5). Manche der anwesenden Juden waren wütend auf Jesus, weil er dies an einem Sabbat tat und damit ganz offen gegen ihre Sabbatregeln verstieß. Jesus antwortete ihnen: „Mein Vater wirkt bis jetzt, und ich wirke." Aber seine Behauptung, eine einzigartige und besondere Beziehung zum Vater zu haben, macht sie noch wütender: „Darum nun suchten die Juden noch mehr, ihn zu töten, weil er nicht allein den Sabbat aufhob, sondern auch Gott seinen eigenen Vater nannte und sich so selbst Gott gleich machte" (Joh 5,17-18). Beachten Sie, dass Jesus in seiner Antwort auf ihren Protest nicht sagte: „Ihr habt mich falsch verstanden; ich wollte damit nicht behaupten, Gott gleich zu sein." Stattdessen machte er in der Folge eine Reihe von Aussagen, in denen er noch weiter betonte, mit Gott gleich zu sein.

Wir fassen dies einmal in Form von Thesen zusammen:

1. *Der Sohn tut genau das, was der Vater tut, und tut es auf gleiche Art und Weise wie der Vater.* „Wahrlich, wahrlich, ich sage euch: Der Sohn kann nichts von sich selbst tun, außer was er den Vater tun sieht; denn was der tut, das tut *ebenso* auch der Sohn" (Joh 5,19; Kursivsetzung durch uns).

Dann spricht Christus darüber, was diese Aussage bedeutet:

2. *Der Sohn ist die Quelle des Lebens, genau wie der Vater.* „Denn wie der Vater Leben in sich selbst hat, so hat er auch dem Sohn gegeben, Leben zu haben in sich selbst" (Joh 5,26).

3. *Der Sohn erweckt aus eigenem Vermögen Tote zum Leben, wie auch der Vater.* „Denn wie der Vater die Toten auferweckt und lebendig macht, so macht auch der Sohn lebendig, welche er will. ... es kommt die Stunde, in der alle, die in den Gräbern sind, seine Stimme hören und hervorkommen werden" (Joh 5,21.28-29).

4. *Der Sohn, nicht der Vater, ist der letzte Richter.* „Denn der Vater richtet auch niemand, sondern das ganze Gericht hat er dem Sohn gegeben, damit alle den Sohn ehren, *wie sie den Vater ehren.* Wer den Sohn nicht ehrt, ehrt den Vater nicht, der ihn gesandt hat" (Joh 5,22-23; Kursivsetzung durch uns).

Die Forderung, genauso geehrt zu werden wie der Vater, wäre der Gipfel der Blasphemie, wenn Jesus nur ein Mensch wäre und nicht dem Vater gleich.

Die Frage ist: Was war die Quelle des Beweises für eine solch ungeheuerliche Behauptung?

Die Beweisquelle, die Christus uns vorlegte

Als Erstes führt Christus den Beweis des Propheten Johannes des Täufers an, dessen Rolle als Wegbereiter des Messias im Alten Testament vorhergesagt wurde (siehe z. B. Mk 1,1-3; Lk 3,1-6) und der in dieser Rolle die jüdische Nation deutlich auf Jesus als den Messias hingewiesen hatte, wie wir oben gesehen haben. Aber nachdem er Johannes als Zeugen angeführt hat, fügt Jesus bedeutungsvoll hinzu: „Ich aber nehme nicht Zeugnis von einem Menschen an" (Joh 5,34). Hier nennt er das Prinzip, das wir zuvor erwähnt haben: Als Mensch gewordener Gott muss er selbst letztendlich die Quelle seines eigenen Beweises sein. Es kann keinen Beweis geben, der von ihm unabhängig ist.

Johannes der Täufer war ein großartiger Zeuge – laut Christus eine „brennende und scheinende Lampe" (Joh 5,35). Wenn Jesus jedoch das Mensch gewordene Wort Gottes ist, wie er behauptete, dann stand er hinter Johannes' Zeugnis – letzten Endes hatte er es veranlasst. Und so ist es mit jedem anderen menschlichen Zeugnis über Gott im Laufe der Jahrhunderte gewesen: Am Ende hängt alles von Gott selbst ab. Nehmen wir z. B. das Phänomen der alttestamentlichen Prophezeiungen. Es war, so der Apostel Petrus, der Geist Christi in den Propheten, der „im Voraus Zeugnis ablegte von den Leiden Christi und den darauf folgenden Offenbarungen der Herrlichkeit" (1Petr 1,11; ZÜ). Es gibt keine Quelle für Zeugnisse, die von Gott unabhängig wäre.[78]

Als Nächstes lud Christus seine Zuhörer ein, die seine Werke als Zeugnis zu betrachten:

> Ich aber habe das Zeugnis, das größer ist als das des Johannes; denn die Werke, die der Vater mir gegeben hat, dass ich sie vollende, die Werke selbst, die ich tue, zeugen von mir, dass der Vater mich gesandt hat. (Joh 5,36)

Aber auch hier sind die Werke keine von Gott unabhängige Beweisquelle. Es ist der Vater, der in Christus wohnt, der sie tut:

> Glaubst du nicht, dass ich in dem Vater bin und der Vater in mir ist? Die Worte, die ich zu euch rede, rede ich nicht von mir selbst; der Vater aber, der in mir bleibt, tut seine Werke. Glaubt mir, dass ich in dem Vater bin und der Vater in mir ist; wenn aber nicht, so glaubt um der Werke selbst willen! (Joh 14,10-11)

Weil der Vater in ihm lebt und durch ihn wirkt, ist sein Beweis der Beweis des Vaters – er kommt direkt von Gott selbst. Es ist interessant und wichtig, festzustellen, dass sich Christus der Tatsache völlig bewusst ist, dass er sein eigener Beweis sein muss. Wäre er sich dessen nicht bewusst gewesen, sondern hätte sich allein auf die Beweise der Menschen um ihn herum verlassen, wäre dies Grund zu der Annahme gewesen, dass sein Anspruch falsch sein könnte.

---

78 Dasselbe stellen wir bei der Schöpfung fest. Durch ihr Design weist die Schöpfung auf Gott hin. Aber die Schöpfung kommt eigentlich von dem noch nicht Mensch gewordenen Wort und Sohn Gottes, also ist auch sie keine unabhängige Beweisquelle: „Alles wurde durch dasselbe [das heißt das Wort]" (Joh 1,3).

- *Die Auswirkungen auf unseren Umgang mit dem Neuen Testament*

Diese Tatsache – dass Christus am Ende sein eigener Beweis sein muss – hat wichtige Auswirkungen auf unsere Einstellung, mit der wir die Erzählungen der Evangelien lesen. Die Überzeugungskraft dieser Erzählungen (wenn sie irgendwie überzeugend sein wollen) muss letzten Endes von Christus selbst stammen. Natürlich können wir die Fakten über Christus nur erfahren, wenn wir das Neue Testament lesen, aber für viele Menschen scheint hier eine Schwierigkeit zu liegen. Sie meinen, wenn sie an Jesus als Gottes Sohn glauben wollten, müssten sie zuerst glauben, dass das Neue Testament wahr ist. Da sie jedoch diese Voraussetzung ablehnen, dass das Neue Testament wahr ist, halten sie es für sinnlos, überhaupt zu lesen, was die Evangelien über Jesus sagen.

Aber dieser Einwand hat keine Gültigkeit. Man muss nicht zuerst glauben, dass die Evangelien wahr sind, bevor man sie liest, genauso wenig, wie man zuerst an die Wahrheit des Inhalts der Tageszeitungen glauben muss, bevor man diese liest. Was die Tageszeitungen betrifft, wissen wir sogar, dass manches darin nicht wahr ist, und sicherlich treffen wir nicht schon vor dem Lesen die Entscheidung, dass wir alles glauben wollen, was sie sagen. Aber natürlich hält uns das nicht davon ab, sie zu lesen. Für gewöhnlich haben wir genug Vertrauen in unser eigenes Urteilsvermögen, um den Inhalt zu lesen, darüber nachzudenken und uns dann unsere eigene Meinung zu bilden, ob er stimmt oder nicht. Daher macht es durchaus Sinn, das Neue Testament ebenso zu behandeln, auch wenn das Neue Testament natürlich für sich eine höhere Autorität beansprucht als unsere Tageszeitungen. Aber das muss man nicht voraussetzen, bevor man anfängt, es zu lesen.

Wenn Jesus der Sohn Gottes ist, dann sprechen diese Berichte über das, was er auf der Erde gesagt und getan hat, tatsächlich zu uns mit seiner Autorität. Aber wenn wir bereit sind, sie zu lesen, dann liegt es an ihm, uns zu überzeugen, dass er die Wahrheit ist. Es wird berichtet, wie er selbst seine Zeitgenossen aufforderte, den moralischen Charakter seiner Worte und Taten zu beurteilen: „Urteilt nicht nach dem äußeren Schein, sondern bemüht euch um ein gerechtes Urteil!" (Joh 7,24; NGÜ). Wenn wir daher bereit sind, unser moralisches Urteilsvermögen

> ✠ Wenn wir bereit sind, unser moralisches Urteilsvermögen einzusetzen und ernsthaft über Christi Worte und Werke nachdenken, dann, so sagt Christus selbst, wird Gott uns persönlich zeigen, ob Christi Behauptungen wahr sind oder nicht – unter einer Bedingung: „Wenn jemand seinen Willen tun will."

einzusetzen und ernsthaft über Christi Worte und Werke nachdenken, dann, so sagt es Christus selbst, wird Gott uns persönlich zeigen, ob Christi Behauptungen wahr sind oder nicht – unter einer Bedingung: „Wenn jemand seinen Willen tun will" – nachdem er Gottes Willen erkannt hat –, „so wird er von der Lehre erkennen, ob sie aus Gott ist oder ob ich aus mir selbst rede" (Joh 7,17). Er wird dies herausfinden, weil Gott zu seinem Herzen sprechen und ihm zeigen wird, dass Jesu Worte wahr sind, wenn jemand Jesu Lehren liest, studiert und darüber nachdenkt.

Das Problem liegt mitunter darin, dass viele Menschen diese Bedingung als hart und schwierig empfinden. Manche haben das Gefühl, wenn Gott ihnen wirklich seinen Willen zeigte, hätte dies weitreichende Folgen für ihren Lebensstil, denen sie sich nicht stellen möchten. Also bevorzugen sie eine unpersönliche Herangehensweise an die ganze Sache, so wie sie an physikalische oder chemische Experimente herangehen würden, ohne sich von vorneherein zu irgendwelchen praktischen Folgen zu verpflichten. Aber es ist nicht möglich, so mit Gott umzugehen, eben weil er Gott ist. Wir können sicherlich nicht zum Allmächtigen kommen und zu ihm sagen: „Bitte zeige mir, ob Jesus dein Sohn ist oder nicht, aber ich möchte, dass du von Anfang an Folgendes weißt: Auch wenn du mir zeigst, dass er dein Sohn ist, bin ich nicht unbedingt dazu bereit, die Folgen davon zu akzeptieren." Gott hat kein Interesse an solchem geistlichen Dilettantismus.

Glauben und sehen

Aber ein Anderer könnte einwenden: „Wenn ich die Evangelien mit dieser Einstellung lese, könnte ich mir dann nicht leicht selbst einreden, eine Art geistliche Erleuchtung gehabt zu haben, obwohl meine Erfahrung eigentlich die ganze Zeit nur das Ergebnis einer Wunscherfüllung oder Autosuggestion gewesen ist? Wir können uns schließlich selbst dazu hinreißen lassen, alle möglichen Dinge zu glauben, nicht wahr?"

Vielleicht kann man teilweise eine Antwort auf dieses Problem in der Geschichte eines der Wunder Jesu finden, von dem in Johannes 9 berichtet wird. Wir möchten jetzt hier nicht die Glaubwürdigkeit der Wunder an sich diskutieren (das tun wir im nächsten Kapitel), sodass wir an dieser Stelle diesen Bericht zunächst einmal nur als Illustration heranziehen.

Und die Geschichte geht so: Eines Tages begegnete Jesus einem Mann, der von Geburt an blind war, und fragte ihn, ob er gerne sehen würde. Nun wäre es natürlich extrem schwierig, jemandem, der von Geburt an blind ist, zu erklären, was Sehen ist oder was Farben sind, oder ihn überhaupt davon zu überzeugen, dass solche Dinge wie Licht und Farben existieren.

Daher hätten wir nachvollziehen können, wenn der Blinde Jesus geantwortet hätte, dass er nicht wisse, was Sehen ist, und alle Behauptungen, dass es so etwas gebe, als Unsinn abgetan hätte. So reagieren zumindest heute viele Menschen, wenn sie hören, dass Jesus Christus sagt, er könne sie geistlich sehend machen, das heißt, dass er ihnen ewiges Leben geben kann, was bedeutet, Gott persönlich zu erkennen (Joh 17,3).

So schlug Jesus Christus dem Mann vor, dass er (wenn er dazu bereit wäre) ein Experiment durchführen könnte, und garantierte ihm: Wenn er es durchführte, würde er sehen können. Nun schien das Experiment, das Christus ihm vorschlug, äußerst seltsam zu sein. Erst spuckte er auf den Boden und formte daraus eine Masse. Dann schmierte er diese Masse auf die Augen des Mannes und sagte ihm, er solle zum Teich Siloah gehen und diese dort abwaschen.

Nun schien es völlig absurd zu sein, dass er auf diese Weise das Augenlicht erlangen könnte. Aber der Mann musste sich jetzt über Jesus eine Meinung bilden. War er ein Spinner oder ein Scharlatan? Die Natur des Experiments wies schon irgendwie in diese Richtung. Und stellen Sie sich vor, er hätte das, was Christus vorschlug, getan und es hätte nicht funktioniert – hätte er nicht wie ein Narr ausgesehen und wäre zudem sehr desillusioniert und enttäuscht gewesen? Selbst wenn es irgendeine Art von Erfahrung gewesen wäre (schließlich wusste er ja nicht, was „Sehen" bedeutete), hätte dies nicht einfach das Ergebnis einer Autosuggestion aufgrund eines tiefen Wunsches sein können und damit für ihn relativ wertlos? Andererseits hatte er Beweise von Menschen in seiner Umgebung, die behaupteten, die Macht Christi erfahren zu haben. Was sollte er also tun? Und außerdem hatte er ja nichts zu verlieren und möglicherweise alles zu gewinnen, indem er das Experiment durchführte. Also machte er sich auf den Weg zum Teich Siloah, wusch seine Augen und konnte sofort sehen.

Danach ist interessant zu sehen, wie er schließlich zu dem Schluss kam, dass Jesus der Sohn Gottes ist. Er hatte dies nicht sofort erkannt. Der Text zeigt, dass er einen scharfen Verstand hatte, und in der Auseinandersetzung mit seinen Nachbarn und den Pharisäern ging er all die vorgeschlagenen alternativen Erklärungen durch, die sie ihm zu Jesus vorschlugen, und kam zu dem Schluss, dass die einzige Erklärung, zu der alle Fakten passten, die war, dass Jesus wirklich der Sohn Gottes war. Aber wir stellen fest: Wäre der Mann nicht am Anfang bereit gewesen, sich auf das Experiment einzulassen, hätte er niemals herausgefunden, ob Christus ihn tatsächlich sehend machen konnte, wie er behauptet hatte; und er hätte nie herausgefunden, ob er der Sohn Gottes ist oder nicht.

Der doppelte Zweck des Beweises

Die Geschichte des blinden Mannes ist eine der vielen Arten von Beweisen für die Göttlichkeit Christi, die Johannes in sein Evangelium aufnimmt. Gegen Ende seines Evangeliums legt er klar seine Absicht offen, warum er seinen Lesern diese Beweise präsentierte:

> Auch viele andere Zeichen hat nun zwar Jesus vor den Jüngern getan, die nicht in diesem Buch geschrieben sind. Diese aber sind geschrieben, damit ihr glaubt, dass Jesus der Christus ist, der Sohn Gottes, und damit ihr durch den Glauben Leben habt in seinem Namen. (Joh 20,30-31)

Dabei werden hier nicht nur ein, sondern zwei Ziele angegeben. Das zweite beschreibt eine persönliche Glaubensentscheidung für Christus: Es ist der Glaube *an* ihn – als einzige Möglichkeit, die geistliche Erfahrung zu machen, „ewiges Leben zu erhalten". Und es ist die einzige Möglichkeit, die volle Wirklichkeit Christi zu erfahren. Ein Mann und eine Frau können ja auch erst dann vollständig erfahren, was Ehe ist, wenn sie gemeinsam eine Verbindung eingehen und heiraten. So ist es auch mit dem Glauben an Christus: „... damit ihr durch den Glauben Leben habt in seinem Namen."

Aber diese Glaubensentscheidung ist kein Sprung ins Ungewisse, wie viele meinen – ein blinder Akt des Glaubens, ein willkürlicher, irrationaler Schritt, den man geht, ohne irgendwelche Beweise zu haben. Es ist nur der zweite Schritt in einem zweiteiligen Prozess: Der erste Schritt ist die Prüfung der Beweise – die große Zahl von Beweisen für die Wahrheit der Aussage, dass Jesus wirklich der Christus, der Sohn Gottes ist. Als Nächstes werden wir uns nun dem Grundpfeiler dieser Beweise zuwenden: der Auferstehung Christi.

I·4
DIE AUFERSTEHUNG CHRISTI
UND DIE FRAGE DER WUNDER

*Ein Wunder ist eine Verletzung der Naturgesetze,
und da eine feststehende und unveränderliche Erfahrung
diese Gesetze gegeben hat, so ist der Beweis gegen
ein Wunder aus der Natur der Sache selbst so vollgültig,
wie sich eine Begründung durch Erfahrung
nur irgend denken lässt.*

*David Hume,
Eine Untersuchung über den menschlichen Verstand*

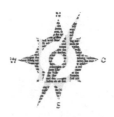

DAS GRÖSSTE WUNDER

Das christliche Evangelium basiert als Ganzes auf einem Wunder. Es ist das Wunder der Auferstehung Christi, mit dem es seinen Anfang nahm, und ebendieses Wunder ist seine zentrale Botschaft. Es war sogar Grundqualifikation für einen christlichen Apostel, ein Augenzeuge dieser Auferstehung gewesen zu sein (Apg 1,22). C. S. Lewis liefert uns eine präzise Beschreibung der Situation:

> Der erste Tatbestand in der Geschichte des Christentums ist eine Anzahl von Leuten, die sagen, dass sie die Auferstehung gesehen haben. Wenn sie gestorben wären, ohne irgendjemand anders zum Glauben an dieses „Evangelium" gebracht zu haben, wären die Evangelien niemals geschrieben worden.[79]

Nach den frühen Christen hätte es also ohne die Auferstehung schlichtweg gar keine christliche Botschaft gegeben. Paulus schreibt: „... wenn aber Christus nicht auferweckt ist, so ist also auch unsere Predigt inhaltslos, inhaltslos aber auch euer Glaube" (1Kor 15,14).

DAVID HUME UND DIE WUNDER

Genau an dieser Stelle steht das christliche Evangelium im Konflikt zu der weitverbreiteten Ansicht, dass Wunder unmöglich sind. Einer der einflussreichsten Denker der Sichtweise, dass die Wissenschaft es unmöglich gemacht habe, an Wunder zu glauben, war David Hume (1711–1776), ein schottischer Philosoph der Aufklärung. Er war ein skeptischer naturalistischer Philosoph, der sehr großen Einfluss auf die Verbreitung dieser

---

79 *Wunder*, 168

Sichtweise hatte. In seinem berühmten Essay *Eine Untersuchung über den menschlichen Verstand* (UMV) schrieb er:

> Ein Wunder ist eine Verletzung der Naturgesetze, und da eine feststehende und unveränderliche Erfahrung diese Gesetze gegeben hat, so ist der Beweis gegen ein Wunder aus der Natur der Sache selbst so vollgültig, wie sich eine Begründung durch Erfahrung nur irgend denken lässt. ...
>
> So ist es kein Wunder, wenn ein anscheinend Gesunder plötzlich stirbt, denn eine solche Todesart ist zwar ungewöhnlicher als eine andere, aber doch häufig beobachtet worden.
>
> Aber das wäre ein Wunder, wenn ein Toter ins Leben zurückkehrte, weil das zu keiner Zeit und in keinem Lande jemals beobachtet worden ist. Es steht daher notwendig eine gleichförmige Erfahrung jedem wunderbaren Ereignis entgegen, sonst würde das Ereignis nicht diesen Namen verdienen.[80]

Wir stellen fest, dass es hier im Wesentlichen zwei Argumente gibt, auch wenn diese sich überschneiden.

Erstens gibt es ein Argument aus der Einheitlichkeit der Natur:
1. Wunder verstoßen gegen die Naturgesetze.

2. Diese Gesetze wurden durch „feststehende und unveränderliche" Erfahrung festgestellt.

3. Daher ist jedes Argument gegen Wunder so gut, wie es irgendein Erfahrungs-Argument sein kann.

Zweitens gibt es ein Argument aus der Einheitlichkeit der Erfahrung:
1. Ungewöhnliche, nicht häufig beobachtete Ereignisse sind keine Wunder – wie eine gesunde Person, die plötzlich tot umfällt.

2. Eine Auferstehung von den Toten wäre ein Wunder, weil sie noch niemals irgendwo beobachtet wurde.

---

80 *UMV* 10.12; 134

3. Bei jedem wundersamen Ereignis gibt es eine entgegengesetzte einheitliche Erfahrung, sonst würde es nicht als wundersam bezeichnet werden.

Das Argument aus der Einheitlichkeit der Natur

Hier vertritt Hume eine Position, die sich selbst widerspricht. Hume leugnet Wunder, weil, wie er sagt, Wunder gegen die einheitlichen Naturgesetze verstoßen würden. Doch an anderer Stelle leugnet er selbst wiederum die Einheitlichkeit der Natur! Berühmt ist folgendes seiner Argumente: Nur weil Tausende von Jahren beobachtet worden sei, wie die Sonne morgens aufgehe, heiße das nicht, dass wir sicher sein könnten, dass sie auch morgen aufgehen werde.[81] Man könne die Zukunft nicht auf der Grundlage vergangener Erfahrung vorhersagen, sagt Hume. Aber sehen Sie, was dies genau implizieren würde, wenn es stimmte. Stellen Sie sich vor, Hume habe recht, wenn er sagt, dass noch nie zuvor in der ganzen Weltgeschichte bis heute irgendein Toter wieder aus dem Grab auferstanden sei; dann könnte er sich gemäß seines eigenen Arguments aber immer noch nicht sicher sein, dass morgen niemand von den Toten auferstehen wird. Da dies so ist, kann er Wunder eigentlich nicht ausschließen. Was ist aus Humes Beharren auf den Naturgesetzen und der Einheitlichkeit der Natur geworden? Er hat genau die Grundlage zerstört, aufgrund derer er die Möglichkeit von Wundern leugnet.

> ✦ Hume leugnet Wunder, weil, wie er sagt, Wunder gegen die einheitlichen Naturgesetze verstießen. Doch an anderer Stelle leugnet er wiederum die Einheitlichkeit der Natur!

Dasselbe Argument würde sowohl im Hinblick auf die Vergangenheit als auch auf die Zukunft funktionieren. Z. B. ist die Tatsache, dass in den letzten tausend Jahren noch nie beobachtet wurde, wie jemand von den Toten auferstand, keine Garantie dafür, dass es nicht davor eine Auferstehung gegeben hat. Lassen Sie uns dies mit der folgenden Analogie veranschaulichen. Die einheitliche Erfahrung im Laufe der letzten 300 Jahre hat gezeigt, dass die Könige von England nicht enthauptet werden. Wenn man dies wüsste und mit der Behauptung konfrontiert würde, dass König Charles I. geköpft wurde, könnte man sich weigern, dies zu glauben, weil es im Widerspruch zur einheitlichen Erfahrung steht. Doch damit würde man falschliegen! Ihm

---

81 *UMV* 4.2; 36. Das ist ein Beispiel für das sogenannte Problem der Induktion, das wir unter der Überschrift „Induktion" im Anhang dieses Buches („Was ist Wissenschaft?") diskutieren werden.

wurde tatsächlich der Kopf abgeschlagen. Einheitlichkeit ist *eine* Sache; absolute Einheitlichkeit eine andere.

Jedenfalls gilt Folgendes: Wenn wir (laut Hume) auf keine Regelmäßigkeit schließen können, ist es unmöglich, überhaupt von einem „Naturgesetz" zu sprechen, geschweige denn (im Hinblick auf diese Gesetze) von einer Einheitlichkeit der Natur. Und wenn die Natur nicht einheitlich ist, ist es einfach absurd, die Einheitlichkeit der Natur als Argument gegen Wunder zu verwenden.

Trotz dieser fundamentalen Widersprüchlichkeit ist Humes Argument zu einem großen Teil verantwortlich für die weitverbreitete heutige Sicht (zumindest in der westlichen Welt), dass wir eine klare Wahl zwischen zwei Alternativen haben, die sich gegenseitig ausschließen: Entweder glauben wir an Wunder oder wir glauben an das wissenschaftliche Verständnis der Naturgesetze, aber beides geht nicht. Für einen intelligenten Menschen sei natürlich Letzteres die einzige Option.

So einfach kann es jedoch nicht sein, allein schon aufgrund der Tatsache, dass es hochintelligente, bedeutende Wissenschaftler gibt, wie Professor William Phillips (Gewinner des Physiknobelpreises 1997), Professor John Polkinghorne (Quantenphysiker der Universität Cambridge; Mitglied der *Royal Society*) und den ehemaligen Direktor des Humangenomprojektes, Francis Collins (um nur drei zu nennen), die – obwohl sie sich Humes Argument durchaus bewusst sind – sich dennoch öffentlich zu ihrem Glauben an die Auferstehung Jesu bekennen. Das heißt zumindest, dass man ganz klar auch Wissenschaftler sein kann, ohne die Auferstehung abzulehnen. In diesem Zusammenhang ist es wichtig, dass wir Humes Definition von Wunder als „Verstöße gegen die Naturgesetze" diskutieren.

WUNDER UND DIE NATURGESETZE

Es ist einer der eindrucksvollsten Erfolge der Wissenschaft, dass sie nicht nur beschreiben kann, was im Universum vor sich geht, sondern auch, dass sie die Gesetze erforscht, nach denen seine Prozesse ablaufen. Da Hume Wunder als Verletzung dieser Gesetze definiert, wird es hier für uns wichtig sein, sowohl zu verstehen als auch zu akzeptieren, was Wissenschaftler über die Natur dieser Gesetze sagen.

Wissenschaftliche Gesetze sind nicht nur Beschreibungen von Vorgängen, auch wenn sie wenigstens das sind. Sie ergeben sich aus unserer Wahrnehmung der wesentlichen Prozesse, die bei irgendeinem Phänomen mitwirken. Das heißt, die Gesetze gewähren uns einen Einblick in die innere Logik eines Systems im Hinblick auf die Kausalzusammenhänge seiner Bestandteile.

Genau hier stoßen wir auf ein weiteres widersprüchliches Element in Humes Position. Denn Hume leugnet eben jene Kausalzusammenhänge, die bei der Formulierung dieser Gesetze eine Rolle spielen. Er sagt: „Alle Ereignisse erscheinen durchaus unzusammenhängend und vereinzelt. Ein Ereignis folgt dem anderen; aber nie können wir irgendein Band zwischen ihnen beobachten. Sie scheinen *zusammenhängend*, doch nie *verknüpft*."[82] Dann führt Hume das Beispiel eines Menschen an, der beobachtet, wie eine rollende Billardkugel auf eine ruhende trifft. Er sieht, wie sich nun auch die zweite Kugel bewegt, aber nach Hume geschah beim ersten Mal, als er so etwas beobachtete, Folgendes: Zwar konnte man

> ... nicht aussagen, dass das eine Ereignis mit dem anderen *verknüpft* war, sondern nur, dass das eine mit dem anderen *in Zusammenhang* stand. Nachdem er mehrere Beispiele dieser Art gesehen hat, erklärt er sie für *verknüpft*. Was hat sich so geändert, dass diese neue Vorstellung der *Verknüpfung* entstand? Weiter nichts, als dass er nun diese Ereignisse als in seiner Einbildung *verknüpft empfindet* und leicht das Dasein des einen aus dem Auftreten des anderen vorhersagen kann.
>
> Behaupten wir also, dass ein Gegenstand mit einem anderen verknüpft ist, so meinen wir nur, dass sie in unserem Denken eine Verknüpfung eingegangen sind ...[83]

Wir haben den letzten Satz unterstrichen, um die Tatsache hervorzuheben, dass Hume die Vorstellung eines notwendigen Wirkungszusammenhangs ausdrücklich leugnet. Damit würde er einen Großteil der modernen Wissenschaft untergraben, da wissenschaftliche Gesetze genau das beinhalten, was Hume leugnet – Ursache-Wirkungs-Beschreibungen von Vorgängen in einem System. So würde Hume z. B. zugeben, dass es viele Fälle gibt, in denen Rauchen mit Lungenkrebs in Verbindung gebracht wird, aber er würde hier jeden Kausalzusammenhang leugnen. Aber hätte er damit recht, würde dies den wissenschaftlich festgestellten Zusammenhang zwischen Rauchen und Lungenkrebs untergraben. Und denken Sie nur daran, was wohl von

---

82   *UMV* 7.26; 90

83   *UMV* 7.28; 91. Hervorhebungen (hier kursiv) im Original. Die unterstrichenen Sätze wurden von den Autoren hervorgehoben.

der Atomphysik übrig bliebe, wenn wir nicht durch die in einer Blasenkammer beobachteten Spuren auf die Existenz von Elementarteilchen schließen dürften!

In einem berühmten Angriff auf Humes Kausalitätstheorie wies der bedeutende Mathematiker und Philosoph Sir Alfred North Whitehead darauf hin, dass wir alle viele alltägliche Erfahrungen machen, in denen wir uns über Kausalzusammenhänge direkt bewusst sind, z. B. bei der reflexartigen Reaktion einer Person in einem dunklen Raum, die blinzelt, wenn plötzlich das Licht angeht. Die Person ist sich offensichtlich bewusst, dass das Blinzeln von dem Lichtblitz ausgelöst wird. Die Forschung zeigt, dass der Photonenstrom von der Glühbirne auf das Auge trifft, eine Aktivität im Sehnerv auslöst und gewisse Teile des Gehirns anregt. Dies demonstriert nach Whitehead wissenschaftlich, dass es hier eine komplexe Kausalkette gibt.[84]

Wir haben nun zwei Gründe für den Schluss, dass Humes Ansichten über Wunder äußerst mangelhaft und unangemessen sind:

1. Da er leugnet, dass sich eine Einheitlichkeit der Natur feststellen lässt, kann er diese nicht wiederum als Beweis gegen Wunder verwenden.

2. Da er notwendige Kausalzusammenhänge leugnet, kann er die Natur nicht als durch Gesetze beschrieben betrachten, die notwendige Zusammenhänge enthalten, die Wunder ausschließen würden.

Jedoch würden nicht alle, die Wunder als Verstöße gegen die Naturgesetze sehen, so wie Hume argumentieren, und wir müssen dieses Thema aus der Perspektive der modernen Wissenschaft und ihrem Denken über die Naturgesetze betrachten. Für den modernen Wissenschaftlicher ist es so, dass gerade aufgrund der Tatsache, dass wissenschaftliche Gesetze Kausalzusammenhänge verkörpern, sie nicht nur Dinge beschreiben, die in der Vergangenheit geschehen sind. Wenn wir nicht gerade auf Quantenebene arbeiten, können solche Gesetze erfolgreich vorhersagen, was in der Zukunft geschehen wird, und das mit einer solchen Präzision, dass z. B. die Umlaufbahnen von Nachrichtensatelliten exakt berechnet werden können und Landungen auf dem Mond und dem Mars möglich sind.

---

84 *Prozess und Realität*

Es ist daher verständlich, dass viele Wissenschaftler die Idee ablehnen, irgendein Gott könnte hier willkürlich eingreifen und diese Naturgesetze ändern, aufheben, umkehren oder sie sonst irgendwie „verletzen". Denn das würde in ihren Augen der Unveränderlichkeit dieser Gesetze widersprechen und damit die Grundlage des wissenschaftlichen Verständnisses des Universums aushebeln. Als Konsequenz daraus bringen viele dieser Wissenschaftler hier zwei Argumente vor.

Argument 1 – der Glaube entstand aus Unwissenheit heraus

Dieses Argument sagt, dass der Glaube an Wunder im Allgemeinen, und insbesondere an die Wunder des Neuen Testaments, in einer primitiven, vorwissenschaftlichen Kultur entstanden sei, in der die Menschen die Naturgesetze nicht gekannt und deshalb Wundergeschichten bereitwillig akzeptiert hätten.

Hume befürwortet diese Ansicht, wenn er zu Berichten über Wunder sagt, „dass sie hauptsächlich bei unwissenden und barbarischen Völkern sich im Überflusse finden"[85]. Doch auch wenn diese Erklärung auf den ersten Blick plausibel erscheint, ist sie in Wirklichkeit Unsinn, wenn sie auf die Wunder des Neuen Testaments bezogen wird. Denn wenn wir nur kurz nachdenken, werden wir feststellen: Damit ein Ereignis als Wunder erkannt wird, muss es irgendeine wahrgenommene Regelmäßigkeit geben, zu der dieses Ereignis eine offensichtliche Ausnahme ist. Man kann nicht etwas als nicht normal erkennen, wenn man nicht weiß, was normal ist.

Nehmen wir z. B. die neutestamentliche Überlieferung, dass Jesus von einer Jungfrau geboren wurde, ohne natürlichen menschlichen Vater. Wenn man hier sagt, die frühen Christen hätten an dieses Wunder geglaubt, weil sie die Naturgesetze nicht verstanden hätten, die die Empfängnis und Geburt von Kindern bestimmen, ist das offen gesagt lächerlich. Sie kannten sich mit diesen feststehenden Gesetzen recht gut aus. Hätten sie tatsächlich diese Gesetze nicht gekannt, dann hätten sie auch keine Probleme damit gehabt, dass Kinder ohne einen Vater geboren werden können, aber in diesem Fall hätten sie die Geschichte von der Geburt Jesu von einer Jungfrau überhaupt nicht als ein Wunder betrachtet. Allein schon die Tatsache, dass sie davon als Wunder sprachen, zeigt, dass sie die normalen Gesetze, die die Geburt eines Kindes bestimmen, vollkommen verstanden haben. Hätte man nicht zuerst verstanden, dass es Gesetze gibt, die Ereignisse normalerweise

---

85 *UMV* 10.20; 139

bestimmen, wie hätte man dann jemals den Schluss ziehen können, dass ein Wunder stattgefunden hatte?

Tatsächlich war es so, dass Josef, der mit Maria verlobt war, zunächst beabsichtigte, sich von ihr zu trennen, als er von ihrer Schwangerschaft hörte; er kannte sich gut genug mit der menschlichen Biologie aus, um zu wissen, woher die Babys kommen. Er glaubte ihre Geschichte eines göttlichen Eingreifens zunächst einfach nicht. Er war kein leichtgläubiger Mann. Als er schließlich davon überzeugt wurde, ihre Geschichte zu glauben, geschah dies genau aus dem Grund, dass er erkannt hatte, dass Gott hier ein Wunder getan hatte (siehe Mt 1,18-25).

> ✴ Hätte man nicht zuerst verstanden, dass es Gesetze gibt, die Ereignisse normalerweise bestimmen, wie hätte man dann jemals den Schluss ziehen können, dass ein Wunder stattgefunden hatte?

Oder nehmen Sie ein anderes Ereignis: Lukas, ein in der medizinischen Wissenschaft seiner Zeit ausgebildeter Arzt, beginnt seine Biografie Christi genau mit diesem Thema (Lk 1,5-25). Er erzählt die Geschichte eines Mannes, Zacharias, und seiner Frau, Elisabeth, die viele Jahre lang um einen Sohn gebetet hatten, denn Elisabeth war unfruchtbar. Als ihm in hohem Alter ein Engel erschien und ihm sagte, seine Gebete sollten erhört werden und seine Frau sollte einen Sohn empfangen und zur Welt bringen, lehnte er es sehr höflich, aber entschlossen ab, dies zu glauben. Er begründete dies damit, dass er nun alt sei und der Körper seiner Frau altersschwach. Für ihn hätte es allem widersprochen, was er über die Naturgesetze wusste, wenn er und seine Frau jetzt noch ein Kind bekommen würden. Das Interessante an Zacharias ist: Er war kein Atheist, er war ein Priester, der an Gott, die Existenz von Engeln und den Wert des Gebets glaubte. Aber wenn zur versprochenen Erfüllung seiner Gebete die Umkehr der Naturgesetze gehören sollte, war er nicht bereit, daran zu glauben.

Aber das alles zeigt zumindest Folgendes: Die frühen Christen waren kein leichtgläubiger Haufen, der die Naturgesetze nicht kannte und daher bereit gewesen wäre, jede Wundergeschichte zu glauben, wie absurd diese auch sein mochte. Sie hatten genauso wie alle anderen Schwierigkeiten, den Bericht eines solchen Wunders zu glauben. Wenn sie diesen am Ende dann doch glaubten, dann deshalb, weil sie die schiere Beweislast vor ihren Augen dazu zwang zu glauben, dass wirklich ein Wunder stattgefunden hatte.

Und auch in seinem Bericht über den Aufstieg des Christentums zeigt Lukas uns, dass der erste Widerstand gegen die christliche Botschaft der Auferstehung nicht von Atheisten kam, sondern von den sadduzäischen

Hohen Priestern des Judentums (Apg 4,1-22). Diese waren hochreligiöse Männer. Sie glaubten an Gott. Sie beteten im Tempel, hielten dort die Gottesdienste ab. Aber das hieß nicht, dass sie, als sie das erste Mal die Behauptung hörten, Jesus sei von den Toten auferstanden, dies auch glaubten. Sie glaubten es deshalb nicht, weil ihre Weltanschauung die Möglichkeit einer körperlichen Auferstehung irgendeines Menschen völlig ausschloss, und damit natürlich auch die von Jesus Christus (Apg 23,8).

Die Annahme also, das Christentum sei in einer vorwissenschaftlichen, leichtgläubigen und unwissenden Welt entstanden, entspricht ganz einfach nicht den Tatsachen. In der Antike kannte man genauso gut wie wir heute das Naturgesetz, dass Tote nicht wieder aus dem Grab auferstehen. Der Erfolg des Christentums ist auf die schiere Beweislast für die Tatsache zurückzuführen, dass ein Mensch wirklich von den Toten auferstanden war.

Argument 2 – Wissen macht Glauben unmöglich

Diejenigen, die gegen die Idee eines göttlichen Eingreifens argumentieren würden, würden auch sagen, dass der Glaube an Wunder – jetzt, da wir die Naturgesetze kennen würden – unmöglich sei.

Die Vorstellung, Wunder seien „Verletzungen" der Naturgesetze, beinhaltet jedoch einen weiteren Fehlschluss, den C. S. Lewis mit folgender Analogie veranschaulichte:

> Lege ich am Montag sechs Pfennige in die Schublade und am Dienstag noch sechs dazu, dann fordern es die Regeln, dass ich dort am Mittwoch – *wenn alles andere gleich bleibt* – zwölf Pfennige vorfinde. Aber wenn die Schublade ausgeraubt wird, kann es sein, dass ich in Wirklichkeit nur zwei vorfinde. Irgendetwas wird dann gebrochen worden sein (das Schloss der Schublade oder die Gesetze unseres Landes), aber die Naturgesetze nicht. Die neue, von dem Dieb verursachte Situation gibt die Gesetze der Arithmetik genauso wieder wie die ursprüngliche Situation.[86]

Die Analogie hilft uns auch, aufzuzeigen, dass der wissenschaftliche Gebrauch des Begriffs „Gesetz" nicht derselbe ist wie sein Gebrauch im Bereich des Rechts, wo wir bei einem Gesetz oft an etwas denken, was die Handlungen einer Person einschränkt. Es gibt jedoch keinen Sinn des Begriffs, in dem die Gesetze der Arithmetik den Dieb in unserer Geschichte zu

---

86 *Wunder*, 70 (Kursivsetzung im Original)

etwas zwingen oder in irgendeiner Form einschränken! Stellen Sie sich vor, wir machen ein Experiment. Lassen wir einen Apfel fallen. Newtons Gesetz der Schwerkraft sagt mir: Wenn ich einen Apfel fallen lasse, wird er in Richtung des Mittpunkts der Erde fallen. Aber das Gesetz verhindert nicht, dass jemand eingreift und den fallenden Apfel auffängt. Mit anderen Worten: Das Gesetz sagt vorher, was passieren wird, wenn sich die Bedingungen nicht ändern, unter denen das Experiment durchgeführt wird.

Aus theistischer Perspektive betrachtet, sagen die Naturgesetze also vorher, was zwangsläufig passieren wird, wenn Gott nicht eingreift – auch wenn es natürlich keine „Verletzung" der Gesetze ist, wenn der Schöpfer in seine eigene Schöpfung eingreift. Argumentiert man, die Naturgesetze machten es uns unmöglich, an die Existenz Gottes zu glauben und daran, dass er ins Universum eingreifen kann, ist das schlichtweg falsch. Es wäre, als wenn man behauptete, dass das Verständnis der Gesetze eines Verbrennungsmotors es unmöglich mache zu glauben, dass der Konstrukteur eines Autos oder einer seiner Mechaniker einen Eingriff vornehmen könnten, um den Zylinderkopf zu entfernen. Natürlich können sie eingreifen. Und dieses Eingreifen würde auch nicht die Funktionsgesetze aufheben. Genau die Gesetze, die erklären, warum der Motor mit Zylinderkopf funktioniert, würden nun erklären, warum er nicht mehr funktioniert, nachdem der Zylinderkopf entfernt wurde.

Daher ist es falsch und irreführend, mit Hume zu sagen, dass Wunder die Naturgesetze „verletzen". Vielmehr ist es so, dass Gott von Zeit zu Zeit neue Ereignisse in das System einspeist. Es gibt aber keine Veränderung oder Aufhebung der Gesetze selbst. C. S. Lewis drückt dies so aus:

Wenn Gott ein Teilchen der Materie vernichtet oder schafft oder abbiegt, so hat er an diesem Punkt eine neue Situation geschaffen. Und sofort gliedert die gesamte Natur diese in sich ein, lässt sie in ihrem Reich zu Hause sein und passt ihr alle andern Ereignisse an. Sie findet sich in Übereinstimmung mit allen Gesetzen. Wenn Gott im Körper einer Jungfrau ein wundersames Spermatozoon schafft, dann macht sich das nicht daran, irgendwelche Gesetze zu brechen. Die Gesetze übernehmen es sogleich. Die Natur ist bereit. Allen normalen Gesetzen entsprechend folgt eine Schwangerschaft, und neun Monate später wird ein Kind geboren.[87]

---

87 *Wunder*, 72

Anders ausgedrückt: Man könnte sagen, dass es ein Naturgesetz ist, dass Menschen nicht durch irgendeinen natürlichen Mechanismus wieder von den Toten auferstehen. Aber Christen behaupten auch nicht, dass Christus durch einen solchen Mechanismus von den Toten auferstand. Sie behaupten, dass er durch eine übernatürliche Kraft von den Toten auferstand. Die Naturgesetze an sich können diese Möglichkeit nicht ausschließen. Wenn ein Wunder geschieht, sind es die Naturgesetze, die uns auf die Tatsache aufmerksam machen, dass es sich überhaupt um ein Wunder handelt. Es ist wichtig zu begreifen, dass Christen nicht die Naturgesetze leugnen, wie Hume es ihnen unterstellt. Es ist ein wesentlicher Teil des christlichen Standpunkts, dass man glaubt, dass die Naturgesetze Beschreibungen der Regelmäßigkeiten und Kausalzusammenhänge sind, die der Schöpfer ins Universum eingebaut hat und gemäß denen es normalerweise funktioniert. Würden wir diese nicht kennen, könnten wir niemals ein Wunder erkennen, wenn wir eines sähen.

BEWEISE FÜR DIE HISTORISCHE TATSACHE DER AUFERSTEHUNG

Humes Argument aus der Einheitlichkeit der Erfahrung

Meistens werden Wunder per Definition als Ausnahmen von dem verstanden, was normalerweise passiert. Wären Wunder normal, würde man sie nicht Wunder nennen! Was meint Hume dann mit „einheitlicher Erfahrung"? Es ist *eine* Sache, wenn man sagt: „Die Erfahrung zeigt, dass dieses oder jenes normalerweise passiert, aber es kann Ausnahmen geben, auch wenn diese noch nicht beobachtet wurden. Das heißt, die Erfahrung, *die wir bis jetzt gemacht haben*, ist einheitlich gewesen." Es ist jedoch etwas ganz anderes, wenn man sagt: „Das ist die Erfahrung, die wir normalerweise machen, und wir müssen diese immer machen, denn es kann und wird hier keine Ausnahmen geben."

Hume scheint die zweite Definition zu bevorzugen. Für ihn ist ein Wunder etwas, was noch nie zuvor erfahren wurde, denn wäre es zuvor erfahren worden, könnte man es nicht länger als Wunder bezeichnen. Aber das ist eine sehr willkürliche Aussage. Warum kann es in der Vergangenheit keine Vielzahl von Wundern gegeben haben, genauso wie das eine, das wir hier gerade diskutieren? Was Hume hier tut, ist Folgendes: Er setzt das voraus, was er zu beweisen versucht, nämlich, dass es in der Vergangenheit noch nie irgendwelche Wunder gegeben hat und es folglich eine einheitliche Erfahrung gibt, die dagegenspricht, dass der vorliegende Fall ein Wunder ist. Doch hier wird sein Argument äußerst problematisch. Woher weiß er das? Um zu wissen, dass die Erfahrung, die gegen Wunder spricht, absolut einheitlich ist, müsste er vollen Zugang zu allen Ereignissen im Universum zu allen Zeiten und an allen Orten haben, was offensichtlich unmöglich ist. Es hat den Anschein, als ob Hume vergessen hat, dass die Menschen nur einen winzigen Teil der Gesamtsumme aller Ereignisse beobachtet haben, die im Universum stattgefunden haben, und dass jedenfalls nur sehr wenige aller menschlichen Beobachtungen überhaupt aufgezeichnet wurden. Daher kann Hume gar nicht wissen, dass Wunder noch nie geschehen sind. Er nimmt einfach das an, was er beweisen will – dass die Natur einheitlich ist und Wunder nicht stattgefunden haben. Der eigentlichen Frage weicht Hume jedoch aus.

Die einzige wirkliche Alternative zu Humes Zirkelschluss ist natürlich, offen für die Möglichkeit zu sein, dass Wunder tatsächlich stattgefunden haben. Aber das ist eine historische Frage, keine philosophische, und abhängig von Zeugen und Beweisen. Doch Hume scheint nicht bereit zu sein, über die Frage nachzudenken, ob es irgendeinen gültigen historischen Beweis dafür gibt, dass Wunder stattgefunden haben. Er leugnet es einfach und behauptet, die Erfahrung, dass es keine Wunder gebe, sei „feststehend und unveränderlich". Aber noch mal: Seine Behauptung hat keine Substanz, solange er nicht aufzeigt, dass alle Berichte über Wunder falsch sind. Er versucht es noch nicht einmal, daher ist es schlichtweg auch nicht möglich, dass er eine Antwort finden kann.

Er behauptet einfach, dass noch nie eine Auferstehung beobachtet wurde, ohne auch nur ansatzweise zu versuchen, die tatsächlichen historischen Beweise für die Auferstehung Jesu zu diskutieren – Beweise, die nach Einschätzung des Historikers Thomas Arnold, ein bedeutender Historiker aus Oxford im 19. Jahrhundert, überwältigend sind:

> Viele Jahre lang habe ich die Geschichte anderer Zeiten studiert und die Beweise jener untersucht und abgewogen, die über sie geschrieben haben; und ich kenne keine einzige Tatsache in der Geschichte der Menschheit, die durch bessere und umfassendere Beweise jeglicher Art für die Einsicht eines aufrichtig Fragenden bewiesen wurde, als das große Zeichen, das Gott uns gegeben hat, dass Christus starb und von den Toten wiederauferstand.[88]

---

88 *Christian Life*, 11–12

Daher müssen wir diese Beweise nun diskutieren.

Humes Kriterien für Beweise und die Glaubwürdigkeit von Zeugen

Hume stellt fest: „Ein besonnener Mann bemisst ... seinen Glauben nach der Evidenz."[89] Das heißt, die Stärke seines Glaubens, hängt davon ab, wie stark der Beweis ist, der diesen Glauben stützt. Das bedeutet, wenn eine weise Person z. B. mit dem Bericht über ein Wunder konfrontiert wird, wird sie alle Beweise *für* das Wunder gegen alle Beweise *dagegen* abwägen und dann zu einer Entscheidung kommen. Diesem Prozess fügt Hume noch ein weiteres Kriterium hinzu:

> Kein Zeugnis reicht aus, ein Wunder festzustellen, es müsste denn das Zeugnis von solcher Art sein, dass seine Falschheit wunderbarer wäre als die Tatsache, die es festzustellen trachtet. ...
>
> Berichtet mir jemand, er habe einen Toten wieder aufleben sehen, so überdenke ich gleich bei mir, ob es wahrscheinlicher ist, dass der Erzähler trügt oder betrogen ist oder dass das mitgeteilte Ereignis sich wirklich zugetragen hat. Ich wäge das eine Wunder gegen das andere ab, und je nach der Überlegenheit, die ich entdecke, fälle ich meine Entscheidung und verwerfe stets das größere Wunder. Wäre die Falschheit seines Zeugnisses wunderbarer als das von ihm berichtete Ereignis, dann, aber auch erst dann kann er Anspruch auf meinen Glauben und meine Überzeugung erheben.[90]

Lassen Sie uns untersuchen, was Hume mit „Falschheit" meint. Hier ist jemand, der Ihnen sagt, dass ein Wunder geschehen ist. Sie müssen entscheiden, ob das stimmt oder nicht. Wenn der Charakter des Zeugen zweifelhaft ist, würden Sie wahrscheinlich seine Geschichte sofort als Unsinn abtun. Wenn der Zeuge jedoch jemand ist, der als moralisch integre Person bekannt ist, wenden Sie sich als Nächstes der Sache zu, die behauptet wird. Gemäß Humes Sicht muss man sie als unwahr ablehnen, es sei denn, der Glaube an ihre Unwahrheit würde Sie in eine so unmögliche Situation bringen und so völlig unerklärliche Auswirkungen auf die Geschichte haben, dass Sie ein noch größeres Wunder bräuchten, um ihre Unwahrheit zu erklären.

---

89 *UMV* 10.4; 130
90 *UMV* 10.13; 135–136

- *Die Anwendung von Humes Kriterien auf die Annahme, dass die Jünger Betrüger waren*

Aber dieses Kriterium von Hume ist genau das Argument, das auch Christen verwenden werden. Professor Sir Norman Anderson, der ehemalige Direktor des *Institute of Advanced Legal Studies* an der Universität von London, schreibt in der Einleitung seines Buches *The Evidence for the Resurrection* (dt.: Der Beweis für die Auferstehung):

Ostern ist in erster Linie kein Triumph, sondern eine Herausforderung. Diese Botschaft ist entweder die größte Tatsache in der Geschichte oder aber ein gigantischer Schwindel ... Wenn sie stimmt, dann ist dies die größte Tatsache der Geschichte; und wenn man es nicht schafft, sein Leben an ihren Konsequenzen auszurichten, bedeutet dies einen endgültigen Schaden. Aber wenn sie nicht stimmt, wenn Christus nicht auferstanden ist, dann ist das ganze Christentum ein einziger Betrug, der der Welt durch eine Gruppe von perfekten Lügnern oder bestenfalls verblendeten Einfaltspinseln untergeschoben wurde. Paulus selbst erkannte dies, als er schrieb: „Ist aber Christus nicht auferweckt worden, dann ist auch unsere Predigt sinnlos und euer Glaube ohne Inhalt. Wir würden dann auch als falsche Zeugen für Gott dastehen."[91]

Jahrhunderte vor Hume sah der christliche Apostel Paulus die Dinge klar: Entweder ist Christus von den Toten auferstanden oder er und die anderen Apostel sind Betrüger (1Kor 15,15). Aber – und dieser Frage kann man nicht ausweichen – ist es wirklich möglich zu glauben, dass die Apostel Christi Männer waren, die sich eine Lüge ausdenken, diese irgendwie ihren Nachfolgern unterschieben und dann nicht nur dabei zusehen würden, wie diese dafür in den Tod gingen, sondern auch selbst für ihre bewusste Lüge mit Gefängnis, ständigen Schikanen und Leiden bezahlen würden und schließlich sogar mit ihrem Leben?

Wir müssen uns daran erinnern, dass ganz zu Beginn des Christentums Petrus und Johannes zweimal von der Obrigkeit ins Gefängnis geworfen wurden, weil sie die Auferstehung predigten (Apg 4,3; 5,18). Kurze Zeit später wurde Jakobus, der Bruder von Johannes, von Herodes ermordet. Können wir uns vorstellen, dass Johannes bereit gewesen wäre, dies geschehen

---

91   S. 1, 1Kor 15,14f. zitiert nach NeÜ.

zu lassen, wenn er gewusst hätte, dass sein Bruder für eine Lüge sterben würde? Als Johannes, der aufgrund seines Glaubens auf die Insel Patmos verbannt worden war, als alter Mann starb, hatten schon viele Menschen ihr Leben im Namen des auferstandenen Christus lassen müssen. Johannes, so sagt er uns, war nicht bereit, eine Lüge zu dulden, noch nicht einmal für eine gute Sache. Seine Begründung war, dass „keine Lüge aus der Wahrheit ist" (1Jo 2,21). War er ein Mann, der trotzdem zusehen würde, wie sein Bruder und andere für eine Lüge starben, die er sich selbst ausgedacht hatte? Und was ist mit Petrus? Die historische Überlieferung sagt uns, dass er am Ende den Märtyrertod starb – wie Jesus es ihm gesagt hatte (Joh 21,18). Wurde er zum Märtyrer für etwas, von dem er wusste, dass es eine Lüge war?

Ist es vernünftig, anzunehmen, dass keiner der Jünger, die einen solchen Betrug begangen hatten, unter der Folter zusammengebrochen und bekannt hätte, dass es ein Betrug war? Nein. Es ist schlichtweg unmöglich, dies zu glauben, dass sie bewusste Lügner waren. Gemäß Humes Kriterium folgt daraus: Wenn der Gedanke, dass die Jünger bewusste Lügner waren, einen völlig unerklärlichen historischen und moralischen Widerspruch ergibt, dann müssen wir ihr Zeugnis so annehmen, wie es Millionen von Menschen in den letzten 20 Jahrhunderten getan haben.

- *Die Anwendung von Humes Kriterien auf die Ursache für den Aufstieg des Christentums*

Die Existenz der christlichen Gemeinde in der ganzen Welt ist eine unbestreitbare Tatsache. Im Sinne von Humes Kriterium fragen wir: Welche angemessene Erklärung kann es für die Veränderung der frühen Jünger geben? Aus einer verängstigten, zutiefst deprimierten und desillusionierten Gruppe von Männern und Frauen – angesichts der Tragödie (in ihren Augen), die ihre Bewegung ereilt hatte, als ihr Anführer gekreuzigt wurde – wurde plötzlich eine kraftvolle, internationale Bewegung, die sich rasant im ganzen Römischen Reich etablierte und schließlich in der ganzen Welt ausbreitete. Und das Erstaunliche ist – die frühen Jünger waren alle Juden. Ihre Religion war nicht gerade für ihren Enthusiasmus bekannt, Angehörige anderer Nationen zu ihrem Glauben zu bekehren. Was hätte kraftvoll genug sein können, dies alles auszulösen?

Wenn wir die frühe Gemeinde fragen, werden sie uns sofort antworten, dass der Auslöser die Auferstehung gewesen sei. Außerdem behaupteten sie, der Hauptgrund und -zweck ihrer Existenz sei, dass sie Zeugen der

Auferstehung Christi sind. Das heißt, das Christentum entstand nicht, um irgendein politisches Programm oder irgendeine politische Kampagne für eine moralische Erneuerung zu verkündigen, sondern um Zeugnis von der Tatsache abzulegen, dass Gott in die Geschichte eingegriffen und Christus von den Toten auferweckte hatte und man in seinem Namen Vergebung der Sünden erlangen konnte. Diese Botschaft würde natürlich letztendlich große moralische Auswirkungen auf die Gesellschaft haben, aber es war die Botschaft der Auferstehung selbst, die hier im Mittelpunkt stand.

Wenn wir die eigene Erklärung der frühen Christen für ihre Existenz aus dem Grund ablehnen, weil ein zu großes Wunder dazugehört, was wollen wir dann an dessen Stelle setzen, das unsere Glaubenskapazität nicht noch stärker strapaziert? Leugnet man die Auferstehung, hat man schlichtweg keinen Grund mehr für die Existenz der Gemeinde, was sowohl aus historischer als auch aus psychologischer Sicht absurd ist.

Der Cambridge-Professor C. F. D. Moule schreibt:

> Wenn die Entstehung der Nazarener, ein Phänomen, das das Neue Testament unbestreitbar attestiert, ein großes Loch in die Geschichte reißt, ein Loch von der Größe und Form der Auferstehung, mit was schlägt der säkulare Historiker dann vor, es zu stopfen? ... die Geburt und der rasante Aufstieg der christlichen Gemeinde ... *bleibt ein ungelöstes Rätsel für jeden Historiker, der sich weigert, die einzige Erklärung ernst zu nehmen, die die Gemeinde selbst bietet.*[92]

• *Probleme, wenn man Humes Position zu Wundern vertritt*

Bis hierher war Humes Kriterium durchaus sinnvoll. Aber im Folgenden zeigt er, dass er sich nicht damit zufriedengibt, die Angelegenheit mit einer unparteiischen Beurteilung der Beweise auf sich beruhen zu lassen, um so zu entscheiden, ob ein Wunder stattgefunden hat oder nicht. Er hat sein Urteil über Wunder von vornherein gefällt, ohne überhaupt eine Diskussion darüber stattfinden zu lassen.

Nachdem er sagt: „Kein Zeugnis reicht aus, ein Wunder festzustellen, es müsste denn das Zeugnis von solcher Art sein, dass seine Falschheit wunderbarer wäre als die Tatsache, die es festzustellen trachtet", versucht er, einer unwillkommenen Schlussfolgerung auszuweichen. Im nächsten Absatz

---

92 *The Phenomenon of the New Testament*, 3, 13 (Kursivsetzung im Original)

sagt er, dass er bis jetzt viel zu liberal gewesen sei bei der Vorstellung, „dass das Zeugnis, auf welches ein Wunder sich stützt, möglicherweise die Kraft eines vollen Beweises erreicht", da „noch niemals ein wunderbares Ereignis sich auf eine so vollkommene Evidenz berufen konnte"[93]. Aber das ist genau das, was Christen bestreiten würden, insbesondere auf der Grundlage der Beweise für die Auferstehung Christi, die Hume scheinbar nie in Erwägung gezogen hat.

Humes Logik sieht also in etwa so aus:

1. Die Naturgesetze beschreiben Regelmäßigkeiten.

2. Wunder sind Singularitäten, Ausnahmen zum regulären Lauf der Natur und damit äußerst selten.

3. Beweise für regelmäßige und wiederholbare Ereignisse müssen immer zahlreicher sein als die Beweise für singuläre und unwiederholbare Ereignisse.

4. Ein weiser Mensch gründet seine Überzeugung auf das Ausmaß der Beweise.

5. Daher kann kein weiser Mensch jemals an ein Wunder glauben.

Mit anderen Worten: Auch wenn Hume zunächst offen für die theoretische Möglichkeit ist, dass ein Wunder geschehen ist (vorausgesetzt, die Beweise sind stark genug), gibt er schließlich zu erkennen, dass er von Beginn an vollends davon überzeugt ist, dass es niemals genug Beweise geben könne, die eine vernünftige Person überzeugen könnten, dass ein Wunder stattgefunden habe, weil vernünftige Menschen wüssten, dass Wunder nicht geschehen könnten. Damit steht Hume im Verdacht, der Frage auszuweichen.

Die Idee, dass die Beweise für regelmäßige und wiederholbare Ereignisse (Punkt 3 oben) immer zahlreicher sein müssen als die Beweise für einzigartige und unwiederholbare Ereignisse, wurde viele Jahre lang von dem Philosophen Antony Flew bei seiner zeitgenössischen Verteidigung von Humes Argumentation betont.[94] Flew, einer der weltweit führenden

---

93   *UMV* 10.13; 136

94   Siehe sein Artikel „Miracles" in *The Encyclopaedia of Philosophy* und seinen Essay *Neo-Humean Arguments about the Miraculous*

Hume-Experten, argumentierte: „Die Aussage, die von dem (angeblichen) Auftreten eines Wunders berichtet, wird singulär, partikulär und in der Vergangenheitsform sein." Er schloss, dass die Beweise für solche Aussagen, da diese nicht direkt überprüft werden können, im Hinblick auf ihre logische Kraft immer unendlich schwächer sind als die Beweise für allgemeine und wiederholbare Aussagen.[95]

In der jüngeren Vergangenheit hat Flew jedoch seine eigene Einschätzung von Hume überdacht und ist sogar so weit gegangen, diejenigen zu warnen, die seinen vorherigen Positionen zustimmen, dass sein eigenes Buch eigentlich neu geschrieben werden müsste:

Insbesondere eine Sache ruft nach weitreichenden Korrekturen. Die drei Kapitel „Die Vorstellung der notwendigen Verknüpfung", „Freiheit und Notwendigkeit" und „Wunder und Methodologie" müssen alle im Lichte meines neu gefundenen Verständnisses neu geschrieben werden, dass Hume absolut falschlag mit seiner Behauptung, wir hätten keine Erfahrung und somit keine echten Ideen darüber, wie man Dinge geschehen lassen und verhindern kann, und über physikalische Notwendigkeit und physikalische Unmöglichkeit. Generationen von Hume-Anhängern wurden in der Folge dazu verleitet, Analysen über Kausalzusammenhänge und Naturgesetze vorzubringen, die viel zu schwach waren, weil man auf ihrer Grundlage weder die Existenz von Ursache und Wirkung noch die der Naturgesetze hätte akzeptieren könnten. In der Zwischenzeit suchte Hume selbst in „Über Freiheit und Notwendigkeit" und in „Über Wunder" nach Vorstellungen von Wirkung erzeugenden Ursachen (auch wenn er sie tatsächlich selbst nicht anwendete), welche stärker als alles waren, was er bereit war, als legitim zuzugeben ... Humes Skeptizismus über Ursache und Wirkung und sein Agnostizismus im Hinblick auf die Außenwelt werden natürlich in dem Moment über Bord geworfen, wenn er sein Arbeitszimmer verlässt.[96]

Abgesehen von der Frage der Wunder ist dieses Argument auch der Wissenschaft abträglich – das klassische Beispiel hierfür ist der Ursprung des

---

95 *Encyclopaedia of Philosophy*, 252
96 *There is a God*, 57–58. In diesem Buch diskutiert Flew seine eigenen Gründe, warum er sich von seinem zuvor vertretenen (und viel gefeierten) Atheismus distanziert und sich stattdessen nun dem Theismus zugewandt hat.

Universums. Der so genannte Urknall ist eine Singularität in der Vergangenheit, ein unwiederholbares Ereignis; wenn Flews ursprüngliches Argument also gültig wäre, wäre kein Wissenschaftler bereit, an den Urknall zu glauben. In der Tat stießen Wissenschaftler, als sie anfingen, darüber zu reden, dass das Universum mit einer Singularität begann, auf großen Widerstand von anderen Wissenschaftlern, die stark uniformitaristische Sichtweisen hatten. Es war jedoch die genaue Betrachtung der ihnen vorliegenden Daten und nicht theoretischer Argumente über das, was auf Grundlage einer angenommenen Gleichförmigkeit möglich oder nicht möglich ist, die sie davon überzeugte, dass der Urknall eine plausible Erklärung wäre. Es ist daher sehr wichtig, festzustellen, dass Wissenschaftler, auch wenn sie von der Gleichförmigkeit der Natur sprechen, damit nicht unbedingt absolute Gleichförmigkeit meinen – insbesondere, wenn sie an Singularitäten wie einen Urknall glauben.

Wenn wir uns nun wieder der Frage nach der Auferstehung Christi zuwenden, stellen wir fest, dass es etwas gibt, was Hume anscheinend übersehen hat: Es ist einfach unangemessen, die Wahrscheinlichkeit der Auferstehung Jesu auf der Grundlage dessen zu beurteilen, dass die beobachtete Wahrscheinlichkeit sehr hoch ist, dass Tote tot bleiben. Was er hätte tun sollen (aber nicht getan hat), war, die Wahrscheinlichkeit der Auferstehung Jesu gegen die Wahrscheinlichkeit abzuwägen, ob für die Tatsache, dass das Grab Jesu leer war, *irgendeine andere Hypothese* als die Auferstehung hätte zutreffen könnte. Dem werden wir uns in unserem nächsten Kapitel zuwenden.[97]

> ✶ Was Hume anscheinend übersehen hat: Es ist einfach unangemessen, die Wahrscheinlichkeit der Auferstehung Jesu auf der Grundlage zu beurteilen, dass die beobachtete Wahrscheinlichkeit sehr hoch ist, dass Tote tot bleiben.

Hume ist sich natürlich bewusst, dass es Situationen gibt, wo Menschen verständliche Schwierigkeiten haben, etwas zu akzeptieren, weil es außerhalb ihrer Erfahrung liegt, aber dennoch wahr ist. Er zieht eine Geschichte eines indischen Prinzen heran, der sich weigerte zu glauben, was ihm über die Auswirkungen von Frost erzählt wurde.[98] Was Hume damit sagen möchte: Was dem

---

97 Ein weiterer Fehler in der Sicht von Hume/Flew ist, dass sie anscheinend nicht falsifizierbar ist in dem Sinne, dass weder Hume noch Flew in der Lage zu sein scheinen, sich eine Beobachtung vorstellen zu können, durch die sich ihre Sicht als falsch erweisen würde (siehe den Abschnitt zur Falsifizierbarkeit im Anhang: „Was ist Wissenschaft?").
98 *UMV* 10.10; 133

Prinzen erzählt wurde, widersprach seiner Erfahrung nicht, es stimmte nur nicht mit ihr überein.

Doch auch hier steht Hume nicht auf sicherem Grund. Denn in der modernen Wissenschaft, insbesondere in Zusammenhang mit den Theorien zur Relativität und zur Quantenmechanik, gibt es zentrale Ideen, die offenbar unserer Erfahrung widersprechen. Eine strikte Anwendung von Humes Prinzipien hätte leicht zur Ablehnung dieser Ideen führen und so den Fortschritt der Wissenschaft behindern können. Oft ist es die kontraintuitive Anomalie – die gegensätzliche Tatsache zu in der Vergangenheit gemachten Beobachtungen und Erfahrungen –, die sich als Schlüssel zur Entdeckung eines neuen wissenschaftlichen Paradigmas erweist. Aber die entscheidende Sache hier ist, dass die Ausnahme eine *Tatsache* ist, wie unwahrscheinlich sie im Hinblick auf die wiederholte Erfahrung in der Vergangenheit auch sein mag. Vernünftigen Menschen – insbesondere, wenn sie Wissenschaftler sind – geht es um Fakten, nicht einfach nur um Wahrscheinlichkeiten, auch wenn diese Fakten scheinbar nicht in ihre uniformitaristischen Konzepte passen.

Wir stimmen natürlich zu, dass Wunder von Natur aus unwahrscheinlich sind. Wir sollten sicherlich starke Beweise dafür fordern, dass sie in irgendeinem Fall stattgefunden haben (siehe Humes Punkt 5 oben). Aber das ist nicht das eigentliche Problem bei den Wundern der Art, die man im Neuen Testament findet. Das eigentliche Problem ist, dass sie eine Bedrohung für die Grundlagen des Naturalismus sind, der an dieser Stelle ganz klar Humes grundsätzliche Weltanschauung ist. Das heißt, er betrachtet es als axiomatisch, als selbstverständlich und unumstößlich, dass die Natur alles ist, was es gibt, und dass es nichts und niemanden außerhalb der Natur gibt, das bzw. der von Zeit zu Zeit in die Natur eingreifen könnte. Genau das meint er, wenn er behauptet, die Natur sei gleichförmig. Sein Axiom ist natürlich nur ein Glaube und nicht die Konsequenz einer wissenschaftlichen Untersuchung.

Eine gewisse Ironie ist, dass Christen argumentieren werden, dass nur der Glaube an einen Schöpfer uns überhaupt eine zufriedenstellende Grundlage für den Glauben an die Gleichförmigkeit der Natur liefern kann. Indem Atheisten die Existenz eines Schöpfers leugnen, entziehen sie ihrem eigenen Argument die Grundlage! Wie C. S. Lewis sagt:

> Wenn alles, was existiert, Natur ist – jenes große geist- und seelenlose ineinander verwobene Geschehen –, wenn unsere tiefsten Überzeugungen lediglich Nebenprodukte eines irrationalen Prozesses

sind, dann besteht nicht der geringste Grund anzunehmen, unser Gefühl für das Angemessene und der daraus erwachsene Glaube an die Gleichförmigkeit könne uns irgendeine Auskunft über eine Realität außerhalb unserer selbst geben. Unsere Überzeugungen sind dann lediglich Angaben *über uns* – wie die Farbe unseres Haares. Hat der Naturalismus recht, dann haben wir keinen Anlass, unserer Überzeugung von der Gleichförmigkeit der Natur zu vertrauen. Das könnte man nur unter Voraussetzung einer ganz anderen Metaphysik. Wäre die tiefste und fundamentalste Sache die Wirklichkeit, wäre die Quelle aller sonstigen Tatsächlichkeit etwas, das uns bis zu einem gewissen Grad ähnelt – wäre es ein rationaler Geist und bezögen wir unsere rationale Geistigkeit von ihm –, dann wäre unsere Überzeugung vertrauenswürdig. Unsere Abscheu vor Unordnung stammt vom Schöpfer der Natur und unserer selbst.[99]

Wenn man also die Möglichkeit von Wundern ausschließt und die Natur und ihre Prozesse im Namen der Wissenschaft zum Absolutum erklärt, zerstört man damit vor allem letztendlich jede Grundlage für ein Vertrauen in die Rationalität der Wissenschaft. Wenn man andererseits die Natur nur als Teil einer größeren Wirklichkeit betrachtet, die Gott, den intelligenten Schöpfer der Natur, einschließt, hat man damit eine rationale Rechtfertigung für den Glauben an eine geordnete, gesetzmäßige Natur (eine Sicht, die zum Aufstieg der modernen Wissenschaft geführt hat).[100]

Und zweitens: Wenn man die Existenz eines Schöpfers anerkennt und so eine Erklärung für die Gleichförmigkeit der Natur bekommt, öffnet das unvermeidlich die Tür für die Möglichkeit eines Wunders, bei dem derselbe Schöpfer in den Lauf der Natur eingreift. So etwas wie einen zahmen Schöpfer, der nicht in das von ihm erschaffene Universum eingreifen kann oder darf oder einzugreifen wagt, gibt es nicht. Das heißt, Wunder können geschehen.

---

99 *Wunder,* 125
100 Eine ausführliche Diskussion dieses Themas finden Sie in John Lennox' Buch *Hat die Wissenschaft Gott begraben?.*

Unsere Schlussfolgerungen bis jetzt

In einem gewissen Sinne können Christen natürlich Hume zustimmen, dass die „gleichförmige Erfahrung" zeigt, dass eine Auferstehung *durch natürliche Mechanismen* extrem unwahrscheinlich ist und wir so etwas ausschließen können. Aber Christen behaupten auch nicht, dass Christus durch irgendeinen natürlichen Mechanismus auferstanden ist. Sie behaupten etwas ganz anderes – dass Gott ihn von den Toten auferweckt hat. Und wenn es einen Gott gibt, warum sollte man das dann für unmöglich halten?

In diesem Kapitel haben wir bis hierhin im Wesentlichen a priori Gründe[101] betrachtet, aus denen Hume und andere Wunder abgelehnt haben. Wir haben jedoch auch gesehen, dass es nicht die Wissenschaft ist, die Wunder ausschließt. Eine aufgeschlossene Haltung, und die Vernunft fordert dies, wird sicherlich die Beweise untersuchen, die Tatsachen feststellen und bereit sein, die Ergebnisse anzunehmen, zu denen dieser Prozess führt, auch wenn dies eine Änderung unserer A-priori-Ansichten mit sich bringt. Wir werden niemals wissen, ob es auf dem Dachboden eine Maus gibt, wenn wir nicht hinaufgehen und nachschauen!

---

101 Die Gründe, die etwas mit den Überzeugungen und Prinzipien zu tun haben, die wir bereits haben, bevor wir sie in einer Situation anwenden, sind „A-priori"-Gründe. Eine detaillierte Diskussion der verschiedenen Arten von Gründen und die Frage, wie wir irgendetwas wissen können, finden Sie in Buch 2, *Was können wir wissen?*.

I·5
DIE BEWEISE
FÜR DIE AUFERSTEHUNG

*Wenn mehrere Zeugen eines Ereignisses vor Gericht Aussagen
machen, die sich in jedem Detail Wort für Wort gleichen,
würde wohl jeder Richter daraus schließen,
dass die Zeugenaussagen nicht unabhängig voneinander waren
und – was noch schlimmer ist – dass es möglicherweise geheime
Absprachen gegeben hat, um das Gericht zu täuschen.*

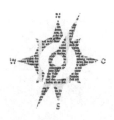

IST ER AUFERSTANDEN?

Seit Jahrhunderten grüßen sich Christen an Ostern mit den Worten: „Christus ist auferstanden! Er ist wahrhaftig auferstanden." Wir müssen hier nun einen Blick auf die Beweise dafür werfen, dass er wirklich auferstanden ist. Die Beweise summieren sich. Das heißt, wir müssen die Beweise aus vier Hauptbereichen zusammenstellen:

1. Jesu Tod
2. Jesu Begräbnis
3. Die Tatsache des leeren Grabes
4. Augenzeugen von Christi Erscheinungen (nach seiner Auferstehung)

JESU TOD

Warum es wichtig ist, die Tatsache festzustellen, dass Jesus starb
Eines versteht sich von selbst: Wenn wir behaupten wollen, dass Jesus von den Toten auferstand, muss er zunächst gestorben sein. Denn wäre Christus nicht wirklich am Kreuz gestorben, hätte es auch keine Auferstehung geben können. Deshalb ist es wichtig, erst einmal die Tatsache festzustellen, dass er starb – eine Tatsache, die Paulus in einer seiner früh entstandenen Zusammenfassungen des christlichen Bekenntnisses geltend machte (1Kor 15,3-4).

Christi Tod wird infrage gestellt
Manche haben ernsthaft die Vermutung geäußert, dass Christus gar nicht wirklich am Kreuz gestorben sei, sondern nur ohnmächtig geworden sei und dann in der kühlen Luft des Grabes das Bewusstsein wiedererlangt

habe. Obwohl er sehr schwach gewesen sei, habe er es geschafft, aus dem Grab herauszukommen, und sei von einigen seiner Jünger gesehen worden, wobei er (was nicht überrascht) blass wie ein Geist gewesen sei. Diese hätten sich dann vorgestellt, eine Auferstehung habe stattgefunden, und diese Nachricht verbreitet; doch in Wirklichkeit sei Christus einfach fortgegangen und an einem unbestimmten, nicht weiter bekannten Ort gestorben.

Diese Theorie wird jedoch, worauf wiederholt hingewiesen wurde, im Lichte zweier bedeutender Beweisstücke als absurd betrachtet: erstens das Ausmaß der Verletzungen, die Christus am Kreuz erlitt, und zweitens die Tatsache, dass sein Körper in Grabtücher gehüllt, mit einer großen Menge an Spezereien bedeckt und in ein versiegeltes Grab gelegt wurde.

Der Beweis, dass Christus wirklich starb und tot war, bevor er begraben wurde

Bevor Jesus gekreuzigt wurde, wurde er ausgepeitscht, und es wurde ihm eine Dornenkrone aufs Haupt gedrückt (Mt 27,26-31). Bei dieser Auspeitschung – so, wie die Römer sie praktizierten – wurde ein brutales Instrument namens *Flagrum* eingesetzt, eine Art Peitsche, an der Metall- und Knochenstücke befestigt waren, die sich tief ins menschliche Fleisch gruben, weshalb das Opfer manchmal schon während der Folterung starb. Im Fall von Jesus war er durch die Auspeitschung so geschwächt, dass er nicht mehr in der Lage war, das Kreuz bis zum Hinrichtungsort zu tragen (siehe Mt 27,32).

Dann wurde Jesus gekreuzigt. Das bedeutete, er wurde an eine grobe Holzkonstruktion in der Form eines Kreuzes mit einem aufrechten Pfahl und einem Querbalken genagelt: Ein großer Nagel durch beide Füße fixierte ihn am Hochbalken, und weitere Nägel durch seine ausgestreckten Handwurzeln fixierten ihn am Querbalken. Diese Vorgehensweise war maximal grausam, weil der Nagel durch die Füße zur Folge hatte, dass die Beine des Opfers etwas Halt fanden, während es versuchte, seinen Körper aufzurichten, um leichter atmen zu können. Dies verlängerte jedoch nur noch den Todeskampf, manchmal um mehrere Tage.

Da der jüdische Sabbat näher rückte, und da nach Johannes' Augenzeugenbericht (Joh 19,31ff.) die jüdischen Autoritäten nicht wollten, dass die Toten (die sie als unrein betrachteten) auch am Sabbat am Kreuz hängen blieben, baten sie Pilatus um die Erlaubnis, den Tod durch das Brechen der Beine der drei Gekreuzigten zu beschleunigen (siehe wieder Joh 19,31-37). Dies sollte bewirken, dass dem oberen Teil des Körpers die Unterstützung entzogen würde; das Eigengewicht würde die Atemtätigkeit des Brustkorbs sehr erschweren, wodurch der Tod (wenn er noch nicht eingetreten war) beschleunigt werden würde. Die Erlaubnis dazu wurde erteilt. Als die Soldaten jedoch zu Jesus kamen und feststellten, dass er bereits tot war, brachen sie seine Beine nicht mehr. Das bedeutet, sie waren sich absolut sicher, dass er tot war – diese Männer erkannten einen Toten, wenn sie einen sahen. Um jedoch doppelt sicher zu sein, durchbohrte einer der Soldaten seine Seite mit einem Speer.

Johannes berichtet uns, dass durch den Speerstoß Blut und Wasser austraten (Joh 19,34). Dies liefert uns den medizinischen Beweis für seinen Tod, weil es zeigt, dass in den Hauptarterien bereits eine massive Blutgerinnung eingesetzt hatte; und das wiederum zeigt uns, dass Jesus bereits vor dem Speerstoß tot war. Da Johannes noch nichts von der pathologischen Bedeutung wissen konnte, ist dies ein aussagekräftiges Detail rund um Jesu Tod, das die christliche Behauptung, Christus sei wirklich gestorben, bestätigt. Medizinexperten haben schon oft darauf hingewiesen. So schreibt z. B. Dr. Willam Edwards:

> Die historische und medizinische Beweislast zeigt klar, dass Jesus tot war, bevor ihm die Wunde in seiner Seite zugefügt wurde.[102]

Pilatus' Anliegen, dass die Tatsache von Christi Tod festgestellt wurde

Als Josef von Arimathäa, ein Ratsmitglied des Sanhedrins, anschließend zu Pilatus kam und um den Leichnam bat, um ihn zu bestatten (die Details sehen Sie unten), war Pilatus, der ein sehr vorsichtiger Mann war, nicht bereit, irgendwelche Risiken einzugehen, noch nicht einmal für eine so prominente Person. Im ältesten Evangelium berichtet Markus, dass Pilatus überrascht war, dass Jesus bereits tot war (erinnern Sie sich an die oben erwähnte Tatsache, dass Gekreuzigte oft einen tagelangen Todeskampf führten); also versicherte er sich vorsichtshalber beim diensthabenden Centurio, dass Jesus wirklich tot war. Erst als ihm dies versichert wurde, gab Pilatus den Leichnam Jesu zum Begräbnis frei (Mk 15,44-45).

Alle Beweise zeigen also, dass Jesus wirklich am Kreuz starb.

---

102 *On the Physical Death of Jesus Christ*, 1463

DAS BEGRÄBNIS JESU

Wer begrub Jesus?

Alle vier Evangelien berichten uns, dass ein reicher Mann namens Josef aus der Stadt Arimathäa zum römischen Statthalter Pilatus ging und ihn um den Leichnam Jesu bat, um ihn in einem Grab zu bestatten, das ihm selbst gehörte (Mt 27,57-60; Mk 15,42-46; Lk 23,50-53; Joh 19,38-42). Vermutlich ermöglichte ihm sein Status als Ratsmitglied des jüdischen Sanhedrins, dass er direkten Zugang zu Pilatus bekam.

Seine Motivation war klar: Er war ein Nachfolger Jesu geworden und wollte sicherstellen, dass dieser ein anständiges Begräbnis erhielt. Aber höchstwahrscheinlich hatte er noch ein weiteres Motiv: Durch seine Tat wollte er zeigen, dass er keinen Anteil an der Entscheidung des Sanhedrins gehabt hatte, Jesus hinzurichten, und dagegen protestierte. Er hatte in die Verurteilung durch den Sanhedrin nicht eingewilligt (Lk 23,50-51). Es könnte sogar gut sein, dass er sich mit dem Begräbnis Jesu im Grunde aus dem Sanhedrin zurückzog. In Anbetracht seines Vorgehens ist es sehr unwahrscheinlich, dass der Sanhedrin ihn danach noch länger als Mitglied geduldet hätte.

Aus Johannes' Bericht über die Verurteilung Jesu haben wir bereits geschlossen, dass Pilatus für den Sanhedrin nichts als Verachtung empfand: Er hatte gesehen, dass ihre Anklage gegen Jesus lächerlich dürftig war, und hatte ihrer Forderung nach Jesu Kreuzigung nur stattgegeben, weil sie ihn erpressten.[103] Es könnte daher sein, dass er froh war, mit Josef zumindest auf ein Mitglied des Sanhedrins zu treffen, das mit dem allgemeinen Schuldspruch nicht einverstanden gewesen war, und indem er Josef den Leichnam überließ, fühlte er vielleicht auch sein Gewissen ein wenig erleichtert.

Dieser Bericht über Pilatus, der Josefs Bitte um den Leichnam nachkommt, trägt alle Kennzeichen authentischer Geschichtsschreibung. Wenn man die Feindseligkeit des Sanhedrins gegenüber Christus und seinen Nachfolgern bedenkt, ist es höchst unwahrscheinlich, dass diese Nachfolger sich die Geschichte über ein Ratsmitglied des Sanhedrins ausgedacht hätten, das bereit gewesen wäre, sich zu Jesus zu stellen und zu gewährleisten, dass dieser ein ehrbares Begräbnis bekam, während viele der Jünger selbst vor Angst geflohen waren! Und außerdem, wenn die Geschichte nicht echt gewesen wäre, wäre es fatal für die christliche Version der Ereignisse

---

103 Siehe Kap. 8 in Band 2: *Was können wir wissen?*

gewesen, wenn die Autoren der Evangelien jemanden mit einem solch hohen Bekanntheitsgrad wie Josef genannt hätten. Für die Gegner der Christen wäre es ganz einfach gewesen, die Details später zu überprüfen und zu beweisen, dass die Geschichte falsch ist.[104]

Die Grabstätte

Nach den Berichten legte Josef zusammen mit einem anderen Mitglied des Sanhedrins, Nikodemus (siehe Joh 7,50-52; 19,39-42), den Leichnam Jesu in ein privates Grab, das Josef gehörte (Mt 27,60). Zudem sahen auch andere Zeugen, wo sich das Grab befand: Die Frauen aus Galiläa sahen es (Lk 23,55) wie auch die beiden Marias (Mt 27,61; Mk 15,47).

- *Folgerung aus der Tatsache, dass er in einem Grab bestattet wurde*

Die Tatsache, dass Jesus in einem Grab bestattet wurde, spielt bei den Beweisen für die Auferstehung eine wichtige Rolle. Hätte man Jesu Leichnam einfach in ein Massengrab geworfen – wie es oft mit Verbrechern geschah –, wäre die Feststellung, dass ein bestimmter Leichnam nicht mehr da war, sehr schwierig, wenn nicht sogar unmöglich gewesen. Und es war nicht nur so, dass Jesus in einem Grab bestattet wurde; es war sogar ein neues Grab, in das noch nie zuvor jemand hineingelegt worden war; also stand außer Frage, dass er versehentlich mit jemand anderem verwechselt wurde (Lk 23,53). Und da, wie wir gerade festgestellt haben, einige der gläubigen Frauen Josef folgten und das Grab sahen, in das Christi Leichnam gelegt wurde (Mk 15,47; Lk 23,55), ist es extrem unwahrscheinlich, dass sich die Frauen, als sie früh am ersten Tag der Woche noch im Dunkeln wiederkamen, dabei im Grab irrten, wie manche Wissenschaftler vermutet haben.

Tatsächlich ist es wahrscheinlich, dass eine dieser Frauen Johanna war, die Frau von Chuza, dem Verwalter des Haushalts von Herodes. Lukas erzählt uns, dass sie eine Nachfolgerin Jesu aus Galiläa war (Lk 8,3) und dass diese Frauen aus Galiläa nicht nur Zeuginnen der Kreuzigung, sondern auch des Begräbnisses waren (Lk 23,49-55). Als Mitglied der höheren Gesellschaft und Nachfolgerin Jesu wäre sie Josef von Arimathäa und Nikodemus bekannt gewesen. Da solch bekannte Leute dabei waren, ist es undenkbar, dass hier hinsichtlich des Ortes des Grabes ein Fehler passiert

---

104 In Anbetracht der Beweise, die wir in Kap. 2 zusammengetragen haben, gehen wir hier davon aus, dass die Evangelien nicht erst sehr viel später zusammengestellt wurden.

ist, insbesondere in Anbetracht der zusätzlichen Information, die Johannes uns liefert, dass das Grab sich in Josefs privatem Garten befand, nahe der Stätte, wo Jesus gekreuzigt worden war (Joh 19,41-42).

Die Art der Bestattung

Gemeinsam mit Nikodemus wickelte Josef den Leichnam zusammen mit Spezereien in Leinentücher (Joh 19,39). Dabei folgten sie einem altherge-brachten Brauch beim Begräbnis einer bedeutenden Person, und sie verwendeten dabei eine Mischung aus Myrrhe und Aloe – insgesamt etwa 30 Kilogramm. Als reiche Leute hatten sie höchstwahrscheinlich einen Vorrat solcher Spezereien zu Hause und somit leichten Zugriff darauf. Möglicherweise wurde ihnen dabei von den wohlhabenden Frauen aus Galiläa geholfen (Lk 23,55-56). Auf jeden Fall hatten sie zusammen genug Spezereien für eine vorläufige Einbalsamierung. Der Rest konnte warten, bis der Sabbat vorüber war.

Die anderen Frauen, die nicht so wohlhabend waren, hatten solche Spezereien nicht auf Vorrat, und sie mussten warten, bis die Geschäfte nach dem Sabbat wieder öffneten, um sie dann zu kaufen (Mk 16,1).

• *Folgerung aus der Tatsache, dass der Leichnam präpariert wurde*

Aus all dem wird eines sehr deutlich: Sie erwarteten keine Auferstehung. Wenn man erwartet, dass ein Toter aufersteht, balsamiert man ihn nicht auf diese Weise ein! Es war sogar so, dass die Frauen, als sie am nächsten Morgen (Sonntag) zum Grab kamen, sich allein darum sorgten, wie sie wohl in das Grab gelangen könnten, um die Einbalsamierung fortzusetzen (Mk 16,1-3). Das ist erneut ein klarer Beweis dafür, dass sie nicht mit einer Auferstehung rechneten.

Man muss auch bedenken, dass das Gewicht der Spezereien und die Art und Weise, wie die Grabtücher eng um den

> ✻ *Wenn man erwartet, dass ein Toter aufersteht, balsamiert man ihn nicht auf diese Weise ein!*

Leichnam gewickelt wurden, die zuvor erwähnte Theorie unglaubwürdig machen – dass Christus am Kreuz ohnmächtig wurde, im Grab wieder zu Bewusstsein kam und ihm dann die Flucht gelang.

- *Der Stein am Eingang zum Grab*

Der Leichnam wurde in ein Grab gelegt, das in einen Felsen gehauen worden war, nicht in ein Erdgrab. Das Grab muss eine beachtliche Größe gehabt haben, da Petrus und Johannes später hineingehen konnten (Joh 20,3-9). In solchen Gräbern wurde der Leichnam üblicherweise in eine Nische auf einen Felsvorsprung gelegt, wobei der Felsvorsprung an einem Ende eine Erhöhung hatte, damit der Kopf ein wenig höher als der restliche Körper lag. Das Grab wurde dann von Josef mit einem runden, plattenförmigen Stein verschlossen, der zunächst in einer abschüssigen Rille am Eingang des Grabes ruhte. Es war zwar einfach, ihn an die richtige Stelle zu rollen, um das Grab zu verschließen, aber man hätte mehrere Männer gebraucht, um ihn wieder zurückzurollen (Mk 15,46; Mt 27,60). Zudem ließen die jüdischen Anführer mit Pilatus' Erlaubnis den Stein am nächsten Tag offiziell versiegeln, sodass niemand das Siegel brechen konnte, ohne den Zorn der Obrigkeit auf sich zu ziehen.

Die Wache vor dem Grab

Außerdem wurden auf Bitte der Pharisäer und mit Pilatus' Erlaubnis um das Grab herum Wachen aufgestellt. Matthäus erzählt uns, dass dies geschah, um zu verhindern, dass die Jünger kommen, Jesu Leichnam wegnehmen und in betrügerischer Absicht eine „Auferstehung" verkünden würden. Hier sind die Details seines Berichts:

> Am nächsten Tag aber, der auf den Rüsttag folgt, versammelten sich die Hohen Priester und die Pharisäer bei Pilatus und sprachen: Herr, wir haben uns erinnert, dass jener Verführer sagte, als er noch lebte: Nach drei Tagen stehe ich wieder auf. So befiehl nun, dass das Grab gesichert wird bis zum dritten Tag, damit nicht etwa seine Jünger kommen, ihn stehlen und dem Volk sagen: Er ist von den Toten auferweckt worden. Und die letzte Verführung wird schlimmer sein als die erste. Pilatus sprach zu ihnen: Ihr sollt eine Wache haben. Geht hin, sichert es, so gut ihr könnt! Sie aber gingen hin und sicherten, nachdem sie den Stein versiegelt hatten, das Grab mit der Wache. (Mt 27,62-66)

Auch wenn die Authentizität der Geschichte mit den Wachen von manchen angezweifelt wurde, gibt es starke Beweise für ihre Wahrheit. Erst einmal ist es nicht schwer, sich die Unruhe und Nervosität der Priester vorzustellen, als sie sich an Christi Vorhersage seiner Auferstehung erinnerten. Sie konnten es sich nicht leisten, das Risiko einzugehen, dass hier eine Täuschung stattfinden würde; daher lag es in ihrem Interesse, dass das Grab bewacht wurde. Zudem wird die Geschichte durch ihr Nachspiel bestätigt, wie wir gleich sehen werden. Nebenbei sollten wir hier auch feststellen, dass die Priester erst am Tag nach dem Begräbnis die Wache vor dem Grab aufstellen ließen. Die Frauen, die direkt nach dem Begräbnis nach Hause gegangen waren, wussten nichts von der Wache. Das erklärt die Tatsache, warum sie sich, als sie am nächsten Morgen (Sonntag) auf dem Weg zum Grab waren, untereinander die Frage stellten: „Wer wird den Stein für uns wegrollen?" Tatsächlich war der Stein durch das Eingreifen von Engeln bereits weggerollt worden (Mk 16,3-5).

DIE TATSACHE DES LEEREN GRABES

In den Evangelien wird beständig und einheitlich bezeugt, dass die Frauen, als sie früh am Morgen des ersten Tages zum Grab kamen, um die Aufgabe zu vollenden, den Leib Jesu zu salben und mit Spezereien zu bedecken, das Grab leer vorfanden. Und als die Apostel dann kamen, um den Bericht der Frauen zu überprüfen, fanden sie das Grab ebenfalls leer vor.

Die Bedeutung dieser Tatsache kann man nicht genug betonen, denn sie zeigt uns, was die frühen Christen meinen, wenn sie die Auferstehung Jesu bezeugen. Sie meinen damit, dass derselbe Körper Jesu, den sie in das Grab gelegt hatten (in dem Wissen, dass Jesus tot ist), von den Toten auferweckt worden war und das Grab verlassen war. Auch wenn dieser Körper verändert war (und die Beschreibung des Körpers, als sie ihn schließlich lebendig sahen und anfassten, wird uns einige dieser Veränderungen zeigen), bestehen sie darauf, dass es derselbe Körper war, der in das Grab gelegt worden war. Es war kein anderer, neuer Körper, der mit dem ursprünglichen Körper Jesu nichts mehr gemein hatte. Es war eine echte Auferstehung des ursprünglichen Körpers, kein Ersatz des ursprünglichen Körpers durch einen neuen.

Diese Tatsache ist sehr wichtig, weil etwa in den letzten zwei Jahrhunderten einige Theologen der Meinung gewesen sind, das Zeugnis der frühen Christen über die körperliche Auferstehung Christi sei nie mehr als eine mythische Art und Weise gewesen, ihren Glauben zum Ausdruck zu bringen, dass der Geist Christi den Tod überlebt habe; und daher hätte es für ihre Behauptung, Christus sei von den Toten auferstanden, keinen

Unterschied gemacht, wenn man ihnen bewiesen hätte, dass sein Leichnam noch immer im Grab war.

Aber das ist eine vergleichsweise moderne (und tatsächlich eine modernistische) Idee. Sie kann nicht in Einklang gebracht werden mit der nachdrücklichen Betonung der Tatsache des leeren Grabes durch die frühen Zeugen. Wenn sie die Tatsache bezeugen, dass Christus von den Toten auferstanden ist, meinen sie damit die buchstäbliche Auferstehung seines Körpers.

Die Beweise für die Tatsache, dass das Grab leer vorgefunden wurde

- *Die jüdischen Autoritäten: die Ersten, die die Tatsache des leeren Grabes bezeugten*

Nach dem Matthäusevangelium waren die ersten Menschen, die der Öffentlichkeit berichteten, dass das Grab Jesu leer war, gar nicht die Christen, sondern die jüdischen Autoritäten! Sie brachten in Jerusalem eine Geschichte in Umlauf, dass die Jünger den Leichnam gestohlen hätten, während die Wache geschlafen habe:

> ... siehe, da kamen einige von der Wache in die Stadt und verkündeten den Hohen Priestern alles, was geschehen war. Und sie versammelten sich mit den Ältesten und hielten Rat; und sie gaben den Soldaten reichlich Geld und sagten: Sprecht: Seine Jünger kamen bei Nacht und stahlen ihn, während wir schliefen. Und wenn dies dem Statthalter zu Ohren kommen sollte, so werden wir ihn beschwichtigen und machen, dass ihr ohne Sorge seid. Sie aber nahmen das Geld und taten, wie sie unterrichtet worden waren. Und diese Rede verbreitete sich bei den Juden bis auf den heutigen Tag. (Mt 28,11-15)

Hier stellt sich die Frage: Ist der Bericht von Matthäus authentisch? Manche haben vermutet, dies sei ein späterer Mythos, der lange nach dem Ereignis erfunden worden sei. Aber diese Erklärung ist unwahrscheinlich. Das Matthäusevangelium, in dem dieser Bericht steht, wird allgemein als das jüdischste Evangelium im Neuen Testament betrachtet. Es trägt alle Kennzeichen dafür, dass es zur Verbreitung unter den Juden geschrieben wurde. Wie wir zuvor gesehen haben, wurde es in den späten 60er-Jahren des 1. Jahrhunderts veröffentlicht. In dieser Zeit wären die Tatsachen über die

Kreuzigung und das Begräbnis Jesu schon in vielen jüdischen Synagogen in diesem Teil des Nahen Ostens bekannt gewesen. Wäre die Geschichte eine spätere Erfindung, die sich Matthäus ausgedacht hätte, wäre sie sofort als eine neuere fiktive Geschichte betrachtet worden. Sicherlich wäre Matthäus nicht das Risiko eingegangen, solch eine Geschichte den jüdischen Gemeinden zu erzählen.

Es gibt daher keinen Grund zur Annahme, dass diese Geschichte nicht wahr ist. Nun kommt die Frage auf: Warum investierten die jüdischen Autoritäten ihr Geld in die Verbreitung einer solchen Geschichte? Der einzige Grund: Es geschah präventiv. Von den Wachen wussten sie, dass das Grab leer war, und sofort war ihnen klar, dass die Christen dies in der Öffentlichkeit verbreiten würden und erklären würden, dass Jesus von den Toten auferstanden sei. Also beschlossen die Autoritäten, einen Präventivschlag zu erzielen und ihre Geschichte vom leeren Grab zuerst zu erzählen, indem sie ihre eigene Erklärung lieferten, um gleich der Wucht der unausweichlichen christlichen Erklärung etwas entgegenzusetzen. Doch schon allein die Tatsache, dass sie so eine Geschichte in Umlauf brachten, ist ein Beweis dafür, dass das Grab leer war.

Es muss daher sehr peinlich für sie gewesen sein, dass die Christen (entgegen der logischen Erwartung der Autoritäten) zunächst sieben Wochen lang gar nichts öffentlich dazu sagten.[105] In diesen sieben Wochen des Schweigens der Christen hatte sich jedoch das Gerücht vom leeren Grab bereits in ganz Jerusalem verbreitet.

Es ist nicht schwer, sich vorzustellen, dass viele in Jerusalem merkten, wie fadenscheinig die Geschichte der Wachen war. Es war kaum denkbar, dass die jüdischen Autoritäten solch eine höchstsensible Mission Männern anvertraut hätten, die einfach einschliefen. Aber wie auch immer: Wenn sie geschlafen hatten, wie konnten sie dann wissen, was geschehen war, geschweige denn, dass die Jünger die Schuldigen waren? Diese Geschichte war offensichtlich ein Produkt von Ratlosigkeit und Verzweiflung. Die Verbreitung dieser Geschichte als Propaganda der Feinde Christi ist ein historischer Beweis höchster Qualität, *dass das leere Grab Jesu eine Tatsache war.*

---

105 Die Gründe hierfür sind klar. Erstens hatten die Jünger zunächst Angst vor den jüdischen Autoritäten, was man an der Tatsache sieht, dass sie sich eine Zeit lang danach nur hinter verschlossenen Türen versammelten (Joh 20,19.26). Zweitens traf sich Jesus verschiedene Male mit ihnen und sagte ihnen, sie sollten bis zum Pfingsttag warten, bis sie der Nation sagten, er sei auferstanden (Apg 1,4-5).

Wenn zudem das Grab nicht leer gewesen wäre, wäre es für die Autoritäten ein Leichtes gewesen, den Leichnam Jesu vorzuzeigen und damit eindeutig zu beweisen, dass keine Auferstehung stattgefunden hatte, mit dem Ergebnis, dass die Apostel, wenn sie danach die Auferstehung verkündet hätten, nur Spott geerntet hätten und das Christentum nie hätte entstehen können.

> ✦ Es ist nicht schwer, sich vorzustellen, dass viele in Jerusalem merkten, wie fadenscheinig die Geschichte der Wachen war. Es war kaum denkbar, dass die jüdischen Autoritäten solch eine höchstsensible Mission Männern anvertraut hätten, die einfach einschliefen.

Andererseits, wenn sie auch nur den kleinsten Beweis dafür gehabt hätten, dass das Grab leer war, weil die Jünger den Leichnam entfernt hätten, hätten sie die Autorität gehabt, die Jünger aufzuspüren, zu verhaften und der Grabplünderei zu beschuldigen, was zu der damaligen Zeit ein sehr schweres Verbrechen war.

Auf all das wird durch eine im 19. Jahrhundert entdeckte Inschrift ein interessantes Streiflicht geworfen, welche sich auf die Zeit 30 bis 40 n. Chr. datieren lässt. Sie enthält das sogenannte Nazareth-Edikt und warnt davor, dass die Plünderung oder Entweihung von Gräbern ein Verbrechen war, auf das die Todesstrafe stand. Historiker denken, dass in dieser Zeit etwas sehr Ungewöhnliches geschehen sein musste, dass ein solch strenges Edikt erlassen wurde – am wahrscheinlichsten sind dafür die Umstände im Zusammenhang mit Josefs leerem Grab.[106]

• *Die Jünger Jesu: ihre Erklärung des leeren Grabes*

Wir sind nun in unserer Untersuchung an dem Punkt angelangt, an dem ein leeres Grab erklärt werden muss. Die Jünger behaupteten, Jesus sei auferstanden, aber könnten sie sich vielleicht darüber getäuscht haben? Was, wenn jemand den Leichnam ohne das Wissen der Jünger gestohlen hätte und sie damit fälschlicherweise dazu gebracht hätte zu glauben, es habe eine Auferstehung stattgefunden? Aber wer hätte ein Interesse daran gehabt, so etwas zu tun? In unserer Diskussion über den moralischen Charakter der Jünger im vorherigen Kapitel haben wir gesehen, warum es keiner der Freunde Christi hätte gewesen sein können; und das Letzte, was die Feinde Christi gewollt hätten, wäre, dass irgendetwas passiert, was den Glauben

---

106 Siehe *Ethelbert Stauber, Jesus – Gestalt und Geschichte*, 163–164

an eine Auferstehung gefördert hätte. Schließlich war genau das doch der Grund gewesen, warum sie das Grab hatten bewachen lassen. Daher hat die Idee, die Jünger seien getäuscht worden, keinerlei Erklärungskraft, vor allem, wenn es um die Beweise geht, die sie für ihren festen Glauben an die Auferstehung Jesu vorbrachten. Und diese müssen wir nun betrachten.

Die Dramatis Personae

Aber zunächst müssen wir uns die historischen Figuren in dieser Erzählung anschauen. Die Berichte der Evangelien machen deutlich, dass bei den Ereignissen am Kreuz und am Grab Jesu mehrere Gruppen von Frauen zugegen waren.

Matthäus schreibt:

> Es sahen aber dort viele Frauen von Weitem zu, die Jesus von Galiläa nachgefolgt waren und ihm gedient hatten; unter ihnen waren Maria Magdalena und Maria, des Jakobus und Josefs Mutter, und die Mutter der Söhne des Zebedäus. (Mt 27,55-56)

Markus schreibt:

> Es sahen aber auch Frauen von Weitem zu, unter ihnen auch Maria Magdalena und Maria, Jakobus' des Kleinen und Joses' Mutter, und Salome, die, als er in Galiläa war, ihm nachfolgten und ihm dienten, und viele andere, die mit ihm nach Jerusalem hinaufgekommen waren. (Mk 15,40-41)

Johannes berichtet ausdrücklich davon, dass Jesu Mutter und drei andere Frauen beim Kreuz standen – die Schwester von Jesu Mutter, Maria (die Frau des Klopas) und Maria Magdalena (Joh 19,25).

Natürlich kann man annehmen, dass die drei Frauen, die in den Beschreibungen ausdrücklich genannt werden, jedes Mal dieselben waren und gekommen waren, um Maria, die Mutter Jesu, in diesen schweren Stunden zur Seite zu stehen. In seiner detaillierten Studie zu den Ereignissen rund um die Auferstehung[107] weist John Wenham darauf hin, dass dies bedeuten würde, dass die Schwester von Jesu Mutter Salome hieß und die Frau des Zebedäus und die Mutter von Jakobus und Johannes war (dem Autor des

---

107 *Easter Enigma: Are the Resurrection Acounts in Conflict?*, 34

vierten Evangeliums). Maria, die Frau des Klopas, war die Mutter von Jakobus dem Jüngeren und Joses (oder Josef).[108]

Daran sehen wir, dass es zwischen diesen Frauen familiäre Verbindungen gab, die für unsere Zwecke wichtig sind, wenn wir daran denken, dass in Jerusalem zu dieser Zeit das Passahfest stattfand. Die Stadt war voller Pilger, die natürlich, wo dies möglich war, in dieser Zeit bei Verwandten unterkamen. Ein sehr wichtiges Detail ist hier die Tatsache, dass Jesus vom Kreuz herab Johannes ausdrücklich den Auftrag gab, sich um seine Mutter Maria zu kümmern; und wir lesen, dass er sie sofort bei sich zu Hause aufnahm (Joh 19,27). Höchstwahrscheinlich befand sich dieses Zuhause in Jerusalem, möglicherweise nicht weit vom Haus des Hohen Priesters Kaiphas entfernt. Vermutlich wohnten zu dieser Zeit auch Johannes' Mutter Salome und ihr Mann Zebedäus dort, wie auch Petrus, der – wie Johannes berichtet – Johannes am Ostermorgen zum Grab begleitete (Joh 20,3).

Aber es waren eindeutig auch andere Frauen an den Ereignissen beteiligt, und sehr wahrscheinlich war eine von ihnen Johanna (siehe Lk 24,10), die Frau von Chuza, Herodes' Verwalter (Lk 8,3). Sie war eine wohlhabende Frau, die – als Ehefrau eines sehr hohen Staatsbeamten an Herodes' Hof – im Palast der Hasmonäer in Jerusalem wohnte, wo Herodes und sein Hofstaat während ihrer Besuche in der Stadt residierten. In Lukas 8,3 wird Johannas Name mit dem der Susanna in Verbindung gebracht, und möglicherweise war auch sie eine der nicht namentlich genannten Frauen in der Kreuzigungsgeschichte.

Aber was ist mit den anderen Aposteln? Wo waren sie? Kurz vor dem Passahfest hatten sie sich in Betanien aufgehalten (Joh 12,1). Dies war ein Dorf am Ölberg, etwa drei Kilometer von Jerusalem entfernt und daher zu

---

108 Über Joses (bzw. Josef) gibt es keine weiteren Informationen, aber in der Liste der Apostel (siehe z. B. Mt. 10,2ff.; Mk 3,13ff.) gibt es zwei Männer mit demselben Namen, Jakobus: Jakobus, Sohn des Zebedäus, und Jakobus, der Sohn des Alphäus. Es kann gut sein, dass Alphäus und Klopas verschiedene Versionen desselben aramäischen Namens sind, der für gewöhnlich als *Chalphai* transliteriert wird. Der Grund dafür ist, dass der erste Buchstabe des Namens in Aramäisch ein Kehllaut ist, der entweder als *k* transliteriert werden kann, was zu dem Namen Klopas führt (oder Kleopas, was dem im Griechischen am Nächsten kommt, laut Wenham, *Easter Enigma*, 37); oder als *h*. Letzteres wird im Griechischen durch ein kleines Zeichen dargestellt, das als „rauer Hauchlaut" bezeichnet wird, und dieses wurde üblicherweise sowohl beim Sprechen als auch beim Schreiben weggelassen, woraus sich der griechische Name *Alphaios* ergab, der im Lateinischen *Alphaeus* heißt. Interessant ist auch, dass der Historiker Eusebius in seiner *Kirchengeschichte*, die er gegen Ende des 4. Jahrhunderts schrieb, erwähnt, dass Klopas der Bruder von Josef war (das heißt von Josef, dem Mann von Jesu Mutter Maria).

Fuß gut erreichbar. Die Verhaftung Christi fand in einem Garten am Fuße des Ölbergs statt: ein Garten, der gut der Familie des Johannes Markus, dem Autor des zweiten Evangeliums, gehört haben könnte. Nach der Verhaftung Christi lesen wir, dass alle Jünger ihn im Stich ließen und flohen (Mt 26,56; Mk 14,50).[109] Wahrscheinlich flohen sie zurück über den Ölberg in das vergleichsweise sichere Betanien. Soweit wir wissen, waren Johannes und Petrus die Einzigen, die in der Stadt blieben.

Wir sehen also, dass es verschiedene Gruppen von Leuten gab, die sich an verschiedenen Orten aufhielten: manche in Jerusalem, manche außerhalb der Stadt. Diese Tatsachen bekommen eine große Bedeutung, wenn wir uns mit den Ereignissen am Ostermorgen befassen, so wie sie in den Berichten der Evangelien detailliert dargestellt werden. Die Berichte sind oft komprimiert, und man könnte versucht sein zu denken, dass sie widersprüchliche Elemente enthalten, wenn man sich nicht der Komplexität der Situation sowie der Tatsache bewusst ist, dass es verschiedene Gruppen von Leuten gab, die zum Grab gingen und von ihm weggingen, nicht nur aus verschiedenen Richtungen und auf verschiedenen Wegen, sondern auch zu verschiedenen Zeiten. Wie wir später sehen werden, wurden in Matthäus' kurzem Bericht diese Elemente stark konzentriert.

Physische Beweise im Grab: die Grabtücher Christi

In den Evangelien wird berichtet, dass einige Jüngerinnen Jesu früh zum Grab kamen, um seinen Körper noch gründlicher einzubalsamieren, als Josef und Nikodemus es getan hatten (Mk 16,1; Lk 23,56–24,1). Nebenbei bemerkt zeigt diese Absicht erneut, dass eine Auferstehung das Letzte war, womit sie rechneten.[110]

Nach Markus (16,1) hatten Maria Magdalena, die „andere" Maria (die Mutter von Jakobus dem Jüngeren und Josef) und Salome die Spezereien am Vorabend nach Sonnenuntergang gekauft („als der Sabbat vergangen war"). Wenham äußert die sehr plausible Vermutung, dass Markus' Bericht

---

109 Viele haben gedacht, dass der junge Mann, der ebenfalls im Garten war, als Jesus verhaftet wurde, und gerade noch der Verhaftung entkommen konnte, gut Markus selbst gewesen sein könnte (Mk 14,51-52).

110 Es ist interessant festzustellen, dass die Jünger eindeutig nicht verinnerlicht hatten, was Jesus ihnen zuvor gesagt hatte: dass er sterben und wieder auferstehen würde (z. B. Mt 16,21). Der psychologische Grund dafür ist klar: Das widersprach allem, was sie sich von Jesus, dem Messias, erhofften (siehe als Beispiel Lukas 24, was wir unten diskutieren werden). Die jüdischen Autoritäten hatten jedoch von Jesu Vorhersagen Notiz genommen, was der Grund dafür war, dass sie das Grab bewachen ließen (Mt 27,62-65).

aus Sicht dieser drei Frauen erzählt wird, während Lukas' Bericht, der erzählt, wie bestimmte Frauen von dem Begräbnis kamen und Spezereien und Salben vorbereiteten und dann am Sabbat ruhten, wahrscheinlich aus der Sicht Johannas, der Frau von Herodes' Verwalter, geschrieben wurde.[111] Als wohlhabende Jüdin hatte sie ihren eigenen Vorrat an Spezereien und Salben und musste daher nicht wie die anderen Frauengruppen darauf warten, dass der Sabbat vorbei war und die Händler wieder öffneten, um diese kaufen zu können.

Wie Wenham sagt, ist es wahrscheinlich, dass die zwei Gruppen von Frauen getrennt am Grab eintrafen. Die erste Gruppe – Maria Magdalena, die „andere" Maria und Salome – kam als erste zum Grab. Zu ihrem Erstaunen sahen sie, dass der Stein vom Grab weggerollt worden war und das Grab leer war! Eine von ihnen, Maria (vielleicht ohne zuerst das Grab zu betreten), lief sofort los, um den Aposteln Petrus und Johannes davon zu erzählen. Maria sprach nicht von einer Auferstehung, sondern nahm einfach an, dass der Leichnam Jesu weggenommen worden war (Joh 20,2). Archäologen weisen darauf hin, dass Grabplünderei in der Antike recht häufig war – z. B. im antiken Ägypten. Die Diebe waren dabei besonders an den Gräbern wohlhabender Leute interessiert, da die Tücher, in die der Leichnam eingewickelt wurde, und die für die Einbalsamierung verwendeten Spezereien wertvolle, wiederverkäufliche Dinge waren, ganz zu schweigen von dem Schmuck und anderen Besitztümern, die dem Toten manchmal beigegeben wurden. Nun war zwar Jesus nicht wohlhabend gewesen, aber Josef war es; also dachte Maria vielleicht, dass hier Grabräuber am Werk gewesen seien.

Petrus und Johannes liefen zum Grab. Johannes traf als Erster dort ein, bückte sich und sah hinein. Sofort fiel ihm etwas Seltsames auf: Die Leinentücher, die um den Körper Jesu gewickelt gewesen waren, waren noch da. Noch seltsamer war, dass sie genauso dalagen wie zu der Zeit, als sein Körper noch da war, aber nun war der Körper fort. Petrus holte Johannes ein, der folglich der schnellere Läufer gewesen sein musste (eines der kleinen Details, die die Erzählung als Augenzeugenbericht kennzeichnen). Beide betraten das Grab und sahen etwas, was wohl das Seltsamste war, was sie je gesehen hatten: Die Tücher, die um Jesu Kopf gewickelt gewesen waren, lagen auf dem leicht erhöhten Teil der Nische im Grab, und obwohl sein Kopf nicht mehr darin war, waren sie noch immer rund gewickelt wie zuvor, nur dass sie wahrscheinlich flach zusammengefallen waren. Der Effekt,

---

111 *Easter Enigma*, 68–69

den dies auf Johannes hatte, war stark: „... er sah und glaubte" (Joh 20,3-8). Das heißt nicht bloß, dass er jetzt glaubte, was Maria gesagt hatte, denn er konnte auf den ersten Blick ins Grab sehen, dass der Leichnam offensichtlich fehlte. Jetzt glaubte er, dass in der Tat etwas sehr Mysteriöses stattgefunden haben musste. Es sah so aus, als ob der Körper Jesu irgendwie aus den Grabtüchern herausgekommen war, aber diese exakt so an der Stelle zurückgelassen hatte, als wäre der Körper noch darin, was ja nicht der Fall war. Johannes hatte keinen Zweifel, dass er die Beweise für ein Wunder sah!

Was an den Grabtüchern hatte eine so starke Überzeugungskraft? Die offensichtliche Frage für ihn (oder für jeden anderen) lautet: Wie konnten sie in diesem Zustand sein? Grabräuber hätten nicht den Leichnam genommen und die wertvollen Leinentücher und Spezereien zurückgelassen. Und selbst wenn sie aus irgendeinem rätselhaften Grund nur den Leichnam hätten haben wollen, hätten sie keinen Grund gehabt, alle Tücher wieder so zu wickeln, als befände sich noch ein Körper darin, außer

> ✡ *Wie hätte irgendein Grabräuber den Stein entfernen können, wenn die Wachen da waren? Der Lärm wäre beträchtlich gewesen.*

vielleicht, um den Eindruck zu vermitteln, dass das Grab nicht betreten worden sei. Aber wenn sie diesen Eindruck hätten hinterlassen wollen, hätten sie sicherlich besser daran getan, den Stein wieder an Ort und Stelle zu rollen! Aber hier stellt sich uns eine weitere Frage: Wie hätte irgendein Grabräuber den Stein entfernen können, wenn die Wachen da waren? Der Lärm wäre beträchtlich gewesen. Der weggerollte Stein verriet klar und deutlich, dass jemand das Grab betreten hatte. Er war eine offene Einladung, herzukommen und einen Blick hineinzuwerfen.

Wenn es keine Grabräuber waren, wer hätte es dann gewesen sein können? Vielleicht fehlgeleitete Nachfolger Jesu, die versuchten, den Leichnam an einen anderen Ort vor den Autoritäten in Sicherheit zu bringen? Aber wenn sie dies getan hätten, hätten sie es nicht vor den anderen Aposteln geheim gehalten. Sie hätten ihn pietätsvoll an anderer Stelle bestattet (was Maria beabsichtigte – siehe Joh 20,15), und schließlich hätten alle Christen erfahren, wo sich sein Grab befand. Auf jeden Fall ist da noch immer das Geräuschproblem beim Wegrollen des Steines in Hörweite der Wachen.

Die Art und Weise, wie die Grabtücher dalagen, überzeugten Johannes von einem Wunder. Hätte jemand den Leichnam nehmen und die Tücher mit Absicht wieder so drapieren können, um den Eindruck zu vermitteln, ein Wunder sei geschehen? Aber wer hätte das sein sollen? Für die

Nachfolger Christi war dies aus moralischer Sicht unmöglich.[112] Es war für sie auch aus psychologischer Sicht unmöglich, da sie keine Auferstehung erwarteten. Und aufgrund der Wachen war es auch aus praktischer Sicht unmöglich.

Und schließlich wäre es absurd zu meinen, dass die Autoritäten etwas tun würden, was auch nur im Entferntesten an eine Auferstehung denken ließe. Denn letztendlich waren sie es gewesen, die dafür gesorgt hatten, dass das Grab bewacht wurde, um genau so etwas zu verhindern.

Für Johannes und Petrus war es eine elektrisierende Entdeckung. Sie hatten unmögliche Erklärungen ausgeschlossen, also blieb ihnen nur *eine* Alternative: dass der Körper sich durch die Grabtücher hindurchbewegt hatte. Aber was bedeutete dies? Und wo war Jesus jetzt?

So verließen sie das Grab wieder. Sie dachten, dass es nichts bringen würde, noch länger dazubleiben. Doch wie die Ereignisse zeigten, lagen sie damit falsch.

AUGENZEUGEN DER ERSCHEINUNGEN CHRISTI

Das leere Grab ist von Bedeutung: Wäre es nicht leer gewesen, könnte man nicht von Auferstehung sprechen. Aber wir müssen hier deutlich sagen, dass die frühen Christen nicht einfach nur behaupteten, dass das Grab leer gewesen sei. Weit wichtiger für sie war die Tatsache, dass sie danach dem auferstandenen Christus immer wieder begegnet sind, und zwar in einem Zeitraum von 40 Tagen, der in seiner Himmelfahrt gipfelte (Apg 1,3). Sie hatten ihn wirklich gesehen, mit ihm gesprochen, ihn berührt und mit ihm gegessen. Nichts Geringeres als das war es, das sie zum Handeln ansporte und ihnen den Mut gab, die Welt mit der Botschaft des christlichen Evangeliums zu konfrontieren. Und mehr noch: Als die Apostel anfingen, das Evangelium öffentlich zu verkündigen, bildete die Tatsache, dass sie persönlich Zeugen dieser Begegnungen mit dem auferstandenen Christus gewesen waren, einen wesentlichen inhaltlichen Bestandteil des Evangeliums. Hier ein paar Beispiele:

---

112 Siehe Kap. 5 bzgl. der Beweise für diesen Punkt im Hinblick auf den moralischen Charakter der Jünger

Petrus in Jerusalem (1):	Am Pfingsttag, als zum ersten Mal öffentlich die Auferstehung Jesu in Jerusalem verkündet wurde, sagte Petrus: „Diesen Jesus hat Gott auferweckt, wovon wir alle Zeugen sind" (Apg 2,32).
Petrus in Jerusalem (2):	Kurz nach Pfingsten sagte Petrus in der zweiten großen Rede, die Lukas festgehalten hat: „... den Fürsten des Lebens aber habt ihr getötet, den Gott aus den Toten auferweckt hat, wovon wir Zeugen sind" (Apg 3,15).
Petrus in Cäsarea:	In der ersten großen Verkündigung der christlichen Botschaft gegenüber Nichtjuden sagte Petrus zu Kornelius, dem römischen Centurio, dass er und andere „mit ihm gegessen und getrunken haben, nachdem er aus den Toten auferstanden war" (Apg 10,41).
Paulus in Antiochia in Pisidien:	In einer großen Rede in einer Synagoge sagte Paulus über Christus: „Und nachdem sie alles vollendet hatten, was über ihn geschrieben ist, nahmen sie ihn vom Holz herab und legten ihn in eine Gruft. Gott aber hat ihn aus den Toten auferweckt, und er ist mehrere Tage hindurch denen erschienen, die mit ihm hinaufgezogen waren von Galiläa nach Jerusalem, die jetzt seine Zeugen an das Volk sind" (Apg 13,29-31).

Und als Paulus schließlich dazu kommt, eine kurze, aber klar umrissene Darstellung des Evangeliums aufzuschreiben, bezieht er darin auch ein paar Beispiele für Christi Erscheinungen vor verschiedenen Zeugen ein, die einen wesentlichen Teil dieser Darstellung ausmachen:

Ich tue euch aber, Brüder, das Evangelium kund ...,
dass Christus für unsere Sünden gestorben ist nach den Schriften;
und dass er begraben wurde
und dass er auferweckt worden ist am dritten Tag nach den Schriften;

und dass er Kephas erschienen ist, dann den Zwölfen.
Danach erschien er mehr als fünfhundert Brüdern auf einmal, von
denen die meisten bis jetzt übrig geblieben,
einige aber auch entschlafen sind.
Danach erschien er Jakobus, dann den Aposteln allen;
zuletzt aber von allen ... erschien er auch mir. (1 Kor 15,1-8)[113]

Humes Kriterien für Zeugen

Wie wir in unserem letzten Kapitel gesehen haben, zählt Hume mehrere
Kriterien auf, die er für die Beurteilung der Kraft der Beweise für ein ver-
meintliches Vorkommnis als wichtig betrachtet, insbesondere die Anzahl
und den Charakter der Zeugen sowie die Art und Weise, wie sie ihr Zeugnis
ablegen. Als Antwort auf Hume haben wir in diesem Kapitel über den Charakter und die Integrität der Apostel als Zeugen gesprochen; nun werden
wir einen Blick auf andere Aspekte der Zeugen werfen.

- *Kriterium 1 – die Anzahl und Vielfalt der Zeugen*

Was die Anzahl der Zeugen betrifft, erfahren wir durch Paulus' Auflistung
in 1. Korinther 15, den Evangelien und der Apostelgeschichte, dass es ursprünglich weit über 500 Menschen waren, die Zeugen einer Erscheinung
des auferstandenen Christus wurden. Dies geschah im Laufe der 40 Tagen
zwischen seiner Auferstehung und seiner Himmelfahrt zu verschiedenen
Zeiten. 20 Jahre später, Mitte der 50er-Jahre des 1. Jahrhunderts, als Paulus
den ersten Korintherbrief schrieb, waren noch über 250 von ihnen am Leben (das heißt „die meisten" von den „fünfhundert Brüdern") und hätten
vermutlich dazu befragt werden können, wenn dies erforderlich gewesen
wäre. In der frühen Phase des Wachstums der christlichen Gemeinde gab
es also keinen Mangel an Augenzeugen der körperlichen Auferstehung
Christi.

Aber es ist nicht nur die Anzahl der Augenzeugen, die den auferstandenen Christus wirklich gesehen haben, die von Bedeutung ist; es ist auch das
breite Spektrum an Charakteren jener Augenzeugen und die verschiedenen
Orte und Situationen, in denen Christus ihnen erschien: manchen z. B. in

---

113 Hier eine vollständige Liste von Bibelstellen, in denen Christi Erscheinungen erwähnt
werden: Mt 28,1-10.16-20; Mk 16,9ff.; Lk 24,13-31.34.36-49; Joh 20,11-18.19-23.24-29;
21,1-23; Apg 1,1-3.6-11; 9,1-9; 22,3-11; 26,12-18; 1 Kor 15,5-8.

einer Gruppe von elf Personen in einem Raum, einer Frau allein in einem Garten, einer Gruppe von Fischern an einem See, zwei Wegreisenden, und anderen auf einem Berg. Diese Vielfalt an Charakteren und Orten widerlegt die sogenannten „Halluzinationstheorien".

Warum Halluzinationstheorien hier nicht passen
Oft wurde vermutet, dass die sogenannten Auferstehungs-„Erscheinungen" in Wirklichkeit psychologische Vorgänge waren, wie Halluzinationen: dass die Jünger etwas „gesehen" hätten, aber dass dieses Etwas nicht objektiv real gewesen sei, sondern sich eher in ihrem Gehirn abgespielt habe. Jedoch widerspricht die psychologische Forschung selbst dieser Erklärung.

1. *Halluzinationen haben üblicherweise Menschen mit einem bestimmten Temperament und einer lebhaften Fantasie.* Die Jünger hatten sehr unterschiedliche Temperamente: Matthäus war ein sachlicher, scharfsinniger Steuereintreiber; Petrus und einige andere waren raue Fischer; Thomas war ein unverbesserlicher Skeptiker usw. Sie waren nicht die Sorte Mensch, die man normalerweise mit einem Hang zu Halluzinationen in Verbindung bringt.

2. *Halluzinationen beziehen sich tendenziell auf erwartete Ereignisse.* Der Philosoph William Lane Craig weist auf Folgendes hin: „Halluzinationen können als Projektionen des Geistes nichts Neues enthalten."[114] Aber keiner der Jünger erwartete, Jesus wiederzusehen. Sie hatten überhaupt nicht im Sinn, dass Jesus auferstehen würde. Stattdessen herrschten Angst, Zweifel und Unsicherheit vor – genau die falschen psychologischen Voraussetzungen für eine Halluzination.

3. *Halluzinationen treten üblicherweise mehrmals innerhalb eines langen Zeitraums auf, entweder mit zunehmender oder abnehmender Häufigkeit.* Aber die Erscheinungen Christi fanden in einem Zeitraum von 40 Tagen wiederholt statt und hörten dann abrupt auf. Keiner der beteiligten Jünger behauptete danach wieder, erneut eine ähnliche Erfahrung gemacht zu haben. Die einzige Ausnahme war Paulus, der von einer einmaligen Begegnung mit dem auferstandenen Christus berichtet, und er war der Letzte, der dies tat (Apg 9,3-5). Dieses Muster passt also nicht zu halluzinatorischen Erfahrungen.

4. *Es ist schwer vorstellbar, dass 500 Menschen, die ihn alle auf einmal gesehen haben (1Kor 15,6), unter kollektiven Halluzinationen litten.*

5. *Halluzinationen hätten nicht zum Glauben an die Auferstehung geführt.* Halluzinationstheorien sind in ihrem Erklärungsumfang stark

---

114 *Reasonable Faith*, 394

eingeschränkt: Sie versuchen nur, die Erscheinungen zu erklären. Über das leere Grab können sie uns gar nichts sagen. Ganz gleich, wie viele Halluzinationen die Jünger gehabt hätten – sie hätten niemals in Jerusalem die Auferstehung verkündigen können, wenn das nahegelegene Grab nicht leer gewesen wäre!

C. S. Lewis nennt scharfsinnig einen weiteren Grund für die Implausibilität dieser Theorie, wenn er schreibt:

> Jegliche Halluzinationstheorie zerbricht jedoch angesichts der Tatsache (die, sollte sie eine Erfindung sein, die seltsamste ist, die jemals einem Menschen in den Sinn gekommen ist), dass die Halluzinationen bei drei verschiedenen Gelegenheiten nicht sofort als Jesus erkannt wurden (Lk 24,13-31; Joh 20,15; 21,4).[115]

* *Kriterium 2 – die Stimmigkeit des Zeugnisses*

Wenn mehrere Zeugen eines Ereignisses vor Gericht Aussagen machen, die in jedem Detail Wort für Wort übereinstimmen, würde wohl jeder Richter den Schluss ziehen, dass die Zeugenaussagen nicht unabhängig voneinander waren und – was noch schlimmer ist – es möglicherweise geheime Absprachen gegeben hat, um das Gericht zu täuschen. Andererseits wären Aussagen von unabhängigen Zeugen, die sich in den wesentlichen Punkten hoffnungslos widersprechen, für das Gericht auch nicht zu gebrauchen. Wonach man in unabhängigen Zeugenaussagen sucht, ist eine Übereinstimmung aller wichtigen Tatsachen mit gerade so vielen Unterschieden, wie man durch die verschiedenen Perspektiven erklären kann. Es kann auch sein, dass es bei zweitrangigen Details kleinere Unterschiede oder Unstimmigkeiten gibt, die sich entweder auf natürliche Weise in Einklang bringen lassen, wenn man mehr Hintergrundinformationen bekommt, oder die man erst einmal außer Acht lassen kann, in der Hoffnung, dass weitere Informationen hier Klarheit verschaffen werden (solange sie nicht solcher Art sind, dass die wichtigen Details davon betroffen wären).

Historiker gehen ähnlich wie Rechtswissenschaftler vor. Kein Historiker würde verschiedene Versionen eines Ereignisses nur deshalb ablehnen, weil es Unstimmigkeiten bei zweitrangigen Details gibt. Das trifft sogar dann zu, wenn manche der Details unvereinbar sind, wie z. B. im Fall der zwei

---

115 *Wunder*, 172

Versionen von Hannibals Reise über die Alpen, um Rom anzugreifen. Auch wenn sie sich in vielen Details unterscheiden, bezweifelt kein Wissenschaftler die Wahrheit der Kerngeschichte: dass Hannibal tatsächlich bei seinem Feldzug gegen Rom die Alpen überquerte.

Wenn wir diese Kriterien auf die Berichte über die Auferstehung anwenden, stellen wir fest, dass in den Evangelienberichten die wichtigen Details gleich sind. Es gibt eine klare Kerngeschichte: Josef von Arimathäa legt den Leichnam Jesu in sein Grab; eine kleine Gruppe (oder kleine Gruppen) von Jüngerinnen besucht das Grab früh am ersten Tag der Woche und findet das Grab leer vor. Danach begegnen sie und die Apostel mehrmals Jesus.

Bei den zweitrangigen Details gibt es einige scheinbare Unstimmigkeiten. Z. B. sagt Matthäus, dass Maria Magdalena „in der Morgendämmerung" (Mt 28,1) zum Grab kam, während Johannes sagt, Maria sei „früh, als es noch finster war", zum Grab gegangen (Joh 20,1). Solche Aussagen lassen sich leicht in Einklang bringen: Maria kann sich durchaus auf den Weg gemacht haben, als es noch dunkel war, und am Grab angekommen sein, als der Morgen bereits dämmerte.

Zudem ist immer wichtig, wenn man versucht, die Details des Ereignisses zu rekonstruieren, dass man sich bewusst ist (worauf wir oben hingewiesen haben), dass es verschiedene Gruppen von Frauen gab, die mit dem Tod und der Auferstehung Christi in Verbindung gebracht werden. Die eine Gruppe, bestehend aus Maria Magdalena, der „anderen" Maria und Salome, traf als Erste am Grab ein. Als sie sich dem Grab näherten, sahen sie, dass es geöffnet war, und Maria lief zurück in die Stadt, um Petrus und Johannes davon zu erzählen. Während sie fort war, trafen Johanna und möglicherweise Susanna, die aus dem Palast der Hasmonäer kamen, von einem anderen Weg dort ein. Sie kamen wohl durch ein anderes Stadttor, weshalb sie Maria Magdalena nicht begegneten. Die vier Frauen gingen nun in das Grab, wo ihnen gesagt wurde, sie sollten zurück in die Stadt gehen und den Jüngern davon erzählen. Da es viele Wege durch die engen Straßen Jerusalems gab, begegneten sie Petrus und Johannes nicht, die gerade zum Grab liefen, gefolgt von Maria Magdalena. Als Johannes und Petrus am Grab ankamen, sahen sie die Beweise der Grabtücher, die ihnen zeigten, dass Jesus auferstanden war. Sie verließen das Grab wieder. Maria Magdalena blieb dort, und das war der Moment, in dem sie Jesus sah (Joh 20,11-18). Dann kehrte sie wieder zu den anderen in das Haus in Jerusalem zurück.

Den Frauen war also gesagt worden, sie sollten den Jüngern erzählen, was sie gesehen hatten. Bis jetzt wussten nur zwei von ihnen Bescheid – Johannes und Petrus. Die anderen neun, die vermutlich die Nacht in

Betanien verbracht hatten, mussten noch informiert werden. Zu diesem Zeitpunkt, so Wenham[116], machte sich eine Gruppe von Frauen (unter ihnen wahrscheinlich „die andere" Maria und Salome) auf den Weg nach Betanien, und unterwegs begegneten auch sie Jesus (Mt 28,9).

Eine weitere scheinbare Unstimmigkeit liegt in der Tatsache, dass es in Lukas 24,33ff. heißt, Jesus sei den Elfen erschienen, während es in Johannes' Beschreibung des scheinbar selben Ereignisses (Joh 20,19-25) heißt, dass Thomas nicht dabei war, das heißt, es waren nur zehn Jünger da. Hier liegt jedoch nicht unbedingt ein Widerspruch vor, weil der Ausdruck „die Elf" auch „die Jünger als Gruppe" bedeuten kann, ohne dass dies heißt, dass immer alle von ihnen ohne Ausnahme jedes Mal dabei waren. Z. B. gibt es in einer englischen Cricket-Mannschaft elf Spieler. Wenn ein Sportreporter sagt, er sei zum „Lord's Cricket Ground" (ein Cricket-Stadion in London) gefahren, um die „English Eleven" (die „englische Elf") zu interviewen, muss seine Aussage nicht unbedingt bedeuten, dass er alle elf Spieler als Gruppe getroffen hat, es kann auch nur eine repräsentative Gruppe von ihnen gewesen sein.[117]

> ✵ Wonach man in unabhängigen Zeugenaussagen sucht, ist eine Übereinstimmung aller wichtigen Tatsachen, mit gerade so vielen Unterschieden, wie man durch die verschiedenen Perspektiven erklären kann.

Der bekannte Historiker Michael Grant von der Universität von Edinburgh schreibt:

> Wohl wird die Entdeckung dieses Umstandes [das heißt des leeren Grabes] von den einzelnen Evangelien verschieden dargestellt ... Wenn wir aber hier die gleichen Kriterien wie bei anderen antiken historischen Quellen anwenden, dann müssen wir sagen, es wird deutlich und glaubhaft festgestellt, dass die Gruft verlassen aufgefunden wurde.[118]

---

116 *Easter Enigma*, 76–89
117 Weitere Informationen zu den detaillierten historischen Fragen rund um das Begräbnis und die Auferstehung Christi finden Sie in Wenhams *Easter Enigma*.
118 *Jesus*, 234

• *Kriterium 3 – die mögliche Voreingenommenheit der Zeugen*

Oft wird gesagt, dass bei den Zeugenaussagen von der Auferstehung Christi die Gefahr der Parteilichkeit bestehe, weil sie vorwiegend aus christlichen Quellen stammten und daher nicht das gleiche Gewicht wie unabhängige Zeugenaussagen hätten. Dieser Einwand klingt zunächst plausibel, aber im Lichte der folgenden Überlegung sieht die Sache schon ganz anders aus. Diejenigen, die sich durch die Beweise für die Auferstehung Christi überzeugen ließen, wurden Christen, *aber sie waren nicht unbedingt schon Christen, als sie das erste Mal von der Auferstehung hörten*. Das beste Beispiel dafür ist Saulus von Tarsus. Er war weit davon entfernt, Christ zu sein, vielmehr war er ein führender gelehrter Pharisäer, der ein fanatischer Gegner der Christen war, und zwar so sehr, dass er die Christen verfolgte und sie ins Gefängnis werfen und foltern ließ. Er wollte die Geschichte von der Auferstehung auslöschen und das Christentum an der Wurzel ausmerzen. Als er erfuhr, dass sich das Christentum auch jenseits von Jerusalem verbreitete, erhielt er die Genehmigung des hohepriesterlichen Amtes, nach Damaskus in Syrien zu reisen und alle Christen zu verhaften. Doch als er in Damaskus ankam, war etwas absolut Unerwartetes geschehen – er war selbst Christ geworden (Apg 9,1-19)! Er wurde danach besser bekannt als Paulus (Apg 13,9).

Paulus' Bekehrung und seine späteren Schriften haben die Geschichte Europas und der Welt entscheidend geprägt. Zu seinen Lebzeiten gründete er viele Gemeinden, und seine Schriften (mehr als die Hälfte der Bücher im Neuen Testament) haben bis heute Einfluss auf Millionen von Menschen aus allen Nationen gehabt. Die Bekehrung des Paulus hat sich als Wendepunkt in der Geschichte erwiesen, und auch sie erfordert eine Erklärung, die stark genug ist, um dieses Phänomen zu erklären. Seine eigene Erklärung lautete: „... zuletzt aber ... erschien er auch mir" (1Kor 15,8). Paulus' Zeugnis ist also aus dem Grund so bedeutend, weil er noch nicht gläubig war, als er dem auferstandenen Christus begegnete. Es war diese Begegnung, die der Grund für seine Bekehrung war.

Aber es gibt noch eine weitere Frage, die in diesem Zusammenhang gestellt werden sollte. Wo sind die Beweise derer, die nicht an die Auferstehung Jesu glaubten, dafür, dass er nicht auferstand? Die religiösen Autoritäten, die Jesus verurteilt und hingerichtet hatten, konnten es sich nicht leisten, diese christliche Behauptung einfach zu ignorieren oder abzutun. Sie wollten unbedingt eine Massenbewegung stoppen, die auf der Auferstehung aufbaute. Wenn sie gewollt hätten, hätten ihnen sowohl ihre eigenen offiziellen Ressourcen als auch die Hilfe des römischen Militärapparats zur Verfügung gestanden. Doch seltsamerweise konnten sie keine Beweise vorlegen, ausgenommen die schlichtweg alberne Geschichte (die sie sich einiges kosten ließen!) über die Jünger, die den Leichnam gestohlen hatten, während die Wachen schliefen. Also änderten sie ihre Taktik hin zu roher Abschreckung. Sie warfen die Apostel ins Gefängnis und versuchten, sie einzuschüchtern, indem sie ihnen mit ernsthaften Konsequenzen drohten, sollten sie nicht aufhören, die Auferstehung zu predigen (Apg 4,17-22). Das völlige Fehlen von zeitgenössischen Beweisen der Autoritäten oder von irgendjemand anderem gegen die Auferstehung spricht vielsagend für sich. Es scheint wohl keine gegeben zu haben, die man hätte veröffentlichen können!

• *Kriterium 4 – die innere Haltung der Zeugen*

Hume hätte gewollt, dass wir hier die Art und Weise betrachten, in der die Christen ihre Ansichten vorbrachten. Waren sie zu zögerlich? Oder das genaue Gegenteil: zu gewalttätig? Zögerlich waren sie sicherlich nicht. In der Apostelgeschichte liefert uns Lukas viele Beispiele für die mutige Art und Weise, wie die Jünger die Auferstehung bezeugten, oftmals vor Zuhörern, die ihnen sehr feindlich gesinnt waren. Aber sie wendeten niemals Gewalt an. In der Tat war etwas, was an den frühen Christen äußerst bemerkenswert war, ihre Gewaltlosigkeit, die sie von Christus selbst gelernt hatten. Er hatte sie gelehrt, weder ihn noch seine Botschaft mit dem Schwert zu verteidigen (Mt 26,52). Sein Reich war nicht die Art von Reich, für das Menschen kämpfen (Joh 18,36). Denken Sie daran, welche Auswirkungen die Bekehrung auf Paulus hatte. Bevor er bekehrt wurde, war er ein religiöser bigotter Fanatiker gewesen, der seine eigenen jüdischen Glaubensgenossen verfolgte, wenn sie Christen geworden waren. Nach seiner Bekehrung verfolgte er nie wieder jemanden, ganz gleich, welcher Religion dieser angehörte. Im Gegenteil: Für seinen Glauben an die Auferstehung Christi erlitt er selbst schlimme Verfolgungen, und schließlich gab er für seinen Glauben sein Leben hin.

Es scheint also, dass Humes Kriterien für glaubhafte Zeugen im Falle der frühen Jünger sehr gut erfüllt werden.

Frauen als Zeuginnen

Für jeden, der etwas über die antiken Gesetze in Zusammenhang mit rechtlichen Zeugenaussagen weiß, ist es verblüffend, dass die ersten in den Evangelien erwähnten Berichte über Erscheinungen des auferstandenen

Christus von Frauen stammen, denn in der jüdischen Kultur des 1. Jahrhunderts wurden Frauen nicht als qualifizierte Zeugen betrachtet. Daher wäre damals niemand, der sich eine Geschichte über eine Auferstehung ausdenken wollte, jemals auf den Gedanken gekommen, diese auf solche Weise zu beginnen. Es hätte nur Sinn gemacht, eine solche Geschichte darin einzubinden, wenn sie sowohl wahr als auch leicht zu überprüfen gewesen wäre, ungeachtet dessen, was Leute über die Tatsache dachten, dass darin Frauen als Zeuginnen vorkamen. Allein schon die Tatsache, dass dies in die Berichte aufgenommen wurde, ist ein deutliches Kennzeichen für ihre historische Authentizität.

Die psychologischen Beweise

- *Das mangelnde Interesse am Grab*

In Johannes 20,1-10 wird nicht erwähnt, dass Johannes und Petrus versucht hätten, mit Maria über die logischen Konsequenzen der Grabtücher zu diskutieren. Aus psychologischer Hinsicht ist es höchst unwahrscheinlich, dass sie dies taten, denn sie weinte, offenbar verzweifelt darüber, den Leib desjenigen für immer verloren zu haben, der ihr Vergebung und Herzensfrieden geschenkt hat und ihrem Leben die Ehre zurückgab. Und wenn „Auferstehung" hieß, dass sie jeglichen Kontakt mit ihm auf Dauer verloren hätte, wäre das für sie kein Trost gewesen. Schließlich war sie mit den anderen Frauen zum Grab gekommen, um die Einbalsamierung des Leichnams zu vollenden, und es ist nicht schwer zu sehen, was letzten Endes in ihnen vorging. Wäre die Auferstehung nicht geschehen, wäre das Grab sehr schnell zu einem Heiligenschrein geworden. Es wäre ein Wallfahrtsort geworden, den man aufsuchen kann, um zu beten und um seinem toten spirituellen Helden seine Ergebenheit zu erweisen. Doch das Außergewöhnliche ist, dass nirgendwo berichtet wird, dass so etwas geschehen ist. Nirgendwo im Neuen Testament lesen wir, dass die Apostel Gläubige dazu ermutigten, als Pilger zum Grab Christi zu reisen, um dort besonderen

> ✦ *Wäre die Auferstehung nicht geschehen, wäre das Grab sehr schnell zu einem Heiligenschrein geworden. Es wäre ein Wallfahrtsort geworden, den man aufsuchen kann, um zu beten und um seinem toten spirituellen Helden seine Ergebenheit zu erweisen. Doch das Außergewöhnliche ist, dass nirgendwo berichtet wird, dass so etwas geschehen ist.*

Segen oder Heilung zu erhalten. Im Gegenteil: Es gibt nirgendwo einen Hinweis darauf, dass in der frühesten Ära der Christen irgendein besonderes Interesse am Grab bestanden hätte.

Was war also mächtig genug, den starken natürlichen Wunsch (insbesondere aufseiten der frühen Christinnen) zu brechen, das Grab zu verehren? Wahrscheinlich ist Maria die geeignetste Person, die uns dazu etwas sagen kann, denn an dem Tag, als sie das Grab leer vorfand, verspürte sie sehr stark den Wunsch, in der Nähe des Grabes zu bleiben. Da sie gekommen war, um die Einbalsamierung des Leichnams zu vollenden, musste sie diesen Leichnam finden (siehe Joh 20,11-18). Als sie weinend dastand, nahm sie durch ihre Tränen hindurch eine Person wahr, die sie für den Gärtner hielt. Vielleicht hatte er den Leichnam weggebracht? Also sprach sie zu ihm: „Sage mir, wo du ihn hingelegt hast! Und ich werde ihn wegholen." Gemeinsam mit den anderen Frauen hätte sie ihn zurückgeholt und ihn wieder in Ehren an einem Ort bestattet, der auf ewig verehrt worden wäre.

Aber das tat sie nicht. An diesem Tag geschah in dem Garten etwas so Kraftvolles, dass Maria und die anderen nie wieder irgendein Interesse an dem Grab zeigten. Johannes erzählt uns, dass derjenige, den sie für den Gärtner hielt, in Wirklichkeit der auferstandene Christus war. „Maria", sagte er, und als sie seine Stimme sofort erkannte, wusste sie, dass ihre Suche vorüber war. Wenn Jesus auferstanden war, welches Interesse hätte es noch gegeben, an seinem Grab zu verweilen? Gar keines! Niemand baut einen Heiligenschrein für eine Person, die noch lebt.

• *Eine neue Beziehung*

Aber es gibt noch ein weiteres Thema. Vorausgesetzt, das Grab wurde aufgegeben, weil die Jünger überzeugt waren, dass Jesus von den Toten auferstanden war, dann stellt sich die wichtige Frage, wie nun die Beziehung zwischen den Jüngern und dem auferstandenen Christus aussah. Nachdem sie herausgefunden hatte, dass er lebte, wollte sich Maria natürlich an ihn klammern. Aber Christus hatte ihr etwas zu sagen – was tatsächlich eine Botschaft an alle seine Nachfolger war: „Rühre mich nicht an! [Das heißt im Griechischen „Halte mich nicht fest!" oder „Höre auf, mich festzuhalten!"] Denn ich bin noch nicht aufgefahren zum Vater. Geh aber hin zu meinen Brüdern und sprich zu ihnen: Ich fahre auf zu meinem Vater und eurem Vater und zu meinem Gott und eurem Gott!" (Joh 20,17).

Maria wusste, dass er real war und wirklich da: Sie hatte seine Stimme gehört und ihn berührt; aber er sagte ihr, dass er nicht auf diese Weise bei ihr bleiben würde. Sie würde ihn weiterhin bei sich haben, aber nicht im selben Sinne wie zuvor. Nun – von der anderen Seite des Todes – versicherte er ihr, und durch sie allen seinen Nachfolgern, dass er eine neue und dauerhafte Beziehung zwischen ihnen und ihm und seinem Vater geschaffen hatte, die selbst der Tod nicht zerstören könnte. Es war diese lebendige Beziehung mit dem lebendigen Christus, die ihr Herz und seitdem die Herzen von Millionen erfüllte. Die bloße Tatsache zu wissen, dass er von den Toten auferstanden war, hätte allein nicht ausgereicht, um das zu bewirken.

Die Beschaffenheit des Auferstehungsleibes

An diesem Abend erschien Christus der Hauptgruppe der Jünger (Joh 20,19-23; Lk 24,36-49). Sie trafen sich irgendwo in Jerusalem in einem Raum hinter verschlossenen Türen, weil sie Angst vor den jüdischen Autoritäten hatten. Er zeigte ihnen seine Hände und seine Seite mit den Spuren der Nägel und des Speeres. Nun wusste zumindest Johannes, was Auferstehung hieß! Der Körper war durch die Grabtücher hindurchgegangen und war durch verschlossene Türen hindurchgegangen – aber er war real, berührbar und vor allem lebendig.

Jetzt würden wohl manche Leser sofort gerne diese Frage stellen: Wie kann man in diesem fortschrittlichen wissenschaftlichen Zeitalter überhaupt noch glauben, dass ein physischer Körper durch Grabtücher und durch geschlossene Türen kommen kann? Aber vielleicht hat dieses fortschrittliche wissenschaftliche Zeitalter so etwas eher mehr als weniger vorstellbar gemacht. Wir wissen nämlich etwas, was die Jünger nicht wussten: Materie besteht größtenteils aus leerem Raum, Elementarteilchen können Materie durchdringen, manche davon – wie Neutrinos – bis zu immenser Tiefe.

Außerdem ist da noch die Frage der Dimensionalität. Wir kennen die vier Dimensionen der Raumzeit. Aber Gott ist nicht auf diese vier Dimensionen beschränkt. Vielleicht hat auch die Natur mehr Dimensionen, als wir bislang dachten – die Stringtheorie lässt vermuten, dass es mehr sein könnten.

Hier kann uns eine Analogie helfen. Im Jahr 1880 wurde von einem Mathematiker, Edwin Abbott, ein wundervolles Buch als Satire über Klassenstrukturen geschrieben.[119] Abbot fordert uns auf, uns eine zweidimensionale

---

119 *Flächenland*

Welt vorzustellen, die er Flächenland nannte, deren Bewohner zweidimensionale Figuren, gerade Linien, Dreiecke, Vierecke, Fünfecke etc. bis hin zu Kreisen sind. Dann lernen wir eine Kugel aus dem dreidimensionalen Raumland kennen, die einer der Kreaturen des Flächenlands zu erklären versucht, was es heißt, eine Kugel zu sein. Die Kugel durchquert die Ebene von Flächenland; dabei erscheint sie zunächst als Punkt, dann als Kreis, der erst größer wird und dann kleiner, bis er verschwindet. Das scheint für die Bewohner des Flächenlands natürlich unmöglich zu sein, weil sie sich nur zwei Dimensionen vorstellen können. Die Kugel verwirrt sie noch mehr, indem sie sagt, dass sie durch Bewegung oberhalb der Ebene von Flächenland in ihre Häuser hineinschauen und sogar in ihnen auftauchen kann, ohne dass die Türen geöffnet sein müssen. Die Kugel nimmt sogar einen ungläubigen Bewohner von Flächenland mit hinaus in den Weltraum, um ihn einen Blick von außen auf die Welt werfen zu lassen. Nach seiner Rückkehr schafft er es jedoch nicht, dass die Bewohner von Flächenland, die nichts außer ihrer zweidimensionalen Welt kennen, sein neues Wissen akzeptieren.

Ist es möglich, dass unsere Welt so etwas wie Flächenland ist – aber mit vier Dimensionen statt mit zweien? Wenn ja, könnte eine Wirklichkeit mit einer höheren Dimensionalität mit unserer Welt interagieren, so wie es die Kugel in der Welt von Flächenland tut.

Die Physik der Materie und Analogien wie die von Flächenland können uns zumindest helfen zu erkennen, dass es sehr kurzsichtig und voreilig wäre, den Bericht des Neuen Testaments über die Eigenschaften von Christi Auferstehungsleib einfach abzulehnen. Wenn es einen Gott gibt, der Raum und Zeit überwinden kann, ist es nicht überraschend, wenn die Auferstehung seines Sohnes Aspekte einer Wirklichkeit offenbart, die ebenfalls Raum und Zeit überschreiten.

Manche werden natürlich der Idee widersprechen, dass die Auferstehung Christi körperlich war, indem sie darauf hinweisen, dass das Neue Testament selbst von dem auferstandenen Körper als „geistlicher Leib" (1Kor 15,44) spricht. In einem solchen Einwand wird nun behauptet, dass „geistlich" „nicht körperlich" bedeute. Aber wenn wir einen Moment nachdenken, stellen wir fest, dass es noch andere Möglichkeiten gibt. Wenn wir von einem „Benzinmotor" sprechen, meinen wir damit nicht einen „Motor aus Benzin". Nein, wir meinen einen Motor, der mit Benzin betrieben wird. So könnte sich auch der Begriff „geistlicher Leib" auf die Kraft hinter dem Leben dieses Körpers beziehen, statt eine Beschreibung dessen zu sein, woraus er besteht.

Um zwischen diesen Möglichkeiten zu entscheiden, müssen wir nur einen Blick in den Text des Neuen Testaments werfen, denn dort lesen wir, wie Christus zu seinen Jüngern sagt: „Seht meine Hände und meine Füße, dass ich es selbst bin; betastet mich und seht! Denn ein Geist hat nicht Fleisch und Bein, wie ihr seht, dass ich habe" (Lk 24,39). Er wies also ausdrücklich darauf hin, dass sein auferstandener Körper nicht „aus Geist" bestand. Er bestand aus Fleisch und Knochen: Er war berührbar. Und um diesen Punkt noch weiter zu beweisen, fragte Christus, ob sie etwas zu essen hätten. Man bot ihm einen Fisch an, und er verspeiste ihn vor ihren Augen (Lk 24,41-43). Das Essen des Fisches bewies gegen jeden Zweifel, dass dieser auferstandene Körper physische Realität war. Nachdem er fort war, müssen sie eine lange Zeit auf den leeren Teller auf dem Tisch gestarrt haben. Wie auch immer die Welt beschaffen war, zu der er jetzt gehörte, er hatte einen Fisch mit in sie aufgenommen. Daher hatte sie mit Sicherheit eine physikalische Dimension.

> ✦ *Das Essen des Fisches bewies gegen jeden Zweifel, dass dieser auferstandene Körper physische Realität war. Nachdem er fort war, müssen sie eine lange Zeit auf den leeren Teller auf dem Tisch gestarrt haben. Wie auch immer die Welt beschaffen war, zu der er jetzt gehörte, er hatte einen Fisch mit in sie hineingenommen.*

Zweifel und die Auferstehung

Die Autoren des Neuen Testaments berichten uns ehrlich, dass es mehrere Momente gab, in denen einige Jünger zunächst an der Auferstehung zweifelten. Als die Apostel beispielsweise am Anfang den Bericht der Frauen hörten, glaubten sie ihnen einfach nicht und betrachteten ihre Worte als Unsinn (Lk 24,11). Sie waren erst überzeugt, als sie Jesus mit eigenen Augen sahen.

An dem Abend, als der auferstandene Christus den anderen Jüngern in Jerusalem in dem verschlossenen Raum erschien, war Thomas nicht dabei gewesen, und er weigerte sich dann entschieden, ihrer Behauptung zu glauben, dass sie ihn gesehen hatten. Er forderte sie heraus: „Wenn ich nicht in seinen Händen das Mal der Nägel sehe und meine Finger in das Mal der Nägel lege und lege meine Hand in seine Seite, so werde ich nicht glauben" (Joh 20,25). Thomas war nicht bereit, dem Druck der Gruppe nachzugeben – er wollte selbst Beweise haben. Eine Woche später waren sie alle erneut in dem verschlossenen Raum in Jerusalem versammelt. Jesus erschien, sprach mit Thomas und lud ihn ein, seine Finger in die Nägelmale zu legen und seine

Hand in die Speerwunde. Christus bot ihm die Beweise, die Thomas ge-
fordert hatte (was nebenbei bemerkt zeigt, dass der auferstandene Christus
seine Forderung mitbekommen hatte), und tadelte ihn sanft, dass er den
anderen nicht geglaubt hatte. Wir erfahren zwar nicht, ob Thomas bei diesem Anlass Christus wirklich berührte. Aber wir erfahren seine Reaktion.
Er sagte: „Mein Herr und mein Gott!" (Joh 20,28). Er erkannte, dass der
auferstandene Jesus Gott war.

Was ist mit denen, die Christus nicht gesehen haben?

In diesem langen Abschnitt über die Erscheinungen Christi haben wir über
die frühen Christen nachgedacht, die ihn sahen. Wir haben auch darauf
hingewiesen, dass die Erscheinungen nach etwa 40 Tagen aufhörten – abgesehen von Paulus' Erfahrung auf dem Weg nach Damaskus. Es ist daher
eine einfache, historische Tatsache, dass die große Mehrheit der Christen im
Laufe der Geschichte zu Christen wurden, ohne Jesus wirklich gesehen zu
haben. Darüber sagte Christus zu Thomas (und den anderen Jüngern) etwas
sehr Wichtiges: „Weil du mich gesehen hast, hast du geglaubt. Glückselig
sind, die nicht gesehen und doch geglaubt haben!" (Joh 20,29).

Sie sahen und glaubten – doch die meisten haben nicht gesehen. Das
heißt natürlich nicht, dass Christus alle anderen auffordert, ohne irgendwelche Beweise zu glauben. Das ist nicht so – in erster Linie sind die Beweise,
die uns angeboten werden, aber die Beweise der Augenzeugen, die gesehen
haben. Dabei macht uns Christus auf die Tatsache aufmerksam, dass es verschiedene Arten von Beweisen gibt. Eine davon ist die Art und Weise, wie
Gottes Botschaft das Herz und Gewissen des Hörers erreicht.

Christi Tod und Auferstehung wurden im Alten Testament vorhergesagt

Es gab aber bei den Jüngern auch eine tiefere Art von Unglauben als bei
Thomas, die nicht einfach nur durch Sehen überwunden werden konnte.
Lukas erzählt uns, wie zwei von Jesu Nachfolgern an diesem ereignisrei-
chen ersten Tag der Woche von Jerusalem in das nahegelegene Dorf Emmaus unterwegs waren (Lk 24,13-35). Aufgrund der Ereignisse, die gerade
in Jerusalem stattgefunden hatten, waren sie äußerst niedergeschlagen. Ein
Fremder schloss sich ihnen an. Es war Jesus, aber sie erkannten ihn nicht.
Lukas erklärt dies so: „... ihre Augen wurden gehalten, sodass sie ihn nicht
erkannten" (Lk 24,16). Vermutlich geschah dies auf übernatürliche Weise,
und zwar aus folgendem Grund: Sie hatten geglaubt, dass Jesus ihr politischer Befreier sein würde, aber zu ihrer Bestürzung hatte er sich kreuzigen lassen. Für ihr Denken war ein Befreier, der sich von seinen Gegnern

kreuzigen ließ, als Befreier nutzlos. Die Gerüchte, die Frauen über seine Auferstehung verbreitet hatten, waren daher für sie bedeutungslos.

Um ihr Problem zu lösen, öffnete Jesus ihnen nicht sofort die Augen, damit sie sahen, wer er war. Stattdessen lieferte er ihnen eine prägnante Zusammenfassung des Alten Testaments und sagte, es sei das durchgängige Zeugnis der alttestamentlichen Propheten, dass der Messias – wer auch immer das sein würde – von seiner Nation abgelehnt, getötet und dann schließlich auferweckt und verherrlicht werden würde. Das war für die beiden Männer neu. Bis jetzt hatten sie aus dem Alten Testament nur das herausgelesen, was sie sehen wollten. Sie hatten die Prophezeiungen über das triumphale Kommen des Messias studiert, dabei aber die Tatsache übersehen, dass der Messias auch die Rolle des leidenden Gottesknechtes erfüllen musste und daher zunächst leiden und erst später verherrlicht werden würde.

Die vielleicht bemerkenswerteste dieser Vorhersagen finden wir in Jesana 53,2-12. Über 500 Jahre vor den Ereignissen wurden die Ablehnung, das Leiden und der Tod des Messias für die Sünden der Menschen eindringlich dargestellt:

Doch er war durchbohrt um unserer Vergehen willen, zerschlagen um unserer Sünden willen. Die Strafe lag auf ihm zu unserm Frieden, und durch seine Striemen ist uns Heilung geworden. (Jes 53,5)

Dann sagt Jesaja: „... er wurde abgeschnitten vom Lande der Lebendigen" (Jes 53,8), und dass er in ein Grab gelegt wurde. Danach lesen wir die bemerkenswerten Worte: „Um der Mühsal seiner Seele willen wird er Licht sehen, er wird sich sättigen" (Jes 53,11). Nach Jesaja würde der Messias also sterben. Daher bewies der Tod Jesus nicht, dass er *nicht* der Messias war – im Gegenteil, er bewies, *dass* er es war. Als die beiden Jünger dies begriffen, wurde der Bericht von Jesu Auferstehung, den sie von den Frauen gehört hatten, für sie glaubhaft. Das entzog ihrer Verzweiflung den Boden und erfüllte sie mit neuer Hoffnung.

Doch noch immer erkannten sie nicht, dass der Fremde Jesus war. Sie hatten bis dahin genug gehört, um die objektive Tatsache zu erkennen, dass das Alte Testament den Tod des Messias verkündet hatte. Aber wie erkannten sie ihn schließlich? Die Antwort lautet, dass sie ihn durch etwas erkannten, was er tat, als sie ihn in ihr Haus einluden. Er tat etwas, was für diejenigen, die zum inneren Kreis der frühen Jünger gehört hatten, sehr aufschlussreich war. Als sie zusammen eine einfache Mahlzeit zu sich nahmen, brach Jesus für sie das Brot – und plötzlich erkannten sie ihn! Dieses Detail war für sie so authentisch, so wahr. Sie hatten Jesus bereits das Brot brechen sehen – z. B. als er eine Volksmenge speiste –, und die Art, wie er es tat, war zwar irgendwie unbeschreiblich, aber auch so charakteristisch, dass sie es sofort wiedererkannten.

Wir alle kennen so etwas aus Erfahrung von unserer Familie und unseren Freunden: eine charakteristische, ganz eigene Art und Weise, etwas zu tun, etwas, was wir sofort wiedererkennen würden. Für die Jünger war dies ein Beweis, ein zwingender Beweis dafür, dass es wirklich Jesus war. Kein Hochstapler wäre je auf den Gedanken gekommen, ein solch kleines Detail nachzuahmen.

DAS OBJEKTIVE UND DAS PERSÖNLICHE

Das war ein langer und ausführlicher Bericht – und aufgrund der Wichtigkeit des Themas musste dies auch so sein. Das letzte Wort zu den Beweisen für die Auferstehung überlassen wir Professor Sir Norman Anderson:

> Das leere Grab bildet nun einen wahren Felsen, den alle rationalistischen Theorien über die Auferstehung vergeblich zu zerschmettern versuchen.[120]

Doch das kann nicht das letzte Wort zum Thema unserer Untersuchung sein, denn die Beweise, die wir betrachtet haben, fordern uns alle heraus, eine Entscheidung zu treffen: nicht nur über die Wahrheit eines Ereignisses, sondern über die Wahrhaftigkeit einer Person. Wenn die Auferstehung Jesu Christi wirklich stattgefunden hat – und darauf weist die Last der Beweise hin –, dann lebt er auch heute noch. So liegt das nächste Wort zu diesem Thema bei Ihnen, dem Leser. Was machen Sie mit dieser Person, die von sich selbst behauptet, die Antwort auf unsere tiefsten Fragen zu sein?

Und es ist keine Angstmacherei, sondern die logische Konsequenz, dass wir auch auf Folgendes hinweisen: Wenn er auferstanden ist, wie er es vorhergesagt hatte, dann wird er am Ende auch etwas dazu zu sagen haben, wie wir auf ihn und seine Ansprüche reagiert haben. In diesem Sinne werden die letzten Worte zu diesem Thema Christus gehören. Wie Paulus im 1. Jahrhundert n. Chr. zu den Philosophen und Bürgern von Athen sagte, die sich auf dem Areopag versammelt hatten:

---

120 *Evidence for the Resurrection*, 11

Nachdem nun Gott die Zeiten der Unwissenheit übersehen hat, gebietet er jetzt den Menschen, dass sie alle überall Buße tun sollen, weil er einen Tag festgesetzt hat, an dem er den Erdkreis richten wird in Gerechtigkeit durch einen Mann, den er dazu bestimmt hat, und er hat allen dadurch den Beweis gegeben, dass er ihn auferweckt hat aus den Toten. (Apg 17,30-31)

TEIL II:
DEN SCHMERZ
DES LEBENS ERTRAGEN

Sich den moralischen und natürlichen Übeln stellen

Im **zweiten Teil** dieses Buches – *Den Schmerz des Lebens ertragen* – werden wir uns mit dem Problem des Leids auseinandersetzen.

Ein Teil des Leids wird durch Naturkatastrophen und Krankheiten verursacht, für die der Mensch nicht unmittelbar verantwortlich ist. Wir nennen dies „das Problem des natürlich Bösen", was wir im zweiten Abschnitt diskutieren werden.

Der andere Teil des Leids, für den der Mensch unmittelbar verantwortlich ist, nennen wir „das Problem des moralisch Bösen", was auch der Titel des ersten Abschnitts im zweiten Teil dieses Buches ist.[121]

---

121 Bitte lesen Sie auch die ausführlichere Einführung in Teil 2 auf S. 70 in diesem Buch.

DAS PROBLEM
DES MORALISCH BÖSEN

II·1
AUF DER SUCHE
NACH ANTWORTEN
AUF DAS PROBLEM
DES MORALISCH BÖSEN

*Epikurs alte Fragen sind immer noch unbeantwortet.
Ist Gott willens, aber nicht fähig, das Übel zu verhindern?
Dann ist er ohnmächtig. Ist er fähig, aber nicht willens?
Dann ist er boshaft. Ist er sowohl fähig als auch willens?
Woher kommt dann das Übel?*

David Hume, Dialoge über natürliche Religion

DAS AUSMASS DES PROBLEMS

Um das Ausmaß des moralisch Bösen zu begreifen, müssen wir nur ins letzte Jahrhundert zurückblicken und an die Millionen von Menschen denken, die in den zwei Weltkriegen massakriert wurden, an die Hunderttausenden, die in den Konzentrationslagern und Gulags verhungerten, gefoltert, vergast und getötet wurden, an die „Killing Fields" in Kambodscha, an den amerikanischen Einsatz des Herbizids „Agent Orange" in Vietnam, an den Völkermord in Ruanda und Jugoslawien und an religiös motivierte Unruhen, Verfolgungen und Blutvergießen in verschiedenen Teilen der Welt.

Dieses Problem des moralisch Bösen werden wir in diesem Kapitel diskutieren. Es wirft zwei grundlegende Fragen auf:

Frage 1. Wenn es einen Gott im Himmel gibt, der allmächtig, allweise und allliebend ist und der sich um Gerechtigkeit kümmern soll, warum lässt er dann zu, dass dieses Böse überhaupt existiert? Warum greift er nicht ein und hält jene auf, die diese Verbrechen begehen, und setzt ihrem ungeheuerlichen Verhalten ein Ende? Ja, warum hat er überhaupt zugelassen, dass dieses Böse existiert?

Die zweite Frage geht noch tiefer und hinterfragt nicht weniger als den Glauben an die Existenz Gottes.

Frage 2. Wie können wir über das riesige Ausmaß an moralisch Bösem in der Welt nachdenken und noch immer an die Existenz eines allliebenden, allweisen und allmächtigen Gottes glauben, der diese Welt erschaffen haben soll und letztendlich für sie verantwortlich ist?

Zwei unterschiedliche Einstellungen und Antworten

Dieses zweifache Problem nimmt man auf zwei Ebenen wahr. Als Beispiele nehmen wir die Art und Weise, wie diese Fragen in Werken von Dostojewski und David Hume aufgeworfen werden.

In *Die Brüder Karamasow* lässt Dostojewski Iwan Aljoscha Folgendes entgegenrufen:

... sage mir offen, ich rufe dich auf, – antworte: Würdest du, wenn du selbst, nehmen wir an, den ganzen Bau der Gesetze für das Menschengeschlecht zu errichten hättest, mit dem Ziel im Auge, zum Schluss alle Menschen glücklich zu machen, ihnen endlich einmal Ruhe und Frieden zu geben, – doch zur Erreichung dieses Zieles müsstest du zuvor unbedingt, als unvermeidliche Vorbedingung zu jenem Zweck, meinethalben nur ein winziges Geschöpfchen zu Tode quälen, sagen wir, dieses selbe Kindchen, das sich mit seinem Fäustchen an die Brust schlug, und auf dessen unvergoltenen Kindertränchen müsstest du diesen Bau errichten, – würdest du dann einwilligen, unter dieser Bedingung der Architekt des Baues zu sein? Antworte mir und lüge nicht![122]

Letztendlich behauptet Iwan, dass er Gott nicht ablehnt, aber angesichts des entsetzlichen Elends in der Welt, besonders der Grausamkeit kleinen Kindern gegenüber, kann er sich selbst nicht dazu durchringen, an eine letztendliche Versöhnung aller Dinge in einer umfassenden Harmonie zu glauben, die in der Bibel verheißen wird. Er möchte auch nicht Anteil an dieser Harmonie haben zu den Bedingungen, die die Bibel seiner Meinung nach vorgibt:

Ich will keine Harmonie, aus Liebe zur Menschheit will ich sie nicht. Lieber bleibe ich bei ungesühnten Leiden. Lieber bleibe ich rachelos bei meinem ungerächten Leid und in meinem unstillbaren Zorn, *selbst wenn ich nicht im Recht wäre*. Ist doch diese Harmonie gar zu teuer eingeschätzt! Wenigstens erlaubt es mein Beutel nicht, so viel für den Eintritt zu zahlen. Darum aber beeile ich mich, mein Eintrittsbillet zurückzugeben. Und wenn ich nur ein ehrlicher Mensch bin, so ist es meine Pflicht, dies sobald wie möglich zu tun. Das tue ich denn auch. Nicht Gott ist es, den ich ablehne, Aljoscha, ich gebe ihm nur die Eintrittskarte ergebenst zurück.[123]

Hier spricht ein Mann, den das Problem des moralisch Bösen nicht loslässt, welches intensivste Empörung in seinem Herzen hervorruft.

Dagegen betrachtet der Philosoph David Hume das durch das moralisch Böse aufgeworfene Problem in formaler, objektiver, intellektueller Sicht. In

---

122 S. 399–400
123 S. 399

Teil zehn seines berühmten Werkes *Dialoge über natürliche Religion* lässt er Philo, einen Teilnehmer des Dialogs, sich so zu dem Problem äußern:

> Epikurs alte Fragen sind immer noch unbeantwortet. Ist Gott willens, aber nicht fähig, das Übel zu verhindern? Dann ist er ohnmächtig. Ist er fähig, aber nicht willens? Dann ist er boshaft. Ist er sowohl fähig als auch willens? Woher kommt dann das Übel?[124]

Eine vorläufige Schwierigkeit bei der Beantwortung dieses Problems

Es ist nicht einfach, auf dieses Problem eine befriedigende Antwort zu finden, aus dem einfachen Grund, dass das, was Menschen über das Problem denken, sehr stark von ihrer persönlichen Erfahrung des Bösen abhängt und dem Leid, was es bewirkt.

Wenn Sie z. B. selbst das Opfer sind und mentale und körperliche Qualen durch moralisch Böses erlebt haben oder noch immer darunter leiden, oder wenn Sie unter dem Empfinden leiden, dass Ihnen massive Ungerechtigkeit widerfährt, werden Sie rein intellektuelle Lösungen für dieses Problem kaum zufriedenstellen. Sie werden dann nach Antworten suchen, die Ihre Qualen lindern, Ihre moralische Erschütterung beschwichtigen und Ihnen dauerhaft Hoffnung, Kraft und Mut geben, um zuversichtlich in die Zukunft blicken zu können.

Außerdem ist es so, dass Menschen, die unter massivem und ungeheuerlichem Bösen leiden, oft zu Gott beten und ihn bitten, einzugreifen und den Übeltätern Einhalt zu gebieten. Wenn Gott dann scheinbar nichts dagegen tut, ist die Reaktion häufig, dass man den Glauben an Gott verliert und zu der Überzeugung kommt, dass der Atheismus wahr sein muss. Und zumindest für den Moment scheint der Atheismus das Problem zu lösen.

Doch wir werden gleich sehen, dass der Atheismus selbst ernsthafte moralische und intellektuelle Fragen aufwirft, die nach gründlichen intellektuellen Antworten verlangen; denn auch wenn der Atheismus das Problem zunächst zu lösen scheint, zeigt sich bei genauerem Hinsehen, dass er das Problem noch tausendfach verschlimmert.

Lassen Sie uns zunächst eine philosophische Erklärung des Problems betrachten, die ziemlich radikal ist: nämlich dass das Vorhandensein des monströsen Bösen ein unüberwindbares Hindernis für den Glauben an Gott darstellt – zumindest an einen Gott, so wie er von den monotheistischen Religionen verstanden wird.

---

124 *Dialoge über natürliche Religion*, 10.25 (Übersetzung: Lothar Kreimendahl)

EINE PHILOSOPHISCHE DARSTELLUNG DES PROBLEMS

Das Problem des moralisch Bösen ergibt sich aus der scheinbaren Unvereinbarkeit von folgenden vier Aussagen:

a. Gott existiert.
b. Gott ist allmächtig.
c. Gott ist vollkommen gut.
d. Das Böse existiert.

Möchte man das Problem des moralisch Bösen (als Argument gegen die Existenz Gottes) mit etwas formaleren philosophischen Begriffen beschreiben, wird es oft in der Form eines deduktiven Schemas dargestellt:

1. Wenn es einen Gott gibt, ist er allmächtig und vollkommen gut.
2. Ein vollkommen gutes Wesen wird niemals irgendeinen moralisch schlechten Zustand zulassen, wenn es diesen verhindern kann.
3. Ein allmächtiges Wesen kann das Auftreten aller moralisch schlechten Zustände verhindern.
4. Es gibt mindestens einen moralisch schlechten Zustand.
5. Daher gibt es keinen Gott.

Es gibt mehrere unterschiedlich nuancierte Darstellungen dieses Problems.[125] Wir haben hier die Darstellung wiedergegeben, die am verbreitetsten ist.

Das Argument, das auf dem moralisch Bösen basiert, wird also als gültiges deduktives Schema wiedergegeben, d. h. als ein Schema, in dem alle Prämissen (1–4) wahr sind und die Schlussfolgerung Nr. 5 erforderlich machen, sodass man sich selbst widersprechen würde, wenn man diese Schlussfolgerung bestreitet. Die Deduktion ist natürlich nur dann gültig, wenn auch alle Prämissen zutreffen, und so müssen wir ihre Gültigkeit sehr sorgfältig untersuchen.

Prämisse Nr. 4 stimmt offensichtlich (für die meisten Leute, ausgenommen für jene, die die Existenz des Bösen leugnen oder es als Illusion betrachten). Prämisse Nr. 1 trifft zu, zumindest auf die monotheistischen Religionen (Judentum, Christentum und Islam), und Prämisse Nr. 3 ist in diesem

---

125 Siehe z. B. Richard Swinburne, *Providence and the Problem of Evil*.

Lichte sehr plausibel. Unsere Aufmerksamkeit konzentriert sich daher auf Prämisse Nr. 2. Ist sie nun zweifellos gültig, wie viele Atheisten behaupten? Könnte Gott einen aus moralischer Sicht ausreichenden Grund haben, das Böse in der Welt zuzulassen? Ist dies gar nicht vorstellbar? Atheisten bestehen darauf. Die Existenz des moralisch Bösen, behaupten sie, mache den Glauben an Gott logisch unmöglich. Der Atheismus sei die einzige Option für logisch denkende Menschen.

Doch bevor wir dem zustimmen, sollten wir zunächst die Lösungen des Atheismus eingehender untersuchen.

DIE VERSTECKTEN MÄNGEL IN DER ATHEISTISCHEN HERANGEHENSWEISE AN DAS PROBLEM

Die atheistische Herangehensweise an das Problem des moralisch Bösen weist eine Reihe von Mängeln auf, die oft durch die Darstellungsweise des Problems verborgen bleiben.

Manche Versionen des Atheismus zerstören die Kategorien von Gut und Böse

Manche Atheisten leugnen, dass es so etwas wie moralisch Gutes und moralisch Böses überhaupt gibt. Ihre Position hat eine gewisse Logik. Denn wenn es keinen Gott gibt, ist es sehr schwer zu entscheiden, was mit moralisch Bösem (im Übrigen auch mit moralisch Gutem) überhaupt gemeint ist. Wenn es keinen persönlichen Schöpfer gibt, der für die Existenz des Universums verantwortlich ist, wenn das Universum und das menschliche Leben einfach nur das Ergebnis von unpersönlichen, geistlosen und damit ziellosen natürlichen Prozessen sind, was können wir dann letztendlich damit meinen, wenn wir sagen, etwas sei moralisch böse? Geistlose Kräfte und Prozesse kann man nicht für das moralisch verantwortlich machen, was sie hervorbringen. Das moralisch Gute und das moralisch Böse sind daher nicht länger sinnvolle Kategorien. Wie kann man dann noch sinnvoll von einem Problem des moralisch Bösen sprechen?

Daher ist die übliche Art und Weise, das Problem des Bösen zu formulieren – dass man zunächst mit einer Aufzählung des moralisch Bösen beginnt und dann davon abgeleitet, dass es keinen Gott gibt –, in diesem Fall tatsächlich widersprüchlich. Seine Logik zerstört sich hier selbst, weil dem Konzept des Bösen, auf dem das Argument basiert, jegliche Bedeutung entzogen wird.

Um es anders auszudrücken: Unsere Empörung über das moralisch Böse setzt voraus, dass es eine Norm des Guten gibt, die real ist, und dass wir anhand dieses Standards etwas als moralisch böse beurteilen und sagen können, dass dies nicht so sein sollte. Aber wenn es nichts als geistlose Partikel gibt, wo ist dann die Grundlage für die Realität eines solchen Standards des Guten? Wenn es weder moralisch Böses noch moralisch Gutes gibt noch irgendeine moralische Norm, dann ist moralische Empörung absurd, und das sogenannte Problem des moralisch Bösen löst sich in die erbarmungslose Gleichgültigkeit gefühlloser Materie auf.

Richard Dawkins ist ein bekanntes Beispiel für einen Menschen, der mit dieser Art von atheistischem Argument logische Schlüsse zieht:

> In einem Universum mit blinden physikalischen Kräften und genetischer Verdoppelung werden manche Menschen verletzt, andere haben Glück, und man wird darin weder Sinn noch Verstand noch irgendeine Gerechtigkeit finden. Das Universum, das wir beobachten, hat genau die Eigenschaften, mit denen man rechnet, wenn dahinter kein Plan, keine Absicht, kein Gut oder Böse steht, nichts außer blinder, erbarmungsloser Gleichgültigkeit. ... Die DNA weiß nichts und sorgt sich um nichts. Die DNA ist einfach da. Und wir tanzen nach ihrer Pfeife.[126]

„Die DNA ist einfach da", sagt Dawkins; aber die Implikationen von Dawkins' Sicht empfinden die meisten Menschen als zutiefst abstoßend. Tanzten die Selbstmordattentäter vom 11. September 2001 in New York und Washington, der Schüler, der in Erfurt im April 2002 die Hälfte der Lehrerschaft seiner Schule ermordete oder die zahllosen anderen Mörder auf der ganzen Welt in den darauffolgenden Jahren nur nach der Pfeife ihrer DNA? Führten die Architekten des Völkermords auf den „Killing Fields" in Kambodscha und in Ruanda einfach nur ihre eigenen, eingebauten genetischen Programme aus? Ist das wirklich alles, was dazu zu sagen ist? Wenn man aus Spaß Babys zerstückelt, tanzt man dann einfach nur nach seiner DNA? Denn wenn dies so ist, kann niemand von uns etwas dagegen tun, so zu werden, was manche dann irrtümlicherweise als *moralisch* böse bezeichnen – und wir müssen uns dann einfach damit abfinden, ohne uns groß zu beschweren.

---

126 *Und es entsprang ein Fluss in Eden*, 151

Manche Versionen des Atheismus sagen, moralische Standards seien von Menschen gemacht

Andere Versionen des Atheismus glauben an die Existenz von moralischen Standards, aber behaupten, diese seien von Menschen gemacht. Dawkins' Sicht der Moral ist extrem. Die meisten Atheisten glauben, dass es moralische Standards gibt (und geben muss), und versuchen ernsthaft, nach ihnen zu leben.[127] Aber sie meinen, es gebe keinen Grund zu der Annahme, dass diese Standards ihre Autorität Gott verdankten, der ihr Ursprung ist und der sie letztendlich verteidigt. Moralische Standards, so ihr Argument, würden von Menschen gemacht. Sie seien als notwendige Nebenprodukte der sozialen Entwicklung und Evolution der Menschheit entstanden. Die Menschen hätten gemerkt, dass es aus verschiedenen Gründen besser wäre, als soziale Gruppen zusammenzuleben statt als isolierte Einzelpersonen oder Familien. Dies habe unausweichlich zu der Notwendigkeit geführt, dass jede soziale Gruppe sich darauf habe einigen müssen, welche Art von Verhalten akzeptabel sei; und so habe jede soziale Gruppe ihre eigenen moralischen Regeln erfunden. Diese seien jedoch keine absoluten, unveränderlichen Gesetze, die den Menschen von einem Gott auferlegt würden. Als sich die Gesellschaften weiterentwickelt hätten, hätten sich auch ihre moralischen Regeln weiterentwickelt, manchmal durch das Diktat der politischen Machthaber, manchmal durch allgemeine Zustimmung. Es bestehe die Hoffnung, dass schließlich durch den guten Willen und die Vernunft der Gesellschaft im Ganzen moralisch böses Verhalten abnehmen werde bis hin zu dem Punkt, an dem es völlig verschwinde. Die moralische Evolution werde dann irgendwann ohne Gottes Autorität, ohne göttliche Anleitung oder Hilfe ein Paradies der allgemeinen Harmonie hervorgebracht haben.

Doch genau hier sehen wir eine ernsthafte Unzulänglichkeit in dieser Denkweise.

Man muss den moralischen Fortschritt nicht kleinreden, der im Laufe der Geschichte erzielt wurde, oder die Tatsache, dass Millionen von Menschen heute in stabilen Gesellschaften leben, in denen die Rechtsstaatlichkeit allgemein von der großen Mehrheit respektiert wird. Stellen Sie sich um des Arguments willen vor, dass dieser moralische Fortschritt uns einen

---

127 Wir möchten hier betonen, dass unsere Argumente nicht heißen sollen, dass Atheisten unfähig seien, sich moralisch zu verhalten, sondern nur, dass der Atheismus keine befriedigende Grundlage oder Autorität für Moral liefert. Eine weitere Analyse dieses Themas finden Sie in Kap. 3 „Die Quelle objektiver moralischer Werte" in Buch 3: *Was sollen wir tun?*.

guten Grund für den Gedanken liefert, dass trotz des großen Ausmaßes an moralisch Bösem, das noch immer überall in der heutigen Welt so offensichtlich ist, dennoch die moralische Evolution ohne göttliche Autorität oder göttliches Eingreifen zwangsläufig zu weltweiter Harmonie führen wird. Trotzdem würde diese atheistische Theorie der moralischen Evolution noch immer unter einer großen Unzulänglichkeit leiden. Im Laufe dieser vermeintlichen moralischen Evolution haben viele Millionen von Menschen im Laufe der Jahrhunderte unter schmerzlicher Ungerechtigkeit gelitten und sind nach einem Leben voller Elend ohne Wiedergutmachung gestorben. Weitere Millionen, die heute leben und ebenso unter Ungerechtigkeit leiden, werden ebenfalls ohne Wiedergutmachung sterben, lange bevor die erhoffte allgemeine Harmonie erreicht sein wird. Was sagt die atheistische evolutionäre Moral zu diesen vielen Millionen von Menschen? Sie kann nur mit den Schultern zucken und rufen: „Pech gehabt! Ihr wart die unvermeidlichen Wegwerfprodukte des Evolutionsprozesses. In Wirklichkeit hattet ihr niemals irgendeine realistische Hoffnung darauf, dass euch Gerechtigkeit widerfährt. Und jetzt werdet ihr natürlich keine bekommen, denn es gibt ja keinen Gott. Mit dem Tod ist alles zu Ende."

Das war eines der Dinge, mit denen Iwan Karamasow Schwierigkeiten hatte. Allein der Gedanke, dass das Gebäude der allgemeinen Harmonie auf den ungerächten Tränen von einem kindlichen Folteropfer errichtet werden sollte, ließen ihn vor Empörung kochen.

Judentum, Christentum und Islam sagen genau das Gegenteil. Sie behaupten, dass Gott die Autorität hinter dem Moralgesetz ist und er es durchsetzen wird. Folglich wird es ein Endgericht geben, wo im Hinblick auf jede Ungerechtigkeit, die jemals seit dem Anbeginn der Erde bis zu ihrem Ende begangen wurde, vollkommene Gerechtigkeit gesprochen werden wird (Apg 17,30-31; Offb 20,11-15).

> ✦ Die meisten Atheisten glauben, dass es moralische Standards gibt (und geben muss), und versuchen ernsthaft, nach ihnen zu leben.

Dass es ein Gericht geben wird, ist also nicht ganz negativ. Zumindest diejenigen, die unter Ungerechtigkeit gelitten haben, werden dies wohl so sehen. Aber die Vorstellung eines Gerichts wirft auch die Frage nach der Verantwortlichkeit auf, und um diese Frage zu betrachten, müssen wir uns nun dem Thema des freien Willens zuwenden.

II·2
DER FREIE WILLE DES MENSCHEN: DIE HERRLICHKEIT UND DER PREIS DES MENSCHSEINS

Doch wer geliebt werden will, begehrt nicht die Unterwerfung des geliebten Wesens. ... Er will keinen Automatismus besitzen, und wenn man ihn demütigen will, braucht man ihm die Leidenschaft des Geliebten nur als das Ergebnis eines psychologischen Determinismus darzustellen.

Jean-Paul Sartre, Das Sein und das Nichts

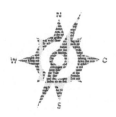

DIE FREIHEIT DES WILLENS

Die Behauptungen am Ende des vorherigen Kapitels werfen eine unmittelbare Frage auf: Wenn Gott die Autorität hinter dem Moralgesetz ist und Gott uns geschaffen hat, wie kann es dann sein, dass wir als seine Geschöpfe fähig sind, moralisch Böses zu tun? Woher haben wir diese Fähigkeit? Von ihm?

Die Antwort lautet: „Ja, von ihm!" Denn als Gott den Menschen geschaffen hat, verlieh er uns als einzigen seiner irdischen Geschöpfe die große Würde und das Privileg des freien Willens und die Freiheit der Wahl zwischen Gut und Böse. Er gab der Menschheit nicht die Erlaubnis, sich für das Böse zu entscheiden; tatsächlich verbot er dies klipp und klar. Aber er hat uns so geschaffen, dass wir, wenn wir uns dazu entschieden, auch das Böse wählen könnten (siehe die Darstellung in 1. Mose 2 und 3).

Dies führt zu einer weiteren Frage. Sah Gott (eben, weil er Gott war) nicht vorher, dass der Mensch seine Entscheidungsfreiheit missbrauchen würde, das Böse wählen würde und damit eine immer größer werdende und nicht aufhaltbare Flut des Bösen in die Welt bringen würde?

Die Antwort muss lauten: „Ja, das hat er zweifellos vorhergesehen."

Aber warum hat er dann die Menschheit mit der Fähigkeit des freien Willens und der freien Entscheidung geschaffen, wenn er doch schon vorher wusste, welch großes Elend dadurch verursacht werden würde?

Eine erste, kurze Antwort lautet (auch wenn später dazu noch viel mehr gesagt werden muss): *weil es der einzige Weg war, die Menschen zu den einzigartig herrlichen und majestätischen Wesen zu machen, die sie nach seinem Plan sein sollten.*

Iwan Karamasow würde diese Antwort wohl nicht gefallen; aber auch er hat keine ultimative Lösung für das Problem des moralisch Bösen. Also lassen Sie uns zunächst die Tatsache betrachten, dass wir Menschen die Fähigkeit des freien Willens und der freien Entscheidung besitzen.

Die Tatsache des freien Willens

Auf der Ebene unserer alltäglichen Erfahrung sind wir uns alle bewusst, dass wir einen freien Willen haben und uns frei entscheiden können, zumindest bis zu einem gewissen Grad. Wir können natürlich nicht von diesem Planeten springen oder ohne Essen leben. Aber wir können entscheiden (wenn die Dinge ausreichend verfügbar sind), ob wir Kartoffeln oder Möhren essen, ob wir ein rotes oder ein blaues Kleid tragen, ob wir freundlich oder verletzend zu jemandem sind, ob wir die Wahrheit sagen oder lügen und ob wir ein Messer zum Brotschneiden benutzen oder damit jemanden umbringen.

Verfechter eines extremen Determinismus haben jedoch in der Vergangenheit die Freiheit der Entscheidung insgesamt geleugnet; manche tun dies noch immer. Sie argumentieren, dass auf der Ebene der Physik das Universum nach einem festen Ursache- und Wirkungsschema abläuft, und da unsere Gehirne Teil dieses physikalischen Universums seien, müssten sie (und täten es auch) nach demselben System von Ursache und Wirkung funktionieren. Unser Gefühl, dass wir uns frei entscheiden könnten, sei daher nur eine Illusion. Unsere Entscheidung, etwas Bestimmtes zu tun und nicht etwas anderes, sei einfach die Wirkung einer vorhergehenden Ursache – ein letztes, unvermeidbares Glied in einer langen, ununterbrochenen und ununterbrechbaren Kettenreaktion. Unsere Entscheidungen seien daher nicht wirklich frei, und daher seien wir für unsere Entscheidungen auch nicht *moralisch* verantwortlich.

Aber an diese Form von Determinismus glaubt in Wirklichkeit niemand; und das zeigen wir dadurch, wie wir auf das moralisch Böse reagieren. Wenn der Konzernchef eines multinationalen Unternehmens die Nation um Millionen von Pfund betrügt, dann sagen wir nicht: „Er konnte ja nichts dafür; die physikalischen Eigenschaften seines Gehirns haben eine unvermeidliche Kette von Ursache und Wirkung in Gang gesetzt, die nicht unterbrochen werden kann und die ihn dazu gezwungen hat. Es wäre daher irrational, ihn dafür zu beschuldigen." Nein, natürlich nicht: Wir sehen es so, dass er sich frei dazu entschieden hat, und ziehen ihn dafür strafrechtlich zur Verantwortung.[128]

Aber genau hier müssen wir eine philosophische Unterscheidung betrachten.

---

128 Zur Frage des genetischen Determinismus: siehe Buch 1: *Was ist der Mensch?*, S. 214ff. und 252; und zu weiteren Themen in Zusammenhang mit der menschlichen Freiheit: siehe Buch 1, S. 80–119. Siehe auch Lennox, *Vorher bestimmt?*.

• *Zwei Arten von Freiheit*

Seit der Zeit von David Hume haben Philosophen versucht, unser Denken über diese Themen zu verändern, indem sie zwischen zwei Arten von Freiheit unterschieden: die Handlungsfreiheit[129] und die Willensfreiheit[130].
Die Handlungsfreiheit bezieht sich auf die Freiheit, unsere eigenen Motive zu verfolgen und zu tun, was immer wir wollen, ohne dass z. B. die Regierung oder irgendjemand bzw. irgendetwas uns zwingt, etwas zu tun, was wir nicht wollen, oder uns davon abhält, etwas zu tun, was wir tun wollen. Jeder stimmt zu, dass wir diese Handlungsfreiheit besitzen – vorausgesetzt, wir haben die Gesundheit, die Fähigkeiten, das Geld und die notwendigen Umstände und sind nicht irgendwelchen äußeren Zwängen oder Einschränkungen unterworfen.
Die Willensfreiheit bezieht sich auf die Freiheit, etwas anders tun zu können, als wir es schon irgendwann einmal in der Vergangenheit getan haben. Oder wenn wir in der Zukunft vor die Wahl zwischen zwei Handlungsmöglichkeiten gestellt werden, bedeutet Willensfreiheit, dass unsere Entscheidung völlig offen ist: Ich kann mich für jede der Vorgehensweisen gleichermaßen entscheiden, und wenn ich mich für eine Vorgehensweise entschieden habe, könnte ich rückblickend wissen, dass ich mich genauso gut auch frei für die andere Handlungsweise hätte entscheiden können.
Stellen Sie sich z. B. vor, Jack ist an einem Punkt angelangt, wo er entscheiden muss, ob er Jill oder Julie heiratet. Er besitzt Handlungsfreiheit: Niemand wird ihn zwingen, die eine und nicht die andere zu heiraten. Er denkt jedoch, dass er auch Willensfreiheit besitzt. Er hat das Gefühl, er könnte genauso gut die eine wie die andere heiraten.
Aber viele Philosophen sagen, dass er diese Freiheit nicht hat: Alle möglichen Prozesse tief in seinem physischen und psychologischen Wesen schränkten seine Wahl ein und bestimmten diese, ohne dass er sich dessen bewusst ist. Er sei zwar frei, das Mädchen seiner Wahl zu heiraten, aber welche er tatsächlich wählen wird, sei bereits durch diese tiefsitzenden Prozesse in seinem Inneren festgelegt. Es sei nicht frei, etwas anderes zu wählen als das, was er wählt.
So sagen viele Philosophen, und wir müssen die Tatsache nicht leugnen, dass unser Geschmack in den Bereichen Essen, Kunst oder Musik oder die Wahl unseres Ehepartners von den tiefsitzenden Faktoren in unseren

---

129 A. d. V.: *Liberty of spontaneity* – Handlungsfreiheit oder äußere Freiheit.
130 A. d. V.: *Liberty of indifference* – Willensfreiheit oder innere Freiheit.

physischen oder psychologischen Anlagen stark beeinflusst, wenn nicht sogar bestimmt wird. Aber in diesem Zusammenhang gibt es zwei wichtige Dinge zu bedenken.

Wie wir in einem anderen Buch dieser Serie festgestellt haben, sind moralische Normen keine Frage des individuellen oder sozialen Instinkts oder des subjektiven Geschmacks oder einer gesellschaftlichen Konditionierung.[131] *Es sind objektive Normen.* Ob Kannibalismus aus moralischer Sicht richtig oder falsch ist, ist nicht einfach nur eine Frage des Geschmacks oder der inneren Neigung!

Ungeachtet unserer Veranlagungen, Verletzungen, Triebe usw., die uns vielleicht dazu bewegen, gegen das Moralgesetz oder sogar gegen das Zivilrecht zu verstoßen (und wir alle haben irgendwelche Macken), können wir uns als normale Menschen noch immer frei dazu entscheiden, unsere Zwänge im Zaum zu halten und uns sowohl an das Moralgesetz als auch an das Zivilrecht zu halten. *Daher sind wir moralisch verantwortlich, dies zu tun.*

Diese zweite Überlegung mag erst einmal hart klingen, wenn sie so unverblümt ausgedrückt wird, und wir werden sie gleich noch etwas modifizieren. Aber es bleibt ein wesentlicher Teil dessen, was es bedeutet, ein mündiger Mensch zu sein (im Unterschied zu Babys und Menschen mit ernsthaften psychischen Erkrankungen), dass wir uns frei entscheiden können und daher für unsere Handlungen moralisch verantwortlich sind. Und um zu sehen, dass wir normalerweise so denken, brauchen wir nur irgendeine Gerichtsverhandlung zu besuchen.

Stellen Sie sich vor, ich bin eine Person mit einer niedrigen Aggressionsschwelle und verliere ganz leicht die Beherrschung. Ich habe sie schon Tausende Male verloren, und jedes Mal habe ich Besserung gelobt, aber ohne Erfolg. Wenn ich morgen noch einmal die Beherrschung verliere und Sie niederschlage, wird das Gericht nicht der Ansicht sein, dass ich keine Willensfreiheit und somit keine Wahl gehabt habe und dass ich nicht anders gekonnt habe und daher nicht für schuldig befunden werden könnte. Im Gegenteil, das Gericht wird annehmen, dass ich mich auch anders hätte verhalten können, es wird mich für schuldig befinden und dementsprechend verurteilen. Ebenso gehe ich, wenn jemand an mir ein Verbrechen begeht, davon aus, dass der Schuldige sich dazu entschieden

> ✦ *In der Praxis sind wir uns alle einig, dass Menschen, wenn es um die Moral geht, normalerweise sowohl Handlungsfreiheit als auch Willensfreiheit besitzen.*

---

131 Siehe Kap. 2 – „Was sollten wir tun, und warum?" in Buch 3: *Was sollen wir tun?*

hat und somit moralisch dafür verantwortlich ist, und ich erwarte vom Gericht, dass es ihn für schuldig befindet. Und auch im Familienleben wird eine Frau, deren Ehemann sie betrügt, nicht denken, dass er keine freie Wahl gehabt habe, nicht anders gekonnt habe und somit schuldlos sei.

In der Praxis sind wir uns also alle einig, dass Menschen, wenn es um Moral geht, normalerweise sowohl Handlungsfreiheit als auch Willensfreiheit besitzen.

• *Was hierbei berücksichtigt werden muss*

Natürlich müssen wir hier wohlwollend die Tatsache berücksichtigen, dass manche Menschen in ihren Fähigkeiten in verschiedenem Maße eingeschränkt sein können.

Fälle von ernsthaften psychischen Erkrankungen
Ein Gericht ist verpflichtet zu berücksichtigen, ob der Angeklagte so sehr psychisch krank war, dass er zum Zeitpunkt des Verbrechens nicht realisierte, dass seine Tat falsch war. Wenn dies so ist, wird das Gericht keine Bestrafung anordnen, sondern eine medizinische Behandlung in der Hoffnung, dass diese, wo es möglich ist, zur Heilung und zur Wiederherstellung der Fähigkeit des Patienten führt, vernünftig zu denken und eine moralische Verantwortung zu entwickeln.

Verbrechen unter Drogeneinfluss
Tatsache ist, dass Drogenabhängige oft durch ihre unerträgliche Sucht dazu getrieben werden, Verbrechen zu begehen, um ihre Sucht zu finanzieren. Sie scheinen nicht die Kraft zu haben, ohne Drogen zu leben, selbst wenn sie es wollten. Aber die meisten von ihnen sind sich noch immer bewusst, dass die von ihnen begangenen Verbrechen moralisch falsch sind, doch sie versuchen, sie zu rechtfertigen, indem sie sagen, sie hätten keine wirkliche Wahl gehabt. Wahres Mitgefühl wird jedoch nicht sagen, dass deswegen ihre Verbrechen nicht zählten. Wahres Mitgefühl wird wollen, dass diese Menschen eine Therapie erhalten, damit sie ihre Sucht überwinden und die Kraft der Entscheidung zurückerlangen.

Die Macht der schlechten Gewohnheit
Die Entwicklung von Gewohnheiten ist ein sehr wertvoller und gesunder Bestandteil unserer menschlichen Konstitution. Wenn man z. B. lernt,

Schuhe zu binden, zu laufen, zu schwimmen oder Auto zu fahren, heißt das, dass wir schließlich diese Tätigkeiten praktisch automatisch ausführen und so unserem Großhirn die Freiheit geben, sich um wichtigere Dinge zu kümmern. Gute moralische Gewohnheiten fördern moralische Entscheidungen. Schlechte moralische Gewohnheiten beeinträchtigen und zerstören manchmal die Entscheidungsfreiheit und moralisch verantwortungsvolles Verhalten. Aber wessen Schuld ist es dann, wenn dadurch die Kraft der freien Entscheidung geschwächt wird?

Unsere allgemeine Sündhaftigkeit
Nach der Bibel sind wir gefallene Geschöpfe, beschädigt durch die Sünde, und diese Beschädigung wird von einer Generation an die nächste weitergegeben, wodurch unsere moralische Freiheit beeinträchtigt wird. Wie wir in einem früheren Buch dieser Serie festgestellt haben, berücksichtigt die Bibel es wohlwollend, dass dies eine allgemeine menschliche Erfahrung ist, und behauptet, dass Gott ein Programm und eine Kraft (die seines Geistes) hat, um den Menschen zu einer realistischen Freiheit von seiner moralischen Schwäche zu helfen.[132] Es ist nicht so, dass die Bibel eine Befreiung davon über Nacht verspricht, aber sie stellt die Möglichkeit eines fortlaufenden Befreiungsprozesses in Aussicht.

Doch nichts davon leugnet, dass die Menschen – so, wie sie ursprünglich von Gott erdacht wurden – einen freien Willen und Entscheidungsfreiheit haben. Zwar wurden diese Fähigkeiten aus dem einen oder anderen Grund beschädigt und geschwächt, aber dies befreit die entsprechende Person nicht von ihrer moralischen Verantwortung. Nehmen wir ein Beispiel.

Ein Mann, der eines riskanten Fahrverhaltens beschuldigt wird, wird einem Richter vorgeführt. Der Richter erinnert ihn daran, dass er, als er von der Polizei angehalten wurde, aufgefordert wurde, auszusteigen und einmal geradeaus auf dem Mittelstreifen zu laufen. Aber er lief nicht geradeaus: Er schwankte über die ganze Straße.

„Aber", protestiert der Mann, „ich konnte ja gar nicht geradeaus laufen. Sie werden mich doch sicherlich nicht für etwas bestrafen, was ich nicht tun konnte?"

„Doch, das werde ich ganz sicher tun", sagt der Richter. „Denn es war Ihre Schuld, dass Sie nicht geradeaus laufen konnten. Sie waren betrunken. Sie hätten nicht so viel Alkohol trinken sollen oder wenigstens das Auto stehen lassen sollen. Aber Sie sind trotzdem gefahren, mit dem Ergebnis, dass

---

132 Siehe Kap. 14 – „Mehr als Ethik" in Buch 3: *Was sollen wir tun?*

Sie einen Fahrradfahrer umgefahren und getötet haben. Dafür müssen Sie zur Verantwortung gezogen werden."

Die Unentbehrlichkeit des freien Willens für die Moral

Bis jetzt haben wir argumentiert, dass im Unterschied zu dem, was viele Formen des Determinismus sagen, Menschen in der Tat einen freien Willen und Entscheidungsfreiheit haben; sie haben sowohl Handlungsfreiheit als auch Willensfreiheit. Aber das führt uns zurück zu der Frage, die wir zuvor gestellt haben: Wenn wir die Geschöpfe eines allliebenden, allmächtigen und allweisen Schöpfers sind, warum hat er uns dann mit einem freien Willen ausgestattet, obwohl er schon vorher wusste, welches Elend und Leid der Missbrauch dieses freien Willens verursachen würde?

Die Antwort lautet: Gott wollte nicht, dass die Menschen nur roboterartige Maschinen oder einfach höher entwickelte Tiere sind. Er hat die Menschen als moralische Wesen geschaffen, und es gibt keinen Weg, moralische Lebewesen zu erschaffen, ohne ihnen auch einen freien Willen zu geben.

Um ein moralisches Geschöpf zu sein, braucht man zuallererst ein moralisches Bewusstsein. Soweit wir wissen, sind Menschen die einzigen Lebewesen auf der Erde, die ein solches Bewusstsein besitzen. Man kann z. B. einen Hund durch strenge, schmerzhafte Disziplinierung so trainieren, dass er beim Nachbarn nicht einfach ein Rindersteak vom Tisch stiehlt. Aber man wird es niemals schaffen, einem Hund beizubringen, warum Stehlen aus moralischer Sicht falsch ist. Er hat keine Vorstellung von Moral und wird sie niemals haben.

Und zweitens – wenn man sich moralisch verhalten will, muss man sich nicht nur des Unterschieds zwischen dem moralisch Guten und dem moralisch Bösen bewusst sein; man muss auch einen freien Willen haben, um sich frei entscheiden zu können, ob man Gutes oder Böses tun will.

- *Der Unterschied zwischen Computern und Menschen*

Hierbei handelt es sich um zwei völlig unterschiedliche Kategorien, sogar dann, wenn es sich um den hochentwickeltsten Computer handelt. Ein Computer kann in erster Linie eine enorme Menge an Wissen speichern, und nach den in ihn eingebauten Regeln kann er dieses Wissen bei Bedarf wiedergeben. Aber der Computer selbst besitzt keinerlei Verständnis dieses

Wissens, wie Professor John Searle in seinem berühmten Gedankenexperiment des „Chinesischen Zimmers" festgestellt hat.[133]

Ein Computer könnte Ihnen also gemäß seiner Programmierung Antworten auf moralische Fragen geben, aber er könnte Moral selbst niemals verstehen oder sich ihrer bewusst sein. Zudem kann ein Computer nicht moralisch für seine Entscheidungen und sein Verhalten verantwortlich gemacht werden. Wenn ein Computer an einem Entwurf von Landminen beteiligt ist, die letztendlich zur Verstümmelung oder zum Tod von Tausenden von Kindern führen, ist es sinnlos, ihn eines moralisch verwerflichen Verhaltens zu beschuldigen. Er hatte keinen freien Willen, er konnte sich nicht frei entscheiden. Er tat das, wozu er programmiert worden war. Er ist für seine Taten nicht moralisch verantwortlich. Er ist kein moralisches Wesen.

Im Gegensatz dazu sind Menschen, wie wir alle sehen können, nicht in diesem Sinne von ihrem Schöpfer programmiert worden. Sie haben die Fähigkeit, sich zu entscheiden, und können somit moralische Entscheidungen treffen. Mehr noch, sie sind im Allgemeinen stolz auf diese Fähigkeit. Niemand würde lieber ein menschenähnlicher, computerisierter Roboter sein. Wenn sich ein Mann z. B. dazu entschieden hat, sich in eine gefährliche Situation zu begeben, weil er an seinen moralischen Prinzipien festhalten will, anstatt sich feige aus der Affäre zu ziehen und seine moralischen Prinzipien zu verraten, findet er es gut, wenn man ihn als jemanden betrachtet, der die Verantwortung für seine moralische Entscheidung übernimmt, und ihn dafür lobt. Nur dann, wenn wir etwas sehr Falsches getan haben, sind wir versucht, unsere moralische Verantwortung zu leugnen und zu sagen: „Ich konnte nicht anders."

---

133 *Minds, Brains and Programs.* Searle fordert Sie auf, sich vorzustellen, dass Sie in einem Raum mit zwei Fenstern sitzen. Es wurde Ihnen ein Buch mit einer Gebrauchsanweisung ausgehändigt. Durch ein Fenster kommen Zettel herein mit unterschiedlichen Zeichen darauf. Gemäß der Gebrauchsanweisung ordnen Sie die Papierstücke weiteren Zetteln zu, auf denen zwar andere, aber dazu passende Zeichen stehen. Dann reichen Sie die Papiere durch das zweite Fenster. Sie handeln – so argumentiert Searle – wie ein Computer. Doch nehmen Sie nun an, die Zeichen auf den Zetteln wären chinesische Buchstaben gewesen und Sie verstünden kein Chinesisch. Sie haben die Aufgabe gemäß Anweisung erfolgreich erledigt, aber die Bedeutung der Zeichen nicht verstanden. Genauso verstehen Computer die Bedeutung dessen nicht, was sie verarbeiten.

Die Unentbehrlichkeit des freien Willens für die Liebe

Eine weitere Fähigkeit, die ohne den freien Willen unmöglich wäre, ist die Fähigkeit zu lieben. Gott hätte uns sicherlich auch ohne einen freien Willen erschaffen können, so wie Roboter; aber in diesem Fall wären wir nicht zu einer wahren, mündigen Liebe fähig, die aus freien Stücken gegeben und empfangen wird. Wenn Sie in Ihrem Zimmer säßen und ein Roboter käme herein, legte Ihnen seine Arme um den Hals und sagte: „Ich liebe dich", würden Sie wohl entweder über die Absurdität des Ganzen lachen oder ihn voller Abscheu wegstoßen (oder beides). Ein Roboter hat überhaupt keine Vorstellung von Liebe; und selbst wenn er sie hätte, wäre er nicht frei, selbst zu entscheiden, ob er Sie nun lieben will oder nicht: Er könnte nur das tun, wozu ihn jemand anders programmiert hat. Er hat keine unabhängige Persönlichkeit. Der existenzialistische Autor Jean-Paul Sartre erfasste diese Vorstellung recht gut:

> Doch wer geliebt werden will, begehrt nicht die Unterwerfung des geliebten Wesens. Es liegt ihm nicht daran, Objekt einer überschwänglichen und mechanischen Leidenschaft zu werden. Er will keinen Automatismus besitzen, und wenn man ihn demütigen will, braucht man ihm die Leidenschaft des Geliebten nur als das Ergebnis eines psychologischen Determinismus darzustellen: Der Liebende wird sich in seiner Liebe und in seinem Sein entwertet fühlen. ... der Liebende ist wieder mit sich allein, wenn sich der Geliebte in einen Automaten verwandelt hat.[134]

Es ist daher eine der großartigen Vorzüge des Menschseins, dass Gott Menschen als moralische Wesen geschaffen hat, die in der Lage sind, die Schönheit der Heiligkeit ihres Schöpfers und den moralischen Glanz seines Charakters wahrzunehmen, und auch, dass er sie mit einem freien Willen und der Fähigkeit zu lieben ausgestattet hat, sodass sie sich frei dazu entscheiden können, ihren Schöpfer zu lieben, anzubeten, ihm zu vertrauen und zu gehorchen, und sich wahrer Freundschaft und Gemeinschaft mit Gott erfreuen können, sowohl hier auf der Erde als auch schließlich im Himmel (Joh 4,22-24).

Aber dass den Menschen ein freier Wille verliehen wurde, bringt unvermeidlich auch die Möglichkeit mit sich, dass sie diesen freien Willen

---

134 *Das Sein und das Nichts*, 643

einsetzen können, um sich für das Böse zu entscheiden und Liebe zurück-
zuweisen – sogar die Liebe Gottes.

Eine gewisse Autonomie der Natur

Wir müssen nun einige notwendige Implikationen des freien Willens des
Menschen für die Struktur der Natur betrachten. Wenn der freie Wille und
die Entscheidungsfreiheit, die Gott den Menschen gegeben hat, echt sein
sollen, macht genau diese Tatsache es notwendig, dass die Natur etwas besitzt, das Philosophen als eine gewisse „Autonomie" bezeichnet haben. Lassen wir dies C. S. Lewis erklären:

> Die Leute reden oft so, als sei für zwei nackte Geistwesen nichts leich-
> ter, als einander zu „begegnen" oder einander gewahr zu werden. Aber
> ich sehe keine Möglichkeit, dass sie so etwas zustande brächten, es sei
> denn in einem gemeinsamen Medium, das ihre „Außen-Welt" oder
> Umwelt bildet. ... Was wir für die menschliche Gesellschaft brauchen,
> ist genau das, was wir besitzen: ein neutrales Etwas, das weder du noch
> ich ist, das wir beide handhaben können, um damit einander Zeichen
> zu geben. Ich kann mit dir sprechen, weil wir beide durch die Luft, die
> uns umgibt, einander Schallwellen zusenden können.[135]

Dann weist Lewis darauf hin, dass dieses und andere neutrale Felder – mit
anderen Worten, Materie – eine gewisse feste Natur haben müssen, eine gewisse Autonomie, wie Lewis sie nennt. Denn stellen Sie sich vor, das Gegenteil wäre der Fall. Stellen Sie sich z. B. vor, dass Gott die Welt so geschaffen
hätte, dass ein Holzbalken hart und stark bleibt, wenn man ihn für den Bau
eines Hauses verwendet, aber weich wie Gras wird, wenn ich damit meinen
Nachbarn schlagen will, oder wenn die Luft sich weigert, Lügen und Belei-
digungen weiterzutragen. Lewis sagt dazu:

> ... würde das Prinzip zu Ende gedacht, dann wären sogar böse Gedan-
> ken unmöglich, denn das Gehirn, mithilfe dessen wir denken, wür-
> de seinen Dienst verweigern, sobald wir versuchten, sie zu denken.
> Jegliche Materie in der Nachbarschaft eines bösen Menschen würde
> unvorhersagbaren Veränderungen unterworfen sein.[136]

---

135 *Über den Schmerz*, 27–28
136 *Über den Schmerz*, 30

Dies würde natürlich in der Praxis bedeuten, dass es auch keine Freiheit des menschlichen Willens und keine Entscheidungsfreiheit geben könnte.

Die Natur muss also eine gewisse Autonomie haben, damit es eine Gesellschaft von Wesen mit einem freien Willen geben kann, die in der Lage sind, echte moralische Entscheidungen für das Gute oder das Böse zu treffen und sie in die Praxis umzusetzen. Daraus folgt, dass Gott die Möglichkeit von bösem Denken und Handeln nicht beseitigen kann, ohne gleichzeitig die notwendige Bedingung für die Wirksamkeit des freien Willens zu beseitigen.

EIN EINWAND GEGEN DEN FREIEN WILLEN

Manche werden der Aussage widersprechen, dass der freie Wille ein gültiger Grund sei, weshalb Gott die Möglichkeit des Bösen habe zulassen müssen. Der Philosoph J. L. Mackie sagt dazu Folgendes:

> Wenn Gott die Menschen so gemacht hat, dass sie in ihrer freien Entscheidung manchmal das Gute und manchmal das Böse vorziehen, warum hat er dann die Menschen nicht so gemacht, dass sie sich immer frei für das Gute entscheiden? Wenn es logisch nicht unmöglich ist, dass sich ein Mensch in einem oder mehreren Fällen frei für das Gute entscheidet, kann es auch nicht logisch unmöglich sein, dass er sich in allen Fällen frei für das Gute entscheidet. Gott stand also nicht vor der Entscheidung, unschuldige Automaten zu erschaffen oder Wesen, die bei ihrem freien Handeln manchmal Fehler machen: Er hätte sich auch für die offensichtlich bessere Möglichkeit entscheiden können, Wesen zu erschaffen, die frei handeln, aber dabei immer das Richtige tun. Sein Versäumnis, diese Möglichkeit zu nutzen, passt eindeutig nicht dazu, dass er allmächtig und vollkommen ist.[137]

Mackie hat jedoch etwas Grundlegendes übersehen. Er dachte eindeutig an die Entscheidungen, die wir in unserem allgemeinen Verhalten gegenüber anderen Menschen treffen. Er meinte: Wenn es einen allmächtigen, guten Gott gibt, hätte er uns so machen können (und sollen), dass wir uns immer frei dazu entscheiden, unseren Mitmenschen Gutes (und niemals Böses) zu tun. Aber die fundamentalere Frage lautet nicht, für welches Verhalten

---

137 *Evil and Omnipotence*, 209

gegenüber unseren Mitgeschöpfen wir uns entscheiden, sondern die weitaus grundlegendere Frage ist, in welcher Beziehung wir Menschen zu unserem Schöpfer stehen: Sind wir oder sind wir nicht frei und in der Lage, seinen Willen abzulehnen und sogar ihn selbst, wenn wir dies wollen? Der springende Punkt ist: Wenn, wie Sartre oben sagt, Liebe etwas bedeuten soll, dann muss die Liebe zu Gott eine freie und bewusste Reaktion des menschlichen Herzens auf ihn sein. Aber das wiederum heißt, dass die Menschheit eine echte Wahl haben muss, ob sie Gott lieben will oder nicht.

Dies wird anschaulich in der berühmten Schilderung im 1. Buch Mose, wo Gott die ersten Menschen in den schönen Garten Eden setzt und ihnen sagt: „Von jedem Baum des Gartens darfst du essen; aber vom Baum der Erkenntnis des Guten und Bösen, davon darfst du nicht essen; denn an dem Tag, da du davon isst, musst du sterben!" (1Mo 2,16-17). Hier wird mit einfachen, aber tiefgründigen Worten gesagt, was es bedeutet, ein menschliches, moralisches Wesen zu sein. Gott hatte mündlich eine klare Grenze gesetzt für das, was sie essen durften. Sie hatten keine Erlaubnis, diese Grenze zu überschreiten, aber sie

> ✸ *Wenn alles erlaubt und nichts verboten ist, wenn es keine Grenzen gibt, dann gibt es auch keine echte Beziehung.*

hatten die Freiheit, sie zu überschreiten, wenn sie sich dazu entschieden. Wenn alles erlaubt und nichts verboten ist, wenn es keine Grenzen gibt, dann gibt es auch keine echte Beziehung. Das Vorhandensein einer Grenze ermöglichte erst eine Beziehung. Aber die Grenze war keine physikalische Einschränkung: Sie hatten die Freiheit, sie zu überschreiten. Das gehört dazu, wenn man ein moralisches Universum haben will – es muss eine Grenze geben, aber es muss die Freiheit geben, diese zu überschreiten oder nicht.

Bei der Gabe des freien Willens geht es also darum, ob Menschen Gott lieben und gehorchen wollen – und nicht nur, ob sie nett zueinander sind, so wichtig dies auch an sich sein mag. Gott konnte uns nicht so erschaffen, dass wir uns automatisch für seinen Willen entscheiden würden, weil das genau der Punkt ist, um den es geht: Sollen wir oder sollen wir nicht, uns frei dazu entscheiden, ihn zu lieben, ihm zu gehorchen und seinen Willen zu tun? Gott ist kein Tyrann. Wir müssen die Freiheit haben, uns entscheiden zu können: Er wird uns nicht zwingen, ihn zu lieben und ihm zu gehorchen. Das ist die echte Freiheit, mit der Gott die Menschheit gewürdigt hat, und Gott wird diese Würde niemals missachten.

II·3
WARUM GREIFT GOTT NICHT EIN UND GEBIETET DEM BÖSEN EINHALT?

Wenn so viele Menschen im Laufe der Geschichte ihren gottgegebenen freien Willen missbraucht haben, um ihren vergleichsweise unschuldigen Mitmenschen solch ungeheuer Böses anzutun – und dies auch heute noch tun –, ist Gott dann nicht in irgendeiner Weise dafür verantwortlich?

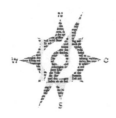

TRÄGT GOTT DIE VERANTWORTUNG?

Bis jetzt haben wir argumentiert, dass Gott den Menschen einen freien Willen und Entscheidungsfreiheit geben musste, damit sie moralische Geschöpfe sind, und zweitens, dass er, als er den Menschen einen freien Willen und Entscheidungsfreiheit gab, gleichzeitig auch unvermeidlich die Möglichkeit zulassen musste, dass sie ihre Freiheit verwenden würden, um sich für das Böse zu entscheiden.

Aber wenn wir dies alles voraussetzen, bleibt in den Köpfen vieler Menschen noch immer eine Frage offen: Wenn so viele Menschen im Laufe der Geschichte ihren gottgegebenen freien Willen missbraucht haben, um ihren vergleichsweise unschuldigen Mitmenschen solch ungeheuer Böses anzutun – und dies auch heute noch tun –, ist Gott dann nicht in irgendeiner Weise dafür verantwortlich? Warum greift er nicht ein und gebietet dem Bösen Einhalt und beseitigt alle, die Böses tun, damit der Rest von uns unschuldigen Menschen weiter in Frieden und Freude leben kann?

Dies ist eine vernünftige Frage, doch bei genauerem Hinsehen entpuppt sie sich als komplizierte Angelegenheit und erfordert nicht nur eine, sondern eine ganze Reihe von Antworten. Die kurze Antwort lautet, dass Gott in der Vergangenheit tatsächlich schon eingegriffen hat und dies auch wieder tun wird. Von diesem Punkt an stammen die meisten unserer Argumente aus der Bibel. Wenn der Vorwurf lautet, dass es angesichts der Existenz des Bösen unglaubwürdig ist, dass der Gott der Bibel existiert, ist es nur vernünftig, die Bibel selbst auf diesen Vorwurf antworten zu lassen.

Gottes Eingreifen in der Vergangenheit

Christus selbst wies darauf hin, dass an einem Zeitpunkt in der Geschichte, als das Böse in der Welt zu einem allumfassenden Krebsgeschwür wurde, Gott die gesamte Menschheit (mit Ausnahme von acht Personen) durch eine gigantische Flut auslöschte (Mt 24,37-39; 1Mo 6–8).[138] Und als die extreme Unmoral von Sodom und Gomorra untragbar wurde, vernichtete Gott diese zwei Städte durch natürliche Ursachen, um so das ganze Gebiet von ihrem Einfluss zu befreien (Lk 17,28-37; 1Mo 19). Was er bereits getan hat, wird er wieder tun, sagt Christus.

Das Problem mit dem unterschiedslosen Gericht

Aber hier gibt es ein Problem, das die Bibel selbst ausdrücklich im Zusammenhang mit Sodom und Gomorra erwähnt (1Mo 18,23-32). Wie kann ein gerechter Gott, wenn schlimme Sünde und das Böse eine ganze Gesellschaft erfassen, die vergleichsweise Unschuldigen zusammen mit den äußerst Schuldigen vernichten? In einer kleinen Stadt wie Sodom war es relativ einfach, den wenigen vergleichsweise Unschuldigen die Flucht vor der allgemeinen Zerstörung zu ermöglichen. Aber manchmal durchdringt das Böse ganze Nationen, Länder und Reiche, und dann sind Millionen von Menschen in unterschiedlichem Maße in die grausamen und arroganten politischen Maßnahmen ihrer Regierung verwickelt. Lehrer sind verpflichtet, ihren Schülern z. B. fanatischen Faschismus und völkermörderischen Hass auf Minderheiten einzubläuen, wie es in Hitlerdeutschland geschah, oder einen Atheismus, der Gott ablehnt, wie es in marxistischen Ländern der Fall war. Durch falschen Patriotismus werden Menschen gezwungen, sich an grausamen ideologischen Kriegen für eine imperiale Expansion zu beteiligen. Universitätsprofessoren werden unter Druck gesetzt, die Geschichte (und manchmal auch die Wissenschaft) gemäß der Regierungspolitik neu zu interpretieren, ungeachtet dessen, was sie als Wahrheit erkennen. Ehrbare Arbeiter verdienen vielleicht ihren ehrlichen Lebensunterhalt als Angestellte eines großen weltweiten Konzerns, der (was sie nicht wissen und wogegen sie auch nichts tun könnten) Dritte-Welt-Länder ausbeutet und sich des Einsatzes von Sklavenarbeit schuldig macht. Wie könnte in diesem Fall ein gerechter Gott ganze Nationen vernichten, ohne dabei gleichzeitig massenweise vergleichsweise unschuldige (wenn auch immer noch sündhafte) Menschen zusammen mit den schuldigen zu vernichten?

---

138 Skeptiker spotten oft über solche biblischen Aussagen, und doch zeigen sie im Gegenzug auf Beweise, dass an einem Zeitpunkt in der Geschichte beinahe alles Leben auf diesem Planeten tatsächlich ausgelöscht wurde und dass es in einer fernen Zukunft sicherlich erneut ausgelöscht werden wird.

Gottes Unparteilichkeit

„Aber das ist genau der Punkt", sagt jemand. „Wenn Gott sowohl allweise als auch allmächtig ist, könnte er doch sicherlich ein selektives Gericht über jeden Einzelnen durchführen, die Bösen vernichten und die Guten verschonen. Warum tut er es dann nicht?"

Nun, stellen Sie sich vor, er würde dies tun. Stellen Sie sich vor, er würde heute eingreifen und alle bösen und sündhaften Menschen überall auf der Welt ausnahmslos vernichten. Wo würde er fairerweise aufhören? Und wie viele würden übrig bleiben? Wo würde er die Grenze zwischen Gut und Böse ziehen? Und wer sind überhaupt die schlechten Menschen, und wer sind die guten? „Entledige dich der Kapitalisten", sagen die Kommunisten, „und du wirst eine gute Welt mit guten Menschen haben." Die Kapitalisten werden natürlich das Gegenteil sagen. Und wenn wir das Ganze auf der persönlichen Ebene betrachten: Was würde Gott über jeden Einzelnen von uns sagen?

Keiner von uns kann das Problem des Bösen in der Welt realistisch diskutieren und so tun, als wären wir nur Zuschauer eines Phänomens, das uns völlig fremd wäre. In einer oft zitierten Geschichte über den Autor G. K. Chesterton wird erzählt, wie er einmal einer führenden englischen Tageszeitung auf die folgende Frage des Herausgebers geantwortet haben soll: „Was stimmt nicht mit der Welt?" Chestertons berühmte Reaktion war genauso brillant wie kurz:

> Sehr geehrter Herr,
> ich.
> Mit freundlichen Grüßen
> G. K. Chesterton.[139]

Er war ehrlich bereit, offen auszusprechen, was wir alle in unserem Herzen wissen: In jedem von uns gibt es etwas Böses.[140]

---

139 Obwohl diese Zeilen oft Chesterton zugeschrieben wurden, gibt es keine Belege, die dies stützen. Die Verbindung wurde (vermutlich korrekterweise) aufgrund eines Buches mit dem Titel *What's Wrong with the World* (dt. *Was mit der Welt nicht stimmt*) hergestellt, das Chesterton 1908 schrieb. Die Zwei-Wörter-Antwort („I am") bleibt jedoch wahr, unabhängig davon, wer sich diese tatsächlich ausgedacht hat.

140 Es wäre eine gesunde Übung, unsere Gedanken, Einstellungen und Handlungen mit der Checkliste von bösen Dingen in Galater 5,19-21 zu vergleichen.

Auch wir sind Teil des Problems. Sobald wir diese Tatsache begreifen, wäre eine realistischere Formulierung des Problems des Bösen: „Ich denke und tue Böses. Wenn es nun einen Gott gibt, warum toleriert er mich?"

Das tut er natürlich, aber warum?

Da Gott unparteiisch ist, wird es erst am Ende der Welt ein finales Gericht geben (Offb 20,11-15). Erst dann wird es möglich sein, die ganze Auswirkung der bösen Taten eines Einzelnen einzuschätzen. Der Schaden, der anderen durch die Sünden einer Person zugefügt wird, ist nicht auf seine Lebenszeit begrenzt, noch nicht einmal auf die Lebenszeit seiner Mitmenschen. Der harte und lieblose Umgang von Eltern mit ihren Kindern oder der Missbrauch der Kinder durch den Vater kann dem Nachwuchs so starke psychische Verletzungen zufügen, dass dieser wiederum seine Kinder und seine Mitmenschen auch schlecht behandelt, und die Folgewirkungen können über viele Generationen hinweg spürbar sein. Erst wenn die Geschichte ihr Ende erreicht hat und als Ganzes betrachtet werden kann, wird eine vollständige und korrekte Einschätzung der bösen Taten jeder Person gemacht werden, ganz zu schweigen von den Folgen des unsagbaren Bösen, das Nationen und ihre Anführer anderen Nationen angetan haben.

Gottes Geduld

In Anbetracht der Dinge, die gerade gesagt wurden, erscheint die Frage „Warum greift Gott nicht ein und gebietet dem Bösen Einhalt?" in einem ganz anderen Licht. Gott ist nicht nur unparteiisch und gerecht, sondern auch barmherzig, gnädig und geduldig. Er ist bereit zu warten (eine in unseren Augen lange Zeit), bevor er der Welt ein Ende setzt und dem Bösen auf immer Einhalt gebietet, und die Bibel erklärt uns, warum. Der Tag des Herrn (d. h. der Tag des Gerichts), so sagt sie, wird wie versprochen kommen. „Der Herr verzögert nicht die Verheißung, wie es einige für eine Verzögerung halten." Erst einmal misst der ewige Gott die Zeit nicht so wie wir. Aber vielmehr ist er „langmütig euch gegenüber" (siehe 2Petr 3,8-10).

Diese Geduld bedeutet, dass Gott z. B. gewartet hat, bis unsere Generation da war, und auch uns die Chance gegeben hat zu existieren. Das Leben kann hart sein, aber es ist nicht nur eine einzige lange Erfahrung von nichts als Bösem. Es gibt Freude, Liebe und Genuss, Annehmlichkeiten und Erfolge. Wir finden, dass es lebenswert ist. Nur wenige von uns würden es vorziehen, nie existiert zu haben. Zudem bietet das zeitlich begrenzte Leben hier auf dieser Erde auch die Aussicht darauf, sich einmal am ewigen Leben mit Gott im Himmel erfreuen zu dürfen.

Es gibt aber noch eine andere Absicht hinter Gottes Geduld: Er ist „langmütig euch gegenüber, da er nicht will, dass irgendwelche verloren gehen, sondern dass alle zur Buße kommen" (2Petr 3,9). Das wirft natürlich eine Reihe von Fragen auf.

BUSSE

Was ist Buße? Und wofür genau müssen wir Buße tun? Und wenn es stimmt, dass wir einen freien Willen haben: Mit welchem Prozess bzw. welchen Prozessen will Gott uns zur Buße bewegen?

Wir werden diese Fragen beantworten, indem wir diese zwei Punkte diskutieren:

1. Buße ist eine Entscheidung, ein freies moralisches Urteil eines Menschen über die Natur des Bösen.
2. Buße ist eine Erkenntnis aus Erfahrung, dass die Menschheit ohne Gott nicht in der Lage sein wird, das Böse aus eigener Kraft zu besiegen.

Eine Entscheidung über die Natur des Bösen

Zuerst einmal müssen wir verstehen, was es bedeutet, wenn man sagt, Buße sei eine Entscheidung des freien moralischen Urteils eines Menschen über die Natur des Bösen. Lassen Sie uns eine Analogie verwenden. Stellen Sie sich vor, ich habe einen soliden Goldbarren vor mir liegen. Ich würde ihn sehr gerne besitzen. Ich kann mir all die wundervollen Dinge vorstellen, die ich damit kaufen könnte. Aber die einzige Möglichkeit, ihn zu besitzen, wäre, ihn zu stehlen; und mir ist beigebracht worden, dass Stehlen falsch ist. In diesem Moment jedoch bedeutet mir Moral nichts. Die Verlockung des Goldes ist so stark, dass ich wirklich bereit wäre, den Goldbarren zu stehlen, um meine Habgier zu befriedigen. Warum stehle ich ihn dann nicht einfach? Der Grund könnte sein, dass mir bekannt ist, dass er durch einen gefährlichen elektrischen Strom gesichert ist: eine Berührung, und ich bin tot. Also stehle ich das Gold doch nicht.

Heißt das, dass es ein moralischer Akt war, dass ich vom Stehlen des Goldes abgesehen habe? Nein, natürlich nicht. Ich habe nicht davon abgesehen, weil ich überzeugt war, dass dies aus moralischer Sicht falsch ist, sondern einfach, weil ich keinen Selbstmord begehen wollte. Mein Motiv ist nichts anderes als Vorsicht aus Eigeninteresse. Der einzige Weg, wie dies zu einer moralischen Entscheidung für mich werden könnte, wäre, wenn ich wirklich zu der Überzeugung käme, dass Stehlen moralisch falsch ist. In diesem Fall würde ich das Gold nicht stehlen – auch dann nicht, wenn es nicht durch elektrischen Strom gesichert wäre.

- *Der Test der Unsichtbarkeit*

In Platons Dialog *Der Staat*[141] entwickelt einer der Charaktere, Glaukon, die Theorie, dass die meisten Leute nach außen hin die Gerechtigkeit loben, aber in ihrem Herzen insgeheim glauben, dass sich Ungerechtigkeit am meisten lohnt. Um seine Theorie zu veranschaulichen, ruft er den Zuhörern den antiken Mythos von Gyges in Erinnerung. Der Erzählung nach fand er einen magischen Ring und steckte ihn an seinen Finger. Er fand heraus, dass er für alle anderen unsichtbar wurde und ungesehen tun konnte, was er wollte, wenn er den Ring drehte. Wenn er den Ring dann wieder in seine ursprüngliche Position zurückdrehte, wurde er wieder sichtbar. Dies nutzte er aus und machte sich von Zeit zu Zeit unsichtbar und beging alle Arten von Verbrechen (u. a. Königsmord und Ehebruch), ohne dabei entdeckt zu werden. So gelangte er in der Gesellschaft zu großer Berühmtheit. Er war sogar hochangesehen, denn wenn er sichtbar war, verhielt er sich natürlich immer gerecht und wohlwollend.

Glaukon meinte nun, die große Mehrheit der Leute sei wie Gyges. Der einzige Grund, weshalb sie sich in der Öffentlichkeit gerecht verhielten, sei, dass sie gerne den Ruf hätten, gerecht zu sein. Wenn sie, ohne entdeckt zu werden, durch Diebstahl, Raub und Korruption der einen oder anderen Art viel Geld verdienen könnten, würden sie es tun. Sie würden sogar einen Menschen in dieser Situation als dumm und nicht besonders weltklug betrachten, wenn dieser sich weigern würde, etwas Ungerechtes deswegen nicht zu tun, weil Ungerechtigkeit immer böse und zerstörerisch ist, selbst wenn sie unentdeckt bleibt.

Im Folgenden behauptet Glaukon zudem: Weil die Welt so ist, wie sie ist, wird jemand, der darauf besteht, sich kompromisslos gerecht zu verhalten, weil jede Ungerechtigkeit böse ist, von der Welt des Kommerzes, der Politik und sogar der des Sports eine harte Lehre erteilt bekommen:

---

141 Buch II.359b–362

... der so gesinnte Gerechte wird gefesselt, gegeißelt, gefoltert, geblendet werden an beiden Augen, und zuletzt, nachdem er alles mögliche Übel erduldet, wird er noch aufgeknüpft werden und dann einsehen, dass man nicht [...] gerecht sein, sondern scheinen [muss].[142]

Glaukon übertreibt natürlich, wie er selbst zugibt. Aber in seinen Worten liegt mehr als nur ein Funken Wahrheit. Angelockt durch Geld und Macht schließt sich ein junger Mann einer Mafiagruppe an, aber schließlich bekommt er das Gefühl, dass es böse ist, rivalisierende Bandenführer zu erschießen, ihre Frauen zu Witwen zu machen und ihren Kindern den Vater zu rauben. Er möchte die Gang verlassen. Doch jetzt befindet er sich in einer sehr gefährlichen Situation. Wenn er sich weigert, an diesen Schießereien teilzunehmen, und versucht, die Gang zu verlassen, und vor Gericht als Zeuge gegen sie auftritt, kann er sich auch gleich selbst erschießen. Es stellt sich heraus, dass seine Taten auch auf dieser Ebene Konsequenzen haben werden.

- *Wir lernen anhand seiner Konsequenzen, was das Böse ist*

Wir lernen also die Natur des Bösen anhand der Natur seiner Konsequenzen kennen. Im Garten Eden wurde der Mensch davor gewarnt, Gott ungehorsam zu sein und vom Baum der Erkenntnis des Guten und Bösen zu essen, denn wenn er es tun würde, würde er sterben. Als er jedoch tatsächlich Gott ungehorsam wurde, wurde er nicht sofort hingerichtet, denn das hätte seinen freien Willen und seine Entscheidungsfreiheit verneint. Es wurde ihm erlaubt, weiterzuleben. Aber Gott ist die Summe alles Guten, und es kann kein alternatives Paradies ohne Gott für jene geben, die sich dazu entscheiden, Gott, sein Wort und seine Autorität abzulehnen. Der Mensch musste das, was er sich nicht von Gott sagen lassen wollte, aus Erfahrung lernen: dass die Entscheidung für das Böse einen dunklen Schatten auf sein Leben werfen und seine Entfremdung von Gott ein Gefühl von Schande, Schuld und Angst wie auch letztendlich seinen Tod zur Folge haben würde.

Außerdem lernen wir die Natur des Bösen nicht nur anhand dessen kennen, was wir selbst erleiden, sondern auch anhand dessen, was wir anderen zufügen. Ein Mann, der sich dazu verleiten ließ, sich der Mafia anzuschließen, wird vielleicht am Ende von den Verbrechen angewidert sein, die

---

142 *Der Staat* II.361e–362a (Übersetzung: Friedrich Schleiermacher)

er begehen muss. Ein anderer mag erkennen, wie böse seine Wege waren, wenn er am Grab seiner Mutter steht, die vorzeitig starb, weil ihr die Schande seiner Verbrechen das Herz brach. Die größte Zurschaustellung der Folgen des menschlichen Bösen, die es in der Geschichte gegeben hat, war in der Tat die Kreuzigung des Sohnes Gottes. Dort wurde der edelste Mensch, der je gelebt hat, der Heiligkeit, Gerechtigkeit und Liebe lehrte, der selbstlos und sündlos lebte und unbeirrbar für die Wahrheit einstand, ausgepeitscht, gefoltert und gekreuzigt (wie Glaukon unwissentlich voraussah). Zumindest Christen werden dafür nicht nur die Menschen beschuldigen, die vor langer Zeit seine Kreuzigung wirklich durchführten. Sie sehen die Kreuzigung des Sohnes Gottes als Ausdruck der Sündhaftigkeit und des Bösen, das jedes menschliche Herz mehr oder weniger infiziert. „Were *you* there, when they crucified my Lord?", heißt es in einem alten Spiritual (auf Deutsch: Warst *du* da, als sie meinen Herrn kreuzigten?).

Wenn Buße durch Erfahrung gelernt wird, ist sie also die Entscheidung des freien, moralischen Urteils eines Menschen über die Natur des Bösen (das von ihm selbst oder von anderen begangen wird). Es bedeutet, Gottes Urteil über das Böse zuzustimmen und ihm zu entsagen.

• *Wir müssen erkennen, dass wir unfähig sind, das Böse zu besiegen*

Aber Buße bedeutet noch mehr. Es ist die Erkenntnis, zu der wir durch Erfahrung gelangen, dass die Menschheit allein ohne Gott das Böse nicht besiegen kann. Erneut kann uns die Geschichte der Versuchung des Menschen im Garten Eden als Analysewerkzeug dienen.

Der Mensch im Garten Eden war zu Beginn unschuldig. Er war noch nie dem Bösen begegnet und musste sich auf Gottes Autorität verlassen, um zu wissen, was böse war. Es war ihm daher verboten, vom Baum der Erkenntnis des Guten und Bösen zu essen. Das hieß nicht, dass Gott entschlossen war, den Menschen für immer in einem Zustand der Unmündigkeit zu lassen. Denken Sie daran, wie wir mit unseren eigenen Kindern umgehen.

Hier ein Beispiel: Ein Bauer hat eine Pistole, mit der er gefährliche wilde Tiere erschießen kann. Er bewahrt die Pistole in einem verschlossenen Schrank auf und verbietet seinem elfjährigen Sohn strengstens, jemals den Schrank aufzubrechen, die Pistole herauszunehmen und damit zu spielen. Der Junge ist noch nicht in der Lage, richtig mit der Pistole umzugehen: Er hat keine wirkliche Vorstellung davon, wie leicht ein falscher Umgang damit tödliche Konsequenzen haben könnte. Später im Leben wird er freilich unter der strengen Aufsicht seines Vaters schrittweise lernen, die Pistole sicher zu handhaben. Doch bevor das geschieht, missachtet der Sohn das Verbot seines Vaters, nimmt die Pistole und erschießt versehentlich seine Schwester. So lernt er durch Erfahrung zwei Folgen des Bösen kennen: die Schuld, seine Schwester getötet zu haben, und die Entfremdung von seinem Vater, weil er zuerst die Autorität seines Vaters missachtet hat.

So war es auch bei Adam und Eva. Statt auf Gottes Autorität zu vertrauen und darauf zu warten, dass er sie zur rechten Zeit unter seiner strengen Aufsicht darauf vorbereitete zu lernen, was das Böse ist und diesem zu begegnen, ohne von ihm überwältigt zu werden, lehnten sie Gottes Wort und Autorität ab und griffen unabhängig von Gott nach der Erkenntnis des Guten und Bösen. Sofort bekamen sie eine doppelte Konsequenz zu spüren: ein Gefühl der Schuld und Entfremdung von Gott, weil sie seine Autorität abgelehnt hatten, und die Qual, sich nun einem lebenslangen (und sehr ungleichen) Kampf gegen das Böse stellen zu müssen.

- *Gott führt die moralische Erziehung der Menschheit fort*

Gott ließ sie nicht sofort im Stich oder verwarf seine Absicht, eine ganze Menschheit mit einem voll entfalteten moralischen Charakter zu haben. Aber ein Teil seiner Wege zu diesem Ziel wäre, dass die Menschen von nun an ständig selbst gegen das Böse kämpfen müssten. Schließlich würden sie gezwungen sein, Regierungen zu installieren und Rechtssysteme einzurichten – denn Anarchie würde sich als unpraktisch erweisen. Das würden sie mit Gottes Zustimmung tun, sagt die Bibel (Röm 13,1-7), und sicherlich werden die Christen von Gott gelehrt und angewiesen, sich ihrer rechtmäßigen Regierung zu unterwerfen und für ihre Herrscher zu beten.

Das heißt natürlich nicht, dass alle Regierungen perfekt sind und Gott alles gutheißt. Regierungen haben sich nicht selten als böse und tyrannisch erwiesen und entweder die göttliche Autorität verneint oder an sich gerissen. Und der Versuch, die beste Staatsform zu finden, war nicht selten eine schmerzvolle Erfahrung, die dem Menschen viel Leid eingebracht hat. Doch auch wenn Regierungen manchmal, statt gegen das Böse zu kämpfen, selbst der Ursprung des Bösen gewesen sind, kann die Menschheit in ihrem Kampf gegen das Böse dennoch nicht ohne Regierung auskommen. Wir alle müssen für den Frieden, die Sicherheit und das Wohlergehen dankbar sein, die Regierungen uns verschaffen, auch wenn sie nicht perfekt sind. Es ist leicht zu sehen, wie das Böse Amok laufen würde, wenn es sie nicht gäbe, denn das Böse wird niemals ganz beseitigt, sondern nur eingedämmt.

Aber das erinnert uns daran, dass die oft mit Zuversicht geäußerte Hoffnung eine Illusion ist, dass irgendwann die fortgeschrittene Evolution, die Zivilisation, die Technik, die Medizin, die Psychologie und die Wirtschaft das Problem des Bösen auf der Welt ohne Gott lösen würde.

• *Lektionen aus der Erfahrung*

Es war ein enormer Fortschritt in der Physik und der Naturbeherrschung des Menschen, als Wissenschaftler im letzten Jahrhundert die Atomspaltung entdeckten und dann eine Kernfusion auslösen konnten. Aber als Erstes setzte man diese Entdeckung ein, um Hunderttausende von Mitmenschen damit zu vernichten. Danach bauten Ost und West jahrzehntelang Tausende von Nuklearwaffen, um einander zu bedrohen, was ein Vermögen kostete und ruinös für die Volkswirtschaften war. Aufrüstung schien der einzige Weg zu sein, um sich vor den bösen Absichten ihrer Gegner zu schützen. Auch wenn in verschiedenen Teilen der Welt immer noch mehr Waffen produziert werden, bleiben viele davon ungenutzt und werden nicht eingesetzt. Diese verfallenden Waffen und der Atommüll aus Kraftwerken haben sich

> ✦ *Als die Menschen in Äthiopien zu Tausenden starben, weigerten sich die europäischen Länder lange, einen Teil ihres gewaltigen Überschusses an Nahrungsmitteln zu spenden, um die Äthiopier vor dem Hungertod zu bewahren, weil dies potenziell ihre Volkswirtschaften aus dem Gleichgewicht hätte bringen können!*

sowohl als potenzielle als auch tatsächliche Quellen für furchtbare menschliche Fehlbildungen, Krankheiten und Tod erwiesen. Und noch immer besteht die Gefahr, dass instabile Regime und terroristische Organisationen eines Tages Atomwaffen zur Massenvernichtung einsetzen. In dieser Hinsicht hat der Fortschritt in Wissenschaft und Technik das Böse im menschlichen Herzen nun nicht wirklich reduziert.

Im letzten Jahrhundert sind Tausende von Menschen in Äthiopien aufgrund von Hungersnöten gestorben, die zum Teil durch einen sinnlosen, brutalen Bürgerkrieg verursacht wurden. Im Westen hatten fortschrittliche wissenschaftliche Methoden in der Landwirtschaft zur Überproduktion von Getreide, Fleisch und Butter geführt, die ungenutzt in eigens dafür gebauten Lagerhäusern deponiert wurden. Aber als die Menschen in Äthiopien zu Tausenden starben, weigerten sich die europäischen Länder lange, einen Teil dieses gewaltigen Überschusses an Nahrungsmitteln zu spenden, um die Äthiopier vor dem Hungertod zu bewahren, *weil dies potenziell ihre Volkswirtschaften aus dem Gleichgewicht hätte bringen können!*

Andererseits stimmt es auch, dass in manchen Entwicklungsländern Millionen von Dollar an internationalen Hilfsgeldern von korrupten Diktatoren veruntreut und auf private Auslandskonten überwiesen wurden, während ihr eigenes Volk in Elend und Armut lebt.

Mittlerweile haben die Fortschritte in Technik und Ökonomie den Lebensstandard in den Industrienationen in den letzten Jahrzehnten stark ansteigen lassen. Doch in ebendiesen Nationen, die so stolz auf ihre Demokratien und ihren Einsatz für Menschenrechte sind, haben Unternehmer ein Vermögen gemacht mit der Herstellung und dem Verkauf von Millionen von Landminen an Länder wie Angola und Afghanistan, wo sie Tausende von unschuldigen Zivilisten (unter ihnen Kinder) getötet oder ihnen die Beine abgerissen haben. Und diese Unternehmer und ihre Regierungen haben versucht, dies so zu rechtfertigen: „Wenn wir ihnen diese Landminen und Waffen nicht verkaufen, werden es andere Länder tun; also können wir es auch tun, denn es hilft, Arbeitsplätze in unseren Ländern zu erhalten."

Manche Wirtschaftsexperten schlagen als Lösung der wirtschaftlichen Probleme der Welt die Globalisierung des Handels vor. Es gibt natürlich schon eine Reihe von gigantischen, internationalen Handelskonzernen, deren jeweilige Jahresbudgets die Staatshaushalte vieler kleiner Länder übertreffen. Ihr Einfluss auf Regierungen ist enorm, und die Frage nach ihrer letztendlichen Verantwortlichkeit ist problematisch. In der jüngeren Vergangenheit ist es mehrmals vorgekommen, dass die Direktoren solcher gigantischen Konzerne ihre Bilanzen systematisch in Milliardenhöhe manipuliert haben, und zwar unter der Mitwisserschaft weltbekannter Wirtschaftsprüfungskanzleien.

Es ist daher nur allzu offensichtlich, dass die Notwendigkeit, gegen menschliche Gier, Korruption und das Böse anzukämpfen, mit dem Fortschritt von Zivilisation, Wissenschaft, Technik und Wirtschaft nicht abgenommen hat. Wenn die führenden Nationen der Welt einander vertrauen würden, könnten die ungeheuren Geldsummen, die sie jetzt für noch fortschrittlichere Verteidigungswaffen ausgeben, für den kollektiven Versuch eingesetzt werden, die Erde von Armut, Seuchen und unfruchtbaren Gegenden zu befreien. Aber sie können einander nicht trauen: Es wäre naiv zu meinen, dass sie es könnten.

Das ist natürlich kein Grund, den Kampf gegen das Böse aufzugeben. Aber es ist ein Beweis für die Notwendigkeit jener tief greifenden Sinnesänderung, die die Bibel Buße nennt: Erstens muss man erkennen, dass die Grundursache für das Böse der Menschheit unsere Entfremdung und Unabhängigkeit von Gott ist und unsere bewusste Ablehnung von Gottes Gesetzen, und zweitens muss man sich eingestehen, dass die Menschheit allein die Welt definitiv nicht ohne Gott vom Bösen heilen kann. Gott hat eine Zukunft für die Erde, aber nach der Bibel sind seine Bedingungen dafür folgende:

... Gott ... gebietet ... jetzt den Menschen, dass sie alle überall Buße tun sollen, weil er einen Tag festgesetzt hat, an dem er den Erdkreis richten wird in Gerechtigkeit durch einen Mann, den er dazu bestimmt hat, und er hat allen dadurch den Beweis gegeben, dass er ihn auferweckt hat aus den Toten. (Apg 17,30-31)

Und nun werden wir unsere Aufmerksamkeit auf die Idee des Gerichts Gottes über die Welt lenken.

II·4
GOTTES GERICHT ÜBER DIE WELT

Es freue sich der Himmel, und es jauchze die Erde!
Es brause das Meer und seine Fülle!
Es frohlockt das Feld und alles, was darauf ist!
Auch alle Bäume im Wald sollen jubeln vor dem HERRN!
Denn er kommt, denn er kommt, die Erde zu richten.
Er wird die Welt richten in Gerechtigkeit und die Völker
in seiner Wahrheit.

Psalm 96,11-13

FREUDE ÜBER GOTTES GERICHT?

Die Idee eines kommenden Tages des Gerichts wird nicht unbedingt mit großer Begeisterung aufgenommen. Doch in der Poesie der hebräischen Psalmen wird dieser Tag als etwas beschrieben und in Aussicht gestellt, das man mit großer Freude erwarten kann, als einen Tag, den die ganze Schöpfung mit Jubel und Dankbarkeit willkommen heißen wird:

> Es freue sich der Himmel, und es jauchze die Erde!
> Es brause das Meer und seine Fülle!
> Es frohlockt das Feld und alles, was darauf ist!
> Auch alle Bäume im Wald sollen jubeln vor dem HERRN!
> Denn er kommt, denn er kommt, die Erde zu richten.
> Er wird die Welt richten in Gerechtigkeit
> und die Völker in seiner Wahrheit.
> (Ps 96,11-13)

Warum ist da diese Freude über die Aussicht auf Gottes Gericht? Es ist nicht der rohe Wunsch nach Rache an den Feinden. Die Menschen sind einfach zuversichtlich, dass dann die Gerechtigkeit siegen wird. Das Böse wird vernichtet werden. Die Schöpfung selbst wird aus der Knechtschaft der Vergänglichkeit, von ihrem Seufzen und ihren Schmerzen befreit werden.[143] Die Erde wird in Harmonie mit dem Himmel sein und den Zweck ihres Schöpfers voll erfüllen. Gerechtigkeit wird herrschen; überall wird Frieden sein. Warum sollte man sich also nicht freuen? Welche ernsthafte Person würde nicht wollen, dass das Böse für immer verschwindet?

---

143 A. d. V.: Siehe Röm 8,22

EINWÄNDE GEGEN GOTTES GERICHT

An diesem Punkt stellen wir jedoch fest, dass es in den Einstellungen der Menschen einen seltsamen Widerspruch gibt. In einem Moment sagen sie, sie könnten nicht an die Existenz Gottes glauben. Warum nicht? Weil, so sagen sie, ein allliebender, allmächtiger und allweiser Gott nicht zulassen würde, dass das Böse weiter existiert. Aber wenn man dann erwidert, dass Gott die Welt einmal richten, Unrecht korrigieren, reuelose Übeltäter bestrafen und dem Bösen ein Ende bereiten wird, werden dieselben Leute wieder Einspruch erheben. Sie wollen nicht, dass es ein Endgericht gibt.

Iwan Karamasow aus der Geschichte von Dostojewski, die wir bereits erwähnt haben, ist so jemand. Er kann den Gedanken nicht ertragen, dass das Gebäude einer allgemeinen Harmonie auf den ungerächten Tränen auch nur eines kleinen Mädchens errichtet wird. Und doch fügt er genauso inbrünstig hinzu, dass er die Idee einer göttlichen Vergeltung ablehnt. Er zieht es vor, dass seine eigenen falschen Taten ungerächt bleiben, und gibt Gott die Eintrittskarte zurück.[144]

Warum gibt es nun diesen seltsamen Widerspruch in den Einstellungen der Menschen zu einem göttlichen Gericht?

Eine mögliche Erklärung ist, dass sie zwar wollen, dass mit dem ungeheuerlichen Bösen abgerechnet wird, sie sich aber gleichzeitig auch des Bösen in sich selbst bewusst sind und es daher vorziehen, mit Lukrez zu denken, dass mit dem Tod alles endet. Wenn sich die Atome unseres Körpers auflösen, wird es kein Gericht geben, an dem wir für das Böse, das wir getan haben, Rechenschaft ablegen müssen. Sie wollen sich nicht mit dem Gedanken auseinandersetzen, dass der falsche Gebrauch unseres freien Willens ewige Konsequenzen haben könnte.

Ein verbreitetes Missverständnis über die Vergebung

Ein weiterer Grund, weshalb manche Leute die Idee eines göttlichen Gerichts ablehnen, ist, dass sie denken, es widerspreche dem Wesen der Vergebung Gottes und der Vergebung, die er von Christen verlangt.

Nun stimmt es, dass Christus an denen, die ihn kreuzigten, keine Vergeltung übte noch ihnen drohte. Indem er ohne Vergeltung litt, gewährte er seinen Verfolgern die Zeit und den Raum zur Buße, sodass sie durch sein sühnendes Leiden für sie Vergebung finden konnten (1Petr 2,21-24). Aber dieselbe Bibelstelle sagt uns, dass er „sich dem übergab, der gerecht richtet",

---

144 Siehe Kap. 1

und auf seinem Weg zum Kreuz warnte er die Frauen von Jerusalem eindringlich vor dem Gericht, das über jene, die entgegen ihrem eigenen Gerechtigkeitsmaßstab ihren König und Messias kreuzigten, kommen muss, wenn sie nicht Buße tun (Lk 23,28-31).

Gewiss betete Christus um Vergebung für jene, die ihn tatsächlich kreuzigten, nämlich die Soldaten, die ihm die Nägel durch seine Handgelenke und Füße schlugen. Aber es ist wichtig, dass man beachtet, auf welcher Grundlage er um ihre Vergebung betete: „Vater, vergib ihnen! Denn sie wissen nicht, was sie tun" (Lk 23,34). Sie taten nur ihre Pflicht als römische Soldaten. Es wäre etwas ganz anderes, wenn es Menschen gewesen wären, die ganz genau gewusst hätten, was sie taten – es sei denn, sie hätten es danach bereut und Buße getan.

> ✦ Man kann eine Sünde nicht vergeben, die nicht bereut wird – das wäre, als sagte man, dass sie ohne Bedeutung sei, und sie so billigt. So ist es auch bei Gott.

Ebenso fordert Christus alle seine Nachfolger auf, jenen zu vergeben, die an ihnen schuldig werden, jedoch zu diesen Bedingungen: „Wenn dein Bruder sündigt, so weise ihn zurecht, und wenn er es bereut, so vergib ihm! Und wenn er siebenmal am Tag an dir sündigt und siebenmal zu dir umkehrt und spricht: Ich bereue es; so sollst du ihm vergeben" (Lk 17,3-4). Wir sehen hier, dass Reue eine wichtige Voraussetzung ist. Wir dürfen natürlich selbst keine Verbitterung im Herzen hegen. Vielmehr sollen wir auch zu jenen freundlich sein, die uns verfolgen, und immer bereit sein zu vergeben. Aber man kann eine Sünde nicht vergeben, die nicht bereut wird – das wäre, als sagte man, dass sie ohne Bedeutung sei, und sie so billigt. So ist es auch bei Gott. Seine Güte uns gegenüber soll uns zur Buße führen, doch wenn wir keine Reue zeigen, wird uns gesagt: Damit „häufst du dir selbst Zorn auf für den Tag des Zorns und der Offenbarung des gerechten Gerichts Gottes" (Röm 2,5).

Es gibt auch noch eine weitere Überlegung, weshalb Gott letztendlich mit dem Bösen abrechnen muss, und zwar weil er der Schöpfer und Eigentümer der Welt ist. Er kann angesichts des Bösen, das seinen Planeten verdirbt und seine Geschöpfe zerstört, nicht gleichgültig sein. Sicherlich hat er uns als seinen Geschöpfen einen freien Willen gegeben. Aber es steht dem freien Willen der Menschheit nicht offen, Gott aus seinem eigenen Universum zu vertreiben und die Erde zu einer „No-go-Area" für Gott zu erklären. Daher ist es unvermeidbar, dass er eines Tages seine Rechte als Schöpfer geltend machen, mit einem Gericht eingreifen und anfangen wird, die Schöpfung neu zu machen.

• *Gottes Gericht: eine Folge seiner Liebe*

Unser innerer Gerechtigkeitssinn besteht jedoch ebenso wie die Bibel mit Nachdruck darauf, dass das Gericht nicht zuletzt wegen all der unschuldigen Opfer des Bösen kommen wird. Glauben wir wirklich, dass die Urheber der bösen Völkermorde im Laufe der Geschichte, unter ihnen Hitler, Pol Pot und die Täter in Ruanda (und nicht zu vergessen andere Beispiele aus der jüngeren Vergangenheit), niemals dafür zur Rechenschaft gezogen werden? Sehen wir es wirklich so, dass, sobald so etwas geschehen ist, nichts passieren wird im Hinblick auf die damit verbundene Ungerechtigkeit? Denken wir wirklich, dass Schuld einfach verschwindet, wenn nur etwas Zeit vergangen ist? Das wäre entsetzlich. Nicht nur das, es würde auch überhaupt nicht zu der Tatsache passen, dass Gott ein Gott der Liebe ist. Denn die Lehre vom Zorn und Gericht Gottes widerspricht der Liebe Gottes nicht – ganz im Gegenteil: Seine Liebe macht diese notwendig. Schließlich wäre ein Gott, der am Ende nicht mit dem Bösen abrechnet und dafür sorgt, dass Gerechtigkeit geschieht, kein Gott der Liebe. Stephen Neill drückt dies wie folgt aus:

> Der beste Weg, die Lehre vom Zorn Gottes zu verstehen, ist, die Alternativen zu betrachten. Die Alternative ist nicht die Liebe, denn richtig betrachtet sind Liebe und Zorn nur die Vorder- und Rückseite derselben Sache ... Die Alternative zum Zorn ist Neutralität – Neutralität im Konflikt der Welt ... In einer solchen Welt zu leben wäre ein Albtraum. Nur die Lehre vom Zorn Gottes, von seiner unversöhnlichen Feindschaft gegenüber allem Bösen, macht das menschliche Leben in einer Welt wie der unseren erträglich.[145]

Stellen Sie sich vor, ich fahre unter Alkoholeinfluss mit dem Auto Ihre Tochter tot. Sehr wahrscheinlich werden Sie nicht sagen: „Sie ist jetzt tot, also ist es egal", denn das würde zeigen, dass Sie sie überhaupt nicht geliebt haben oder dass sie Ihnen gar nicht wertvoll war. Wenn jedoch ein paar Monate vergangen sind, wird die allgemeine Öffentlichkeit den Vorfall vergessen haben, und viele werden Sie ermutigen, nicht in Trauer zu versinken, sondern das Ganze hinter sich zu lassen. Aber Gott wird niemals diese Einstellung haben, denn er liebt Ihre Tochter. Und wenn ich meine sündige Tat nicht bereue, die zu ihrem Tod führte, wird Gott sie mir für alle Ewigkeit

---

145 *The Wrath of God and the Peace of God*, 20–22

vorwerfen, denn er wird niemals sagen, es sei egal gewesen, weil er niemals aufgehört hat, Ihre Tochter zu lieben.

Ist eine Entscheidung, die zu unserer ewigen Verurteilung führen kann, wirklich frei?

Lassen Sie uns diese Frage ausführlicher behandeln: Wie können wir an einen Gott glauben, der uns selbst (ohne dass wir darum gebeten hätten) die Fähigkeit des freien Willens und der freien Entscheidung gab und uns dann ewig dafür bestrafen wird, wenn wir sie nicht so einsetzen, wie er es uns vorschreibt?

Nun, wir alle haben sicherlich viele Male unseren freien Willen eingesetzt, um die Gebote unseres Schöpfers zu missachten. Aber die kurze Antwort auf die oben gestellte Frage lautet, dass Gott, lange bevor er die Menschheit schuf und uns einen freien Willen gab, ein Sicherheitsnetz konzipiert hatte, damit die Menschen nicht unvermeidlich irreversiblen und irreparablen Schaden davontragen würden, weil sie ihren freien Willen so oft missbrauchen und sich dazu entschieden hätten, Gott nicht zu gehorchen. Alles, was von ihnen verlangt würde, wäre, ihren freien Willen dazu einzusetzen, von dem Sicherheitsnetz Gebrauch zu machen. Und auf die Frage, mit welchen Mitteln Gott einen Menschen möglicherweise dazu bringen könnte, seinen freien Willen einzusetzen, um von dem Sicherheitsnetz Gebrauch zu machen, lautet die Antwort: einerseits durch die Erfahrung der schlimmen Konsequenzen eines missbrauchten freien Willens, der Gottes Wort ablehnt, und andererseits durch die fortdauernde Liebe Gottes zur Menschheit, trotz unserer Rebellion.

Aber damit kommen wir zum zentralen Punkt, wenn ein Mensch seinen freien Willen gebraucht: Wie schätzt er persönlich den Charakter Gottes ein? Kann man Gott vertrauen? Ist er es wert, frei von uns geliebt zu werden? Um dies klarer zu sehen, lassen Sie uns noch einmal den Bericht vom Sündenfall als Analysewerkzeug verwenden.

Als Adam und Eva ihren freien Willen einsetzten, um von dem verbotenen Baum zu essen, war dies nicht nur ein willkürliches, motivloses Brechen von Gottes Verbot. Der Missbrauch ihres freien Willens wurde durch gewisse Verleumdungen gegen Gottes Charakter motiviert, die ihnen vom Verführer, der Schlange, in den Kopf gesetzt wurden. „Der einzige Grund", meinte dieser, „für Gottes Verbot ist, dass ihr ihm und seiner Autorität unbedingt untertan bleiben sollt. Und deswegen versucht er, euch mit der Schauergeschichte Angst einzujagen, dass ihr sterben werdet, wenn ihr von dem Baum esst. Das ist Unsinn. Ihr werdet nicht sterben. Ihr werdet vielmehr sein wie Gott und selber wissen, was gut und böse ist, und dabei nicht länger von Gottes Autorität abhängig sein. Greift also nach der Freiheit! Lasst euch nicht von Gott unterdrücken. Seid wie Gott!" (nach 1Mo 3,1-5). Das waren berauschende Worte, und sie glaubten tatsächlich die Lügen über Gott statt Gottes eigenen Worten und nahmen die Frucht. Die Versklavung der Menschheit durch die Sünde und die Macht der Dunkelheit hatte begonnen.

• *Gottes Antwort: Gott wird Mensch*

Wie würde Gott dann unser Vertrauen, unsere Liebe und unseren Gehorsam zurückgewinnen, ohne dem Menschen seinen freien Willen zu nehmen? Zuerst verkündete er Adam und Eva, dass er nicht die Absicht hatte, die Menschheit aufzugeben – ganz im Gegenteil. Eines Tages würde ein Nachkomme der Frau – also ein Mitglied der Menschheit – die Menschen von den Verleumdungen des bösen Verführers und aus der Versklavung befreien. Gott bezog sich hier, so erklärt das Neue Testament, auf die Menschwerdung des Sohnes Gottes.[146] Gottes Antwort auf Satans irrsinnigen Vorschlag, der Mensch sollte versuchen, wie Gott zu sein, war, dass Gott Mensch werden würde. Als Abgesandter Gottes würde der Gott-Mensch die erbitterte Feindseligkeit tragen, die böse Menschen gegenüber allem empfinden, was heilig ist. Sie würden ihn kreuzigen, wie Glaukon unwissentlich vorhersah. Und Gott würde sie noch immer lieben.

Dann würde der Sohn Gottes als Vertreter der Menschheit vor Gott, obwohl er selbst sündlos war, freiwillig am Kreuz den Zorn Gottes über die Sünde der Menschheit tragen, um so bußfertigen Menschen die Versöhnung mit Gott zu ermöglichen und zusammen mit der Versöhnung Vergebung, den unverdienten Status als Kinder Gottes, das absolut kostenlose Geschenk des ewigen Lebens und eine Garantie auf die ewige Herrlichkeit (Röm 5,1-11; Jes 53,4-6). Auf Golgatha hat Gott „uns mit sich selbst versöhnt ... durch Christus ..., wie denn Gott in Christus war, und die Welt mit sich selbst versöhnte, ihnen ihre Übertretungen nicht zurechnete", und Gottes Angebot an die Menschheit bleibt bestehen: „Lasst euch versöhnen mit Gott!" (2Kor 5,18-21). Die Bedingungen dieser Versöhnung sind: 1. Buße und Umkehr zu Gott, d. h. eine tief gehende Veränderung des Geistes und des Herzens gegenüber Gott, die Zustimmung, dass Gottes Verurteilung der

---

146 Siehe z. B. Mt 1,18-23; Gal 1,4-5; Röm 16,20; Offb 20,1-3

Sünde gerecht ist, und die Annahme seiner Liebe; und 2. Glauben an den Herrn Jesus Christus als Retter und Herrn (Apg 20,21).

Aber der Mensch hat noch immer seinen freien Willen. Was passiert, wenn wir ihn einsetzen, um Gott, seine Liebe, Gnade und Erlösung abzulehnen? Gott wird den freien Willen der Menschen nicht missachten oder ihn wegnehmen, noch nicht einmal, um uns zu retten. Denn wenn er dies täte, wäre das, was ohne freien Willen gerettet würde, nicht länger ein Mensch. Aber es kann kein Alternativparadies geben für jene, die ihren Schöpfer ablehnen.

Wird Gottes Gericht unmenschlich sein?

Viele denken das. Bertrand Russell behauptete: „Ich halte es für ausgeschlossen, dass jemand, der wirklich zutiefst menschlich ist, an eine ewige Strafe glauben kann."[147] Was dieser Einwand jedoch nicht berücksichtigt, ist die Tatsache, dass Gottes Endgericht, wenn es kommt, von einem vollkommenen Menschen durchgeführt werden wird: Jesus Christus, dem Menschensohn. Er selbst versichert uns: „Denn der Vater richtet auch niemand, sondern das ganze Gericht hat er dem Sohn gegeben ... und er hat ihm Vollmacht gegeben, Gericht zu halten, weil er des Menschen Sohn ist" (Joh 5,22.27). Es wird ein Gericht durch einen von ihnen sein.

Dem Bösen kann und wird nicht erlaubt werden, für immer uneingeschränkt weiter zu bestehen, und es steht außer Frage, dass Christus moralisch würdig ist, das Gericht Gottes über das reuelose Böse zu sprechen: Er war es, der für alle starb, damit sie durch ihn vor dem Zorn Gottes bewahrt werden würden (Röm 5,9; vgl. Offb 5,8-10). Aber er, der über Jerusalems Uneinsichtigkeit weinte, der für jene betete, die ihn kreuzigten, er selbst hat uns gewarnt: Wenn die Tür der Gnade am Ende vor den Reuelosen zufällt, wird er zu jenen sagen, die draußen stehen und ihn wissentlich abgelehnt haben: „Ich habe euch niemals gekannt. Weicht von mir" (Mt 7,23). C. S. Lewis schreibt dazu:

> So dunkel es unserem Verstand auch erscheinen und so unerträglich es unserem Gefühl auch sein mag, wir können sowohl aus der Gegenwart Gottes, der doch allgegenwärtig ist, verbannt als auch aus seinem Wissen, der doch allwissend ist, ausradiert werden. Wir können

---

147 *Warum ich kein Christ bin*, 38

endgültig und unwiderruflich *draußen* gelassen werden – abgewiesen, verbannt, entfremdet und völlig unbeachtet.[148]

DAS PROBLEM DES MORALISCH BÖSEN

Als Menschen können wir unsere Entscheidungen treffen, und Gott wird sie respektieren. Aber wir können nicht über die Konsequenzen unserer Entscheidungen bestimmen. Wir haben weder uns selbst noch die Welt erschaffen, in der wir leben, und der Schöpfer ist nicht neutral in der Frage, was in dieser von ihm erschaffenen Welt gut ist und was nicht. Da das Böse in dieser Welt präsent ist und katastrophale und nachhaltige Konsequenzen hat, wird er das Böse richten. Doch er ruft uns alle auf, Buße zu tun und dem zu vertrauen, den er sandte, um seinen gerechten Zorn über die Sünde abzuwenden. Aber er wird richten. Sein Charakter, seine Liebe und sein Wort machen dies zu einer Gewissheit.

---

148 *Das Gewicht der Herrlichkeit*, 104

DAS PROBLEM
DES NATÜRLICH BÖSEN

II·5
DAS PROBLEM
VON SCHMERZ UND LEID

Wie können wir glauben, dass eine Welt,
in der Naturkatastrophen wie Erdbeben und Vulkanausbrüche
Tausenden von Menschen auf einmal das Leben kosten,
von einem allmächtigen, allweisen und allliebenden Gott
erdacht und erschaffen wurde und erhalten wird?

DAS PROBLEM

In diesem zweiten Teil werden wir über Schmerz und Leid nachdenken, das nicht durch das böse, grausame und unmoralische Verhalten von Menschen gegenüber ihren Mitmenschen verursacht wird und wofür die Menschen selbst verantwortlich sind, sondern über Schmerz und Leid infolge von Naturkatastrophen: Erdbeben, Vulkanausbrüche, Flutwellen, Erdrutsche, Lawinen, gefährliche Strahlung, Dürren, Missernten, Hungersnöte, Plagen (z. B. durch Heuschrecken und Malariamücken), für die der Mensch nicht direkt verantwortlich ist (auch wenn wir durch eine verantwortungslose Schädigung des Ökosystems indirekt zu diesen Dingen beitragen können), und andere Dinge wie angeborene Fehlbildungen, tragische Unfälle und Krankheiten, die die Persönlichkeit zerstören oder qualvolle Schmerzen verursachen. Auch dafür ist der Mensch nicht unmittelbar verantwortlich (auch wenn wir zu manchen davon sowohl direkt als auch indirekt beitragen können, wie z. B. beim Rauchen zu Lungenkrebs oder bei sexueller Freizügigkeit zu sexuell übertragbaren Krankheiten).

Das Problem, das dies für viele Leute darstellt, ist offensichtlich: Wie können wir glauben, dass eine Welt, in der Naturkatastrophen wie Erdbeben und Vulkanausbrüche Tausenden von Menschen auf einmal das Leben kosten, von einem allmächtigen, allweisen und allliebenden Gott erdacht und erschaffen wurde und erhalten wird? Der Rüssel eines Moskitos, der sich in die Haut eines Menschen bohrt, um sein Gift zu injizieren, ist ein großartiges Stück Ingenieurskunst. Wie kann man denken, es könne das Werk eines liebenden, persönlichen Schöpfers sein? Und wenn die Menschheit nach dem Bild Gottes geschaffen wurde, wie die Bibel sagt, warum werden dann so viele Babys mit Fehlbildungen und Krankheiten geboren?

Dieses Problem wird üblicherweise als das Problem des natürlich Bösen (oder als das Problem des Schmerzes) bezeichnet, um es von dem Problem des moralisch Bösen abzugrenzen, das wir im vorherigen Abschnitt diskutiert haben. Mit diesem Problem von Schmerz und Leid müssen wir uns nun auseinandersetzen und versuchen, eine Antwort darauf zu finden.

Ein kompliziertes Problem

Eine Antwort auf dieses Problem wird nicht einfach sein, und zwar aus dem einfachen Grund, weil es sich um ein doppeltes Problem handelt, das wir auf zwei unterschiedlichen Ebenen erfahren. Zunächst einmal ist es ein intellektuelles Problem, das nach Antworten verlangt, die unseren Verstand zufriedenstellen können. Andererseits kann es auch sein, dass jemand schlimme Schmerzen hat, seien sie physisch, seelisch oder mental, oder Eltern einen Schock erleiden, wenn sie feststellen, dass ihr Neugeborenes eine angeborene Fehlbildung oder eine Behinderung wie das Downsyndrom oder eine zerebrale Lähmung hat, oder ein geliebter Mensch in der Mitte des Lebens beginnt, Symptome einer schrecklichen, genetisch bedingten Krankheit wie Chorea Huntington zu entwickeln, oder ein schmerzlicher Verlust Kopf und Herz mit einer Mischung aus Angst, Wut, Einsamkeit und untröstlicher Trauer überwältigt – in diesen und Hunderten weiterer Fällen von Schmerz und Leid werden bloße intellektuelle Erklärungen für das Problem des Leids wohl eher peinlich unangebracht und nicht sonderlich hilfreich erscheinen. Was der Leidende braucht, ist etwas, was nicht nur den Geist zufriedenstellt, sondern auch das Herz – Antworten, die seine Qual lindern und ihm Hoffnung und Mut zum Durchhalten schenken.

Allerdings ist es notwendig, dass wir zunächst mit den Antworten auf das intellektuelle Problem beginnen, denn auch wenn intellektuelle Antworten allein nicht ausreichen werden, werden uns der Trost und der Mut, den wir brauchen, um uns dem Schmerz und Leid des Lebens zu stellen, auf Dauer nur wenig Kraft geben, wenn sie auf äußerst irrationalen Überlegungen basieren.

DAS PROBLEM ALS DAS SEHEN, WAS ES WIRKLICH IST

Üblicherweise wird das Problem so wiedergegeben, wie wir es oben ausgedrückt haben: Wie können wir die Tatsache von so viel Schmerz und Leid in der Welt mit der Existenz eines allliebenden, allweisen, allmächtigen Schöpfergottes vereinbaren? Die unausgesprochene Annahme ist, dass wir es hier mit zwei unvereinbaren Dingen zu tun haben, die es uns (jedenfalls aus logischer Sicht) unmöglich machen, an die Existenz von beidem zu glauben. Entweder führen wir uns die Realität, das Ausmaß und den Schrecken von

Schmerz und Leid vor Augen und geben den Glauben an Gott auf, oder wir glauben weiterhin an Gott und verschließen unsere Augen vor der Realität des Bösen und des Leids. Beides geht nicht, und die Erfindung von Mythen über einen Himmel, in dem wir letztendlich sein werden, ist bloße Realitätsflucht und kein echter Trost.

Der Atheismus, wie wir wissen, entscheidet sich für die erste dieser beiden Optionen: Er löst das Problem des Schmerzes, indem er die Existenz Gottes leugnet. Wir müssen uns seine Lösung nun einmal genauer ansehen.

Eine oberflächliche Lösung

- *Der Atheismus entledigt sich des Problems, aber nicht des Leids*

Der Atheismus entledigt sich des Problems in dem Sinne, dass, wenn es keinen intelligenten Schöpfer gibt, auf den ersten Blick auch keine Schwierigkeit besteht, die Existenz des Schmerzes zu erklären. Denn in diesem Fall müssen wir davon ausgehen, dass unsere Welt durch geistlose, unpersönliche Kräfte entstanden ist, die unbewusst geistlose Materie hervorbrachten. Dann, nach Millionen von Jahren von zufälligen Permutationen, ließ diese geistlose Materie intelligente Geistwesen entstehen, die gegen all das Leid protestieren konnten, das diese geistlosen Kräfte hervorgebracht hatten. Aber das geschah rein zufällig. Die geistlose Materie hatte keine Absicht, dies zu tun, und nachdem sie es getan hatte, realisierte sie nicht, was sie getan hatte. Sie führte einfach ihren gedankenlosen, ungeplanten Weg fort, ohne dabei ein Endziel im Blick zu haben, und dabei war es ihr völlig egal, ob das Ergebnis schmerzlich oder angenehm war, ob es intellektuell oder emotional akzeptabel war, und so weiter.

Auf Grundlage dieser Annahme wäre es also gar kein Problem, die Existenz des Schmerzes zu erklären. Was sonst könnte man von solchen Prozessen erwarten als eine enorme Menge an Schmerz auf allen Ebenen? Zudem wäre es sinnlos, wenn wir die Quelle von all dem Schmerz und Leid kritisierten und uns darüber beschwerten. Natürlich beschweren wir uns und kritisieren sie. Aber da nach dieser Sicht unsere Kritik und unsere Beschwerden aus Köpfen stammen, die selbst auf Grundlage von geistlosen und nicht rationalen Prinzipien entstanden sind, welche Bedeutung können unsere Beschwerden und unsere Kritik dann überhaupt haben? Geistlose Kräfte können per Definition kein echtes philosophisches, geschweige denn irgendein theologisches Problem entstehen lassen. So wird der Atheismus das Problem des Schmerzes los – aber, wie alle sehen und fühlen können, den Schmerz selbst wird er nicht los! Er macht ihn sogar noch schlimmer.

• *Der Atheismus verschlimmert unseren Schmerz und unser Leid*

Keine Hoffnung

Die erste Art und Weise, wie der Atheismus unseren Schmerz und unser Leid schlimmer macht, ist, dass er uns alle Hoffnung nimmt. Wenn es einen persönlichen Gott gibt und er uns geschaffen hat, könnte es Gründe dafür geben zu glauben, dass Leid nicht einfach nur zerstörerisch und letzten Endes bedeutungs- und wertlos ist. Es könnte sein, dass es von Gott zugelassen wird (auch wenn es an sich böse ist) und dass Gott daraus etwas machen kann, was zu unserem ewigen Wohl oder vielleicht auch schon zu unserem Guten in der Gegenwart dient. Aber wenn es keinen Gott gibt und dieses Universum nichts als das Produkt geistloser, sinnloser Kräfte ist, dann besteht kein Grund zu solch einer Hoffnung, dann liegt in der Erfahrung von Leid keine Bedeutung und kein potenzieller Wert. Dann ist es einfach nur destruktiv.

Nehmen Sie eine junge Mutter von 33 Jahren, bei der eine tödliche Krebserkrankung diagnostiziert wird. Was kann ein Atheist ihr sagen? Er wird sie zweifellos angesichts ihres „Unglücks", wie er es nennt, bedauern. Aber dann wird er hinzufügen müssen (zumindest in Gedanken, auch wenn er so mutig oder ehrlich sein könnte, es ihr direkt zu sagen), dass es ohnehin noch nie einen letzten Zweck hinter ihrer Existenz gegeben habe, nur geistlose, sinnlose

> ✷ *Wenn es darum geht, mit dem Leid klarzukommen, ist die Hoffnung unsere stärkste Verbündete und Ressource.*

Kräfte. Und nach seiner Meinung gibt es jenseits ihres kurzen Lebens auch kein Ziel, auf das sie sich freuen könnte, ebenso wenig wie darauf, dass die Erfahrung des Leids eine Bereicherung sein könnte. Ihr Leid und ihr Schmerz sind dann einfach nur destruktiv.

Wenn es nun darum geht, mit dem Leid klarzukommen, ist die Hoffnung unsere stärkste Verbündete und Ressource (Röm 8,23-25). Der Versuch des Atheismus, das Problem von Schmerz und Leid zu lösen, lässt die Menschen jedoch in ihrem Schmerz, ihren Verletzungen und in ihrer Trauer ohne jegliche letzte Hoffnung zurück – genau das meint die Bibel, wenn sie Atheisten als Menschen beschreibt, die nicht nur (per Definition) ohne

Gott und Christus sind, sondern folglich auch ohne Hoffnung in der Welt (Eph 2,12).

Nur Gefangene

Die zweite Art und Weise, wie Atheismus unser Leid und unseren Schmerz verschlimmert, ist, dass er rationale Menschen letztendlich als Gefangene und Opfer irrationaler Kräfte darstellt. Einer der bittersten Bestandteile menschlichen Leids ist Enttäuschung und Frustration. Der rationale Geist des Leidenden kann sehen, wie wunderbar das Leben sein könnte, wenn alle Funktionen von Körper und Gehirn so arbeiten würden, wie sie eigentlich sollten. Aber irgendein nicht rationales Virus, ein nicht rationales Bakterium oder eine außer Kontrolle geratene kranke Zelle ist dabei, einen lebenswichtigen Teil des Körpersystems so stark zu schädigen, dass es auch die beste moderne Medizin nicht mehr reparieren kann. Der rationale Geist des Leidenden ist intelligent genug, um zu sehen, was passieren wird: Bald schon werden diese nicht rationalen Kräfte und Prozesse nicht nur seinen Körper, sondern auch seinen Verstand und seine Intelligenz zerstören, und – was die letzte Ironie ist – wenn sie dies getan haben, werden sie, weil sie geistlos sind, noch nicht einmal wissen, was sie getan haben.

Wenn es also keinen Gott gibt, wie der Atheismus behauptet, sind rationale Menschen letzten Endes Gefangene und Opfer von nicht rationalen Kräften. Was der Atheismus hier vertritt, ist daher äußerst seltsam. Er benutzt seine Vernunft, um uns zu überzeugen, dass wir, wenn wir nur rational dächten, erkennen würden, dass sich der menschliche Intellekt am Ende der tyrannischen Irrationalität von sinnlosem, hoffnungslosem Leid unterwerfen muss, das durch geistlose, unbarmherzige Kräfte über uns gebracht wird, die uns leider beherrschen, und dass wir dennoch keinen rationalen Grund haben, uns zu beschweren. Eines Tages werden dieselben irrationalen Kräfte unserer Erde und unserem Sonnensystem ein Ende bereiten, und dann wird die Gesamtheit der menschlichen Geschichte nicht mehr sein als ein Haufen von bedeutungslosem Nichts. So viel zur menschlichen Vernunft nach dem Atheismus!

- *Der Atheismus unterschätzt das Problem erheblich*

Das Problem von Schmerz und Leid (vollständig dargestellt) lautet jedoch nicht: Wie können wir die Existenz des Leids mit der Existenz Gottes vereinbaren? Es lautet so: Wie können wir die zahlreichen und immer mehr werdenden Beweise, die darauf hindeuten, dass die Welt von einer göttlichen Intelligenz entworfen wurde, mit der Existenz von Leid und Schmerz in Einklang bringen, was wiederum die Existenz irgendeiner Intelligenz oder irgendeines Designs hinter dem Universum infrage zu stellen scheint?

Beispielsweise scheinen Hurrikane, Vulkanausbrüche und Erdbeben von geistlosen Kräften ausgelöst zu werden und kosten immer mal wieder vielen Menschen das Leben (wenn auch nicht jeden Tag und überall – man kann das Problem schnell überziehen). Beweist das, dass es keine Intelligenz hinter dem Universum gibt?

Wohl kaum! Der berühmte mathematische Physiker Paul Davies ist kein Theist, aber seine Grundposition lautet, „dass die Welt bis runter auf die niedrigste Ebene rational ist – und die liegt außerhalb des Bereichs der Wissenschaft", d. h. ‚dies „gehört in den Bereich der Metaphysik"[149]. Und was unsere Existenz als rationale Menschen auf diesem Planeten betrifft, schreibt er an anderer Stelle:

Ich kann nicht glauben, dass unsere Existenz in diesem Weltall eine Laune des Schicksals ist, ein historischer Zufall, ein kleines Versehen in dem großen kosmischen Drama. Wir sind zu beteiligt. Die Spezies *Homo* zählt vielleicht nicht, aber die Existenz von Geist und Verstand in einem Lebewesen auf einem Planeten im Weltall ist sicherlich eine höchst bedeutungsvolle Tatsache. Durch bewusste Wesen wurde im Universum Bewusstsein erzeugt. Dies kann keine triviale Einzelheit sein, kein unwichtiges Nebenprodukt sinnloser, zielloser Kräfte. Wir sind dazu da, hier zu sein.[150]

Davies glaubt nicht an einen persönlichen Schöpfer, sondern nur an unpersönliche mathematische Gesetze.[151] Wie unpersönliche Gesetze irgendetwas beabsichtigen können, sagt er nicht. Aber wir bemerken das Eingeständnis (oder vielmehr die Behauptung), dass es eine präexistente, bewusste Absicht hinter dem Auftreten der Menschheit auf diesem Planeten gab – und wir können hinzufügen: trotz der Schlussfolgerungen, die viele aus der zerstörerischen Kraft von Hurrikanen und ähnlichen Dingen ziehen.

Nehmen wir ein weiteres Beispiel: Wenn Sie sich einmal in den Finger schneiden, werden Sie entdecken, dass Ihr Körper, schon bevor Sie dies

---

149 Wilkinson, *Found in space?*, 18–19
150 *Der Plan Gottes*, 280
151 Davies' Ansichten werden ausführlicher im Teil *Was ist Wirklichkeit?* diskutiert (S. 335)

taten, einen komplizierten Reparaturmechanismus besaß, der vorab dafür entwickelt wurde, mit einer solchen Eventualität fertig zu werden, wenn sie denn eintrifft. Dieser besteht aus einer ganzen Reihe von 20 oder mehr Chemikalien, von der jede genau in der richtigen Reihenfolge und in der richtigen Kombination ins Spiel kommen muss, um das Blut in der Wunde gerinnen zu lassen, um gefährlichen Blutverlust zu verhindern, und dann alle notwendigen Reparaturprozesse in Gang zu bringen.[152]

Worauf wir hier ganz einfach hinweisen möchten: 1. Wenn Sie nicht zuerst den Schmerz dieser Messerwunde gespürt hätten, hätten Sie nicht entdeckt, dass es diesen Reparaturmechanismus in Ihrem Körper gibt, der für den Fall der Fälle bereitsteht; und 2. hatte etwas (oder sollten wir besser sagen: jemand?) die Möglichkeit vorhergesehen, dass dieser schmerzhafte und potenziell gefährliche Unfall passieren könnte, und vorab Vorkehrungen getroffen, um schlimme Folgen zu verhindern.

Dasselbe kann man auch über die schier unglaubliche Genialität sagen, die das Immunsystem entwickelt und in unseren Körper im Voraus integriert hat, damit es bereit ist, jede Infektion, die in unsere Körper eindringen könnte, zu bekämpfen und zu beseitigen, und um jeden Fremdkörper zu erkennen und abzustoßen, der versehentlich in ihn eingedrungen ist. Auch hier kann man eine Voraussicht feststellen, mit der die Möglichkeit von Unfällen und Krankheiten vorhergesehen wurde und weshalb dieser Mechanismus entwickelt wurde, um ihre zerstörende Wirkung zu begrenzen und eine Wiederherstellung möglich zu machen.

Betrachten wir ein weiteres Beispiel. Menschen werden alt und sterben, wie wir alle beobachten können; und manche Wissenschaftler denken, dass der Alterungsprozess mit dem Abbau der Enden bzw. Schutzklappen der Chromosomen im Zuge der Mutationen, die bei der Zellteilung auftreten, zusammenhängt oder sogar dadurch verursacht wird.[153] Aber diese Tatsache heißt nicht, dass die DNA und andere Mechanismen in der Zelle die zufälligen, ungeplanten, nicht designten Ergebnisse von geistlosen Kräften und zufälligen Prozessen sind. Der verstorbene Professor Fred Hoyle, ein Astronom von der Universität Cambridge, und der Mathematiker Chandra Wickramasinghe merken im Hinblick auf die lebensnotwendigen Enzyme Folgendes an:

---

152 Siehe Behe, *Darwins Black Box*, 127–130
153 Der Fachbegriff für diese Enden bzw. Schutzklappen auf den Chromosomen lautet „Telomere". Er stammt aus dem Griechischen und bedeutet „End-Teile".

Eine einfache Berechnung zeigt nun, dass die Wahrscheinlichkeit, die notwendige Gesamtsumme von 2000 Enzymen zu erhalten, indem man wahllos Aminosäureketten zusammensetzt, extrem gering ist. Die Zufallswahrscheinlichkeit ist ... p zu 1 dagegen, wobei p mindestens einer enormen astronomischen Summe von etwa $10^{40.000}$ (eine 1 mit 40 000 Nullen) entspricht ... Wenn all die anderen relevanten Bedingungen für das Leben ebenfalls in unserer Berechnung berücksichtig werden, wird die Situation doppelt so schwierig. Die Wahrscheinlichkeit von 1 zu $10^{40\,000}$ dagegen ist schon horrende genug, aber diese Zahl würde noch um ein Vielfaches größer werden. Solch eine Zahl übertrifft die Gesamtzahl der Elementarteilchen im ganzen Universum um sehr, sehr viele Größenordnungen. So groß ist die Wahrscheinlichkeit, dass das Leben auf rein mechanische Weise entsteht.[154]

Dass Menschen alt werden und sterben, ist natürlich kein Argument gegen die Existenz eines Schöpfers, es sei denn, man könnte zuerst beweisen, dass die Menschen, wenn es so einen Schöpfer gibt, so hätten gestaltet werden müssen, dass sie für immer auf dieser Erde leben. Interessant ist, dass im Gegensatz zu den Telomeren die Zellmechanismen, die für die Ausbreitung und Erhaltung der Menschheit als Ganzes notwendig sind, scheinbar so gestaltet wurden, dass sie die Existenz der Menschheit für Tausende von Jahren zuverlässig aufrechterhalten können, und keine Anzeichen festzustellen sind, dass diese nachlassen.

Es ist also eine oberflächliche Reaktion auf das Leid, wenn man sagt, die Existenz des Leids mache es unmöglich, an die Existenz eines persönlichen Schöpfers zu glauben. Das Problem ist, wie man die überwältigenden Beweise im Universum und in unserem Körper, die auf die Existenz eines göttlichen Schöpfers hindeuten, mit der Tatsache des allgegenwärtigen Schmerzes und Leids vereinbaren kann, die – zumindest auf den ersten Blick – seine Existenz infrage zu stellen scheinen.

> ✦ *Zumindest nach der Bibel ist Gott nicht der teilnahmslose Gott des Aristoteles oder der griechischen Philosophen; denn er nimmt selbst am Leid der Menschheit Anteil.*

Wenn Sie eine große Lokomotive sehen, die eine Panne hat und nicht länger in der Lage ist, ihre Waggons zu

---

154 *Cosmic Life-Force*, 134. Diese und weitere Themen, die damit in Zusammenhang stehen, finden Sie in John Lennox' Buch *Hat die Wissenschaft Gott begraben?*, Kap. 4 und 5.

ziehen, könnten Sie den Schluss ziehen, dass irgendein innerer Mechanismus versagt hat oder dass sie einen Unfall hatte oder dass ein Saboteur am Werk gewesen ist. Sie könnten auch vermuten, dass die Konstruktion des Motors mangelhaft war. Aber Sie würden nicht auf die Idee kommen, dass die Lokomotive überhaupt nicht von irgendeinem Konstrukteur entworfen wurde.

Wenn wir an einen allweisen, allmächtigen und allliebenden Schöpfer glauben, kann er natürlich per Definition nur jemand sein, der für nichts Geringeres als eine optimale Gestaltung verantwortlich ist (d. h. optimal im Sinne des von ihm beabsichtigten Zweckes). Andererseits müssen wir auch nicht die Augen vor der Tatsache verschließen, dass z. B. die inneren Mechanismen unseres Körpers, sogar die Reparaturmechanismen, die Blutgerinnung und das Immunsystem, zusammenbrechen können, was Leiden und schließlich den Tod zur Folge haben kann. Die Bibel erklärt diesen allgemeinen Zustand damit – wenn wir es zunächst einmal einfach und etwas salopp ausdrücken dürfen –, dass ein kosmischer Saboteur am Werk ist und dass Gott in seiner Weisheit dies zulässt, mit all dem daraus folgenden Leid, aber dass Gott wiederum dabei ist, dieses Leid in eine weitaus größere Vollkommenheit für die Menschheit zu verwandeln, die ohne dieses Leid nicht erreicht werden könnte. Dies hat Gott getan und tut es noch immer, und das nicht ohne unermessliches Leid für ihn selbst. Zumindest nach der Bibel ist Gott nicht der teilnahmslose Gott des Aristoteles oder der griechischen Philosophen; denn er nimmt selbst am Leid der Menschheit Anteil.

Aber bevor wir diese Seite unseres Themas untersuchen, sollten wir zunächst betrachten, welche Einstellung wir Menschen gegenüber dem Leid und dem Nutzen haben, der daraus entstehen kann – unabhängig davon, ob Gott für uns existiert oder nicht.

UNSERE EIGENE HALTUNG ZUM SCHMERZ

Nicht jeder Schmerz ist schlecht

Wir brauchen nicht lange darüber reden, dass wir nicht jeden Schmerz als etwas Schlechtes betrachten. Manchmal kann uns Schmerz vor etwas bewahren und ist dann etwas Gutes. Berühren Sie versehentlich die Klinge eines scharfen Messers, dann wird der Schmerz des Schnittes Sie dazu bringen, unwillkürlich Ihren Finger zurückzuziehen, um so weiteren Schaden zu verhindern. Schmerzen in der Brust können Sie auf die Tatsache aufmerksam machen, dass etwas mit Ihrem Herzen nicht stimmt, was Sie besser untersuchen lassen sollten. Dieser Schmerz ist ebenfalls gut. Angst vor Schmerz kann uns vor Dingen bewahren. Die Angst, sich zu verbrennen, hält uns davon ab, mit den Händen ins Feuer zu fassen. Die Angst vor AIDS könnte manche Leute sogar vor Unmoral bewahren. Eine solche Angst ist daher gut.

Schmerz und Leid erzeugen immer Mitgefühl, Mitleid, Sorge und aufopferungsvolle Hingabe auf der Seite von Müttern, Krankenschwestern, Ärzten, Sozialarbeitern und anderen und schafft so in diesen Menschen, die sich um andere kümmern, edle Charakterzüge, die wir alle viel mehr bewundern als die Selbstsucht einer Person, die entschlossen ist, um jeden Preis Schmerz und Opfer zu vermeiden, und nur nach Befriedigung der eigenen Bedürfnisse strebt.

Manchmal kann Schmerz auch die Person, die ihn ertragen muss, verbittern – aber das geschieht nicht immer. Schmerz und Leid können manchmal auch den Charakter einer Person reifen lassen (wie die Hitze eines Ofens einen rohen Teig in einen schmackhaften Kuchen verwandelt) und ihr helfen, die wahren Werte des Lebens zu erkennen. In einer Aussage von Dostojewski liegt viel Wahrheit: „Leiden und Schmerz sind immer die Voraussetzung umfassender Erkenntnis und eines tiefen Herzens. Mir scheint, wahrhaft große Menschen müssen auf Erden eine große Trauer empfinden."[155]

Menschen riskieren absichtlich Schmerz

Aber lassen Sie uns nun die Einstellung betrachten, die viele Leute gegenüber dem Risiko ernsthafter Verletzungen, Schmerzen und sogar des Todes haben. Keine normale Person ist bereit, Schmerzen oder den Tod einfach um ihrer selbst willen zu erleiden. Aber Tausende von normalen Menschen sind bereit, das Risiko einzugehen, sich ernsthaft zu verletzen (und manchmal sogar zu Tode zu kommen), einfach um des Sportes willen, bei Aktivitäten wie Rugby, Formel-1-Autorennen, Drachenfliegen, Höhlenforschung oder Bergsteigen. Die Leute genießen die Herausforderung, Risiken einzugehen.

Ballerinen müssen große Schmerzen in den Füßen aushalten (zumindest am Anfang), und die Schmerzen, die Turner und Athleten freiwillig ertragen, während sie in ihrem Training über ihre Schmerzgrenze hinausgehen, sind bekannt. Aber der menschliche Geist drängt sie weiter, ihre Körper

---

155 *Collected Works of Dostoyevsky*, 354; deutsche Übersetzung: https://www.zitate.eu/autor/fjodor-michailowitsch-dostojewski-zitate/27253 (aufgerufen am 06.05.2021)

perfekt beherrschen zu können und ihren Bewegungen Vollkommenheit, Schönheit und Anmut zu verleihen, und so meinen sie, dass der damit verbundene Schmerz es wert sei.

Aber lassen Sie uns auch weitaus ernsthaftere Dinge betrachten. Nur um des bloßen Überlebens willen ist keine Nation verpflichtet, sich an der Erforschung des Weltraums zu beteiligen. Doch es gibt Nationen, die auf diesem Gebiet aktiv sind, obwohl sie sehr gut wissen, welche kolossalen Risiken dies mit sich bringt. Noch immer gibt es Menschen, die sich freiwillig zu Astronauten ausbilden lassen und an Raumfahrtmissionen teilnehmen, obwohl sie sich absolut bewusst sind, dass andere bei ähnlichen Missionen ihr Leben verloren haben. Das Risiko dabei ist zwar sorgfältig kalkuliert, aber es ist dennoch ein ernsthaftes Risiko.

Die Einstellung des Menschen zu den Naturkräften

Die elementaren Naturkräfte – Feuer, Wind, Wellen, Elektrizität, Schwerkraft, Atomkraft – sind alle weitaus mächtiger als der Mensch. Da diese Kräfte unpersönlich und geistlos sind, werden sie uns ohne Schuldgefühle vernichten, wenn wir sie falsch handhaben. Durch Elektrizität kochen Sie Ihr Abendessen, aber wenn Sie einen Fehler machen, kennt sie keine Gnade: Sie wird Sie durch einen Stromschlag töten. Die Menschheit ist jedoch nach dem Bilde eines Gottes geschaffen, der persönlich ist (ob wir dies nun anerkennen oder nicht), und wurde dafür geschaffen, das Werk der Hände Gottes zu beherrschen (siehe 1Mo 1,26-28; Ps 8,7).[156] Weil sie selbst Persönlichkeiten sind, wissen die Menschen in ihrem Inneren, dass sie unendlich bedeutender und wichtiger sind als die unpersönlichen Naturkräfte, und schon von Beginn an haben sie versucht, herauszufinden, wie sie diese Kräfte für sich nutzbar machen und für ihre Zwecke einsetzen können. Das Feuer wurde schon früh nutzbar gemacht. Mit der Erfindung von Schiffen und Segeln (ohne die die Menschen ertrunken wären) wurden Wind und Wellen genutzt, um sie auf ihren Forschungs- und Entdeckungsreisen über das Meer zu befördern. Heutzutage machen sich die Menschen sogar die Schwerkraft der Erde zunutze, indem sie mit ihrer Hilfe eine Raumsonde in Richtung Erde beschleunigen und sie dann wieder ins All zurückschleudern (wie eine Schleuder einen Stein) und auf den Weg zu einem anderen Planeten schicken.

---

156 Dieses Thema wird ausführlicher in den Kap. 5 und 6 von Buch 1, *Was ist der Mensch?*, diskutiert.

Dieses ganze wissenschaftliche Unterfangen des Nutzbarmachens der elementaren Naturkräfte ist ein großartiger Ausdruck des menschlichen Geistes. Der Prozess wurde von enormen Risiken begleitet, und Erfolge wurden auf Kosten endlosen Schmerzes und zahlloser Leben erzielt. Aber im Urteil der meisten Menschen überwiegen die großen Vorteile, die der gesamten Menschheit dadurch entstanden sind, die Kosten (d. h. das Leid und den Tod zahlreicher Menschen) und rechtfertigen diese.

Das Universum ist gut, aber nicht unbedingt sicher

An dieser Stelle rückt ein anderer sehr wichtiger Punkt in den Fokus. Das Nutzbarmachen von Elementarkräften bedeutet nicht, dass man ihnen ihre ureigene Kraft nimmt, die den Menschen Schmerz und Tod bringen kann. Das wünscht sich auch niemand. In diesem Sinne würde niemand ernsthaft fordern, dass das Universum sicher sein sollte. Ein Feuer, an dem wir uns nicht mehr verbrennen könnten, würde nicht länger den Zwecken dienen, für die wir es brauchen. Elektrizität, die uns keine elektrischen Schläge verpassen könnte, könnte uns nicht dienen, indem sie unsere Motoren antreibt oder unsere Häuser und Städte erleuchtet. Laserstrahlen können menschliches Gewebe vernichten. Könnten sie es nicht, könnten sie auch nicht in komplizierten Augenoperationen eingesetzt werden.

Die Hitze und das Licht der Sonne sind für unser Leben und Überleben auf der Erde absolut notwendig. Aber die Sonne – ein Atomofen – ist nicht immer sicher für die Menschen. Wir müssen durch die Ozonschicht der Erde vor ihren ultravioletten Strahlen geschützt werden. Wenn wir durch unseren unklugen Einsatz der Ressourcen der Erde ein Loch in der Ozonschicht verursachen und unter den Folgen leiden, wessen Fehler ist dies dann?

> ✸ *Das Nutzbarmachen von Elementarkräften bedeutet nicht, dass man ihnen ihre ureigene Kraft nimmt, die den Menschen Schmerz und Tod bringen kann. ... Ein Feuer, an dem wir uns nicht mehr verbrennen könnten, würde nicht länger den Zwecken dienen, für die wir es brauchen.*

Flugzeuge können die Schwerkraft überwinden. Ihre Erfindung und Weiterentwicklung haben Tausende das Leben gekostet. Wir fliegen noch immer mit ihnen, auch wenn wir das Risiko kennen, dass die Schwerkraft sowohl das Flugzeug als auch seine Passagiere vernichten würde, wenn seine Motoren ausfielen. Sicherlich würde niemand ernsthaft behaupten, dass Gott unsere Erde ohne Schwerkraft hätte erschaffen sollen oder mit einer geringeren Schwerkraft als jetzt, damit dann, wenn die Motoren des

Flugzeuges ausfallen, die Schwerkraft keinen Absturz verursacht. Wenn die Schwerkraft der Erde viel schwächer wäre, als sie jetzt ist, würde unser Planet schnell seine Atmosphäre verlieren, und Leben wäre überhaupt nicht mehr möglich.

Sogar das alltägliche Leben birgt Risiken. Unfälle passieren, Haut kann einreißen, Knochen können brechen und feindliche Bakterien können in unseren Körper eindringen, weshalb er mit einer großen Armee von ausgefeilten Reparaturmechanismen ausgestattet ist, die mit vielen dieser Eventualitäten fertig werden können, wie wir bereits früher erwähnt haben. Es ist eine insgesamt bemerkenswerte Sache, dass unser Körper so gemacht ist, dass er sich selbst heilen kann.

Im Allgemeinen wird eine Einstellung, die sich aus Angst weigert, nach Fortschritt zu streben, weil damit Leid und Schmerz verbunden sein könnten, nicht sonderlich geschätzt. Wenn ein Kind übermäßig davor geschützt wird, auch nur in die Nähe von Schmutz und Keimen zu kommen, aus Angst, es könnte sich eine Krankheit zuziehen, wird sich das Immunsystem des Kindes nicht so entwickeln, wie es sollte, und das Kind wird in der Gefahr stehen, an Krankheiten zu sterben, wenn diese später mit voller Kraft zuschlagen.

Zudem müssen wir uns an das erinnern, was wir im vorherigen Abschnitt dieses Buches gelernt haben: dass die Natur eine gewisse Autonomie hat und haben muss. Im Judentum, Christentum und Islam ist das Universum, auch wenn es von Gott geschaffen wurde, nicht Gott oder ein Teil von Gott oder eine Emanation (Ausstrahlung) von Gott, wie es in pantheistischen Religionen und Philosophien der Fall ist. Wenn ein Wissenschaftler an einem Atom herumexperimentiert oder es zerteilt, zerteilt er nicht Gott und stört Gott nicht damit. Und wenn er nicht vorsichtig genug war und atomare Strahlung seinen Körper verstrahlt und ihn krank macht, meint man nicht, dass Gott ihn verstrahlt und krank macht, und auch nicht, dass man Gott dafür verantwortlich machen kann. Wenn ein reicher Vater seinem Sohn einen leistungsstarken Sportwagen schenkt und der Sohn ihn rücksichtslos und ohne die gebotene Umsicht fährt, einen Unfall hat und dabei ums Leben kommt, ist das sein Fehler und nicht der des Vaters.[157]

---

157 Natürlich unterscheidet sich der Schmerz, den Menschen riskieren, wenn sie sich die Kräfte der Natur zunutze machen, von dem Schmerz, den Menschen durch Krankheiten erfahren. Die Kräfte der Natur sind nicht krank. Viele sind „natürlich", wenn auch nicht unbedingt sicher, selbst wenn sie so funktionieren, wie sie es sollen. Krankheiten gehören in eine andere Kategorie und werfen ein anderes Problem auf, mit dem wir uns später noch auseinandersetzen werden.

Die Auswirkungen unserer eigenen Einstellung zum Schmerz

Es scheint also die Einstellung der Menschheit als Ganzes im Laufe der Jahrhunderte gewesen zu sein (und ist es noch immer), dass das Risiko von Schmerz und sogar Tod akzeptabel ist, wenn die dadurch gewonnenen Vorteile groß genug sind und somit dieses Risiko rechtfertigen. Manche meinen sogar, dass der Fortschritt der Menschheit in den Bereichen Technik und Medizin nur möglich gewesen ist, weil die Menschheit bereit war, diese Haltung einzunehmen.

Stellen Sie sich also vor, dass Gott, als er unsere Welt und uns Menschen darin schuf, die Absicht hatte, uns am Ende einen unendlich herrlichen Gewinn zuteilwerden zu lassen. Und dann stellen Sie sich vor, dass diese Absicht nicht erfüllt werden könnte, ohne das Risiko von Leid und Schmerz sowohl für die Menschheit als auch für Gott selbst einzugehen. Welche vernünftigen Einwände könnte der Mensch dagegen vorbringen? Natürlich werden manche Leute sagen, dass Gott, wenn er angeblich so allmächtig und allweise ist, unsere Welt per Definition auch hätte erschaffen und seine wundervollen Absichten mit uns erfüllen können, ohne uns oder sich selbst irgendwelchen Leiden auszusetzen.

Doch wie schon oft beobachtet wurde, gibt es ein paar Dinge, die Gott nicht tun kann. Er kann z. B. keine rechteckigen Kreise erschaffen oder Dreiecke mit vier Seiten oder gleichzeitig existieren und nicht existieren. Es könnte also sein, dass der Zweck, den Gott beabsichtigte, als er die Menschen schuf, so herrlich war, dass dieser per Definition nicht angestrebt oder erreicht werden kann, ohne dabei unvermeidlich das Risiko von Schmerz und Leid einzugehen – zumindest lohnt es sich, diese Möglichkeit einmal zu untersuchen. Denn wenn der Gott, so wie er in der Bibel dargestellt wird, deswegen kritisiert und abgelehnt wird, weil die Welt voller Schmerz und Leid ist, könnte es sinnvoll sein, zuerst in die Bibel selbst zu schauen, um zu sehen, zu welchem Zweck er uns überhaupt geschaffen hat.

II·6
GOTTES HAUPTZIELE
FÜR DIE MENSCHHEIT

Wenn ich anschaue deinen Himmel, deiner Finger Werk,
den Mond und die Sterne, die du bereitet hast:
Was ist der Mensch, dass du seiner gedenkst,
und des Menschen Sohn, dass du dich um ihn kümmerst?
Denn du hast ihn wenig geringer gemacht als Engel,
mit Herrlichkeit und Pracht krönst du ihn.

Psalm 8,4-6

ZWEI HAUPTZIELE

Nach der Bibel hatte Gott nicht nur eines, sondern zwei große Ziele im Sinn, als er die Menschheit auf diese Erde stellte.

Die erste Bestimmung: Der Mensch sollte unter den Tausenden von Gottes irdischen Geschöpfen die einzigartige Bedeutung und Funktion haben, nach dem Bilde Gottes und ihm ähnlich geschaffen zu sein, um Gottes Vertreter und Vizekönig zu sein, um gewissermaßen der König der Erde zu sein, als höchste Instanz unter Gott und sein oberster Verwalter und Gestalter (1Mo 1,26-28).

Die zweite Bestimmung: Menschen sollten eine noch unendlich viel größere Stellung und Würde erhalten als das. Nachdem sie am Anfang nur Geschöpfe Gottes waren, sollten Menschen dann die Möglichkeit erhalten, zu Kindern Gottes zu werden, geboren aus Gott selbst und damit mit dem Potenzial, zu reifen und sich zu mündigen Söhnen und Töchtern Gottes zu entwickeln.

Auch wenn diese Absicht in der historischen Abfolge erst als zweite offenbart wurde, war sie, so erfahren wir, in logischer Hinsicht Gottes erste Absicht und daher die wichtigere der beiden. Es war das eigentliche Ziel, das Gott im Sinn hatte, das die Erschaffung der Welt und die Erschaffung der Menschheit nach dem Bilde Gottes als erste notwendige Stufe auf dem Weg zur Erfüllung dieses Zieles erforderlich machte. Die Bibel drückt es so aus:

...wie er [Gott] uns in ihm [Christus] auserwählt hat vor Grundlegung der Welt, dass wir heilig und tadellos vor ihm sind in Liebe, und uns vorherbestimmt hat zur Sohnschaft durch Jesus Christus für sich selbst nach dem Wohlgefallen seines Willens, zum Preis der Herrlichkeit seiner Gnade. (Eph 1,4-6)

So erhaben beide Ziele auch sind, so waren sie zwangsläufig mit der Möglichkeit von Schmerz und Leid verbunden. Die frühen Christen, von denen viele die zusätzlichen Qualen der Verfolgung erfahren mussten, weil sie Christen waren und diese Dinge glaubten, bringen ihre Überzeugung zum Ausdruck, dass sich dies alles trotzdem lohnt:

> Denn ich denke, dass die Leiden der jetzigen Zeit nicht ins Gewicht fallen gegenüber der zukünftigen Herrlichkeit, die an uns offenbart werden soll. (Röm 8,18)

> Denn das schnell vorübergehende Leichte unserer Bedrängnis bewirkt uns ein über die Maßen überreiches, ewiges Gewicht von Herrlichkeit. (2Kor 4,17)

Unsere erste Aufgabe ist nun, die Erhabenheit dieser zwei Absichten etwas genauer zu verstehen.

Das erste Ziel: Menschen als Gottes Geschöpfe

Wir müssen hier nicht wiederholen, was wir bereits an anderer Stelle in dieser Buchserie über die Größe der gottgegebenen Rolle des Menschen als Gottes Vizekönig, Verwalter und Gestalter der Erde, ihrer Ressourcen und Möglichkeiten gesagt haben (siehe 1Mo 1,26-28; Ps 8).[158] Auch müssen wir hier nicht erneut ausführlich an die großen Erfolge erinnern, die die Menschheit bei der Ausübung und Weiterentwicklung dieser Tätigkeit erzielt hat. Die spektakulären Fortschritte in den Bereichen Technik, Wissenschaft, Medizin, Kunst, Musik, Architektur, Literatur und Industrie sind für alle klar ersichtlich; und wir alle profitieren sehr von ihnen (auch wenn leider noch nicht alle Nationen in der Welt in gleichem Maße an dem Nutzen, den sie uns verschafft haben, teilhaben). Wir können hier jedoch zwei besonders eindrucksvolle Beispiele für die Beherrschung der Natur durch den Menschen symbolisch für den Rest anführen.

Da ist zum einen die Entschlüsselung des genetischen Codes. Sie ist ein spektakuläres Beispiel des menschlichen Verstandes und Einfallsreichtums und stellt uns die Hoffnung in Aussicht, genetisch bedingte Krankheiten einmal besiegen zu können. Gleichzeitig wurde dem Menschen dadurch die unberechenbare gewaltige Macht verliehen, das menschliche

---

158 Eine Diskussion der Größe der Bedeutung und Rolle des Menschen finden Sie in Kap. 5 und 6 in Buch 1: *Was ist der Mensch?*.

Genom letztendlich umgestalten zu können und so zu kontrollieren, wie die Menschheit einmal aussehen könnte. (Die mit dieser Kontrolle verbundene Macht ist so groß und ihre potenziellen Auswirkungen sind so unvorhersehbar, dass nebenbei eine dringende Frage aufgeworfen wird: Wo kann man moralische, geistliche und ethische Prinzipien finden, die dazu geeignet sind, die Kontrolleure ausreichend zu kontrollieren und sie von dem Versuch abzuhalten, Gott zu spielen und so zu Tyrannen über ihre Mitmenschen zu werden?)

Das zweite symbolische Beispiel für die Weiterentwicklung der Tätigkeit, zu der uns Gott beauftragt hat, ist unsere zunehmende Beherrschung des Weltraums. Damit meinen wir nicht so sehr die Raumfahrt (die großen Entfernungen im Universum schließen sehr weite Reisen aus), sondern insbesondere die folgenden zwei Tatsachen: Wir können von der Erde aus mit Signalen ein Raummodul steuern, das Millionen von Kilometern entfernt den Jupiter umkreist, und wir können mithilfe von visuellen, Röntgen-, Ultraviolett-, Infrarot- und Radioteleskopen sehen, was in Galaxien am anderen Ende des Universums geschieht. Der menschliche Verstand kann sogar das Universum selbst transzendieren und fragen, wie das Universum seinen Anfang nahm und wie und wann es enden wird.

Im Lichte des Fortschritts der Menschheit erstrahlen die Worte des antiken Psalmisten daher umso mehr vor Bedeutung:

> Wenn ich anschaue deinen Himmel, deiner Finger Werk,
> den Mond und die Sterne, die du bereitet hast:
> Was ist der Mensch, dass du seiner gedenkst,
> und des Menschen Sohn, dass du dich um ihn kümmerst?
> Denn du hast ihn wenig geringer gemacht als Engel,
> mit Herrlichkeit und Pracht krönst du ihn.
> Du machst ihn zum Herrscher über die Werke deiner Hände;
> alles hast du unter seine Füße gestellt.
> (Ps 8,4-7)

Das zweite Ziel: Menschen als Gottes Kinder

Lassen Sie uns die bereits zitierte Beschreibung dieses Zieles wiederholen:

> ...wie er [Gott] uns in ihm [Christus] auserwählt hat vor Grundlegung der Welt, dass wir heilig und tadellos vor ihm sind in Liebe, und uns vorherbestimmt hat zur Sohnschaft durch Jesus Christus für sich

selbst nach dem Wohlgefallen seines Willens, zum Preis der Herrlichkeit seiner Gnade. (Eph 1,4-6)

Und fügen wir die Schlüsselstelle des Neuen Testaments zu diesem Thema hinzu:

> Er [d. h. der Sohn (und das Wort) Gottes, die zweite Person der Dreieinigkeit] war in der Welt, und die Welt wurde durch ihn, und die Welt erkannte ihn nicht. Er kam in das Seine, und die Seinen nahmen ihn nicht an; so viele ihn aber aufnahmen, denen gab er das Recht, Kinder Gottes zu werden, denen, die an seinen Namen glauben; die nicht aus Geblüt, auch nicht aus dem Willen des Fleisches, auch nicht aus dem Willen des Mannes, sondern aus Gott geboren sind. (Joh 1,10-13)

Es entgeht einem nicht, dass beide Textstellen eine sehr erhabene Sprache verwenden; aber daraus sollten wir nicht den Schluss ziehen, dass die zentralen Begriffe hier nur vage und poetisch verwendet werden. Tatsächlich werden sie mit einer präzisen fachtheologischen Bedeutung verwendet. Wenn wir die genaue Bedeutung der biblischen Fachbegriffe begreifen, werden wir den äußerst bedeutsamen Unterschied zwischen Gottes erstem Ziel (die Erschaffung der Menschheit als seine Geschöpfe) und Gottes zweitem Ziel (die Geburt von einzelnen Menschen als seine Kinder und ihre darauffolgende Reife zu seinen Söhnen und Töchtern) erkennen.

* *Der Unterschied zwischen zwei Prozessen und zwei Ergebnissen*

Wir müssen uns hier den Unterschied zwischen den beiden Prozessen, „erschaffen" und „gezeugt-" bzw. „geboren werden", und den beiden Ergebnissen, „Geschöpfe Gottes" und „Kinder Gottes", klarmachen. Ein populäres religiöses Denken verwechselt oft diese unterschiedlichen Dinge und redet so, als seien alle Menschen automatisch Kinder Gottes. Aber das stimmt nicht. Sicherlich liebt Gott alle Menschen, denn er ist ihr Schöpfer und sie sind alle seine Geschöpfe. Wenn wir die Fachbegriffe nicht verwenden wollen, können wir also richtigerweise sagen, dass er sich um alle wie ein Vater kümmert. Aber in der Fachsprache der Bibel sind zwar alle Menschen Geschöpfe Gottes, aber nicht alle sind Kinder Gottes. Eine genauere

Untersuchung der oben zitierten Textstelle aus dem Johannesevangelium (1,10-13) macht dies sehr deutlich.

1. Den Menschen wird gesagt, dass sie, wenn sie ein Kind Gottes sein möchten, zu einem *werden* müssen; und man kann nicht zu etwas werden, wenn man es schon ist.

2. Wir durften uns nicht entscheiden, ob wir von unseren Eltern empfangen und als Geschöpfe Gottes in diese Welt hineingeboren werden wollten. Doch ein Kind Gottes zu werden, ist Sache eines aktiven persönlichen Glaubens und einer aktiven persönlichen Entscheidung. Jene, die „Christus annehmen", die „an seinen Namen glauben", sind diejenigen, denen das Recht geschenkt wird, Kinder Gottes zu werden.

3. Weiter wird uns ausdrücklich gesagt, dass ein Kind Gottes nichts ist, was wir durch unsere Eltern werden, und auch nicht durch unsere eigene Willenskraft. Es ist der Prozess, „von Gott geboren" zu werden, aus dem Geist Gottes geboren zu werden (Joh 3,5-8), wodurch Gott sein Leben in uns hineinlegt.

Dieser Prozess des „Von-Gott-geboren-Werdens" weist schon durch seine Formulierung auf den Unterschied zwischen Geschöpfen Gottes und Kindern Gottes hin: Gottes Geschöpfe wurden von ihm geschaffen, Gottes Kinder werden durch den Geist Gottes geboren. Lassen Sie uns eine Analogie verwenden. Ein Ingenieur kann nicht durch denselben Prozess, durch den er einen Computer erschafft, ein Kind bekommen. Er baut oder erschafft den Computer, aber ein Kind muss er zeugen. Und folglich gibt es einen großen kategorischen Unterschied zwischen dem Computer und seinem Kind. Der Computer mag vielleicht hochentwickelt und in der Lage sein, herrlich komplizierte Prozesse durchzuführen, die weit über das hinausgehen, was das kleine Kind je tun könnte, aber der Computer würde nicht das Leben des Ingenieurs besitzen; das kleine Kind jedoch schon. Und mit diesem Leben würde das Kind heranwachsen und dabei eine Beziehung mit seinem Vater erleben, und es würde das Leben, die Liebe und die Gemeinschaft mit seinem Vater genießen, etwas, was ein Computer nie tun könnte.

Doch es gibt noch ein weiteres Merkmal des Prozesses, ein Kind Gottes zu werden: Es ist kein Vorgang, der erst am Ende des Lebens (oder danach) stattfindet. Auch wenn er ewige Auswirkungen auf das zukünftige Leben

mit sich bringt, ist dies ein Prozess, der zu Lebzeiten beginnt, wenn er überhaupt stattfindet. In einem Brief an seine Mitgläubigen bemerkt der Apostel
Johannes:

> Seht, welch eine Liebe uns der Vater gegeben hat, dass wir Kinder
> Gottes heißen sollen! Und wir sind es. Deswegen erkennt uns die
> Welt nicht, weil sie ihn nicht erkannt hat. Geliebte, jetzt sind wir Kin-
> der Gottes, und es ist noch nicht offenbar geworden, was wir sein
> werden; wir wissen, dass wir, wenn es offenbar werden wird, ihm
> gleich sein werden, denn wir werden ihn sehen, wie er ist. (1Jo 3,1-2)

Wir sollen, wie es in einer anderen Textstelle in der Bibel heißt, „dem Bild
seines Sohnes gleichförmig" werden (Röm 8,29).

Und schließlich sind sowohl die gegenwärtigen als auch die ewigen Auswirkungen der Tatsache, dass an Christus glaubende Menschen zu Kindern
Gottes geworden sind, unbeschreiblich herrlich. Die Bibel sagt:

> Der Geist selbst bezeugt zusammen mit unserem Geist, dass wir Kin-
> der Gottes sind. Wenn aber Kinder, so auch Erben, Erben Gottes und
> Miterben Christi. (Röm 8,16-17)

Weil dieser ewige Reichtum an Herrlichkeit, den dieses Erbe mit sich bringen wird, schon bald Wirklichkeit werden wird, bekennen der Apostel Paulus, der diese Worte schrieb, und all jene, die seinen Glauben teilen, ihre
tiefe und ernsthafte Überzeugung,

> ... dass die Leiden der jetzigen Zeit [griechisch für „der Jetztzeit", d. h.
> des gegenwärtigen Zeitalters im Unterschied zum zukünftigen Zeital-
> ter] nicht ins Gewicht fallen gegenüber der zukünftigen Herrlichkeit,
> die an uns offenbart werden soll. (Röm 8,18)

Die zwei Ziele und das Problem des Schmerzes

Wir können die beiden Hauptziele Gottes für die Menschheit wie folgt zusammenfassen:

1. Der Mensch sollte in dieser vergänglichen Welt als Geschöpf
   Gottes, als sein Vizekönig agieren und die Ressourcen und Möglichkeiten der Erde verwalten und gestalten (1Mo 1,26-28; Ps 8).

2. Während er noch auf dieser Welt lebt, soll er durch eine geistliche Geburt zu einem Kind Gottes werden, dadurch das Leben
des Vaters empfangen und die Gemeinschaft mit dem Vater genießen dürfen (Joh 1,10-13; 1Jo 3,1-2).

3. Er soll durch den Heiligen Geist, das Wort Gottes und die väter-
liche Erziehung Gottes in den Erfahrungen des Lebens als Kind
Gottes wachsen und geformt werden, um so zu einem mündigen Sohn oder einer mündigen Tochter Gottes heranzuwachsen
(Hebr 12,1-13; Röm 8,14-30).

4. Am Ende soll er sich im zukünftigen Leben einer vollkommenen Gemeinschaft mit Gott erfreuen und mit Christus über den
neuen Himmel und die neue Erde herrschen, die ewig sein werden und die Gott noch erschaffen wird (Eph 1,9-11.17-23; Kol
1,12-23; Offb 22,5).

Aber damit sind wir wieder bei unserem grundsätzlichen Problem: Wenn
dies wirklich Gottes Ziele für die Menschheit waren und sind, wie kann es
dann sein, dass sie nachweislich so viel Schmerz und Leid mit sich gebracht
haben, und das nicht nur für schlimme Verbrecher und Tyrannen, die Völkermorde zu verantworten haben, sondern für die gesamte Menschheit?

WARUM DANN SO VIEL SCHMERZ UND LEID?

Wenn die Ziele Gottes für die Menschheit tatsächlich so großartig sind, wie
das christliche Denken behauptet, warum hat dann ihre Umsetzung so viel
Schmerz und Leid mit sich gebracht? Die kurze biblische Antwort lautet:
Weil das Verhältnis von seinen Geschöpfen, den Menschen, zu ihrem Schöpfer grundlegend gestört wurde, was Auswirkungen auf die Konstitution der
Menschheit hatte, die Beziehung der Menschen zur Natur beeinträchtigte
und die Natur selbst. Biblisch ausgedrückt: Der Mensch ist sündig. Aber das
heißt nicht nur, dass die Menschen ihre Mitmenschen schlecht behandeln
(was das Problem des moralisch Bösen ist). Die Menschheit rebelliert auch
gegen ihren Schöpfer, und unsere eigene Natur rebelliert gegen uns.

Es ist jedoch wichtig, festzustellen, was damit nicht gemeint ist. Die Bibel
lehrt nicht, dass, wenn eine Person leidet, dies aufgrund ihrer Sünde

geschieht, die sie in einer vorherigen Inkarnation begangen hat. Das lehrte der Neuplatonismus, und der Hinduismus tut dies noch heute.[159] Das Christentum lehrt dies ausdrücklich nicht.

Auch stimmt es nicht, dass wir, wenn jemand schwer erkrankt oder einen Unfall erleidet, automatisch darauf schließen können, dass er oder sie im Geheimen irgendwelche schlimmen Sünden begangen hat. Diese Vorstellung ist weitverbreitet. Aber das ganze Buch Hiob im Alten Testament ist ein Protest dagegen; und im

> ✤ *Wenn die Ziele Gottes für die Menschheit tatsächlich so großartig sind, wie das christliche Denken behauptet, warum hat dann ihre Umsetzung so viel Schmerz und Leid mit sich gebracht?*

Neuen Testament verneint auch Christus dies ausdrücklich. Er erinnert an Menschen, die Opfer einer staatlichen Gräueltat wurden, und weiter sprach er von Menschen, die bei Naturkatastrophen ums Leben gekommen waren. In beiden Fällen tadelte er die verbreitete Ansicht, dass die Opfer dieser schrecklichen Dinge besonders schlimme Sünder gewesen sein müssten, auch wenn er hinzufügt: „... wenn ihr nicht Buße tut, werdet ihr alle ebenso umkommen" (Lk 13,1-5), denn wir sind alle Sünder.

Drittens: Wenn die Bibel behauptet, alle Menschen seien Sünder, heißt das nicht, dass jeder Mensch so schlecht ist, wie er nur sein kann. Christus bemerkte, dass die meisten Eltern seiner Zeit (wie die große Mehrheit der Eltern aller Zeiten) trotz ihrer Sündhaftigkeit gut zu ihren Kindern waren. Er formuliert dies so: „Wenn nun ihr, die ihr böse seid, euren Kindern gute Gaben zu geben wisst ..." (Lk 11,13). Und auch das Alte Testament stellt fest, dass menschliche Väter Erbarmen mit ihren Kindern haben (Ps 103,13), dass ihre Mütter sie trösten (Jes 66,13) und dass eine Frau schon unnatürlich hart sein muss, wenn sie ihr Kind, das sie einst gestillt hat, vergisst und kein Mitgefühl für es empfindet (Jes 49,15).

Die Geschichte selbst lehrt uns jedoch eine beständige Lektion: Mit der menschlichen Natur stimmt offenbar etwas nicht. Im Kapitel „Die menschliche Natur in der Geschichte" macht der Cambridge-Historiker Sir Herbert Butterfield im Zuge seines Studiums der Geschichte ein paar grundlegende Beobachtungen:

Der Historiker beginnt also mit einer höheren Einschätzung der Persönlichkeit als die Denker manch anderer Disziplinen; genau wie das Christentum selbst, wenn es jedes Individuum als ein Geschöpf

---

159 Siehe Kap. 1 und 2 im Teil *Was ist Wirklichkeit?*

betrachtet, das Anteil an der Ewigkeit hat. Nach diesem glänzenden Start jedoch geht der Historiker, wiederum in Analogie zur Tradition der christlichen Theologie, zu einer geringeren Wertung der menschlichen Natur über, als sie sonst allgemein im 20. Jahrhundert üblich ist ...

Es scheint mir jedoch, dass das Studium der Geschichte dem Menschen hinsichtlich der Beziehungen zwischen menschlicher Natur und Umweltbedingungen die Augen für eine bedeutende Tatsache geöffnet hat ... wenn wir gewisse kunstvolle Sicherheitsschranken innerhalb der Gesellschaft fallen ließen, dann würden eine Reihe von Menschen, die bisher ein achtbares Leben geführt haben, plötzlich durch die Entdeckung all der Dinge, die sie nun ungestraft tun könnten, wie umgewandelt sein; schwache Menschen, die bisher durch ein gewisses gesellschaftliches Gleichgewicht im Gleise gehalten wurden, würden offensichtlich dem Verbrechen verfallen; und man kann bestimmte Lebensbedingungen erzeugen, unter denen Leute anfangen zu rauben und zu plündern, denen vorher ihr ganzes Leben hindurch nicht einmal der Gedanken gekommen ist, dass sie stehlen möchten. Ein ausgedehnter und lang andauernder Polizeistreik zum Beispiel oder eine Revolution in der Hauptstadt und der Eroberungsrausch in Feindesland können die Kehrseite der menschlichen Natur zum Vorschein bringen, die bis dahin, abgepolstert und gegängelt von den Einflüssen des gewohnten Lebens in der Gesellschaft, der Welt ein achtbares Gesicht zeigen.[160]

Butterfields Schlussfolgerung lautet, dass „Kultur und Barbarei geradezu Manifestationen der im Wesentlichen gleichen menschlichen Natur sind, die sich unter verschiedenen Umweltbedingungen auswirkt"[161]. Und er fügt hinzu:

Eins ist jedoch wesentlich: Keiner kann vorgeben, dass die menschliche Natur weniger selbstsüchtig oder egozentrisch geworden sei.[162]

---

160 Butterfield, *Christentum und Geschichte*, 38–40
161 *Christentum und Geschichte*, 41
162 *Christentum und Geschichte*, 45

Wenn in einer gut geführten Stadt, argumentiert er, die Anzahl der Verbrechen signifikant gesunken sei, weil die Polizei diese erfolgreich eingedämmt habe, würde niemand meinen, dass man die Polizei nicht länger brauche.[163] Ohne sie würde die tief liegende menschliche Natur ihr kriminelles Treiben wieder aufnehmen.

Im Folgenden behauptet Butterfield, dass nicht erkannte Fehler in der menschlichen Natur, wie Stolz, Gier und Selbstbezogenheit, eine gefährliche Selbstgerechtigkeit erzeugen könnten, die die Leute davon überzeuge, sie hätten zu 100 Prozent recht und andere ebenso unrecht. Er schreibt:

> ... scheint mir jedoch das Christentum allein den Herd des Übels in einer Welt, wie wir sie gerade betrachtet haben, anzugreifen ... Es richtet sich eben gegen jene Kruste von Selbstgerechtigkeit, die es durch die Natur seiner Lehre erst auflösen muss, bevor es sonst irgendetwas mit einem Menschen beginnen kann. ... je unfähiger er einer eingehenden Selbstprüfung ist, umso starrer sehen wir seine Selbstgerechtigkeit werden; so sind es gerade die Dickfelligen, die am allermeisten davon überzeugt sind, dass sie vor allen anderen recht haben. ... In seiner schlimmsten Form führt es uns zu jenem mythischen Messianismus, jenem messianischen Betrug des 20. Jahrhunderts, der in bedenklicher Nähe von Forderungen dieser Art steht: „Nur noch einen kleinen Krieg gegen die letzten Feinde der Gerechtigkeit, dann wird die Welt gereinigt sein, und wir können beginnen, das Paradies zu bauen."[164]

Wir sollten hier auch sofort zugeben, dass sich auch manchmal die Christenheit dieser hartherzigen Selbstgerechtigkeit schuldig gemacht hat, als sie Häretiker körperlich folterte und sie bei dem vermeintlichen Versuch, deren Seelen zu „retten", diese lebendig verbrannte. Aber das traf auch auf große politische Bewegungen zu, unter ihnen der Nationalsozialismus und der Marxismus.

Butterfield macht deutlich, dass sich seine Kritik nicht nur auf mächtige politische Bewegungen und internationale Angelegenheiten bezieht, sondern auch auf Privatbürger:

---

163 *Christentum und Geschichte*, 42–43
164 *Christentum und Geschichte*, 51–52

Dieselbe menschliche Natur, die unter günstigen Bedingungen so zart ist, scheint mir unter schlechteren Bedingungen scheußlicher Vergröberung fähig, es sei denn, sie habe einen Weg gefunden, sich über die Einflüsse von Wind und Wetter hinwegzusetzen. Ich habe kleine Leute so eigensinnig in ihrem kleinen Reich herrschen sehen, dass es mir nur ihr Glück zu sein scheint, dass sie nicht gekrönte Häupter oder Premierminister waren, von deren ruhiger Überlegtheit Krieg und Frieden abhing. ... Mir scheint deswegen, dass es vielleicht keine zutreffendere Aussage über den Menschen geben kann, als dass „alle Sünder sind und ich der erste unter ihnen", oder als der Satz: „Ohne die Gnade Gottes ginge auch ich diesen Weg."[165]

Butterfield endet sein Kapitel mit der Erinnerung an die Worte eines Bischofs, der sagte, er habe eine zu hohe Meinung von der menschlichen Natur, um glauben zu können, dass uns tatsächlich jemand angreifen würde, wenn wir völlig abrüsten würden.

Es liegt vielleicht eine große Tugend darin, abzurüsten und Märtyrer einer guten Sache zu werden; aber wenn man verspricht, dass wir in jener Lage kein Märtyrertum zu erleiden brauchten, oder wenn man sich auf eine solche Annahme verlässt, so geht das sowohl gegen die Theologie als auch gegen die Geschichte. Es ist [unerlässlich], kein Vertrauen in die menschliche Natur zu setzen. Ein solches Vertrauen ist eine moderne und sehr unheilvolle Irrlehre.[166]

Wenn wir bereit sind zu akzeptieren, dass etwas mit der menschlichen Natur nicht stimmt, müssen wir nun die Frage stellen, was genau das ist und in welchem Zusammenhang es mit Schmerz, Leid und Tod steht.

---

165 *Christentum und Geschichte*, 55–56
166 *Christentum und Geschichte*, 58

II·7
DIE GEBROCHENE
MENSCHLICHE NATUR
UND DAS NATÜRLICH BÖSE

*Wenn ein liebender und allmächtiger Gott
uns geschaffen hat, warum leiden wir
als seine Geschöpfe dann unter Naturkatastrophen,
Krankheiten (sowohl körperlichen als auch geistigen)
und erleiden schließlich den Tod?
Und was hat dieser Zustand mit irgendeinem Defekt
oder einer Verdrehung der menschlichen Natur zu tun?*

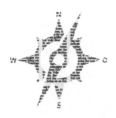

WAS GENAU STIMMT NICHT
MIT DER MENSCHLICHEN NATUR?

Wenn man sich die Geschichte anschaut, ist es offensichtlich, dass das Böse in der menschlichen Natur unermessliches Leid über die Menschheit gebracht hat. Aber das gehört zum Problem des *moralisch* Bösen, das wir in der ersten Hälfte dieses Buchteils diskutiert haben. Hier werden wir uns hingegen mit dem Problem des *natürlich* Bösen beschäftigen: Wenn ein liebender und allmächtiger Gott uns geschaffen hat, warum leiden wir als seine Geschöpfe dann unter Naturkatastrophen, Krankheiten (sowohl körperlichen als auch geistigen) und erleiden schließlich den Tod? Und was hat dieser Zustand mit irgendeinem Defekt oder einer Verdrehung der menschlichen Natur zu tun?

Die biblische Antwort können wir mit folgender Aussage beginnen: „... wie durch einen Menschen die Sünde in die Welt gekommen ist und durch die Sünde der Tod und so der Tod zu allen Menschen durchgedrungen ist" (Röm 5,12).

Nach dieser Aussage lässt sich also der menschliche Tod mit all seinen Stadien und Ausprägungen und mit all dem damit verbundenen Schmerz und Leid, bis er schließlich eintritt, auf den bewussten Ungehorsam gegenüber Gott durch die ersten Ursprungsmitglieder der Menschheit zurückführen.

Für viele Menschen ist diese biblische Geschichte nur ein Ursprungsmythos, erfunden von primitiven, vorwissenschaftlichen Menschen als Versuch, Krankheit und Tod der Menschen zu erklären. Zudem wird behauptet, die Wissenschaft habe gezeigt, dass der Tod ein vollkommen natürlicher Prozess in der Natur sei und nicht die Folge von Sünde. Dies, so heißt es, entkräfte den „Mythos". Diese Einwände müssen und werden wir später noch diskutieren. Aber lassen Sie uns zunächst einmal herausfinden, was genau die biblische Geschichte sagt.

Adams Sünde brachte den Tod

Die Sprache der biblischen Aussage in Römer 5,12 ist sowohl anschaulich als auch präzise. Adams Ungehorsam wird gewissermaßen wie das Öffnen eines Tores beschrieben, durch das die Sünde in die Welt der Menschen und Dinge eintrat. Beachten Sie, dass das Wort „Sünde" im Singular steht. Diese Aussage bezieht sich nicht auf die endlose Vielfalt von einzelnen Sünden, die seitdem begangen worden sind, sondern auf die Sünde als Prinzip. Die Bibel definiert dieses Prinzip der Sünde als Gesetzlosigkeit (1Jo 3,4; griechisch: *anomia*). Es handelt sich dabei um eine Einstellung, eine Geisteshaltung, eine Disposition, eine innere Ausrichtung. Sie bezeichnet einen grundlegenden Egoismus, in dem das menschliche Geschöpf seinen eigenen Willen gegen den Willen und das Gebot des Schöpfers durchsetzt und auf seinen Willen besteht. Und wenn ein Mensch diese Haltung hat, verwendet die Sprache der Bibel für die Beschreibung eines solchen Menschen und seiner Einstellung den Begriff „Fleisch". Betrachten Sie z. B. die folgenden Aussagen:

... weil die Gesinnung des Fleisches Feindschaft gegen Gott ist, denn sie ist dem Gesetz Gottes nicht untertan, denn sie kann das auch nicht. Die aber, die im Fleisch sind, können Gott nicht gefallen. (Röm 8,7-8)

Hier ist es wichtig zu beachten, dass die Bibel in Kontexten wie diesem den Begriff „Fleisch" in einem ganz besonderen Sinn verwendet. Normalerweise bezeichnet das Wort „Fleisch" den Teil des Stoffes, aus dem wir Menschen gemacht sind; und an dem „Fleisch" in diesem Sinne ist nichts falsch oder schädlich oder sündhaft. Aber wenn Menschen ihre Zuversicht und ihr Vertrauen auf die eigene Weisheit und Stärke statt auf Gott setzen und insbesondere dann, wenn sie ihren eigenen Willen gegen Gott durchsetzen, dann bezeichnet Gott solche Menschen als „Fleisch". Damit erinnert er sie an ihre Schwachheit als Menschen aus Fleisch und Blut, im Unterschied zur Allmacht Gottes, der Geist ist, und daran, wie töricht es ist, als bloße Geschöpfe Gott abzulehnen und absurderweise zu versuchen, unabhängig von ihm zu leben, obwohl sie ihm in Wirklichkeit doch ihr Leben und alles Gute verdanken.[167]

---

167 Siehe z. B. Jes 31,1.3 und Jer 17,5: „Verflucht ist der Mann, der auf Menschen vertraut und Fleisch zu seinem Arm macht und dessen Herz vom HERRN weicht!"

Wenn die Bibel also sagt: „... die Gesinnung des Fleisches ist Tod" (Röm 8,6), spricht sie damit nicht nur von jenen Sünden, die Menschen im Allgemeinen als „Sünden des Fleisches" betrachten (wie z. B. Völlerei, Trunkenheit und sexuelle Unmoral). Sie denkt dabei vor allem an jene Herzenshaltung, die entschlossen ist, unabhängig von Gott und in Ungehorsam ihm gegenüber zu leben. Und diese Einstellung, und darauf besteht die Bibel, bedeutet zwangsläufig den Tod.

Die Natur von Adams Sünde

Nach dem Bericht im 1. Buch Mose (Kap. 2 und 3) war Adams Sünde, die verbotene Frucht zu essen. Viele Menschen haben sich nun vorgestellt, dass mit „die verbotene Frucht essen" Geschlechtsverkehr gemeint ist, aber im Bericht findet sich nichts, was darauf hindeuten würde.

Andere versuchen, die Geschichte zu widerlegen. Sie sagen, sie stelle Gott als engstirnigen Tyrannen dar. Adams Tat, so behaupten sie, sei schlimmstenfalls ein reines Kavaliersdelikt gewesen, die Übertretung einer unwichtigen Vorschrift. Dafür die Todesstrafe zu verhängen, sei absolut unverhältnismäßig. Aber dieser Interpretation entgeht völlig der zentrale Punkt der Geschichte.

> ✦ *Adams Ungehorsam entstand tatsächlich aus einer grundlegenden Meinungsverschiedenheit mit Gott über die Natur des Lebens und die ernsthafte Möglichkeit des Menschen, den Tod zu erfahren.*

Adams Ungehorsam entstand tatsächlich aus einer grundlegenden Meinungsverschiedenheit mit Gott über die Natur des Lebens und die ernsthafte Möglichkeit des Menschen, den Tod zu erfahren. Gott hatte Adam und Eva ausdrücklich gewarnt, dass sie sicher sterben würden, wenn sie – im offenen Ungehorsam gegenüber Gott und in Unabhängigkeit von ihm – die Frucht des Baumes der Erkenntnis des Guten und Bösen essen würden (1Mo 2,17). Aber der Verführer lenkte Evas Aufmerksamkeit so lange auf den Baum, bis sie „sah, dass der Baum gut zur Nahrung und dass er eine Lust für die Augen und dass der Baum begehrenswert war, Einsicht zu geben" (1Mo 3,6). Das heißt, sie sah, dass ihr der Baum körperlichen, ästhetischen und intellektuellen Genuss zu versprechen schien. Gleich darauf bestritt der Versucher rundweg Gottes Aussage, dass das Essen seiner Frucht – gegen Gottes Gebot und unabhängig von ihm – den Tod bedeuten würde. Stattdessen behauptete er, dies würde ihnen nicht nur mehr Freude im Leben bringen, sondern auch eine befreiende Unabhängigkeit von Gott („... ihr [werdet sein] wie Gott, erkennend Gutes und Böses", 1Mo 3,5). Sie würden dann in der Lage sein, für sich selbst entscheiden zu können, was gut und was böse ist, ohne dabei nach Gott oder seinem Wort zu fragen. Der Verführer interpretierte Gottes Verbot damit neu, dass dieses angeblich sogar von seinem tyrannischen Wunsch motiviert gewesen sei, die Menschen zu unterdrücken und sie weiterhin seinen willkürlichen Befehlen zu unterwerfen. Daher sollten sie, so der Verführer, ihre Freiheit durchsetzen und das Leben in vollen Zügen auskosten.

Wir brauchen hier jetzt nicht diskutieren, wie genau die Frucht des Baumes beschaffen war, oder uns fragen, welche Eigenschaften sie gehabt haben muss, damit das Essen dieser Frucht die Erkenntnis von Gut und Böse bewirken konnte. Wer sich auf diesen Aspekt der Geschichte konzentriert, dem entgeht, worum es hier wirklich geht: Von irgendeinem Baum zu essen oder überhaupt etwas zu tun (mit welchem Motiv auch immer), das dem Willen und Wort unseres Schöpfers widerspricht, ist eine Gesetzlosigkeit an sich. Es ist diese Geisteshaltung, die den Willen des Geschöpfes gegen den des Schöpfers durchsetzt, die den Schöpfer beiseiteschiebt und die Verfolgung der eigenen egoistischen Interessen und Interpretation des Lebens in den Mittelpunkt des Lebens stellt. Das ist im Prinzip, was Sünde ist.

Und Sünde, so hatte Gott gewarnt, führt zwangsläufig zum Tod. An leiblichem Genuss, ästhetischem Vergnügen und der Aneignung von moralischer Weisheit und Wissen ist an sich nichts verkehrt. Aber zu meinen, dass diese und ähnliche Dinge die Gesamtsumme des Lebens sind und dass man, solange man diese hat, das Leben in Fülle unabhängig von Gott genießen und dabei sein Wort vernachlässigen oder bewusst missachten kann, ist eine grundlegende und tragische Täuschung. Gott ist nicht nur der *Ursprung* aller guten Dinge, die wir genießen; er selbst ist auch das *höchste Gut*, das all den geringeren guten Dingen, die er uns gibt, ihren letzten Sinn und ihre Bedeutung verleiht. Tatsächlich lautet das Grundprinzip des Lebens, das Gott im Alten Testament (5Mo 8,3) verkündete und Christus im Neuen Testament wiederholte: „Nicht von Brot allein soll der Mensch leben, sondern von jedem Wort, das durch den Mund Gottes ausgeht" (Mt 4,4).

Stellen Sie sich vor, Sie treffen eines Tages eine Freundin, die Sie seit einem oder zwei Jahren kennen, und Sie stellen zum ersten Mal fest, dass sie nun einen Verlobungsring trägt. Natürlich zeigen Sie großes Interesse an dem Ring und bewundern seine Form, sein Material und seine ästhetische Wirkung. Und dann fragen Sie natürlich: „Aber sag mir, wer ist der glückliche Mann?" Stellen Sie sich vor, sie antwortet:

„Welcher Mann?"

„Na, der Mann, der dir den Ring geschenkt hat."

„Diesen Mann gib es nicht", sagt sie. „Ich glaube nicht an Männer, geschweige denn an die Ehe. Ich will keinen Mann."

Was würden Sie dann sagen? Der Verlobungsring bleibt ein schönes,
ästhetisch ansprechendes Kunstwerk, aber ohne einen Mann dahinter und
ohne Liebe und eine Ehe in Aussicht leugnet dies die eigentliche Bedeutung
des Ringes und lehnt diese ab.

Genauso beraubt man sich selbst des höchsten Lebensniveaus, nämlich
ein Leben in Gemeinschaft mit dem lebendigen Gott, wenn man die schönen Dinge des Lebens, die in Wirklichkeit die Geschenke des Schöpfers an
uns sind, nimmt und unabhängig von ihm genießt und dabei seine Gebote
vernachlässigt oder bewusst missachtet. Dies ist tatsächlich der Beginn des
Todes, der, wenn man so weiterlebt, am Ende unumstößlich und ewig sein
wird.[168]

Die Konsequenzen von Adams Sünde

Wir können hier vier der deutlichen Konsequenzen von Adams Sünde nennen, die uns die biblische Sicht des Problems des Schmerzes näherbringen
werden:[169]

1. Eine Art lebender Tod
2. Schließlich der leibliche Tod
3. Die Schöpfung wird der Vergänglichkeit und Nichtigkeit unterworfen
4. Die Auswirkung von Adams Sünde auf seine Nachkommen

Lassen Sie uns diese nun nacheinander diskutieren.

• *Eine Art lebender Tod*

Nach dem Bericht erlebten Adam und Eva eine tief greifende Veränderung
in ihrem Selbstbewusstsein und in ihrer Sicht von Gott, unmittelbar nachdem sie Gottes Verbot übertreten hatten. Zunächst wurden sie sich ihrer

---

168 Vgl. die Art und Weise, wie Christus den jüngeren Sohn im Gleichnis vom verlorenen
    Sohn als jemanden beschreibt, der tot ist im Hinblick auf seine Beziehungen zu seinem
    Vater (Lk 15,32).
169 Man sollte sich hier in Erinnerung rufen, dass *adam* das hebräische Wort für „Mensch"
    ist.

Nacktheit bewusst, schämten sich und versuchten, sie zu bedecken. Zunächst schämten sie sich aufgrund ihrer körperlichen Nacktheit; aber dieses Schamgefühl wurde noch größer, als sie plötzlich die Stimme von Gott, dem Herrn, hörten, der im Garten umherging. Und so versuchten sie sich vor der Gegenwart Gottes hinter den Bäumen im Garten zu verstecken. Dieser Versuch war natürlich vergebens, denn es gibt keinen Ort in der Natur oder im ganzen Universum, an dem sich der Mensch erfolgreich vor seinem Schöpfer verstecken könnte, auch wenn viele dies noch immer versuchen. Als er gezwungenermaßen aus seinem Versteck kommen und sein Verhalten erklären musste, sagte Adam: „Ich fürchtete mich, weil ich nackt bin, und ich versteckte mich" (1Mo 3,7-10).

Doch genauso hatte Gott sie geschaffen – körperlich nackt. Warum hatten sie dann jetzt plötzlich Angst, in Gottes Gegenwart nackt zu sein? Sie hatten sich doch vorher nicht geschämt oder gefürchtet, warum dann jetzt? Mit seiner nächsten Frage legte Gott seinen Finger auf den Grund ihres Verhaltens: „Wer hat dir erzählt, dass du nackt bist? Hast du etwa von dem Baum gegessen, von dem ich dir geboten habe, du solltest nicht davon essen?" (1Mo 3,11).

Hier lag das Problem: Es war das bewusste Misstrauen gegenüber Gottes Wort und die Übertretung seines Verbots, was automatisch in ihnen ein Bewusstsein von Schuld, Scham und Angst hervorgerufen hatte angesichts einer Nacktheit, die viel tiefer war als bloße körperliche Nacktheit. Eine Nacktheit, die die Bibel später mit folgenden Worten beschreibt:

> Lasst uns nun eifrig sein ..., damit nicht jemand nach demselben Beispiel des Ungehorsams fällt! Denn das Wort Gottes ist lebendig und wirksam ... und ein Richter der Gedanken und Gesinnungen des Herzens; und *kein Geschöpf ist vor ihm unsichtbar, sondern alles bloß und aufgedeckt vor den Augen dessen, mit dem wir es zu tun haben.* (Hebr 4,11-13)

Die Sünde mit dem daraus resultierenden Empfinden von Scham, Schuld und Angst hatte das enge und vertraute Verhältnis des Menschen mit Gott zerbrochen, der doch die Quelle seines Lebens war. So war Entfremdung entstanden; deshalb versuchte der Mensch, Gott aus dem Weg zu gehen, sich vor ihm zu verstecken oder wenigstens ihm möglichst nicht nahe zu kommen. Es war per Definition eine Art geistlicher Tod.

- *Schließlich der leibliche Tod*

Nachdem der Mensch Gott gegenüber ungehorsam gewesen war und gegen ihn rebelliert hatte, wurde er nicht sofort hingerichtet. Der freie Wille, den Gott ihm gegeben hatte, war ein echter freier Wille, und der Mensch musste die Konsequenzen durch Erfahrung lernen, was geschieht, wenn man sich weigert, auf Gott zu hören, und sich entscheidet, ihm ungehorsam zu sein. Und schließlich wird die Sünde seinen leiblichen Tod bewirken, wie unser erstes Zitat erklärte: dass „durch einen Menschen die Sünde in die Welt gekommen ist und durch die Sünde der Tod und so der Tod zu allen Menschen durchgedrungen ist" (Röm 5,12).

Ein starker Einwand gegen die Geschichte von Adam und Eva
Eben haben wir gesehen, dass Atheisten und viele andere Denker die Geschichte von Adam und Eva lediglich als Ursprungsmythos sehen und sie als absolut unhistorisch ablehnen. Und sie wenden sich insbesondere gegen die ausdrückliche Aussage des Neuen Testaments, dass der leibliche Tod des Menschen das Ergebnis der menschlichen Sünde sei (Röm 5,12). Sie halten dagegen, dass der menschliche Tod, wie die menschliche Geburt, vollkommen natürlich sei. Sie leugnen natürlich nicht, dass Menschen durch leichtsinniges Verhalten selbst ihren vorzeitigen Tod herbeiführen können, aber sie sind der Meinung, dass der Tod, der am Ende alle Menschen als Folge von Krankheit oder hohem Alter ereilt, ein vollkommen natürlicher Prozess sei und nicht das Resultat irgendeiner Sünde seitens der Stammeltern der Menschheit. Wie wir zuvor gesehen haben, meinen manche (wenn auch nicht alle) Genetiker, dass das Altern und der Tod einfach durch den natürlichen Abbau der Telomere im Laufe der Mutation und Teilung der Zellen verursacht werde.

Wir haben zuvor versprochen, dass wir diesen Einwand noch diskutieren würden, also lassen Sie uns dies hier tun.

Das Erste, was dazu gesagt werden kann, ist, dass die Bibel nicht leugnet, dass am Ende eines mehr oder weniger langen natürlichen Prozesses der menschliche Tod steht, der durch ein schrittweises (oder plötzliches) Versagen eines oder mehrerer der körpereigenen Systeme eintritt, die das Leben erhalten bzw. schützen oder den Körper reparieren sollen. Wir wiederholen hier, was wir vorher bereits gesagt haben. Nach dem 1. Buch Mose wurde der Mensch nicht sofort in dem Moment getötet, als er sündigte: Sein leiblicher Tod sollte erst nach einem langen natürlichen Prozess eintreten:

> Im Schweiße deines Angesichts wirst du dein Brot essen, bis du zurückkehrst zum Erdboden, denn von ihm bist du genommen. Denn Staub bist du, und zum Staub wirst du zurückkehren! (1Mo 3,19)

Zweitens ist es wichtig, festzustellen, dass die Bibel nirgendwo sagt, dass der Mensch in seinem ursprünglichen Schöpfungszustand eine wesenhafte, inhärente Unsterblichkeit besaß. Gott allein besitzt Unsterblichkeit, die in der Natur seines Seins liegt (1Tim 6,16; vgl. Joh 5,26: „... wie der Vater Leben *in sich selbst* hat"). Der erschaffene Mensch hatte jedoch kein Leben „in sich selbst". Sich selbst überlassen, würde er schließlich alt werden und sterben, wie er es auch schließlich tat.

Tatsächlich sagt die Bibel Folgendes: Um für immer körperlich weiterleben zu können, hätte der Mensch ständig vom Baum des Lebens in der Mitte des Gartens Eden essen müssen. Was genau der Nährstoff war, den Gott Adam durch diesen realen, aber dennoch symbolischen Baum des Lebens zukommen ließ, erfahren wir nicht. (Dass es sich auch um ein Symbol handelte, wird im Neuen Testament in Textstellen wie Offb 2,7 und 22,2 gezeigt, auch in der Stiftshütte, in der der Lampenfuß ein symbolischer Baum des Lebens war, siehe 2Mo 25,31-40.) Aber als Adam und Eva aufgrund ihrer Sünde aus dem Garten vertrieben wurden und sie keinen Zugang mehr zum Baum des Lebens hatten (1Mo 3,22-24), übernahm die Natur das Zepter, und die natürlichen Prozesse des Verfalls, Alterns und schließlich des Todes setzen ein. In diesem Sinne erklärt die Bibel, dass „durch *einen* Menschen die Sünde in die Welt gekommen ist und *durch die Sünde der Tod*" (Röm 5,12).

Argumentiert man jedoch, dass es im Widerspruch zur Wissenschaft steht zu glauben, dass Gott dem Urpaar eine notwendige Substanz habe zukommen lassen, die sie dauerhaft am Leben erhalten hätte, und dass Gott dies auch weiter getan hätte, wenn sie nicht gesündigt hätten, ist dies wissenschaftlich unbegründet. Professor Steve Jones (offensichtlich kein Theist) weist darauf hin, dass der für die Fortpflanzung des Lebens notwendige Mechanismus so präzise gestaltet ist, dass er die Menschheit auf unbestimmte Zeiten erhalten kann, wie er es bereits jahrhundertelang getan hat. Er schreibt:

> Sexualität stellt die Telomeruhr wieder zurück. Wenn die Chromosomen sich bei der Bildung von Samen- und Eizellen paaren, werden sie von einem Enzym wiederbelebt, das neue Chromosomenenden herstellt. Das Gen – ein richtiggehender Jungbrunnen – lässt ein Enzym namens Telomerase (Telomer-Verlängerungskomponente) entstehen.

Es ist ausschließlich in dem Gewebe aktiv, das die Keimzellen produziert: Nur Ei- und Samenzellen können verjüngt werden. ...

Zweifellos sind sie [die Telomere] nur ein Teil – vielleicht nur ein kleiner Teil – des Verjüngungsapparats, der jedes Mal bei der Geburt eines Babys sein magisches Werk tut. ... Die Biologie zeigt ...: Obwohl das Leben derer, die sie tragen, vergänglich ist, wird die Welt der Gene für alle Zeiten weiterleben.[170]

In diesem Lichte wäre es sehr willkürlich zu sagen, dass der Schöpfer dieses „Verjüngungsapparats" unseren ersten Stammeltern keine Substanz hätte geben können (oder einen Prozess oder was auch immer), die sie immer wieder regeneriert hätte, wenn sie nur seine Warnung vor dem Tod nicht in den Wind geschlagen hätten.

- *Die Schöpfung wird der Vergänglichkeit und Nichtigkeit unterworfen*

Um diese Konsequenz der Sünde des Menschen zu verstehen, muss man sich den erhabenen Rang vor Augen halten, der dem Menschen im biblischen Denken gegeben wird. Die Menschheit ist nicht wie in der atheistischen Evolution nur das letzte Zufallsprodukt geistloser Kräfte, das auf diesem Planeten erschienen ist (einem Planeten, der nicht in erster Linie dafür vorgesehen war, uns zu beherbergen und in Wirklichkeit für gar keinen Zweck vorgesehen war). Nach dem biblischen Denken wurde der Mensch geschaffen, um Gottes Vizekönig zu sein, um die Erde in Gemeinschaft mit Gott zu verwalten und zu gestalten. In diesem Sinne war die Schöpfung dazu bestimmt, dem Menschen als ihrem Herrn und Oberhaupt zu dienen und er sollte sich wiederum zur Ehre Gottes als Gottes verantwortlicher Verwalter um die Schöpfung kümmern.

Deswegen war und ist die Sünde des Menschen und seine faktische Revolte gegen Gott – die Erde zu seiner eigenen Befriedigung und für seine eigenen Zwecken zu nutzen, ohne dabei Gottes Wort und Willen zu beachten – von großer Tragweite. Denn ab diesem Zeitpunkt befand sich dieser Teil von Gottes Universum, nämlich der Planet Erde, in den Händen eines Verwalters, dessen Herz und Motive durch einen fundamentalen Egoismus, durch Eigenwilligkeit und aufkeimende Rebellion verdorben waren.

---

170 *Gott und die Gene*, 300–301

Von außen betrachtet (z. B. aus Sicht der Engel oder irgendwelcher anderer intelligenter Wesen, die dem Schöpfer treu ergeben sind und vielleicht anderswo in Gottes Schöpfung existieren), muss dieser Planet ein seltsames Schauspiel geboten haben. Und das ist immer noch so. Und während sich die anfängliche Revolte des Menschen tatsächlich im Laufe der Jahrhunderte immer weiter verstärkt hat, so wie Samen zur vollen Erntereife gelangen, sollte dieser Planet später wieder Zeuge eines Schauspiels werden: der Sohn des Schöpfers des Universums, an ein Kreuz genagelt, mit einer Dornenkrone auf seinem Kopf.

Interessant am Bericht vom Sündenfall ist, dass der Mensch nach seiner Revolte nicht sofort seines Amtes als Verwalter der Erde enthoben wurde. Es wurde ihm erlaubt, seine Verantwortung für die Gestaltung der Erde zu behalten. Gleichzeitig wurde jedoch „die Schöpfung ... [durch Gott] der Nichtigkeit unterworfen ... nicht freiwillig, sondern durch den, der sie unterworfen hat" (Röm 8,20).

Erneut sind die verwendeten Begriffe sowohl präzise als auch interessant. Das griechische Wort für „Nichtigkeit" *(mataiotēs)* ist mit dem Adverb *matēn* verwandt, das, wenn es verwendet wird, um eine Handlung zu beschreiben, bedeutet, dass diese Handlung „vergeblich" war: Mit ihr wurde das geplante Ziel nicht erreicht. Und wenn diese Textstelle sagt, dass die Schöpfung der Nichtigkeit „nicht freiwillig" oder „nicht durch eigenes Verschulden" (griechisch: *ouch hekousa)* unterworfen wurde, bezieht sich das zweifellos unter anderem auf Gottes Verfluchung des Ackers aufgrund von Adams Sünde:

> ... so sei der Erdboden deinetwegen verflucht: Mit Mühsal sollst du davon essen alle Tage deines Lebens; und Dornen und Disteln wird er dir sprossen lassen, und du wirst das Kraut des Feldes essen! (1Mo 3,17-18)

C. E. B. Cranfield schreibt dazu:

> ... die unter dem Menschen stehende Schöpfung wurde der Nichtigkeit unterworfen, sie kann den Zweck ihrer Existenz nicht mehr angemessen erfüllen ... Wir könnten an das ganze großartige Schauspiel des Universums denken, zusammen mit all seinen hervorragenden Eigenschaften und dem ganzen Chor des dem Menschen unterworfenen Lebens, das geschaffen wurde, um Gott zu verherrlichen, was aber nicht vollständig geschieht, solange es dem Menschen, dem

Hauptdarsteller in dem Drama des Gotteslobes, nicht gelingt, seinen angemessenen Teil beizusteuern ..., [und] solange der Mensch, der ihr Herr ist (1Mo 1,26.28; Ps 8,7), in Ungnade gefallen ist.[171]

Die Menschheit wird im Laufe der Jahrhunderte große und spektakuläre Fortschritte in der Erschließung der Erde und der Verwaltung ihrer Ressourcen machen – doch niemals mit hundertprozentigem bzw. uneingeschränktem und dauerhaftem Erfolg: Denken Sie nur an die vielen einst glanzvollen, doch mittlerweile zugrunde gegangenen Zivilisationen vergangener Jahrhunderte. Immer wieder wird die Natur den menschlichen Fortschritt durchkreuzen, mit Dornen und Disteln, knochenharter Arbeit, Schädlingen, Krankheiten, Seuchen, Dürren, Hungersnöten, Erdbeben, Vulkanausbrüchen etc. – ganz zu schweigen davon, wie der eigene Egoismus, die Gier und die moralische Korruption der Menschheit die Verwaltung der irdischen Ressourcen untergraben. Sogar heute noch, in diesem technologisch fortgeschrittenen 21. Jahrhundert, sind Millionen von Menschen dem Hungertod nahe, während die wissenschaftlich weiter entwickelten Länder Milliarden von Dollar für die Entwicklung und Herstellung von noch fortschrittlicheren Waffen für die atomare und bakteriologische Kriegsführung ausgeben. Die Verwaltung der Ressourcen der Erde durch die Menschheit ist offensichtlich mangelhaft.

> ✿ Millionen von Menschen sind dem Hungertod nahe, während die wissenschaftlich weiter entwickelten Länder Milliarden von Dollar für die Entwicklung und Herstellung von noch fortschrittlicheren Waffen für die atomare und bakteriologische Kriegsführung ausgeben. Die Verwaltung der Ressourcen der Erde durch die Menschheit ist offensichtlich mangelhaft.

Manchmal scheint die Natur selbst zurückzuschlagen, um gegen den menschlichen Missbrauch ihrer Systeme zu protestieren. Sexuelle Unmoral und Freizügigkeit haben in vielen Ländern zu einer großen Verbreitung von AIDS geführt, einer Krankheit, die bereits Millionen von Menschen das Leben gekostet hat und noch weitere Millionen von Opfern fordern und so viele Häuser zurücklassen wird, in denen Kinder, die kaum das Jugendalter erreicht haben, durch den Tod ihrer Eltern die Pflicht aufgebürdet bekommen, den Rest der Kinder großzuziehen.

Der falsche Umgang mit den natürlichen Prozessen zur Erhaltung der Menschheit in jüngerer Zeit schafft heute ein enormes Problem. In

---

171 *The Epistles to the Romans*, 1:413–414, 416

vergangenen Jahrhunderten (und in manchen Kulturen auch heute noch) bekamen Eltern viele Kinder, damit diese für sie im Alter einmal sorgen sollten. In der jüngeren Vergangenheit wurden in vielen Ländern staatliche Rentenmodelle eingeführt, um die ältere Generation im Rentenalter zu versorgen. Diese Modelle hingen allerdings davon ab, dass es genug jüngere Menschen im arbeitsfähigen Alter gab, die ausreichend Steuern zahlten, um die Renten der Älteren zu finanzieren. Aber dann wurde in noch jüngerer Zeit in vielen Ländern Abtreibung (praktisch auf Wunsch) legalisiert und ist seitdem als eine Form der Empfängnisverhütung eingesetzt worden, um die Wege der Natur zu durchkreuzen.

Allein in Amerika wurden seit 1973 schätzungsweise über 58 Millionen menschliche Föten abgetrieben.[172] Nun erreicht die Generation, die diese große Flut von Abtreibungen initiiert hat, das Rentenalter und beginnt zu entdecken, dass es nicht genug jüngere Menschen im mittleren arbeitsfähigen Alter gibt, um die Renten der Abtreibungsgeneration zu finanzieren.

Es ist also offensichtlich, dass die Beziehung der Menschen zur Schöpfung und die Beziehung der Schöpfung zum Menschen aus den Fugen geraten ist; und dass dies so ist, ist kein Zufall. Die Erde ist schließlich Gottes Schöpfung. Der Mensch ist nicht ihr Eigentümer, nur ein Mieter, und ein sündhafter Mieter dazu. Es kann für die Menschheit nicht zwei Paradiese geben, eines in Gemeinschaft mit Gott und eines ohne ihn. Der natürliche Schmerz und das natürliche Leid dienen dazu, die Menschheit an ihr Gefallen-Sein und ihre Entfremdung von Gott zu erinnern. Wenn uns das wiederum dazu bringt, mit Gott bei seinen Absichten für die Erlösung und Wiederherstellung sowohl der Menschen als auch der Natur zu kooperieren, dann werden sogar Schmerz und Leid, auch wenn sie an sich böse sind, in Gottes Weisheit so gestaltet werden, dass sie einem sehr heilsamen Zweck dienen werden.

---

172 Guttmacher Institute, *Induced Abortion in the United States*

- *Die Auswirkungen von Adams Sünde auf seine Nachkommen*

Zwei Zitate werden uns hier genügen:

> Darum, wie durch einen Menschen die Sünde in die Welt gekommen ist und durch die Sünde der Tod und so der Tod zu allen Menschen durchgedrungen ist, weil sie alle gesündigt haben ... (Röm 5,12)[173]

> Denn wie durch des einen Menschen Ungehorsam die vielen in die Stellung von Sündern versetzt worden sind, so werden auch durch den Gehorsam des einen die vielen in die Stellung von Gerechten versetzt werden. (Röm 5,19)

Diese Aussagen erklären, dass wir alle von Adam eine menschliche Natur geerbt haben, die mangelhaft, gefallen und sündhaft ist. Wie bereits gesagt, lehnen viele Menschen die Geschichte von Adam und die Art und Weise, wie die Bibel unsere sündhafte Natur auf ihn zurückführt, ab. Aber man muss feststellen, dass sogar atheistische Evolutionisten behaupten, dass der *Homo sapiens* von einem Vorfahren abstammt (es müssen sicherlich zwei gewesen sein!), und noch immer darüber streiten, ob dieser ursprüngliche Vorfahre in Afrika oder anderswo lebte. Aber niemand bestreitet, dass die lange Line von Nachkommen seine Gene und damit auch seine Natur geerbt hat. Aber das nur am Rande.

Die Bibel stellt fest, dass es nicht *unser* Fehler ist, dass wir mit einer mangelhaften menschlichen Natur geboren wurden; wir haben diese von Adam geerbt. Aber es ist *unser* Fehler, dass wir persönlich weiter gesündigt haben, und deshalb sind wir dem Tod unterworfen. Wir sind wie das Kind einer Mutter, die mit Drogen dealt und auch selbst schwer davon abhängig ist, bei dem nach der Geburt festgestellt wurde, dass die Drogen im Körper der Mutter auch Auswirkungen auf das Kind hatten und es bereits Entzugserscheinungen zeigt. Das ist nicht der Fehler des Kindes. Doch das Kind wächst auf, kämpft gegen den Hang zu Drogen, gibt aber dem Drang

---

173 Wichtig ist hier festzustellen, dass der letzte Nebensatz in diesem Zitat nicht sagt, dass alle *in ihm* (d. h. in Adam) gesündigt haben. Im Original-Griechisch des Neuen Testaments wird dieser letzte Nebensatz mit der Konjunktion *eph'hō* eingeleitet, die nicht „in welchem" oder „in ihm" bedeuten kann, denn dafür hätte man *en hō* verwenden müssen. *Eph'hō* bedeutet einfach „weil".

irgendwann bewusst nach und wird selbst zum Drogendealer. Das *ist* dann sein eigener Fehler.

Wir als Individuen haben also eine sündhafte Natur geerbt, haben eigenverantwortlich weiter gesündigt und werden von allen Seiten von dem vorherrschenden Ethos einer gefallenen Welt beeinflusst und unter Druck gesetzt. Wir sind, wie die Bibel es ausdrückt, „von Natur Kinder des Zorns", d. h., unsere Natur und das sündhafte Verhalten, das aus ihr entspringt, erzeugt Gottes großes Missfallen (Eph 2,3).

Viele Menschen empfinden diese biblische Lehre jedoch als absolut unfair. Sie sagen, wir hätten ja nicht darum gebeten, als Teil einer Art geboren zu werden, die von Grund auf verdorben ist. Warum sollten wir von Gott für etwas verworfen werden, was ursprünglich jemand anders getan habe? Aber die Antwort auf diesen verständlichen Einwand erhalten wir in der zweiten Hälfte des zweiten oben angeführten Zitates:

> Denn wie durch des *einen* Menschen Ungehorsam die vielen in die Stellung von Sündern versetzt worden sind, so werden auch durch den Gehorsam des einen die vielen in die Stellung von Gerechten versetzt werden. (Röm 5,19)

Mit anderen Worten: Wenn wir durch die Tat einer anderen Person zu Sündern wurden, wird uns Rettung und Erlösung kostenlos zu genau denselben Bedingungen angeboten – durch etwas, was eine andere Person getan hat, statt durch etwas, was wir selbst tun können. Aber dazu später mehr.

II·8
SCHMERZ, LEID UND DER EINZELNE

Gott hat Heilspläne, die so groß sind,
dass sie die gesamte Menschheitsgeschichte
einschließlich der letzten Generation umfassen.
Sie gehen bis an die Grenzen des Universums
und das Ende der Zeit und reichen bis in die Ewigkeit hinein.
Doch nicht weniger wichtig ist ihm jeder Einzelne
in jeder Generation.

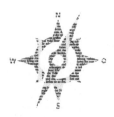

GOTT SORGT SICH UM JEDEN EINZELNEN

Bis zu diesem Punkt haben wir das Problem von Schmerz und Leid größtenteils im Kontext der Menschheit als Ganzes diskutiert, sowohl in ihrem Verhältnis zur Erde als auch zum ganzen Universum. Das ist unerlässlich. Ein großer Teil des Problems sind nun mal die Naturkatastrophen auf dem Planeten Erde, und solche Dinge geschehen immer wieder und betreffen weit mehr als nur Einzelne, ja sogar Generationen von Menschen. Ebenso war im Laufe der Jahrhunderte die Menschheit als Ganzes von Krankheiten wie Krebs, Diabetes, Herzversagen und vielen anderen betroffen. Auch wenn mittlerweile große Fortschritte in der Erforschung und Behandlung dieser Krankheiten gemacht worden sind, muss sich dennoch jeder Einzelne, der gegenwärtig leiden muss, der Tatsache stellen, dass erst noch weitere Forschung und Entwicklungen notwendig sind, damit ein wirksames Heilmittel für diese Krankheiten oder deren Ausrottung gefunden wird. Und das wird nicht unbedingt zu Lebzeiten der Betroffenen geschehen.

Aber wo bleibt dann das Individuum? Das Leben eines Menschen ist, auch wenn es ein langes ist, dennoch vergleichsweise kurz; und wenn er sieht, wie sein Leben – und er hat nur dieses eine – von einem vorzeitigen Tod bedroht wird und die Lebensfreude durch einen ständigen Kampf mit Schmerzen, Beeinträchtigungen und Angst stark abnimmt, dann scheint die Diskussion des Problems von Schmerz und Leid im Hinblick auf die Geschichte und die Zukunft der Menschhaft für den Einzelnen wahrscheinlich größtenteils irrelevant zu sein, wenn nicht sogar grausam unsensibel im Hinblick auf seine eigenen persönlichen Empfindungen, Interessen und Gefühle.

Doch die Bibel stellt durchaus nicht nur Hoffnung für die Menschheit als Ganzes in Aussicht, sondern auch für die gesamte Schöpfung: Sie verheißt, dass „Zeiten der Wiederherstellung aller Dinge" (Apg 3,21) kommen werden, wenn „selbst die Schöpfung von der Knechtschaft der Vergänglichkeit frei gemacht werden wird" (Röm 8,21-22) wie auch von ihren Schmerzen und ihrem Seufzen. Andererseits ist die Bibel kein totalitäres Programm, das der ganzen Menschheit ein utopisches Paradies in der Zukunft verspricht und dabei dem Leiden des Einzelnen wenig oder gar keine Beachtung schenkt. Im Gegenteil: Wie wichtig Gott der Einzelne ist, wurde von Christus mit sehr bekannten Worten ausgedrückt. Dabei machte er keine unrealistischen Aussagen über Gottes Sorge um seine Geschöpfe. Er sagte nicht, dass keines von ihnen jemals zu Fall kommen wird. Er sagte jedoch, dass Gott um den Fall eines jedes Einzelnen besorgt ist:

> Werden nicht zwei Sperlinge für eine Münze verkauft? Und nicht einer von ihnen wird auf die Erde fallen ohne euren Vater. Bei euch aber sind selbst die Haare des Hauptes alle gezählt. Fürchtet euch nun nicht! Ihr seid wertvoller als viele Sperlinge. (Mt 10,29-31)

Die Bibel erklärt also, dass Gottes Heilspläne so groß sind, dass sie die gesamte Menschheitsgeschichte einschließlich der letzten Generation umfassen. Sie gehen bis an die Grenzen des Universums und das Ende der Zeit und reichen bis in die Ewigkeit hinein. Doch nicht weniger wichtig ist ihm jeder Einzelne in jeder Generation; und genau das macht die Reihenfolge so bedeutend, in der nach der Bibel Erlösung stattfindet.

DIE REIHENFOLGE DER ERLÖSUNG

Um zu sehen, wie dies geschieht, sollten wir zum Bericht über den Sündenfall zurückkehren und zur Abfolge der Ereignisse, die unmittelbar nach Adams und Evas Verfehlung stattfanden. Diese Reihenfolge der Ereignisse zeigt uns (neben anderen Dingen), wie genial diese Heilsgeschichte ist.

Gottes Initiative zur Überwindung der Entfremdung der Menschheit von Gott

Wir erinnern uns, dass Adam und Eva nach ihrer Verfehlung von Scham- und Schuldgefühlen überwältigt wurden, und in ihrer Angst versuchten sie instinktiv, sich vor Gott zu verstecken. Gottes Reaktion war folgende: Er ergriff die Initiative, ging ihnen nach, zwang sie dazu, sich ihm zu stellen – alles mit der Absicht, ihrem Gefühl der Entfremdung ein Ende zu setzen, ihre Scham zu bedecken, ihnen Vergebung zu gewähren und ihnen zu versichern, dass er sie annimmt. Das bedeutete nicht, dass er die Schwere ihrer Sünde herunterspielte oder vorschlug, sie einfach unter den Teppich zu kehren. Er kündigte eine lange Liste von Konsequenzen und Maßnahmen als unvermeidliche Folge ihrer Sünde an, die sowohl ihren Körper und ihre Gefühle als auch ihre zwischenmenschliche Beziehung betreffen würden. Aber dann tat Gott Folgendes: Er „machte Adam und seiner Frau Leibröcke aus Fell und bekleidete sie" (1Mo 3,21).

Das war nicht nur eine praktische Maßnahme: Es war eine äußerst bedeutsame symbolische Geste. Menschen sind *teils Fleisch, teils Geist*. Aber durch ihren Sündenfall wurden sich Adam und Eva nicht nur ihrer Fleischlichkeit, sondern auch des Gefallen-Seins ihres Geistes bewusst. Und das vermittelte ihnen den Eindruck, dass sie nicht einfach in Gottes Gegenwart kommen konnten, so wie sie waren. Gott selbst sorgte für eine Lösung für diese besondere und sehr persönliche Not: Er opferte ein unschuldiges Tier und kleidete die schuldigen Menschen mit seinem Fell (1Mo 3,21).

Ohne diese Maßnahme Gottes hätte sich der Schmerz und das Leid, das sie als praktische Konsequenz ihrer Sünde ertragen mussten, zusammen mit der Aussicht auf den leiblichen Tod vielleicht als psychisch unerträglich erwiesen. Aber welcher Schmerz auch immer auf sie zukommen würde, sie würden nun eines wissen: Gott hatte sich nicht von ihnen abgewandt. Gott selbst hatte sie ja bekleidet und ihnen damit gezeigt, dass sie in seiner Gegenwart angenommen waren. Gott war für sie. Ihre finale Erlösung war ihnen gewiss.

- *Eine bleibende Metapher*

Dass Gott Adam und Eva bekleidete, hat uns ein Modell und eine Metapher geschenkt, die im Laufe der Jahrhunderte immer wieder verwendet wurde. Der jüdische Dichter und Prophet Jesaja beschreibt, wie die Erlösten ihr Dankeslied an Gott formulieren:

> Freuen, ja, freuen will ich mich in dem HERRN! Jubeln soll meine Seele in meinem Gott! Denn er hat mich bekleidet mit Kleidern des Heils, den Mantel der Gerechtigkeit mir umgetan. (Jes 61,10)

Im Gleichnis vom verlorenen Sohn beschreibt Christus, wie der Sohn in seinen dreckigen Lumpen in Schmach und Schande nach Hause kam, und sein Vater reagierte so: „Der Vater aber sprach zu seinen Sklaven: Bringt schnell das beste Gewand heraus und zieht es ihm an" (Lk 15,22).

Die Bilder, die die Offenbarung für die Erlösten benutzt, sind wie folgt:

... sie haben ihre Gewänder gewaschen und sie weiß gemacht im Blut des Lammes. Darum sind sie vor dem Thron Gottes. (Offb 7,14-15)

Und übersetzt in die direkte theologische Sprache des Neuen Testaments hört sich dieselbe alte symbolische Geste und Metapher wie folgt an:

... wie denn Gott in Christus war, und die Welt mit sich selbst versöhnte, ihnen ihre Übertretungen nicht zurechnete ... Den, der Sünde nicht kannte, hat er für uns zur Sünde gemacht, damit wir Gottes Gerechtigkeit wurden in ihm. (2Kor 5,19.21)

Denn wie durch des einen Menschen Ungehorsam die vielen in die Stellung von Sündern versetzt worden sind, so werden auch durch den Gehorsam des einen die vielen in die Stellung von Gerechten versetzt werden. (Röm 5,19)

Dies ist also für jede Generation die erste Stufe der Erlösung.[174] Das christliche Evangelium behauptet nicht, dass wir nie mehr Schmerzen, Not und Krankheit erleiden werden oder nicht sterben müssen, wenn wir an Christus gläubig geworden sind. Weit gefehlt. Aber es versichert uns, dass Gott nur darauf wartet, die erste Stufe der Erlösung hier und jetzt für alle die umzusetzen, die es wollen: nämlich persönliche Versöhnung und Frieden mit Gott und die Gewissheit, dass Gott uns nie zurückweisen wird, weil Gott in Christus für uns ist:

Wenn Gott für uns ist, wer ist gegen uns? Er, der doch seinen eigenen Sohn nicht verschont, sondern ihn für uns alle hingegeben hat – wie wird er uns mit ihm nicht auch alles schenken? Wer wird gegen Gottes Auserwählte Anklage erheben? Gott ist es, der rechtfertigt. Wer ist da, der verdammt? Christus Jesus ist es, der gestorben, ja noch mehr, der auferweckt, der auch zur Rechten Gottes ist, der sich auch für uns verwendet. (Röm 8,31-34)

Es ist also diese Zusicherung des Friedens mit Gott, die die Bedeutung von allem Schmerz und Leid radikal verändert und ihre Bitterkeit lindert. Es

---

174 Das Sühneopfer Christi ist immer die Grundlage gewesen, die es Gott möglich machte, die Sünden von Menschen zu vergeben, die diese wahrhaft bereuen, ob diese nun vor der Zeit Christi oder danach lebten (siehe die klare Aussage hierzu in Röm 3,25-26).

sind vorübergehende Folgen unserer eigenen Sünde oder der Sünde der Welt. Zudem bewirkt die Liebe Gottes zu uns, die dadurch zum Ausdruck kommt, dass er seinen Sohn hingab, um für uns zu sterben, im Herzen eines Gläubigen eine grundlegende Zuversicht und sogar ein Triumphgefühl trotz all der schlimmen Dinge, die das natürlich und moralisch Böse bei ihm bewirken kann:

> Wer wird uns scheiden von der Liebe Christi? Bedrängnis oder Angst oder Verfolgung oder Hungersnot oder Blöße oder Gefahr oder Schwert? Wie geschrieben steht:
>
> > „Deinetwegen werden wir getötet den ganzen Tag;
> > wie Schlachtschafe sind wir gerechnet worden."
>
> Aber in diesem allen sind wir mehr als Überwinder durch den, der uns geliebt hat. Denn ich bin überzeugt, dass weder Tod noch Leben, weder Engel noch Gewalten, weder Gegenwärtiges noch Zukünftiges, noch Mächte, weder Höhe noch Tiefe, noch irgendein anderes Geschöpf uns wird scheiden können von der Liebe Gottes, die in Christus Jesus ist, unserem Herrn. (Röm 8,35-39)

Gottes Absicht, dem Menschen Hoffnung für die Zukunft zu geben

Wir kehren wieder zum Bericht über den Sündenfall zurück. Gott hat nicht nur die Beziehung zu Adam und Eva wieder aufgenommen: Er gab ihnen auch Hoffnung. Ursprünglich hatte Gott ihnen gesagt, dass Ungehorsam zum Tod führen würde. Satans Gesandter hatte ihnen gesagt, dass dies nicht geschehen würde. Nun hatten sie ihre Entscheidung getroffen – die falsche Entscheidung. Um ihrer selbst willen konnte es ihnen nicht erspart bleiben, die Konsequenzen ihrer Entscheidung zu spüren zu bekommen. Wenn jedes Mal, wenn wir im Leben eine falsche Entscheidung treffen, jemand eingreifen und uns auf wundersame Weise vor den negativen Konsequenzen bewahren würde, würde das diese Welt in ein unwirkliches Märchenland verwandeln. Außerdem würden wir so niemals lernen, unsere Entscheidungsfähigkeit verantwortungsvoll einzusetzen. Und da Gott sie mit Nachdruck gewarnt hatte, dass sie sterben müssten, wenn sie die verbotene Frucht äßen, wie würden sie jemals lernen, Gottes Wort zu glauben und ernst zu nehmen, wenn er sich nun dem Boten Satans anschloss und ihnen versicherte, dass sie am Ende doch nicht sterben würden?

Sie mussten nun der bedrückenden Gewissheit ihres leiblichen Todes ins Auge sehen. Doch Gott gab ihnen sofort wieder Hoffnung, denn sie konnten hören, wie Gott der Schlange sagte, dass der Nachkomme der Frau ihr eines Tages den Kopf zermalmen würden, auch wenn sie ihm die Ferse zermalmen würde (1Mo 3,15).

Hier war nun eine ganz persönliche Hoffnung für Eva, die ihr Leben lebenswert machte. Mutter zu werden, würde die ganzen Schmerzen wert sein. Es gab eine Zukunft für ihre Nachkommen. Außerdem würde die Menschheit am Ende über

> ✿ *Gott hat nicht nur die Beziehung zu Adam und Eva wieder aufgenommen: Er gab ihnen auch Hoffnung.*

den Tod triumphieren, der die Folge der Verführung war. Adam, so erfahren wir, erfasste sofort die Bedeutung von Gottes Ankündigung, reagierte darauf im Glauben und „gab seiner Frau den Namen Eva, denn sie wurde die Mutter aller Lebenden" (1Mo 3,20).

Es ist genau diese Hoffnung, die Menschen, die an Christus glauben, tröstet, ermutigt und ihnen Halt gibt angesichts persönlicher Unfälle, Krankheiten, Leid und Tod. Allerdings glauben sie, dass diese Hoffnung bereits in einem Maße erfüllt wurde, das Eva sich nicht hätte träumen lassen, und irgendwann komplett erfüllt werden wird. Denn sie glauben, dass mit dem Begriff „ihrem [Evas] Nachwuchs" Gott bereits das Kommen des Sohnes Gottes in diese Welt vorhergesagt hatte. Geboren von der Jungfrau Maria, würde er wahrhaft Mensch sein, ohne jedoch aufzuhören, Gott zu sein. Durch seinen Tod und seine Auferstehung würde er ein sicheres Fundament für eine Hoffnung legen, die nicht enttäuscht werden würde.

• *Er zeigte, dass der leibliche Tod nicht das Ende für die Menschen ist*

Er hat, so sagt das Neue Testament, „den Tod zunichtegemacht, aber Leben und Unvergänglichkeit ans Licht gebracht" (2Tim 1,10). Der Tod soll nicht das letzte Wort haben. Christi leibliche Auferstehung ist der Anfang der Wiederherstellung der Menschheit und der ganzen Schöpfung.

- *Er befreit all jene, die ihm vertrauen, von der Furcht vor dem Tod*

Die Bibel drückt dies so aus:

> Weil nun die Kinder Blutes und Fleisches teilhaftig sind, hat auch er
> in gleicher Weise daran Anteil gehabt, um durch den Tod den zunich-
> tezumachen, der die Macht des Todes hat, das ist den Teufel, und um
> alle die zu befreien, die durch Todesfurcht das ganze Leben hindurch
> der Knechtschaft unterworfen waren. (Hebr 2,14-15)

Wir müssen hier darauf achten, dass wir genau verstehen, was diese Textstelle sagt. Sie behauptet nicht, dass jene, die Christus vertrauen, keine Angst
vor Krankheiten, schlimmen Schmerzen und der körperlichen Qual des
Sterbeprozesses haben. Die Angst vor solchen Dingen ist ein natürlicher,
automatischer Reflex unserer menschlichen Natur und Teil der Schutzme-
chanismen unseres Körpers, womit die Natur selbst gegen das Sterben an-
kämpft. Wovon Christus seine Leute befreit, ist der Tod selbst und das, was
danach kommt.

Der Teufel flößt den Menschen aus zwei gegensätzlichen Gründen Angst
vor dem Tod ein.

*Er lässt manche Menschen Angst davor haben, dass es nach dem Tod nichts
gibt.* Deswegen ist für sie dieses gegenwärtige Leben alles, was es gibt. Deshalb werden manche Menschen lieber ihre Loyalität zu Gott, zur Wahrheit,
zum Glauben, zur Ehre und zu ihren Prinzipien kompromittieren und in
beschämende Feigheit versinken, als ihr physisches Leben zu verlieren. Sie
würden alles tun, um dieses Leben zu erhalten. Die Angst vor dem Tod hält
sie in moralischer Knechtschaft und Schande gefangen.

Bei anderen Menschen hält der Teufel die Angst vor dem Tod aufrecht –
nicht, weil sie fürchten, dass es nach dem Tod nichts geben könnte, sondern
weil sie fürchten, dass es nach dem Tod weitaus mehr geben könnte, als ihnen
lieb ist – nämlich ein Endgericht mit ewigen Konsequenzen.

Christi Tod und Auferstehung als wahrer Mensch befreien die Menschen,
die an ihn glauben, von der ersten dieser Ängste. Sie befreien sie von einer
blanken Hoffnungslosigkeit beim Tod eines geliebten Menschen, wenn sie
wissen, dass dieser nun „"ausheimisch" vom Leib und ‚einheimisch' beim
Herrn" ist (2Kor 5,8) oder, wie der Herr es ausdrückte, „mit mir im Paradies" (Lk 23,43) ist. Es ist auch das Geheimnis hinter dem Mut christlicher
Märtyrer, die eher bereit sind zu sterben, als Christus zu verleugnen.

Christi Tod befreit die Menschen, die an ihn glauben, auch von der zweiten großen Angst. Sie haben Gottes Zusicherung, dass Christus durch seinen sühnenden Opfertod die Strafe für ihre Sünden vollständig bezahlt hat. Der leibliche Tod kommt nur einmal, und *nach* dem Tod kommt das Gericht. Für einen Gläubigen deckt Christi Sühnetod jede seiner Sünden zu, die im Gericht zur Sprache kommen könnten. Deswegen wird dem Gläubigen versichert:

> �֍ *Christi Tod und Auferstehung als wahrer Mensch befreien die Menschen, die an ihn glauben, von ... Hoffnungslosigkeit beim Tod eines geliebten Menschen.*

... wie es den Menschen bestimmt ist, einmal zu sterben, danach aber das Gericht, so wird auch der Christus, nachdem er einmal geopfert worden ist, um vieler Sünden zu tragen, zum zweiten Male ohne Beziehung zur Sünde denen zum Heil erscheinen, die ihn erwarten. (Hebr 9,27-28)

Und Christus, der selbst der letzte Richter sein wird (Joh 5,22), erklärt:

Wahrlich, wahrlich, ich sage euch: Wer mein Wort hört und glaubt dem, der mich gesandt hat, der hat ewiges Leben und kommt nicht ins Gericht, sondern er ist aus dem Tod in das Leben übergegangen. (Joh 5,24)

• *Er gibt jedem Gläubigen die Hoffnung auf eine leibliche Auferstehung*

Christi leibliche Auferstehung gibt jedem Gläubigen die sichere und gewisse Hoffnung, dass er am Ende auch leiblich auferstehen wird. Christus, der selbst von den Toten auferstanden ist, wird als Erstling einer kommenden großen Ernte bezeichnet (1Kor 15,20). Diese Ernte wird bei Christi Wiederkunft stattfinden. Sie wird alle Menschen aus allen Jahrhunderten umfassen, die zu Christus gehören. Jene, die vor dieser Wiederkunft gestorben sind, werden auferweckt werden; jene, die dann noch leben, werden verwandelt werden. Alle werden einen Körper erhalten, der dem verherrlichten Auferstehungsleib Christi ähnlich ist (1Kor 15,50-57; Phil 3,20).

Ein Einwand, den manche gegen die leibliche Auferstehung erheben
Manche Leute empfinden die Idee einer leiblichen Auferstehung als absurd,
weil sich die Atome unseres Körpers nach unserem Tod auflösen und Teil
der umliegenden Vegetation werden und es sein kann, dass sie später Teil
von Tieren oder sogar Menschen werden. Wie, so meinen sie, könne es
dann Sinn ergeben, über eine leibliche Auferstehung der Toten zu sprechen?
Aber dieser Einwand scheint bestimmte wichtige Tatsachen zu ignorieren.

Zunächst einmal ist es richtig, dass sich nach unserem Tod die Atome
unseres Körpers auflösen. Aber wir müssen nicht erst bis zum Tod warten,
bis dies geschieht. Die Zellen (und damit die Atome) in unserem Körper
verändern sich ständig. Keine der Zellen, die sich jetzt in meinem Körper
befindet, war schon vor zehn Jahren dort (ausgenommen vielleicht bestimmte spezialisierte Gehirnzellen). Doch trotz dieser konstanten Veränderung und des ständigen Ersatzes von Atomen und Zellen und trotz des
Alterns bleibt die äußere Identität meines Körpers dieselbe. Ein klarer Beweis dafür sind meine Fingerabdrücke. Die einzigartigen Fingerabdrücke
einer Person bleiben ihr ganzes Leben lang dieselben (natürlich nur, wenn
sie weder vernarbt noch verstümmelt werden). Diese Tatsache, die zuerst
von Sir Francis Galton im Jahr 1888 nachgewiesen wurde, spielt bei der
Identifizierung von Straftätern eine entscheidende Rolle. Ähnliches könnte
man über die DNA-Identifizierung sagen.

Der Allmächtige kennt die „Kodierung", die für die Bewahrung der Identität eines Körpers verantwortlich ist, eines jeden Menschen, der jemals gelebt hat. Bei der Auferstehung wird es Gott nicht an Atomen mangeln – oder
in welcher Substanz auch immer die einzigartige körperliche Identität jeder
Person kodiert sein wird. Das Ergebnis wird sein, dass jeder einzelne Gläubige einen Körper wie den verherrlichten Auferstehungsleib Christi haben
wird (und damit auch Pracht und Fähigkeiten, die unsere jetzigen Körper
nicht besitzen). Aber jede Person wird durch die einzigartige Gestalt ihres
Auferstehungsleibes als dieselbe Person individuell identifizierbar sein, die
hier auf der Erde durch ihre leibliche Identität identifiziert werden konnte.

Eine Schlussfolgerung, die jeder Gläubige ziehen sollte
Aus der Gewissheit der leiblichen Auferstehung sollte jeder einzelne Gläubige folgenden Schluss ziehen: Das Leben in diesem jetzigen Körper in dieser Welt ist es wert, gelebt zu werden – gemäß der eigenen Kraft, Fähigkeit
und den Umständen, trotz all des Schmerzes und Leids im Leben, trotz des
Alters und schließlich des Todes.

Daher, … seid fest, unerschütterlich, allezeit überreich in dem Werk des Herrn, da ihr wisst, dass eure Mühe im Herrn nicht vergeblich ist! (1 Kor 15,58)

Mit anderen Worten: Auch wenn hier auf der Erde unsere Körper, die wir so von einer gefallenen Menschheit geerbt haben, dem Verfall und Tod unterworfen sind, hat das, was jeder in diesem Körper tut, und die Person selbst, die es tut, Bedeutung für die Ewigkeit.

II·9
HERRLICHKEIT DURCH LEID

Denn die Schöpfung ist der Nichtigkeit
unterworfen worden – nicht freiwillig, sondern durch den,
der sie unterworfen hat – auf Hoffnung hin,
dass auch selbst die Schöpfung von der Knechtschaft
der Vergänglichkeit frei gemacht werden
wird zur Freiheit der Herrlichkeit der Kinder Gottes.

Römer 8,20-21

DIE ARGUMENTATION BIS HIERHER

Wir kommen nun zum Ende dieses langen Abschnitts über das Problem des natürlich Bösen. Es wird daher hilfreich sein, die einzelnen Phasen unserer Diskussion bis hierhin kurz zusammenzufassen.

Begonnen haben wir mit der Definition des Problems: Wie können wir die Existenz des Leids mit der Existenz eines allliebenden, allweisen, allmächtigen Schöpfergottes vereinbaren?

Dann haben wir die Einstellung der Menschheit zu Schmerz, Leid und Tod im Laufe der Jahrhunderte bis heute untersucht, ganz unabhängig von der Frage, ob es einen Schöpfergott gibt oder nicht. Wir haben herausgefunden, dass man durchgängig der Ansicht war, dass ein erhebliches Maß an Schmerz und Leid und sogar der Tod von Menschen gerechtfertigt ist, wenn der dadurch erzielte Nutzen groß genug ist. Dann sind wir zu dem Schluss gekommen, dass man eigentlich kaum etwas grundsätzlich dagegen haben kann, dass Gottes Absichten für den Menschen auch Leid miteinschließen, solange diese Absichten so erhaben sind und ihre Erfüllung so herrlich ist, dass sie den Schmerz und das Leid rechtfertigen, die mit der Erreichung dieser Absichten verbunden sind.

Dann haben wir zwei der in der Bibel genannten Ziele für die Menschheit untersucht:

1. dass dem Menschen die einzigartige Ehre zuteilwerden sollte, Gottes Vertreter und Vizekönig für die Verwaltung und Gestaltung der Erde zu sein (1Mo 1,26-28; Ps 8);

2. dass der Mensch, der als Geschöpf Gottes in diese Welt geboren wurde, die Möglichkeit erhalten sollte, ein Kind Gottes zu werden und dann durch Unterweisung ein mündiger Sohn Gottes (Joh 1,12-13).

Und wir haben die Ansichten der frühen Christen erwähnt, dass das Leid dieses gegenwärtigen Lebens ihrer Meinung nach nichts ist im Vergleich zu der Herrlichkeit, die man erleben wird, wenn diese beiden Ziele voll erfüllt worden sind.

Dann haben wir gefragt, warum der Versuch, diese beiden Ziele zu erfüllen, mit so viel Leid und Schmerz verbunden ist; und als Antwort haben wir herausgefunden, dass vor allem etwas mit der menschlichen Natur nicht stimmt. Das, so haben wir festgestellt, ist nicht nur eine theologische Lehre: Das beständige Zeugnis der Geschichte über viele Jahrhunderte hinweg hat gezeigt, dass es in der menschlichen Natur trotz des vielen Guten auch etwas ausgesprochen Böses gibt, sodass es unklug oder sogar verheerend sein könnte, diese Tatsache zu übersehen und sein Vertrauen vorbehaltlos in die menschliche Natur zu setzen.

> ✵ Das beständige Zeugnis der Geschichte über viele Jahrhunderte hinweg hat gezeigt, dass es in der menschlichen Natur trotz des vielen Guten auch etwas ausgesprochen Böses gibt, sodass es unklug oder sogar verheerend sein könnte, diese Tatsache zu übersehen und sein Vertrauen vorbehaltlos in die menschliche Natur zu setzen.

Dann haben wir uns der Bibel zugewandt, um zu sehen, wie sie diese bösen Züge der Menschheit erklärt. Sie erklärt deren Ursache damit, dass der Mensch schon früh seinen gottgegebenen freien Willen nutzte, um zu seinem Schöpfer im Widerspruch darüber zu stehen, was das Leben und den Tod ausmacht, um die Grenzen zu überschreiten, die Gott dem menschlichen Leben gesetzt hatte, um sein Wort zu missachten, seinen Charakter anzuzweifeln und zu versuchen, unabhängig von ihm zu leben. (Tausende tun dies noch immer.) Dies brachte das Prinzip der Sünde (d. h. der Gesetzlosigkeit) in die Welt und als Konsequenz auch den Tod. Und da Gottes eigener Vizekönig und Verwalter nun das Prinzip der Gesetzlosigkeit in Gottes Schöpfung eingeführt hatte, unterwarf Gott die Schöpfung der „Nichtigkeit", sodass wir die Natur, trotz der großen Fortschritte der Menschheit bei ihrer Beherrschung, immer als hartnäckig und letztendlich frustrierend erleben würden – als Welt, in der das Leben und alle anderen Dinge immer am Ende zerbröseln zum Staub des Todes.

Doch als Nächstes haben wir festgestellt, dass Gott unmittelbar nach dem Sündenfall den Prozess der Erlösung in Gang gebracht hat, und dabei hat uns besonders die Reihenfolge der Stufen dieser Erlösung interessiert. Erlösung bedeutete nicht, dass Gott sofort alle schmerzlichen Konsequenzen der falschen Entscheidung des Menschen wieder aufhob und ihm die

Glückseligkeit des ursprünglichen Paradieses zurückgab. Das wäre der Liebe Gottes und seines Respekts für den Menschen unwürdig gewesen. Es hätte die Würde der moralischen Verantwortlichkeit des Menschen für seine Entscheidungen unterhöhlt und den Eindruck vermittelt, es sei egal, wie der Mensch seinen freien Willen ausübt, weil – ganz gleich, wie gut oder schlecht er ihn auch einsetzte – Gott schon dafür sorgen würde, dass er niemals unter irgendwelchen schlimmen Konsequenzen seines Handelns leiden müsste. Der Mensch musste durch Erfahrung lernen, welch bösartige Macht die Sünde hat, der er es durch seinen Ungehorsam ermöglicht hatte, die Welt einzunehmen. (Sein erster Sohn beging dann einen Mord, sogar in einem religiösen Kontext.) Und diese Erfahrung musste danach auch die ganze Menschheit machen. Je fortschrittlicher die Menschen wurden, desto raffinierter wurde auch die Sünde. Wie uns gesagt wird, war eine der Absichten hinter Gottes Gesetz für die Menschen, dass es diese Tatsachen ans Licht bringt und die außerordentliche Sündhaftigkeit des menschlichen Herzens offenbart (Röm 7,13). Sünde ist wie ein Bakterium: Sobald die Gesellschaft denkt, sie hat ein moralisches Antibiotikum gefunden, um sie zu vernichten, mutiert sie, wird resistent und wirkt wieder so virulent wie zuvor.

Die erste Stufe in der Erlösung des Menschen war daher nicht – und ist es auch immer noch nicht – die Beseitigung von Schmerz und Leid und die Abschaffung des Todes. Die erste Stufe war vielmehr – und ist es noch immer – die Beendigung der Entfremdung des Menschen von Gott und Versöhnung mit Gott, Vergebung und Gewissheit der Annahme durch ihn, sodass wir gewiss sein können: Welchen Schmerz und welches Leid wir auch immer ertragen müssen, Gott ist für uns.

Andererseits haben wir herausgefunden, dass Gott von Anfang an die Initiative ergriff – und er tut es immer noch –, um den Menschen die lebendige Hoffnung zu geben, dass Sünde, Leid und Tod nicht das letzte Wort haben werden. Es wird eine Auferstehung geben. Bei der Auferstehung überließ Gott Jesu physischen Körper nicht der Verwesung, er kehrte nicht als körperloser Geist in den Himmel zurück. Sein physischer Körper wurde von den Toten auferweckt, und er behält ihn auf ewig. Bei seiner Wiederkunft, so wird uns gesagt, werden die Toten auferweckt und die Lebendigen verwandelt werden; alle werden einen Körper ähnlich dem verherrlichten Körper Christi haben: unsterblich und unzerstörbar (1Kor 15,50-58; Phil 3,20-21).

Außerdem wird nach der Bibel die ganze Schöpfung verwandelt werden: „... dass auch selbst die Schöpfung von der Knechtschaft der Vergänglichkeit frei gemacht werden wird zur Freiheit der Herrlichkeit der Kinder Gottes"

(Röm 8,21). Die jetzige Erde und der jetzige Himmel werden vergehen und neu erschaffen werden (2Petr 3,10-13; Offb 20,11; 21,1), d. h., sie werden nicht völlig aufgegeben, aber verändert werden (Hebr 1,11-12). Denn Christus, der das Bild des unsichtbaren Gottes ist, der Erstgeborene der ganzen Schöpfung, in dem, durch den und für den das Universum ursprünglich geschaffen wurde und in dem das Universum zusammengehalten wird – von der weitesten Galaxie bis hin zum winzigsten Kernteilchen, zusammen mit all ihren Kräften –, wird die ganze Natur mit Gott versöhnen und sie so gestalten, dass sie der ursprünglichen Absicht des Schöpfers entspricht (Kol 1,12-23; 1Kor 15,20-28). Dann wird es natürlich keinen Schmerz mehr geben, kein Leid, keine Sorgen, keinen Tod und kein Wehklagen (Offb 21,4). Und außerdem wird Gottes ursprüngliche Absicht, dass der Mensch sein Vizekönig sein soll, der für Gott über die Schöpfung herrscht und sie für ihn verwaltet, am Ende voll erfüllt werden, so wie Gott es vorgesehen hatte (Hebr 2,5-10; 1Kor 15,20-28).

DIE ZUKUNFT DER WELT UND DAS ENDE DES LEIDS

Einwände gegen die biblische Sicht der Zukunft

Es sind nun 2000 Jahre vergangen, seit das Neue Testament diese Verheißungen machte: dass die Schöpfung eines Tages verwandelt und alles Leid beseitigt werden wird. Und es ist noch einige Hundert Jahre länger her, seit das Alte Testament ähnliche Verheißungen machte (vgl. Jes 11,1-9). Schon zu neutestamentlichen Zeiten wiesen Leute auf die lange Verzögerung bei der Erfüllung dieser Verheißungen hin und meinten deswegen, die Verheißungen seien wertlos (2Petr 3,3-4). Es ist daher verständlich, dass jetzt, 2000 Jahre später, viele Leute denselben Einwand aus denselben Gründen äußern. Wenn es einen liebenden Gott gibt, der die Macht hat, die Schöpfung zu verwandeln und Schmerz und Leid ein Ende zu bereiten, warum hat er dies dann nicht schon längst getan, statt zuzulassen, dass Schmerz und Leid all diese Jahrhunderte lang scheinbar endlos weiterbestehen? Deutet die immer größer werdende Verzögerung der Erfüllung dieser Verheißungen nicht darauf hin, dass die wahre Erklärung dafür lautet, dass es keinen allliebenden, allmächtigen Gott gibt und dass diese vermeintlichen Verheißungen nur das Wunschdenken von religiös gesinnten Menschen sind, die damit versuchen, ihren eigenen Schmerz zu lindern? Zudem schließt die Gleichförmigkeit der Natur den Gedanken aus, dass es jemals ein göttliches

Eingreifen in den Lauf der Natur geben wird. Wir müssen uns einfach darauf verlassen, dass die Evolution, jetzt vom Menschen beeinflusst, die Dinge so gut wie möglich verbessert.

Antworten auf die Einwände gegen die biblische Sicht der Zukunft
Zunächst einmal muss gesagt werden, dass weder die Bibel noch die Christen etwas gegen die Versuche der Wissenschaft haben, physischen Schmerz und physisches Leid zu beenden und das menschliche Leben zu verlängern. Im Gegenteil, sie unterstützen dies mit Überzeugung. Die spektakulären Fortschritte der Medizinwissenschaft, insbesondere in den letzten Hundert Jahren, verdienen den Applaus und die Dankbarkeit aller. Christen werden sagen, dass dies Teil des gottgegebenen Auftrags der Menschheit ist, die Ressourcen der Natur zu verwalten und zu gestalten. Zudem werden Christen durch die Aufforderung Christi motiviert, die Kranken zu heilen. Aber auf die oben genannten Einwände gegen die biblische Sicht der Zukunft gibt es eine Reihe von Antworten.

1. *Zur Gleichförmigkeit der Natur:* siehe die ausführliche Diskussion in Kapitel 4 des 1. Teils dieses Buches *Antworten einfordern.*

2. *Zur Verzögerung in der Erfüllung der biblischen Verheißungen* werden mehrere Gründe genannt:
   a) Gott, der ewig ist, misst Zeit nicht so wie wir (2Petr 3,8).
   b) Für die Erfüllung seiner Absichten benötigt der Gott der Geschichte Menschen aus vielen, vielen Generationen.
   c) Gott ist geduldig und gnädig; er will nicht, dass jemand verloren geht, sondern dass alle zur Buße kommen und so bereit für Christi Wiederkunft sind (2Petr 3,9).
   d) Doch das Ende der jetzigen Erde und des jetzigen Himmels wird kommen. Gott wird mit Macht eingreifen; die Verheißungen werden erfüllt werden (2Petr 3,10-13).

Es gibt noch eine wichtigere Überlegung. Das Argument, dass, wenn es einen allliebenden, allmächtigen Gott gäbe, dieser in seiner Liebe schon längst seine Kraft eingesetzt hätte, um Schmerz und Leid zu beseitigen und die Schöpfung in ein schmerzfreies Paradies zu verwandeln, ignoriert einen fundamental wichtigen Punkt: Es gibt Dinge, die noch nicht einmal die göttliche Liebe durch den bloßen Einsatz nackter Kraft tun kann. Tatsächlich wäre es für die göttliche Liebe nicht angemessen, wenn sie diese Dinge allein durch göttliche Macht bewirken würde, denn diese Dinge können nur durch Leiden erreicht werden, das heißt, indem Gott selbst leidet (Hebr 2,10).

DAS LEIDEN GOTTES

Die Vorstellung, dass es Gott überhaupt möglich ist, zu leiden, ist so verblüffend für viele Philosophen und Theologen, dass wir dies später noch kurz diskutieren müssen. Für den Moment genügt es zu sagen, dass nach der Bibel Jesus Christus ein wahrer Mensch war, aber nicht nur ein Mensch. Er war der Mensch gewordene Gott, Gott und Mensch zugleich. Er war keine geteilte oder doppelte Persönlichkeit, sondern ein ganzer Christus. Daher litt auch Gott, als Christus litt; und als Christus gekreuzigt wurde, wurde Gott gekreuzigt.[175]

Warum Gott leiden muss

Bevor wir die Frage ansprechen, ob Gott leiden kann oder würde, sollten wir zuerst darüber nachdenken, warum es nach der Bibel für Gott notwendig ist zu leiden. Dafür gibt es drei Hauptgründe.

- *Die sündhaften Geschöpfe müssen zu liebenden Kindern gemacht werden, bevor sie herrschen*

Wenn die Menschen – Gottes sündhafte, rebellische Geschöpfe – jemals die Ehre erhalten sollen, über die wiederhergestellte und verherrlichte Natur zu herrschen, müssen sie zunächst zu liebenden Kindern Gottes umgestaltet werden. Das leuchtet ein. Welchen Sinn hätte es, wenn die Schöpfung einmal wieder ihre volle Herrlichkeit und ihr volles Potenzial erhalten würde, nur um erneut durch fehlbare, eigensinnige, egoistische, sündhafte Menschen beherrscht zu werden? Der bloße wissenschaftliche Fortschritt, wie großartig und brillant dieser auch sein mag, würde sie nicht davon abhalten, die neue Welt ebenso schlecht zu verwalten, wie sie diese jetzige Welt

---

175 Innerhalb der Dreieinigkeit Gottes sind alle drei Personen gleichermaßen Gott. Aber der Vater, der Sohn und der Heilige Geist sind unterschiedliche Personen. Wir sagen nicht, dass der Vater für uns gekreuzigt wurde oder dass der Heilige Geist für uns starb. Wir sagen jedoch, dass der Sohn Gottes für uns starb und dass er Gott war.

verwalten. Das erklärt zum Teil die Verzögerung in der Erfüllung der verheißenen Wiederherstellung. Es heißt, die Schöpfung warte sehnsüchtig „auf das Offenbarwerden der Söhne und Töchter Gottes" (Röm 8,19; ZÜ). Nur wenn genug von ihnen bereit sind, wird die Schöpfung selbst „von der Knechtschaft der Vergänglichkeit frei gemacht werden wird zur Freiheit der Herrlichkeit der Kinder Gottes" (Röm 8,21).

Aber hier liegt das Problem. Wie kann Gott das ungläubige, sündhafte, misstrauische, feindlich gesinnte und vielleicht verbitterte Herz eines seiner Geschöpfe in das eines liebenden, vertrauensvollen Kindes Gottes verwandeln? Sicherlich nicht durch Ausübung seiner bloßen, allmächtigen Kraft; das könnte nur den Groll im Herzen verstärken und seinen Widerstand verhärten. Gott tut dies, indem er seine Liebe zur Menschheit im Leiden des Mensch gewordenen Gottes am Kreuz demonstriert. Als Christus einem zeitgenössischen Theologen den entscheidenden Punkt erklärte, wie eine Person als Kind Gottes neugeboren wird, sagte er:

> Und wie Mose in der Wüste die Schlange erhöhte [siehe 4Mo 21,4-9], so muss der Sohn des Menschen erhöht werden, damit jeder, der an ihn glaubt, ewiges Leben hat. Denn so hat Gott die Welt geliebt, dass er seinen einzigen Sohn gab, damit jeder, der an ihn glaubt, nicht verloren geht, sondern ewiges Leben hat. Denn Gott hat seinen Sohn nicht in die Welt gesandt, dass er die Welt richtet, sondern dass die Welt durch ihn gerettet wird. (Joh 3,14-17)

Es gibt keine größere Demonstration der Liebe als das Leiden als Opfer für einen anderen. Durch das Leiden und den Tod des Mensch gewordenen Gottes sehen ehemalige Feinde Gottes, wie Gott wirklich ist, und werden mit ihm versöhnt und als seine Kinder von neuem geboren (Röm 5,10-11).

- *Die Strafe für die menschliche Sünde muss bezahlt werden*

Wenn jemals den Menschen vergeben werden soll, die ständig das Gesetz brechen und schuldig werden, wenn sie als gerecht vor Gott, der obersten moralischen Instanz des Universums, erklärt werden sollen, muss zuerst die Strafe für ihre Sünde bezahlt werden. Denn wenn dies nicht geschieht, wie könnte Gott sie dann mit irgendeinem Recht als Herrscher über die wiederhergestellte Schöpfung einsetzen?

In Zusammenhang mit Gottes andauerndem Plan, viele Söhne zur Herrlichkeit zu führen, damit sie mit Christus über die erneuerte Schöpfung herrschen (Hebr 2,5-8), schreibt der Autor des Hebräerbriefes:

> Denn es entsprach ihm, um dessentwillen alle Dinge und durch den alle Dinge sind, indem er viele Söhne zur Herrlichkeit führte, den Urheber ihrer Rettung durch Leiden vollkommen zu machen. (Hebr 2,10)[176]

Diese Aussage sagt uns, dass diese Söhne Rettung brauchten, wenn sie jemals zur Herrlichkeit geführt werden sollten. Damit diese Rettung gewährt und ermöglicht werden konnte, brauchten sie einen Wegbereiter (griechisch: *archēgos* = Gründer, Urheber, Anstifter, Vorreiter) für ihre Rettung. Aber dann wird hinzugefügt, dass der einzige passende oder geeignete Weg, wie Gott diese Rettung gerecht und ehrenhaft anbieten konnte, der war, den Urheber ihrer Rettung durch Leiden vollkommen zu machen. Das soll nicht heißen, dass der Urheber ihrer Rettung (der natürlich Christus ist) in irgendeiner Form moralisch unvollkommen gewesen wäre und hätte verbessert werden müssen. Es bedeutet, wie später erklärt wird (Hebr 2,17), dass er, um als barmherziger und treuer Hoher Priester für die Menschen zu agieren, für sie eine vollkommene Rettung sicherstellen musste, indem er selbst vor Gott für die Sünden der Menschen Sühnung bewirkte. Und dies konnte nicht ohne Leiden geschehen. Gott kann als Urheber des Gesetzes und oberste moralische Instanz des Universums Sünden nicht einfach mit einem willkürlichen Akt bloßer Macht vergeben und dabei die Gerechtigkeit außer Acht lassen. Cranfield drückt es so aus:

> Wenn Gott die Sünden der Menschen leichtfertig vergeben hätte – eine billige Vergebung, die impliziert hätte, dass das moralisch Böse nicht wirklich zählt –, wäre dies insgesamt ungerecht gewesen, eine Verletzung seiner Treue und den Menschen gegenüber zutiefst unbarmherzig und lieblos, denn es hätte ihre Würde als moralisch verantwortliche Personen vernichtet. Der Grund, warum Christus zum *Hilasterion* [griechisch für „ein Versöhnungsopfer"] wurde, war, eine

---

176 Der Begriff „Söhne" wird hier in einem technischen Sinne verwendet, der die bedeutende Rolle und die Privilegien bezeichnet, die sich aus einer Erbschaft ergeben. Die Position, die den Christen in Aussicht gestellt wird, schließt sowohl Männer als auch Frauen mit ein.

göttliche Vergebung zu erreichen, die Gottes würdig war und im Einklang mit seiner Gerechtigkeit stand ... weit davon entfernt, das Böse des Menschen zu dulden ... dazu gehört nicht weniger, als dass Gott die unerträgliche Bürde dieses Bösen selbst in der Person seines eigenen teuren Sohnes trägt, [und so ist dies] gleichzeitig die Offenbarung des ganzen Hasses Gottes auf das Böse des Menschen und seine wirkliche und vollständige Vergebung.[177]

Nur einer, der wahrhaft Mensch war, konnte in Solidarität mit der ganzen Menschheit als ihr Vertreter vor Gott stehen; und Jesus war wahrhaft Mensch. Aber nur einer, der auch gleichzeitig Gott war, konnte das Leiden des Zorns und der Entrüstung ertragen, den Gott in seiner Heiligkeit und Gerechtigkeit gegen das Böse der Sünden der Welt zum Ausdruck bringen musste. Und daher „hat auch Christus", der Mensch gewordene Gott, „einmal für Sünden gelitten, der Gerechte für die Ungerechten, damit er uns zu Gott führte" (1Petr 3,18). Deswegen steht das Leiden – Gottes Leiden – notwendigerweise im Zentrum der liebevollen Beziehung des allmächtigen Gottes zur Menschheit.

- *Reiner und echter Glaube erfordert Leiden*

Glaube muss sich als echt erweisen und von allen unwürdigen Elementen gereinigt werden. Und das schließt Leiden unvermeidlich mit ein. Die Erlösung ist ein Geschenk, das man sich nicht durch menschliche Werke verdienen kann, sondern das einfach durch Glauben empfangen wird. Das Neue Testament weist immer wieder darauf hin (z. B. Eph 2,8-10; Röm 3,28; 4,5; 6,23). Wir wollen diese Wahrheiten über den Glauben nicht übersehen.

Glaube muss sich als echter Glaube erweisen, und daher muss Gott es zulassen, dass der Glaube durch Versuchung, Schwierigkeiten oder sogar durch Verfolgung und Tod auf die Probe gestellt wird, sodass er sich als echter Glaube an Gott erweisen kann: als Glaube, der bereit ist, Gott, seinem Wort, seinem Charakter und seiner Treue zu vertrauen – wenn es sein muss, auch gegen alles andere (siehe z. B. den Prolog im Buch Hiob).

Glaube muss gereinigt werden. Der Glaube ist wie Gold, in dem sich – auch wenn es überwiegend reines Gold ist – immer auch etwas Schlacke befindet. So kann Glaube am Anfang mit Selbstsicherheit, Tradition,

---

177 Cranfield, *Romans*, 1:213–214

gesellschaftlichem Druck oder religiöser Begeisterung vermischt sein. Leiden dient dazu, das Gold von der Schlacke zu reinigen, sodass am Ende reines Gold übrig bleibt (siehe z. B. 1Petr 1,6-7).

Ein Kind Gottes muss unterwiesen und, falls nötig, vom Vater diszipliniert werden, um zu einem reifen Sohn oder einer reifen Tochter Gottes heranzuwachsen (siehe Hebr 12,5-13).

All diese Prozesse sind mit Leiden verbunden, und daher wird der Gläubige auf seinem Weg durchs Leben hin zur schließlichen Herrlichkeit unvermeidlich auch Schmerz und Leid begegnen. Daher erklärt die Bibel noch einmal, dass Gott seine Leute nicht einfach nur ermahnt und ihnen gebietet, ihm treu zu sein und so mutig zu leben und zu sterben, wie sie können. Um viele seiner Söhne zur Herrlichkeit zu führen, war es in Gottes Augen das einzig Angemessene, ihnen einen Anführer für ihre Rettung zu geben, der selbst gelitten hat (so wie auch sie zum Leiden berufen sind) und daher aus Erfahrung weiß, was es heißt zu leiden. Die Bibel sagt über Christus: „... und [er] lernte, obwohl er Sohn war, an dem, was er litt, den Gehorsam" (Hebr 5,8). Mit anderen Worten: Er lernte durch Erfahrung, was es kostet, in dieser gottlosen Welt ein Leben in Gehorsam gegenüber Gott zu leben, „und vollendet ist er allen, die ihm gehorchen, der Urheber ewigen Heils geworden" (Hebr 5,9). Und erneut: „... denn worin er selbst gelitten hat, als er versucht worden ist, kann er denen helfen, die versucht werden" (Hebr 2,18). Er ist der Anfänger und Vollender ihres Glaubens (Hebr 12,2); er setzt sich für die Bewahrung ihres Glaubens ein (Lk 22,32; Hebr 7,25); er ist das größte Vorbild für den Glauben (Hebr 12,2); und durch seinen Geist ist er immer bei seinen Leuten (Mt 28,20).

Die Idee des leidenden Gottes

Wir haben die zweite Hälfte dieses Teiles unseres Buches damit begonnen, das Problem des Schmerzes so wiederzugeben, wie es normalerweise dargestellt wird: Wie können wir die Existenz von so viel Schmerz und Leid in der Welt mit der Existenz eines allliebenden, allweisen, allmächtigen Schöpfergottes vereinbaren? Einer solchen Formulierung des Problems liegt eine unausgesprochene Annahme zugrunde: dass wir alle genau wissen, was ein allliebender Schöpfer tun würde, wenn es einen solchen Gott gäbe – er würde nicht zulassen, dass irgendeines seiner Geschöpfe irgendwelchen Schmerz ertragen muss. Aber wenn es stimmt, wie wir argumentiert haben, dass Gott selbst Schmerz erleiden kann, dann stellt sich das Problem ganz anders dar. Es lautet nun: Ist es überhaupt vorstellbar, dass ein allmächtiger Schöpfer existiert, der – in der Absicht, Geschöpfe zu haben, die er zur Gemeinschaft mit der heiligen Dreieinigkeit von Vater, Sohn und Heiligem Geist einladen kann – im Umgang mit ebenjenen Geschöpfen ihnen zuliebe enormes Leid ertragen musste?

Das wirft eine noch grundlegendere Frage auf: Wie können wir wissen, was ein allliebender Gott tun oder was er nicht tun würde? Ja, wie können wir wissen, dass Gott, wenn er existiert, allliebend ist?

Für den großen antiken Philosophen Aristoteles war es nicht offensichtlich, dass Gott allliebend ist. Aber dann bildete Aristoteles auf der Grundlage von abstrakten philosophischen Prinzipien sein Konzept der absoluten Vollkommenheit. Dann entschied er, dass Gott (wenn er existierte) Aristoteles' Konzept der Vollkommenheit entsprechen müsse, und daraus ergab sich für ihn die Vorstellung, wie Gott sei muss: Er (oder es) könne keine Dinge mit niederem Denken erschaffen, wo es darum ginge, von bloßer Potenzialität zu aktueller Wirksamkeit voranzuschreiten. Auch könne er sich nicht mit den Dingen dieser Welt befassen (sie seien ihm gleichgültig), noch nicht einmal mit den Menschen, denn diese befänden sich ja alle in dem Prozess, sich von Potenzialität zur Aktualität hinzubewegen, durch Geburt, Reife und dann zum Alter und zum Tod.[178]

Ebenso behauptete der neuplatonische Philosoph Plotin, als er die Grundlage seiner philosophischen Konzepte erklärte, dass „das Eine" kein Interesse an seinen „Produkten" habe:

> ... sodass jener auch Herr dieser ist, er der selbst des aus ihm Gewordenen nicht bedarf, sondern er lässt das Gewordene ganz und gar fahren, weil er nichts von ihm nötig hat, vielmehr derselbe ist, der er war, bevor er dies erzeugte. Es hätte ihm auch nichts daran gelegen, wenn jenes nicht geworden wäre, und er würde nicht neidisch geworden sein, wenn es einem andern möglich gewesen wäre, aus ihm zu entstehen.[179]

Doch wenn man auf diese Weise versucht zu entscheiden, wie Gott ist und was er tun oder nicht tun würde, ist das weit von der objektiven Wirklichkeit entfernt. Sogar eine Wissenschaftlerin, die versucht zu entdecken, wie das Universum beschaffen ist, sitzt nicht nur in ihrem Arbeitszimmer und

---

178 Eine ausführliche Diskussion und Zusammenfassung von Aristoteles' Ideen finden Sie im letzten Teil dieses Buches, *Was ist Wirklichkeit?*.

179 *Enneaden* v.3.12.40–49 (Übersetzung: Hermann Friedrich Müller). Siehe auch hier Kap. 2 von *Was ist Wirklichkeit?*

entwickelt anhand von philosophischen Grundprinzipien, wie ein Universum wohl wäre, wenn es existierte. Sie geht als Erstes nach draußen und lässt das Universum auf sich wirken, und dann arbeitet sie heraus, welche Schlüsse sie aus der Selbstoffenbarung des Universums ziehen kann.

Die christliche Überzeugung ist, dass wir nur durch seine Selbstoffenbarung erfahren können, wie Gott ist – durch die Propheten Israels und vor allem durch Jesus Christus, das Mensch gewordene Wort Gottes.

Leider haben gewisse christliche Theologen, die die Idee der äußersten Vollkommenheit von Gottes Natur aufrechterhalten wollten, aber zu sehr vom griechischen Konzept der Vollkommenheit beeinflusst waren, darauf bestanden, dass Gott völlig teilnahmslos sei; d. h., er könne nicht leiden, denn Leiden würde eine Veränderung in ihm implizieren, und er sei ewig unveränderlich und unwandelbar.

> ✻ Der lebendige Gott wirkt immer neu, ist immer dynamisch, tut immer neue Dinge. Das macht seine Natur aus. Er wird nicht durch seine Vollkommenheit begrenzt oder eingeschränkt.

Nach der Bibel verändert Gott sich gewiss nicht, was seine wesentliche Natur betrifft, noch kann irgendjemand oder irgendetwas seine Natur verändern. Gott ist der „Ich bin, der ich bin" (siehe 2Mo 3,14). Doch gemäß seiner Selbstoffenbarung ist seine unveränderliche Natur weder statisch noch untätig. Seine Natur ist dynamisch. Der lebendige Gott wirkt immer neu, ist immer dynamisch, tut immer neue Dinge. Das macht seine Natur aus. Er wird nicht durch seine Vollkommenheit begrenzt oder eingeschränkt. Es gab eine Zeit, da war er noch nicht der Schöpfer, aber er wurde der Schöpfer des Universums. Das war neu. Gott der Sohn war nicht immer menschlich; das Wort wurde jedoch Fleisch. Gott der Sohn war nie gestorben, bevor er gekreuzigt wurde; noch gab es einen menschlichen Leib in der Gemeinschaft der Dreieinigkeit vor der Himmelfahrt Jesu.

Und als Gott in seiner göttlichen Freiheit Menschen erschuf, bedeutete die unveränderliche Treue seiner Natur, dass er eine persönliche Beziehung mit ihnen haben würde (und hatte) und freiwillig all das Leid ertragen würde (und ertrug), das ihm die Erhaltung und Erlösung der Menschen bereiten würde. Gott liebte uns so sehr, dass er „seinen Sohn gesandt hat als eine Sühnung für unsere Sünden" (1Jo 4,10). Es ist also unmöglich zu denken, dass Gott der Vater absolut unberührt und völlig teilnahmslos war, als Gott der Sohn das Leiden am Kreuz ertrug. Das Alte Testament sagt über Gott im Verhältnis zu seinem Volk: „All ihre Not war auch seine Not" (Jes 63,9; ZÜ). Wie viel mehr traf dies auf ihn zu, als sein

Sohn „unsere Sünden an seinem Leib selbst an das Holz hinaufgetragen hat" (1 Petr 2,24)?

Und hier wird Theologie sehr praktisch. Eben weil Gottes Herz an Christi Leiden für uns beteiligt war, können wir logisch und zuversichtlich argumentieren: „Er, der doch seinen eigenen Sohn nicht verschont, sondern ihn für uns alle hingegeben hat – wie wird er uns mit ihm nicht auch alles schenken?" (Röm 8,32).[180]

EINIGE LETZTE BEOBACHTUNGEN ÜBER DAS ZIEL DES LEIDENS

Es gibt eine Sache, die Menschen besondere Schwierigkeiten bereitet – auch wenn sie an Gott glauben –, und das ist die Unverhältnismäßigkeit in der Verteilung von Schmerz und Leid. Warum muss ich so viel leiden, fragen sie, und andere so wenig? Es scheint eine Ungerechtigkeit in der Menge des Leids zu geben, das manche Leute im Vergleich zu anderen ertragen müssen.

Wenn Leid, auch wenn es an sich schlecht ist, den Menschen, die an Gott glauben, zur Erziehung und zur Charakterbildung für das zukünftige ewige Leben dienen kann, kann vielleicht eine Analogie hilfreich sein. Hier auf der Erde erfüllt eine ausgebildete medizinische Ersthelferin ihre Aufgabe sehr gut, aber sie muss dafür nicht so schwere Aufnahmeprüfungen bestehen wie ein angehender Medizinstudent. Alle paar Monate müssen Flugzeugpiloten in einem Simulator haarsträubende Notfallsituationen bewältigen, um ihre Fähigkeiten zu überprüfen, wobei sogar starke Männer manchmal in Tränen ausbrechen. Aber niemand fragt, warum eine Flugprüfung so viel umfassender ist als eine Führerscheinprüfung fürs Auto. Nach Christus werden die Stellung und die Verantwortung eines Menschen in seinem kommenden Reich zum Teil vom Leiden seines Nachfolgers hier auf der Erde abhängen (Mk 10,37-40). Das würde bedeuten: Je größer das Leiden hier, desto höher die spätere Verantwortung.

---

180 Besonders hilfreich für dieses Thema ist das Buch *Wie das Licht nach der Nacht: Hoffnung, die im Leiden trägt* von Joni Eareckson Tada und Steven Estes. Infolge eines Tauchunfalls leidet Joni seit über 50 Jahren unter einer tetraplegischen Lähmung. Ihr Buch ist ein Bericht über ihr Ringen mit dem Problem des Schmerzes und der Frage, warum Gott dies zulässt. Und es zeigt, wie der Glaube an Gott, die Gemeinschaft mit ihm und die praktische Erfahrung von Gottes Liebe sie zu einem bemerkenswert siegreichen Leben geführt haben.

Aber wir sollen das Leiden nicht bewusst suchen. Gott gibt uns alle Dinge frei zu unserer Freude; und ganz sicher sollen wir das Leben, so gut es geht, genießen. Auch sind wir nicht dazu aufgerufen, alles zu begreifen und alle Vorsehungen Gottes zu verstehen. Das längste Buch in der Bibel über das Thema Leid ist das Buch Hiob. Auch wenn Hiob zunächst das Gefühl hatte, die Menge an Leid, die er ertragen musste, sei extrem ungerecht, wurde er am Ende zu der Erkenntnis geführt, dass es das Ziel des Leidens ist, uns darin zu unterweisen, sowohl der Liebe als auch der Weisheit Gottes zu vertrauen. Gott ist immer größer als unsere Fähigkeit, ihn zu begreifen. Unser ewiger Seelenfrieden wird aus der tief verwurzelten, aus Erfahrung gelernten Überzeugung erwachsen, „dass denen, die Gott lieben, alle Dinge zum Guten mitwirken, denen, die nach seinem Vorsatz berufen sind" (Röm 8,28).

Jemand sagte einmal, die Antwort auf das Problem des Schmerzes sei kein Argument, sondern eine Person; und in dieser Aussage liegt viel Wahrheit. Ein Schaf, das seinen Hirten aus Erfahrung kennt, wird darauf vertrauen, dass er das Beste tun wird, wenn es Schmerzen hat. Ein Schaf, das den Hirten nicht kennt, wird sich vielleicht wehren oder vor ihm weglaufen.

Wie wir zu Beginn dieses Abschnitts gesagt haben, hat der Atheismus Leidenden nur wenig Trost zu bieten und dem Einzelnen überhaupt keine Hoffnung nach Tod. Aber die Ablehnung Gottes durch den Atheismus beweist nicht, dass Gott nicht existiert oder der Tod das Ende aller Dinge ist. Wenn Christus die Wahrheit spricht, dann bedeutet der Übergang von diesem Leben in die Ewigkeit für einen Menschen, der Gott ablehnt, nicht, dass damit jeder Schmerz aufhört. Es bedeutet per Definition den Beginn eines ewigen, unveränderlichen und trostlosen Schmerzes.

TEIL III:
WAS IST WIRKLICHKEIT?

*Auf der Suche nach den besten Antworten
auf die größten Fragen*

Im **dritten Teil** dieses Buches kehren wir zurück an den Anfang unserer *Suche nach Wirklichkeit und Bedeutung*, indem wir uns zum Schluss noch einer zentralen Grundfrage stellen, die eine Weltanschauung beantworten muss: *Was ist Wirklichkeit?*

Die Antworten, die wir betrachten werden, stammen aus dem Bereich des indischen pantheistischen Monismus, der griechischen Philosophie und dem Mystizismus, dem Naturalismus und dem atheistischen Materialismus und dem christlichen Theismus.[1]

---

1 Bitte lesen Sie auch die ausführlichere Einführung in Teil 3 auf S. 70 in diesem Buch.

III·1
DER INDISCHE PANTHEISTISCHE MONISMUS

Eine indische Suche nach der letzten Realität

*Dieses verborgene Wesentliche, das du nicht siehst, mein Lieber ...
Es ist die Wahrheit; es ist das höchste Selbst. DAS BIST DU.*

Die Chandogya-Upanischad

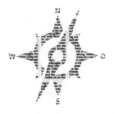

HISTORISCHE EINLEITUNG

Wir werden uns nun mit dem indischen pantheistischen Monismus befassen, so wie er von dem berühmten indischen Philosophen Shankara[2] interpretiert wurde. Doch vorab einige notwendige Vorbemerkungen: In manchen Sprachen wird der Begriff „Hinduismus" verwendet, als sei er eine hinreichende Bezeichnung für die Religion, an die Menschen in Indien glauben und die sie praktizieren. Aber in diesem Sinn ist die Bezeichnung missverständlich – denn es gibt in Indien noch andere Religionen, die dort heimisch sind: Buddhismus, Sikhismus und Jainismus.

Und wenn wir für die indische Religion den Begriff „Hinduismus" verwenden, sollten wir uns bewusst sein, dass der Hinduismus keine homogene Religion mit einem zentralen Bekenntnis ist, das von irgendeiner religiösen Autorität festgelegt wurde (wie z. B. das Kirchliche Lehramt es im römischen Katholizismus tut oder wie die Ökumenischen Konzilien von den orthodoxen Kirchen anerkannt werden). Die Hindu-Religion hat viele Formen, und jede davon konzentriert sich auf die Verehrung ihres favorisierten Gottes bzw. ihrer favorisierten Götter oder Göttinnen (der Überlieferung nach gibt es 330 Millionen Götter oder 300 oder 30 – mit anderen Worten: Es spielt keine Rolle, wie viele es gibt), auch wenn manche Götter wie Krishna anerkannter sind als andere.

Im 19. Jahrhundert dachten europäische Wissenschaftler (und viele Inder tun dies heute noch), dass die indische Zivilisation ihren Anfang mit der Ankunft arischer Stämme in Indien nahm (ca. 1500 v. Chr.), die Sanskrit sprachen, das zur indogermanischen Sprachfamilie gehört. In dieser Sprache wurden auch die heiligen Bücher der indischen Religion ursprünglich verfasst.

---

2 Alternative Schreibweisen: Śangkara, Shangkara, Çañkara. In Sanskrit nennt man sein Philosophiesystem *Advaita*, was „nicht dualistisch" bedeutet.

Anfang des 20. Jahrhunderts entdeckten jedoch britische und indische Archäologen die Überreste von mehreren frühen Städten im damaligen Nordindien (heute Pakistan), die auf die Zeit zwischen 2500 und 1800 v. Chr. datiert wurden. Diese Kultur, bekannt als Indus- oder Harappa-Zivilisation, hatte ein religiöses System entwickelt, dessen Elemente sich mit späteren arischen Systemen vermischt haben könnten.[3] Zudem muss man sich klarmachen, dass „Hinduismus" ein Oberbegriff ist, der nicht nur eine uneinheitliche Religion bezeichnet, sondern auch einen ganzen Lebensstil und eine sehr bunte, aus vielen Elementen bestehende nationale Kultur.

Die heiligen Bücher der indischen Religion lassen sich in zwei Gruppen aufteilen:

1. Die Veden und die Upanischaden. Diese werden auch als *Shruti* („das Gehörte") bezeichnet und sollen Wahrheiten enthalten, die den frühen Weisen göttlich offenbart worden sein sollen. Sie wurden dann später zwischen 1500 und 300 v. Chr. niedergeschrieben.

2. Eine Sammlung von Texten, von denen es heißt, sie basierten zwar auf offenbarter Wahrheit, seien aber von Menschen zusammengestellt worden. Diese bezeichnet man als Smriti, was „was erinnert wird" oder „was weitergegeben wurde" bedeutet, d. h., diese Texte werden mehr als Überlieferung betrachtet, weniger als Offenbarung.

Kim Knott schreibt: „Die meisten Hindus akzeptieren den Rang und die Autorität des *Veda*", auch wenn er hinzufügt: „... doch nur wenige haben ihn gelesen."[4] V. P. (Hemant) Kantikar (ein Hindupriester) und W. Owen Cole sagen in ihrem Buch *Hinduism* („Der Hinduismus")[5]: „Wenn man nach den Überzeugungen fragt, die ein strenggläubiger Hindu haben sollte, werden oft folgende Punkte genannt:

- der Glaube an eine letzte Realität;
- der Glaube an die Autorität der *Veden* (zu denen auch die *Upanischaden* gehören);

---

3   Siehe Knott, *Der Hinduismus*, 18–22
4   *Der Hinduismus*, 31
5   *Hinduism*, 183

- der Glaube an die Prinzipien von *Karma* und *Samsara* sowie das schließliche Erreichen des *Moksha;* dem wird häufig noch die Ausübung des *Dharma,* des richtigen Verhaltens, und die Beachtung der Kastenpflichten hinzugefügt."[6]

Im Laufe der Jahrhunderte entstand jedoch zusätzlich zur kultischen Seite der Hindu-Religion ein philosophischerer Ansatz, und in diesem Zuge wurden sechs orthodoxe Philosophieschulen auf Grundlage der Veden gegründet.[7] Diese sechs Philosophiesysteme sind:

- Nyaya
- Samkhya
- Mimamsa
- Vaisheshika
- Yoga
- Vedanta

Von diesen sechs ist das Vedanta-System (Vedanta bezeichnet das Ende der Veden) für uns in diesem Kapitel von besonderer Bedeutung, denn es legt dar, was die vedischen Texte über das Thema der letzten Realität zu sagen haben.

> ✿ Einer von Shankaras modernen Bewunderern behauptet, er sei „ein überragender Mystiker des 9. Jahrhunderts n. Chr., dessen Wort die Autorität von Augustinus, Meister Eckhart und Thomas von Aquin gesamtumfänglich in sich trägt".

Innerhalb dieses Systems stechen drei Gelehrte hervor – jeder von ihnen mit seiner eigenen, unterschiedlichen Interpretation: Shankara[8] (laut Überlieferung 788–820 n. Chr.), Ramanuja (laut Überlieferung 1017–1137 n. Chr.) und Madhva (13. Jahrhundert n. Chr.). Hier werden wir uns mit der Philosophie von Shankara befassen. Bis vor relativ kurzer Zeit galt er als einflussreichster aller indischen Philosophen, und auch heute wird er noch von vielen so gesehen. Einer von Shankaras modernen Bewunderern behauptet, er sei „ein überragender Mystiker

---

6 Die hier verwendeten Fachbegriffe werden gleich noch erklärt.

7 Kantikar und Cole *(Hinduism,* 184–185) sagen, dass all diese Systeme auf Zeiten vor der Zeitenwende zurückgeführt werden können. Die unorthodoxen Schulen sind Charvaka, Buddhismus und Jainismus; sie lehnen die Autorität der Veden ab.

8 Andere Schreibweisen sind Śangkara, Shangkara oder Çañkara.

des 9. Jahrhunderts n. Chr., dessen Wort die Autorität von Augustinus, Meister Eckhart und Thomas von Aquin gesamtumfänglich in sich trägt"[9]. In der *Encylopaedia Britannica* heißt es:

> Der renommierteste Philosoph dieser Schule, und in der Tat des ganzen Hinduismus, war Śangkara. ... Das System Śangkaras gibt bis heute den Grundton des intellektuellen Hinduismus an, aber spätere Lehrer gründeten Unterschulen der *Vedanta,* die vielleicht gleichermaßen bedeutend sind. ... Śangkara wird auch die Gründung der vier Klöster *(Maṭha)* in den vier Ecken Indiens zugeschrieben: Sringeri in Karnatka, Badrīnāth im Himalaya, Dwārkā in Gujarat und Puri in Odisha. Die Äbte dieser Klöster bestimmen das geistliche Leben von vielen Millionen von frommen Gläubigen in ganz Indien, die der Śaiva-Tradition folgen, und ihre Einrichtungen verfolgen das Ziel, den philosophischen Hinduismus des strengen Vedānta zu bewahren.[10]

Shankaras philosophisches System ist bekannt als „Advaita-Vedantismus": „Vedantismus", weil es auf den Veden basiert (d. h. seiner Interpretation von ihnen), und „Advaita", was „nicht dualistisch" bedeutet, weil er lehrt, dass die menschliche Seele (bzw. das Selbst) und die letzte Realität – Brahman – ein und dasselbe sind: nicht zwei Einheiten, sondern eine.[11] Hier ist ein kurzes Glossar[12], das die Bedeutung der anderen indischen Fachbegriffe wiedergibt, denen wir begegnen werden:

1. ***Brahman*** *[Brahman, von bṛh, „wachsen, sich ausdehnen": das sich Ausdehnende, in Wachstum Ausbrechende]* Die höchste Göttlichkeit oder der göttliche Urgrund jenseits aller Unterscheidungen oder Formen; die letztgültige Wirklichkeit

2. ***Brahma*** *[Brahmā]* Der Schöpfer; in den Upanischaden eine zweitrangige Gottheit aus dem vedischen Pantheon. Nicht zu verwechseln mit Brahman (siehe dort)

---

9   Easwaran, *Die Bhagavad-Gita*, 20
10 15. Aufl. 1989, 603.
11 Mehr über Shankaras Werk finden Sie bei Bādarāyana et al., *The Vedānta Sūtras of Bādarāyana.*
12 Dieses Glossar stammt aus Easwaran, *Die Upanischaden*, 419–423.

3. **Atman** *[ātman,* „selbst"*]* Das wahre Selbst; die innerste Seele in einem jeden Geschöpf, die göttlich ist

4. **Samsara** *[saṃsāra]* „Das sich fortwährend Verändernde": die Erscheinungswelt; der Kreislauf von Geburt, Tod und Wiedergeburt

5. **Moksha** *[mokṣa]* Befreiung (aus *Samsara,* dem Kreislauf von Geburt und Wiedergeburt)

6. **Karma** *[karma,* „etwas Getanes"*]* Handlung/Tat/Tun, Werk, Verhalten; außerdem die Folgen des Handelns, in spiritueller und psychischer/mentaler sowie auch in physischer Hinsicht

Der Unterschied zwischen Brahman und Brahmā

Um das Denken der Hindus zu verstehen, ist es von fundamentaler Bedeutung, zwischen den Begriffen Brahman und Brahmā zu unterscheiden. In nicht sanskritischen Orthografien sehen sie fast gleich aus, aber in der sanskritischen Orthografie sind sie völlig unterschiedlich.

Brahman ist ein Substantiv im Neutrum und trägt die Bedeutung, dass die Gottheit, die höchste Realität, die allem Leben zugrunde liegt, der göttliche Grund der Existenz, unpersönlich ist. Aber diese höchste Realität ist nicht der Schöpfer. Der Schöpfer ist Brahmā (dieses Substantiv ist maskulin), einer der hinduistischen Triade der Hauptgötter, die aus Brahman hervorgegangen sind, aber geringer als Brahman sind. Die anderen zwei sind Vishnu, der Bewahrer, und Shiva, der Zerstörer, genannt „der Glück Verheißende". Von Vishnu heißt es, er sei von Zeit zu Zeit als Tier, als halb Tier und halb Mensch und als Mensch in Erscheinung getreten, wie in den Avataren Rama und Krishna. Von allen drei Göttern der Triade heißt es oft, dass sie mehr oder weniger dieselben Funktionen erfüllten.

Diese Vorstellung, dass die höchste Gottheit nicht der Schöpfer ist, sondern dass der Schöpfer irgendein geringerer Gott ist, findet sich nicht nur im Hinduismus, sondern auch im griechischen Gedankengut. Um die Bedeutung zu erfassen, sollten wir diese Vorstellung der ganz anderen Vorstellung – der hebräischen, christlichen und islamischen Schöpfungslehre – gegenüberstellen, in der der einzige Gott selbst der Schöpfer ist

> ✤ *Diese Vorstellung, dass die höchste Gottheit nicht der Schöpfer ist, sondern dass der Schöpfer irgendein geringerer Gott ist, findet sich nicht nur im Hinduismus.*

und es keine anderen Götter gibt (vgl. Jes 45,5.12.18: „Ich bin der HERR und sonst keiner. Außer mir gibt es keinen Gott. ... Ich, ich habe die Erde gemacht und den Menschen auf ihr geschaffen. Ich war es, meine Hände haben den Himmel ausgespannt ... Ich bin der HERR, und sonst gibt es keinen Gott!").

SHANKARAS ADVAITA-VEDANTA-PHILOSOPHIE

Nun kommen wir zu Shankaras Philosophie und suchen nach Antworten auf unsere Fragen: Was ist die Natur der letzten Realität, der die Menschheit und wir als einzelne Menschen unsere Existenz verdanken? Und in welcher Beziehung stehen wir zu dieser letzten Realität?

Kurz zusammengefasst lauten ihre Antworten wie folgt:

1. Das innere Selbst jedes einzelnen Menschen, Atman, ist im Wesentlichen dasselbe wie Brahman, die höchste Realität, und zwar in dem Sinne, dass es sich nicht um zwei verschiedene Wesenheiten handelt, sondern um eine. Atman *ist* Brahman. Das wahre innere Selbst in jeder Person *ist* Gott. Jede Person kann sagen: „Ich bin Gott."

2. Die unzähligen scheinbaren individuellen Phänomene im Universum (menschlich, tierisch, pflanzlich, mineralisch) sind nur Illusionen. Die einzige Realität ist Atman = Brahman.

3. Das Ziel jeder einzelnen Person ist, ihre wahre Identität mit dem göttlichen Selbst – also Brahman – zu erkennen. Dies kann nur durch Meditation (eine Form von anspruchsvoller psychologischer Aktivität) erreicht werden, die durch das konstante Rezitieren eines Mantras unterstützt werden kann.

4. Das Selbst jener Menschen, denen es gelingt, die Identität ihres inneren Selbst mit Braham zu realisieren, wird bei ihrem Tod aufgelöst, indem es völlig im unendlichen Meer des reinen Bewusstseins, das Brahman ist, eintaucht.

5. Diejenigen, denen es in diesem Leben nicht gelingt, die Identität ihres inneren Selbst mit Brahman zu realisieren, oder diejenigen,

die dies zwar schaffen, aber nicht so leben, wie sie sollten, werden in einem materiellen Körper reinkarniert (oder mehrmals reinkarniert), um ihr *Karma* abzuarbeiten; d. h. die dauerhaften Auswirkungen ihres falschen Verhaltens, bis sie schließlich *Moksha* erreicht haben – die Befreiung aus dem ansonsten unvermeidlichen Kreislauf von Geburt, Tod und Wiedergeburt.[13]

Eine Erklärung

Wenn Shankara sagt, das Selbst, Atman, sei in jedem einzelnen Menschen Brahman, behauptet er damit nicht, dass dieses Selbst in der einzelnen Person die Gesamtsumme von Brahman ist. Da man jedoch glaubt, dass Brahman nicht komplex ist und unteilbar ist, kann man nicht sagen, dass ein Teil von Brahman in jedem Individuum präsent ist. Man müsste eher sagen, dass das Selbst des Einzelnen wie ein Wassertropfen im Atlantischen Ozean ist, von gleicher Substanz wie der Ozean, der sich nur in logischer Hinsicht und nicht wirklich von den unteilbaren Wassern des Ozeans selbst unterscheidet.

Eine der Upanischaden enthält eine Reihe von Gleichnissen, die ein Vater seinem Sohn Shvetaketu erzählt, um ihn zu lehren, dass Atman, das Selbst, Brahman ist. In einem dieser Gleichnisse sagt der Vater zu seinem Sohn:

„Bring mir eine Frucht von dem Nyagrodha-Baum."
„Hier ist sie, mein Herr."
„Brich sie auf. Was siehst du?"
„Diese Samen, Vater, alle überaus klein."
„Brich einen auf. Was siehst du?"
„Gar nichts."
[Dann sprach sein Vater zu ihm:] „Dieses verborgene Wesentliche, das du nicht siehst, mein Lieber – aus dem wird sich ein ganzer Nyagrodha-Baum entwickeln. ... Es ist die Wahrheit; es ist das höchste Selbst. Das bist du, Shvetaketu; das bist du."[14]

Shankara selbst sagt:

---

13 Siehe Shvetashvatara-Upanischad, 5.11–12, Easawaran, *Die Upanischaden*, 304

14 Chandogya-Upanischad 6.12, Easwaran, Die *Upanischaden*, 253

Wie daher der Raum in Töpfen, Krügen usw. mit dem großen Weltraume identisch ist ..., so hat auch diese Weltausbreitung in Genießer und zu Genießendes über das Brahman hinaus keine Existenz.[15]

Was er meint, wenn er sagt, dieses habe „über das Brahman hinaus keine Existenz", veranschaulicht er mit einer Analogie. Man solle eine Reihe von Objekten aus Ton nehmen, z. B. einen Topf oder einen Krug oder einen Teller. Wir unterschieden zwischen ihnen und verwendeten unterschiedliche Wörter, um diese Dinge zu bezeichnen, die uns auf den ersten Blick unterschiedlich erschienen. Doch in Wirklichkeit, so Shankara, seien sie nicht unterschiedlich: Sie seien alle aus genau derselben Substanz gemacht worden, nämlich aus Ton. So seien auch die Objekte in dieser Welt und die Menschen nichts anderes als Brahman:

Weil eben jener höchste Âtman auch in Gestalt des individuellen Âtman sein Bestehen hat, deswegen ist jenes Ausgehen von der Einheit beider berechtigt ... Denn es ist einer und derselbe Âtman, welcher, zufolge einer bloßen Verschiedenheit der Namen auf mehrerlei Art bezeichnet wird.[16]

Brahman *ist* also Atman, das Selbst eines jeden Menschen, und daher ist jeder Mensch Gott.

Frage 1: Woher weiß man, dass dies stimmt?
Natürlich stellt sich die Frage: Wie kann jemand mit Sicherheit wissen, dass dies alles auch wirklich so ist? Die Antwort, die darauf gegeben wird, lautet: durch „Meditation".[17] Aber es handelt sich um eine ganz besondere Art der Meditation. Man sagt uns, dass es sich dabei weder um intellektuelles Studium noch um Intuition noch um Vorstellungskraft handele. Es sei nicht die Konzentration auf ein Thema, noch nicht einmal auf den Geist selbst, denn in dem Prozess ziehe das „Ich" absichtlich seine Aufmerksamkeit vom Geist ab, den es als bloßen Mechanismus betrachte, der sich ständig verändere. Es heißt, Meditation sei die Konzentration auf das Bewusstsein, wie Easwaran erklärt:

---

15 *Die Sûtra's des Vedânta*, 2.1.14 (Übersetzung: Paul Deussen), 281–282
16 *Die Sûtra's des Vedânta*, 1.4.22 (Übersetzung: Paul Deussen, 241–245); vgl. 2.3.43, 432–433
17 Easwaran, *Die Upanischaden*, 24

Sobald das Gewahrsein auch jenseits des Geistes gefestigt ist, bleibt außer dem „Ich"-Gewahrsein wenig übrig. Die Konzentration ist dann so tief, dass der Geist-Prozess beinahe zum Stillstand gekommen ist. ... Aber nach und nach wird der Meditierende der Präsenz von etwas weit Ausgedehntem gewahr, das ihm innig zu eigen, aber keineswegs das endliche, begrenzte Selbst ist, das er bislang als „Ich" bezeichnete. An diesem Punkt trennt ihn vom Meer des unendlichen Bewusstseins nur noch eine dünne Hülle persönlicher Identität. Diese Hülle lässt sich durch keinerlei Willensaufwand entfernen; das „Ich" kann sich nicht selbst tilgen. Doch dann, ganz unvermittelt, verflüchtigt es sich tatsächlich. Beim Höhepunkt der Meditation verschwindet die Barriere der Individualität, indem sie sich in einem Meer reinen, undifferenzierten Gewahrseins auflöst. ... Was bleibt noch bestehen, wenn jede Spur von Individualität entfernt ist? Wir können es als reines Sein bezeichnen ... Die Weisen nannten es *Brahman* ... der irreduzible Seinsgrund, die Essenz jedweden Dings/Wesens – der Erde und der Sonne und sämtlicher Geschöpfe, der Götter und Menschen, jedweder Kraft des Lebens. ... Dieses einheitliche Gewahrsein ist auch der Grund des je eigenen Seins und Wesens, das Innerste der Persönlichkeit. Diesen göttlichen Grund nennen die Upanischaden einfach *Atman,* „das Selbst" – nicht zu verwechseln mit der Einzelpersönlichkeit ... In allen Personen, allen Geschöpfen ist das Selbst die innerste Essenz. Und es ist identisch mit Brahman: Unser wahres Selbst unterscheidet sich nicht von der als „Gott" bezeichneten letztgültigen Wirklichkeit. Diese ungeheure Gleichung – „das Selbst ist Brahman" – ist die zentrale Entdeckung der Upanischaden. Sie wird in ... einer der „großen Formeln" ausgedrückt, die da lautet: *Tat tvam asi,* „Das bist du". Mit dem Demonstrativum „Das" deuten die Upanischaden auf eine Wirklichkeit hin, die sich nicht beschreiben lässt; und mit „du" ist natürlich nicht die belanglose, endliche Persönlichkeit gemeint, sonders jenes reine Bewusstsein ... das Selbst. In dieser Versunkenheit gibt es keine Zeit, keinen Raum, keine Kausalität. Das sind vom Geist aufgedrängte Formen, und der Geist ist ja still. Es gibt auch kein Gewahrsein irgendeines Gegenstandes; sogar der Gedanke „ich" hat sich aufgelöst. Doch das Gewahrsein bleibt.[18]

---

18 Easwaran, *Die Upanischaden,* 35–38

• *Eine Schwierigkeit mit Shankaras nicht dualistischer Philosophie*

Als Erstes müssen wir die Warnung hervorheben, die Easwaran an sich selbst richtet: Eine solche Meditation „ist ein gefährliches Terrain. Wir wissen, welche Kräfte uns in der Traumwelt hin und her werfen können, und die ist nur das Vorland der dunklen Bergketten des Geistes."[19] Sein Rat lautet, dass man eine solche Meditation niemals ohne die Anleitung durch einen Experten versuchen sollte.

Diese Warnung wirft sofort eine Frage auf. Wenn es einen Gott gibt, der uns geschaffen hat und der möchte, dass wir ihn erkennen, wie wahrscheinlich ist es dann, dass er den Prozess des Erkennens so schwierig und gefährlich gestalten würde, dass er die Fähigkeiten der meisten seiner Geschöpfe übersteigt?

Wenn diejenigen, die diese Art von Meditation praktizieren, zuerst ihr Bewusstsein von allem lösen müssen, das sie umgibt, von ihrem Geist und letztendlich von ihrer eigenen Identität, welche Garantie haben sie dann, dass das Bewusstsein, das sie durch diesen Prozess erlangen, tatsächlich ein Gottesbewusstsein ist und nicht nur die Auswirkungen einer Durchforschung des physikalischen Zustands des Tiefenhirns sind? Woher wissen sie, dass es Gott ist, über den sie sich bewusst sind, wenn sie zuvor nicht irgendeine intellektuelle Vorstellung davon hatten, wie der Gott sein könnte, nach dem sie suchen? Und wie können sie uns zusichern, dass das, was ihnen bewusst geworden ist, Gott ist, wenn Gott doch jenseits jeglicher Beschreibung ist, wie sie sagen?

Sie sagen uns, dass sie sich im Prozess der Meditation über die Präsenz von etwas Unermesslichem bewusst würden ... dem Meer des unendlichen Bewusstseins, von dem sie schließlich entdeckten, dass es „das Selbst" sei. An diesem Punkt scheinen sie sich also über ein Objekt bewusst zu sein; aber wenn sich das „Ich" in einem Meer von undifferenziertem Bewusstsein auflöst, sind sie sich nicht länger irgendeines Objekts bewusst, wie sie sagen. Sogar das Denken des „Ichs" hat sich dann aufgelöst. Wer oder was ist es dann, der bzw. das sich bewusst wird, dass dies nicht nur „das Selbst", sondern

> ✶ *Wenn es einen Gott gibt, der uns geschaffen hat und der möchte, dass wir ihn erkennen, wie wahrscheinlich ist es dann, dass er den Prozess des Erkennens so schwierig und gefährlich gestalten würde, dass dieser die Fähigkeiten der meisten seiner Geschöpfe übersteigt?*

---

19 *Die Upanischaden*, 29

der Kern *ihrer* Persönlichkeit ist und ebenso der Persönlichkeit jedes anderen Geschöpfs? Wie konnten sie sich über die Existenz anderer Geschöpfe bewusst sein, geschweige denn über den Kern ihrer Persönlichkeit, wenn sie sich zu diesem Zeitpunkt keines Objektes mehr bewusst waren?

Wenn „das Selbst" reines Sein, reines Bewusstsein ist und „das Selbst" Brahman ist, dann ist Brahman ebenso reines Bewusstsein und sich keines Objekts bewusst. Und wenn „das Selbst" in diesem Zustand jegliches Bewusstsein eines „Ichs" verloren hat, muss auch Brahman, die höchste Realität, die Gottheit, sich seiner selbst nicht bewusst sein und auch nicht seiner Geschöpfe! Aber wie kann es ein reines Bewusstsein geben, das sich über nichts bewusst ist?

Sie sagen, dass sie in diesem Zustand eines undifferenzierten Bewusstseins *Sat* spürten, absolute Seinsrealität, und *Ananda,* reine, grenzenlose, bedingungslose Freude.[20] Aber nochmal, wir müssen fragen: Wer oder was ist es, der bzw. das diese Dinge in völliger Abwesenheit des Selbstbewusstseins erfährt? Ist die Gottheit nicht viel mehr als ein zwei Monate altes Baby, das sich seiner selbst noch nicht bewusst ist, aber dessen Lächeln darauf schließen lässt, es habe angenehme Empfindungen?

Es scheint also eine sehr große logische Schwierigkeit mit Shankaras nicht dualistischer Philosophie zu geben. R. C. Zaehner drückt es so aus:

> Wenn das Absolute ein Bewusstsein hat, muss es sich auch entweder seiner selbst oder etwas anderem als seiner selbst bewusst sein. Doch per Definition existiert nichts anderes wirklich, außer dem Absoluten. Daher muss das Absolute ein Selbstbewusstsein haben. Aber wenn es ein Selbstbewusstsein hat, muss es auch in einem gewissen Sinne Persönlichkeit haben, die es ja angeblich transzendiert. Zudem ist Selbstbewusstsein kaum denkbar ohne das Bewusstsein von jenen Dingen, die nicht das Selbst sind.[21]

Und wenn sich das Absolute seiner selbst bewusst ist, gibt es hier also auch eine logische Dualität, und Shankaras Nichtdualismus ist in sich selbst widersprüchlich.

---

20 Easwaran, *Die Upanischaden,* 39
21 *Concise Encyclopedia of Living Faiths,* 234

Frage 2: Wie kann man die Besonderheiten der einzelnen Dinge erklären?
Wenn das echte Selbst in jedem und allem ein und derselbe Brahman ist, wie erklären wir dann die Unzahl von individuellen, unterschiedlichen, einzelnen Phänomenen im Universum? (Und warum sind dann normale Menschen so sehr davon überzeugt, dass wir uns voneinander und von Gott unterscheiden?)

Shankaras Antwort auf die Frage lautet, dass diese ganze scheinbare Individualität nur eine Illusion sei *(maya)*. Mit Illusion meint er so etwas wie Eindrücke, die ein geschickter Zauberkünstler erzeugt. Oder nehmen Sie eine andere, oft zitierte Analogie: Jemand meint, er sehe in einer gewissen Entfernung eine Schlange, aber bei genauerem Hinsehen entpuppt sich das, was er gesehen hat, nicht als Schlange, sondern als Seil. Das Seil selbst existiert; es ist keine Illusion, aber dass es eine Schlange zu sein schien, war eine Illusion. So sehen Ihre Freunde Natalie, Susan, Jose und Alex für Sie so aus, als seien sie unterschiedliche Individuen. Aber das ist (nach Shankara) nur ein Eindruck, erzeugt einerseits durch Brahmans geschickte „Zauberei" und andererseits durch Ihre Unwissenheit. In Wirklichkeit sind alle von ihnen Brahman, eine ungeteilte Einheit.

Nichtdualisten behaupten jedoch, dass dieser Glaube an die letztendliche Unwirklichkeit von Individuen die menschliche Persönlichkeit in keiner Weise abwertet. Brahman, so heißt es, erfreue sich an der endlosen Vielzahl von einzelnen Dingen, die seine „Zauberkunst" hervorbringe.[22] Aber der innere Wert der einzelnen individuellen Persönlichkeit wird ernsthaft untergraben, wenn das Ziel der Meditation und des Lebens selbst wie folgt beschrieben wird:

> ✦ *Nichtdualisten behaupten jedoch, dass dieser Glaube an die letztendliche Unwirklichkeit von Individuen die menschliche Persönlichkeit in keiner Weise abwertet.*

Die wichtigste Konsequenz dieser Überzeugungen ist, dass ein Mensch in seinem Bewusstsein den Entwicklungsprozess von der Singularität zur Diversität umkehren kann: ihn nicht nur nachzeichnen kann, wie z. B. in Wissenschaft oder Philosophie, sondern ihn umkehren kann, sodass man sich von der Welt des Wandels zurückzieht und dem folgt, was Augustinus den „verborgenen Fußabdruck der Einheit" nannte, den es tatsächlich gibt, auch wenn er vielleicht

---

22 Shvetashvatara-Upanischad, 4.1–5, Easawaran, *Die Upanischaden*, 299–300

verdeckt ist, doch in unserem Bewusstsein wurde er niemals ausgelöscht.[23]

Außerdem werden wir gewarnt, dass nach unserem Tod eine unerfreuliche
Konsequenz eintritt, wenn wir hier auf der Erde nicht richtig erkannt haben, dass unser wahres Selbst – im Unterschied zu unserem Scheinselbst,
das sich einbildet, wir seien unterschiedliche, einzelne individuelle Menschen – eine Einheit mit Brahman und mit jedem anderen Menschen und
Tier darstellt. Anstatt Befreiung *(Moksha)* vom Kreislauf von Geburt, Tod
und Wiedergeburt *(Samsara)* zu finden, müssten wir eine weitere Reinkarnation in einem anderen Körper erleiden. Und das würde bedeuten, wir
würden erneut den irreführenden und unerwünschten Anschein haben,
eine sich von anderen unterscheidende, individuelle menschliche Persönlichkeit zu sein oder sogar etwas noch Geringeres.
Dazu die Katha-Upanischad:

> Jetzt ... werde ich dich über dieses unsichtbare, ewige Brahman unter-
> richten und darüber, was nach dem Tode dem Sein widerfährt. Von
> jenen, die des Selbst nicht gewahr sind, werden manche als Kreatu-
> ren mit Körpern geboren, während andere auf einer niedrigeren Ent-
> wicklungsstufe verharren, wie es durch ihren eigenen Wachstumsbe-
> darf bedingt ist.[24]

Manche meinen, dass sich der Ausdruck „niedrigere Entwicklungsstufe" auf
eine Pflanze oder einen Baum bezieht. Beachten Sie auch diese Zeilen aus
der Katha-Upanischad: „Wer Vielheit sieht, aber nicht das unteilbare Selbst,
muss immer weiterwandern von Tod zu Tod"[25], und: „Schafft ein Mensch es
nicht, Brahman in diesem Leben zu realisieren, bevor die physische Hülle
abgeworfen wird, so muss er abermals einen Körper anlegen in der Welt der
körperlichen Kreaturen."[26]

---

23 Nagler, *Reading the Upanishads*, 317
24 Teil 2.2.6–7, Easwaran, *Die Upanischaden*, 133
25 Teil 2.1.10 (Easwaran, *Die Upanischaden*, 131); alternative Nummerierung: 4.10
26 Teil 2.3.4 (Easwaran, *Die Upanischaden*, 136); alternative Nummerierung: 6.4

• *Berufung auf die Wissenschaft*

Moderne Anhänger von Shankaras System behaupten, es stimme mit der zeitgenössischen Physik überein. So sagt Easwaran über die alten Hindu-Weisen:

> Unter die Sinne vordringend fanden sie nicht eine Welt fester, gesonderter Objekte, sondern einen unaufhörlichen Prozess der Veränderung – Materie, die zusammenkam, sich auflöste und in anderer Form wiederum zusammenkam. Unter diesem Fluss der Dinge mit „Name und Form" entdeckten sie jedoch etwas Unveränderliches: eine unendliche, unteilbare Wirklichkeit, in der die vergänglichen Informationen der Welt zusammengehalten werden. Diese Wirklichkeit nannten sie das Brahman: die Gottheit, den göttlichen Seinsgrund.
>
> Diese Analyse der Erscheinungswelt stimmt ganz gut mit der zeitgenössischen Physik überein. Ein Physiker würde uns daran erinnern, dass die Dinge, die wir „da draußen" sehen, nicht grundlegend voneinander und von uns getrennt sind. Wir nehmen sie aufgrund der Beschränkungen unserer Sinne als getrennt wahr. Wenn unsere Augen auf ein viel feineres Spektrum reagierten, könnten wir die Welt womöglich als ein kontinuierliches Feld aus Materie und Energie sehen. Nichts in diesem Bild ähnelt einem festen Gegenstand nach unserem gewöhnlichen Verständnis des Wortes. „Die Außenwelt der Physik", schrieb der britische Astrophysiker Sir Arthur Eddington, „ist somit zu einer Schattenwelt geworden. Indem wir unsere Illusionen beseitigen, beseitigen wir die Substanz, denn tatsächlich haben wir gesehen, dass die Substanz eine der größten unserer Illusionen ist." Wie die Physiker suchten die antiken Weisen eine Invariante. Sie fanden sie im Brahman.[27]

• *Die Gefahr des Trugschlusses des Reduktionismus*

Eines der faszinierenden Ziele der Wissenschaft ist, das Grundelement herauszufinden, aus dem die unzähligen Einzelobjekte im Universum bestehen. Im Moment wird am häufigsten vermutet, dass es sich dabei um Energie handelt. Aber wir dürfen uns nicht zu der Annahme verleiten lassen,

---

27 Easwaran, *Die Bhagavad Gita*, 27–28

dass wir wissen, was eine Sache ist, wenn wir erklären können, aus was eine Sache besteht. Denn das ist nicht so.

Nehmen wir als Beispiel Wasser. Zu wissen, aus was Wasser besteht – nämlich aus zwei Gasen, Wasserstoff und Sauerstoff –, heißt noch lange nicht, auch sagen zu können, was Wasser ist. Wasser hat Eigenschaften und Funktionen und eine Bedeutung, die weder Wasserstoff noch Sauerstoff haben.

> ✴ Was eine Sache ist und welche Funktion sie hat, ist daher viel wichtiger als die Frage, woraus sie besteht.

Was eine Sache ist und welche Funktion sie hat, ist daher viel wichtiger als die Frage, woraus sie besteht. Nehmen Sie einen Silberlöffel und eine Silberflöte. Wenn man sagt, der Unterschied zwischen beiden sei illusorisch, und Realität sei, dass beide aus Silber beständen, oder sogar, dass sie einfach nur Teil eines kontinuierlichen Feldes von Materie und Energie seien, ignoriert man die Tatsache, dass es die Komplexität ist, die der Silberschmied dem Grundmaterial Silber verliehen hat, die ihnen ihre individuelle Bedeutung und ihren individuellen Wert verleiht.

Das kontinuierliche Feld von Materie und Energie scheint (z. B. im Vergleich zur menschlichen Zelle) eine vergleichsweise einfache Sache zu sein. Die menschliche Zelle ist nicht einfach: Sie ist erstaunlich komplex. Und wenn dies schon auf eine einzelne Zelle zutrifft, was sollen wir dann über einen ganzen Menschen sagen, der aus zehn Billionen Zellen besteht?

Nehmen wir nur die physikalischen Komponenten einer menschlichen Persönlichkeit: Wenn man meint, diese wundervolle Komplexität werde allein schon mit der Aussage angemessen beschrieben, sie sei einfach nur Teil eines kontinuierlichen Feldes von Materie und Energie (wie andere Dinge wie Kohlköpfe und Schleim), dann hat man den Bezug zur Realität völlig verloren.

Das zufällige Summen und Knacken von Stromleitungen in einer frostigen Nacht ist nicht grundsätzlich dasselbe wie eine Symphonie von Tschaikowski. Dazwischen liegt eine Kluft, die durch bloße Energie und Materie nicht zu überbrücken ist, nämlich der Beitrag des schöpferischen Genies einer komplexen menschlichen Persönlichkeit.

• *Die vermeintliche Natur der letzten Realität*

Wenn die Komplexität eines menschlichen Wesens Teil der Größe des Menschen ist, dann muss die Behauptung, die letzte Realität sei reines, undifferenziertes, einfaches Sein, schon auf den ersten Blick seltsam erscheinen. Aber es ist vielleicht einfacher zu verstehen, wenn wir uns klarmachen, wie überzeugte Hindus zu dieser Gewissheit gelangen, dass ihr Glaube hinsichtlich der letzten Realität wahr ist. Sie erhalten sie durch „Meditation". Zuerst lösen sie ihr Bewusstsein von ihrem Verstand und nehmen sich damit jede Möglichkeit, zwischen den Dingen zu differenzieren. Dann lösen sie ihr Bewusstsein von der äußeren Realität, die sie umgibt, und sogar von ihrer eigenen Identität. Vielleicht ist es dann nicht verwunderlich, dass das Einzige, dessen sie sich dann noch nach ihrer Aussage bewusst sind, reines, undifferenziertes Bewusstsein ist. Was sonst könnten sie mit dieser Methode denn noch wahrnehmen?

Dass sie dann zu dem Schluss kommen, dass es sich bei dem, was sie auf diese Weise erkennen, um Brahman handelt, der die letzte Realität sein soll, ist für jeden, der an Gott als den transzendenten Schöpfer glaubt, in der Tat seltsam. Doch angesichts der Vorstellung der Hindus von unserer Beziehung zu Brahman überrascht dies nicht. Denn danach wurden wir nicht von Brahman geschaffen im strengen Sinne dieses Begriffs. Wir sind Emanationen (Ausstrahlungen) von Brahman, wie Sonnenstrahlen, die von der Sonne ausgehen und daher aus demselben Stoff bestehen wie die Sonne. Unser Wesen ist dann nicht einfach nur in mancher Hinsicht dem Wesen Gottes *ähnlich* (wie im Judentum, Christentum und Islam): Unser Wesen *ist* Gottes Wesen – genau dieselbe Substanz. Wir bestehen aus Gott.

> ✸ *Dass sie dann zu dem Schluss kommen, dass es sich bei dem, was sie auf diese Weise erkennen, um Brahman handelt, der die letzte Realität sein soll, ist für jeden, der an Gott als den transzendenten Schöpfer glaubt, in der Tat seltsam. Doch angesichts der Vorstellung der Hindus von unserer Beziehung zu Brahman überrascht dies nicht.*

Am Anfang war nur das Sein,
Eines ohne ein Zweites.
Aus sich selbst brachte es den Kosmos hervor
und ging in alles darin Vorhandene ein.
Nichts existiert, das nicht aus ihm stammt,

Von allem ist es das innerste Selbst. ...
Das bist du, Shvetaketu; das bist du.[28]

Das ist also der klassische indische pantheistische Nichtdualismus. Jeglicher Pantheismus ist mit großen Schwierigkeiten behaftet, wie wir später noch sehen werden; aber er ist eine Idee, die in viele Philosophien miteingeflossen ist. Die antiken Stoiker vertraten eine Form von Pantheismus: Ihrer Ansicht nach war die Intelligenz, die dem Universum zugrunde lag und von der in jedem Menschen ein Funken vorhanden war, selbst Teil des Stoffes des Universums. Und auch heute fühlen sich eine Reihe von führenden Wissenschaftlern (wie wir in Kapitel 3 sehen werden), von diesem Aspekt hinduistischen Denkens angezogen. Die Fortschritte der modernen Wissenschaft zwingen sie anzuerkennen, dass es eine Intelligenz hinter dem Universum geben muss, doch sie mögen die Vorstellung gar nicht, diese Intelligenz könnte der allmächtige, transzendente Schöpfergott sein, der die Welt aus dem Nichts heraus erschaffen hat. Und so bleibt als einzige Alternative so etwas wie das unpersönliche, alles durchdringende Brahman des indischen pantheistischen Nichtdualismus.

WEITERE HINWEISE: BEDEUTENDE VERTRETER DER VEDANTA

Andere wichtige Vertreter der Vedanta-Philosophie sind:

a. im Mittelalter:
    1. Ramanuja (laut Überlieferung 1017–1137 n. Chr.)
    2. Madhva (13. Jahrhundert n. Chr.)

b. in neuerer Zeit:
    1. Vivekananda Swami (1863–1902). Er popularisierte Shankaras nicht dualistische Philosophie im Westen (USA und

---

28 Chandogya-Upanischad 6.2.1/2.3, *Die Upanischaden*, 250
    Die Upanischaden sprechen oft von anderen Göttern wie Shiva und Vishnu als Schöpfer der Welt, zusammen mit Brahmā, der ausdrücklich als Schöpfer bezeichnet wird. Aber sie sind selbst Emanationen von Brahman und können daher als „das Selbst" bezeichnet werden, genauso wie Menschen behaupten können, Brahman zu sein. Man geht davon aus, dass es eine Hierarchie gibt, in der manche Dinge (wie Felsen) weniger Brahman in sich tragen als Menschen, und dass diese wiederum weniger Brahman in sich tragen als die Götter und die Götter weniger als die letzte Realität.

England, 1893–1896), was zur Gründung der ersten Vedanta-Gesellschaft in New York führte (1895).

2. A. C. Bhaktivedanta Swami (1896–1977), der 1966 die Internationale Gesellschaft für Krishna-Bewusstsein (ISKCON) gründete. Hare-Krishna-Anhänger sind bestrebt, das Bewusstsein und die Liebe zu dem Gott Krishna sowohl im Westen als auch in Indien zu verbreiten.

3. Sir Sarvepali Radhakrishnan (1888–1975). Er war Professor der Philosophie in Mysore (1918–1921) und Kalkutta (1921–1931; 1937–1941) und Professor für östliche Religionen und Ethik an der Oxford-Universität (1936–1952), ein Freund von Mahatma Gandhi, indischer Botschafter in der Sowjetunion und Präsident von Indien (1962–1967).

Sie alle vertraten das vedantische Philosophiesystem, aber nicht alle hielten auch an Shankaras strengem Nichtdualismus fest. Einige waren Vertreter des Dualismus, manche suchten Zugang zu Gott eher durch Anbetung und Mystik als durch reinen Intellektualismus. Einige betrachteten Gott als persönlich. Alle waren Pantheisten.

III·2
GRIECHISCHE PHILOSOPHIE
UND MYSTIK

Eine intellektuelle Suche nach der letzten Realität

So hat sich die Mythologie schließlich maßlos übernommen und die Existenz einer spirituellen Welt diskreditiert. Die Wissenschaft kam dann zu dem Schluss, dass die spirituelle Welt nicht missverstanden worden war, sondern dass es sie überhaupt nicht gab: Nichts war real, außer den greifbaren Körpern, die aus Atomen bestanden. ...
Die sokratische Philosophie ist eine Reaktion auf dieses materialistische Denken der physikalischen Wissenschaft.

F. M. Cornford, Before and After Socrates

DIE BEDEUTUNG DER ANTIKE

Noch immer sind wir auf der Suche nach Antworten auf unsere Fragen nach dem Wesen der letzten Realität und in welcher Beziehung wir zu ihr stehen. Nun verlassen wir den Osten und reisen in den Westen – vom indischen pantheistischen Monismus zur griechischen Philosophie und Mystik.[29]

Die griechische Philosophie hat sich als eine der bedeutendsten und einflussreichsten Denkbewegungen in der Geschichte der westlichen Zivilisation erwiesen. Den Anfang macht traditionell Thales von Milet in Ionien (ca. 600 v. Chr.). Im Laufe der folgenden Jahrhunderte entwickelte sie sich schließlich zu einem offiziellen Bildungssystem mit eigenen Schulen und Lehrern in verschiedenen Städten der antiken Welt. Als heidnisches System organisierter Bildung fand es im Jahr 529 n. Chr. sein Ende, denn in diesem Jahr schloss der Kaiser Justinian die Philosophieschulen Athens – ein frühes Beispiel für die Bestrebungen der Religion, politische Macht zur Unterdrückung der Gedankenfreiheit einzusetzen. Der Einfluss der griechischen Philosophie ist allerdings auch heute noch im 21. Jahrhundert zu spüren, denn viele der Fragen, die sie aufwarf, werden noch immer diskutiert, nicht nur von professionellen Philosophen, sondern auch von gebildeten Leuten überhaupt.

---

29 Das alte griechische Wort *mystēs* (von dem „Mystik" abgeleitet wird) war ursprünglich ein religiöser Begriff. Er bezeichnete jemanden, der in eine der sogenannten „Mysterienreligionen" eingeweiht worden war. Solche Eingeweihte sollen nach Vorbereitungszeremonien Zeuge von Manifestierungen eines Gottes bzw. einer Göttin geworden sein oder lernten geheime (und vermeintlich wirkmächtige) Namen, Flüche und Zaubersprüche. Heute wird der Begriff oft angewandt für etwas, was man eher als „Spiritismus" oder „Okkultismus" bezeichnen kann, wo Menschen behaupten, sie könnten mit Geistern und Toten in Kontakt treten (siehe das biblische Verbot solcher Praktiken in Jes 8,9-20). In diesem Abschnitt werden wir uns jedoch weder mit der Mystik in dem einen noch in dem anderen Sinne beschäftigen, sondern mit der bestimmten Form der philosophischen Mystik, die der Neuplatonist Plotin vertrat.

DIE HAUPTBEDEUTUNG DER GRIECHISCHEN PHILOSOPHIE

Das Bedeutendste an der griechischen Philosophie sind vielleicht nicht so sehr ihre Erkenntnisse, sondern es ist der neue Ansatz, den sie bei der Frage nach der Beziehung des Menschen zur letzten Realität wählte. Sie wandte sich ab von den mythologischen und polytheistischen Interpretationen zu Ursprung, Beschaffenheit und Funktion des Universums und der Menschheit und war entschlossen, diese Dinge nun durch Beobachtung und Vernunft zu ergründen.

Angesichts der Vielzahl von Lebensformen auf der Erde gaben sich die griechischen Philosophen nicht länger damit zufrieden, das Leben darauf zurückzuführen, dass der Himmelsgott die Erdgöttin befruchtet hatte, wie die Mythen es lehrten. Sie waren nicht länger bereit, den Donner als die laute und zornige Stimme von Zeus zu betrachten, dem höchsten Gott des griechischen Pantheons. Sie dachten darüber nach, aus welchem Stoff das Universum bestand, durch welche natürlichen Prozesse es seinen gegenwärtigen Zustand erreicht hatte, welche Naturkräfte die ständige Bewegung der Himmelskörper auslösten und aufrechterhielten, wie die Kreisläufe von Wachstum und Verfall, Geburt, Leben und Tod funktionierten und woraus der Mensch bestand und wie er entstanden war.

> ✿ *Sie wandte sich ab von mythologischen und polytheistischen Interpretationen zu Ursprung, Beschaffenheit und Funktion des Universums und der Menschheit und war entschlossen, diese Dinge nun durch Beobachtung und Vernunft zu ergründen.*

Dann kam eine zweite Phase, als Leute wie Sokrates sich nicht länger damit zufriedengaben, nur danach zu fragen, *woraus* Sonne und Mond bestehen: Sie wollten wissen, *wofür* die Menschheit da war, was der Zweck der menschlichen Existenz war, welches höchste Gut die Menschen im Leben anstreben sollten und welche Prinzipien und Gesetze ihr Verhalten leiten sollten. Aber auch dies war nun nicht länger eine Frage der blinden Akzeptanz der traditionellen kulturellen Normen der damaligen Gesellschaft, als ob diese automatisch göttliche Autorität besäßen. Vielmehr sollten Fragen bezüglich Gerechtigkeit, Wahrheit, Mut und Frömmigkeit nun rational durchdacht werden.

Also werden wir nun in diesem Kapitel unsere Frage an die griechische Philosophie richten: Was ist das Wesen der letzten Wirklichkeit, und in welcher Beziehung stehen wir zu ihr? Doch zuerst ein paar wichtige Vorbemerkungen.

WICHTIGE VORBEMERKUNGEN

Wir haben gesagt, dass sich die frühen griechischen Philosophen von den traditionellen mythologischen Interpretationen des Universums abwandten und sich lediglich auf Beobachtungen und die Vernunft verließen. Aber das heißt nicht, dass sie sich auch alle sofort von ihrem Glauben an die Götter und deren Verehrung abwandten. Es heißt lediglich, dass manche von ihnen – insbesondere die ionischen Philosophen – die Götter im Hinblick auf ihre „wissenschaftlichen" Untersuchungen als irrelevant ansahen.

So verspottete beispielsweise Xenophanes (geb. 570 v. Chr.) die anthropomorphen Götter der Mythologie:

> Die Äthiopier sagen, ihre Götter seien stumpfnasig und schwarz, und die Thraker behaupten, die ihren hätten hellblaue Augen und rote Haare.[30]

> Aber wenn Rinder und Pferde und Löwen Hände hätten oder mit ihren Händen malen und Bildwerke vollenden könnten, wie das die Menschen tun, dann würden die Pferde die Göttergestalten den Pferden und die Rinder sie den Rindern ähnlich malen und sie würden die Statuen der Götter mit einem solchen Körper meißeln, wie sie ihn jeweils selber haben.[31]

Diese Spottschrift ist sehr bekannt und wird heute oft zitiert, um die Behauptung zu stützen, dass die Idee eines Gottes eine menschliche Erfindung sei. Doch das ist Xenophanes gegenüber unfair, der fast schon ein Monotheist gewesen zu sein scheint, als er sagte:

> Ein einziger Gott, unter Göttern und Menschen der größte, weder dem Körper noch der Einsicht nach in irgendeiner Weise den Sterblichen gleich.[32]

---

30 Frgm. 16, Clemens von Alexandria, *Stromata*, 7.22.1 (aus: Kirk und Raven, *Die vorsokratischen Philosophen*, 184)

31 Frgm. 15, Clemens von Alexandria, *Stromata*, 5.109.3 (aus: Kirk und Raven, *Die vorsokratischen Philosophen*, 184)

32 Frgm. 23, Clemens von Alexandria, *Stromata*, 5.109.1 (aus: Kirk und Raven, *Die vorsokratischen Philosophen*, 185)

Immer bleibt er an demselben Ort, ohne sich in irgendeiner Weise zu bewegen; bald hierhin, bald dorthin zu gehen geziemt sich für ihn nicht. Sondern ohne Anstrengung, durch das Denken seines Geistes erschüttert [oder: „kontrolliert"] er alles.[33]

Auch hörte die Mehrheit der Philosophen zur Zeit Xenophanes nicht damit auf, von Gott zu reden. Thales, der erste der ionischen Philosophen, soll folgende Bemerkung gemacht haben: „Alles ist voller Götter." Aber wir müssen hier besonders darauf achten, genau zu verstehen, was er damit meint, denn das Wort „Götter" bedeutete für die Griechen nicht unbedingt dasselbe wie für uns heute. Jemand, der in der jüdisch-christlichen Tradition großgeworden ist, sagt z. B.: „Gott ist Liebe." Er erwartet, dass Sie wissen, was er mit „Gott" meint, nämlich den einen wahren Gott, den Schöpfer des Universums, und dann nennt er eines von Gottes Merkmalen, nämlich die Liebe. Aber ein antiker Grieche, der das griechische Wort *theos* (Gott) verwendet, würde eher sagen: „Liebe ist *theos*." Damit möchte er ausdrücken, dass Liebe eine wundervolle, geheimnisvolle, „göttliche" Kraft ist – aber eben nur eine Kraft unter vielen. Auch wandten sich nicht alle dieser Philosophen von jeglichen vorgefassten Meinungen ab, die aus diesen früheren Mythologien stammten. Bei Weitem nicht. Es gibt drei Grundvorstellungen in der griechischen Mythologie, die immer wieder sogar bei den fortschrittlicheren Philosophen auftauchen. Diese sind: 1. dass die Materie *vor* den Göttern existierte; 2. dass der eine oder andere der Götter dem Grundstoff des Universums Ordnung und Form verlieh und in diesem Sinne – aber nur in diesem Sinne – als Schöpfer bezeichnet werden kann; und 3. dass sogar dieser Gott wie alle anderen aus der Ursprungsmaterie hervorgegangen ist und Teil dieses Stoffes oder einer der Kräfte des Universums ist.

Der Mythologe Hesiod (ca. 700 v. Chr.) spricht z. B. in seinem Gedicht *Theogonie* („Genealogie der Götter") von der

... Ehre des Göttergeschlechtes, das am Anfang aus Gaia [d. h. die personifizierte Erde] und Uranos [d. h. der Himmel in Göttergestalt] stammte.[34]

Und an anderer Stelle:

---

33 Frgm. 26 & 25, Simplicius, *Kommentar zu Aristoteles' Physik* 23.11 & 23.20 (aus: Kirk und Raven, *Die vorsokratischen Philosophen*, 185)
34 *Theogonie*, II. 44–46 (Übersetzung: Albert von Schirnding)

Sagt mir, Musen, dies alles an, Olympos-Bewohner,
ganz von Anfang, und sagt mir: Was wurde davon als Erstes?[35]

Und die Antwort darauf lautet:

Wahrlich, als Erstes ist Chaos entstanden, doch wenig später nur
Gaia, mit breiten Brüsten ...[36]

... dunstig Tataros dann im Schoß der geräumigen Erde, wie auch
Eros [d. h. der Gott der Liebe], der schönste im Kreis der unsterbli-
chen Götter.[37]

Professor Werner Jaeger kommentiert Hesiods Gedicht wie folgt:

Im Übrigen enthüllt der Vergleich der hesiodischen Hypostase des
weltschöpferischen Eros mit derjenigen des Logos im jüdischen
Schöpfungsbericht einen tief gehenden Unterschied in der Anschau-
ung beider Völker. Der Logos ist die Verselbstständigung einer geistigen Eigenschaft bzw. Kraft Gottes des Schöpfers, der außerhalb der
Welt stehend diese durch seinen persönlichen Befehl hervorbringt.
Die griechischen Götter stehen innerhalb der Welt, sie stammen ab
von Himmel und Erde ... und werden erzeugt durch die in der Welt
als alles hervorbringende Grundkraft waltende Macht des Eros. Sie
unterstehen also nach unseren Begriffen von vornherein dem natürlichen Gesetz ... Das philosophische Denken, das das Denken Hesiods
ablösen wird, wird im Gegensatz zu der aus der Genesis erwachsenen
Theologie das Göttliche in der Welt, nicht jenseits von ihr suchen.[38]

Es war lohnenswert, Professor Jaeger hier ausführlich zu zitieren, denn er
hat seinen Finger auf ein grundsätzliches Problem gelegt, dem wir in unserer Studie immer wieder begegnen werden – ein Problem, das tatsächlich
noch immer die philosophischen und religiösen Systeme der Welt spaltet,
und zwar, was mit Schöpfung gemeint ist.

Das griechische System lehrte Folgendes:

---

35 *Theogonie*, II. 114–115
36 *Theogonie*, II. 116–117
37 *Theogonie*, II. 119–120
38 *Die Theologie der frühen griechischen Denker*, 25–26

1. Die Materie hat schon immer existiert und wird immer existieren. Sie ist ewig. In ihrem Grundzustand war sie formlos, unorganisiert und unbegrenzt – was die Griechen als Chaos bezeichnen. Aber dann trat der eine oder andere Gott hervor und verlieh diesem bereits existierenden Material eine Ordnung und machte daraus ein wohlgeordnetes Universum – was die Griechen als Kosmos bezeichnen; und dieser Prozess ist das, was die Griechen mit Schöpfung meinen.

2. Der Schöpfer ist Teil eines ewigen Systems, in dem alles im Universum aus Gott hervorgeht, wie Sonnenstrahlen aus der Sonne hervorgehen; und so *ist* in einem gewissen Sinne alles Gott.

3. Gott ist gewissermaßen in der Materie des Universums und ist aktiv daran beteiligt, die Materie zu verändern und zu entwickeln, um die bestmöglichen Ergebnisse zu erzielen.

Im Gegensatz zu solchen Ideen steht die alte hebräische Überlieferung, die von Christentum und Islam übernommen wurde. Zur Zeit der ionischen Philosophen war sie bereits einige Jahrhunderte alt. Sie lehrte Folgendes:

1. Die Materie ist nicht ewig: Das Universum hatte einen Anfang; und es gibt nur *einen* Gott, den Schöpfer aller Dinge.

2. Gott existierte vor dem Universum und ist von diesem unabhängig. Das Universum ist nicht aus Gott hervorgegangen. Gott schuf es aus dem Nichts heraus, nicht aus sich selbst, aber er erhält es und führt es zu dem von ihm bestimmten Ziel.

Mit diesen Vorbemerkungen wenden wir uns nun der Betrachtung der antiken griechischen Philosophen zu. Natürlich werden wir nicht alle betrachten, aber wir werden uns mit Vertretern von drei Hauptrichtungen beschäftigen. Und wir versuchen herauszufinden, zu welchen Schlussfolgerungen sie auf Grundlage ihrer Vorannahmen und Methoden zu unserer Frage kamen: Was ist das Wesen der letzten Wirklichkeit, und in welcher Beziehung stehen wir zu ihr?

DIE SUCHE NACH DEM STOFF, AUS DEM DIE WELT BESTEHT

Interessant ist, dass die griechischen Philosophen von Anfang an offenbar davon ausgingen, dass die scheinbar endlose Vielfalt von Dingen von einer Ursubstanz stammen musste, und damit unwissentlich einen Aspekt der modernen wissenschaftlichen Methode vorwegnahmen. Sie selbst versuchten, diesen Urstoff zu entdecken, den sie *archē* nannten.

Natürlich waren sich die frühen Denker nicht alle einig, was dieser Urstoff war.

Thales (etwa Mitte des 6. Jahrhunderts v. Chr.). Für ihn war dieser Urstoff Wasser. Manche Wissenschaftler vermuten, dass diese Idee von seiner Beobachtung stammte, dass Wasser in drei verschiedenen Formen existieren kann: gasförmig (Dampf), flüssig (Wasser) und fest (Eis). Andere vermuten – was vielleicht etwas plausibler ist –, dass er feststellte, dass in der gesamten Natur Feuchtigkeit immer in Verbindung mit den Prozessen steht, durch die Samen keimen und Leben hervorbringen. Thales glaubte, die Erde schwimme auf Wasser. Er wurde berühmt, weil er die Sonnenfinsternis vorhersagen konnte, die im Jahr 585 v. Chr. auftrat. (Es lohnt sich, seine Geschichte in Herodots *Historien*, I.74, nachzulesen.)

Anaximander (611–547/6 v. Chr.). Für ihn war der Urstoff das, was er auf Griechisch *apeiron* nannte, was „unbestimmt" oder „grenzenlos" bedeutet. Manche Wissenschaftler denken, er meinte damit, dass dieser Urstoff keine äußeren Grenzen und daher unbegrenzte Ausmaße habe. Andere glauben, er meinte, dass dieser Urstoff all jene Dinge und Zustände in sich trage, die unterschiedlich oder sogar gegensätzlich zu sein scheinen– heiß und kalt, feucht und trocken usw. –, jedoch in einem einzigen unbestimmten Gemisch, ohne jegliche Trennung zwischen ihnen. Er glaubte, dass dieses *apeiron* die Ursache und der Erhalter der ständigen Bewegung sei, und bezeichnete es als göttlich. Im Zuge dieser Bewegung spaltete sich das *apeiron* und bildete das Universum und Wesen aller Art. Er ist berühmt für seine brillante, neue Idee, dass die Erde nicht von etwas Festem getragen wird; sie bleibe unbeweglich, weil sie sich im gleichen Abstand zu allem um sich herum befinde und somit in einem Gleichgewicht stehe. „Die Erde befinde sich in schwebendem Zustand und werde von nichts beherrscht; sie verharre aber in Ruhe, weil ihr Abstand zu allen Dingen gleich sei."[39] Diese Idee war radikal neu.

---

39 Hippolytos, *Widerlegung aller Häresien.* I.6.3 in Kirk and Raven, *Die vorsokratischen Philosophen*, 146

Anaximenes (war ca. Mitte des 6. Jahrhunderts v. Chr. aktiv). Für ihn war der Urstoff die Luft, das Element, das notwendig zum Atmen und daher auch zum Leben ist. Er glaubte, die Erde sei breit, flach und nicht sonderlich tief und werde von Luft getragen.

WIE FUNKTIONIERT DAS UNIVERSUM?

Eine etwas andere Ansicht vertrat **Heraklit** (ca. 40 Jahre alt, um das Jahr 500 v. Chr.), der berühmt wurde durch den Satz: „Alles ist im Fluss." Er verdient es jedoch eher, für eine andere, wichtigere Einsicht bekannt zu sein. Die Einheit, die er hinter der Vielfalt der Dinge suchte, war nicht so sehr ein Urstoff des Universums als vielmehr die eines Grundprinzips – den *logos*, wie er es auf Griechisch nannte –, das alles zusammenhielt und funktionieren ließ. Er war der Ansicht, dass die Welt in ihren Abläufen durch eine wechselseitige Spannung zwischen Gegensätzen zusammengehalten wird und dass diese Gegensätze ständig ineinander übergehen, so wie Tag und Nacht nicht unabhängig voneinander existieren können.

Um diese Theorie zu veranschaulichen, verwendete er die Analogie eines Bogens und der Bogensehne: Das Holz des Bogens, das von der Sehne in die Bogenform gezogen wird, zieht die ganze Zeit gegen die Sehne, um in den ursprünglichen geraden Zustand zurückzukehren. Die Bogensehne, gedehnt und vom Bogen straff gespannt, zieht die ganze Zeit in die entgegengesetzte Richtung am Holz des Bogens. Diese wechselseitige Spannung zwischen Bogen und Sehne lässt die beiden gegenläufigen Kräfte zusammenwirken und macht es so möglich, dass das Gerät funktioniert. So ist es auch beim Spannen des Bogens durch den Bogenschützen und der plötzlichen Entspannung, die bewirkt, dass der Pfeil abgeschossen wird.

> ✦ *Heraklit wurde berühmt für den Satz: „Alles ist im Fluss." Er verdient es jedoch eher, für eine andere, wichtigere Einsicht bekannt zu sein.*

Heraklit vertrat die Ansicht, dass im Universum viele solcher gegensätzlichen Kräfte am Werk sind. Abwechselnd macht das eine dem anderen Platz und dann wieder andersherum. So wird das Gleichgewicht und die Harmonie der Naturkräfte wiederhergestellt und die allgemeine Ordnung im Universum aufrechterhalten. Als Beispiele dafür nannte er die Gegensätze heiß und kalt, feucht und trocken, Tag und Nacht, auf und ab usw. Es war ähnlich dem Prinzip von Yin und Yang, den beiden gegensätzlichen Kräften, die nach östlichem Gedankengut durch ihre komplementären

Wechselwirkungen die Funktionen des Universums bestimmen und aufrechterhalten. Auch heute sprechen Wissenschaftler von Materie und Antimaterie, Zentripetal- und Zentrifugalkräften, Gravitation und Antigravitation.

Empedokles (etwa Mitte des 5. Jahrhunderts v. Chr.) machte den innovativen Vorschlag, dass es niemals eine ursprüngliche Einheit gegeben habe. Im Universum gebe es vier Grundsubstanzen: Feuer, Luft, Erde und Wasser. Gemeinsam füllten sie den ganzen Raum aus. Aber sie seien ständig in Bewegung, kämen in verschiedenen Proportionen zusammen und teilten sich dann wieder. Empedokles erkannte jedoch, dass er erklären musste, was diese Bewegung auslöste. Bewegung ist etwas, was begründet werden muss: Sie ist nicht selbstverständlich. Er kam zu dem Schluss, dass die Kraft der Liebe, die Menschen zueinander zieht, und die Kraft des Hasses, die sie auseinandertreibt, zwei Kräfte sind, die im ganzen Universum wirken und sowohl Materie als auch lebende Wesen beeinflussen.

Anaxagoras (ca. 500/499–428/7 v. Chr.) ging noch einen Schritt weiter: Er meinte, dass die Quelle der Bewegung die unentwegte intellektuelle Energie des Geistes sei.

Wenn wir das lesen, könnten wir leicht vergessen, dass wir die Gedanken eines Philosophen lesen, der vor 2500 Jahren lebte. Wir könnten uns fast vorstellen, dass wir die jüngsten Vorschläge eines führenden modernen Wissenschaftlers lesen. Die fantastische Feinabstimmung des Universums und die nicht reduzierbare Komplexität der Zelle machen es ihnen praktisch unmöglich, weiterhin zu glauben, dass das ganze Universum, einschließlich des menschlichen Intellekts und der menschlichen Vernunft, durch geistlose Prozesse aus geistloser Materie hervorgegangen sind.

Natürlich müssen wir fragen, was Anaxagoras unter diesem „Geist" verstand. War er Teil der Materie des Universums? Oder war er tatsächlich eine körperlose Einheit? Dazu äußern sich G. S. Kirk und J. E. Raven wie folgt:

> Anaxagoras ist wie mehrere seiner Vorgänger in der Tat bestrebt, eine wahrhaft unkörperliche Entität vorzustellen und zu beschreiben. Aber wie bei ihnen, so ist auch bei ihm das einzige letzte Wirklichkeitskriterium räumliche Ausdehnung. Der Geist ist wie alles sonst körperlich und verdankt seine Kraft teils seiner Freiheit und teils der Tatsache, dass er allein, obwohl in der Mischung anwesend ist, dennoch unvermischt bleibt.[40]

---

40 *Die vorsokratischen Philosophen*, 399

Christen könnten versucht sein, hier anzumerken, dass Anaxagoras – um einen Ausdruck von Paulus zu verwenden – versuchte, Gott „tastend [zu] fühlen und [zu] finden" (Apg 17,27).

Wiederum anderer Ansicht als Heraklit, Empedokles und Anaxagoras war **Parmenides** (geb. ca. 515–510 v. Chr.). Er trieb die Suche nach dem einen hinter dem vielen ins Extreme. Er behauptete, das Universum sei ein fester Block, in dem sich nichts jemals verändere oder bewege. Jeder Eindruck von Veränderung oder Bewegung, den wir durch unsere Sinne erhielten, sei nur eine Illusion. In unserem Verständnis der Welt und des Universums müssten wir uns allein von der Vernunft leiten lassen und nicht von unseren Sinnen.

Eine solche Theorie schien damals (wie auch heute) dem gesunden Menschenverstand und der Realität zu widersprechen. Schon die Betrachtung der simplen Tatsache, dass Menschen geboren werden, leben, alt werden und dann sterben, sollte helfen, jeden davon zu überzeugen, dass Veränderung tatsächlich stattfindet. Und selbst wenn unsere Sinneseindrücke nur Illusionen sind: Verändern sich nicht auch unsere Illusionen von Zeit zu Zeit? Dennoch stellte Parmenides' Theorie ein Thema in den Vordergrund, das Philosophen seit jeher beschäftigt hat: die widersprüchlichen Behauptungen des Empirismus auf der einen und des Rationalismus auf der anderen Seite.[41]

Parmenides war auch der Erste, der die Aufmerksamkeit seiner Zeitgenossen (und seit jeher die der Philosophen) auf ein Gebiet der Philosophie lenkte, das als Ontologie bezeichnet wird: die Auseinandersetzung mit der Frage, was es heißt, wenn man sagt, etwas existiert.

Um dieses Denken zu verstehen, sollten wir uns zuerst bewusst machen, dass das Verb „sein" im Griechischen in zwei Sinnen verwendet werden kann:

1. Um eine „Existenz" festzustellen. Im Griechischen trägt also Johannes 1,1 („Im Anfang *war* das Wort") die Bedeutung „Im Anfang existierte das Wort".

2. Um als Bindeglied zu dienen: „Sokrates ist weise", d. h. „Sokrates = weise".

---

41 Die Bedeutung dieser Begriffe diskutieren wir in Buch 2 der Serie: *Was können wir wissen?*.

Parmenides sprach zwar Griechisch, realisierte aber anscheinend nicht, dass das Verb „sein" diese beiden Bedeutungen hatte. Er dachte, es impliziere immer Existenz. Für ihn hatte also etwas, was existiert, „Sein"; was nicht existiert, muss als „Nichtsein" betrachtet werden. Daher wäre es für Parmenides sowohl in linguistischer als auch in logischer Hinsicht Unsinn gewesen, wenn man ein absolutes Vakuum als einen Zustand definiert hätte, in dem überhaupt nichts ist. Sagt man, dass ein Vakuum *ist*, sagt man, dass es existiert, es „hat Sein". Doch laut Parmenides kann ein solches Vakuum gar nicht existieren und kein Sein haben: Es ist Nichtsein. Ein Vakuum kann nicht irgendetwas sein.

Im nächsten Schritt berief er sich in seiner Argumentation auf ein fundamentales Axiom des griechischen Denkens: „Aus Nichts kommt nichts." Von dieser Aussage leitete er die folgenden Punkte ab:

1. Das „Sein" (was auch immer existiert) ist ewig; weder beginnt es zu sein, noch hört es auf zu sein. Denn hätte es nicht schon immer existiert, hätte es eine Zeit gegeben, in der es nicht existent gewesen wäre, in einem Zustand des „Nichtseins", und aus diesem „Nichtsein" heraus hätte nichts jemals entstehen können, und das Universum würde jetzt nicht existieren. Wenn zudem das Sein aufhören könnte zu existieren, würde alles schließlich in einen Zustand des „Nicht-Seins" übergehen, und danach könnte nichts jemals wieder entstehen.

2. Das „Sein" ist die ganze Zeit dasselbe. Da jeder Teil der Wirklichkeit „Sein" hat, wäre der einzige Weg für einen Teil, sich von einem anderen zu unterscheiden, dass er etwas nicht ist, was der Rest ist. Aber Nichtsein existiert nicht. Wenn man sich durch „nichts" unterscheidet, unterscheidet man sich überhaupt nicht.

3. Das „Sein" (was existiert) kann sich weder verändern noch bewegen. Denn der einzige Weg, wie sich das Sein verändern oder bewegen könnte, wäre, wenn es nicht mehr das ist, was es zuvor war. Aber so etwas wie „Nichtsein" gibt es nicht. Nichtsein existiert nicht.

Heute, nach vielen Jahrhunderten der Analyse von Sprache und Logik, können wir die Fehler in Parmenides' Argumentation sehen. Zunächst einmal impliziert das Verb „sein" nicht immer auch eine Existenz. Wenn wir sagen:

„Ein Einhorn ist ein Pferd mit einem Horn auf seiner Stirn", implizieren wir mit dem Verb „ist" nicht, dass ein solches Tier wirklich existiert; wir definieren bloß, welche Bedeutung der Begriff „Einhorn" im Märchen hat.

Zweitens ging Parmenides davon aus, dass der Begriff „Sein" immer eindeutig verwendet wird, d. h., dass er immer eine Art von Sein impliziert. Aber das ist nicht unbedingt immer so. Ein Stuhl hat nicht dieselbe Art von Sein (Existenz) wie der Tischler, der ihn hergestellt hat. Das Sein des Stuhles wurde von dem Tischler hergestellt; das Sein des Tischlers wurde nicht vom Stuhl hergestellt. Ebenso würden auch Christen argumentieren, dass das Sein Gottes und das Sein des Universums nicht genau dieselbe Art von Sein sind. Das Sein des Universums ist von Gott abhängig. Es gab eine Zeit, in der es nicht existierte; es wurde aus dem Nichts heraus erschaffen und wird auch eines Tages wieder aufhören zu existieren. Es ist, wie Philosophen sagen würden, ein kontingentes Sein. Gottes Sein hingegen hängt von nichts und niemandem ab. Es ist nicht kontingent.

Aber es war keine Zeitverschwendung, dass wir uns mit Parmenides' Versuchen des philosophischen Argumentierens befasst haben, denn dies kann uns lehren, wie kritisch wir mit den Bedeutungen der Wörter und Begriffe umgehen müssen, die wir in unseren Argumentationen verwenden. Auch sollten wir nicht die Bedeutung der Themen unterschätzen, die Parmenides durch sein wegbereitendes Denken aufwarf. Sie sind noch immer relevant für die fortgeschrittene Physik und Kosmologie, wie Karl Popper in seinem Buch *Die Welt des Parmenides* aufgezeigt hat.

> ✦ Wenn wir sagen: „Ein Einhorn ist ein Pferd mit einem Horn auf seiner Stirn", implizieren wir mit dem Verb „ist" nicht, dass ein solches Tier wirklich existiert; wir definieren bloß, welche Bedeutung der Begriff „Einhorn" in Märchen hat.

Im Gegensatz zu Parmenides können **Leukipp** (Blütezeit: ca. 440–435 v. Chr.) und **Demokrit** (geb. ca. 460–457 v. Chr.), die Erfinder der Atomtheorie der Materie, statt als Monisten zu Recht als Dualisten bezeichnet werden in dem Sinne, dass sie lehrten, dass zwei Dinge ewig existieren könnten: die Leere (leerer Raum) und Atome. Außerdem meinten sie, dass die Leere wirklich existiere und ihre Existenz für die Bewegung von Atomen notwendig sei (Parmenides behauptete, so etwas wie Bewegung gebe es nicht). Zudem behaupteten sie, das Ausmaß der Leere sei unbegrenzt, ebenso die Anzahl der Atome. Beide existierten ewig. Die Atome seien unzerstörbar.

Allerdings sagten sie nicht, wie diese unbegrenzte Anzahl von Atomen ursprünglich in Bewegung gesetzt worden ist. Für sie war es selbstverständlich, dass sie sich alle willkürlich in alle Richtungen bewegten, und sie argumentierten mit den Gesetzen der Dynamik, dass die Atome notwendigerweise und unaufhaltsam in einen Wirbel gezogen würden. In diesem Prozess kollidierten die Atome mit anderen Atomen, prallten voneinander ab und kollidierten wieder mit anderen Atomen. Da diese Atome unterschiedliche Formen hätten, ergäben sich daraus unzählige Konglomerate, die eine Zeit lang zusammenblieben. So entständen Welten und Wesen jeder Art, sowohl menschliche als auch tierische. Diese Konglomerate würden durch ihre ineinandergreifenden Formen zusammengehalten, unterstützt durch die ständige äußere Bombardierung durch andere Atome um sie herum.

Doch schließlich würden sich die Atome von diesen Konglomeraten ablösen und dann auflösen. Dann würde das, was diese Konglomerate waren – ob nun Universen, einzelne Menschen oder sonst irgendetwas –, aufhören zu existieren; und die Atome, aus denen sie bestanden hatten, würden sich dann loslösen und Teil anderer Konglomerate werden.

Sie waren also Dualisten, zumindest in dem Maße, dass sie sowohl an den Raum als auch an Atome glaubten. Wie wir alle wissen, unterscheidet sich die moderne Atomtheorie jedoch von ihrer Theorie. Aber man muss sagen, dass schon ihre Version der Atomtheorie in diesen frühen Jahrhunderten eine brillante Erkenntnis war, und das umso mehr, weil sie zu dieser Erkenntnis nicht empirisch durch die Sinne und Forschung gekommen waren – auch zu ihrer Zeit konnte man die Atome, so wie sie sie sich vorstellten, nicht sehen und einzeln berühren –, sondern lediglich durch Nachdenken, durch die Vernunft.

Doch in einem anderen Sinne waren sie Monisten, denn ihre Theorie war noch immer unvermindert materialistisch: Materie war alles. Für sie gab es keinen Geist hinter der Existenz der Welt oder des Menschen, noch nicht einmal mit der begrenzten Funktion, die Anaxagoras dem Geist zuschrieb, nämlich die kosmische Bewegung in Gang zu setzen. Daher hatte die Existenz der Menschheit auch keinen besonderen Sinn. Alles, was geschah, sei eine Mischung aus Notwendigkeit und Zufall. Die geistlosen Gesetze der Physik (die Notwendigkeit) zögen die Atome unerbittlich in einen Wirbel. Welche

> ✿ Aber man muss sagen, dass schon ihre Version der Atomtheorie in diesen frühen Jahrhunderten eine brillante Erkenntnis war, und das umso mehr, weil sie zu dieser Erkenntnis nicht empirisch durch die Sinne und Forschung gekommen waren – auch zu ihrer Zeit konnte man die Atome, so wie sie sie sich vorstellten, nicht sehen und einzeln berühren –, sondern lediglich durch Nachdenken, durch die Vernunft.

Atome dann mit welchen kollidierten, sei dem Zufall überlassen. Aber Form und Größe der Atome würden zwingend die Bildung von Konglomeraten vorschreiben. (Ähnliche Argumente werden noch immer in Zusammenhang mit der Evolutionstheorie vorgebracht.)

Zudem bestehe auch die menschliche Seele aus Atomen: zwar aus feineren Atomen als andere, aber noch immer allein aus Materie, so wie alle anderen Atome auch. Beim Tod lösten sich die Atome auf: Nichts vom Menschen oder seiner Persönlichkeit bleibe übrig. Heute würde diese düstere Theorie als physikalischer Monismus bezeichnet.

Demokrits jüngerer Zeitgenosse, Platon (und bis heute auch viele andere), kritisierte Demokrits Theorie entschieden, weil sie jeden Sinn der Existenz der Menschheit leugnete. Der Altphilologe F. M. Cornford von der Universität Cambridge fasste dies gut zusammen:

> Das wesentliche Merkmal des Atomismus ist, dass er eine materialistische Doktrin ist ... in dem Sinne, dass er erklärt, dass die materielle Substanz, der greifbare Körper, nicht nur real, sondern die ganze Realität ist. Alles, was existiert oder geschieht, ist mit diesen körperlichen Faktoren zu erklären. Die Welt wird aufgelöst in ein unsichtbares Billardspiel. Der Tisch ist der leere Raum. Die Kugeln sind Atome; sie kollidieren und geben ihre Bewegung von einer an die andere weiter. Das ist alles: Nichts anderes ist real. In diesem Spiel gibt es keine Spieler. Wenn drei Kugeln nacheinander in Bewegung gesetzt werden, ist dies bloß ein Glücksfall – notwendig, nicht geplant. Das Spiel besteht komplett aus Zufallstreffern; und dahinter steht keine steuernde Intelligenz.[42]

Im Folgenden bietet uns Cornford seine Erklärung dafür an, wie es dazu kam, dass die griechische Philosophie den geistigen Aspekt des Menschen und des Universums auf dieses Weise ignorierte oder leugnete (was in der Tat auch heute noch viele Leute tun):

> Wenn die Welt einen geistigen Aspekt hat, kann der Mensch ihn nur mit seinem eigenen Geist und Verstand erklären. Als Erstes projizierte er Elemente seiner eigenen Persönlichkeit auf äußere Dinge. Dann formte die griechische Vorstellungskraft diese Elemente zu den vollständigen menschlichen Persönlichkeiten der anthropomorphischen

---

42 *Before and After Socrates*, 24–25

Götter. Früher oder später musste die griechische Intelligenz entdecken, dass solche Götter nicht existieren. So hat sich die Mythologie schließlich maßlos übernommen und die Existenz einer spirituellen Welt diskreditiert. Die Wissenschaft kam dann zu dem Schluss, dass die spirituelle Welt nicht missverstanden worden war, sondern dass es sie überhaupt nicht gab: Nichts war real, außer den greifbaren Körpern, die aus Atomen bestanden. Das Ergebnis war eine Lehre, die Philosophen als Materialismus und religiöse Leute als Atheismus bezeichnen.

Die sokratische Philosophie ist eine Reaktion auf dieses materialistische Denken der physikalischen Wissenschaft.[43]

DIE SUCHE NACH DEM SINN UND ZIEL DES MENSCHEN

Sokrates (470–399 v. Chr.)

Es wäre ein Irrtum anzunehmen, dass sich alle griechischen Philosophen vor Sokrates nur für das physikalische Universum interessiert hätten und sich gar keine Gedanken über Moralphilosophie und Theologie gemacht hätten, und es wäre gleichermaßen und noch offensichtlicher falsch anzunehmen, dass die griechischen Philosophen nach Sokrates am physikalischen Universum kein Interesse mehr gehabt und sich allein auf Moralphilosophie und Theologie konzentriert hätten. Doch mit Sokrates erhielt die griechische Philosophie einen deutlichen neuen Schwerpunkt.

Sokrates war zunächst an den neuen physikalischen Theorien interessiert, die damals aufgestellt wurden, und war begeistert, als er von Anaxagoras' Vorschlag hörte, die erste Ursache der Entstehung des Universums sei der Weltgeist. Sokrates dachte, dies würde bedeuten, dass der Geist bei der Erschaffung des Universums irgendeine rationale Absicht gehabt haben müsse und er das Universum so geschaffen habe, dass es diese Absicht bestmöglich erfülle. Doch nur zu erklären, aus was das Universum besteht und was seine Bewegung ausgelöst hatte (was Anaxagoras getan hatte), lieferte für Sokrates noch keine Begründung für die wichtigsten Dinge, die noch einer Erklärung bedurften:

---

43 *Before and After Socrates*, 27

1. Zu welchem Zweck wurde das Universum geschaffen?

2. Kann man zeigen, dass der Weltgeist das Universum so geschaffen hat, dass es diesen Zweck bestmöglich erfüllen kann?

3. Was ist der Sinn und Zweck der menschlichen Existenz?

Wir können leicht verstehen, weshalb Sokrates mit Anaxagoras unzufrieden war. Wenn Sie dazu aufgefordert würden, jemandem ein Teleskop zu erklären, der noch nie zuvor eines gesehen hat, würden Sie dann mit der Erklärung der Einzelteile beginnen? Wäre es nicht sinnvoller, zunächst aufzuzeigen, wofür es gemacht wurde? Um dann aufzuzeigen, wie kunstvoll es konstruiert war, um den Zweck zu erfüllen, zu dem es gemacht wurde? Und dann, später, zu erklären, welche Optiktheorie die Grundlage für die Herstellung der Linsen war, und erst ganz zum Schluss darauf einzugehen, woraus die Linsen und das Gehäuse gemacht wurden?

Gemäß Platon saß Sokrates im Gefängnis, als er seine Kritik an Anaxagoras äußerte.[44] Sokrates war vom Athener Gericht zum Tode verurteilt worden und wartete auf seine Hinrichtung. Einige seiner Freunde hätten gerne Bestechungsgelder bezahlt, um ihn aus dem Gefängnis zu befreien. Aber er lehnte ihr Angebot ab, und das aus zwei Gründen. Erstens hatte er andere gelehrt, dass sie als Bürger eines Staates, wenn sie die Gesetze nicht mit demokratischen Mitteln ändern konnten, sich den Gesetzen dieses Staates unterordnen und sich nicht wie Anarchisten verhalten sollten. Er selbst würde diese Gesetze nun auch nicht missachten, nur um des eigenen Vorteils willen. Zweitens glaubte er, dass Gott ihn beauftragt habe, als moralischer Mentor seiner Mitbürger zu fungieren, und er wollte seinen gottgegebenen Auftrag nicht aufgeben, nur um sein Leben zu retten. Wahrheit und Gerechtigkeit, meinte er, seien wichtiger als das physische Leben. Wenn also jemand frage: „Warum sitzt Sokrates im Gefängnis und versucht nicht, seiner Hinrichtung zu entgehen?", wäre es dumm, so Sokrates, bei der Antwort auf die physischen Tatsachen zu verweisen – seine Arme, Beine, Wirbelsäule, Gelenke und Muskeln –, um dann darauf hinzuweisen, dass all diese Dinge im Augenblick in der richtigen Position zum Sitzen seien. Deshalb gehe er nicht fort. Nein, es sei sein Geist – sein hochgradig intellektueller und moralischer Geist –, der seinen Körper kontrolliere und ihn anweise, im Gefängnis zu bleiben.

---

44 *Phaidon* 97c–99d

Und es war Sokrates' Überzeugung, dass der Geist in einem Menschen, der dazu gedacht sei, seinen Körper zu kontrollieren, dem Geist ähnlich sein müsse, der das Universum beherrsche.

- *Die eigentliche Aufgabe und die Tugend des Menschen*

Zwei Begriffe stechen aus Sokrates' Vokabular als Schlüssel zu seinen Gedanken hervor: „Aufgabe" (oder „Arbeit") und „Tugend". Beide müssen erklärt werden.

Sokrates argumentierte, dass die eigentliche Aufgabe eines Schusters, als Schuster – sein *ergon*, wie es die Griechen nannten –, die Herstellung von Schuhen sei, die eines Arztes die Heilung von Kranken, die eines Seekapitäns das Befahren der Meere. „Was", fragte er, „ist nun die richtige Aufgabe eines Menschen als Mensch?" Mit anderen Worten: Was ist der Hauptzweck, den Menschen im Leben verfolgen und erfüllen sollen? Seine Antwort lautete: „Den Teil von ihm zu perfektionieren, der ewig und somit am wichtigsten ist, nämlich seine Seele."

Einige moderne Philosophen würden seine Analogie anzweifeln. „Schuster" sei ein „funktionales" Wort so wie „Arzt", „Ingenieur" oder „Bauer". Daher sei es legitim zu fragen, was die Natur dieser Funktionen sei, die diese Wörter implizierten. Aber „Mensch" sei kein „funktionales" Wort. Es impliziere selbst keine Funktion. Und das stimmt, wenn man einfach auf Grundlage der Semantik argumentiert. Aber wenn man wie Sokrates voraussetzt, dass es einen Geist hinter dem Universum gibt, dann wäre es die Funktion des Menschen, den Zweck zu erfüllen, für den der Geist ihn geschaffen hat.

Das Alte Testament würde Sokrates hier zustimmen. Es sagt z. B., dass der Mensch nach dem Bilde Gottes geschaffen wurde, um als Gottes Haushalter und Verwalter des Ökosystems der Erde zu fungieren (1. Mose 1). Diese Funktion und Verantwortung sind den Menschen des 20. und 21. Jahrhunderts wieder neu bewusst geworden, vielleicht mehr als vorherigen Generationen; und sie sind sich bewusst, dass die richtige Erfüllung dieser Aufgabe tief gehende moralische Fragen aufwirft. Ist es moralisch richtig, zur Maximierung von Gewinnen die Fischbestände im Meer durch Überfischung zu vernichten? Ist es zu rechtfertigen, Flüsse und Ozeane mit giftigen Industrieabfällen zu verschmutzen? Ist es moralisch vertretbar, Nashörner zu jagen, bis diese fast ausgestorben sind, nur um ihre Hörner für abergläubische Kunden in reichen Ländern zu beschaffen? Ist es fair, wenn eine Industrienation die Atmosphäre verschmutzt, zur globalen Erwärmung beiträgt und die Wälder in Nachbarländern durch sauren Regen oder radioaktiven Niederschlag vernichtet?

Der zweite Schlüsselbegriff in Sokrates' Gedankengut war „Tugend" (griechisch *aretē*). Sokrates bezeichnete damit nicht so sehr moralische Tugenden, sondern vielmehr die Eigenschaft, gut in etwas zu sein. So war die *aretē* eines Bauern, gute Feldfrüchte zu ernten. Die *aretē* eines Schusters war, gut in der Herstellung von Schuhen zu sein. Um das gut zu tun, musste ein Schuster genaue Kenntnisse über Füße (ihre Form und ihre Bewegung) haben, wie auch über die Bestandteile eines Schuhes und wie man einen Schuh einem Fuß anpasst, damit dieser bequem ist und der Fuß seine Funktion richtig erfüllen kann.

> ✡ *Das Alte Testament würde Sokrates hier zustimmen. Es sagt z. B., dass der Mensch nach dem Bilde Gottes geschaffen wurde, um als Gottes Haushalter und Verwalter des Ökosystems der Erde zu fungieren (1. Mose 1).*

Die *aretē* des Menschen sei nun, gut darin zu sein, den Teil von sich richtig zu entwickeln, der den Menschen vom Tier unterscheidet, nämlich seine Seele; und zu diesem Zweck brauche er präzises und akkurates Wissen über Dinge wie Gerechtigkeit, Mut, Selbstbeherrschung, Frömmigkeit usw.

• *Sokrates' Suche nach Definitionen*

Daher versuchte Sokrates, Antworten auf Fragen zu finden wie: Was ist Gerechtigkeit? Was ist Mut? Was ist Mäßigung? Er suchte nicht einfach nur bestimmte Beispiele für diese Qualitäten, so wie „Diese oder jene Tat ist mutig" oder „Dieses Gesetz ist gerechter als das andere". Er suchte nach Definitionen. (Ein gutes Beispiel hierfür ist seine Befragung von Euthyphron in Platons gleichnamigem Dialog.)

Dies war schon ein großer Beitrag zum klaren Denken an sich – die Leute dazu zu bringen, zwischen den Eigenschaften und der Definition einer Sache zu unterscheiden. Wenn jemand z. B. gefragt wird, was Eiscreme ist, und antwortet, Eiscreme sei etwas, was kleine Jungen liebten, ist das sicherlich an sich wahr, aber es ist keine Definition von Eiscreme. Es ist nur eine der Eigenschaften von Eiscreme, eine „zufällige" Eigenschaft, wie man sagt. Es gibt noch viele andere Dinge, die kleine Jungen mögen, und die Eigenschaft, von kleinen Jungen gemocht zu werden, sagt uns nichts darüber aus, was Eiscreme an sich *ist*, noch unterscheidet sie diese von anderen Dingen, die kleine Jungen mögen.

Aber indem er auf der Suche nach Definitionen bestand, lehrte Sokrates Logik nicht um des abstrakten Denkens willen. In seiner Gesellschaft wurde das, was manche Leute als gerecht empfanden, von anderen als absolut ungerecht betrachtet; und die konventionelle Rechtsprechung war oft verzerrt. Sokrates war der Überzeugung, dass man nicht wirklich entscheiden könne, ob ein bestimmtes Gesetz oder ein bestimmtes Geschäft gerecht sei oder nicht, wenn man nicht wisse, was Gerechtigkeit überhaupt ist.

Sokrates selbst scheint die Definitionen nicht gefunden zu haben, nach denen er suchte, auch wenn er bei der Suche danach in Gesprächen mit seinen Mitbürgern die Tatsache entlarvte, dass viele der konventionellen Vorstellungen in seiner Stadt über Dinge wie Gerechtigkeit nicht rational durchdacht, sondern äußerst mangelhaft waren. Dass er die Aufmerksamkeit darauf lenkte, hatte am Ende seinen Tod durch die Hände des Staates zur Folge.

> ❀ *Sokrates entlarvte die Tatsache, dass viele der konventionellen Vorstellungen in seiner Stadt über Dinge wie Gerechtigkeit nicht rational durchdacht, sondern äußerst mangelhaft waren.*

• *Sokrates' Konzept der letzten Realität*

Stellen Sie sich also vor, wir würden Sokrates unsere zweifache Frage nach der Natur der letzten Realität und unserer Beziehung zu dieser stellen. Seine Antwort ist unter den Experten umstritten. Sokrates glaubte sicherlich, dass der Geist, nicht die Materie, die letzte Realität hinter dem Universum sei. Wenn man Platons *Apologie* und den frühen Dialogen (im Unterschied zu den späteren Dialogen, in denen Platon Sokrates seine eigenen Ideen in den Mund legte) zusammen mit Xenophons *Memorabilien* vertrauen kann, sprach der historische Sokrates unkritisch über Gott bzw. die Götter, als ob er die traditionellen Mythologien akzeptierte. Andererseits gibt es Stellen, wo er einen obersten Schöpfergott vorauszusetzen scheint. Er spricht z. B. über das höchste Wesen im Singular als „der, welcher zuerst die Menschen schuf", [45] und an anderer Stelle beschreibt er dieses Wesen im Unterschied

---

45 Xenophon, *Memorabilien*, i.4.5 (Übersetzung: Prof. Dr. Otto Güthling)

zu anderen Göttern als „diejenige Gottheit, die das ganze Weltall ... ordnet und zusammenhält"[46].

War er Pantheist? Anscheinend nicht. Er glaubte sicher daran, dass der Geist im Menschen, der seinen Körper kontrolliert, ähnlich dem Geist ist, der das Universum kontrolliert; aber er scheint dies als Analogie gemeint zu haben und wollte damit wohl nicht sagen, dass beide genau identisch sind. Zudem sind in dem bereits zitierten Abschnitt (IV.3.13) nicht nur die Götter freundlich zu den Menschen (wie auch immer Sokrates sich diese vorstellte), sondern insbesondere „diejenige Gottheit, die das ganze Weltall ... ordnet und zusammenhält", stellt uns unaufhörlich die guten und schönen Dinge des Universums zum Gebrauch zur Verfügung. Das ist eine Sprache, mit der (wie wir gesehen haben) der Pantheist Shankara niemals über Brahman hätte reden können und die Plotin niemals für „das Eine" verwendet hätte.[47]

Im Hinblick auf das Verhältnis des Menschen zu Gott bzw. den Göttern glaubte Sokrates sicherlich, dass es ein Verhältnis von moralischer Verantwortung ist; und ohne dies zu dogmatisieren, scheint er es in Betracht gezogen zu haben, dass der Mensch nach seinem Tod nach seinen Werken beurteilt wird.[48]

Wie auch immer Sokrates' genaue Antwort auf unsere zweifache Frage gewesen wäre, wenn wir sie ihm hätten stellen können – wir können nicht die noble Ernsthaftigkeit eines Mannes anzweifeln, der um des Gewissens willen bereit war, die Hinrichtung durch den Staat zu akzeptieren, und für sein Beharren auf der Suche nach Wahrheit mit dem Leben bezahlte.

Platon (ca. 428–347 v. Chr.)

Platon war nicht nur ein Philosoph und überzeugter Ethiker, sondern auch ein literarischer Künstler mit der Vorstellungskraft eines Poeten. Sein Einfluss auf das spätere Denken war enorm. Wir können hier noch nicht einmal ansatzweise auf die große Bandbreite seines philosophischen Systems eingehen. Unser besonderes Interesse gilt der Antwort auf unsere zweifache Frage: Was ist das Wesen der letzten Wirklichkeit und in welcher Beziehung stehen wir zu ihr? Um Platons Antwort zu verstehen, müssen wir uns die Lehren der früheren Philosophen in Erinnerung rufen und herausheben, wie Platon sie weiterentwickelte und modifizierte.

---

46 *Memorabilien*, IV.3.13
47 Was Plotin über „das Eine" dachte, werden wir auf den folgenden Seiten betrachten.
48 Platon, *Apologie* 40e–41a

Heraklit hatte gelehrt, dass sich alles im Universum fortwährend verändert und ständig im Fluss ist. Wenn man nun Wirklichkeit als das betrachtet, was real existiert, und dann zugeben muss, dass sich das, was real existiert, fortwährend verändert, ergibt sich daraus, dass man kein vollständiges und dauerhaftes Wissen über die Wirklichkeit haben kann, sondern nur vorläufige Eindrücke und Meinungen.

Parmenides hatte das Gegenteil gelehrt: Veränderung, Werden (d. h. beginnen zu existieren), Vergehen (d. h. aufhören zu existieren) und Bewegung jeder Art sind Illusionen, sind nicht real, sondern bloße Erscheinungen, die unsere Sinne täuschen. Nur der Verstand und die Vernunft können uns die Wahrheit sagen. Die Wirklichkeit – das, was real existiert – ist nur ein festes undifferenziertes Ganzes, das ewig existiert, sich niemals verändert, in dem es keine Bewegung gibt, kein „Werden", sondern nur „Sein".

Platons Reaktion auf diese zwei Lehransätze war, die Lehren Sokrates' weiterzuentwickeln, der darauf bestanden hatte, dass es einen Unterschied zwischen bestimmten Ausprägungen einer Eigenschaft (wie Schönheit oder Gerechtigkeit) und der grundsätzlichen Definition dieser Eigenschaft gibt. Bestimmte Einzelfälle von z. B. Schönheit können hinsichtlich ihrer Dauer und ihres Ausmaßes variieren; im Gegensatz dazu wird die Definition von Schönheit immer dieselbe sein.

> ✴ Sokrates entlarvte die Tatsache, dass viele der konventionellen Vorstellungen seiner Stadt über Dinge wie Gerechtigkeit nicht rational durchdacht, sondern äußerst mangelhaft waren.

In unserer sich verändernden Welt, so wie Heraklit sie sah, kann ein bestimmtes Beispiel von, sagen wir, Schönheit mit anderen Eigenschaften vermischt sein. Man kann Schönheit in einer großen, blonden, jungen, langhaarigen Frau sehen, oder auch in einer Frau, die klein, brünett, mittleren Alters und kurzhaarig ist. Die Definition von Schönheit muss hingegen Schönheit selbst beschreiben, unabhängig von anderen Eigenschaften.

In unserer sich verändernden und unvollkommenen Welt haben verschiedene Gegenstände verschiedene Grade von Schönheit. Aber Schönheit selbst, wenn man sie richtig definiert, darf keine Grade zulassen.

Wiederum kann Schönheit in unserer sich verändernden Welt schrittweise zunehmen und später dann verfallen und vergehen. Ein unscheinbares Kind kann sich zu einem schönen Erwachsenen entwickeln und dann im Alter unansehnlich werden. Aber Schönheit selbst, richtig definiert, muss unveränderlich und ewig sein.

Nun gibt es keine Hinweise darauf, dass Sokrates jemals über die Frage nachgedacht hat, welches Wesen Schönheit an sich, Gerechtigkeit an sich, Mut an sich und Frömmigkeit an sich haben können. Er scheint sie einfach als Definitionen angesehen zu haben. Aber Platon dachte, dass sie substanzielle Wesenheiten sind – er nannte sie „Formen"[49] oder „Ideen"[50], und er machte folgende Unterscheidungen:

1. Die Ideen (die Schönheit an sich, die Gerechtigkeit an sich etc.) existieren nicht in unserer sich verändernden Welt, sondern in einer ewigen, unveränderlichen Welt, so wie Parmenides sich unsere Welt vorstellte; und sie sind selbst ewig und unveränderlich. Sie sind „wirklich real".[51] Bestimmte Dinge oder Handlungen sind schön oder gerecht, solange sie und in dem Maße wie sie an der Idee der Schönheit oder der Idee der Gerechtigkeit „teilhaben". Als Teil dieser sich verändernden Welt haben sie eine Art von Wirklichkeit, aber sie sind nicht „wirklich real", wie es die Ideen sind.

2. Da die Ideen und die Welt, in der sie existieren, ewig und unveränderlich sind, können wir zu einem wahren Wissen über sie durch den Einsatz der Vernunft gelangen, indem wir nach entsprechender Unterweisung Erinnerungen an die Formen wecken, von denen Platon glaubte, die Seele habe diese vor der Geburt gesehen. Aber über bestimmte Dinge in dieser sich verändernden Welt können wir kein wahres Wissen haben, sondern nur eine mehr oder weniger vorläufige Meinung.

---

49 A. d. V.: In der modernen deutschsprachigen Forschungsliteratur wird, wenn von Platons Konzeption die Rede ist, überwiegend der Ausdruck „Ideen" verwendet, in der englischsprachigen ist vorwiegend „forms", aber auch „ideas" gebräuchlich. (Aus: Wikipedia „Ideenlehre", Abruf am 3.8.21.)

50 Daher der philosophische Begriff „Idealismus" im Unterschied zu „Realismus". Platons „Formen" werfen Fragen auf, die jenen ähneln, die in der modernen Philosophie durch das Problem der „Universalien" aufgeworfen werden. Wittgenstein leugnete ihre Existenz, D. H. Armstrong plädierte für Universalien, die in wissenschaftlichen Gesetzen eine Rolle spielen.

51 Manche Mathematiker, wie Penrose von der Oxford-Universität, denken noch immer, dass die großen Wahrheiten der Mathematik unabhängig von uns existieren. Wir entdeckten sie, aber erfänden sie nicht.

- *Die Frage der Bewegung*

Parmenides hatte geleugnet, dass es so etwas wie Bewegung überhaupt gibt. Platon war in dieser Sache anderer Meinung als er, und nicht nur als er, sondern auch als die professionellen Wanderredner jener Zeit, genannt Sophisten. Um den Streitpunkt zwischen Platon und den Sophisten zu verstehen, sollten wir zunächst klären, dass die Griechen unter *kinēsis,* d. h. „Bewegung", mehr als nur Fortbewegung verstanden, wie von der Sonne und den Sternen, sondern damit auch Wachstum und Entwicklung meinten wie bei der Entwicklung einer Eichel zu einer Eiche.

Die Sophisten glaubten, dass das Universum selbst und seine wichtigsten Bestandteile Produkte der Natur sind, wobei Natur selbst als eine leblose, geistlose Kraft verstanden wurde. Die Welt, der Kreislauf von Sonne, Mond und Sternen und die Jahreszeiten seien alle Ergebnisse von zufälligen Bewegungen der Materie. Menschliche Leistungen in den Bereichen Kunst, Handwerk, Technik und Recht seien sekundäre Phänomene, die nicht unbedingt mit der Natur einhergingen und dieser oftmals widersprächen. Die Götter seien bloß Produkte des menschlichen Geistes.

Platon widersprach diesen Behauptungen, indem er auf die Bewegung in der Welt und im Universum hinwies. Wie Empedokles und Anaxagoras war er der Meinung, dass es für Bewegung eine Erklärung geben muss; man kann sie nicht als selbstverständlich betrachten. Manche Dinge geben Bewegung an andere Dinge weiter, die sie selbst zuvor von einer anderen Quelle erhalten haben. Sie könnten also nicht die ursprüngliche Quelle der Bewegung sein. Diese ursprüngliche Quelle muss etwas sein, was andere Dinge bewegen kann, aber selbst seine Bewegung nicht von einer anderen Quelle erhalten hat. Diese Quelle hat den Ursprung der Bewegung in sich selbst.

Das einzige Ding, so argumentierte Platon, das die Quelle der Bewegung in sich selbst hat, ist das, was die Griechen *psychē* nannten – die Seele oder das Lebensprinzip. Daher, so argumentierte er weiter, muss die menschliche Seele mit ihren Kräften des Geistes, der Moral und der intelligenten Gestaltung Vorrang vor dem Körper haben mit seinen rein materiellen Fähigkeiten wie Stärke und Größe.

> ✦ Die Sophisten glaubten, dass das Universum selbst und seine wichtigsten Bestandteile Produkte der Natur seien, wobei Natur selbst als eine leblose, geistlose Kraft verstanden wurde.

Daraus schloss er, dass zwar böse Kräfte in der Welt am Werk sind, aber dass der „erste Beweger" und Lenker des Universums eine intelligente, moralische Weltseele sein muss, die der menschlichen Seele unendlich überlegen ist. Denn wie könnte der „erste Beweger" und Lenker des Universums weniger intelligent sein als der Mensch?

Hier stellt sich natürlich die Frage: Wie stellte sich Platon diese Weltseele vor? Um dies zu beantworten, müssen wir uns wieder seiner Ideenlehre zuwenden.

• *Die Idee des „Guten"*

Nachdem er die Existenz der Ideen postuliert hatte, erkannte Platon, dass sie alle etwas gemein hatten. Jede der unterschiedlichen Ideen – die Gerechtigkeit an sich, der Mut an sich und so weiter – konnte als gut bezeichnet werden. Daraus schloss er, dass es auch eine Idee des Guten geben muss. Wenn das stimmt, kann diese Idee des Guten nicht einfach nur eine weitere Idee neben den anderen Ideen sein. Alle diese Erscheinungen seien Beispiele des Guten; die Idee des Guten sei jedoch die Quelle ihres Gut-Seins, und daher müsse sie über ihnen stehen, so wie die anderen Ideen über den Einzelerscheinungen von Schönheit, Gerechtigkeit, Mut und so weiter ständen, denen wir in dieser Welt begegneten.

Was war aber nun dieses universelle Gute, das ihnen allen gemein war? Zunächst einmal stellen wir fest, dass der Begriff „das Gute" (griechisch *to agathon)* kein Gut-Sein im moralischen Sinne bezeichnet. Es hat eher damit zu tun, was wir meinen, wenn wir fragen: Was ist das Gute am Sport oder das Gute am Schachspielen? Was ist das Gute an der Gerechtigkeit oder an dem Versuch, mutig zu sein? Das Gute einer Sache ist das, was uns dazu bringt, sie wertzuschätzen und nach ihr zu streben.

Für Platon war nun die Erkenntnis des Guten die höchste Form der Erkenntnis. Er schreibt: „... wenn wir auch ohne sie [die Idee des Guten] alles andere noch so gut wüssten, es uns doch nicht hilft, wie auch nicht, wenn wir etwas hätten ohne das Gute. Oder meinst du, es helfe uns etwas, alle Habe zu haben, nur die gute nicht? Oder alles zu verstehen ohne das Gute, aber nichts Schönes und Gutes zu verstehen?"[52]

Das Gute ist also das Ziel, das höchste Objekt jedes Verlangens und Strebens, die

> ✿ *Das Gute einer Sache ist das, was uns dazu bringt, sie wertzuschätzen und nach ihr zu streben.*

---

52 *Der Staat* VI.505a-b (Übersetzung: Friedrich Schleiermacher)

Sache, für die ein Mensch lebt, für die er alles tun oder geben würde, um sie zu bekommen. Er bezeichnete es als das,

> was also jede Seele anstrebt und um dessentwillen es alles tut, ahnend, es gäbe so etwas, aber doch nur schwankend und nicht recht treffen könnend, was es wohl ist.[53]

Zudem sei das Gute „die Bedingung der Erkenntnis oder das, was die Welt intelligibel [d. h. verstehbar] und den menschlichen Geist vernünftig macht"[54]. Die Sonne, so Platon, sei nicht der Gesichtssinn selbst; aber ohne das Licht, das sie gibt, würde das menschliche Auge gar nichts sehen können. So ist es das Licht des Guten, in dem der menschliche Verstand die intelligible Welt verstehen kann.[55] Und so wie die Sonne auch sichtbar sei, sei das Gute erkennbar.[56]

Drittens ist das Gute nach Platon die schöpferische und erhaltende Ursache der Welt.

> Ebenso nun sage auch, dass dem Erkennbaren nicht nur das Erkanntwerden von dem Guten komme, sondern auch das Sein und Wesen habe es von ihm, da doch das Gute selbst nicht das Sein ist, sondern noch über das Sein an Würde und Kraft hinausragt.[57]

Und schließlich ist das Gute zwar die Ursache von Erkenntnis und Wahrheit und kann selbst erkannt werden, doch ist es noch etwas anderes als Erkenntnis und Wahrheit, etwas „noch Schöneres als beide"[58].

Was ist nun für Platon die Idee des Guten? Er sagt, sie sei jenseits des Seins; also denkt er offenbar nicht wie die frühen ionischen Philosophen, dass sie irgendein Urstoff des Universums sei. Aber mit „jenseits des Seins" meint er vielleicht auch, dass man zwar zu Recht danach fragen kann, was das Gute an z. B. der Gerechtigkeit und Schönheit ist, aber dass wir nicht vernünftigerweise danach fragen können, was das Gute am Guten ist. Während das Gute der Grund ist, aus dem alles andere existiert, braucht das Gute selbst keinen Grund für seine Existenz. Selbst unverursacht, wie Aristoteles

---

53 *Der Staat* vi.505e
54 Nettleship, Republic of Plato, 218
55 *Der Staat* vi.507c–509a
56 *Der Staat* vi.508b
57 *Der Staat* vi.509b
58 *Der Staat* vi.508e–509a

sagen wird, ist es die letztendliche Ursache von allem anderen. Es ist die letzte Wirklichkeit.

Nun mag der Gedankenprozess, durch den Platon zu diesen Schlüssen kam, für uns moderne Menschen recht umständlich erscheinen. Aber die Frage, die er aufwirft, ist auch für uns noch immer von höchster praktischer Bedeutung. Wenn es ein höchstes Gutes gibt, dem wir im Leben dienen sollen, muss dieses höchste Gute überhaupt erst die Ursache unserer Existenz gewesen sein. Was ist dann das Gute? Alle großen Philosophieschulen Griechenlands – Platoniker, Aristoteliker, Stoiker, Epikureer – stellten diese Frage und beantworteten sie unterschiedlich. Wir tun gut daran, uns selbst dieselben Fragen zu stellen.

Wie lautete nun Platons Antwort?

* *Platons Identifizierung des „Guten"*

Platon hat nun im Detail beschrieben, wie für ihn die letzte Realität aussah. Wir stellen fest, dass er, indem er sie „das Gute" nannte, den moralischen Aspekt des absolut Guten mit dem metaphysischen Konzept des Ursprungs jeder Realität verknüpft hat. Aber was die Identifizierung des „Guten" betrifft, muss man sagen, dass Platon uns hier enttäuscht. W. K. C. Guthrie schreibt dazu:

> Manche haben gedacht, dass selbst in *Der Staat* das Gute Platons Gott ist, aber was seine Worte betrifft, gibt es keinen Hinweis darauf, dass es sich um etwas Persönliches handelt oder irgendetwas anderes ist als nur das finale *Objekt* des Denkens. Ist es anachronistisch zu vermuten, dass es wie in der Philosophie von Platons größtem Schüler [d. h. Aristoteles] ist: „Der Geist und sein Objekt sind dasselbe"? Ich weiß es nicht, noch glaube ich, dass es sonst jemand weiß. Aber dass es gottähnlich oder göttlich ist, ist gewiss, wie auch die Ideen, von denen es die höchste ist, denn indem er seinen Geist ihnen zuwendet, wird „der Philosoph also, der mit dem Göttlichen und Geregelten umgeht, [...]auch geregelt und göttlich, soweit es nur dem Menschen möglich ist"[59].[60]

---

59 *Der Staat* VI.500d
60 *History of Greek Philosophy*, 4:512

Doch wenn Platon in *Timaios* über den Schöpfer spricht, meint er damit den Schöpfer, wie er in den älteren Mythologien dargestellt wurde: als eine Art Meisterhandwerker, der nicht der allmächtige Verursacher des materiellen Universums ist, sondern nur einem bereits existierenden Chaos Ordnung verleiht und daraus das Beste herstellt, was er gemäß einer bereits existierenden Vorlage tun kann.[61]

Aristoteles (384–322 v. Chr.)

Aristoteles war zweifellos Platons fähigster Schüler, und als junger Mann schien er alle Lehren Platons zu akzeptieren. Aber seine Gesinnung unterschied sich deutlich von der Platons. Er war viel mehr Wissenschaftler, als Platon es je war, und schließlich wandte er sich von vielen der Theorien Platons ab.

Der Ausgangspunkt in seiner Philosophie war nicht die Betrachtung der idealisierten Ideen in irgendeinem anderen Reich, sondern das Studium von tatsächlichen Dingen in dieser Welt, die wir mit den Sinnen wahrnehmen. Seine bahnbrechende Arbeit im Bereich Biologie basierte auf der systematischen Sammlung und Untersuchung von Präparaten mit der Absicht, ihre Funktion und die Wechselwirkung ihrer Bestandteile zu verstehen. Seine Erkenntnisse in der Biologie bleiben vielleicht der bedeutendste Teil seines Werks.

Wenn er z. B. Hunde untersuchen wollte, um eine Definition dafür zu finden, was Hunde sind, würde er zunächst eine Reihe von realen Hunden nehmen, um zu prüfen, welche wesentlichen Merkmale sie gemein haben – im Unterschied zu zufälligen Merkmalen wie z. B., dass einer der Hunde vielleicht nur drei Beine hat, weil er eins in einem Hundekampf verloren hat. Dann würde er eine Definition der Gattung – Hund – formulieren, anhand derer man dann entscheiden kann, ob ein bestimmtes Tier, das man später entdeckt, ein Hund oder ein Leopard ist.

Aber in Aristoteles' Denken bedeutete dies nicht, dass die Form des Hundes – des Hundes an sich, wie Platon vielleicht gesagt hätte – in einer eigenen intelligiblen Welt existierte: Die Idee des Hundes existierte in jedem realen Hund hier auf der Erde. Die Idee kann man zwar logisch von der Materie unterscheiden, aus der der Hund besteht, aber praktisch ist sie mit der Materie untrennbar verbunden – so wie die Form eines Webschiffchens untrennbar mit dem Holz verbunden ist, aus dem es besteht.

---

61 *Timaios* 29e–34

- *Die vier Ursachen des Aristoteles*

Aristoteles analysierte von Menschen gemachte Dinge unter vier Gesichtspunkten: ihre Materialursache, ihre Wirkursache, ihre Formursache und ihre Zweckursache. Nehmen wir als Beispiel das Webschiffchen für einen Webstuhl.

1. Seine Materialursache war das Material, aus dem es gemacht wurde.

2. Seine Wirkursache war der Tischler, der es hergestellt hatte.

3. Seine Formursache waren die Form und die Funktion, die er im Kopf hatte, als er es herstellte.

4. Seine Zweckursache war der Zweck, dem es dienen sollte, nämlich die Herstellung von Stoffen.

Um also zu erklären, was ein Schiffchen ist, wäre es völlig unzureichend, nur zu analysieren, *woraus* es besteht; man müsste den Zweck entdecken und beschreiben, *für* den es gemacht wurde. Sein letzter Zweck, auch wenn er erst am Ende des Prozesses erreicht wird, war für die Form verantwortlich, die ihm gegeben wurde, und sogar dafür, dass es überhaupt hergestellt wurde. Der Endzweck bestimmt den Anfang. Diese Sicht bezeichnen wir als teleologische Sicht von Dingen.

Aristoteles wandte diese Analyse auch bei lebenden Dingen an, einschließlich des Menschen, auch wenn in diesem Falle die Begriffe modifiziert werden mussten. Aristoteles glaubte nicht an einen Schöpfer, zumindest nicht im jüdisch-christlichen Sinne des Begriffs. Für Aristoteles waren sowohl die Formen aller lebenden Dinge als auch die Materie, aus der sie bestanden, ewig. Daher wäre es besser, von der „Bewegungsursache" anstelle von der „Wirkursache" zu sprechen, aus Gründen, die wir gleich sehen werden.

Zusätzlich zu den vier Ursachen benutzte er häufig die Konzepte „möglich" und „tatsächlich".

Nehmen wir eine Eichel. Ihre Zweckursache ist die ausgewachsene Eiche, zu der sie sich entwickeln wird. Die Eichel ist tatsächlich noch keine wirkliche Eiche, aber sie ist eine potenzielle, eine mögliche Eiche. Zudem trägt sie bereits die „Form" einer Eiche in sich, die ihre Entwicklung steuern wird, sodass sie sich schließlich zu einer Eiche entwickeln wird und nicht z. B. zu einer Silberbirke oder Palme. Und die Bewegungsursache ist das Leben, das in ihr ist und sie hin zu der ausgewachsenen Eiche treibt, nach der sie, ohne sich dessen bewusst zu sein, strebt.

Aristoteles stellte fest, dass bei Lebewesen die Form von einem ausgewachsenen und reifen Exemplar seiner Art im Samen bereits enthalten ist.

> ✸ Man kann gar nicht anders, als festzustellen, wie nah Aristoteles der modernen Theorie kam, nach der die Information, die für die Entwicklung eines Embryos von der Geburt bis ins Erwachsenenalter und darüber hinaus notwendig ist, bereits in der Chemie der Gene enthalten ist, und während die ursprünglichen chemischen Stoffe vergehen, bleibt die Information fortwährend erhalten und wird an nachfolgende Generationen weitergegeben.

Man braucht eine Eiche, damit eine Eichel entsteht und der Eichel die „Form" verleiht, die schließlich die Eichel zu einer Eiche entwickeln wird. Das Huhn muss das Ei liefern, in dem die Form des Huhnes enthalten ist; erwachsene Menschen müssen den menschlichen Embryo mit der ihm eigenen menschlichen Form zeugen. Der menschliche Embryo ist daher bereits ein potenzieller Mensch, da er in sich bereits die „Form" eines Menschen trägt, und diese „Form" wird den Embryo schließlich zu einem wirklichen, reifen Menschen heranreifen lassen. Außerdem wird die „Form" über viele nachfolgende Generationen hinweg weitergegeben und so weiterbestehen. Man kann gar nicht anders, als festzustellen, wie nah Aristoteles der modernen Theorie kam, nach der die Information, die für die Entwicklung eines Embryos von der Geburt bis ins Erwachsenenalter und darüber hinaus notwendig ist, bereits in der Chemie der Gene enthalten ist, und während die ursprünglichen chemischen Stoffe vergehen, bleibt die Information fortwährend erhalten und wird an nachfolgende Generationen weitergegeben.

- ## Aristoteles' Idee von Gott

Wie viele andere heidnische Philosophen lehnte Aristoteles die Idee eines Schöpfers ab, der das Universum aus dem Nichts heraus geschaffen hat. Er glaubte, dass die Materie und die natürlichen Formen aller Dinge ewig seien. Einen Anfang habe es nie gegeben, auch ein Ende werde es nie geben. Geburt – Leben – Tod – und das Aufeinanderfolgen von Generationen sei ein endloser Kreislauf. In Anbetracht der Unendlichkeit der Materie und der unendlichen Aktivität der natürlichen Formen könnte man meinen, dass Aristoteles keine Notwendigkeit irgendeines Gottes in seinem System gesehen hat. Aber das hat er; und es wird interessant sein zu sehen, warum und als was für ein Wesen er sich Gott vorstellte.

• *Aristoteles' Theorie der Bewegung*

Wie Platon und Anaxagoras vor ihm glaubte auch Aristoteles, dass das Phänomen der Bewegung im Universum eine Erklärung erfordere und nicht als selbstverständlich gesehen werden dürfe. Da er das Universum für ewig hielt, ohne Anfang und Ende, vermutete er, dass die Bewegung im Universum ebenfalls ohne Anfang und Ende ist. Seiner Ansicht nach war die optimale Form die kreisförmige Bewegung, da auch sie weder Anfang noch Ende hat und sich selbst ewig erhalten kann.

Doch eine Frage blieb: Was war das Kraftwerk innerhalb dieses Systems, das die Bewegung erzeugte und aufrechterhielt?

Zudem betrachtete er den Kreislauf von Geburt, Wachstum und Tod in dieser irdischen Welt als eine Form von Bewegung. Die Form der Eiche in der Eichel verleihe der Eichel das unbewusste „Streben", sich zu einer Eiche zu entwickeln, und die menschliche Form in einem Embryo erzeuge in ihm das Streben, sich zu seinem reifen Erwachsenen zu entwickeln. Aber was genau ließ dies funktionieren und hielt den Prozess am Laufen?

Aristoteles musste also die Quelle der Bewegung im Universum ermitteln und diese beschreiben. Er meinte, dass die Quelle der Bewegung per Definition – die Idee einer Quelle – etwas sein müsse, was seine eigene Bewegung nichts anderem verdanke, gleichzeitig aber alles andere bewege; daher der von ihm verwendete Begriff des „unbewegten Bewegers". Die nächste Frage lautete: Wie und mit welcher Art von Mechanismus übte dieser unbewegte Beweger seine Macht über alle anderen Dinge aus?

An diesem Punkt seiner Theorie führte Aristoteles die Idee des Geistes (griechisch *nous*) ein. Beim Menschen, so dachte er, sei der Geist ein Teil der menschlichen Seele. Er war jedoch der Meinung, dass der Geist ein so überlegener Teil der Seele sei, dass er (im griechischen Sinne) göttlich ist, der Natur Gottes ähnlich, und möglicherweise den Tod des Körpers und des Restes der Seele überleben könnte.

Er kam zu dem Schluss, dass der unbewegte Beweger, wenn er, wie es sein muss, die äußerste Vollkommenheit und das Höchste im Universum ist, der vollkommene Geist sein muss. Doch um vollkommen zu sein, konnte er sich nicht in einem potenziellen Zustand befinden, sondern musste reine Wirklichkeit sein, kein potenzielles Sein, sondern tatsächliches Sein.

Und um vollkommen zu sein, musste dieser göttliche Geist mit der höchsten Art von geistiger Aktivität beschäftigt sein; und Aristoteles hatte keinen Zweifel darüber, welcher Art dieses Denken war. So ist z. B. das Denken eines Hausbauers kein Selbstzweck: Sein Ziel ist, Häuser zu bauen. Das Denken eines Politikers ist kein Selbstzweck. Es stellt zwar nichts her; aber sein Ziel ist die Ordnung und Regierung der Gesellschaft. Aber wahres philosophisches Denken ist ein Selbstzweck. Es zielt nicht darauf ab, etwas herzustellen oder zu verwalten. Es beschäftigt sich mit Denken um des Denkens willen. Für Aristoteles war dies die höchste Art der Glückseligkeit (siehe die letzten Kapitel seiner *Nikomachischen Ethik).* Es war die Art des Denkens, die Aristoteles selbst die größte Freude bereitete.

Aristoteles kam daher zu dem Schluss, dass der göttliche Geist, der unbewegte Beweger, auf ewig mit der höchsten Art des Denkens beschäftigt sei. Aber worüber dachte er nach?

Er (oder es) konnte nicht mit der Erschaffung von Dingen beschäftigt sein, denn dies erfordere eine niedere Art des Denkens und würde bedeuten, mit bloßem Potenzial zu beginnen und zur Wirklichkeit fortzuschreiten. Auch konnte er sich nicht mit den Dingen in dieser Welt, noch nicht einmal mit den Menschen, befassen oder sich um sie sorgen, denn diese befänden sich alle in einem Prozess, in dem sie sich vom Potenzial hin zur Wirklichkeit bewegten, durch Geburt, Reife bis hin zu Alter und Tod. Der unbewegte Beweger, schloss Aristoteles, war das reine Denken, das über sich selbst und über das Denken an sich nachdenkt, „denn", sagte Aristoteles, „die Tätigkeit des Geistes ist das Leben".

Wenn nun der göttliche unbewegte Beweger nicht am Universum der Menschen und an Dingen interessiert ist, wie bewegt er dann irgendetwas? Aristoteles' Antwort lautet, dass die bloße Aktivität seines reinen Denkens eine starke Anziehungskraft ausübt, die die Bewegung im Rest des Universums auslöst und aufrechterhält. Es ist, wie manche sagen, wie bei einer schönen Frau, deren Schönheit viele Bewunderer anzieht, während sie selbst an keinem von ihnen interessiert ist.

- *Überlegungen zu Aristoteles' Gottesbegriff*

F. M. Cornford
Ich habe es immer als unglücklich empfunden, dass das Wort „Gott"
(das schließlich ein religiöses Wort ist) von Philosophen als Name für
einen Faktor in ihren Systemen verwendet wird, den niemand jemals
als Gegenstand der Anbetung, geschweige denn der Liebe betrachten
könnte. Im Mittelalter wurde die Spitzfindigkeit des scholastischen
Rationalismus aufs Äußerste strapaziert, als man versuchte, den Gott
Aristoteles' mit dem Gott zu vereinbaren, der in den Evangelien
verkündet wird. ... Die einfache Wahrheit ist, dass das Wesen, das
als Gegenstand allen Strebens und Ziel der Welt beschrieben wird,
aufgehört hat, ein Gegenstand zu sein, der irgendetwas hervorrufen
könnte, was man als Begehren bezeichnen könnte. Wenn der Gott,
den wir fühlend ahnen, zu einer logischen Abstraktion rationalisiert
wird, schwindet das Gefühl selbst und verblasst.[62]

Marjorie Grene
Aristoteles' Gott ist durch und durch bestimmtes Sein, reines Denken und purer Gegenstand des Denkens, scharf abgegrenzt von allen
anderen Wesen, ein Bezugspunkt für unsere Erkenntnis von allen
Wesen, aber nicht, ganz sicher nicht, die Quelle ihrer Existenz als
ihr Vater oder Schöpfer. Aristoteles' Gott kann die Welt nicht lieben;
er kann nicht mehr sein als das selbstgenügsame Objekt ihrer Liebe,
das in sich ruhende Wesen, das andere Wesen nachahmen. Wie kann
man von solch einem Wesen sagen, dass es lebt? Ich weiß es nicht.[63]

W. K. C. Guthrie
Es zeigt sich, dass Gott selbst ... der einzig mögliche Gegenstand seines eigenen ewigen Denkens ist. Er kann unmöglich die in unserer
Welt existierenden Lebewesen in sein Denken einschließen ... Die
Möglichkeit, dass es eine göttliche Vorsehung gibt, ist demnach aus-
zuschließen. Gott kann sich nicht um die Welt kümmern: Er weiß
nicht einmal, dass es sie gibt. ... Gott wendet sich der Welt nicht zu,
aber die Welt kann nicht umhin, sich ihm zuzuwenden. ... „Er erzeugt
Bewegung wie der Gegenstand des Begehrens." ... Aus der Tatsache,

---

62   *Before and After Socrates*, 102–105
63   *A Portrait of Aristoteles*, 246–247

dass die Welt niemals erschaffen wurde, sondern so alt ist wie die Zeit selbst, folgt, dass es auch keinen Schöpfungsakt gegeben hat. Es gibt also nichts, was Gott veranlassen könnte, sich auch nur vorübergehend an der Welt interessiert zu zeigen.[64]

Nach diesen Aussagen erübrigt es sich, auf den Unterschied zwischen dem Gott des Aristoteles und dem Gott hinweisen, den Jesus Christus uns gezeigt hat – ein Gott, der den Fall eines Spatzen bemerkt (Mt 10,29), der die Haare auf unserem Kopf gezählt hat (Mt 10,30) und der so sehr „die Welt geliebt [hat], dass er seinen einzigen Sohn gab, damit jeder, der an ihn glaubt, nicht verloren geht, sondern ewiges Leben hat" (Joh 3,16).

NEUPLATONISCHE MYSTIK

Wir verlassen nun Sokrates, Platon und Aristoteles und reisen durch die Jahrhunderte zu Plotin (204/5–270 n. Chr.), dem Begründer des sogenannten Neuplatonismus. Auf dem Weg dorthin können wir es uns im Hinblick auf unsere Absichten leisten, die Stoiker und die Epikureer beiseitezulassen. Diese beiden Philosophiesysteme waren Varianten des monistischen Materialismus. Die Stoiker glaubten zwar, dass die Vernunft hinter dem Universum steht, aber diese Vernunft war Teil des Stoffes, aus dem das Universum besteht (wenn auch eine sehr verfeinerte Form von Stoff, wie Feuer), und sie war allem innewohnend. Die Stoiker waren Panentheisten. Die Epikureer ihrerseits übernahmen den Atomismus von Leukipp und Demokrit (siehe oben); sie waren praktisch Atheisten.

Nun kommen wir zu Plotin. Er war der letzte der großen griechischen Philosophen, und bei ihm finden wir etwas, dem wir in unserer Betrachtung der griechischen Philosophie bisher noch nicht begegnet sind, nämlich einen starken Intellektualismus, der dem der früheren griechischen Philosophen glich bzw. diesen noch übertraf, jedoch gekoppelt mit einer Art religiöser Mystik.[65] Seine Schriften sind bekannt als *Enneaden*.[66]

---

64 *Die griechischen Philosophen von Thales bis Aristoteles*, 107–108
65 Natürlich gab es auch in früheren philosophischen Schriften schon Elemente von Mystik.
66 Seit Kurzem gibt es ein steigendes Interesse an einem professionellen Studium von Plotin, mit dem Effekt, dass ältere Interpretationen nun infrage gestellt werden. Siehe z. B. O'Meara, *Plotinus*; Gerson, *Plotinus*.

Plotin über die Wirklichkeit

Wenn wir unsere zweifache Frage, was das Wesen der letzten Wirklichkeit ist und in welcher Beziehung wir zu ihr stehen, an Plotin stellen, wird er antworten, dass es vier Realitätsebenen gibt:

1. **Die letzte, höchste Wirklichkeit,** die er „das Eine" und auch „das Gute" nennt. Unter dem Einen ist:

2. **Der Geist,** der am Anfang aus dem Einen hervorgegangen ist und daher in einem gewissen Sinne weniger real als das Eine ist, aber dennoch Teil der Realität. Unter dem Geist ist:

3. **Die Weltseele;** sie wiederum ist weniger real als der Geist, aber noch immer Teil der Realität.

Unter diesen dreien kommt:

4. **Die Materie.** Aber diese ist so weit von dem Einen, dem vollkommenen Sein entfernt, dass sie fast schon Nichtsein ist und an formloses Chaos grenzt, und sie ist böse.

- *Plotins Argument für die Existenz der vier Realitätsebenen*

Rufen wir uns zunächst Aristoteles ins Gedächtnis. Er wies darauf hin, dass die „Form" eines Stuhles wichtiger ist als das Material, aus dem er gemacht wurde. Es sei die Form – Stuhl –, die der Grund für die Gestalt sei, die dem Material gegeben werde.

Plotin behauptet, dass es die Seele ist, die die Materie unseres Körpers (und die aller möglichen Körper) formt, organisiert, leitet und kontrolliert. Die Seele ist nicht in der Materie: Die Materie wird von der Seele in Besitz genommen. Die Materie ist also abhängig von der Art des Seins, die in der Hierarchie über ihr steht, nämlich der Seele.

Aber woher erhält die Seele die notwendige Kompetenz, um zu wissen, wie man die Materie richtig formt und lenkt? Die Antwort lautet: Von der nächsthöheren Stufe, dem Geist; denn der Geist enthält alle platonischen Formen, nach deren Muster die Seele die Materie erschafft und lenkt.

Aber da der Geist alle Formen beinhaltet und diese im Zentrum seines Denkens stehen, ist der Geist nicht wirklich eine Einheit: Er besteht aus mehreren Komponenten – einem Subjekt (dem Denkenden) und einem Objekt (den Formen).

Nun war es für das griechische Denken eine Selbstverständlichkeit, dass alles, was aus mehreren Komponenten besteht, von etwas abhängig sein muss, das selbst einfach ist, also nicht aus mehreren Komponenten besteht. Daher, so Plotin, muss über dem Weltgeist noch eine Wesenheit existieren, die absolute, reine Einheit ist, die nicht zusammengesetzt und völlig undifferenzierbar ist: „das Eine", von dem man noch nicht einmal sagen kann, dass es über sich selbst nachdenken kann, denn dann würde ja eine Dualität aus Denkendem und Objekt entstehen.

Fragt man, wie Plotin nun dazu kam, an diese hierarchische Ordnung der Realität zu glauben, lautet die Antwort: einfach durch den Gebrauch seiner Vernunft. Sein Gottesbegriff unterschied sich jedoch von dem des Aristoteles, für den der Geist (griechisch *nous)* die letzte Realität war, reines Denken, das über sich selbst nachdachte.

Wie war nun das Eine nach Plotin beschaffen?

• *Die Natur des Einen*

Nach Plotin ist der einzige Weg, etwas über die Natur des Einen zu erfahren, die Auswirkungen zu betrachten, die es auf den Rest des Universums hat. Wie es für sich selbst genommen ist, darüber könnten wir nichts sagen. Es ist völlig unbeschreiblich. Wenn wir z. B. vereinfachend sagten, das Eine sei gut, sagen wir damit nur, dass „das Eine" nach unserer Erfahrung *für uns* gut ist; wir sagten damit nichts über „das Eine" selbst aus.

Aber dennoch identifizierte Plotin „das Eine" mit der platonischen Idee des Guten (siehe unseren Abschnitt über Platon), was Professor Anthony Kenny zu dem Kommentar veranlasst: „Auf mysteriöse Weise ist das Eine identisch mit der platonischen Idee des Guten. Als das Eine ist es die Grundlage allen Seins; als das Gute ist es der Maßstab aller Werte; aber selbst jedoch ist es jenseits von Sein und Gutheit."[67]

Hier ein Beispiel von Plotins eigener Beschreibung der Natur des „Einen":

Wie reden wir nun von demselben? Nun, wir reden wohl *von* demselben, aber es selbst sagen wir nicht aus, auch haben wir kein Erkennen und kein Denken desselben. ... so haben wir es, dass wir von ihm

---

67   *A Brief History of Western Philosophy,* 97

reden, es selbst aber nicht aussagen. Denn wir sagen, was es *nicht* ist; *was* es ist, sagen wir nicht, also reden wir von ihm hinterdrein aus seinen Wirkungen.[68]

Christen werden im Hinblick auf diese Schwierigkeit ein gewisses Mitgefühl für Plotin empfinden. Er geht die Frage nach der letzten Wirklichkeit, d. h. Gott, ganz allein mithilfe der reinen Vernunft an. Er kann damit bestimmte Dinge über das Eine „aus seinen Wirkungen" ableiten, d. h., indem er die Auswirkungen von Gottes Macht beobachtet, die in der Schöpfung zu sehen sind. Das Neue Testament sagt das auch: „Denn sein unsichtbares Wesen, sowohl seine ewige Kraft als auch seine Göttlichkeit, wird seit Erschaffung der Welt in dem Gemachten wahrgenommen" (Röm 1,20). Aber wenn es darum geht zu sagen, wie Gott selbst ist, kann Plotin dies nur auf Grundlage seiner Vernunft tun; er kann sich dabei nicht auf eine Offenbarung beziehen und muss auf etwas zurückzugreifen, was man heute als „negative Theologie" bezeichnet, d. h., man sagt nicht, was Gott ist, sondern was er nicht ist: Er ist nicht dieses, er ist nicht das.

In diesem Punkt stimmt Plotin mit Vertretern von Shankaras nicht dualistischer Hindu-Philosophie überein, der, als er nach einer präzisen Definition von Brahman gefragt wurde, antwortete: „Neti, neti" (das heißt: [Er ist] nicht dieses, nicht das).

Es soll also nicht verächtlich klingen, sondern ist nur eine Wiedergabe reiner Tatsachen, wenn der Apostel Paulus bemerkt: „Die Welt [erkannte] durch die Weisheit [d. h. Philosophie] Gott nicht ..." (1Kor 1,21). Der lebendige Gott ist weder das Endprodukt einer syllogistischen Argumentationskette noch die Lösung einer mathematischen Gleichung. Gott ist eine Person. Wenn wir wissen wollen, wie er als Person ist, können wir dies nur durch seine Selbstoffenbarung herausfinden.

> ✻ *Er geht die Frage nach der letzten Realität, d. h. Gott, ganz allein mithilfe der reinen Vernunft an. Er kann damit bestimmte Dinge über das Eine „aus seinen Wirkungen" ableiten, d. h., indem er die Auswirkungen von Gottes Macht beobachtet, die in der Schöpfung zu sehen sind.*

Christus sagt: „Niemand erkennt den Sohn als nur der Vater, noch erkennt jemand den Vater als nur der Sohn, und der, dem der Sohn ihn offenbaren will" (Mt 11,27). „Niemand hat Gott jemals gesehen", schreibt Johannes,

---

68 *Enneaden*, v.3.14.1–8 (Übersetzung: Hermann Friedrich Müller)

„der einziggeborene Sohn, der in des Vaters Schoß ist, der hat ihn bekannt gemacht" (Joh 1,18).

Aber Plotin hatte entschieden, dass das Eine eine absolute, nicht dualistische Einheit sein muss. Daher konnte nichts darüber ausgesagt werden. Man konnte nicht nur nicht sagen, was es über die Welt oder die Menschen denkt, denn dies würde eine Dualität (Subjekt und Objekt) in seinem Denken implizieren, sondern noch nicht einmal, was es über sich selbst denkt, denn auch dies würde eine Dualität implizieren: das Denkende und das, worüber er nachdenkt. Plotin kann daher lediglich sagen, was das Eine nicht ist.

Plotin versuchte tatsächlich, die Vernunft dazu zu zwingen, etwas zu tun, wofür die Vernunft niemals gedacht war. C. S. Lewis hat es so formuliert:

Wenn sich herausstellt, dass man aufgrund vernünftiger Überlegungen nicht herausfinden kann, ob die Katze im Wäscheschrank sitzt, flüstert einem die Vernunft selbst ins Ohr: „Geh und schau nach! Das ist nicht meine Aufgabe: Das ist eine Aufgabe für die Sinne." So auch in diesem Fall. Das stoffliche Material zur Korrektur unserer abstrakten Gottesvorstellung kann nicht von der Vernunft geliefert werden: Sie wird die erste sein, die uns rät, hinzugehen und es mit der Erfahrung zu versuchen („Schmeckt und seht, dass der HERR gütig ist!", Ps 34,9).[69]

• *Die Beziehung des Einen zum Universum*

Nach Plotin ist das Eine der Ursprung aller Dinge, aber wie das sein kann und welche Art von Beziehung dadurch zwischen ihm selbst und dem Rest entsteht, bedarf einer Erklärung.

Kurz gesagt ist Plotins System so, dass das Eine, das der Ursprung der Existenz alles anderen ist, die direkte Quelle des Geistes auf der zweiten Stufe der Hierarchie der Existenz ist. Der Geist, der eine Stufe unter dem Einen steht, ist nicht wie das Eine eine absolute Einheit, sondern eine Dualität. Er umfasst die Formen, die zu den Mustern werden, nach denen alle anderen Dinge gebildet werden, und denkt ständig darüber nach. Dennoch bringt der Geist die anderen Dinge nicht direkt hervor. Durch die Kraft der Kontemplation des Geistes, der über das Eine und die Formen nachdenkt, entsteht die Weltseele, und diese wiederum erschafft und ordnet alles andere.

---

69   *Wunder*, 108

Was Plotin mit dieser ausgefeilten, aber hyperkünstlichen Theorie bewahren möchte, ist die absolute Nichtdualität des Einen. Seine Theorie erlaubt es dem Einen nicht einmal, über Dinge überhaupt nachzudenken, die in der Hierarchie unter ihm stehen; denn allein schon das Denken würde eine Dualität in dem Einen implizieren, wie wir gesehen haben.

Wie also und mit welchem Prozess, lässt das Eine den Geist entstehen – und durch den Geist alles andere? Plotin bekennt, dass er hier ein Problem hat,[70] und benutzt die beste Metapher, die ihm einfällt, um diesen Prozess zu beschreiben:

> ... als einen ringsum aus ihm hervorbrechenden Glanz, aus ihm dem Bleibenden, wie das glänzende, um sie herumlaufende Licht der Sonne, das aus ihr der bleibenden stets erzeugt wird.[71]

Mit anderen Worten: Es handelt sich nicht um einen Schöpfungsprozess im biblischen Sinne, sondern – um eine andere von Plotins eigenen Metaphern zu verwenden – um ein Überfließen (bzw. eine Emanation) von Energie aus dem Einen, wodurch das Eine nicht vermindert wird.[72]

Es wäre unfair, wenn wir Plotins Metapher überinterpretieren würden. Er behauptet, dass das Eine diesen Ausfluss von kreativer Energie nicht bedauert. Andererseits scheint dieser Prozess genauso automatisch abzulaufen wie die Strahlung der Sonne. Zudem sagt Plotin explizit, dass das Eine kein Interesse an seinen „Erzeugnissen" habe:

> ... sodass jener auch Herr dieser ist, er, der selbst des aus ihm Gewordenen nicht bedarf, sondern er lässt das Gewordene ganz und gar fahren, weil er nichts von ihm nötig hat, vielmehr derselbe ist, der er war, bevor er dies erzeugte. Es hätte ihm auch nichts daran gelegen, wenn jenes nicht geworden wäre.[73]

Oder an anderer Stelle:

---

70 *Enneaden*, v.1.6
71 *Enneaden*, v.1.6
72 Plotin stellte sich vor, dass die Sonne sich durch ihre große Abgabe von Energie nicht vermindert. Heute wissen wir, dass das nicht stimmt.
73 *Enneaden*, v.5.12.40–49

... jenes strebt nicht nach uns, sodass es um uns wäre, sondern wir nach jenem. [74]

Auch hier sieht man einen deutlichen Unterschied zu dem Gott, den Christus offenbart hat, der Mensch wurde, um „zu suchen und zu retten, was verloren ist" (Lk 19,10), und von dem gesagt wird: „Hierin ist die Liebe: Nicht dass wir Gott geliebt haben, sondern dass er uns geliebt und seinen Sohn gesandt hat als eine Sühnung für unsere Sünden" (1Jo 4,10). R. T. Wallis' Kommentar zu Plotins Beschreibung der Motive des Einen ist treffend: „... noch nicht einmal hier wird von dem Einen gesagt, dass es irgendetwas anderes als sich selbst liebt."[75]

Plotins Mystik

Es wäre falsch zu behaupten, dass Plotins Mystik einen Großteil seines Philosophiesystems ausmachte, auch führt er sie irgendwo als logischen Beweis für die Wahrheit seines Systems an. Andererseits scheint er es als höchste Entfaltung und Bestätigung all seines intellektuellen Strebens zu betrachten, entdeckt zu haben, wie das Eine wirklich ist. Er behauptet, in dieser mystischen Erfahrung eine direkte Vision des Einen erlangt zu haben.

Dies weckt natürlich unsere Neugier, denn bis jetzt hat er uns versichert, dass das Eine unerkennbar sei und man nicht wirklich sagen könne, wie das Eine an sich ist. Wie kann er dann mehr über das Eine erfahren, indem er es geschaut hat, wenn das Eine doch nach seiner eigenen Definition auf ewig unerkennbar bleibt?

Er schildert seine Vision wie folgt:

... dass er ... es nicht mehr von außen her sieht.[76]

An dieser Stelle halten wir einen Moment lang inne, denn Plotin weist auf etwas Bemerkenswertes hin. Da nach ihm die Seele des Menschen über verschiedene Vermittler (Geist und Weltseele) aus dem Einen selbst hervorgeht, ist die Seele des Menschen in ihrer Substanz mit dem Einen wesensverwandt, und da sein Intellekt durch den Geist aus dem Einen selbst hervorgeht, ist auch sein Intellekt dem Einen ähnlich. Wie Plotin an anderer Stelle bemerkt, ist daher eine Hinwendung zu dem Einen in Wirklichkeit

---

74 *Enneaden*, VI.6.9.8
75 *Neoplatonism*, 64
76 *Enneaden*, VI.7.36

eine Hinwendung nach innen und aufwärts *zu dir selbst*. Genau diese Aussage haben wir auch in der Hindu-Philosophie gefunden: Das wahre Selbst des Menschen *ist* Brahman.

Auf Gott zu schauen, ist also gemäß dieser Theorie nicht der Blick auf etwas außerhalb von uns, sondern der Blick auf etwas in uns. Dies steht in starkem Kontrast zur Bibel, die uns zu Folgendem ermahnt: „Sucht, was droben ist, wo der Christus ist, sitzend zur Rechten Gottes! Sinnt auf das, was droben ist, nicht auf das, was auf der Erde ist!" (Kol 3,1-2). Und an anderer Stelle sagt sie uns, wir sollten „hinschauen auf Jesus" (Hebr 12,2).

Jeder, der nicht bereits von Plotins Philosophie überzeugt ist, könnte sich vielleicht fragen, wie man sich sicher sein kann, dass das, was man mit jener Methode gesehen hat, nicht nur z. B. elektrische Entladungswellen in den Tiefen des eigenen Gehirns waren.

Aber hier zunächst noch ein weiteres Zitat von Plotin:

> [Und da er] es nicht mehr von außen her sieht; ist er dies geworden, so steht er ihm nahe, unmittelbar bei ihm liegt jenes und ganz in seiner Nähe erglänzt es über allem Intelligiblen.
>
> Da lässt er denn alles Wissen und ... denkt ... bis zu dem Punkte, auf dem er sich befindet; getragen aber von derselben Woge gleichsam des Intellekts und emporgehoben von ihrem Schwall schaut er sogleich und sieht nicht wie, sondern das Schauen füllt die Augen mit Licht und lässt sie nicht ein anderes sehen, sondern das Licht selbst ist das Objekt des Schauens. Denn in jenem ist nicht das eine ein Geschautes, das andere das Licht desselben, nicht Denkendes und Gedachtes, sondern ein Strahl, der dies hernach erzeugt und bei ihm bleiben lässt; er selbst aber [Gott] ist ein den Intellekt nur erzeugender Strahl, er löscht sich im Zeugen nicht selbst aus, sondern bleibt selbst, jenes aber wird dadurch, dass dieses ist. Denn wenn dies nicht derartig wäre, so würde jenes nicht zu Stand und Wesen gekommen sein. [77]

In dieser Erfahrung stellen wir drei Elemente fest:

1. Um sie zu erlangen, musste Plotin alles, was er gelernt hatte, beiseite- bzw. hinter sich lassen *(er lässt alles Wissen)*.

---

77 *Enneaden*, VI.7.36

2. Er sah nichts als Licht *(das Schauen füllt die Augen mit Licht)*. Da war keine Stimme, keine Botschaft von dem Einen, es teilte sich nicht mit, es gab keinen Hinweis darauf, dass das Eine sich über Plotin überhaupt bewusst war.

3. Indem er dieses Licht beobachtete, wurde er – wenn auch nur vorübergehend – identisch mit ihm *(nicht Denkendes und Gedachtes, sondern* ein *Strahl)*.

Auch hier ist es interessant, festzustellen, dass alle drei dieser Punkte den mystischen Erfahrungen, die Anhänger von Shankaras Philosophie angeblich hatten, erstaunlich ähnlich sind (siehe Kap. III/1).[78]

Um das Besondere an Plotins mystischer Vision zu begreifen, könnten wir diese zunächst einmal mit den Visionen von Gott vergleichen, über die von verschiedenen Leuten in der Bibel berichtet wird. In biblischen Visionen hört die beteiligte Person immer eine Stimme, die den Namen und Charakter Gottes verkündet und so in einer verständlichen Sprache kommuniziert, wie Gott ist oder was er tun wird. Die Person, die die Vision erlebt, muss also nicht ihren Verstand ausschalten oder ihren Geist von rationalem, kognitivem Denken befreien.

> ✴ Ein weiteres Merkmal biblischer Visionen im Unterschied zu denen von Plotin und der Hindu-Mystik ist: Niemals wird in irgendeiner biblischen Vision gesagt, dass der beteiligte Mensch dabei eins wurde mit Gott oder Christus.

Ein Paradebeispiel hierfür ist die Erfahrung des Saulus von Tarsus. Auch er sah ein Licht, das noch heller als die Sonne war, aber zusätzlich hörte er eine Stimme, die zu ihm sprach und den Urheber des Lichts als „Jesus, den du verfolgst" identifizierte und Saulus dann den Auftrag gab, das Evangelium von Christus zu verbreiten (Apg 26,13-18).[79]

Ein weiteres Merkmal biblischer Visionen im Unterschied zu denen von Plotin und der Hindu-Mystik ist: Niemals wird in irgendeiner biblischen Vision gesagt, dass der beteiligte Mensch dabei eins wurde mit Gott oder Christus.

---

78 Plotin begleitete einmal den römischen Kaiser auf einer Reise in den Osten. Doch die Reise wurde abgebrochen. Es gibt keine eindeutigen Belege dafür, dass er seine mystischen Ideen vom Hinduismus übernommen hat.

79 Siehe auch 1Mo 15; 2Mo 3,4; Jes 6; Hes 1–2; Lk 9,28-36; Apg 10; 2Kor12,1-4; Offb 1

Es wäre unangemessen anzuzweifeln, dass Plotin wirklich gesehen hat, was er beschrieb, oder seine Motive infrage zu stellen, weshalb er uns davon berichtet. Es ist auch verständlich, dass sowohl Plotin als auch Shankara nach einer befriedigenderen Erfahrung der letzten Realität suchten als die, die uns die bloße Vernunft liefern kann. Ihr „Gott" war nur eine abstrakte Idee, die sie in ihrem Intellekt konstruiert hatten. Auch hier könnte sich ein Außenstehender fragen, warum sie so gerne mit dem „Gott" verschmelzen wollten, den sie zuvor anhand der Vernunft selbst definiert hatten. Das Eine, wie Plotin es uns bereits dargelegt hat, war ja an keinem seiner Geschöpfe interessiert – und das würde Plotin selbst mit einschließen –, und es wäre ihm auch egal gewesen, wenn Plotin nie existiert hätte. Zudem könnte das Eine nicht an ein anderes Objekt denken, noch nicht einmal an sich selbst, und es würde niemals irgendeine Notiz von Plotin nehmen, selbst wenn er mit dem Einen verschmolzen wäre.

Plotins „Gott" hatte bisher niemals mit Plotin gesprochen und würde es auch in alle Ewigkeit nicht tun. Eine abstrakte Idee kann natürlich nicht sprechen. Nur der lebendige Gott, der Schöpfer des menschlichen Herzens und Verstandes, könnte dies. Vielleicht war der spanische Philosoph Don Miguel de Unamuno nicht zu streng, als er, nachdem er vom Gott des Alten Testaments gesprochen hatte, bemerkte:

> Später nahm die Vernunft – das heißt die Philosophie – diesen Gott in Besitz ... und tendierte dazu, ihn als Idee zu definieren und in eine Idee umzuwandeln. Denn etwas zu definieren heißt, es zu idealisieren; ein Prozess, der die Abstraktion von seinem nicht fassbaren oder irrationalen Element – seiner Lebensessenz – erfordert. Damit wurde der spürbare Gott, die Gottheit, die als einzigartige Persönlichkeit und Bewusstheit außerhalb von uns wahrgenommen wird und uns dennoch umgibt und trägt, in die Idee von Gott umgewandelt.
>
> Der logische, rationale Gott ... das höchste Wesen der theologischen Philosophie ... ist jedoch nichts anderes als eine Idee von Gott, eine tote Sache.[80]

Plotin und das Problem des Bösen

Das Problem des Bösen ist ein Problem, dem sich jede Philosophie oder Religion, die an einen allmächtigen, allliebenden und allweisen Schöpfer

---

80 *The Tragic Sense of Life*, 183

glaubt, stellen und auf das sie eine Antwort finden muss.[81] Aber Plotin hatte große Schwierigkeiten, diesem Problem im Rahmen seines System zu begegnen, und das aus den folgenden Gründen:

Laut Plotin ist Materie böse in dem Sinne, dass sie wirklich als eine böse Einheit existiert.[82] Nach Plotins System ist sie böse, weil sie formlos ist, ohne Grenzen, ohne intelligente Ordnung. Verglichen mit dem Geist und der Weltseele ist sie am weitesten von dem Einen entfernt, und wenn das Eine die Gesamtsumme des Guten ist, steht die Materie am anderen Extrem und ist absolut böse.

An dieser Stelle spricht Plotin von etwas, was wir als das metaphysische Böse bezeichnen könnten, wie das Chaos der Materie, das im griechischen Gedankengut schon ewig existiert hatte, bevor Gott ihm Ordnung verlieh.

Doch sogar auf dieser Ebene hat Plotin ein Problem, denn nach seinem System ist die Materie aus dem Einen hervorgegangen, nicht direkt, sondern zunächst als Wirkung des Geistes und dann der Seele entstand die Materie. Wie konnte nun das absolut Gute das absolut Böse erschaffen?

Die Materie ist für ihn auch die Ursache des moralisch Bösen, weil die menschliche Seele so sehr mit der Materie verbunden ist, dass sie vom Bösen der Materie versklavt und verdorben wird und das Eine vergisst.

Auch das Neue Testament warnt uns vor der Sünde, dass wir zulassen, dass die schönen Dinge des Lebens uns Gott vergessen lassen. Aber das liegt nicht an der Stofflichkeit dieser Dinge oder weil Materie selbst böse ist. Nach dem Neuen Testament ist Materie an sich nicht böse. Bei Plotin jedoch ist die Materie böse an sich, und doch geht sie, wie wir gesehen haben, von dem Einen aus.

Zudem lehrt die Bibel, dass sowohl die Materie als auch die Menschen wie der Rest des Universums aus dem Nichts heraus erschaffen wurden, nicht aus Gott selbst. Die Welt ist keine Emanation Gottes, so wie Sonnenstrahlen Emanationen der Sonne sind und daher aus derselben Substanz wie die Sonne bestehen. Aber bei Plotin ist die Seele des Menschen Teil der Weltseele (wie im Hinduismus) und eine Emanation aus Gott selbst. Wie könnte so eine Seele, die aus Gott hervorgeht, von böser Materie überwunden werden, die letztendlich ebenfalls von Gott ausging?

Plotin findet nie wirklich eine Lösung für dieses Problem. Es ist ein Problem, mit dem alle Varianten von Pantheismus zu kämpfen haben.

---

81 Diese Frage untersuchen wir im Abschnitt *Den Schmerz des Lebens ertragen*.
82 Siehe *Enneaden*, I.8 (gesamter Abschnitt)

• *Die Erlösung nach Plotin*

Nach Plotin wird Erlösung dadurch erreicht, dass man sich einfach von der starken Bindung an materielle Dinge löst, indem man ein moralisches Leben führt und vor allem die Fähigkeiten des eigenen Verstandes weiterentwickelt, um so zur Kontemplation der Weltseele und des Geistes aufzusteigen und schließlich mit dem Einen zu verschmelzen.

Erlösung geschieht also durch moralische und vor allem intellektuelle Disziplin. Vergebung durch einen persönlichen Gott hat per Definition in diesem Prozess keinen Platz. Wie wir gehört haben, kümmert sich das Eine nicht um die Menschen. Aber wenn die Erlösung von der Entwicklung eines so enormen Intellekts abhängt, wie Plotin ihn hatte, wie realistisch wäre dann dieser Weg der Erlösung für den durchschnittlichen Menschen?

Plotin gehörte einer intellektuellen Elite an. Hier lesen Sie, wie er in seinen eigenen Worten beschreibt, wie er auf die „niederen Klassen" herabblickte:

... er hat gelernt, dass das Leben hier ein doppeltes ist: das eine für die Tugendhaften, das andere für den großen Haufen; das der Tugendhaften ist auf das Höchste und Obere gerichtet, das der mehr menschlich Gesinnten wieder ein doppeltes: Das eine hat durch Erinnerung an die Tugend in gewisser Hinsicht wenigstens Teil am Guten, der gemeine Haufe ist gleichsam nur Handlanger für die Bedürfnisse der Bessern.[83]

• *Plotins Theorie der Reinkarnation*

Was geschieht dann mit den Sündern? Nach Plotin werden sie bestraft. Wie? Um diese Frage zu beantworten, lehrt Plotin (wie Pythagoras und Platon) die Reinkarnation und Seelenwanderung.

Das heißt z. B., dass ein Mann, der in diesem Leben eine Frau vergewaltigt hat, nicht einfach als Mann wiedergeboren wird. Seine Seele wird in den Körper einer Frau wandern und wird dann selbst Opfer einer Vergewaltigung werden.

---

83   *Enneaden*, II.9.9

Denn man glaube ja nicht, dass jemand zufällig Sklave ist, dass er zufällig in Gefangenschaft gerät oder ohne Grund an seinem Leibe Unbill erleidet, sondern er hat dies einst getan, was er jetzt leidet: Wer seine Mutter getötet hat, wird selbst ein Weib und dann von seinem Sohne getötet werden, und wer ein Weib geschändet hat, wird ein Weib werden, um geschändet zu werden.[84]

Erneut ähnelt dies sehr dem, was viele Formen der modernen (wie auch der alten) Hindu-Philosophie lehren (siehe Kap. 1). Wenn dies wahr wäre, würde das bedeuten, dass eine junge Frau, die vergewaltigt wird, dies nicht zufällig erleidet: Sie verdient es, vergewaltigt zu werden, weil sie als Mann in einer früheren Reinkarnation selbst eine andere Frau vergewaltigt hat. Ein Kind, das ermordet wird, verdient es, getötet zu werden, weil es in einer früheren Reinkarnation selbst jemanden ermordet hat. Sklavenarbeit ist gerechtfertigt, weil die Leute, die jetzt versklavt sind, in einem früheren Leben andere versklavt haben. Dies ist eine völlig haltlose, furchtbar grausame und ungerechte Lehre.

Heute scheint jedoch eine immer größer werdende Anzahl von Menschen die Vorstellung einer Reinkarnation aus dem einen oder anderen Grund attraktiv zu finden. Es ist daher wichtig zu verstehen, welche moralischen Konsequenzen dieser alte Mythos hat.

NACHTRAG:
DIE GROSSE REICHWEITE DES NEUPLATONISMUS

In der Folge übte der Neuplatonismus erheblichen Einfluss auf islamische, jüdische und christliche Denker insbesondere in den ersten Jahrhunderten bis zum Mittelalter aus, in manchen Fällen auch darüber hinaus.

Islamische Philosophen
Die frühen islamischen Philosophen verdankten vieles Platon und vor allem Aristoteles. Aber sie kannten und studierten auch ein Werk mit dem Titel *Die Theologie des Aristoteles*. Es stammte jedoch nicht von Aristoteles, sondern war Porphyrios' Zusammenfassung von Plotins *Enneaden*. Aus diesem Werk übernahmen einige der frühen islamischen Philosophen

---

84 *Enneaden*, III.2.13

ausgesprochen neuplatonische Ideen: 1. Plotins typischen Ansatz zur Erkenntnis Gottes durch sogenannte „negative Theologie" (im Unterschied zum Glauben durch göttliche Offenbarung); und 2. seine Theorie der *Emanation* statt einer *Schöpfung aus dem Nichts* (die später zur Doktrin des orthodoxen Islams wurde und noch heute ist). Wir können hierfür zwei Beispiele anführen.

Al-Kindī (gest. ca. 866–873) wird im Allgemeinen als erster islamischer Philosoph betrachtet; er gab eine Übersetzung der griechischen Philosophen ins Arabische in Auftrag. Über ihn sagt Felix Klein Franke:

> Nach al-Kindī ist der Philosoph nicht in der Lage, irgendeine positive Aussage über Gott zu machen. Alles, was er sagen kann, ist negativ: dass er „kein Element, kein Oberbegriff, keine Spezies, keine individuelle Person, kein Teil (von irgendetwas), kein Attribut, kein kontingenter Zufall" ist. Daher führt al-Kindīs Philosophie zu einer negativen Theologie, also einer Theologie, in der Gott nur negativ beschrieben wird. Darin folgt er Plotin.[85]

Auch **al-Fārābī** (ca. 870–950) übernahm die Emanationskosmologie des Neuplatonismus, auch wenn er sich in seinem Fall bewusst war, dass die sogenannte *Theologie des Aristoteles* nicht Aristoteles' Werk war, sondern ursprünglich von Plotin stammte. Deborah L. Black greift Gedanken von Th.-A. Druart[86] auf, wenn sie schreibt:

> Al-Fārābī behielt die Emanationskosmologie bei, die im Zentrum des Neuplatonismus steht, auch wenn er erkannte, dass sie nicht von Aristoteles stammte. Kurz gesagt wurde die Emanation übernommen, um die Lücke zu schließen, die nach al-Fārābīs Empfinden durch Aristoteles' Versäumnis entstanden war, seine Darstellung des Teils der Metaphysik zu vervollständigen, der die Theologie oder die göttliche Wissenschaft umfasst. ...
>
> Von diesem Standpunkt aus betrachtet, bildet al-Fārābīs Emanationstheorie einen wesentlichen Bestandteil seines Beitrags zur Diskussion innerhalb der islamischen Philosophie über die Natur und die Reichweite der Metaphysik im Verhältnis zur Naturphilosophie. ...

---

85 Klein-Franke, *Al-Kindī*, 168
86 *Al-Fārābī and Emanationism*

Die Hauptlehre der neuplatonischen Metaphysik, die al-Fārābi kannte, die Theorie der Emanation, hat göttliche Wesen und ihre Kausalzusammenhänge mit der sublunaren Welt zum Gegenstand. ...

Die göttliche Verstandesaktivität begründet in al-Fārābis System Gottes Rolle als Schöpfer des Universums. Als Folge seiner Selbstkontemplation entsteht ein Überfluss oder eine Emanation *(fayd)* eines zweiten Intellekts aus Gott. Dieser zweite Intellekt ist wie Gott durch die Aktivität der Selbstkontemplation gekennzeichnet; aber zusätzlich muss er Gott selbst betrachten. Indem er an Gott denkt, generiert er noch einen dritten Intellekt; und durch seine Selbstkontemplation generiert er die Himmelssphäre, die diesem entspricht, den ersten Himmel.[87]

Die Ähnlichkeiten zwischen diesem und Plotins philosophischem System sind offensichtlich. Genauso wichtig sind jedoch auch die Unterschiede zwischen ihnen.[88]

Ein jüdischer neuplatonischer Denker

Salomon ibn Gabirol (ca. 1022 – ca. 1058), auch als Avicebron bekannt, ist vor allem durch seine Dichtkunst bekannt. Sein Gedicht *„Keter malchūt"*, „Die Krone des Königreiches" oder „Königliches Diadem " (der Titel stammt aus dem Buch Ester 2, Kapitel 17), ist bis heute Teil der sephardischen Liturgie am Versöhnungstag. Er wird jedoch allgemein als Vater des jüdischen neuplatonischen Denkens in Spanien angesehen (er wurde in Malaga geboren, lebte in Saragossa und starb in Valencia); und sein Versuch, das Verhältnis zwischen der Einheit Gottes und der Vielfalt des Universums zu erklären, leitet sich zweifellos von der neuplatonischen Idee der Emanation ab, wenn auch einiges modifiziert wurde. Bei Plotin ging alles ursprünglich unwillkürlich, fast schicksalhaft von dem Einen aus, aber ibn Gabriol behauptete nun, diese Emanation sei von Gott selbst ausgelöst worden. Er postulierte zwei Aspekte von Gottes Willen: Einen identifizierte er mit Gott selbst, den anderen schien er jedoch als eine funktionale, von Gott getrennte Einheit zu betrachten. Gott erlaube dann dank seiner Weisheit dem Willen (in diesem

---

87 Black, *Al-Fārābi*, 187–189

88 Eine Diskussion dieser Ähnlichkeiten und Unterschiede sowie des Platzes und der Bedeutung der Emanationstheorien im Denken der späteren islamischen Philosophen und eine Einschätzung des Verhältnisses von islamischer Philosophie und islamischem Glauben im Mittelalter finden Sie bei Charles Genequand, *Metaphysics*.

zweiten Sinne), von ihm auszugehen und so letztendlich das Universum zu schaffen.

Der Einfluss von Plotins Mystik auf das christliche Denken

Das Christentum war zu Plotins Zeit bereits 200 Jahre alt. Seine Nachfolger, Porphyrios und Proklos, waren dem Christentum gegenüber entschieden feindlich gesinnt. Von den neuplatonischen Schulen war die athenische Schule am offenkundigsten heidnisch. Im späten 5. oder frühen 6. Jahrhundert schrieb ein Mitglied dieser Schule (angeblich) ein Werk mit dem Titel *Mystische Theologie,* in dem der Autor versuchte, seine heidnischen Lehren und seine negative Theologie mit der positiven Erklärung Gottes durch Christus zu verbinden. Er veröffentlichte sein Werk unter einem Pseudonym und tat so, als stammte es aus der Feder des Dionysius Areopagita, der vom Apostel Paulus in Athen bekehrt worden war (siehe Apg 17). Kurioserweise wurde es später von einigen Teilen der christlichen Kirche so behandelt, als wäre es tatsächlich christlich. Später wurde es von dem irischen Gelehrten John Scotus Eriugena (ca. 810 – ca. 877) ins Lateinische übersetzt. Im späten 14. Jahrhundert wurde es vom anonymen Autor des Buches *The Cloud of Unknowing* (dt. *Die Wolke des Nichtwissens)* in eine modifizierte englische Version übersetzt; und dieses Werk wiederum[89] wird in verschiedenen Ländern verwendet, um als vermeintlich christliches Werk die Ausübung von Plotins heidnischer Mystik zu fördern.[90]

---

89 von Clifton Wolters in modernes Englisch übersetzt
90 Siehe R. T. Wallis, *Neoplatonism,* 160–161

III·3
NATURALISMUS UND ATHEISMUS

Eine Suche nach der letzten Realität allein in der Natur

*Unsere Pflicht heißt überleben – nicht nur unseretwegen,
sondern auch um des riesigen, uralten Kosmos willen,
aus dem wir hervorgegangen sind.*

Carl Sagan, Unser Kosmos

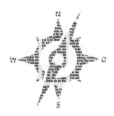

DEFINITION DER BEGRIFFE

Der Naturalismus – so, wie er von der Mehrheit seiner Vertreter interpretiert wird – behauptet, dass es nichts gibt außer Natur: Es gibt nichts Übernatürliches, nichts außerhalb der Natur. Der verstorbene Carl Sagan drückte diese Weltsicht prägnant aus: „Der Kosmos ist alles, was ist oder je war oder je sein wird.“[91] John H. Randall formuliert es noch deutlicher:

> ... der Naturalismus wendet sich entschieden gegen jegliches Denken, das behauptet, es existiere ein übernatürlicher oder transzendentaler Bereich des Seins, und dass die Kenntnis dieses Bereiches für das menschliche Leben fundamental wichtig sei.[92]

Der Atheismus erklärt bereits durch seinen Namen, was diese Form des Naturalismus impliziert: Es gibt keinen Gott.

Es scheint daher offensichtlich zu sein, welche Antworten diese beiden Philosophien des Naturalismus und des Atheismus auf unsere zweifache Frage nach der letzten Wirklichkeit und unserem Verhältnis zu ihr geben werden. Aber tatsächlich sind die Antworten, die wir heute erhalten, gar nicht mehr so eindeutig, wie es noch vor einigen Jahrzehnten der Fall war.

Der Atheismus wird natürlich getreu seines Namens unumwunden behaupten, es gebe keinerlei Gott; so auch die meisten Formen des Naturalismus. Aber in der jüngeren Vergangenheit sind andere Versionen des Naturalismus entstanden, die bereit sind, eine Art von „Gott“ in Betracht zu ziehen, nur, dass sich dieser „Gott“ nicht außerhalb oder über der Natur befindet, sondern in ihr. Er ist möglicherweise übermenschlich, nicht aber

---

91 *Unser Kosmos*, 16
92 *The Nature of Naturalism*, 358

übernatürlich. Er ist Teil der Naturprozesse. Persönlich ist er nicht.[93] Daher müssen wir im Folgenden die verschiedenen Abstufungen diskutieren, die man im modernen Naturalismus findet.

DER MATERIALISTISCHE NATURALISMUS: DIE LETZTE REALITÄT IST LEBLOSE, GEISTLOSE MATERIE

Diejenigen, die diese Sicht vertreten, tun dies unter anderem aus zwei Hauptgründen. Erstens sind sie der Meinung, dass es für die Existenz eines übernatürlichen oder transzendenten Reiches keinen gültigen Beweis gibt und dass sie aufgrund des Nichtvorhandenseins eines solchen Beweises berechtigt sind, als Alternative die Ansicht zu vertreten, dass die Natur alles ist, was es gibt.[94]

Der zweite Hauptgrund, den Atheisten dafür nennen, weshalb sie nicht an die Existenz Gottes glauben, ist die Verbreitung des Bösen und des Leids in der Welt. Wenn es einen allliebenden, allmächtigen, allweisen Schöpfer gibt, sagen sie, warum müssen dann so viele Leute so viele schlimme Dinge ertragen? Warum hat Gott überhaupt zugelassen, dass das Böse in die Welt kommt? Und warum bereitet er ihm kein Ende?

Wir geben zu: Das ist ein echtes Problem, das viele Menschen belastet, und zwar nicht nur Atheisten. Es ist zu komplex, als dass wir uns hier damit befassen könnten; aber wir haben uns diesem Thema bereits in einem anderen Teil dieses Buches gewidmet.[95]

Die inhärenten Schwierigkeiten des materialistischen Naturalismus

Der materialistische Naturalismus trägt jedoch selbst erhebliche Schwierigkeiten in sich. Weil er davon ausgeht, dass die letzte Realität die Materie ist, muss er ebenfalls sagen, dass die Materie schon immer existiert hat; denn hätte die Materie einen Anfang, könnte sie nicht länger als letzte Realität betrachtet werden. Stattdessen müssten wir die Frage stellen, wo sie herkam

---

93 Damit beziehen wir uns nicht auf die New-Age-Bewegung mit ihrer Erdgöttin und ihren vermeintlichen planetaren Einflüssen und okkulten Praktiken; denn diese sind nur ein Rückfall in alten heidnischen Aberglauben und in manchen Fällen Dämonismus. Wir sprechen hier über wissenschaftliche und philosophische Weltanschauungen.

94 Siehe dagegen die Häufung von Beweisen für einen Schöpfergott hinter dem Universum, die John Lennox in seinen Büchern *Hat die Wissenschaft Gott begraben?* und *Gott im Fadenkreuz* diskutiert.

95 *Den Schmerz des Lebens ertragen*

und wer oder was sie erschaffen hat, d. h., wem oder was die letzte Realität ihre Existenz verdankt.

Die erste Schwierigkeit bei dieser Sichtweise tritt also in Zusammenhang mit der heute mehrheitlich vertretenen Theorie auf, dass die Materie des Universums einen Anfang hatte, und zwar beim sogenannten Urknall.[96]

Die zweite Schwierigkeit bei dieser Version des Naturalismus ist noch schwerwiegender: Sie untergräbt den Stellenwert und die Gültigkeit der menschlichen Vernunft und damit auch die Gültigkeit der eigenen Argumente, mit denen die Theorie selbst gestützt wird. Lassen Sie uns sehen, warum.

Da der Naturalismus davon ausgeht, dass es keinen Schöpfer gibt, muss er die einzige alternative Erklärung für die Entstehung der Dinge akzeptieren, nämlich eine Form von materialistischer Evolution. Diese lehrt, dass die Materie, aus der sich alles entwickelt hat, selbst geistlos war und dass der Geist nicht existierte (und nicht existieren konnte), bis dass die geistlose Materie diesen zufällig entstehen ließ.

Mehr noch: Der Naturalismus sagt, dass der Geist, der aus geistloser Materie entstanden ist, im Wesentlichen materiell bleibt, denn da er ausschließlich aus unpersönlicher, geistloser Materie besteht, kann er auch nur elektrochemische physikalische Prozesse abliefern. Wenn das so ist, welche Gültigkeit kann man dann überhaupt noch Gedanken beimessen, die durch solche Substanzen und Prozesse hervorgebracht werden, oder den vermeintlich rationalen Argumenten, die die Verfechter des Naturalismus selbst benutzen, um ihre Position zu stützen?

In diesem Rahmen können wir die Argumente gegen den materialistischen Naturalismus mit folgenden Thesen zusammenfassen:

1. Es ist absurd zu behaupten, dass die menschliche Rationalität ihre Existenz nicht rationaler Materie verdankt.

2. Es ist absurd zu behaupten, dass die menschliche Rationalität geistlos durch nicht rationale Materie und durch nicht rationale Prozesse verursacht wurde.

---

96 Eine Kritik der Sichtweise, dass die Quantenkosmologie bewiesen hat, dass die Wissenschaften (zumindest theoretisch) eines Tages erklären können, wie das Universum ohne einen übernatürlichen Schöpfer aus dem Nichts heraus entstanden ist, finden Sie in John Lennox' Buch *Hat die Wissenschaft Gott begraben?*, Kap. 4 – „Geplantes Universum?".

3. Es ist absurd zu behaupten, dass die menschliche Rationalität eine Funktion geistloser Materie ist.

4. Es ist absurd zu behaupten, dass die Ursache des Geistes weniger rational ist als der Geist selbst.

5. Es ist absurd zu behaupten, dass Rationalität und Logik durch kleine, planlose, evolutionäre Permutationen verursacht wurden, von denen jede unbeabsichtigt und zufällig war.

Aber nicht alle Versionen des Naturalismus sind so extrem materialistisch. Lassen Sie uns also eine andere, etwas differenziertere Version betrachten.

Die letzte Realität ist Energie

Der Physiker und Nobelpreisträger Richard Feynman schrieb: „Es ist wichtig, sich klarzumachen, dass wir in der Physik heute keine Ahnung haben, was Energie eigentlich *ist*."[97] Andererseits erlaubt uns laut unseren Lehrbüchern Albert Einsteins Gleichung $E = mc^2$ zu denken, dass Masse und Energie zusammenhängen. Könnten wir uns dann nicht auf das Erste Gesetz der Thermodynamik – „Energie kann weder erzeugt noch vernichtet werden" – berufen und wie viele Atheisten argumentieren, dass Energie, wenn nicht sogar Materie, ewig ist: Kein Gott war nötig, um sie zu erzeugen, kein Gott kann sie vernichten; sie ist selbstexistent und ewig und somit die letzte Realität?

Nun, das könnten wir tun, aber das Argument wäre logisch nicht wasserdicht. Das Erste Gesetz der Thermodynamik wurde formuliert auf Grundlage wissenschaftlicher Beobachtungen darüber, wie das Universum in seiner gegenwärtigen Form funktioniert.[98]

Hitze wird in Energiekalorien gemessen, und diese Kalorien können von einem Objekt auf ein anderes übergehen, in mechanische Arbeit umgewandelt oder gespeichert werden. Aber keine Energiekalorie verschwindet einfach. Sie verändert nur ihre Form.

---

97 *Sechs physikalische Fingerübungen*, 126
98 Siehe Russel und Adebiyi, *Classical Thermodynamics*, 5: „Wie bereits gesagt, sind die einzigen Grundlagen der Thermodynamik die Beobachtung der physikalischen Welt und experimentelle Messungen in Zusammenhang mit den Beobachtungen. Es existiert kein anderer theoretischer Beweis für die Thermodynamik. Wenn also ein Fall in der Natur beobachtet würde, der im Widerspruch zu einem bestehenden Gesetz der Thermodynamik steht, würde dieses Gesetz für ungültig erklärt werden."

Wenn dies nun das ist, was das Erste Gesetz der Thermodynamik aussagt, könnte man es ebenso leicht weniger missverständlich ausdrücken: „Die Menge an *tatsächlicher* Energie im Universum bleibt konstant." So ausgedrückt spricht es von der *Erhaltung* bzw. *Umwandlung* von Energie und nicht darüber, woher die Energie ursprünglich kam.

Wenn also das Erste Gesetz der Thermodynamik (so, wie es gegenwärtig formuliert ist) behauptet, dass Energie weder erschaffen noch vernichtet werden kann, leugnet es bloß, dass wir Menschen oder irgendwelche anderen Systeme, Aktivitäten oder Ereignisse im Universum Energie erzeugen oder vernichten können. Jedoch wäre es ein logischer Fehlschluss, wenn man daraus ableiten würde, dass Energie nicht am Anfang von Gott erschaffen wurde bzw. erschaffen werden musste und diese nicht von ihm so lange erhalten wird, wie es ihm gefällt. Dies würde der irrtümlichen Vorstellung der frühesten griechischen Philosophen gleichkommen, die meinten, die Bewegung im Universum könne einfach als ewig vorausgesetzt werden und benötige keine auslösende Quelle, wie z. B. Anaximanders Geist oder Aristoteles' unbewegter Beweger (siehe Kap. 2).

> ✦ Wenn das Erste Gesetz der Thermodynamik (so, wie es gegenwärtig formuliert ist) behauptet, dass Energie weder erzeugt noch vernichtet werden kann, leugnet es bloß, dass wir Menschen oder irgendwelche anderen Systeme, Aktivitäten oder Ereignisse im Universum Energie erzeugen oder vernichten können.

Eine weitere Schwierigkeit des materialistischen Naturalismus

Manche modernen Wissenschaftler sind zu der Erkenntnis gekommen, dass es im Universum etwas Fundamentaleres gibt als Materie oder Energie, und das sind die Gesetze der Physik. Der bekannte Physiker Paul Davies drückt es so aus:

Ein Atheist wird argumentieren, dass die Welt auf jeder Stufe durch und durch rational und logisch ist: Es gibt eine Kausal- oder Erklärungskette für alles, die wir entweder auf den Urknall oder auf die ultimativen Gesetze der Physik zurückführen können. Aber wenn man fragt: „Warum auf den Urknall?" oder „Warum auf diese Gesetze?", bekommt man gesagt: „Nun, dafür gibt es keinen Grund." Mit anderen Worten: Die Gesetze der Physik existieren ohne Grund. Nachdem er behauptet hat, die Welt sei in allen Punkten durch und durch rational, sagt der Atheist nun, dass sie letztlich auf Absurdität beruht.

Ich sehe es so, dass die Welt bis runter auf die niedrigste Ebene rational ist – und das liegt außerhalb des Bereichs der Wissenschaft. Es gibt einen Grund, weshalb Dinge so sind, wie sie sind: Das Universum ist nicht einfach willkürlich und absurd. Die Physik kann uns etwas über die Phänomene der Welt erzählen, aber die Frage „Warum diese Gesetze?" gehört in den Bereich der Metaphysik, und an diesem Punkt würde ich mich vom Atheisten trennen.[99]

Noch eine Schwierigkeit des materialistischen Naturalismus

Dieses Mal liegt die Schwierigkeit beim Thema Information, und auch hier lassen wir Professor Davies zu Wort kommen:

... es gibt nicht den kleinsten wissenschaftlichen Beweis dafür, dass das Leben etwas anderes ist als ein unglaublich unwahrscheinlicher Zufall. Oft wird gesagt, dass das Leben in den Gesetzen der Physik festgeschrieben steht; nun, das ist es nicht – genauso wenig wie Häuser oder Fernsehgeräte. Es stimmt mit diesen Gesetzen überein, aber sie allein werden nicht erklären, wie es überhaupt entstanden ist.

Seit 100 Jahren wird die Debatte von Chemikern beherrscht, die denken, das Ganze sei wie Kuchenbacken: Wenn man das Rezept kennt, kann man einfach die Zutaten mischen, eine Million Jahre garen lassen, eine Prise Salz hinzufügen, und dann entsteht Leben. Ich glaube nicht, dass das jemals die Erklärung sein wird, weil es beim Leben nicht um materielle Dinge geht, nicht um magische Materie; es geht um eine ganz besondere Art eines informationsverarbeitenden Systems. Und sowohl die Informationstheorie als auch die Komplexitätstheorie stecken noch völlig in den Kinderschuhen.[100]

Das hört sich nun wohltuend anders an als der moderne materialistische Naturalismus. Die Rationalität hinter den Grundgesetzen der Physik und den Genen als Träger der kodierten Informationen, die für die Entstehung des Lebens notwendig sind; die verblüffende Komplexität der biochemischen Maschinerie innerhalb jeder Zelle, die offensichtlich dazu konzipiert wurde, ein vorgesehenes Ziel zu erreichen – all das stellt ein ernsthaftes

---

99   Aus einem Interview mit David Wilkinson, veröffentlicht in *Third Way*, „Found in space", 18–19
100 Wilkinson, *Found in space?*, 20

Problem für Verfechter dieser Form von Naturalismus dar, der geistlose Materie zur letzten Realität erklärt.

Aber es stellt auch für jene eine große Schwierigkeit dar, die einerseits die offensichtliche Intelligenz hinter dem Universum anerkennen und doch andererseits an der grundsätzlichen Behauptung des Naturalismus festhalten wollen, dass weder das Universum noch das Leben im Universum durch die direkte Handlung eines persönlichen Schöpfers erschaffen wurde.

Gleich werden wir Beispiele für diese besondere Schwierigkeit untersuchen, eines aus der Antike und zwei andere aus der Gegenwart. Aber lassen Sie uns einen Moment lang innehalten und uns selbst ein paar Fragen stellen.

REAKTIONEN AUF DEN MATERIALISTISCHEN NATURALISMUS

Der Gottesbegriff der Stoiker

Der Stoizismus wurde von Zenon von Kition (334–262 v. Chr.) begründet. Er hatte großen und dauerhaften Einfluss, insbesondere auf römische Denker wie Cicero und Seneca und durch sie auch auf die Aufklärung und damit auf die moderne Welt.

Der Stoizismus stand der materialistischen Philosophie der Atomisten Leukipp und Demokrit entgegen (siehe Kap. III/2). Diese hatten gelehrt, dass das Universum aus einer unbegrenzten Anzahl kleiner, nicht teilbarer Stücke von Materie besteht, die sich auf ewig durch den unbegrenzten Raum bewegen. Sonst gebe es nichts. Kein Geist habe die Atome erschaffen, denn sie seien schon immer da gewesen. Kein Geist habe ihre Bewegung ausgelöst; kein Geist kontrolliere sie. Jeder Mensch (Körper und Seele) sei nur eine temporäre Ansammlung von materiellen Atomen. Zusammengefasst lässt sich sagen: Die Atomisten waren überzeugte Anhänger eines materialistischen Naturalismus.

Die Stoiker lehnten dieses geistlose, materialistische System insgesamt als völlig unvernünftig ab. Sie bestanden darauf, dass das Universum überall von Vernunft durchdrungen ist, die sie mit dem griechischen Wort *logos* bezeichneten. *Logos* ist mit dem Verb *legein* – sprechen – verwandt, aber es deckt eine große Bandbreite von Bedeutungen ab. Es bedeutet natürlich „Sprache" oder „Ausdruck"; aber es kann auch „die Erklärung für eine Sache" oder „die Formel seiner Zusammensetzung" oder „die Angabe seines Zweckes" bedeuten. Man kann es für den „Plan eines Architekten für ein

Haus" verwenden und damit den Sinn und Zweck seines Plans bezeichnen. Es kann sich auch auf den Plan eines Armeegenerals für einen Feldzug beziehen und zeigen, welches Ziel der General am Anfang im Kopf hatte und welche Methode er wählte, um dieses Ziel zu erreichen.

Der *Logos*, so glaubten die Stoiker, durchdringt also die gesamte Natur.[101]

Interessant ist, dass die Stoiker sagten, dieser *Logos* sei Gott. Das Neue Testament verwendet dasselbe Wort als Titel für den Sohn Gottes im Hinblick auf die Erschaffung des Universums:

> ✤ *Die Stoiker lehnten dieses geistlose, materialistische System insgesamt als völlig unvernünftig ab. Sie bestanden darauf, dass das Universum überall mit Vernunft durchdrungen ist, die sie mit dem griechischen Wort logos bezeichneten.*

> Im Anfang war das Wort *[Logos]*, und das Wort war bei Gott, und das Wort war Gott. Dieses war im Anfang bei Gott. ... Alles wurde durch dasselbe, und ohne dasselbe wurde auch nicht eines, das geworden ist. (Joh 1,1-3)

Doch nachdem wir diese Ähnlichkeit festgestellt haben, sollte uns auch sofort der entscheidende Unterschied zwischen dem stoischen Gottesbegriff und der Lehre des Neuen Testaments auffallen: Der Gott der Bibel ist persönlich, und obwohl er das Universum schuf und fortwährend aufrechterhält und überall in ihm allgegenwärtig ist, ist er dennoch nicht Teil des Universums und ganz sicher nicht in seiner Materie verkörpert.

Dem Stoizismus zufolge gab es jedoch zwei oberste Prinzipien im Universum: Gott und die Materie. Gott ist aktiv, Materie passiv. Aber Gott und die Materie sind immer miteinander verbunden. Gott, der *Logos,* ist überall in der Welt, sowohl in der Materie als auch im Menschen. Gott wird als „Atem" bezeichnet (griechisch: *pneuma),* aber dieser Atem sei auch immer in der Materie verkörpert. In diesem Sinne könne das ganze Universum als „Gott" oder „kosmische Natur" bezeichnet werden, da sich im Denken der Stoiker „Natur" und „Gott" auf dieselbe Sache beziehen. Daher kann Professor A. A. Long Folgendes schreiben:

> Sie waren davon überzeugt, dass das Universum rational erklärbar ist und selbst eine rational organisierte Struktur darstellt. Die Fähigkeit

---

101 Siehe Sandbach, *The Stoics,* 72–73

des Menschen, die es ihm erlaubt zu denken, zu planen und zu sprechen – was die Stoiker als *logos* bezeichneten –, ist buchstäblich im gesamten Universum enthalten. Der einzelne Mensch hat im Kern seines Wesens Anteil an einer Eigenschaft, die zur Natur im kosmischen Sinn gehört. Und weil die kosmische Natur alles umschließt, was es gibt, ist der einzelne Mensch in einem präzisen und umfassenden Sinn Teil der Welt. Kosmische Ereignisse und menschliche Handlungen sind daher keine Ereignisse zweier recht unterschiedlicher Ordnungen: Letztlich sind sie beide Konsequenzen derselben Sache – des *logos*. Anders ausgedrückt: Die kosmische Natur oder Gott (die Begriffe beziehen sich im Stoizismus auf dieselbe Sache) und der Mensch sind im Zentrum ihres Seins als rationale Akteure miteinander verbunden.[102]

Letztendlich reduzierte der Stoizismus alles auf die Natur. Die Natur – oder der *Logos* oder Gott, die Begriffe waren austauschbar – war in allem, in der Materie und im Menschen. Das Ideal des Menschen war daher, gemäß der Natur (griechisch: *physis*) zu leben, d. h. gemäß der kosmischen Vernunft. Aber ob ein Individuum mit dieser kosmischen Vernunft kooperierte oder nicht, letztendlich hatte die kosmische Vernunft die Kontrolle. Daher musste das schlechte Verhalten böser Menschen als Teil des alles kontrollierenden rationalen *Logos* betrachtet werden. Es bedeutete auch Folgendes: Wenn man z. B. sah, wie ein Mann ein Kind misshandelte oder ein Diktator sechs Millionen Juden ermordete, war es vernünftig zu versuchen, diesen Gräueltaten ein Ende zu bereiten. Aber wenn man es nicht verhindern konnte, wäre es unvernünftig gewesen, deswegen betrübt zu sein. Man musste dann akzeptieren, dass auch diese Gräueltaten letztendlich das Werk des kosmischen Logos waren, das heißt Gottes Werk.

Die Stoiker reduzierten also, wie gesagt, alles auf die Natur – die rationale Natur, nicht die materialistische Natur, aber letztlich einfach die allumfassende Natur. Ob man deswegen ihre Philosophie als Naturalismus bezeichnen sollte oder nicht, ist daher umstritten. Normalerweise wird sie als eine Form des Panentheismus bezeichnet (d. h. der Sicht, dass zwar nicht alles Gott ist, aber Gott in allem ist). Aber sie litt sicherlich unter einem eklatanten moralischen Problem: Sie machte Gott nicht nur zum Ursprung des moralisch Bösen, sondern auch zu jemandem, der aktiv daran beteiligt war.

---

102 *Hellenistic Philosophy*, 108

Die Gottesbegriffe des neuen Naturalismus

• *Der Kosmos tritt an die Stelle Gottes*

Carl Sagan (1934–1996) war ein überzeugter Anhänger des Naturalismus. Er gab zu: „Die hier ablaufenden neurochemischen Vorgänge sind erstaunlich vielfältig, übertreffen in ihren großartig funktionierenden Schaltschemata jede von uns ersonnene Maschine."[103] Trotzdem beharrte er darauf, dass die Menschen durch einen kraftvollen, aber zufälligen Prozess entstanden sind.[104] Kein Gott also, wie wir aus dem Zitat oben schließen: „Der Kosmos ist alles, was ist oder je war oder je sein wird."[105] Interessant ist jedoch, dass die Art und Weise, wie er über den Kosmos und unser Verhältnis zu ihm spricht, vermuten lässt, dass in seinem Denksystem der Kosmos als Ersatz für Gott fungiert.

Christen würden z. B. über Gott sagen: „Denn zu deinem Eigentum erschufst du uns, und ruhelos ist unser Herz, bis es ruhet in dir."[106] Carl Sagan erkennt offenbar die Existenz dieses Instinkts im menschlichen Herz; aber nach ihm ist der Schöpfer, von dem wir kamen und zu dem wir gehören, der Ozean!

> ... der Ozean lockt. Tief in unserem Innern wissen wir, dass wir von dorther kommen, und sehnen uns zurück – eine Sehnsucht, der in meinen Augen nichts Ungebührliches anhaftet, mag sie auch an den herrschenden Göttern rütteln.[107]

Christen behaupten, dass wir als Geschöpfe eines persönlichen Schöpfers eine unbestreitbare Pflicht der Dankbarkeit ihm gegenüber haben und ihm ebenso auch moralisch verantwortlich sind (Röm 1,21; 14,11-12). Auch Carl Sagan gesteht ein, dass die Menschen ihrem Schöpfer

> *Der Ozean lockt. Tief in unserem Innern wissen wir, dass wir von dorther kommen, und sehnen uns zurück – eine Sehnsucht, der in meinen Augen nichts Ungebührliches anhaftet, mag sie auch an den herrschenden Göttern rütteln.*
>
> *Carl Sagan, Unser Kosmos*

---

103 *Unser Kosmos*, 289
104 *Unser Kosmos*, 294
105 *Unser Kosmos*, 16
106 Augustinus von Hippo, *Bekenntnisse*, I.1
107 *Unser Kosmos*, 17

gegenüber moralisch verantwortlich sind, aber für ihn ist der Schöpfer der Kosmos:

> Unsere Pflicht heißt überleben – nicht nur unseretwegen, sondern auch um des riesigen, uralten Kosmos willen, aus dem wir hervorgegangen sind.[108]

Aber wie kann die Menschheit irgendeine moralische Verantwortung gegenüber einem unpersönlichen System haben, wenn die Menschheit zudem lediglich das Produkt einer langen Reihe von unpersönlichen biologischen Zufällen sein soll?[109]

Wir können daraus nur schließen, dass es sehr schwer ist, das instinktive Bewusstsein im menschlichen Herzen auszulöschen, dass wir einem lebendigen persönlichen Schöpfergott zu Dank verpflichtet sind und ihm gegenüber eine moralische Verpflichtung haben. Und so übertragen Naturalisten wie Sagan diese Ansprüche auf einen Ersatzgott, den Kosmos, weil sie Gott nicht anerkennen wollen. Wie das Neue Testament ausdrückt: „... sie, welche ... dem Geschöpf Verehrung und Dienst dargebracht haben statt dem Schöpfer" (Röm 1,25).

- *Die letzte Realität bzw. Gott ist eine Reihe von sehr cleveren mathematischen Gesetzen*

Für unser zweites Beispiel für den Gottesbegriff des neuen Naturalismus wenden wir uns wieder Paul Davies und dem zuvor zitierten Interview mit ihm zu.[110] Wir zitieren ihn hier, weil er ein weltweit bekannter Wissenschaftler ist und eine Reihe von Büchern geschrieben hat, in denen er die gebildete Öffentlichkeit über die aktuelle wissenschaftliche Debatte informiert.

Im Jahr 1983 veröffentlichte er ein Buch mit dem Titel *God and the New Physics* (auf Deutsch erschienen als *Gott und die moderne Physik*); und in dem oben genannten Interview erklärt er die Gründe, weshalb er sich für diesen Titel entschieden hatte:

---

108 *Unser Kosmos*, 357
109 Sagan, *Nachbarn im Kosmos*, 52
110 Wilkinson, *Found in Space?*, 17–21

Ich verhehle nicht, dass ich damit absichtlich in die Irre führen wollte. Ich schrieb es zu einer Zeit, in der die meisten Leute das Gefühl
hatten, dass die Wissenschaft der Religion absolut feindlich gegen-
übersteht. Indem ich sagte, die Wissenschaft könnte uns sogar zu
Gott hinführen, habe ich wohl viele Leute aufhorchen lassen.

In dem Interview bekennt er, dass er sich mit dem Begriff „Gott" nicht ganz
wohlfühlt;[111] dennoch bezieht er sich hier häufig auf seine Ansichten über
Gott. Zudem trägt ein weiteres seiner vielen Bücher den Titel *The Mind of
God* (auf Deutsch erschienen als *Der Plan Gottes),* und im letzten Satz dieses
Buches, der sich auf unsere Existenz als Menschen auf diesem Planeten bezieht, erklärt er: „Wir sind dazu da, hier zu sein."[112] (Im Englischen: „We are
truly meant to be here", wörtlich: „Wir sind wirklich dazu bestimmt, hier zu
sein.") Daraus könnte man leicht schließen, dass die letzte Realität nach Davies zumindest persönlich sein muss. Denn wie könnte ein unpersönliches
Etwas *bestimmen* (engl. u. a. *mean*), dass wir hier sind?

Davies' eigene Grundposition, zu der er durch seine Forschung gelangt
ist, lautet, „dass die Welt bis runter auf die niedrigste Ebene rational ist –
und das liegt außerhalb des Bereichs der Wissenschaft" – tatsächlich bis hin
zum „Bereich der Metaphysik".[113] Wenn es also unten auf dieser „niedrigsten" Ebene etwas Rationales gibt, das für die Rationalität der Welt bis „hoch"
auf die Ebene der menschlichen Intelligenz verantwortlich ist und deren
Quelle ist, wäre es für die meisten Menschen leicht anzunehmen, dass dieses
Rationale Gott ist. Was sonst könnte es sein?

Aber Davies steht vor einer Schwierigkeit. Seine Wissenschaft hat ihn
davon überzeugt, dass die Welt von der niedrigsten Ebene bis hoch zu intelligenten Menschen rational ist. Aber er ist ein Evolutionist in der Tradition
Darwins,[114] und für naturalistische Darwinisten ist es normalerweise ein
nicht verhandelbarer Glaubensgrundsatz, dass kein Geist – und ganz sicher
kein göttlicher Geist – am Evolutionsprozess beteiligt war, weder am Übergang von anorganischer zu organischer Materie noch an der Entstehung der
niedrigsten Lebensform bis zum Körper und Geist des Homo sapiens.

---

111 Wilkinson, *Found in Space?,* 18
112 *Der Plan Gottes,* 280
113 Wilkinson, *Found in space?,* 19
114 siehe sein Buch *Das fünfte Wunder,* Kap. 3 – „Ursuppe und Leben"

- *Davies' eigene Sicht*

Was ist nun nach Davies die letzte Wirklichkeit, die das Universum entstehen ließ? Hier sind einige seiner Aussagen:

Über den Ursprung des Lebens
Oft wird gesagt, dass das Leben in den Gesetzen der Physik festgeschrieben steht; nun, das ist es nicht.[115]

... es gibt nicht den kleinsten wissenschaftlichen Beweis dafür, dass das Leben etwas anderes ist als ein unglaublich unwahrscheinlicher Zufall.[116]

Ich nehme an, dass Gott nicht eingegriffen hat, um Leben zu erschaffen. Das will ich nicht.[117]

Leben und Geist sind in die zugrunde liegenden Gesetze der Physik eingeschrieben: Die Tendenz zu ihrer Entstehung ist von Anfang an da.[118]

Über den Ursprung des Universums
Ich möchte ganz deutlich werden. Schon lange habe ich eine Abneigung gegen die Vorstellung von Gott als einem kosmischen Zauberer, eine Art von Superwesen, das vor dem Universum existierte und dann einen Zauberstab schwang und es entstehen ließ, um dann von Zeit zu Zeit einzugreifen, indem er Atome verschiebt.[119]

Über die Möglichkeit einer göttlichen Offenbarung
Es ist sehr schwer zu verstehen, wie Gott ein Wesen sein könnte, das Offenbarung bewirken könnte, ohne wieder Atome zu bewegen. Ich

---

115 Wilkinson, *Found in space?*, 20
116 Wilkinson, *Found in space?*, 20
117 Wilkinson, *Found in space?*, 20
118 Wilkinson, *Found in space?*, 21
119 Wilkinson, *Found in space?*, 18. Das ist natürlich eine groteske Karikatur des biblischen Schöpfungsberichts. Die Bibel sagt, dass Gott die Welt durch sein Wort erschuf und damit die Informationen lieferte, die für die Bildung des Lebens notwendig waren – Informationen, die, wie wir heute wissen, von den Genen getragen werden.

meine, wenn jemand einen Gedanken in Ihren Kopf einpflanzen will, der sonst nicht da wäre, muss er schließlich Atome bewegen.[120]

Das hört sich doch sehr seltsam an. Wir geben natürlich zu, dass immer dann, wenn wir einem Freund einen Gedanken in den Kopf setzen – was wir recht häufig tun –, dies den Effekt hat, dass wir damit „Atome im Kopf unseres Freundes bewegen". Aber wenn wir selbst dies tun können, und zwar ohne dabei mit den Gesetzen der Physik zu brechen, warum sollte es dann nicht auch Gott tun können? Sogar Davies' „Gott" war dafür verantwortlich, am Anfang Atome zu erschaffen, wie auch für ihre unaufhörlichen Bewegungen im ganzen Universum. Warum muss es Gott dann eigentlich verboten sein, Gedanken in die Köpfe von Menschen zu setzen, nur weil man dazu auch ein paar Atome bewegen müsste?

Über einen Gott, der Gebete beantwortet
... ich würde auf keinen Fall eine wunderwirkende Gottheit haben wollen, die sich einmischt, um Ordnung in die Dinge zu bringen.[121]

Ich mag einfach die Vorstellung nicht, dass es einerseits elektromagnetische Kräfte, Kernkräfte und die Schwerkraft gibt, und dann gibt es andererseits – welch Wunder – auch noch hin und wieder Gott.[122]

Über die Menschwerdung und Auferstehung Christi
Die Menschwerdung bedeutet, Gott greift in die Geschichte ein, indem er menschliche Gestalt annimmt, nicht als unausweichlicher Prozess, sondern als ein freiwilliger Akt.[123]

... die Auferstehung ... ist in meinen Augen ein Wunder.[124]

Ein Problem mit dem Eingreifen Gottes
Was Davies meint, ist Folgendes: Wäre die Menschwerdung als unvermeidliches Resultat der Gesetze der Physik und Biochemie geschehen, könnte er an sie glauben. Aber er kann nicht zugestehen, dass Gott die Gesetze der

---

120 Wilkinson, *Found in space?*, 20
121 Wilkinson, *Found in space?*, 19
122 Wilkinson, *Found in space?*, 20
123 Wilkinson, *Found in space?*, 19
124 Wilkinson, *Found in space?*, 19

Physik und Biochemie übergeht, um ein Wunder wie die Menschwerdung und die Auferstehung zu wirken. Offenbar darf sich Gott nicht in unsere Welt einmischen, es sei denn, er unterwirft sich den Gesetzen der Physik und Chemie, die er selbst geschaffen hat, und insbesondere denen, die die Menschen bisher entdeckt haben.

All dies erweckt den Anschein, trotz seiner Aussagen über „Gott" und eine Rationalität, die über die Wissenschaft hinausreicht, dass Paul Davies völlig vom Naturalismus überzeugt ist. Die Natur ist alles. Er möchte einfach keinen (um seinen eigenen Ausdruck zu verwenden) „übernatürlichen Gott", insbesondere keinen, der in unsere Welt eingreifen könnte.

Was genau ist nun sein Verständnis von „Gott" oder der letzten Realität? Hier sind noch ein paar Zitate:

> Und so ist mein Gott ein recht abstrakter Gott ... ein zeitloses Wesen, ein Wesen außerhalb der Zeit, ein Wesen, das Raum und Zeit verantwortet und daher nicht ein Teil davon sein kann ... ein recht fernes Wesen, das wahrscheinlich für jene, die nach persönlicher Erlösung suchen, nicht sehr ansprechend ist. ... Der Ausdruck „intellektueller Input" kommt einem in den Sinn ... „etwas Cleveres".[125]

> Man muss sich nicht auf etwas Übernatürliches bei den Ursprüngen des Universums oder des Lebens berufen. Ich habe die Vorstellung eines göttlichen Herumbastelns nie gemocht: Ich finde es viel inspirierender zu glauben, dass eine Reihe von mathematischen Gesetzen so clever sein können, dass sie all diese Dinge entstehen ließen.[126]

Nach Davies besteht die letzte Realität also aus einer Reihe von cleveren mathematischen Gesetzen! Das ist erstaunlich. In der Welt, in der ich lebe, hat das einfache Gesetz der Arithmetik, dass 1 + 1 = 2 ist, selbst noch nie etwas ins Leben gerufen und ganz sicher noch kein Geld auf mein Konto fließen lassen. Wenn ich zunächst 1000 Pfund auf der Bank einzahle und später weitere 1000 Pfund, können die Gesetze der Arithmetik rational erklären, warum ich nun 2000 Pfund auf dem Konto habe. Aber hätte ich nicht selbst das Geld eingezahlt und es einfach den Gesetzen der Arithmetik überlassen, Geld auf mein Bankkonto einzuzahlen, würde ich permanent pleite sein. Die Welt des nicht übernatürlichen Naturalismus, in der clevere

---

125 Wilkinson, *Found in space?*, 19
126 Aus einem weiteren Interview von Clive Cookson, *Scientists Who Glimpsed God*, 20

mathematische Gesetze allein ein ganzes Universum entstehen lassen und das Leben selbst noch dazu, ist mehr Science-Fiction als Wissenschaft. Die Intelligenz, die die reale Welt geformt hat, muss einem übernatürlichen persönlichen Akteur gehören – nämlich Gott.

DIE ROLLE VON VORURTEILEN BEI DER ENTSCHEIDUNG, AN GOTT ZU GLAUBEN ODER NICHT

Es stimmt absolut, dass viele Leute wollen, dass es einen Gott gibt, weil sie glauben, er erfüllt ihre Bedürfnisse und Sehnsüchte. In dieser Hinsicht kann man sagen, dass einem solchen Glauben Vorurteile zugrunde liegen. Aber auch dem Unglauben an Gott können Vorurteile zugrunde liegen, und es ist wichtig, diese Tatsache zu berücksichtigen.

Im oben zitierten Interview mit Professor Davies fällt z. B. auf, dass vieles von dem, was er darüber sagt, was Gott nicht tun oder sein kann, von dem bestimmt wird, was Davies selbst nicht mag.

Thomas Nagel, emeritierter Philosophieprofessor der New York University, bringt seine Vorurteile noch stärker und expliziter zum Ausdruck:

Wenn ich von der Furcht vor der Religion spreche, meine ich nicht die völlig vernünftige Abneigung gegen bestimmte etablierte Religionen ..., die sich auf deren fragwürdige moralische Lehren, gesellschaftspolitische Maßnahmen und politische Einflussnahme richtet. Ebenso wenig beziehe ich mich auf die Verbindung vieler religiöser Überzeugungen mit abergläubischen Einstellungen und der Bejahung offensichtlich falscher empirischer Behauptungen. Ich spreche hier von etwas viel Tieferem, nämlich von der Angst vor der Religion selbst. ... Ich will, dass der Atheismus wahr ist, und es bereitet mir Unbehagen, dass einige der intelligentesten und am besten unterrichteten Menschen, die ich kenne, im religiösen Sinne gläubig sind. Es ist nicht nur so, dass ich nicht an Gott glaube und natürlich hoffe, mit meiner Ansicht recht zu behalten, sondern eigentlich geht es um meine Hoffnung, es möge keinen Gott geben! Ich will, dass es keinen Gott gibt; ich will nicht, dass das Universum so beschaffen ist.[127]

---

127 *Das letzte Wort*, 191

Andererseits kann auch der stärkste Intellektualismus nicht immer die tiefe Sehnsucht des Herzens nach Gott ganz unterdrücken. Trotz all seines christentumfeindlichen Agnostizismus schrieb Bertrand Russel einmal:

> Sogar dann, wenn man sich anderen Leuten am nächsten fühlt, scheint etwas in einem hartnäckig zu Gott zu gehören und sich zu weigern, in irgendeine irdische Gemeinschaft einzutreten – so würde ich es zumindest ausdrücken, wenn ich glaubte, es gäbe einen Gott. Es ist schon seltsam, nicht wahr? Mir liegt diese Welt sehr am Herzen und viele Dinge und Leute in ihr und doch ... was ist das alles? Man hat das Gefühl, es *müsse* doch etwas geben, was wichtiger ist, auch wenn ich nicht *glaube,* dass es das gibt.[128]

---

128 *Autobiography,* 320 (Auslassungen auch im Original)

III·4
CHRISTLICHER THEISMUS

Die Suche nach der letzten Realität in Gottes Selbstoffenbarung

Nachdem Gott vielfältig und auf vielerlei Weise ehemals
zu den Vätern geredet hat in den Propheten,
hat er am Ende dieser Tage zu uns geredet im Sohn,
den er zum Erben aller Dinge eingesetzt hat,
durch den er auch die Welten gemacht hat.

Hebräer 1,1-2

GOTT IST DIE LETZTE WIRKLICHKEIT,
UND MAN KANN IHN ERKENNEN

Im Zentrum des christlichen Theismus steht die Behauptung, dass Gott die letzte Wirklichkeit ist und dass man ihn erkennen kann. Gott hat es nicht allein unserer menschlichen Vernunft überlassen, herauszufinden, wie die letzte Realität aussehen könnte. Gott hat selbst die Initiative ergriffen und sich uns bekannt gemacht. Er hat dies auf vielfältige Weise getan:

    a. durch die Schöpfung;
    b. durch die Stimme des Gewissens;
    c. durch die Geschichte, insbesondere durch die Propheten des Alten Testaments;
    d. aber in erster Linie, indem er selbst in der Person Jesu Christi Mensch wurde.

Mit diesem göttlichen Akt der Selbstkommunikation hat Gott zwei Hindernisse überwunden, die uns bei unserer Gotteserkenntnis im Wege stehen.

Hindernis 1: Die grundsätzliche Begrenztheit von abstraktem menschlichem Denken
Abstraktes menschliches Denken kann bestenfalls nur eine Idee von Gott entwickeln. Die Idee einer Sache ist jedoch immer deutlich beschränkter als die Sache selbst. Die Idee einer Sache ist nur ein geistiges Konzept; die Sache selbst ist die Realität. So ist auch eine Vorstellung von Gott, zu der man durch abstraktes philosophisches Denken gelangt ist, etwas ganz anderes als der lebendige Gott selbst, der sich durch das Wort und die Person des Mensch gewordenen Gottessohnes und durch die Erleuchtung durch den Geist Gottes aktiv selbst offenbart hat.

Hindernis 2: Die Menschwerdung Gottes hat eine Kluft überwunden, die die menschliche Vernunft alleine niemals überwinden könnte

Kritiker des Christentums haben oft auf diese Kluft hingewiesen. Wenn Gott der transzendente Herr ist, der „ganz andere", so argumentieren sie, wie können dann menschliche Konzepte und Sprache jemals die Kluft zwischen unserer Welt, die wir aus unserer Erfahrung kennen, und Gott und seiner ganz anderen Welt überwinden? Die Sprache, mit der das Christentum von Gott spreche, sei voller Metaphern und Analogien. Aber diese Metaphern und Analogien besäßen keine Gültigkeit. Sie basierten auf Erfahrungen in dieser Welt, und die Annahme, sie könnten uns irgendetwas über die Realitäten Gottes und diese andere Welt erzählen – selbst wenn diese existieren würde –, habe keine rationale Grundlage. Die Kluft zwischen den zwei Welten sei sowohl gedanklich als auch sprachlich unüberwindbar. So lautet die Kritik.

Der christliche Theismus räumt ein, dass diese Kluft existiert, behauptet aber, dass Gott durch seine Menschwerdung selbst die Kluft überwunden hat und in unsere Erfahrungswelt von Zeit und Raum eintrat. Er hat nicht nur in menschlicher Sprache zu uns gesprochen, sondern ist selbst Mensch geworden, ohne dabei aufzuhören, Gott zu sein. In seiner Selbstmitteilung verwendet er natürlich Metaphern und Analogien aus unserer Welt, um es uns zu ermöglichen, bestimmte Dinge zu verstehen. Aber diese Metaphern und Analogien besitzen durchaus Gültigkeit, da sie von der anderen Seite der Kluft kamen, von jemandem, der diese andere, göttliche Welt kennt und weiß, mit welchen Metaphern man sie zuverlässig beschreiben kann (Joh 3,12-13; 6,62; 8,14.23.26; 16,28).

Wenn wir nun auf die Unzulänglichkeit der menschlichen Vernunft hinweisen, alleine beurteilen zu können, wie Gott ist, wollen wir damit nicht sagen, dass die Vernunft bei unserem Erkennen und Verstehen von Gott keinen Platz hätte. Die Bibel selbst gebietet uns, den Herrn, unsern Gott, sowohl mit unserem ganzen Verstand wie auch aus ganzem Herzen zu lieben (siehe Mk 12,30). „Am Verstand aber seid Erwachsene", sagt 1. Korinther 14,20. Aber

> ✦ Hätte Gott sich uns am Anfang nicht offenbart, hätten wir nichts, worüber wir mit unserem Verstand nachdenken könnten. Mit der Erkenntnis Gottes ist es wie mit der Wissenschaft: Gott musste das Universum erst erschaffen, bevor es der menschliche Verstand erforschen kann.

hätte Gott sich uns nicht am Anfang offenbart, hätten wir nichts, worüber wir mit unserem Verstand nachdenken könnten. Mit der Erkenntnis Gottes ist es wie mit der Wissenschaft: Gott musste das Universum erst erschaffen, bevor es der menschliche Verstand erforschen kann.

Wir beginnen mit einer Schlüsselstelle aus dem Neuen Testament, die nicht nur erklärt, dass Gott selbst sich den Menschen mitteilt, sondern auch, dass dies Teil seines Wesens ist. Lassen Sie uns zuerst den Text lesen, um dann seine Hauptmerkmale genauer zu betrachten:

> Im Anfang war das Wort, und das Wort war bei Gott, und das Wort war Gott. Dieses war im Anfang bei Gott. Alles wurde durch dasselbe, und ohne dasselbe wurde auch nicht eines, das geworden ist. In ihm war Leben, und das Leben war das Licht der Menschen. Und das Licht scheint in der Finsternis, und die Finsternis hat es nicht erfasst.
>
> Da war ein Mensch, von Gott gesandt, sein Name: Johannes. Dieser kam zum Zeugnis, dass er zeugte von dem Licht, damit alle durch ihn glaubten. Er war nicht das Licht, sondern er kam, dass er zeugte von dem Licht.
>
> Das war das wahrhaftige Licht, das, in die Welt kommend, jeden Menschen erleuchtet. Er war in der Welt, und die Welt wurde durch ihn, und die Welt erkannte ihn nicht. Er kam in das Seine, und die Seinen nahmen ihn nicht an; so viele ihn aber aufnahmen, denen gab er das Recht, Kinder Gottes zu werden, denen, die an seinen Namen glauben; die nicht aus Geblüt, auch nicht aus dem Willen des Fleisches, auch nicht aus dem Willen des Mannes, sondern aus Gott geboren sind.
>
> Und das Wort wurde Fleisch und wohnte unter uns, und wir haben seine Herrlichkeit angeschaut, eine Herrlichkeit als eines Einzigen vom Vater, voller Gnade und Wahrheit. – Johannes zeugt von ihm und rief und sprach: Dieser war es, von dem ich sagte: Der nach mir kommt, ist vor mir geworden, denn er war eher als ich. – Denn aus seiner Fülle haben wir alle empfangen, und zwar Gnade um Gnade. Denn das Gesetz wurde durch Mose gegeben; die Gnade und die Wahrheit ist durch Jesus Christus geworden. Niemand hat Gott jemals gesehen; der einziggeborene Sohn, der in des Vaters Schoß ist, der hat ihn bekannt gemacht. ... Am folgenden Tag sieht [Johannes] Jesus zu sich kommen und spricht: Siehe, das Lamm Gottes, das die Sünde der Welt wegnimmt! (Joh 1,1-18.29)

Dieser Abschnitt enthält eine Reihe von Behauptungen. Lassen Sie uns diese zunächst auflisten und dann die Details des Abschnitts kommentieren.

1. Gott existiert. Er ist ewig, unerschaffen und unterschieden von dem erschaffenen, abhängigen Universum.

2. Gott spricht. Es ist Teil seiner Wesensnatur, zu sprechen und sich selbst mitzuteilen.

3. Die Erschaffung des Universums geschah durch das Wort Gottes und ist Ausdruck seines Geistes.

4. Die ursprüngliche Ablehnung von Gottes Wort durch die Menschheit führte zu einer allgemeinen Finsternis. Doch Gott redete weiterhin, und auch sein Licht leuchtete immer noch.

5. Gottes größte Selbstoffenbarung geschah durch die Menschwerdung des Wortes und den Opfertod Christi.

6. Die Menschwerdung des Wortes Gottes gibt uns einen Einblick in die innere Beziehung der Dreieinigkeit, sprich den einen Gott.

- *Der Unterschied zwischen „sein" und „werden" (Joh 1,1-3)*

Hier sehen wir, was das Neue Testament zu einem Thema zu sagen hat, das die griechischen Philosophen schon lange beschäftigt hat, nämlich der wichtige Unterschied zwischen „sein" und „werden" oder „entstehen" (siehe die Abschnitte über Heraklit, Parmenides, Leukipp, Demokrit und Platon in Kapitel III/2). In einer Welt des ständigen Wandels und Werdens, so meinten manche, kann es kein feststehendes, vollständiges, unveränderliches Wissen über etwas geben. Gibt es also, wie Platon fragte, keine ewigen, unveränderlichen Wahrheiten und Werte, auf denen wir unser Leben aufbauen können und die uns durch diese sich verändernde Welt leiten können? Wie eine Antwort auf diese alte Frage weist der Abschnitt aus dem Johannesevangelium auf das ewige Sein hin, das hinter jedem individuellen „Werden" liegt.

Dreimal in Vers 1 und einmal in Vers 2 wird für *das Wort* das Verb „sein" (griechisch: *einai*) verwendet. Das ist Absicht, denn es zeigt an, dass das ewige, zeitlose Sein des Wortes keinen Anfang hatte.

In Vers 3 hingegen wird das andere Verb „werden", „anfangen zu sein", „zu existieren beginnen" (griechisch: *gignesthai*) für die Erschaffung aller

Dinge verwendet. Damit wird uns gesagt, dass die Materie nicht schon immer existiert hat, wie die Griechen glaubten. Sie hatte einen Anfang.

Schauen Sie sich nun noch einmal Vers 1 an und sehen Sie, wie präzise die Sprache ist. „Im Anfang" – d. h. am Anfang des Universums – *„war* das Wort", nicht „entstand" oder „begann zu existieren", denn das Wort hatte keinen Anfang. Er – „das Wort" – war bereits, mit ewigem Sein; und durch ihn, durch das schon ewig existierende Wort, wurde das zeitlich begrenzte Universum schließlich ins Dasein gerufen.

> ✦ *Das Universum ist also kein Teil des Seins Gottes, das auf ewig von ihm ausgeht, wie Plotin dachte, und wie Gott selbst ewig ist. Materie ist nicht ewig. Sie hat einen Anfang. Im Gegensatz zu Gott gab es eine Zeit, in der sie nicht existierte.*

Das Universum ist also kein Teil des Seins Gottes, das auf ewig von ihm ausgeht, wie Plotin dachte, und wie Gott selbst ewig ist. Materie ist nicht ewig. Sie hat einen Anfang. Im Gegensatz zu Gott gab es eine Zeit, in der sie nicht existierte.

- *„Das Wort war bei Gott, und das Wort war Gott" (Joh 1,1-2)*

Hier treffen wir wieder auf das griechische Wort *Logos,* dem wir schon begegnet sind, als wir uns mit der stoischen Philosophie befasst haben (siehe Kap. III/2). Die Grundbedeutung von *Logos* (auch wenn der Begriff zahlreiche Bedeutungen hat) ist „Wort", nicht im Sinne eines einzelnen Wortes – das entsprechende griechische Wort wäre dann *rhēma* –, sondern im Sinne von Rede, Mitteilung, Kommunikation.

Über dieses Wort werden hier zwei Dinge gesagt:

1. „Das Wort war bei Gott"
Dies wird zweimal gesagt, einmal in Vers 1 und dann erneut in Vers 2 und in beiden Fällen in Verbindung mit dem „Anfang". Vers 1 sagt: „Im Anfang war das Wort [schon da], und das Wort war bei Gott", es existierte also schon ewig, ebenso wie Gott. Vers 2 sagt: „Dieses war im Anfang bei Gott." Damit weist der Vers darauf hin, dass das Wort nicht nur schon ewig bei Gott war, sondern auch bei der Schöpfung bei Gott war und zusammen mit Gott so vollständig an der Schöpfung des Universums beteiligt gewesen war, dass nichts in dem großen Universum ohne es erschaffen wurde, wie in Vers 3 erklärt wird. Mit anderen Worten: Es war nicht so, dass Gott manche Dinge durch das Wort und andere durch ein anderes Mittel erschuf. Alles entstand durch das Wort.

Die Präposition im Griechischen ist *pros* (und nicht die gebräuchlicheren Präpositionen *syn* oder *meta).* Im Neuen Testament wird diese Präposition normalerweise im Sinne von „bei" nur dann verwendet, wenn sie sich auf Personen bezieht, wenn eine Person mit einer anderen Person irgendeine Art von Beziehung hat.[129]

Hier in diesen beiden Versen wird gezeigt, dass das Wort eine Person war, die in ewiger Gemeinschaft mit Gott stand und ein inniges Verhältnis zu ihm hatte. Wenn wir normalerweise sagen, dass eine Person bei einer anderen Person ist, heißt das, dass es sich um zwei verschiedene Personen handelt. Wenn es nun heißt, dass das Wort bei Gott war, impliziert dies, dass das Wort in einem gewissen Sinne von Gott verschieden war bzw. ist. Das ist sicherlich richtig; aber sofort folgt im biblischen Text eine weitere Aussage über das Wort:

2. „Und das Wort war Gott"

Dieser Satz sagt uns, dass das Wort nicht nur bei Gott war, sondern nichts weniger als Gott selbst war. Was kann das bedeuten? Wie kann man sagen, dass das Wort „bei Gott" und damit unterschieden von Gott war und gleichzeitig doch nichts weniger als Gott war? Sagt der Apostel Johannes hier, dass es ursprünglich zwei Götter gab? Sicherlich nicht! Johannes war kein heidnisch-griechischer Polytheist, sondern ein überzeugter jüdischer Monotheist, für den der Polytheismus eine Verleugnung des grundlegenden Glaubenssatzes des Judentums war: „Der HERR ist unser Gott, der HERR allein!" (5Mo 6,4).

Manche haben argumentiert, dass das Wort für Gott (griechisch: *theos*) zwar ein Substantiv sei, in diesem Satz aber als Adjektiv verwendet werde: Das Wort war „gottähnlich" oder „göttlich". Aber wenn Johannes die Absicht gehabt hätte, das zu sagen, hätte ihm ein Wort zur Verfügung gestanden, das genau das bedeutete (griechisch: *theios),* und er hätte es verwenden können, um das, was er sagen wollte, eindeutig zu kommunizieren. Doch er verwendete es nicht, weil er nicht sagen wollte, dass Christus gottähnlich ist. Er wollte sagen, dass das Wort nichts weniger als Gott selbst ist. Wir wissen dies, weil – um ein Beispiel zu nennen – Johannes uns erzählt, dass er dabei war, als Thomas Christus als „mein Herr und mein Gott" anredete und Christus ihn dafür weder tadelte noch ihn aufforderte, sich mit solchen Äußerungen zurückzuhalten (Joh 20,28).

---

129 Vgl. „Und sind nicht seine Schwestern hier bei uns?" (Mk 6,3); „Täglich war ich bei euch" (Mk 14,49); „‚einheimisch' beim Herrn" (2Kor 5,8); „Ich wollte ihn bei mir behalten" (Phim 13); „das ewige Leben, das bei dem Vater war" (1Jo 1,2).

Hier haben wir also eine frühe Erkenntnis der Tatsache, dass Gott zwar *Einer,* aber nicht *einfach* ist, wie Plotin dachte, sondern eine Dreieinigkeit verschiedener Personen. Wir werden gleich noch weiter darüber nachdenken. Aber im Moment müssen wir uns darauf konzentrieren, welche Bedeutung die Aussage „Das Wort war Gott" für Gottes Selbstoffenbarung an die Menschheit hat. Sie sagt, dass es in Gottes Wesen liegt, sich mitzuteilen, zu kommunizieren, sich bekannt zu machen. Es ist nicht so, dass Gott schweigt und gelegentlich ein niederes Wesen beauftragt, etwas über ihn zu verkünden. Der wahre Gott ist der Gott, der spricht. Und wenn *das Wort* spricht, ist es Gott, der spricht, denn das Wort ist Gott.

> ☀ Wir müssen uns darauf konzentrieren, welche Bedeutung die Aussage „Das Wort war Gott" für Gottes Selbstoffenbarung an die Menschheit hat. Sie sagt, dass es in Gottes Wesen liegt, sich mitzuteilen, zu kommunizieren, sich selbst zu erkennen zu geben.

Es ist dieses Merkmal Gottes, das ihn nach der Bibel von menschengemachten Götzen unterscheidet, seien dies nun physische Statuen oder rein menschliche Gottesvorstellungen: Solche Götzen haben Münder, sprechen aber nicht (siehe z. B. Ps 115,5). Es steht auch in starkem Kontrast zu jenen Philosophien, die die letzte Realität so darstellen, als wolle diese nicht mit den Menschen in Kontakt treten. Tatsache ist: Das Wort hat gesprochen, und das Wort ist Gott.

- *Gott sprach bei der Schöpfung und spricht noch immer durch die erschaffene Ordnung (Joh 1,3-4)*

Alle Dinge sind durch das Wort entstanden, sagt Vers 3. Und 1. Mose 1 betont denselben Punkt, wo es wiederholt bei jeder Stufe im Schöpfungsprozess heißt: „Und Gott sprach ..." In Psalm 33,6.9 steht:

> Durch des HERRN Wort ist der Himmel gemacht und all sein Heer durch den Hauch seines Mundes.

> ... Denn er sprach, und es geschah; er gebot, und es stand da.

Das Neue Testament wiederholt diese Beobachtung:

> Durch Glauben verstehen wir, dass die Welten durch Gottes Wort bereitet worden sind, sodass das Sichtbare nicht aus Erscheinendem geworden ist. (Hebr 11,3)

Hebräer 1,2-3 fügt hinzu, dass Gott, der das Universum durch sein Wort erschuf, es nun durch ebendieses Wort erhält. Er erhält alle Dinge durch das Wort seiner Macht.

In der gesamten Bibel wird ständig die Tatsache betont, dass das Universum durch das Wort Gottes erschaffen wurde, was für uns deswegen besonders von Bedeutung ist, weil in den letzten Jahrzehnten erkannt wurde, dass die physikalischen Substanzen in der menschlichen Zelle als Code dienen, der die „Information" trägt, die für die Erzeugung und Reproduktion von Leben notwendig ist (siehe Anhang).[130]

Aber schon die bloße Existenz des geschaffenen Lebens in unserer Welt trägt noch eine andere Botschaft. Sie wirkt wie Licht, sagt unser Abschnitt (Joh 1,4), das uns einlädt, uns sogar zwingt zu fragen, woher es kommt. Wenn wir nachts auf einer dunklen Landstraße unterwegs sind und plötzlich ein Lichtstrahl aufleuchtet, fragen wir uns instinktiv, woher dieser kommt. Wenn jemand meinte, er käme einfach aus dem Nichts und nicht von irgendeiner Quelle, würden wir diese Aussage als Unsinn abtun. Licht muss eine Quelle haben, und ebenso das Leben.

Was war nun die Quelle des Lebens? Unser Abschnitt antwortet: „In ihm [d. h. im Wort] war Leben, und das Leben war das Licht der Menschen" (Joh 1,4). Er, das Wort, war die Quelle bzw. der Ursprung allen erschaffenen Lebens. Wenn wir als Menschen also den Sinn unseres Lebens verstehen wollen und entdecken wollen, welchen Sinn und Zweck und welches Ziel es hat, müssen wir es auf seinen Ursprung – Gott, das Wort – zurückführen und lernen, in seinem Licht und gemäß dem Zweck zu leben, zu dem er uns erschaffen hat.

---

130 Siehe Anhang: *Was ist Wissenschaft?*, Seite 455

- *Gott redete während der gesamten „dunklen Zeitalter" der Erde (Joh 1,5-9)*

Durch allgemeine Offenbarung

„Und das Licht scheint in der Finsternis", sagt Johannes 1,5. Welche Finsternis? Nach 1. Mose 3 (siehe auch Röm 5,12-21) geschah der Fall der Menschheit nicht aufgrund eines Mangels an Beweisen für die Existenz Gottes noch durch irgendeine grobe Sünde wie Mord oder widernatürliche Laster, sondern durch die Ablehnung von Gottes Wort und den Versuch, moralische und geistige Unabhängigkeit von Gott zu erlangen. Dies hatte Jahrhunderte der Finsternis zur Folge (Apg 17,22-31; Röm 1,21-22; Eph 4,17-18).

Mit dieser Aussage leugnet oder missachtet die Bibel nicht den Fortschritt der frühen Menschheit im Bereich der Musik oder der Metallverarbeitung (1Mo 4,21-22) oder den Glanz folgender Zivilisationen wie der von Ägypten, Babylon, Persien, Griechenland und Rom. Aber was die Erkenntnis Gottes betrifft, verfielen die Nationen größtenteils der Finsternis von Polytheismus und Götzendienst und den Dingen, die dies mit sich brachte: Aberglaube, Angst und religiöse Unfreiheit. Dennoch redete Gott auch weiterhin: 1. durch die Kontinuität von Aussaat und Ernte und das immer wiederkehrende „Wunder" der Versorgung mit dem täglichen Brot (der Mensch kann immer noch kein einziges Weizenkorn herstellen, siehe Apg 14,16-17); 2. durch die Majestät des Himmels mit seinen Sternen und Galaxien (Ps 19,2); 3. durch die Stimme des Gewissens, die auf das Gesetz Gottes reagiert, das in unser menschliches Herz geschrieben wurde (Röm 2,1-16). Und natürlich spricht er auch heute noch zu unserer modernen Welt durch diese Mittel.

Durch besondere Offenbarung

Aber Gott hatte die Absicht, sich der Menschheit noch direkter zu offenbaren als durch eine allgemeine Offenbarung, nämlich durch die Menschwerdung des Wortes, des Sohnes Gottes, des Gottmenschen. Dafür waren einige Jahrhunderte der Vorbereitung notwendig, damit die Bedeutung dieser Offenbarung, als sie dann schließlich geschah, unmissverständlich sein würde. Die Gottesvorstellung der Welt war durch den Polytheismus überall verdorben. Wie hätte man dann den Anspruch Christi, der Sohn Gottes zu sein, richtig verstehen können, wenn sogar das Volk, in das er hineingeboren wurde, wie alle anderen Völker an zahllose Götter und Göttinnen samt deren endlosen vermeintlichen Söhnen und Töchtern geglaubt hätte? Oder wenn sie an eine Abfolge von Avataren von einem der

Tausenden von Göttern geglaubt hätten, wie es der Hinduismus noch immer tut?

Gottes Vorbereitung der Menschwerdung geschah also zunächst mit der Erziehung, Unterweisung und – wo nötig – strengen Disziplinierung eines Volkes, Israel, damit dieses Volk sich schließlich klar vom Polytheismus der anderen Nationen unterscheiden würde, indem es sich kompromisslos zu dem einen wahren Gott bekennen würde. Ein solcher Monotheismus, so zeigt uns die Geschichte, war in der Antike praktisch einzigartig. Es dauerte Jahrhunderte, ihn kompromisslos zu etablieren, denn oft verfiel Israel in den Polytheismus der umliegenden Nationen (so bezeugen es die alttestamentlichen Propheten). Aber das angestrebte Ziel wurde schließlich erreicht. Als das Wort Fleisch wurde, war die Nation, in die es hineingeboren wurde, konsequent und eindeutig monotheistisch.

> ✻ *Die Gottesvorstellungen der Welt war durch den Polytheismus überall verdorben. Wie hätte man dann den Anspruch Christi, der Sohn Gottes zu sein, richtig verstehen können, wenn sogar das Volk, in das er hineingeboren wurde, wie alle anderen Völker an zahllose Götter und Göttinnen samt deren endlosen vermeintlichen Söhnen und Töchtern geglaubt hätte?*

Die vorbereitende Funktion des Gesetzes und der Propheten

Darüber hinaus machte das Gesetz, das Israel durch Mose am Sinai von Gott gegeben wurde, Gottes Charakter, seine Heiligkeit und Gerechtigkeit bekannt und legte die Maßstäbe für das Verhalten fest, das er den Menschen gebot. Dann kam die lange Reihe der hebräischen Propheten. Sie waren einzigartig: In der Welt der Antike gab es nichts Vergleichbares zu ihrer Anprangerung von rein äußerlicher, formaler Religion ohne wahre Moralität und ihrem eindringlichen Ruf nach gesellschaftlicher, religiöser und politischer Erneuerung. Hätten die Menschen kein Bewusstsein für die Heiligkeit Gottes und die Ernsthaftigkeit von persönlicher, sozialer, religiöser und politischer Sünde entwickelt, wäre es sinnlos gewesen, wenn der Sohn Gottes gekommen wäre und sich als Opfer für die Sünden der Welt angeboten hätte.

Der Höhepunkt der Vorbereitungszeit

Schließlich war die Zeit der Vorbereitung vorüber, und es kam der letzte und größte der Propheten der alttestamentlichen Zeit (Mt 11,11), Johannes der Täufer, als Vorbote Christi, um den Weg für den Herrn zu bereiten und Christus den Menschen bekannt zu machen (siehe Jes 40,3-5; Joh 1,6-8.19-28).

- *Gott hat endgültig durch die Menschwerdung des Wortes gesprochen (Joh 1,14-18)*

In unserem Abschnitt heißt es:

> Und das Wort wurde Fleisch und wohnte unter uns, und wir haben seine Herrlichkeit angeschaut, eine Herrlichkeit als eines Einzigen vom Vater, voller Gnade und Wahrheit. ... Niemand hat Gott jemals gesehen; der einziggeborene Sohn, der in des Vaters Schoß ist, der hat ihn bekannt gemacht. (Joh 1,14.18)

Zu diesem Höhepunkt von Gottes Selbstoffenbarung sagt das Neue Testament an anderer Stelle:

> Nachdem Gott vielfältig und auf vielerlei Weise ehemals zu den Vätern geredet hat in den Propheten, hat er am Ende dieser Tage zu uns geredet im Sohn, den er zum Erben aller Dinge eingesetzt hat, durch den er auch die Welten gemacht hat; er, der Ausstrahlung seiner Herrlichkeit und Abdruck seines Wesens ist und alle Dinge durch das Wort seiner Macht trägt, hat sich, nachdem er die Reinigung von den Sünden bewirkt hat, zur Rechten der Majestät in der Höhe gesetzt. (Hebr 1,1-3)

- *Die letzte Wirklichkeit ist persönlich*

Bereits in alttestamentlicher Zeit wurde durch Gottes Selbstoffenbarung deutlich, dass er eine Person ist. Er wird nicht nur als Gott bezeichnet: Er hat einen Namen, der seinen Charakter ausdrückt. Gegenüber Mose verkündete er im brennenden Busch (2Mo 3,13-14), sein Name sei „Ich bin, der ich bin", womit er auf sein selbstexistentes, ewiges, unveränderliches Wesen hinwies. Später verkündete Gott seinen Namen so:

> Jahwe, Jahwe, Gott, barmherzig und gnädig, langsam zum Zorn und reich an Gnade und Treue, der Gnade bewahrt an Tausenden von Generationen, der Schuld, Vergehen und Sünde vergibt, aber keineswegs ungestraft lässt. (2Mo 34,6-7)

Und alles das sind Eigenschaften und Handlungen einer Person.

Aber der größte Beweis dafür, dass Gott eine Person ist, ist natürlich die Tatsache, dass das Wort, das ewig bei Gott war und Gott war, zu uns nicht nur über Gott geredet hat, sondern selbst Mensch wurde und damit Gott in menschlicher Form und mit menschlichen Begriffen vollkommen Ausdruck verlieh, ohne dabei aufzuhören, Gott zu sein. „Wer mich gesehen hat, hat den Vater gesehen" (Joh 14,9).

Und da der eine, der Mensch wurde, ewig bei Gott war und Gott war, auch über den Vater und den Geist Gottes sprach, hat uns seine Menschwerdung einen wahren Einblick in das Wesen Gottes gegeben. Der christliche Theismus glaubt nicht an drei Götter. Er proklamiert genauso entschieden wie Judentum und Islam, dass es nur *einen* Gott gibt (1 Tim 2,5). Aber dieser Gott ist nicht *einfach*.

Die griechischen Philosophen, die sich nur auf ihr menschliches Konzept der höchsten Vollkommenheit verließen, konnten sich als letzte Realität nichts anderes als eine absolute, einfache Einheit vorstellen – so sehr, dass sowohl Aristoteles als auch Plotin meinten, das Eine könne an nichts oder niemanden außerhalb seiner selbst denken, denn dies würde eine Dualität implizieren: der Denkende und das Gedachte. Die reine Vernunft drängte Plotin sogar noch weiter: Er argumentierte, dass das Eine noch nicht einmal über sich selbst nachdenken könne – aus demselben Grund: Es würde dieselbe Dualität von Denkendem und Gedachten implizieren (siehe Kap. III/2). So kam die menschliche Vernunft zu dem Schluss, dass die letzte Realität etwas sein muss, das weniger Fähigkeiten als der Mensch besitzt!

Die Gottheit, die uns durch die Menschwerdung des Wortes offenbart wurde, ist also eine Dreieinigkeit von Vater, Sohn und Heiligem Geist. Keine drei Götter, sondern ein dreifaches Beziehungsverhältnis innerhalb des einen Gottes. Oft spricht man in der christlichen Theologie hier von drei Personen. Aber in diesem Kontext bedeutet „drei Personen" nicht „drei getrennte Einzelpersonen". Dabei wird jedes Beziehungsverhältnis unterschieden, und doch ist die Gottheit eine göttliche Gemeinschaft.

Gott ist Liebe, sagt die Bibel. Dabei liebt er nicht nur seine Geschöpfe; schon bevor es irgendwelche Geschöpfe gab, war die Gottheit eine Gemeinschaft der Liebe. Und auch was die Haltung Gottes gegenüber seinen Geschöpfen betrifft und wie er mit ihnen umgeht: Die Bibel macht deutlich, dass jede Person der Gottheit ebenfalls daran beteiligt ist, auch wenn es das spezifische Handeln einer einzelnen Person ist.[131]

Manche Leute halten das ganze Thema Dreieinigkeit für idealistischen Unsinn. Aber es ist interessant festzustellen, dass in einem ganz anderen Bereich Wissenschaftler, die das Quantenverhalten von Teilchen untersuchen, berichten, dass auf dieser Ebene Teilchen nicht länger als isolierte, unverbundene, individuelle Dinge verstanden werden können. Sie scheinen dauerhafte Verbindungen untereinander aufrechtzuerhalten, in einem zusammenhängenden, kontinuierlichen Feld, es entsteht Quantenverschränkung. Wir sagen natürlich nicht, dass die Personen der Dreieinigkeit wie Teilchen in einem Quantenfeld sind. Die heilige Dreieinigkeit ist einzigartig, mit nichts zu vergleichen, und wenn, dann sind die Vergleiche äußerst schwach. Aber was wir hier sagen möchten, ist Folgendes: Wenn Materie sich auf Quantenebene so unergründlich und kontraintuitiv verhält, muss man sich nicht darüber wundern, wenn die Tatsachen, die Gott uns über die wechselseitige Beziehung der Personen der Dreieinigkeit offenbart hat, schon bald unser Vorstellungsvermögen überschreiten, ganz zu schweigen davon, dass wir dies jemals vollständig verstehen könnten.

Wir können nicht und werden niemals alles über Gott wissen. In seiner Unermesslichkeit wird er immer weit über das hinausgehen, was wir jemals ganz verstehen können. Aber wir können sehr viel über ihn wissen. Und das, was er uns über die Personen der Dreieinigkeit mitgeteilt hat, ist für uns von entscheidender praktischer Bedeutung, wenn wir Gott persönlich kennenlernen wollen. Wir können diesen Prozess in drei Teile gliedern:

> ✻ Wir können nicht und werden niemals alles über Gott wissen. In seiner Unermesslichkeit wird er immer über das hinausgehen, was wir ganz verstehen können. Aber wir können sehr viel über ihn wissen.

---

131 Christliche Theologen haben dieses Phänomen als „Kohärenz der Dreieinigkeit" bezeichnet, als Fachbegriff dafür, was mit dem griechischen Wort *perichōrēsis* ausgedrückt wird. Beispiel dafür sind: Die Wunder, die der Sohn tat, wurden von ihm getan (Joh 5,36); doch konnte er auch sagen, dass es der in ihm wohnende Vater war, der die Wunder tat (Joh 14,10). Was der Sohn zu seinen Gemeinden redet (Offb 2,1), ist das, was der Geist zu den Gemeinden redet (Offb 2,11).

1. *Gott der Vater.* Er ist derjenige, der erkannt werden soll, und es ist der Sohn Gottes, der ihn bekannt gemacht hat (Joh 1,18; 17,26).

2. *Gott der Sohn.* Als das Wort ist er die Botschaft, die vollgültige Offenbarung Gottes, die nicht nur mit Worten verkündigt wurde, sondern auch durch seine jungfräuliche Geburt, sein Leben, seine Werke, seinen Tod, sein Begräbnis und seine Auferstehung.

3. *Gott der Heilige Geist.* Er ist nicht die Botschaft. Er nahm niemals menschliche Gestalt an, noch wurde er jemals für uns gekreuzigt. Er ist nicht Gegenstand des Evangeliums. Andererseits sind wir nicht uns selbst überlassen, wenn es darum geht, die Wahrheit der Botschaft wahrzunehmen, sie zu verstehen, sie anzunehmen und durch sie verändert zu werden. Nach dem Neuen Testament ist es der Dienst von Gott dem Heiligen Geist, die Welt von der Sünde zu überführen (Joh 16,8-9), sie von Christi Auferstehung zu überzeugen (Apg 2), Christus zu verherrlichen, damit sich die Herzen und der Glaube der Menschen zu ihm wenden (Joh 16,14-15), in ihnen jene geistliche Erneuerung zu bewirken, die Christus als Neugeburt bezeichnet (Joh 3), Gottes Liebe in die Herzen jener auszugießen, die Christus annehmen (Röm 5,5), sie zu befähigen, nach und nach einen wahrhaft christlichen Lebensstil zu entwickeln (Röm 8,1-17), es ihnen zu ermöglichen, noch umfassender die Tiefen Gottes zu erkennen (1Kor 2,1-12), bei ihnen und in ihnen zu sein (Joh 14,17), ihre Gebete und tiefsten Sehnsüchte und Wünsche zu leiten (Röm 8,26-27), um ihnen so einen Vorgeschmack und eine Garantie auf ihr zukünftiges ewiges Erbe zu geben (Eph 1,13-14).

Zur Erkenntnis Gottes gehört also nach dem christlichen Theismus sicherlich die Aufnahme und das Verständnis vieler Informationen. Aber es ist nicht einfach nur eine Frage der Verinnerlichung von Fakten. Die allgegenwärtige Gefahr der Theologie ist, dass sie dazu neigen kann, die Erkenntnis Gottes zu objektivieren, sodass sie zu etwas wird, was nicht mehr als ein System abstrakter Wahrheiten ist. Es ist das Werk des lebendigen, persönlichen Heiligen Geistes Gottes, den Prozess der Gotteserkenntnis aufrechtzuerhalten, sodass die persönliche Beziehung zwischen dem Geschöpf und dem Schöpfer immer tiefer wird.

UNSER VERHÄLTNIS ZUR LETZTEN WIRKLICHKEIT

Bis hierhin haben wir uns auf die erste Hälfte unserer zweifachen Frage konzentriert: Was ist das Wesen der letzten Wirklichkeit? Nun müssen wir die zweite Hälfte beantworten: In welchem Verhältnis stehen wir zu ihr?

Unser Verhältnis zur letzten Wirklichkeit ist das von Geschöpfen zu ihrem Schöpfer
In diesem Zusammenhang sollten wir ein paar Punkte festhalten:

- *Gott selbst ist unser Schöpfer*

In Platons Denken ist der Schöpfer (bzw. der Demiurg, wie er genannt wird) nicht die letzte Realität; und wenn er das Universum erschafft, indem er der präexistenten chaotischen Materie eine Ordnung verleiht, tut er dies gemäß den präexistenten, ewigen Formen (siehe Kap. III/2).

In Shankaras Philosophiesystem ist die letzte Realität, Brahman, nicht der Schöpfer; die Schöpfung ist das Werk einer geringeren Gottheit, Brahmā (siehe Kap. III/1).

Auch im Neuplatonismus ist die letzte Realität, das Eine, nicht der Schöpfer. Der Schöpfer ist die dritte Einheit in der Hierarchie, die Weltseele (siehe Kap. III/2).

In allen drei Systemen wird die Materie, aus der die Welt und unsere Körper gemacht sind, entweder als Illusion oder ohne echten Wert, wenn nicht sogar als ausgesprochen böse betrachtet. In allen drei Philosophien ist das ideale Ziel des Menschen, seinem materiellen Körper und der Welt der Materie zu entfliehen.

Im starken Kontrast dazu lehrt die Bibel, dass Gott selbst die letzte Wirklichkeit ist und dass er das Universum und die Menschheit erschaffen hat. Unsere Körper sind nicht anstößig oder gar böse, ganz im Gegenteil: Gott selbst erschuf unsere Körper, in männlicher und weiblicher Form, und befand dies als sehr gut (1Mo 1,31). Weit entfernt davon, dass wir uns davon befreien sollten, verkündet das christliche Evangelium vielmehr, dass die zweite Person der Dreieinigkeit, das Wort Gottes, schließlich einen realen menschlichen Körper annahm; und auch nach seiner Auferstehung war er kein körperloser Geist, sondern hatte einen Körper aus Fleisch und Blut (Lk 24,34-43). Schließlich werden die Erlösten, wenn die Erlösung vollendet sein wird, einen Körper haben, der dem verherrlichten Körper Christi ähnlich ist (Phil 3,21). Gottes materielle Schöpfung ist also keine unerfreuliche und bedauerliche Sache und schon gar nicht böse. Es ist Gottes eigenes Werk und daher gut.

- *Die Menschheit wurde nach dem Bilde des Schöpfers geschaffen und ist ihm ähnlich*

Dies bezieht sich zum einen auf die Stellung und die Funktion von Mann und Frau in der Welt. Sie sollten Gottes Vertreter und Verwalter des Ökosystems der Erde sein.

Zweitens bezieht es sich auf die moralische und geistige Natur des Menschen, der sich Gottes und seiner moralischen Maßstäbe bewusst ist. Und auch wenn dieses Bild zum Teil durch die Sündhaftigkeit des Menschen und seine Abkehr von Gott entstellt wurde, bleibt es Grundlage der Würde und des essenziellen Wertes eines jeden Menschen (1Mo 1,26-27; 9,6; Jak 3,9).

- *Wir sind von Gott geschaffen; wir sind nicht aus Gott hervorgegangen. Gott hat das ganze Universum aus dem Nichts erschaffen*

Der stoische Pantheismus lehrte, dass Gott in allem ist. Die indische Philosophie und der griechische Neuplatonismus lehren, dass alles, auch der Mensch, eine Emanation Gottes ist, d. h. aus Gott hervorgegangen ist, wie die Sonnenstrahlen von der Sonne ausgehen. Wenn das so wäre, sollten wir uns alle selbst als Gott betrachten können. Das berühmte Sprichwort der indischen Philosophie *„Tat tvam asi",* „DU BIST DAS", behauptet genau das: dass das innere Selbst des Menschen Gott ist, ein Teil von Gottes eigener Substanz (siehe Kap. III/1).

Wenn das stimmen würde, hätte es einige seltsame Konsequenzen. Es würde bedeuten, dass zumindest ein Teil von uns schon immer, schon bevor wir geboren wurden, existiert hat und niemals einen Anfang hatte. Es würde auch bedeuten, dass unsere Unwissenheit und unser böses Verhalten Gott zugeschrieben werden könnten.

Sri Ramakrishna, ein Pantheist, wies darauf hin, was der Emanations-pantheismus bedeutet:

> Gott allein ist, und er ist es, der dieses Universum geworden ist ... „Als Schlange beiße ich, als Heiler heile ich." Gott ist der unwissende Mensch und Gott ist der erleuchtete Mensch. Gott als unwissender Mensch bleibt verblendet. Als Guru wiederum schenkt er Gott im Unwissenden Erleuchtung.[132]

Könnte man auf dieser Grundlage nicht auch sagen, dass Gott in Adolf Hitler ein diabolischer Verbrecher war und dass Gott in den Juden, die Hitler vergaste, von Gott selbst vergast wurde?

Die Bibel widerspricht dem in aller Deutlichkeit. Gott hat an einer Stelle in der Geschichte gesagt: „Auch die Ägypter sind Menschen und nicht Gott" (Jes 31,3), und das trifft auf uns alle zu. Gott allein ist unsterblich, sagt die Bibel (1Tim 6,16). Die Vorstellung, dass Materie eine Emanation von Gottes eigener Substanz und unzerstörbar ist, ist zusammen mit der dazugehörigen Vorstellung, die „Seele" habe schon ewig ohne Anfang existiert, der Grund, warum im Emanationsdenken die Geschichte schier endlos im Kreis läuft – Geburt, Leben, Tod, Reinkarnation, Leben Tod, Wiedergeburt –, und niemals wird irgendein Ziel erreicht. Die Bibel hingegen lehrt uns, dass Geschichte linear verläuft und eines Tages ihr bestimmtes Ziel erreicht.

Der Bibel zufolge ist das Universum also keine Emanation von Gott, und wir sind es auch nicht. Gott erschuf das Universum aus dem Nichts. Wie C. S. Lewis sagt: „Er ist so randvoll von Existenz, dass er Existenz abgeben kann, dass er das Sein von Dingen verursachen kann – und zwar ein tatsächliches Anderssein als er selbst –, dass er die Aussage, er sei alles, zur Falschaussage werden lassen kann."[133]

---

132 Siehe Isherwood, *Vedanta for Modern Man*, 222
133 *Wunder*, 105

• *Das Verhältnis des Universums zum Sohn Gottes*

Der Apostel Paulus erklärte es so:

> Denn in ihm ist alles in den Himmeln und auf der Erde geschaffen
> worden, das Sichtbare und das Unsichtbare, es seien Throne oder
> Herrschaften oder Gewalten oder Mächte: Alles ist durch ihn und zu
> ihm hin geschaffen; und er ist vor allem, und alles besteht durch ihn.
> (Kol 1,16-17)

Das Universum hatte also seinen Anfang im Sohn Gottes, so wie man z. B.
über ein Krankenhaus sagen kann, es habe seinen Anfang im Geist der Personen gehabt, die es sich am Anfang ausgedacht haben, und im Geist des
Architekten. Aber das Krankenhaus wurde genauso wenig aus dem „Stoff"
des Architekten gebaut wie das Universum aus der Substanz Gottes.

Der Sohn Gottes war auch aktiv an der Erschaffung des Universums beteiligt. Außerdem ist er das Ziel, für das es geschaffen wurde; und er erhält
das Universum, bis es das ihm bestimmte Ziel erreicht.

Unser Verhältnis zu Gott ist das von Untertanen zu einem König
Gott legte nicht nur die physikalischen Gesetze fest, nach denen wir existieren: Er hat auch die moralischen und geistlichen Gesetze festgelegt und
uns geboten, uns gemäß dieser Gesetze zu verhalten. Und er wird uns zur
Rechenschaft ziehen und unser Richter sein. Christus fasste diese Gesetze
unter zwei Überschriften zusammen:

1. „Du sollst den Herrn, deinen Gott, lieben mit deinem ganzen
   Herzen und mit deiner ganzen Seele und mit deinem ganzen
   Verstand";

2. „Du sollst deinen Nächsten lieben wie dich selbst" (Mt 22,35-
   40).

Allerdings hat Gott uns nicht als Roboter geschaffen.

Gott hat uns in eine Welt gesetzt, die feste physikalische Gesetze mit sehr
viel Offenheit und Freiheit vereint. Was wir tun, zählt. Wir können wirklich
etwas in unserer Welt und bei unseren Mitmenschen bewirken. Wir können die Natur erforschen und ihr Potenzial klug und gut nutzen, oder wir
können das Ökosystem ausbeuten und schädigen. Dies erinnert uns daran,

dass das Leben lebenswert ist – aber auch, dass es eine ernsthafte und verantwortungsvolle Angelegenheit ist.

Wir sind gefallene Geschöpfe

Der tragische Zustand, in dem sich unsere Welt befindet und für den größtenteils der Mensch selbst verantwortlich ist, ist ein eindeutiger Beweis dafür, dass wir Menschen sündhaft und schuldig sind. Gott rechtfertigt unsere Sünde nicht, sah aber unser Scheitern und unsere Entfremdung von ihm voraus und bietet sich uns selbst in Christus als unser persönlicher Erlöser an. Mehr noch: Die von Gott initiierte Erlösung wird schließlich die Wiederherstellung der ganzen Schöpfung mit einschließen (Röm 8,18-25).

ARGUMENTE GEGEN DEN CHRISTLICHEN THEISMUS

Gegen den christlichen Theismus werden mehrere metaphysische Argumente vorgebracht. Dazu gehören vor allem die Wunder: die Jungfrauengeburt, die Auferstehung und Himmelfahrt Christi und die ganze Vorstellung, dass Jesus irgendwie „vom Himmel herabkam" und dass er gleichzeitig Gott und Mensch ist. Kein wissenschaftlich gebildeter Mensch, so die Behauptung, könne sich dazu durchringen, solche Wunder zu akzeptieren.

An zweiter Stelle steht die moralische Anklage, dass Religion im Allgemeinen und insbesondere das Christentum im Laufe der Jahrhunderte die Ursache für gesellschaftliche Diskriminierung, Kriege und Massaker gewesen sind.

Das vielleicht stärkste Argument gegen das Christentum ist jedoch das Problem des Bösen und des Schmerzes. Wie kann es einen allliebenden, allmächtigen, allwissenden Gott geben, wenn das Böse einfach ungehindert weiterbestehen darf und Naturkatastrophen, Seuchen und Krankheiten so viele unschuldige Menschen heimsuchen und vernichten? Wenn Gott existiert und ihm diese Dinge egal sind, dann muss er eine Art Monster sein.

Das sind echte Probleme, die aber zu komplex sind, dass man sie hier in wenigen Sätzen beantworten könnte. Wir haben versucht, ausführlich im zweiten Teil dieses Bandes (*Den Schmerz des Lebens ertragen*) darauf einzugehen.

EPILOG

Nun, da wir ans Ende unserer Diskussion über physische und metaphysische Dinge gekommen sind, stellt sich natürlich folgende Frage: Welches der Systeme (wenn überhaupt eines davon), die wir hier betrachtet haben, kommt der Wahrheit wahrscheinlich am nächsten?

Das wiederum wirft eine zweite Frage auf: Wie können wir wissen, welches (wenn überhaupt eines davon) wahr ist?

Und das wirft dann eine dritte Frage auf: Wie können wir überhaupt die Wahrheit über etwas wissen?

Den Zweig der Philosophie, der sich damit beschäftigt, nennt man Epistemologie bzw. Erkenntnistheorie. Wir haben uns ausführlich damit im zweiten Band dieser Serie beschäftigt: *Was können wir wissen?*. Dort wird genau diese Frage behandelt, ob wir wissen können, was wir wissen müssen.

ABSCHLUSS DER SERIE

Es ist gut, wenn wir erkannt haben, wie wir leben sollen;
aber das gibt uns noch immer keine Antwort
auf die unausweichliche Frage:
Was ist der Sinn des Lebens?

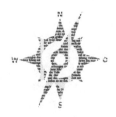

DIE EULE UND DIE GÖTTIN

Eine alte Fabel erzählt von einem Gespräch zwischen einem Studenten und der Eule, die in traditionellen Darstellungen auf der Schulter der griechischen Göttin Athena sitzt, der angeblichen Schutzpatronin der Weisheit.

„Oft", sagte die Eule, „habe ich dagesessen und über die faszinierende Frage nachgedacht: Wer kam zuerst, das Huhn oder das Ei?"

„Wie interessant!", sagte der Student.

„Manchmal", fuhr die Eule fort, „wenn ich über die ästhetisch ansprechende Form des Eies nachdachte und über das Geheimnis seines Inhalts und wenn ich noch dazu beobachtete, dass alle Hühner, die wir jemals gekannt und von denen wir jemals gehört haben, jedes einzelne von ihnen, einmal aus einem Ei kam – da neigte ich zu der Ansicht, dass das Ei zuerst dagewesen sein muss."

„Das hört sich vernünftig an", sagte der Student.

„Andererseits", fuhr die Eule fort, „wenn ich andere Male ein ausgewachsenes Huhn betrachtete, den Mechanismus seiner Flügel und Federn, die lebhafte Koordination von Auge, Schnabel und Kralle und die seit Langem bewährte Tatsache der Erfahrung, dass Eier nicht plötzlich vom Himmel fallen, sondern ausnahmslos von ausgewachsenen Hühnern stammen – da neigte ich zu denken, dass das Huhn zuerst dagewesen sein muss."

„Wofür hast du dich am Ende entschieden?", fragte der Student.

„Entschieden?", erwiderte die Eule. „Wir sollten nie versuchen, uns zu entscheiden."

„Warum nicht?", fragte der Student.

„Weil", antwortete die Eule in einem Ton, der zu ihrer langen Reputation für Weisheit passte, „wenn wir jemals so unklug wären, in dieser Frage eine Entscheidung zu treffen, was würde dann aus all unseren herrlichen Überlegungen und Diskussionen werden?"

„Dann weißt du ja gar nichts", sagte der Student. „Aber wofür saßest du dann auf Athenas Schulter?"

Die Moral der Fabel ist offensichtlich. Und nun, da wir am Ende unserer Buchserie angelangt sind, müssen wir sicherstellen, dass wir nicht in dieselbe Falle tappen wie die Eule.

Bei unserer Suche nach festen Prinzipien, die unsere ethischen Entscheidungen anleiten, haben wir uns eingehend mit den Ansichten und Theorien vieler Denker befasst. Dabei waren Philosophen aus unterschiedlichen Teilen der Welt, verschiedenen Jahrhunderten, verschiedenen Traditionen und Hintergründen. Dabei haben wir uns bemüht, das Gute, was wir von diesen unterschiedlichen Denkern lernen können, zu würdigen, und gleichzeitig versucht, ihre Schwächen und Mängel fair (so hoffen wir) herauszuarbeiten. Eines zumindest sollten wir gelernt haben: Ethik erfordert und verdient gründliches Nachdenken.

Die Gefahr besteht, dass die Bestandsaufnahme von so vielen unterschiedlichen Ansichten und Theorien uns zu dem Schluss führen könnte, dass in ethischen Fragen keine Entscheidung möglich ist. Das wäre aber eine falsche Schlussfolgerung. Denn Tatsache ist, dass wir tagtäglich mit vielen Situationen konfrontiert werden, in denen wir gezwungen sind, Entscheidungen zu treffen und gemäß diesen Entscheidungen zu handeln. Wir können nicht *keine* Entscheidung treffen. Und wo in diesen Situationen ethische Fragen eine Rolle spielen, zeigen unsere Handlungen dann, welches ethische Prinzip wir uns bewusst oder unbewusst zu eigen gemacht haben.

Auf der anderen Seite stellen wir fest, dass es in der Alltagspraxis Situationen geben kann, die so komplex sind, dass wir uns nicht sicher sein können, ob die von uns getroffenen Entscheidungen auch immer richtig sind. Zum einen können wir nicht immer vorhersehen, welche Folgen unsere Handlungen haben werden. Keiner von uns ist allwissend oder unfehlbar. Wir müssen im guten Glauben handeln, dass die von uns getroffene Entscheidung nach bestem Wissen und Gewissen ethisch richtig ist.

Ebenso – und noch viel mehr – können wir einer Entscheidung nicht ausweichen, wenn es um die grundlegenden geistlichen, moralischen und ethischen Überzeugungen und Prinzipien geht, die unserem gesamten Lebensalltag zugrunde liegen. Hier sind ein paar Beispiele für die wichtigsten Fragen, die wir im Laufe dieser Bücher diskutiert haben.

MENSCHLICHE WERTE UND
DIE BEDEUTUNG DES MENSCHEN

1. Ist jedes menschliche Leben in allen seinen Stufen heilig und unantastbar?
   ODER
   Ist menschliches Leben nur eine Sache oder eine Ware, die für ein anderes Ziel manipuliert oder vernichtet werden darf?

2. Ist es immer falsch, einen unschuldigen Menschen zu töten?
   ODER
   Ist es gerechtfertigt, eine unschuldige Person zu töten, wenn ihr Tod vielen anderen Menschen zugutekommt?

3. Ist es immer falsch, Ehebruch zu begehen?
   ODER
   Ist sexuelle Freiheit natürlich und akzeptabel?

4. Ist es immer falsch, das Eigentum anderer Leute zu stehlen, sei es nun ihr Körper, ihre Zeit oder ihre Besitztümer? Ist es falsch, eine andere Person als Mittel zur Beschaffung eines eigenen Vorteils zu nutzen?
   ODER
   Sind Menschen und alle anderen Dinge einem übergeordneten Gesetz der Marktmechanismen und/oder der menschlichen Gier unterworfen?

5. Muss ich in Gerichtsverfahren oder in irgendeinem anderen Kontext immer die Wahrheit sagen, auch wenn dies zum Vorteil meines Gegners oder Konkurrenten wäre?
   ODER
   Ist es legitim zu lügen oder die Wahrheit zu verbiegen, um meine eigenen Interessen zu schützen?

DIE LETZTE REALITÄT

1. Ist irgendetwas objektiv richtig oder falsch, unabhängig von den Gefühlen oder Vorurteilen der Menschen?
   ODER
   Ist „richtig" oder „falsch" immer eine subjektive Entscheidung, die einfach durch die Kultur, Konventionen, die Mehrheitsmeinung oder individuelle Präferenz bestimmt wird?

2. Gibt es so etwas wie absolute Wahrheit, die für alle verbindlich ist; und kann man sie kennen?
   ODER
   Ist Wahrheit einfach das, „was für mich wahr ist"?

3. Was ist die letzte Autorität hinter der Moral, die das Recht hat, „Du sollst" oder „Du sollst nicht" zu sagen? Ist es Gott der Schöpfer?
   ODER
   Ist es irgendeine andere Autorität; und wenn ja, welche?

Ein wichtiger Punkt ist, dass zu unserer Entscheidung, der einen oder der anderen Alternative zuzustimmen und danach zu handeln, immer auch ein sorgfältiges Abwägen der relevanten Beweise und dann ein Glaubensakt gehört, der auf diesen Beweisen basiert.

Es stimmt einfach nicht, dass man Glauben benötigt, wenn man sich für die erste Alternative entscheidet und dementsprechend handelt, dass man aber keinen Glauben benötigt, wenn man sich für die zweite Alternative entscheidet und dementsprechend handelt. Zu beiden Entscheidungen gehört Glauben.

In dieser Buchreihe haben wir, die Autoren, nicht versucht, unseren persönlichen Glauben zu verstecken; aber es war nicht unsere Absicht, anderen unseren Glauben aufzudrängen. Aus diesem Grund haben wir eine Vielzahl von Ansichten zusammengetragen und Fragen zu jedem Kapitel zusammengestellt, um eine möglichst breite Debatte zu fördern und jedem die Chance zu geben, sich selbst ein Urteil zu bilden. Wahre Toleranz scheut sich nicht davor zu sagen, was sie für richtig hält; aber sie muss und wird das auch allen anderen zugestehen und dazu ermutigen.

DIE SUCHE

Aber eines muss klar sein: Wenn wir alle unsere moralischen Probleme gelöst haben, müssen wir immer noch Antwort auf die wichtigste Frage des Lebens finden. Es ist gut, wenn wir erkannt haben, wie wir leben sollen; aber das gibt uns noch immer keine Antwort auf die unausweichliche Frage: Was ist der Sinn des Lebens? Wohin steuert unser Leben? Welche Hoffnung gibt es für die Zukunft der Menschheit und jedes Einzelnen von uns? Schließlich kaufen wir kein Auto, nur um zu lernen, wie man gut und sicher fährt, um keine anderen zu gefährden. Wir kaufen es, um an ein bestimmtes Ziel zu gelangen. Was ist nun das Ziel des Lebens?

In diesem Zusammenhang denken wir natürlich zu Recht an die mögliche Zukunft der Menschheit als Ganzes. Wir haben unsere Vision davon, was für ein wundervoller Ort diese Welt sein könnte – wenn nur die Wissenschaft alle unsere technischen Probleme löste und wenn nur die Moral oder die bloße Erfahrung die Welt davon abhalten könnte, sich so verrückt und bösartig zu verhalten, wie sie es bis jetzt getan hat. Aber stellen Sie sich einmal vor, diese Utopie würde tatsächlich eines Tages Wirklichkeit – dann würden wir noch immer fragen: Was ist mit all den Leuten, die gelebt haben und gestorben sind, und jenen, die noch leben und sterben werden, uns eingeschlossen, bis diese Zeit kommt? Müssen wir uns damit zufriedengeben, menschliche Wegwerfprodukte zu sein, die die Evolution als temporäre Zwischenstopps auf dem Weg zur Utopie benutzt und dann der Vergessenheit anheimgibt? Ist jeder einzelne Mensch nicht mehr als eine Koralle, die neben Tausenden von anderen lebt und stirbt, um schließlich eine Koralleninsel zu bilden, auf der Tausende von Jahren später vielleicht irgendwelche Filmstars ihre prächtigen Villen bauen?

Wie wir in der *Einführung in die Serie* gesagt haben, lautet die Frage nicht nur, wem oder was die Menschheit als Ganzes ihre Existenz verdankt, sondern auch, was die Bedeutung des einzelnen Menschen im Verhältnis zur Menschheit als Ganzes ist und zur riesigen Menge an Einzelphänomenen, aus denen das Universum besteht. Welche Bedeutung haben wir persönlich innerhalb der Wirklichkeit, in der wir uns befinden? Das ist die entscheidende Frage, die über dem Leben eines jeden Einzelnen steht.

Welche Hoffnung gibt es letztlich für unsere Zukunft als Individuen? Wir erinnern uns an die Antworten, die uns einige der großen Denksysteme gegeben haben, die wir in dieser Serie betrachtet haben. Der Atheismus sagt: „Keine, uns erwartet nichts als unsere Auslöschung." Der indische pantheistische Monismus macht uns Hoffnung auf die schließliche Vereinigung mit „dem Einen", aber zum Preis unserer individuellen Persönlichkeit und einzigartigen Existenz. Manche griechischen Philosophen wie Aristoteles hielten an der Vorstellung von Gott als unbewegtem Beweger fest, meinten aber auch, dass er nicht über die von ihm geschaffenen Geschöpfe nachdenkt und sich erst recht nicht um ihr persönliches Wohlergehen sorgt, ob nun vor oder nach dem Tod. Im Gegensatz dazu sagt die Bibel, dass es durch Christus eine absolut sichere und gewisse Hoffnung auf Auferstehung und Herrlichkeit gibt. Die Entscheidung liegt alleine bei uns, aber bevor wir den trostlosen Pessimismus des Atheismus, das persönlichkeitszerstörende Schicksal des pantheistischen Monismus oder das Verlassensein durch Aristoteles' Gott akzeptieren, sollten wir allein schon aus Eigeninteresse prüfen, was Christus zu dieser Sache zu sagen hat.

Als Christen glauben wir, dass die Antworten auf die Fragen des Lebens im Evangelium von Jesus Christus zu finden sind. Wir bekennen sogar frei, dass wir in Christus Antworten gefunden haben, die einerseits unseren Verstand zufriedenstellen und uns andererseits auch dazu motivieren, die Tiefen und Höhen des Geistes und Herzens Gottes immer mehr zu entdecken. Wir empfehlen Ihnen das, was wir gefunden haben, denn wir denken nicht, dass man sich auf die größte aller Suchen – der Suche nach Wirklichkeit und Bedeutung – nur um ihrer selbst willen begeben sollte. Vielmehr ist sie allein wegen des angestrebten Zieles der Mühe wert.

Wir danken Ihnen dafür, dass Sie sich die Zeit genommen haben, uns auf dieser Reise durch die vielen und unterschiedlichen Ideen und Argumente zu begleiten – ganz egal, ob Sie sich nun schon selbst auf die Reise begeben haben. Und wir wünschen Ihnen von Herzen, dass Sie (wenn Sie es nicht schon getan haben) die Stimme eines besseren Wegbegleiters kennenlernen, der sie auf Ihrem Weg leitet.

ANHANG:
WAS IST WISSENSCHAFT?

*Erfolgreiche Wissenschaft folgt
keinen behaglichen Regeln. Sie ist so komplex
wie die menschlichen Persönlichkeiten,
die Wissenschaft betreiben.*

DIE KLARE STIMME DER WISSENSCHAFT

Wissenschaft hat zu Recht die Kraft, unsere Vorstellungskraft zu befeuern. Wer könnte die Geschichte über die Entschlüsselung der Doppelhelixstruktur der DNA durch Francis Crick und James D. Watson lesen, ohne dabei zumindest etwas von der fast unglaublichen Freude mitzuempfinden, die sie bei dieser Entdeckung gespürt haben müssen? Wer könnte einer Augenoperation mit einem präzise gesteuerten Laserstrahl zusehen, ohne dabei über die menschliche Kreativität und ihren Erfindungsreichtum zu staunen? Wer könnte sich Bilder aus dem Weltraum ansehen mit Astronauten, die schwerelos durch die Kabine der Internationalen Raumstation schweben oder das Hubbleteleskop reparieren, hinter ihnen die fast greifbare Schwärze des Weltraums, ohne dabei etwas wie Ehrfurcht zu empfinden? Die Wissenschaft verdient zu Recht unseren Respekt und unsere aktive Förderung. Es ist eine klare Priorität für jede Nation, junge Menschen für die Wissenschaft zu begeistern und ihnen Ausbildung und Forschungseinrichtungen zur Verfügung zu stellen, um ihr intellektuelles Potenzial zu fördern. Es wäre ein nicht abschätzbarer Verlust, wenn der wissenschaftliche Spürsinn auf irgendeine Weise durch philosophische, wirtschaftliche oder politische Überlegungen unterdrückt werden würde.

> ⚗ *Da die Wissenschaft eine der stärksten und einflussreichsten Stimmen ist, ist es wichtig, eine Vorstellung davon zu haben, was Wissenschaft ist und was die wissenschaftliche Methode kennzeichnet.*

Doch da die Wissenschaft eine der stärksten und einflussreichsten Stimmen ist, auf die wir hören wollen, wird es für uns sehr wichtig sein – ob wir nun Wissenschaftler sind oder nicht –, eine gewisse Vorstellung davon zu haben, was Wissenschaft ist und was die wissenschaftliche Methode kennzeichnet, bevor wir versuchen zu bewerten, was uns die Wissenschaft zu einem bestimmten Thema sagt. Unser erstes Ziel ist daher, uns einige der Grundprinzipien des wissenschaftlichen Denkens vor Augen zu führen, von denen wir ein paar vielleicht schon kennen. Im Anschluss daran werden wir über das Wesen wissenschaftlicher Erklärung nachdenken und einige der Voraussetzungen untersuchen, die der wissenschaftlichen Tätigkeit zugrunde liegen – grundlegende Überzeugungen, ohne die Wissenschaft nicht möglich ist.

Was also ist Wissenschaft? Sie scheint zu jenen Dingen zu gehören, deren Bedeutung wir kennen, bis wir versuchen, sie zu definieren. Und dann stellen wir fest, dass uns eine genaue Definition nicht möglich ist. Die Schwierigkeit kommt daher, dass wir das Wort auf unterschiedliche Weise benutzen. Zunächst einmal wird „Wissenschaft" als Kurzbezeichnung für Folgendes verwendet:

1. Wissenschaften – Wissensgebiete wie Physik, Chemie, Biologie etc.;
2. Wissenschaftler – die Menschen, die in diesen Bereichen arbeiten;
3. die wissenschaftliche Methode – die Art und Weise, wie Wissenschaftler ihre Arbeit tun.

Das Wort „Wissenschaft" wird jedoch auch in Sätzen verwendet wie „Die Wissenschaft sagt ..." oder „Die Wissenschaft hat gezeigt ..." – als ob Wissenschaft ein personales Wesen mit großer Autorität und großem Wissen wäre. Diese Art der Verwendung kann irreführend sein, auch wenn sie verständlich ist. Tatsache ist, dass es strenggenommen so etwas wie „die Wissenschaft" in diesem Sinne gar nicht gibt. Die Wissenschaft sagt, demonstriert, weiß oder entdeckt gar nichts – es sind Wissenschaftler, die dies tun. Natürlich sind sich Wissenschaftler oft einig, aber es wird zunehmend anerkannt, dass die Wissenschaft als ein sehr menschliches Unterfangen viel komplexer ist, als man oft denkt, und es wird viel diskutiert, was die wissenschaftliche Methode eigentlich ausmacht.

DIE WISSENSCHAFTLICHE METHODE

Unter Wissenschaftsphilosophen ist man sich heute im Allgemeinen einig, dass es nicht die *eine* „wissenschaftliche Methode" gibt. Daher ist es einfacher, über das zu sprechen, was zur wissenschaftlichen Arbeit gehört, als Wissenschaft an sich genau zu definieren.

Sicherlich spielen Beobachtungen und Experimente eine wichtige Rolle ebenso wie die Argumentationsprozesse, die Wissenschaftler zu ihren Schlussfolgerungen führen. Ein Blick auf die Geschichte der Wissenschaft wird jedoch zeigen, dass es hierzu noch viel mehr zu sagen gibt. Wir sehen zum Beispiel, dass auch unerklärbare Vermutungen eine bedeutende Rolle gespielt haben. Sogar Träume hatten ihren Platz! Der Chemiker Friedrich August Kekulé studierte die Struktur von Benzol und träumte von einer Schlange, die sich in ihren eigenen Schwanz biss und so einen Ring bildete. Dadurch kam er auf die Idee, dass die Struktur von Benzol der Form einer Schlange gleichen könnte. Er schaute genauer hin und fand heraus, dass Benzol tatsächlich aus einem geschlossenen Ring von sechs Kohlenstoffatomen besteht! Erfolgreiche Wissenschaft folgt keinen behaglichen Regeln. Sie ist so komplex wie die menschlichen Persönlichkeiten, die Wissenschaft betreiben.

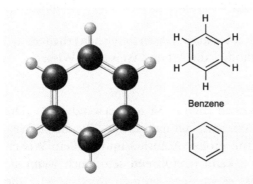

BILD Anh. I. *Benzolmolekül*

Die Kristallografin Kathleen Lonsdale bestätigte 1929 Kekulés frühere Theorie über die flache, zyklische Natur von Benzol – ein wichtiger Meilenstein in der organischen Chemie.

© shutterstock.com/chromatos

Beobachtungen und Experimente

Es herrscht allgemeine Einigkeit darüber, dass im 16. und 17. Jahrhundert das wissenschaftliche Denken revolutioniert wurde. Bis dahin berief man sich bei der Erforschung der Natur des Universums in erster Linie auf irgendeine Autorität. So hatte beispielsweise Aristoteles im 4. Jahrhundert v. Chr. auf Grundlage philosophischer Prinzipien argumentiert, dass die einzig vollkommene Bewegung kreisförmig sei. Die Antwort auf die Frage nach der Bewegung der Planeten lautete laut Aristoteles so: Weil sie zum Reich der Vollkommenheit jenseits der Mondbahn gehören, müssen sie sich kreisförmig bewegen. Wissenschaftler wie Galileo wandten sich jedoch von diesem Ansatz radikal ab. Sie betonten, der beste Weg, etwas über die Bewegung der Planeten herauszufinden, sei, ein Teleskop zu nehmen und nachzuschauen! Und durch dieses Teleskop sah er Dinge wie die Jupitermonde, die nach dem System von Aristoteles gar nicht existierten. Galileo verkörpert für viele Menschen den wahren Geist der wissenschaftlichen Forschung: die Freiheit, den Ergebnissen von Beobachtungen und Experimenten gerecht zu werden, auch wenn dies bedeutet, dass man Theorien modifiziert oder gar aufgibt, die man vorher vertreten hat. Diese Freiheit sollte bewahrt und eifrigst gehütet werden.

Daten, Muster, Zusammenhänge und Hypothesen

Die am weitesten verbreitete Ansicht über die wissenschaftliche Methode, die häufig auf Francis Bacon und John Stuart Mill zurückgeführt wird, enthält folgende Komponenten:

1. die Sammlung von Daten (Fakten, die nicht bestritten werden können) durch Beobachtungen und Experimente, von denen weder das eine noch das andere durch Vorannahmen oder Vorurteile beeinflusst wird;
2. die Ableitung von Hypothesen aus den Daten, indem man nach Mustern oder Zusammenhängen sucht und diese dann induktiv verallgemeinert;
3. die Prüfung der Hypothesen, indem man aus ihnen Vorhersagen herleitet und dann Experimente konzipiert und durchführt, um zu überprüfen, ob diese Vorhersagen stimmen;
4. die Verwerfung der Hypothesen, die nicht von den Versuchsdaten gestützt werden, und den Aufbau einer Theorie durch Zusammenführung von bestätigten Hypothesen.

Wissenschaftler sammeln Daten, Versuchsergebnisse und Messungen, die sie aufgezeichnet haben.

Denken Sie zum Beispiel an die Ergebnisse von Blutdruckmessungen Ihrer Klasse vor und nach einer Schulprüfung oder an Gesteinsproben, die Astronauten auf der Mondoberfläche sammeln.

Es gibt jedoch viele andere Dinge, die für uns gleichermaßen real sind, die aber im wissenschaftlichen Sinne kaum als Daten zählen: unsere subjektive Erfahrung eines Sonnenuntergangs, von Freundschaft und Liebe oder von Träumen. Im Fall von Träumen können natürlich Herzfrequenz, Gehirnaktivität und Augenbewegung von Wissenschaftlern beobachtet werden, die schlafende und träumende Menschen überwachen. Aber die subjektive Erfahrung des Traumes selbst kann nicht gemessen werden. Wir sehen also, dass die wissenschaftliche Methode auf jeden Fall ihre Grenzen hat. Die ganze Wirklichkeit kann sie nicht erfassen.

Wissenschaftler sind damit beschäftigt, nach Zusammenhängen und Mustern in ihren Daten zu suchen, und sie versuchen, daraus irgendeine Art von Hypothese oder Theorie abzuleiten, die diese Muster erklärt. Zunächst kann die Hypothese eine kluge oder geniale Vermutung sein, die den Wissenschaftlern aufgrund ihrer Erfahrung als mögliche Erklärung für ihre Beobachtungen in den Sinn kommt. Ein Wissenschaftler könnte zum Beispiel die (sehr vernünftige) Hypothese aufstellen, dass die Ergebnisse der Blutdruckmessungen in Ihrer Klasse so erklärt werden können, dass Tests bei den meisten Menschen Stress verursachen! Um die Hypothese zu überprüfen, wird ein Wissenschaftler dann herausarbeiten, welche Ergebnisse er erwarten kann, wenn die Hypothese stimmt, und wird dann ein Experiment oder eine Versuchsreihe durchführen, um ihre Richtigkeit zu überprüfen. Wird die Erwartung nicht durch die Experimente bestätigt, kann die Hypothese modifiziert oder zugunsten einer anderen verworfen werden, und der Prozess wird wiederholt. Ist eine Hypothese einmal erfolgreich durch wiederholte Experimente überprüft worden, dann wird sie mit der Bezeichnung „Theorie" gewürdigt.[134]

Heute ist man sich unter Wissenschaftlern und Wissenschaftsphilosophen allgemein einig, dass unsere Beschreibung der wissenschaftlichen Methode nicht nur stark idealisiert, sondern auch fehlerhaft ist. Insbesondere wird nun weitgehend akzeptiert (im Gegensatz zu dem, was oben über Beobachtungen und Versuche behauptet wird), dass kein Wissenschaftler – wie ehrlich und sorgfältig er auch sein mag – bei seiner Arbeit völlig vorurteilsfrei ist, also ohne Vorannahmen und Vermutungen forscht. Diese Tatsache ist wichtig, wenn wir den Beitrag der Wissenschaft zu unserer Weltanschauung verstehen wollen. Es ist jedoch einfacher, wenn wir dieses Thema erst betrachten, nachdem wir uns zuvor einige der logischen Konzepte und Verfahren angesehen haben, die der wissenschaftlichen Argumentation und Beweisführung zugrunde liegen.

Induktion

Die Induktion ist wahrscheinlich der wichtigste logische Prozess, den Wissenschaftler für die Formulierung von Gesetzen und Theorien verwenden.[135]

---

134 Die Begriffe *Hypothese* und *Theorie* sind eigentlich fast austauschbar. Der einzige Unterschied im normalen Sprachgebrauch liegt darin, dass eine Hypothese manchmal als mehr provisorisch angesehen wird als eine Theorie.

135 Anmerkung für Mathematiker: Der oben beschriebene Prozess der Induktion ist nicht derselbe wie das Prinzip der mathematischen Induktion, durch den (typischerweise) die

Sie ist auch ein Prozess, der uns allen von frühester Kindheit an vertraut ist (ob wir nun Wissenschaftler sind oder nicht), obwohl wir uns dessen vielleicht nicht bewusst waren. Wenn wir als kleine Kinder zum ersten Mal eine Krähe sehen, stellen wir fest, dass sie schwarz ist. Weil das alles ist, was wir wissen, könnte die nächste Krähe, die wir sehen, auch weiß oder gelb sein. Aber nachdem wir Tag für Tag Krähen beobachtet haben, kommen wir an einen Punkt, an dem unser Gefühl, dass jede weitere Krähe, die wir sehen werden, schwarz sein wird, so stark ist, dass wir zu der Aussage „Alle Krähen sind schwarz" bereit sind. Wir haben einen sogenannten induktiven Schritt gemacht, der auf unseren eigenen Daten basiert – wir haben, sagen wir mal, 435 Krähen gesehen –, um eine allgemeingültige Aussage über Krähen zu machen. Induktion ist also der Prozess der Verallgemeinerung einer begrenzten Datenmenge zu einer allgemeingültigen oder generellen Aussage.

Ein berühmtes Beispiel für den Einsatz von Induktion in der Wissenschaft ist die Herleitung der mendelschen Vererbungsgesetze. Gregor Mendel und seine Assistenten machten eine Rei-
he von Beobachtungen hinsichtlich der Häufigkeit des Auftretens von bestimmten Eigenschaften in jeder von mehreren Generationen von Erbsen – zum Beispiel, ob die Samen eine unebene oder glatte Oberfläche hatten oder ob die Pflanzen groß oder klein

> ⚖ *Induktion ist der Prozess der Verallgemeinerung einer begrenzten Datenmenge zu einer allgemeingültigen oder generellen Aussage.*

waren – und verallgemeinerten dann induktiv diese Beobachtungen, um die Gesetze zu formulieren, die nun Mendels Namen tragen.

Doch wie Sie vielleicht auch schon gemerkt haben, gibt es bei der Induktion ein Problem. Lassen Sie zur Verdeutlichung nun Ihre Gedanken von den gerade erwähnten Krähen zu den Schwänen wandern. Stellen Sie sich vor, dass jeder Schwan, den Sie seit Ihrer Kindheit gesehen haben, weiß war. Sie würden wohl daher darauf schließen (durch Induktion), dass alle Schwäne weiß sind. Aber dann wird Ihnen eines Tages das Bild eines australischen

---

Wahrheit einer Aussage P(n) für alle positiven Ganzzahlen n durch zwei Sätze festgestellt wird:

1. P(1) ist wahr;

2. für jede positive Ganzzahl k können wir beweisen, dass die Wahrheit von P(k+1) aus der Wahrheit von P(k) folgt.

Der entscheidende Unterschied ist, dass Punkt 2 eine unbegrenzte Reihe von Hypothesen beschreibt (eine für jede positive Ganzzahl), während wir bei der philosophischen Induktion etwas aus einer begrenzten Reihe von Hypothesen verallgemeinern.

schwarzen Schwanes gezeigt, und Sie entdecken, dass Ihre Schlussfolgerung falsch war. Dies veranschaulicht das „Problem der Methode" der Induktion. Wie kann man jemals wirklich wissen, ob man genügend Beobachtungen gemacht hat, um einen allgemeingültigen Schluss aus einer begrenzten Reihe von Beobachtungen zu ziehen?

Aber beachten Sie bitte, was die Entdeckung des schwarzen Schwanes bewirkt hat: Dadurch wurde bewiesen, dass die Aussage „Alle Schwäne sind weiß" falsch ist, aber sie hat nicht die modifizierte Aussage widerlegt, dass, wenn man in Europa einen Schwan sieht, dieser höchstwahrscheinlich weiß sein wird.

Lassen Sie uns ein weiteres Beispiel für Induktion betrachten, dieses Mal aus der Chemie.

Einzelne Beobachtungen:

Zeit	Datum	Stoff	Ergebnis des Lackmustests
09:05	14.08.2015	Schwefelsäure	Lackmuspapier wurde rot
14:35	17.09.2015	Zitronensäure	Lackmuspapier wurde rot
10:45	18.09.2015	Salzsäure	Lackmuspapier wurde rot
19:00	20.10.2015	Schwefelsäure	Lackmuspapier wurde rot

Allgemeingültige oder generelle Aussage (Gesetz): Lackmuspapier wird rot, wenn man es in Säure taucht.

Von diesem Gesetz, das auf Induktion aus einer begrenzten Reihe von einzelnen Beobachtungen von verschiedenen Säuren zu bestimmten Zeiten an bestimmten Orten basiert, wird behauptet, dass es für alle Säuren zu allen Zeiten an allen Orten gilt. Das Problem bei der Induktion ist Folgendes: Wie können wir sicher sein, dass eine generelle Aussage gültig ist, wenn wir (was in der Natur der Dinge liegt) nur eine begrenzte Anzahl von beobachteten Fällen haben, bei denen Lackmuspapier durch den Kontakt mit Säure rot wurde? Die Geschichte des schwarzen Schwanes macht uns diese Schwierigkeit bewusst.

Nun, wir können uns nicht absolut sicher sein, das ist wahr. Doch jedes Mal, wenn wir das Experiment durchführen und merken, dass es funktioniert, erhöht sich unser Vertrauen in den Lackmustest so sehr, dass wir, wenn wir ein Papier in eine Flüssigkeit tauchen und feststellen, dass es nicht rot wird, wahrscheinlich nicht zu dem Schluss kommen würden, dass der

Lackmustest nicht funktioniert, sondern dass das Papier kein Lackmuspapier war oder die Flüssigkeit keine Säure! Natürlich ist es so, dass unser Vertrauen auf der Annahme basiert, dass die Natur sich einheitlich verhält (das heißt, wenn ich ein Experiment morgen unter denselben Bedingungen wie heute durchführe, werde ich dieselben Ergebnisse erhalten).

Lassen Sie uns ein weiteres Beispiel nehmen, mit dem Bertrand Russell das Problem der Induktion in einer komplexeren Situation veranschaulicht hat: Bertrand Russells induktivistischer Truthahn. Ein Truthahn stellt fest, dass er an seinem ersten Tag auf der Truthahnfarm um 9 Uhr gefüttert wird. Zwei Monate lang sammelt er Beobachtungen und stellt fest, dass er – egal, an welchem Tag – um 9 Uhr gefüttert wird. Schließlich schließt er durch Induktion darauf, dass er immer um 9 Uhr gefüttert werden wird. Daher erleidet er am Weihnachtstag einen fürchterlichen Schock, als er, statt gefüttert zu werden, eingefangen und für das Weihnachtsessen geschlachtet wird!

Wie können wir also mit Sicherheit wissen, dass wir bei einem Experiment genug Beobachtungen gemacht haben? Wie oft müssen wir überprüfen, dass sich bestimmte Metalle bei Erhitzung ausdehnen, um daraus schließen zu können, dass sich *alle* Metalle bei Erhitzung ausdehnen? Wie vermeiden wir den Schock des induktivistischen Truthahns? Natürlich können wir sehen, dass das Problem bei dem Truthahn ist, dass er nicht die größere Erfahrung des Farmbetreibers hatte (natürlich nicht haben konnte), der die falsche induktive Schlussfolgerung durch eine richtige, wenn auch kompliziertere hätte ersetzen können: nämlich das Gesetz, dass jeder Truthahn eine Reihe von Tagen erlebt, an denen er gefüttert wird, auf die dann seine Schlachtung folgt!

Es ist hier nicht unsere Absicht, die Wissenschaft auszuhöhlen, indem wir sagen, dass Induktion nutzlos sei oder die Wissenschaft selbst uns nicht zu irgendwelchen fundierten Schlussfolgerungen führen könne. Die Beispiele lehren uns lediglich, die Grenzen jeder Methode anzuerkennen und unsere Schlussfolgerungen, wenn eben möglich, auf eine Kombination von unterschiedlichen Methoden zu gründen.

Die Aufgabe der Deduktion

Ist ein Gesetz einmal durch Induktion formuliert, können wir seine Gültigkeit überprüfen, indem wir anhand des Gesetzes Vorhersagen treffen. Wenn wir beispielsweise davon ausgehen, dass die mendelschen Gesetze wahr sind, können wir aus ihnen eine Vorhersage im Hinblick auf die Frage ableiten, was zum

> ⚠ *Die Deduktion kann eine wichtige Rolle bei der Bestätigung einer Induktion spielen.*

Beispiel die relative Häufigkeit des Auftretens von blauen Augen in verschiedenen Generationen einer Familie sein sollte. Wenn wir durch direkte Beobachtung herausfinden, dass die Häufigkeit des Auftretens von blauen Augen unserer Vorhersage entspricht, kann man sagen, dass unsere Beobachtungen die Theorie bestätigen, auch wenn diese Art der Bestätigung uns niemals völlige Sicherheit bieten könnte. Hier kann die Deduktion eine wichtige Rolle bei der Bestätigung einer Induktion spielen.

Es kann sein, dass unsere Ausführungen über die Induktion den Eindruck hinterlassen haben, wissenschaftliche Arbeit beginne immer mit der Beobachtung von Daten und mit Schlussfolgerungen, um eine induktive These aufzustellen, die diese Daten dann erklärt. In Wirklichkeit ist die wissenschaftliche Methode jedoch tendenziell komplizierter. Häufig beginnen Wissenschaftler ihre Forschung mit einer vorher getroffenen Entscheidung, nach welcher Art von Daten sie überhaupt suchen wollen. Das heißt, sie haben in ihrem Kopf bereits irgendeine Hypothese oder Theorie, die sie dann überprüfen wollen, und sie suchen nach Daten, die diese Theorie bestätigen könnten. In dieser Situation spielt Deduktion eine wichtige Rolle.

Wie wir bereits im Zusammenhang mit Beobachtungen und Experimenten erwähnt haben, stellten griechische Philosophen die Hypothese auf, dass die Planeten sich in kreisförmigen Umlaufbahnen um die Erde bewegen müssen, da für sie der Kreis die vollkommene Form war. Davon leiteten sie das ab, was sie am Himmel laut dieser Hypothese beobachten sollten. Als ihre Beobachtungen ihre ursprüngliche Hypothese offenbar nicht bestätigten, modifizierten sie diese, indem sie die ursprüngliche Hypothese durch eine weitergehende Hypothese ersetzten, in der zusätzliche Kreisbahnen angenommen wurden, die auf dem ursprünglichen Kreis kreisten (sogenannte Epizykel). Dann benutzten sie diese kompliziertere Hypothese, um daraus ihre Vorhersagen abzuleiten. Die Epizykeltheorie dominierte lange Zeit die Astronomie und wurde schließlich von den revolutionären Ideen von Kopernikus und Kepler aufgehoben und ersetzt.

Keplers Arbeit wiederum veranschaulicht die deduktive Methode. Er griff auf die Beobachtungen des Astronomen Tycho Brahe zurück und versuchte, die Form der Umlaufbahn des Mars vor dem Hintergrund der „Fixsterne" zu beschreiben. Es gelang ihm zunächst nicht, doch dann kam ihm durch seine geometrischen Studien zur Ellipse eine Idee. Die Idee bestand darin, zunächst die Hypothese aufzustellen, dass die Umlaufbahn des Mars eine Ellipse ist, dann anhand von mathematischen Kalkulationen abzuleiten, was auf Grundlage dieser Hypothese als Beobachtung zu erwarten war, und schließlich diese Vorhersagen mit den tatsächlichen Beobachtungen zu vergleichen. Über die

Gültigkeit der Hypothese der elliptischen Umlaufbahn würde dann entscheiden, wie nah die Vorhersagen den tatsächlichen Beobachtungen kämen.

Diese Schlussfolgerungsmethode nennt man deduktive oder hypothetisch-deduktive Methode der Beweisführung: Von einer Hypothese werden logische Vorhersagen abgeleitet, und diese werden dann mit den tatsächlichen Beobachtungen verglichen.

Da Deduktion ein so wichtiges Verfahren ist, ist sie es wert, kurz genauer betrachtet zu werden. Deduktion ist ein logischer Prozess, bei dem eine Behauptung, die wir beweisen wollen (die Schlussfolgerung), logisch aus etwas hergeleitet wird, was wir bereits akzeptieren (die Prämissen). Hier ist ein Beispiel für logische Deduktion (ein sogenannter Syllogismus):

P1:	Alle Hunde haben vier Beine.
P2:	Fido ist ein Hund.
C:	Fido hat vier Beine.

Hier sind die Aussagen P1 und P2 die Prämissen, und C ist die Schlussfolgerung. Wenn P1 und P2 wahr sind, dann ist C wahr. Oder anders ausgedrückt: Wären P1 und P2 wahr und C falsch, läge hier ein logischer Widerspruch vor. Das ist das Wesen einer logisch gültigen Deduktion.

Lassen Sie uns nun ein Beispiel einer logisch ungültigen Deduktion betrachten:

P1:	Viele Hunde haben ein langes Fell.
P2:	Albert ist ein Hund
C:	Albert hat ein langes Fell.

Hier folgt die Aussage C nicht automatisch aus P1 und P2. Es kann durchaus möglich sein, dass P1 und P2 wahr sind und C dennoch falsch ist.

Das scheint so einfach zu sein, dass die Gefahr besteht, jetzt abzuschalten. Aber tun Sie das bitte nicht, sonst wird Ihnen etwas sehr Wichtiges entgehen – und zwar, dass man allein anhand von deduktiver Logik bei keiner der in diesem Verfahren getätigten Aussagen feststellen kann, ob sie überhaupt wahr ist. Alles, was die Logik uns sagen kann (aber das ist sehr wichtig!), ist, dass, wenn die Prämissen stimmen und das Argument logisch gültig ist, die Schlussfolgerung wahr ist. Um dies deutlich zu machen, lassen Sie uns ein letztes Beispiel betrachten:

P1:	Alle Planeten haben einen verborgenen Ozean.
P2:	Merkur ist ein Planet.
C:	Merkur hat einen verborgenen Ozean.

Das ist ein logisch gültiges Argument, auch wenn die Aussagen P1 und C (soweit wir wissen) falsch sind. Das Argument sagt nur, dass, wenn P1 und P2 wahr sind, C auch wahr sein müsste, was ein gültiger Schluss ist. Diese Art von Dingen mag uns zunächst fremd erscheinen, aber das Beispiel kann uns helfen zu verstehen, dass Logik nur die Form eines Arguments überprüfen kann, ob es gültig ist oder nicht.[136] Logik kann uns aber nicht sagen, ob die Prämissen und die daraus abgeleiteten Schlussfolgerungen wahr sind. Logik hat etwas mit der Art und Weise zu tun, wie manche Aussagen von anderen abgeleitet werden, sie kann aber nichts über die Wahrheit dieser Aussagen sagen.

Wir sollten auch beachten, dass die deduktive Schlussfolgerung in der reinen Mathematik eine zentrale Rolle spielt, wo Theorien durch Ableitungen aus genauen und vorgegebenen Axiomen konstruiert werden (wie bei der euklidschen Geometrie). Die Ergebnisse (oder Theoreme, wie sie üblicherweise genannt werden) werden als wahr angesehen, wenn es eine logisch gültige Deduktionskette gibt, mit der sie von den Axiomen abgeleitet werden. Solche deduktiven Beweise geben uns eine Gewissheit (die Stimmigkeit der Axiome vorausgesetzt), die in der induktiven Wissenschaft nicht erreicht werden kann.

> ⚖ *Logik hat etwas mit der Art und Weise zu tun, wie manche Aussagen von anderen abgeleitet werden, sie kann aber nichts über die Wahrheit dieser Aussagen sagen.*

In der Praxis werden Induktion und Deduktion für gewöhnlich beide bei der Aufstellung von wissenschaftlichen Theorien eingesetzt. Wir haben oben von Keplers Einsatz von Deduktion bei der Herleitung seiner Theorie gesprochen, dass der Mars sich ellipsenförmig um die Sonne bewegt. Er dachte jedoch erst an eine Ellipse (anstelle zum Beispiel einer Parabel oder Hyperbel), weil er durch Brahes Beobachtungen zu der Überzeugung gelangt war, dass die Umlaufbahn des

---

136 Weshalb man auch von „formaler Logik" spricht: Es geht um die Richtigkeit der *Form* der Argumentation, nicht des Inhalts (A. d. V.).

Mars grob eiförmig ist. Die Eiform war Folge einer anfänglichen Vermutung durch eine Induktion aus astronomischen Beobachtungen.

Aus denselben Daten können gegensätzliche Hypothesen entstehen

Doch hier sollten wir beachten, dass bei der Interpretation der gesammelten Daten unterschiedliche Hypothesen erstellt werden können, die diesen Daten entsprechen. Wir möchten das an zwei Beispielen deutlich machen:

Ein Beispiel aus der Astronomie. Als wir oben über die Rolle der Deduktion nachgedacht haben, haben wir zwei Hypothesen aus der antiken Astronomie angeführt, die zur Erklärung der Bewegungen der Planeten vorgelegt wurden. Die nachfolgenden Verfeinerungen des epizyklischen Modells schienen den Daten zu entsprechen; allerdings wurde die Hypothese damit immer komplizierter, da auch immer mehr Kreise notwendig waren. Keplers Vorschlag hingegen entsprach ebenfalls den Daten, indem er die komplexe Anordnung von Kreisen einfach durch eine einzige Ellipse ersetzte, wodurch die ganze Sache enorm vereinfacht wurde. Angenommen, wir wüssten nichts über die Schwerkraft und dass man anhand der Newtonschen Gesetze daraus elliptische Umlaufbahnen ableiten kann, wie sollten wir uns dann für eine der beiden Erklärungen entscheiden?

An dieser Stelle könnten sich Wissenschaftler auf ein Prinzip berufen, das manchmal als „Ockhams Rasiermesser" (nach Wilhelm von Ockham) bezeichnet wird. Dies ist die Vorstellung, dass die einfacheren Erklärungen für natürliche Phänomene wahrscheinlicher zutreffen als die komplizierteren. Genauer gesagt heißt dies, dass wir im Fall von zwei widersprüchlichen Hypothesen, die denselben Daten entsprechen, uns für die entscheiden sollten, die die geringste Anzahl von zusätzlichen Annahmen oder Komplikationen beinhaltet. Die metaphorische Verwendung des Wortes „Rasiermesser" bezieht sich darauf, dass man von der Hypothese quasi so viel wegschneidet oder abrasiert, bis so wenig Vorannahmen wie möglich übrig bleiben. „Ockhams Rasiermesser" hat sich als sehr nützliche Methode erwiesen, aber wir sollten beachten, dass es sich um eine philosophische Präferenz handelt und diese nicht für alle Fälle als wahr bewiesen werden kann. Daher sollte man sie nur mit Vorsicht anwenden.

Ein Beispiel aus der Physik. Ein weiteres Beispiel für die Art und Weise, wie sich unterschiedliche Hypothesen auf

> ⚗ *Das Prinzip, das manchmal als „Ockhams Rasiermesser" (nach Wilhelm von Ockham) bezeichnet wird, ist die Vorstellung, dass die einfacheren Erklärungen für natürliche Phänomene wahrscheinlicher zutreffen als die komplizierteren.*

dieselben Daten beziehen können, findet man in einer bekannten Übung aus der Schulphysik. Man gibt uns dazu eine Feder, eine Anzahl von Gewichten und ein Lineal, und wir werden aufgefordert, eine Grafik über die Federlänge im Vergleich zum Gewicht zu erstellen, das an deren Ende hängt. Am Ende haben wir, sagen wir mal, 10 Punkte auf dem Papier, die (mit ein bisschen Vorstellungskraft!) so aussehen, als lägen sie auf einer geraden Linie. Dann machen wir einen induktiven Schritt und zeichnen eine gerade Linie, die durch die meisten der Punkte verläuft, und behaupten, dass es ein lineares Verhältnis zwischen der Federlänge und der durch die Gewichte erzeugten Spannung (gemäß dem Hookschen Gesetz) gibt. Aber dann wird uns bewusst, dass man auch ganz andere Kurven durch diese 10 Punkte zeichnen könnte, sogar eine unendliche Anzahl. Würde man die Kurve verändern, würde sich dadurch auch das Verhältnis zwischen Federlänge und Spannung verändern. Aber warum sollten wir uns anstatt für die gerade Linie nicht für eine der anderen Kurven entscheiden? In der gerade beschriebenen Situation gibt es also viele Hypothesen, die derselben Reihe von Daten entsprechen. Wie entscheidet man sich für eine von ihnen?

Die Anwendung von „Ockhams Rasiermesser" würde dazu führen, dass man sich für die eleganteste oder wirtschaftlichste Lösung entscheidet – eine gerade Linie ist einfacher als eine komplizierte Kurve. Wir könnten das Experiment auch mit 100 Punkten, 200 Punkten usw. durchführen. Die Ergebnisse würden unser Vertrauen darin bestärken, dass die gerade Linie die korrekte Lösung war. Wenn wir Beweise auf diese Weise sammeln, spricht man von „kumulierter Häufigkeit" oder „Summenhäufigkeit", die für die Gültigkeit einer Hypothese sprechen.

Bis hierhin haben wir uns verschiedene Methoden angeschaut, die Wissenschaftler anwenden, und haben gesehen, dass uns keine von ihnen eine hundertprozentige Sicherheit bietet (eine Ausnahme bilden deduktive Beweise in der Mathematik, wo es gewiss ist, dass bestimmte Schlüsse aus bestimmten Axiomen folgen). Wir möchten jedoch noch einmal betonen: Dies heißt auf keinen Fall, dass das Gebäude der Wissenschaft kurz vor dem Zusammenbruch steht! Was wir mit „keine hundertprozentige Sicherheit" meinen, ist, dass immer eine kleine Möglichkeit besteht, dass ein bestimmtes Resultat oder eine bestimmte Theorie falsch sein könnte. Aber das heißt nicht, dass wir Theorien nicht grundsätzlich vertrauen könnten.

In der Tat gibt es manchmal Situationen wie bei dem Lackmustest für Säure, der in der Vergangenheit zu 100 Prozent erfolgreich war. Auch wenn uns dies formal keinen hundertprozentigen Erfolg für die Zukunft garantiert, werden Wissenschaftler es als Tatsache bezeichnen, dass sich

Lackmuspapier rot verfärbt, wenn es in Säure getaucht wird. Mit „Tatsache" meinen sie, wie es der Paläontologe Stephen Jay Gould nett ausgedrückt hat, dass etwas „bis zu dem Grad bestätigt ist, dass es widersinnig wäre, ihm die einstweilige Zustimmung vorzuenthalten".[137]

In anderen Situationen sind wir bereit, unser Leben den Ergebnissen von Wissenschaft und Technik anzuvertrauen, auch wenn wir wissen, dass sie nicht hundertprozentig sicher sind. Bevor wir beispielsweise mit dem Zug reisen, wissen wir, dass theoretisch etwas schiefgehen könnte – zum Beispiel könnten die Bremsen und Signale versagen und einen Zugunfall verursachen. Aber aus den Statistiken zu Bahnreisen wissen wir auch, dass die Wahrscheinlichkeit eines solchen Ereignisses tatsächlich sehr gering ist (wenn auch nicht gleich null – Zugunfälle gibt es immer wieder). Da die Wahrscheinlichkeit eines Unfalls so gering ist, denken die meisten von uns, die mit dem Zug unterwegs sind, dabei nicht über das Risiko nach.

Andererseits dürfen wir nicht davon ausgehen, dass wir alle vorgeschlagenen Hypothesen, die mit der wissenschaftlichen Methode aufgestellt wurden, ungeprüft als absolute Tatsachen akzeptieren können.

Eines der Prüfkriterien nennt man Falsifizierbarkeit.

Falsifizierbarkeit

Karl Popper stellte nicht die Verifizierbarkeit einer Hypothese, sondern deren Falsifizierbarkeit in den Mittelpunkt. Leider kann Poppers Terminologie sehr verwirrend sein, da das Adjektiv „falsifizierbar" nicht „wird sich als falsch erweisen" bedeutet. Die Verwirrung wird noch schlimmer, wenn man sich andererseits bewusst macht, dass das Verb „falsifizieren" „aufzeigen, dass etwas falsch ist" bedeutet. Der Begriff „falsifizierbar" hat in Wirklichkeit eine technische Bedeutung. Eine Hypothese wird als falsifizierbar betrachtet, wenn logisch mögliche Beobachtungen denkbar sind, die sie widerlegen könnten.

Es ist natürlich viel einfacher, eine allgemeingültige Aussage zu falsifizieren, als sie zu verifizieren. Zur Veranschaulichung nehmen Sie eines unserer früheren Beispiele. Die Aussage „Alle Schwäne sind weiß" ist sofort leicht falsifizierbar. Man müsste nur einen Schwan entdecken, der schwarz ist, und könnte sie damit falsifizieren. Und da wir wissen, dass schwarze Schwäne existieren, ist diese Aussage schon lange falsifiziert worden.

---

137 Gould, *Evolution as Fact and Theory*, 119

Es kann jedoch Schwierigkeiten geben, denn der Großteil der wissenschaftlichen Tätigkeit ist viel komplexer als der Umgang mit Behauptungen wie „Alle Schwäne sind weiß"!

⚗ *Der Begriff „falsifizierbar" hat in Wirklichkeit eine technische Bedeutung. Eine Hypothese wird als falsifizierbar betrachtet, wenn logisch mögliche Beobachtungen denkbar sind, die sie widerlegen könnten.*

Zum Beispiel schienen im 19. Jahrhundert die Beobachtungen des Planeten Uranus zu zeigen, dass seine Bewegung den auf Grundlage der Newtonschen Gesetze getroffenen Vorhersagen widersprachen. Daher bestand die Gefahr, dass die Newtonschen Gesetze falsch waren. Doch statt sofort zu sagen, dass diese nun falsifiziert worden seien, schlugen sowohl der französische Mathematiker Urbain Le Verrier als auch der englische Astronom John Couch Adams (die sich beide nicht kannten) vor, dass es in der Nachbarschaft des Uranus einen bislang unentdeckten Planeten geben könnte, was sein offenbar anormales Verhalten erklären würde. Dies brachte einen weiteren Wissenschaftler, den deutschen Astronomen Johann Galle, dazu, nach einem neuen Planeten zu suchen – und er entdeckte den Planeten Neptun.

Es wäre daher nicht korrekt gewesen, das Verhalten des Uranus so zu verstehen, als falsifiziere es die Newtonschen Gesetze. Das Problem war eine Unkenntnis der Ausgangsbedingungen: In der untersuchten Konfiguration fehlte ein Planet. Mit anderen Worten: Ein Teil der entscheidenden Daten fehlte. Diese Geschichte demonstriert eines der Probleme in Poppers Ansatz. Wenn die Beobachtung nicht der Theorie entspricht, könnte es sein, dass die Theorie falsch ist, aber es könnte ebenso möglich sein, dass die Theorie korrekt ist, die Daten aber unvollständig oder sogar falsch sind oder dass einige der zusätzlichen Annahmen inkorrekt sind. Wie kann man dann darüber entscheiden, welches das korrekte Bild ist?

Die meisten Wissenschaftler haben in der Tat das Gefühl, dass Poppers Vorstellungen viel zu pessimistisch sind und seine Methodologie gegen alle Intuition steht. Denn ihre Intuition und ihre Erfahrung sagen ihnen, dass es ihre wissenschaftlichen Methoden ihnen tatsächlich ermöglichen, das Universum immer besser zu verstehen, und dass sie in diesem Sinne die Wirklichkeit besser in den Griff bekommen. Positiv an Poppers Ansatz ist jedoch, dass er auf der Überprüfbarkeit wissenschaftlicher Theorien besteht.

Wiederholbarkeit und Abduktion

Die wissenschaftliche Tätigkeit, über die wir bis hierhin nachgedacht haben, ist durch *Wiederholbarkeit* gekennzeichnet. Das heißt, wir haben

Situationen betrachtet, in denen Wissenschaftler nach allgemeingültigen Gesetzen gesucht haben, die wiederholbare Phänomene erklären – Gesetze, die (wie die Newtonschen Bewegungsgesetze) durch Experimente immer und immer wieder überprüft werden können. Wissenschaften dieser Art bezeichnet man oft als induktive oder nomologische Wissenschaften (griechisch *nomos* = Gesetz). Sie decken den Großteil der Wissenschaft ab.

Es gibt jedoch auch große Gebiete der wissenschaftlichen Forschung, wo Wiederholbarkeit nicht möglich ist, insbesondere das Studium der Ursprünge des Universums sowie des Ursprungs und der Entwicklung des Lebens.

Nun wollen wir keinesfalls andeuten, dass die Wissenschaft nichts über nicht wiederholbare Phänomene zu sagen hätte. Im Gegenteil: Die Menge an veröffentlichter Literatur (insbesondere, jedoch nicht ausschließlich, auf populärer Ebene) legt die Einschätzung nahe, dass beispielsweise der Ursprung des Universums und des Lebens zu den interessantesten Themen gehören, mit denen sich die Wissenschaft bislang beschäftigt hat.

Doch gerade weil solche nicht wiederholbaren Phänomene so wichtig sind, muss man bedenken, dass die Wissenschaft im Allgemeinen zu ihnen nicht denselben Zugang hat wie zu wiederholbaren Phänomenen. Denn Theorien über diese beiden Bereiche werden der Öffentlichkeit im großen Namen der Wissenschaft tendenziell so präsentiert, als ob es die gleiche Gewissheit gäbe wie bei induktiver Wissenschaft. Daher besteht die reale Gefahr, dass die Öffentlichkeit Spekulationen über nicht wiederholbare Ereignisse, die nicht experimentell verifizierbar sind, dieselbe Autorität und Gültigkeit beimisst wie jenen Theorien, die durch wiederholte Experimente bestätigt wurden.

Der Chemiker und Philosoph Michael Polanyi weist darauf hin, dass das Studium des Ursprungs einer Sache sich üblicherweise sehr von dem Studium ihrer Funktionsweise unterscheidet, obwohl natürlich Hinweise auf den Ursprung auch in der Funktionsweise zu finden sind. Es ist eine Sache, etwas Wiederholbares im Labor zu untersuchen (zum Beispiel die Dissektion eines Frosches, um zu sehen, wie sein Nervensystem funktioniert), aber eine völlig andere, etwas zu erforschen, was nicht wiederholt werden kann (zum Beispiel, wie Frösche als

> ⚖ *Es ist eine Sache, wie das Universum funktioniert, doch wie es entstanden ist, ist eine ganz andere.*

Gattung eigentlich entstanden sind). Und wenn wir hier größer denken, ist es eine Sache, wie das Universum funktioniert, doch wie es entstanden ist, ist eine ganz andere.

Der größte Unterschied zwischen der Erforschung von nicht wieder-holbaren und wiederholbaren Phänomenen ist, dass die Methode der In-duktion nicht länger angewendet werden kann, da wir keine Reihe von Be-obachtungen oder Experimenten haben, von denen wir etwas induzieren könnten, noch irgendeine Wiederholung in der Zukunft stattfinden wird, über die wir Vorhersagen treffen könnten! Die Hauptmethode, die bei nicht wiederholbaren Phänomenen angewendet wird, ist *Abduktion*.

Auch wenn dieser Begriff, der zuerst vom Logiker Charles Peirce im 19. Jahrhundert verwendet wurde, vielleicht nicht sehr bekannt ist, ist die ihm zugrunde liegende Vorstellung weit verbreitet. Denn Abduktion ist das, was jeder gute Kommissar tut, wenn er einen Mordfall aufklären muss! In Zu-sammenhang mit dem Mord muss etwas Bestimmtes stattgefunden haben. Daran besteht kein Zweifel. Die Frage lautet: Wer oder was war der Grund für dieses Ereignis? Und oft ist bei der Suche nach den Gründen für ein be-reits geschehenes Ereignis Abduktion die einzig verfügbare Methode.

Stellen Sie sich als Beispiel für abduktive Schlussfolgerung Folgendes vor:

Daten:	Iwans Auto fuhr über den Klippenrand, und er wurde getötet.
Schlussfolgerung:	Wenn die Bremsen des Autos versagt haben, musste das Auto über den Klippenrand fahren.
Abduktive Folgerung:	Es besteht Anlass zu der Vermutung, dass die Bremsen versagt haben.

Es bietet sich jedoch eine Alternative an (insbesondere für passionierte Kri-mileser): Wenn jemand Iwans Auto über die Klippe geschoben hätte, wäre das Ergebnis dasselbe gewesen! Es wäre trügerisch und ziemlich töricht, anzunehmen, dass, nur weil wir nur an *eine* Erklärung für die Umstände gedacht haben, diese auch die einzige *ist*.

Die grundlegende Idee der Abduktion zeigt uns das folgende Schema:

Daten:	A wurde festgestellt.
Schlussfolgerung:	Stimmt B, wäre A die Folge davon.
Abduktive Folgerung:	Es gibt Grund zur Annahme, dass B wahr sein könnte.

Natürlich könnte es auch gut eine weitere Hypothese geben, C, über die wir sagen könnten: Wenn C stimmt, würde A daraus folgen. In der Tat gibt es für C viele Möglichkeiten.

Der Kommissar in unserer Geschichte führt eine bestimmte Prozedur durch, um jede einzelne in Erwägung zu ziehen. Zuerst wird er vielleicht die Zufalls-Hypothese B betrachten, dass die Bremsen versagt haben. Dann wird er vielleicht über Hypothese C nachdenken, dass das Ereignis kein Zufall war, sondern absichtlich von einem Mörder geplant wurde, der das Auto über die Klippe geschoben hat. Oder der Kommissar könnte eine komplexere Hypothese D in Betracht ziehen, die Zufall und Absicht kombiniert – dass jemand, der Iwan umbringen wollte, die Bremsen des Autos manipuliert hat, damit sie irgendwann versagen, und dies geschah dann auf den Klippen!

Schluss auf die beste Erklärung. Unser Kriminalfall veranschaulicht, wie durch den Prozess der Abduktion plausible Hypothesen entwickelt werden und wir vor die Frage gestellt werden, welche der Hypothesen am besten zu den Daten passt. Um diese Frage zu beantworten, müssen die Hypothesen im Hinblick auf ihre Aussagekraft verglichen werden. Für wie viele Daten liefern sie eine Erklärung, ist die Theorie in sich stimmig, ist sie vereinbar mit anderen Wissensgebieten usw.?

Zur Beantwortung dieser weiter reichenden Fragen wird oft Deduktion eingesetzt. Wenn beispielsweise B in unserer Kriminalgeschichte stimmt, dann würden wir erwarten, dass eine Untersuchung der Bremsen des Autowracks ergibt, dass manche Teile abgenutzt oder kaputt sind. Wenn C richtig ist, würden wir daraus ableiten, dass die Bremsen in perfektem Zustand sind, und wenn D der Fall ist, würden wir vielleicht Hinweise auf eine absichtliche Beschädigung des hydraulischen Bremssystems finden. Würden wir entsprechende Spuren finden, würde D sofort als die beste der bis dahin gegebenen gegensätzlichen Erklärungen betrachtet werden, da ihre Aussagekraft größer ist als die der anderen.

Daher kann Abduktion zusammen mit dem darauffolgenden Vergleich der gegensätzlichen Hypothesen als „Schluss auf die beste Erklärung"[138]

---

138 Ein *Schluss auf die beste Erklärung* (*Inference to Best Explanation*, kurz IBE) ist ein abduktiver Schluss, mit dem eine bestimmte Hypothese gegenüber anderen Hypothesen ausgezeichnet wird. (Wikipedia, abgerufen am 12.2.2019, A. d. V.)

betrachtet werden. Das ist die Essenz nicht nur der Arbeit von Polizei und Justiz, sondern auch von Historikern. Sowohl der Kommissar als auch der Historiker müssen die bestmögliche Erklärung aus den vorhandenen Daten schlussfolgern, nachdem die Ereignisse, an denen sie interessiert sind, geschehen sind.

Mehr über den Einsatz von Abduktion in den Naturwissenschaften (insbesondere in den Bereichen Kosmologie und Biologie) erfahren Sie in den Büchern von John Lennox, die am Ende dieses Anhangs aufgeführt sind. Hier müssen wir nun noch einige andere der allgemeinen Themen betrachten, die in Zusammenhang mit der wissenschaftlichen Arbeit stehen.

WIE ERKLÄRT DIE WISSENSCHAFT DINGE?

Erklärungsebenen

Die Wissenschaft erklärt. Das fasst für viele Menschen die Kraft und Faszination der Wissenschaft zusammen. Die Wissenschaft ermöglicht es uns, Dinge zu verstehen, die wir zuvor nicht verstanden haben, und indem sie uns Verständnis schenkt, schenkt sie uns auch Macht über die Natur. Aber was meinen wir, wenn wir sagen: „Die Wissenschaft erklärt"?

In der Umgangssprache sprechen wir von einer angemessenen Erklärung, wenn die Person, der etwas erklärt wird, danach etwas gut versteht, was sie zuvor nicht verstanden hat. Wir müssen jedoch versuchen, präzise zu sein, denn beim Prozess der „Erklärung" gibt es verschiedene Aspekte, die oft verwechselt werden. Eine Veranschaulichung kann uns hier helfen. Wir haben bereits einen ähnlichen Gedankengang im Zusammenhang mit Rosen entwickelt. Lassen Sie uns nun einen Blick auf weitere Beispiele werfen.

Stellen Sie sich vor, Tante Olga hat einen leckeren Kuchen gebacken. Sie präsentiert ihn einer Versammlung von weltweit führenden Wissenschaftlern, und wir bitten diese, uns den Kuchen zu erklären. Der Ernährungswissenschaftler wird uns etwas über die Kalorienanzahl im Kuchen und seinen Nährwert erzählen. Der Biochemiker wird uns über die Struktur der Proteine, Fette usw. informieren und uns erzählen, durch was sie zusammengehalten werden. Der Chemiker wird die einzelnen Elemente aufzählen und ihre Verbindungen beschreiben. Der Physiker wird den Kuchen im Hinblick auf Elementarteilchen analysieren können. Und der Mathematiker wird uns eine Reihe von schönen Gleichungen anbieten, um das Verhalten dieser Teilchen zu beschreiben. Stellen Sie sich also vor, dass uns diese

Experten eine umfassende Beschreibung des Kuchens geliefert haben, jeder aus Sicht seiner wissenschaftlichen Disziplin. Können wir sagen, dass der Kuchen nun vollständig erklärt wurde? Wir haben sicherlich eine Beschreibung erhalten, wie der Kuchen gemacht wurde und in welchem Verhältnis die verschiedenen Elemente zueinander stehen. Aber stellen Sie sich nun vor, wir würden die versammelte Expertengruppe fragen, *warum* der Kuchen gemacht wurde. Wir bemerken das Grinsen in Tante Olgas Gesicht. Sie kennt die Antwort, denn schließlich hat sie den Kuchen gemacht! Aber klar ist: Wenn sie uns die Antwort nicht verrät, wird keine noch so ausgiebige wissenschaftliche Analyse uns je die Antwort liefern.

Also kann die Wissenschaft zwar „Wie"-Fragen hinsichtlich Ursachen und Mechanismen beantworten, aber keine „Warum"-Fragen, Fragen nach Sinn und Absicht – teleologische Fragen, wie sie manchmal genannt werden (griechisch *telos* = Endzweck oder Ziel).

Es wäre jedoch absurd, wenn man zum Beispiel behaupten würde, dass Tante Olgas Antwort auf die teleologische Frage, nämlich dass sie den Kuchen für Sams Geburtstag gebacken habe, der wissenschaftlichen Analyse des Kuchens widerspräche! Nein. Beide Arten von Antworten sind eindeutig logisch vereinbar.

> ⚠ *Die Wissenschaft kann zwar „Wie"-Fragen hinsichtlich Ursachen und Mechanismen beantworten, aber keine „Warum"-Fragen, Fragen nach Sinn und Absicht.*

Und doch zeigt sich genau diese Vermischung verschiedener Kategorien, wenn Atheisten argumentieren, man brauche nicht länger Gott und das Übernatürliche, um die Abläufe in der Natur zu erklären, da wir nun eine wissenschaftliche Erklärung dafür hätten. Dadurch hat sich in der allgemeinen Öffentlichkeit die Ansicht verbreitet, dass der Glaube an einen Schöpfer einem primitiven und einfachen Stadium des menschlichen Denkens zuzuordnen sei und die Wissenschaft gezeigt habe, dass dieser sowohl unnötig als auch unmöglich sei.

Aber hier gibt es einen offensichtlichen Fehler. Denken Sie an einen Ford-Automotor. Es ist vorstellbar, dass ein primitiver Mensch, der einen solchen Motor zum ersten Mal sieht und die Prinzipien eines Verbrennungsmotors nicht versteht, sich vielleicht vorstellt, in dem Motor sei ein Gott (Herr Ford), der ihn zum Laufen bringe. Zudem könnte dieser Mensch sich vorstellen, dass der Grund für die gute Funktion des Motors sei, dass Herr Ford im Inneren des Motors ihn als Fahrer möge, und wenn der Motor nicht funktioniert, dass Herr Ford ihm nicht wohlgesonnen sei. Wenn dieser primitive Mensch dann zivilisiert werden würde, etwas über

Maschinenbau lernen und den Motor auseinanderbauen würde, würde er natürlich entdecken, dass es in dem Motor keinen Herrn Ford gibt und dass er Herrn Ford nicht als Erklärung für die Funktion des Motors braucht. Was er über die unpersönlichen Prinzipien der Verbrennung gelernt hat, würde allgemein ausreichen, um die Funktion des Motors zu erklären. So weit, so gut. Doch wenn er dann am Ende zu dem Schluss käme, dass ihm nun sein Verständnis der Prinzipien der Verbrennung es unmöglich macht, an die Existenz eines Herrn Ford zu glauben, der den Motor entwickelt hat, wäre dies schlicht und einfach falsch!

BILD Anh. 2. *Ford-Automobil, Model A aus dem Jahr 1929*
Die Ford Motor Company, die 1913 die erste Fließbandfertigung einführte, baute von 1908 bis 1927 mehr als 15 Millionen T-Modelle. Unser Foto zeigt das Nachfolgemodell Ford A, das zwischen 1928 und 1931 produziert wurde.

© unsplash.com/Philip Schroeder

Ebenso ist es eine Vermischung von Kategorien, wenn man behauptet, unser Verständnis der unpersönlichen Funktionsprinzipien des Universums machten den Glauben an die Existenz eines persönlichen Gottes unnötig oder überflüssig, der den großen Motor namens Universum entworfen und geschaffen hat und auch aufrechterhält. Mit anderen Worten: Wir sollten die Funktionsmechanismen des Universums nicht mit seiner Ursache verwechseln. Jeder von uns kennt den Unterschied zwischen dem bewussten Bewegen eines Armes mit einer bestimmten Absicht und der unwillkürlichen spasmischen Bewegung eines Armes, die durch den zufälligen Kontakt mit elektrischem Strom ausgelöst wird.

> ⚠ Wir sollten die Funktionsmechanismen des Universums nicht mit seiner Ursache verwechseln.

Michael Poole, wissenschaftlicher Gastmitarbeiter am King's College in London im Bereich Wissenschaft und Religion, drückt es in seiner veröffentlichten Debatte mit Richard Dawkins so aus:

> Es gibt keinen logischen Konflikt zwischen vernünftigen Erklärungen, die sich auf Mechanismen beziehen, und vernünftigen Erklärungen, die sich auf die Pläne und Zwecke eines menschlichen oder göttlichen Akteurs beziehen. Dies ist ein Aspekt der Logik, unabhängig davon, ob man nun selbst an Gott glaubt oder nicht.[139]

Einer der Autoren stellte in einer Debatte mit Richard Dawkins fest, dass sein Gegenüber die Kategorien von Mechanismus und handelnder Instanz durcheinanderbrachte:

> Als Isaac Newton beispielsweise sein Gesetz der Schwerkraft entdeckte und die Bewegungsgleichungen niederschrieb, sagte er nicht: „Fabelhaft, jetzt verstehe ich es. Ich habe einen Mechanismus, daher brauche ich Gott nicht." Tatsächlich war genau das Gegenteil der Fall. Weil er die Komplexität der Raffinesse der mathematischen Beschreibung des Universums verstand, lobte er Gott umso mehr. Und ich möchte gerne anmerken, Richard, dass du hier einen Kategoriefehler begehst, weil du Mechanismus und handelnde Instanz verwechselst: Wir hätten einen Mechanismus, der XYZ tut, daher bräuchten wir keine handelnde Instanz. Ich würde behaupten, dass die Raffinesse des Mechanismus – und die Wissenschaft freut sich, wenn sie auf solche Mechanismen stößt – ein Beweis für das reine Wunder der kreativen Genialität Gottes ist.[140]

---

139 Poole, *Critique of Aspects of the Philosophy and Theology of Richard Dawkins*, 49
140 Lennox' Antwort auf Dawkins' erste These „Glaube ist blind, Wissenschaft basiert auf Beweisen", in *The God Delusion Debate*, moderiert von der Fixed Point Foundation, University of Alabama in Birmingham, gefilmt und live ausgestrahlt am 3. Oktober 2007,

Trotz der Klarheit der Logik, die bei den Kontrapunkten ausgedrückt wird, wird eine berühmte Aussage des französischen Mathematikers Laplace ständig missbraucht, um den Atheismus zu unterstützen. Als er von Napoleon gefragt wurde, wie Gott in seine mathematische Arbeit passe, antwortete Laplace: „Sir, diese Hypothese brauche ich nicht." Natürlich tauchte Gott nicht in Laplaces mathematischer Beschreibung der Funktionsweise von Dingen auf, wie auch Herr Ford in keiner wissenschaftlichen Beschreibung der Gesetze des Verbrennungsmotors auftauchen würde. Aber was beweist das? Ein solches Argument kann man genauso wenig verwenden, um zu beweisen, dass Gott nicht existiert, wie man es verwenden kann, um die Nichtexistenz von Herrn Ford zu beweisen.

Zusammenfassend lässt sich sagen: Man muss sich der Gefahr bewusst sein, dass man verschiedene Erklärungsebenen vertauschen kann und denkt, eine Erklärungsebene erzähle die ganze Geschichte.

Dies bringt uns unmittelbar zu dem damit verbundenen Thema des Reduktionismus.

Reduktionismus

Um eine Sache zu erforschen – insbesondere, wenn sie sehr komplex ist –, teilen Wissenschaftler sie häufig in verschiedene Teile oder Aspekte auf und „reduzieren" sie damit auf einfachere Bestandteile, die einzeln leichter zu untersuchen sind. Diese Art von Reduktionismus, der oft als methodologischer oder struktureller Reduktionismus bezeichnet wird, ist Teil des normalen wissenschaftlichen Prozesses und hat sich als sehr nützlich erwiesen. Es ist jedoch sehr wichtig, dass man dabei im Hinterkopf behält, dass es möglicherweise (meistens ist dem so) mehr über ein gegebenes Ganzes zu sagen gibt als das, was wir erhalten, wenn wir all das zusammennehmen, was wir aus den einzelnen Teilen erkannt haben. Studiert man alle Teile einer Armbanduhr für sich, wird man nie begreifen können, wie die vollständige Armbanduhr als integriertes Ganzes funktioniert.

Neben dem methodologischen Reduktionismus gibt es zwei weitere Arten von Reduktionismus: den epistemologischen und den ontologischen Reduktionismus. Der *epistemologische Reduktionismus* ist die Sicht, dass höhere Ebenen von Wissenschaft vollständig durch die Wissenschaft auf

---

http://fixed-point.org/index.php/video/35-full-length/164-the-dawkins-lennox-debate. Die Niederschrift stammt im Original von ProTorah, http://www.protorah.com/god-delusion-debate-dawkins-lennox-transcript/.

einer niedrigeren Ebene erklärt werden können. Das heißt, Chemie wird durch Physik erklärt, Biochemie durch Chemie, Biologie durch Biochemie, Psychologie durch Biologie, Soziologie durch die Hirnforschung und Theologie durch Soziologie. Wie Francis Crick sagt: „Tatsächlich ist ja auch das Endziel der modernen biologischen Forschung, die *gesamte* Biologie in der Ausdrucksweise von Physik und Chemie verständlich zu machen."[141] Richard Dawkins, ein ehemaliger *Charles Simonyi Professor of the Public Understanding of Science* an der Universität Oxford, hat dieselbe Sicht: „Meine Aufgabe ist es, Elefanten und die Welt komplexer Dinge anhand der einfachen Dinge zu erklären, die die Physiker entweder verstehen oder an deren Verständnis sie arbeiten."[142] Das letzte Ziel des Reduktionismus ist, das gesamte menschliche Verhalten, all unsere Vorlieben und Abneigungen, die ganze mentale Landschaft unseres Lebens auf die Physik zu reduzieren.

> ⚗ *Das letzte Ziel des Reduktionismus ist, das gesamte menschliche Verhalten, all unsere Vorlieben und Abneigungen, die ganze mentale Landschaft unseres Lebens auf die Physik zu reduzieren.*

Jedoch sind sowohl die Durchführbarkeit als auch die Plausibilität dieses Programmes äußerst fraglich. Der hervorragende russische Psychologe Lew Wygotski (1896–1934) sah gewisse Aspekte dieser reduktionistischen Philosophie, so wie sie auf die Psychologie angewendet wurden, kritisch. Er zeigte auf, dass ein solcher Reduktionismus oft mit dem Ziel in Konflikt steht, alle grundlegenden Merkmale eines zu erklärenden Phänomens oder Ereignisses zu erfassen. Zum Beispiel kann man Wasser (H_2O) auf H und O reduzieren. Wasserstoff ist brennbar und Sauerstoff ist notwendig zum Brennen; Wasser jedoch besitzt keine dieser Eigenschaften, sondern hat viele andere, die wiederum Wasserstoff und Sauerstoff nicht haben. Daher war Wygotski der Ansicht, dass Reduktionismus nur bis zu einer gewissen Grenze möglich sei. Karl Popper sagt: „Es gibt fast immer einen ungelösten Rest, der auch bei den erfolgreichsten Reduktionsversuchen übrig bleibt."[143]

Des Weiteren argumentiert Michael Polanyi, die Erwartung, epistemologischer Reduktionismus funktioniere unter allen Umständen, sei an sich unplausibel.[144] Denken Sie an die unterschiedlichen Prozessebenen beim Bau eines Bürogebäudes mit Mauersteinen. Als Erstes gibt es den Prozess

---

141 Crick, *Von Molekülen und Menschen*, 20 (Kursivsetzung im Original)
142 Dawkins, *Der blinde Uhrmacher*, 29
143 Popper, *Scientific Reduction*
144 Polanyi, *Implizites Wissen*

der Beschaffung der Rohmaterialien, aus denen die Mauersteine hergestellt werden. Darüber gibt es die Ebene der Mauersteinproduktion (sie produzieren sich nicht selbst), Maurerarbeiten (die Steine setzen sich nicht selbst aufeinander), der Entwurf des Gebäudes (es entwirft sich nicht selbst) und die Planung der Stadt, in der das Gebäude errichtet werden soll (auch diese organisiert sich nicht selbst). Jede Ebene hat ihre eigenen Regeln. Die Gesetze der Physik und der Chemie bestimmen das Rohmaterial der Mauersteine, die Technik bestimmt die Kunst der Mauersteinherstellung, die Architektur belehrt den Bauherren, und die Architekten werden von den Stadtplanern kontrolliert. Jede Ebene wird von der Ebene darüber kontrolliert, aber das Gegenteil trifft nicht zu. Die Gesetze einer höheren Ebene können nicht von den Gesetzen einer niedrigeren Ebene abgeleitet werden (obwohl natürlich das, was auf einer höhere Ebene getan werden kann, von den niedrigeren Ebenen abhängig ist: Wenn beispielsweise die Mauersteine nicht stabil genug sind, wird dies der Größe des Gebäudes, das sicher damit gebaut werden kann, Grenzen setzen).

Betrachten Sie die Buchseite, die Sie gerade lesen. Sie besteht aus mit Druckfarbe bedrucktem Papier (oder, im Falle einer elektronischen Version, aus digital wiedergegebenem Text). Es ist offensichtlich, dass die Physik und Chemie von Farbe und Papier niemals, nicht einmal prinzipiell, uns irgendetwas über die Bedeutung der Formen der Buchstaben auf der Seite sagen können. Und das hat nichts mit der Tatsache zu tun, dass die Fortschritte in der Physik und Chemie noch nicht weit genug sind, um diese Frage zu beantworten. Auch wenn wir diesen Wissenschaften weitere 1000 Jahre Entwicklung zugestehen, werden wir sehen können, dass es keinen Unterschied machen wird, weil die Formen dieser Buchstaben eine absolut andersartige und höhere Erklärungsebene erfordern, als uns Physik und Chemie liefern können. Tatsache ist, dass eine Erklärung nur in Zusammenhang mit den Konzepten von Sprache und Autorenschaft gegeben werden kann – die Kommunikation einer Botschaft durch eine Person. Die Druckfarbe und das Papier sind Träger der Botschaft, aber die Botschaft entsteht nicht automatisch aus ihnen. Was zudem das Thema Sprache selbst angeht, gibt es hier wieder eine Folge von Ebenen – man kann ein Vokabular nicht aus der Phonetik ableiten oder die Grammatik einer Sprache aus ihrem Vokabular usw.

Wie bekannt ist, trägt das genetische Material, die DNA, Information in sich. Wir werden darauf gleich noch genauer eingehen, aber die Grundidee ist folgende: Die DNA – eine Substanz, die in jeder lebenden Zelle zu finden ist – kann man sich als ein langes Band vorstellen, auf dem eine Folge von Buchstaben in einer chemischen Sprache bestehend aus jeweils vier Buchstabengruppen geschrieben ist. Die Buchstabenfolge beinhaltet kodierte Anweisungen (Information), mit der die Zelle Proteine herstellt. Der Biochemiker und Theologe Arthur Peacocke schreibt: „Es ist unmöglich, dass das Konzept der ‚Information', das Konzept der Übermittlung einer Botschaft, anhand der Konzepte von Physik und Chemie artikuliert werden kann, auch wenn Letztere nachweislich erklären kann, wie die molekulare Maschinerie (DNA, RNA und Protein) funktioniert, um Information zu tragen."[145]

In allen diesen zuvor beschriebenen Situationen haben wir eine Reihe von Ebenen, von denen jede höher ist als die vorherige. Was auf einer höheren Ebene passiert, ist nicht vollständig davon ableitbar, was auf der Ebene darunter passiert, sondern erfordert eine andere Erklärungsebene.

In so einer Situation sagt man manchmal, dass sich die Phänomene auf einer höheren Ebene aus der niedrigeren Ebene „ergeben". Leider wird das Wort „ergeben" leicht so missverstanden, dass die Eigenschaften einer höheren Stufe automatisch aus den Eigenschaften der niedrigeren Ebene entstehen. Das ist generell falsch, wie wir anhand der Beispiele der Mauersteinproduktion und der Schrift auf Papier gezeigt haben. Doch ungeachtet der Tatsache, dass sowohl die Schrift auf Papier als auch die DNA gemeinsam haben, dass beide eine kodierte „Botschaft" tragen, beharren die Wissenschaftler, die eine materialistische Philosophie vertreten, darauf, dass die informationstragenden Eigenschaften der DNA automatisch aus geistloser Materie entstanden sein müssen. Denn wenn es, wie der Materialismus behauptet, nichts außer Materie und Energie gibt, folgt logisch daraus, dass sie das inhärente Potenzial besitzen müssen, sich selbst so zu organisieren, dass schließlich all die für das Leben notwendigen komplexen Moleküle entstehen, einschließlich der DNA.[146]

Es gibt noch eine dritte Art von Reduktionismus, genannt *ontologischer Reduktionismus,* auf den man häufig in Aussagen wie der folgenden stößt: Das Universum ist nichts als eine Ansammlung von Atomen in Bewegung, Menschen sind „Maschinen für die Verbreitung von DNA, und die Verbreitung von DNA ist ein sich selbst erhaltender Prozess. Das ist der ausschließliche Zweck des Lebens jedes lebenden Objekts."[147]

---

145 Peacocke, *Experiment of Life*, 54
146 Ob Materie und Energie diese Fähigkeit besitzen, ist eine andere Frage, die in den Büchern diskutiert wird, welche in der Fußnote am Ende dieses Anhangs genannt werden.
147 Dawkins, *Growing Up in the Universe* (Studienband), 21

Wörter wie „nichts als" oder „ausschließlich" sind verräterische Kennzeichen einer (ontologischen) reduktionistischen Denkweise. Wenn wir diese Wörter streichen, bleibt normalerweise etwas übrig, an dem nichts auszusetzen ist. Das Universum ist sicherlich eine Ansammlung von Atomen, und in der Tat verbreiten Menschen DNA. Die Frage ist jedoch: Ist das wirklich alles? Stimmen wir Francis Crick zu, der zusammen mit James D. Watson den Nobelpreis für seine Entdeckung der Doppelhelixstruktur der DNA gewann: „‚Sie', Ihre Freuden und Leiden, Ihre Erinnerungen, Ihre Ziele, Ihr Sinn für Ihre eigene Identität und Willensfreiheit – bei alledem handelt es sich in Wirklichkeit nur um das Verhalten einer riesigen Ansammlung von Nervenzellen und dazugehörigen Molekülen"[148]?

Was sollen wir über menschliche Liebe und Angst, über Konzepte wie Schönheit und Wahrheit sagen? Sind sie bedeutungslos?

Der ontologische Reduktionismus würde uns in letzter Konsequenz dazu auffordern zu glauben, ein Rembrandt-Gemälde sei nichts als auf einer Leinwand verteilte Farbmoleküle. Die Reaktion des Physikers und Theologen John Polkinghorne ist deutlich:

Es gibt mehr über die Welt zu sagen, als die Physik je ausdrücken kann.

Eine der grundlegenden Erfahrungen des wissenschaftlichen Lebens ist die des Staunens über die schöne Struktur der Welt. Es ist die Belohnung für die mühsamen Stunden der Arbeit, die man in die Forschung investiert. Doch würde dieses Staunen in der von der Wissenschaft beschriebenen Welt einen Platz finden? Oder unsere Erfahrungen von Schönheit? Oder moralische Verpflichtungen? Oder die Gegenwart Gottes? Diese Dinge scheinen mir genauso fundamental zu sein wie all das, was wir im Labor messen können. Eine Weltanschauung, die diese Dinge nicht angemessen berücksichtigt, ist bedauerlicherweise unvollständig.[149]

Die vernichtendste Kritik am ontologischen Reduktionismus lautet, er sei selbstzerstörerisch. Polkinghorne beschreibt sein Programm als letztendlich selbstmörderisch:

Denn es verbannt nicht nur unsere Erfahrungen von Schönheit, moralischer Verpflichtung und religiöser Erfahrungen auf den

---

148 Crick, *Was die Seele wirklich ist*, 17
149 Polkinghorne, *One World*, 72–73

epiphänomenalen Müllhaufen. Er zerstört auch die Rationalität. Denken wird ausgetauscht durch elektrochemische, neuronale Prozesse. Zwei solcher Prozesse können nicht in einen rationalen Diskurs miteinander treten. Sie sind weder richtig noch falsch. Sie passieren einfach. ... Sogar die Behauptungen des Reduktionisten selbst sind dann bloß Signale im neuronalen Netz seines Gehirns. Die Welt des rationalen Diskurses reduziert sich auf das absurde Geschwätz feuernder Synapsen. Offen gesagt kann das nicht richtig sein, und das glaubt auch niemand von uns.[150]

GRUNDLEGENDE VORANNAHMEN BEI DER WISSENSCHAFTLICHEN ARBEIT

Bis jetzt haben wir uns auf die wissenschaftliche Methode konzentriert und gesehen, dass dies ein viel komplexeres (und aus diesem Grund auch viel interessanteres) Thema ist, als es zuerst vielleicht den Anschein hatte. Wie angekündigt, müssen wir nun die Auswirkungen der Tatsache bedenken, dass auch Wissenschaftler, wie alle Menschen, nie völlig frei von vorgefassten Meinungen sind. Die weitverbreitete Vorstellung, dass jeder Wissenschaftler ein völlig leidenschaftsloser Beobachter ist – zumindest wenn er sich bemüht unparteiisch zu sein –, ist falsch. Darauf wurde wiederholt von Wissenschaftsphilosophen und Wissenschaftlern selbst hingewiesen. Zumindest müssen Wissenschaftler sich bereits irgendeine Vorstellung oder eine Theorie über die Natur dessen, was sie studieren werden, gebildet haben.

> ⚠ *Die weitverbreitete Vorstellung, dass jeder Wissenschaftler ein völlig leidenschaftsloser Beobachter ist – zumindest wenn er sich bemüht unparteiisch zu sein –, ist falsch.*

Beobachtungen sind abhängig von einer Theorie

Es ist einfach nicht möglich, Beobachtungen zu machen und Experimente durchzuführen ohne jegliche Vorannahmen. Bedenken Sie nur zum Beispiel die Tatsache, dass die Wissenschaft ihrer Natur nach selektiv sein muss. Es wäre absolut unmöglich, jeden Aspekt jedes Forschungsobjekts in Betracht zu ziehen. Daher müssen Wissenschaftler sich entscheiden, welche Faktoren wahrscheinlich wichtig sein werden und welche nicht. Zum

---

150 Polkinghorne, *One World*, 92–93

Beispiel berücksichtigen Wissenschaftler nicht die Farbe der Billardkugeln, wenn sie eine Laboruntersuchung über die Anwendung der Newtonschen Gesetze auf die Bewegung durchführen, aber die Form der Kugeln ist sehr wichtig – „würfelförmige Kugeln" würden nicht viel nützen! Wenn sie solche Entscheidungen treffen, werden Wissenschaftler unvermeidlich von bereits vorher gebildeten Vorstellungen und Theorien geleitet, welche Faktoren wahrscheinlich wichtig sein werden. Das Problem ist, dass solche Vorannahmen manchmal falsch sein können, was zur Folge haben kann, dass ihnen entscheidende Aspekte eines Problems entgehen, sodass sie falsche Schlüsse ziehen. Dies lässt sich gut mit einer berühmten Geschichte über den Physiker Heinrich Hertz veranschaulichen.

Maxwells elektromagnetische Theorie besagte, dass sich Radio- und Lichtwellen mit gleicher Geschwindigkeit verbreiten. Hertz entwickelte ein Experiment, um dies zu überprüfen, und fand heraus, dass die Geschwindigkeiten nicht gleich waren. Sein Fehler, der erst nach seinem Tod entdeckt wurde, war, dass ihm nicht bewusst war, dass die Beschaffenheit seines Labors irgendeinen Einfluss auf die Versuchsergebnisse haben könnte. Leider war dies aber doch der Fall. Die Radiowellen wurden von den Wänden reflektiert und verfälschten seine Ergebnisse.

Die Gültigkeit seiner Beobachtungen hingen von der (vorgefassten) Theorie ab, dass die Beschaffenheit des Labors für sein Experiment irrelevant sei. Die Tatsache, dass diese vorgefasste Meinung falsch war, machte seine Ergebnisse ungültig.

Diese Geschichte zeigt eine weitere Schwierigkeit auf: Wie kann man in einer solchen Situation entscheiden, ob der Fehler in der Theorie oder im Experiment selbst liegt? Wann kann man den Versuchsergebnissen trauen, und wann muss man eine Theorie verwerfen und nach einer besseren Theorie suchen? Oder sollte man weiter an der Theorie festhalten und versuchen, den Fehler im Experimentaufbau zu finden? Auf diese Fragen gibt es keine einfache Antwort. Viel wird dabei von der Erfahrung und dem Urteilsvermögen des beteiligen Wissenschaftlers abhängen. Aber dass auch mal Fehler gemacht werden, ist unvermeidbar.

Es gibt kein Wissen ohne Vorannahmen

Wissenschaftler haben nicht nur unvermeidlich vorgefasste Vorstellungen über bestimmte Situationen (wie uns die Geschichte von Hertz gezeigt hat), auch ihre Wissenschaft geschieht in einem Rahmen von allgemeinen Annahmen über die Wissenschaft an sich. Der weltberühmte Genetiker Richard Lewontin von der Universität Harvard schreibt: „Wissenschaftler, wie andere Intellektuelle auch, gehen mit einer Weltanschauung an ihre Arbeit heran, einer Reihe von Vorannahmen, die den Rahmen für ihre Analyse der Welt bilden."[151]

Und diese Vorannahmen können sowohl die Forschungsmethoden der Wissenschaftler bedeutend beeinflussen als auch ihre Ergebnisse und ihre Interpretationen dieser Ergebnisse, wie wir noch sehen werden.

Wir möchten jedoch betonen, dass die Tatsache, dass Wissenschaftler Vorannahmen mitbringen, keine Kritik darstellt. Das wäre wirklich eine unsinnige Einstellung. Denn die Stimme der Logik erinnert uns daran, dass wir nichts erkennen können, wenn wir nicht bereit sind, irgendetwas vorauszusetzen. Lassen Sie uns diese Vorstellung genauer untersuchen, indem wir über eine verbreitete Einstellung nachdenken. „Ich bin nicht bereit, irgendetwas als gegeben anzunehmen", sagt jemand. „Ich werde nur das akzeptieren, was du mir beweisen kannst." Hört sich vernünftig an – ist es aber nicht. Denn wenn Sie diese Sichtweise vertreten, werden Sie nie irgendetwas akzeptieren oder wissen! Denn stellen Sie sich einmal vor, ich wollte, dass Sie irgendeine Aussage A akzeptieren. Sie würden sie nur akzeptieren, wenn ich sie Ihnen bewiese. Aber ich müsste sie Ihnen auf Grundlage irgendeiner anderen Aussage B beweisen. Sie würden B nur akzeptieren, wenn ich Ihnen B bewiese. Ich müsste Ihnen B aber auf der Basis von C beweisen. Und so würde es immer weiter gehen in einer logischen Endlosschleife, in einem sogenannten unendlichen Regress. Das ist die Folge, wenn Sie darauf bestehen würden, nichts von vornherein als gegeben anzunehmen!

Wir alle müssen irgendwo mit etwas anfangen, was wir als gegeben ansehen – Grundannahmen, die man nicht auf Basis von irgendwelchen anderen Dingen beweisen muss. Solche Annahmen werden oft als *Axiome* bezeichnet.[152] Welche Axiome wir auch immer für uns annehmen, wir werden dann anschließend versuchen, die Welt richtig zu deuten, indem wir unsere Überlegungen auf diesen Axiomen aufbauen. Und das gilt nicht nur hinsichtlich unserer Weltanschauung, sondern bei allem, was wir tun. Wir behalten die Axiome, die sich als nützlich erwiesen haben (weil sie uns zu Theorien führen, die besser zur Natur und unserer Erfahrung zu passen scheinen), und wir verwerfen oder modifizieren jene, die nicht so gut

---

151 Lewontin, *Dialectical Biologist*, 267
152 Man sollte jedoch im Hinterkopf behalten, dass die Axiome, die in verschiedenen Bereichen der reinen Mathematik (zum Beispiel bei der Zahlen- oder der Gruppentheorie) auftauchen, auch nicht aus dem Nichts auftauchen. Sie entstehen für gewöhnlich aus dem Versuch, Jahre (manchmal Jahrhunderte) von mathematischer Forschung in einem sogenannten Axiomensystem zusammenzufassen.

passen. Eines jedenfalls ist absolut klar: Niemand von uns ist völlig frei von anfänglichen Grundannahmen.

Wenn wir Wissen gewinnen wollen, müssen wir unseren Sinnen und anderen Menschen vertrauen

Es gibt im Wesentlichen zwei Quellen, aus denen wir Wissen gewinnen können:

1. direkt durch unsere ganz persönliche Erfahrung (wenn wir zum Beispiel versehentlich unseren Finger in kochendes Wasser tauchen, lernen wir, dass kochendes Wasser uns verbrüht);
2. wir lernen alles Mögliche durch externe Quellen, zum Beispiel durch Lehrer, Bücher, Eltern, die Medien usw.

Dabei brauchen wir immer ein gewisses Vertrauen. Wir vertrauen intuitiv unseren Sinnen, auch wenn wir wissen, dass sie uns manchmal täuschen. So kann sich beispielsweise bei extrem kaltem Wetter ein Metallgeländer heiß anfühlen, wenn wir es berühren.

Wir vertrauen auch unserem Denken, dass es unsere Sinne richtig interpretiert, obwohl wir auch hier wissen, dass unser Denken sich täuschen kann.

Normalerweise glauben wir auch das, was andere Leute uns erzählen – Lehrer, Eltern, Freunde usw. Manchmal überprüfen wir etwas, was wir von ihnen gehört haben, denn – ohne sie beleidigen zu wollen – ist uns klar, dass sogar Freunde sich irren können und andere Leute uns vielleicht sogar täuschen. Viel häufiger jedoch akzeptieren wir Aussagen von Fachleuten – wenn auch nur, weil niemand die Zeit hat, alles zu überprüfen! Bei technischen Themen vertrauen wir unseren Lehrbüchern. Wir vertrauen auf das, was (andere) Wissenschaftler getan haben. Und das ist natürlich auch vernünftig, obwohl diese Experten uns selbst nahelegen würden, kritisch zu sein und nicht alles einfach so zu akzeptieren, was sie sagen. Sie würden uns auch daran erinnern, dass eine Aussage nicht automatisch wahr sein muss, nur weil sie in einem Buch gedruckt wurde!

Der Erwerb wissenschaftlicher Kenntnisse setzt den Glauben an die rationale Verständlichkeit des Universums voraus

Wir alle nehmen die Tatsache so sehr als selbstverständlich hin, dass wir den menschlichen Verstand als Ausgangspunkt zur Erforschung des Universums benutzen können, dass wir dabei übersehen, dass das Universum selbst wirklich etwas ist, über das man sich nur wundern kann. Denn sobald wir versuchen, das Universum zu verstehen, fordert unser Geist eine Erklärung. Doch wo können wir eine finden? Die Wissenschaft kann sie uns nicht liefern aus dem ganz einfachen Grund, weil Wissenschaft die rationale Verständlichkeit des Universums voraussetzen muss, um überhaupt arbeiten zu können. Einstein selbst macht dies sehr deutlich in demselben Artikel, den wir bereits zitiert haben. Denn er sagt dort, dass der Glaube des Wissenschaftlers an die rationale Verständlichkeit des Universums über die Wissenschaft selbst hinausgeht und dass dieser Glaube von Natur aus im Wesentlichen religiös sei:

> Wissenschaft aber kann nur geschaffen werden von Menschen, die ganz erfüllt sind von dem Streben nach Wahrheit und Begreifen. Diese Gefühlsbasis aber entstammt der religiösen Sphäre. Hierher gehört auch das Vertrauen in die Möglichkeit, die in der Welt des Seienden geltenden Gesetzmäßigkeiten seien vernünftig, das heißt durch die Vernunft begreifbar. Ohne solchen tiefen Glauben kann ich mir einen wirklichen Forscher nicht vorstellen. [153]

Einstein sah keinen Grund, sich der Tatsache zu schämen, dass die Wissenschaft in ihrer Wurzel den Glauben an etwas benötigt, was sie selbst nicht rechtfertigen kann.

Mit dem Glauben an die rationale Verständlichkeit des Universums ist der Glaube an eine geordnete Natur verbunden, dass dort Strukturen und gesetzmäßiges Verhalten zu erwarten sind. Die Griechen drückten genau dies mit dem Wort Kosmos aus, was auch „Ordnung" bedeutet. Es ist diese grundlegende Erwartung von Ordnung, die hinter dem Vertrauen steht, mit dem Wissenschaftler die induktive Methode anwenden. Wissenschaftler sprechen davon, dass sie an die Gleichförmigkeit der Natur glauben – an die Vorstellung, dass die Ordnung in der Natur und die sie beschreibenden Gesetze zu allen Zeiten und in allen Teilen des Universums gültig sind.

Viele Theisten aus der jüdischen, islamischen oder christlichen Tradition würden dieses Konzept der Gleichförmigkeit der Natur modifizieren, indem sie ihre Überzeugung hinzufügen, dass Gott der Schöpfer diese Regelmäßigkeit selbst in die Funktionen des Universums eingebaut hat, damit wir von einer allgemeinen Gleichförmigkeit sprechen können – Regeln, nach denen die Natur normalerweise funktioniert. Aber weil Gott der Schöpfer ist, ist er kein Sklave dieser Regeln, sondern kann sie variieren, indem er Dinge passieren lässt, die nicht in das reguläre Muster passen.

---

153 Einstein, *Aus meinen späteren Jahren*, 43

Auch hier ist das Festhalten an der Gleichförmigkeit der Natur eine Glaubensfrage. Die Wissenschaft kann uns nicht beweisen, dass die Natur gleichförmig ist, da wir die Gleichförmigkeit der Natur voraussetzen müssen, um überhaupt Wissenschaft zu betreiben. Anderenfalls könnten wir nicht darauf vertrauen, dass wir bei der Wiederholung eines Experiments unter denselben Bedingungen auch dieselben Resultate erhalten werden. Unsere Lehrbücher wären dann nutzlos. Doch gewiss könnten wir sagen, dass die Gleichförmigkeit der Natur höchst wahrscheinlich ist, da ihre Annahme zu solch erstaunlichem wissenschaftlichem Fortschritt geführt hat. C. S. Lewis hat jedoch Folgendes beobachtet:

> ⚗ Es ist diese grundlegende Erwartung von Ordnung, die hinter dem Vertrauen steht, mit dem Wissenschaftler die induktive Methode anwenden.

BILD Anh. 3.

Die Galaxie der Milchstraße

Die Galaxie der Milchstraße kann man in klaren Nächten von der Erde aus sehen (außerhalb von Stadtgebieten). Die Spiralbänder von Staub und leuchtendem Nebel erscheinen wie eine Wolke am Nachthimmel, bestehen aber innen aus Milliarden von einzelnen Sternen.

© unsplash.com/Sam Goodgame

„Die Erfahrung kann also die Gleichförmigkeit nicht beweisen, denn die Gleichförmigkeit muss vorausgesetzt werden, bevor die Erfahrung irgendetwas bewiesen hat. ... Können wir sagen, die Gleichförmigkeit sei in jedem Fall höchstwahrscheinlich? Leider nicht. Wir haben ja gerade gesehen, dass jede Wahrscheinlichkeit von *ihr* abhängt. Nichts ist wahrscheinlich oder unwahrscheinlich, es sei denn, die Natur *ist* gleichförmig."[154]

Innerhalb der herrschenden Paradigmen forschen

Thomas Kuhn beschrieb in seinem berühmten Buch *Die Struktur wissenschaftlicher Revolutionen* (1962 in den USA, 1967 in Deutschland erschienen), wie die Wissenschaft die folgenden Stufen durchläuft: Vorwissenschaft,

---

154 Lewis, *Wunder*, 121

normale Wissenschaft, Krise und Revolution, neue Normalwissenschaft, neue Krise usw. Die Vorwissenschaft ist die vielfältige und unorganisierte Tätigkeit, die durch viel Uneinigkeit gekennzeichnet ist und der Entstehung einer neuen Wissenschaft vorausgeht, die schrittweise Struktur erhält, wenn eine Wissenschaftsgemeinschaft sich einem neuen Paradigma anschließt. Dieses Paradigma ist ein Netz von Annahmen und Theorien, auf die man sich mehr oder weniger geeinigt hat und welches das innere Gerüst bildet, um das herum das wissenschaftliche Gebäude errichtet wird. Berühmte Beispiele sind die Paradigmen der kopernikanischen Astronomie, der Newtonschen Mechanik und der Evolutionsbiologie.

Innerhalb eines solchen Paradigmas wird dann Normalwissenschaft praktiziert. Das Paradigma setzt die Standards für die legitime Forschung. Der Normalwissenschaftler verwendet diesen Rahmen, um die Natur zu erforschen. Dabei blickt er häufig nicht kritisch auf das Paradigma selbst, weil so viele damit einverstanden sind. So wie wir am Feuer einer Fackel vorbeischauen und das Objekt anschauen, das sie erleuchtet, statt kritisch auf das Feuer der Fackel selbst zu blicken. Daher ist das Paradigma selbst sehr widerstandsfähig gegen kritische Anfragen. Wenn Anomalien, Schwierigkeiten und offensichtliche Fehler auftreten, werden Normalwissenschaftler versuchen, diese möglichst mit dem Paradigma zu harmonisieren oder durch feine Änderungen des Paradigmas zu erklären. Wenn die Schwierigkeiten jedoch nicht gelöst werden können und zunehmen, entwickelt sich eine Krisensituation, die zu einer wissenschaftlichen Revolution führt, einschließlich der Entstehung eines neuen Paradigmas, das dann immer mehr an Boden gewinnt, sodass das ältere Paradigma schließlich verworfen wird. Das Wesen eines solchen Paradigmenwechsels ist der Austausch eines alten Paradigmas durch ein neues Paradigma, nicht eine Verfeinerung des alten durch das neue. Das bekannteste Beispiel für einen großen Paradigmenwechsel ist der Übergang von der aristotelischen geozentrischen Astronomie (mit der Erde im Mittelpunkt) zur kopernikanischen heliozentrischen Astronomie (mit der Sonne im Mittelpunkt) im 16. Jahrhundert.

Auch wenn Kuhns Arbeit an manchen Stellen durchaus kritisch gesehen werden kann, hat er sicherlich Wissenschaftlern eine Reihe von Themen vor Augen geführt, die wichtig für unser Verständnis davon ist, wie Wissenschaft funktioniert:

1. die zentrale Rolle, die metaphysische Vorstellungen in der Entwicklung von wissenschaftlichen Theorien spielen;

2. die Widerstandskraft von Paradigmen gegen Versuche, sie zu widerlegen;
3. die Tatsache, dass Wissenschaft menschlichen Schwächen unterworfen ist.

Der zweite dieser Punkte hat sowohl eine positive als auch eine negative Auswirkung. Er bedeutet, dass ein gutes Paradigma nicht sofort verworfen wird, wenn erste Versuchsergebnisse oder Beobachtungen scheinbar dagegen sprechen. Andererseits heißt es auch, dass ein Paradigma, das schließlich als unangemessen oder falsch bewiesen wird, vielleicht erst nach sehr langer Zeit verschwinden wird. Es wird lange den wissenschaftlichen Fortschritt behindern, indem es Wissenschaftler in seinem Netz gefangen hält und ihnen nicht die notwendige Freiheit für die Erforschung radikal neuer Ideen gibt, die wirklichen wissenschaftlichen Fortschritt bringen würden.

Wichtig ist, dass wir erkennen, dass Paradigmen selbst oft auf tiefster Ebene von weltanschaulichen Überlegungen beeinflusst werden. Wir haben zuvor gesehen, dass es im Wesentlichen zwei grundlegende Weltanschauungen gibt, die materialistische und die theistische. Es scheint allerdings der Fall zu sein, dass in der Wissenschaft manchmal stillschweigend angenommen wird, dass nur Paradigmen, die auf dem Materialismus basieren, als wissenschaftlich zulässig betrachtet werden können. Richard Dawkins sagt zum Beispiel: „Die Erklärung, die wir geben, darf den Gesetzen der Physik nicht widersprechen. Sie wird sich sogar der Gesetze der Physik bedienen und nur der Gesetze der Physik."[155] Es ist das Wort „nur", das zeigt, dass Dawkins lediglich bereit ist, reduktionistisch-materialistische Erklärungen zu akzeptieren.[156]

---

155 Dawkins, *Der blinde Uhrmacher*, 30
156 Hier noch Literaturhinweise auf weitere Bücher von John Lennox zum Thema des Anhangs:
Stephen Hawking, *das Universum und Gott* (SCM R. Brockhaus, 2011)
Hat die Wissenschaft Gott begraben? Eine kritische Analyse moderner Denkvoraussetzungen (SCM Brockhaus, 2009)
Gott im Fadenkreuz: Warum der Neue Atheismus nicht trifft (SCM R. Brockhaus, 2013)
Sieben Tage, das Universum und Gott: Was Wissenschaft und Bibel über den Ursprung der Welt sagen (SCM R. Brockhaus, 2014)
Auf DVD-ROM erschienen:
Wunder: Ist der Glaube an Übernatürliches irrational? Vortrag mit Oxford-Professor Dr. John Lennox (Christliche Buchhandlung Wolfgang Bühne, 2013)

BIBLIOGRAFIE DER SERIE

BÜCHER

A

Abbott, Edwin: *Flächenland: ein mehrdimensionaler Roman* (1884), Laxenburg: Götz, 1999.

Ambrose, E. J.: *The Nature and Origin of the Biological World*, New York: Halsted Press, 1982.

Ammon, Otto: *Die Gesellschaftsordnung und ihre natürlichen Grundlagen*, Jena: Gustav Fischer, 1895.

Anderson, J. N. D. (Norman): *Christianity: The Witness of History*, London: Tyndale Press, 1969.

Anderson, J. N. D. (Norman): *The Evidence for the Resurrection* (1950), Leicester: InterVarsity Press, 1990.

Anderson, J. N. D. (Norman): *Islam in the Modern World*, Leicester: Apollos, 1990.

Andreyev, G. L.: *What Kind of Morality Does Religion Teach?*, Moskau: Znaniye, 1959.

Aristoteles: *Metaphysik.*

Aristoteles: *Nikomachische Ethik.*

Arnold, Thomas: *Christian Life, Its Hopes, Its Fears, and Its Close: Sermons preached mostly in the chapel of Rugby School, 1841–1842* (1842), Neuausg., London: Longmans, 1878.

Ashman, Keith M. und Philip S. Baringer (Hg.): *After the Science Wars*, London: Routledge, 2001.

Atkins, Peter: *Creation Revisited*, Harmondsworth: Penguin, 1994.

Augustinus, Aurelius: *Bekenntnisse.*

Avise, John C.: *The Genetic Gods, Evolution and Belief in Human Affairs*, Cambridge, Mass.: Harvard University Press, 1998.

Ayer, A. J. (Hg.): *The Humanist Outlook*, London: Pemberton, 1968.

B

Bacon, Francis: *Advancement of Learning* (1605), hg. von G. W. Kitchin (1915). Repr.: London: Dent, 1930. http://archive.org/details/advance-mentlearn00bacouoft (Reprod. der Ausgabe von 1915).

Bādarāyana, Śankarācārya und George Thibaut: *The Vedānta Sūtras of Bādarāyana*, Bd. 34 von: *Sacred books of the East*, Oxford: Clarendon Press, 1890.

Baier, Kurt: *Der Standpunkt der Moral: eine rationale Grundlegung d. Ethik* (1958), Düsseldorf: Patmos-Verlag, 1974.

Behe, Michael J.: *Darwins Black Box: biochemische Einwände gegen die Evolutionstheorie* (1996), Gräfelfing: Resch, 2007.

Bentham, Jeremy: *Eine Einführung in die Prinzipien der Moral und der Gesetzgebung*, in: Schroth, Jörg (Hg.): *Texte zum Utilitarismus*, Stuttgart: Reclam 2016.

Berdyaev, N. A.: *The Beginning and The End*, übers. von R. M. French, London: Geoffrey Bles, 1952.

Berlinski, David: *The Deniable Darwin and Other Essays*, Seattle, Wash.: Discovery Institute, 2009.

Bickerton, Derek: *Language and Species* (1990). Repr.: Chicago: University of Chicago Press, 1992.

Biddiss, M. D.: *Father of Racist Ideology: The Social and Political Thought of Count Gobineau*, New York: Weybright & Talley, 1970.

Böhler, Dieter: *1 Esdras*, Stuttgart: Kohlhammer, 2016.

Bouquet, A. C.: *Comparative Religion*, Harmondsworth: Penguin (Pelican), 1962.

Breck, John: *The Sacred Gift of Life: Orthodox Christianity and Bioethics*, Crestwood, N.Y.: St. Vladimir's Seminary Press, 1998.

Bronowski, Jacob: *The Identity of Man*, Harmondsworth: Penguin, 1967.

Brow, Robert: *Religion, Origins and Ideas*, London: Tyndale Press, 1966.

Bruce, F. F.: *1 and 2 Corinthians*, New Century Bible Commentary, London: Oliphants, 1971.

Bruce, F. F.: *Die Glaubwürdigkeit der Schriften des Neuen Testaments: Eine Überprüfung des historischen Befundes*, Bad Liebenzell, 1976.

Bulgakow, Michail: *Der Meister und Margarita* (1966/67), Neuwied; Berlin: Hermann Luchterhand Verlag, 1968.

Butterfield, Herbert: *Christentum und Geschichte*, Stuttgart: Engelhornverl. Ad. Spemann, 1952.

C

Cairns-Smith, A. G.: *The Life Puzzle*, Edinburgh: Oliver & Boyd, 1971.

Caputo, John D. (Hg.): *Deconstruction in a Nutshell: A Conversation with Jacques Derrida, Perspectives in Continental Philosophy Nr. 1.*, 1997. Repr.: New York: Fordham University Press, 2004.

Cary, M. und T. J. Haarhoff: *Life and Thought in the Greek and Roman World*, 5. Aufl., London: Methuen, 1951.

Chalmers, David J.: *The Conscious Mind: In Search of a Fundamental Theory*, Oxford: Oxford University Press, 1996.

Chamberlain, Paul: *Can We Be Good Without God?: A Conversation about Truth, Morality, Culture and a Few Other Things That Matter*, Downers Grove, Ill.: InterVarsity Press, 1996.

Chomsky, Noam: *Knowledge of Language: Its Nature, Origin and Use*, New York: Praeger, 1986.

Chomsky, Noam: *Sprache und Geist*, Frankfurt a. M.: Suhrkamp, 1996.

Chomsky, Noam: *Syntactic Structures*, The Hague: Mouton, 1957.

Cicero, Marcus Tullius: *Pro M. Caelio oratio/Rede für M. Caelius, Lateinisch/ Deutsch*, übers. und hg. von Marion Giebel, Stuttgart: Reclam, 2013.

Cicero, Marcus Tullius: *Vom Wesen der Götter.*

Cicero, Marcus Tullius: *Pro Rabirio.*

Clemens von Alexandria: *Stromata.*

Cornford, F. M.: *Before and After Socrates* (1932). Repr.: Cambridge: Cambridge University Press, 1999. DOI: 10.1017/CBO9780511570308 (aufg. am 29.09.2015).

Craig, Edward (allg. Hg.): *Concise Routledge Encyclopaedia of Philosophy*, London: Routledge, 2000.

Craig, William Lane: *Reasonable Faith: Christian Truth and Apologetics* (1994), 3. Aufl., Wheaton, Ill.: Crossway, 2008.

Crane, Stephen: *War Is Kind*, New York: Frederick A. Stokes, 1899. http:// www.gutenberg.org/ebooks/9870 (aufgerufen am 11.09.2015).

Cranfield, C. E. B.: *A Critical and Exegetical Commentary on the Epistle to the Romans*, Bd. 1, The International Critical Commentary, Edinburgh: T&T Clark, 1975.

Crick, Francis: *Das Leben selbst: sein Ursprung, seine Natur* (1981), München, Zürich: Piper, 1983.

Crick, Francis: *Was die Seele wirklich ist: die naturwissenschaftliche Erforschung des Bewusstseins*, München, Zürich: Artemis und Winkler, 1994.

Crick, Francis: *Von Molekülen und Menschen*, München: Goldmann, 1970.

Cudakov, A.: *Komsomol'skaja Pravda* (11.10.1988).

Culler, Jonathan: *Dekonstruktion: Derrida und die poststrukturalistische Literaturtheorie* (1982), Dt. Erstausg., Reinbek: Rowohlt, 1988.

D

Darwin, Charles: *Die Abstammung des Menschen* (1871), 5. Aufl.: Stuttgart: Kröner, 2002.

Darwin, Charles: *Die Entstehung der Arten* (1859), Neumann, Köln: Anaconda, 2018.

Darwin, Francis: *The Life and Letters of Charles Darwin*, London: John Murray, 1887. DOI: http://dx.doi.org/10.5962/bhl.title.1416 (aufgerufen am 29.06.2015).

Davies, Paul und John Gribbin: *Auf dem Weg zur Weltformel* (1991), Berlin: Byblos-Verl., 1993.

Davies, Paul: *Das fünfte Wunder: Auf der Suche nach dem Ursprung des Lebens* (1999), Frankfurt a. M.: Fischer, 2015.

Davies, Paul: *Der Plan Gottes: die Rätsel unserer Existenz und die Wissenschaft* (1992), Frankfurt a. M., Leipzig: Insel, 1996.

Davies, Paul: *Gott und die moderne Physik* (1983), München: Goldmann, 1989.

Davies, Paul: *Prinzip Chaos: die neue Ordnung des Kosmos* (1988), München: Goldmann, 1990.

Davis, Percival und Dean H. Kenyon: *Of Pandas and People: The Central Question of Biological Origins* (1989), 2. Aufl., Dallas, Tex.: Haughton Publishing, 1993.

Dawkins, Richard: *Das egoistische Gen* (1976), Berlin, Heidelberg, New York: Springer, 1978.

Dawkins, Richard: *Der blinde Uhrmacher: ein neues Plädoyer für den Darwinismus* (1986), München: Kindler, 1987.

Dawkins, Richard: *Der entzauberte Regenbogen: Wissenschaft, Aberglaube und die Kraft der Phantasie* (1998), Reinbek: Rowohlt, 2000.

Dawkins, Richard: *Gipfel des Unwahrscheinlichen: Wunder der Evolution* (1996), Reinbek: Rowohlt, 2008.

Dawkins, Richard: *Growing Up in the Universe. The Royal Institution Christmas Lectures for Children,* 1991. Fünf einstündige Episoden (Regie: Stuart McDonald) für die BBC. Doppel-DVD veröffentlicht am 20.04.2007 durch die Richard Dawkins Foundation, abrufbar auf dem *Ri Channel*: http://www.richannel.org/christmas-lectures/1991/richard-dawkins. Studienführer mit demselben Titel: London: BBC Education, 1991.

Dawkins, Richard und John Lennox: „*The God Delusion Debate*", veranstaltet von der Fixed Point Foundation, University of Alabama in Birmingham, aufgenommen und live ausgestrahlt am 03.10.2007, http://fixed-point. org/index.php/video/35-full-length/164-the-dawkins-lennox-debate. Abschrift mit freundlicher Genehmigung von ProTorah.com, http:// www.protorah.com/god-delusion-debate-dawkins-lennox-transcript/.

Dawkins, Richard: *Und es entsprang ein Fluss in Eden: das Uhrwerk der Evolution* (1995), München: Goldmann, 1998.

Deacon, Terrence: *The Symbolic Species: The Co-Evolution of Language and the Human Brain,* London: Allen Lane, 1997.

Dembski, William A.: *Being as Communion: A Metaphysics of Information,* Ashgate Science and Religion, Farnham, Surrey: Ashgate, 2014.

Dembski, William A.: *The Design Inference: Eliminating Chance through Small Probabilities,* Cambridge Studies in Probability, Induction and Decision Theory, Cambridge: Cambridge University Press, 1998.

Dembski, William A. (Hg.): *Uncommon Dissent: Intellectuals Who Find Darwinism Unconvincing,* Wilmington, Del.: Intercollegiate Studies Institute, 2004.

Dennett, Daniel: *Darwins gefährliches Erbe* (1995), Hamburg: Hoffmann und Campe, 1997.

Denton, Michael: *Evolution: A Theory in Crisis* (1986), 3. rev. Ausg., Bethesda, Md.: Adler & Adler, 1986.

Derrida, Jacques: *Grammatologie* (1967), Frankfurt a. M.: Suhrkamp, 1988.

Derrida, Jacques: *Positionen: Gespräche mit Henri Ronse, Julia Kristeva, Jean-Louis Houdebine, Guy Scarpetta* (1972), hg. von Peter Engelmann, 2., überarb. Aufl., Wien: Passagen-Verl., 2009.

Derrida, Jacques: *Die Schrift und die Differenz* (1967), Frankfurt a. M.: Suhrkamp, 1985.

Descartes, René: *Untersuchungen über die Grundlagen der Philosophie* (1641), Hamburg: Meiner, 1960.

Descartes, René: *Abhandlung über die Methode, richtig zu denken und die Wahrheit in den Wissenschaften zu suchen*, Leiden, 1637.

Deussen, Paul: *Die Sûtra's des Vedânta: oder die Çârîrakamîmânsâ des Bâdarâyana nebst dem vollständigen Commentare des Çankara*, aus dem Sanskrit übersetzt, Hildesheim; New York: Georg Olms Verlag, 1982.

Deutsch, David: *The Fabric of Reality*, London: Penguin, 1997.

Dewey, John: *Ein gemeinsamer Glaube* (1934), in: *Pädagogische Aufsätze und Abhandlungen (1900–1944)*, Zürich: Pestalozzianum, 2002.

Dostojewski, F.: *Ausgewählte Werke.*

Dostojewski, F. M.: *Die Brüder Karamasoff* (1880), München: R. Piper & Co. Verlag, 1977/1980 (Ausgabe 1980).

E

Eastwood, C. Cyril: *Life and Thought in the Ancient World*, Derby: Peter Smith, 1964.

Easwaran, Eknath: *Die Bhagavad Gita: die Quelle der indischen Spiriualität* (1985), eingel. und übers. von Eknath Easwaran, München, Goldmann: 2012.

Easwaran, Eknath: *Die Upanischaden* (1987), eingel. und übers. von Eknath Easwaran, München: Goldmann, 2008.

Eccles, John C.: *Die Evolution des Gehirns – die Erschaffung des Selbst*, München, Zürich: Piper, 1989.

Einstein, A.: *Aus meinen späten Jahren*, Stuttgart: DVA, 1984.

Einstein, A.: *Letters to Solovine: 1906–1955*, New York: Philosophical Library, 1987.

Eldredge, Niles: *Reinventing Darwin: The Great Debate at the High Table of Evolutionary Theory*, New York: Wiley, 1995.

Eldredge, Niles: *Time Frames: The Evolution of Punctuated Equilibria* (1985), Princeton, N. J.: Princeton University Press, 1989.

Ellis, John M.: *Against Deconstruction*, Princeton, N.J.: Princeton University Press, 1989.

The Encyclopedia Britannica, 15. Aufl. (Britannica 3), hg. von Warren E. Preece und Philip W. Goetz, Chicago: Encyclopaedia Britannica, 1974–2012.

Engels, Friedrich: *Ludwig Feuerbach und der Ausgang der klassischen deutschen Philosophie* (1886 in *Die Neue Zeit*), Zittau: BMV, 2009.

Erbrich, Paul: *Zufall: eine naturwissenschaftlich-philosophische Untersuchung*, Stuttgart: Kohlhammer, 1988.

Euripides: *Die Bakchen.*

Evans-Pritchard, E. E.: *Nuer Religion* (1956), 2. Aufl., London: Oxford University Press, 1971.

F

Feuerbach, Ludwig: *Das Wesen des Christentums* (1841), Stuttgart: Reclam, 1984.

Feynman, Richard: *Sechs physikalische Fingerübungen* (1963), München: Piper, 2003.

Fischer, Ernst: *Was Marx wirklich sagte,* Wien: Molden, 1968.

Fish, Stanley: *Is There a Text in This Class? The Authority of Interpretive Communities*, Cambridge, Mass.: Harvard University Press, 1980.

Fish, Stanley: *There's No Such Thing as Free Speech, and It's a Good Thing Too*, New York: Oxford University Press, 1994.

Flew, Antony mit Roy Abraham Varghese: *There Is a God: How the World's Most Notorious Atheist Changed His Mind*, London: HarperCollins, 2007.

Fox, S. W. (Hg.): *The Origins of Prebiological Systems and of Their Molecular Matrices*, New York: Academic Press, 1965.

Frazer, J. G.: *Der goldene Zweig: das Geheimnis von Glauben und Sitten der Völker* (ab 1890), Reinbek: Rowohlt, 2000.

Fromm, Erich: *Die Herausforderung Gottes und des Menschen* (1966), Konstanz: Diana, 1970.

G

Gates, Bill: *Der Weg nach vorn: die Zukunft der Informationsgesellschaft* (1995), München: Heyne, 1997.

Geisler, Norman L. und William E. Nix: *A General Introduction to the Bible*, Chicago: Moody Press, 1986.

Gerson, Lloyd P.: *Plotinus*, London: Routledge, 1994.

Gilligan, Carol: *Die andere Stimme: Lebenskonflikte und Moral der Frau* (1982), München: Piper, 1999.

Goldschmidt, Richard: *The Material Basis of Evolution. The Silliman Memorial Lectures Series* (1940). Repr.: Yale University Press, 1982.

Gooding, David W. und John C. Lennox: *The Human Quest for Significance: Forming a Worldview* (auf Russisch). Minsk: Myrtlefield Trust, 1999.

Gould, Stephen Jay: *Die Lügensteine von Marrakesch: vorletzte Erkundungen der Naturgeschichte; Essays* (2000), Frankfurt a. M.: Fischer, 2006.

Gould, Stephen Jay: *Zufall Mensch* (1989), Frankfurt a. M.: Fischer, 2003.

Grant, Michael: *Jesus* (1977), vom Autor rev. dt. Ausg., Bergisch Gladbach: Lübbe, 1979.

Grene, Marjorie: *A Portrait of Aristotle*, London: Faber & Faber, 1963.

Groothuis, Douglas: *Truth Decay: Defending Christianity against the Challenges of Postmodernism*, Leicester: InterVarsity Press, 2000.

Guthrie, W. K. C.: *Die griechischen Philosophen von Thales bis Aristoteles* (1950), Göttingen: Vandenhoeck & Ruprecht, 1963.

Guthrie, W. K. C.: *Plato: the man and his dialogues, earlier period*, Bd. 4 von: *A History of Greek Philosophy* (1875). Repr.: Cambridge: Cambridge University Press, 2000.

H

Haldane, J. B. S.: *Possible Worlds* (1927), London: Chatto & Windus, 1945.

Harrison, E.: *Masks of the Universe* (1985), 2. Aufl., New York: Macmillan, 2003. Die Zitate beziehen sich auf die erste Macmillan-Auflage.

Harvey, William: *On the Motion of the Heart and the Blood of Animals* (1628). http://legacy.fordham.edu/halsall/mod/1628harvey-blood.asp (aufgerufen am 11.09.2015).

Hawking, Stephen und Leonard Mlodinow: *Der große Entwurf: eine neue Erklärung des Universums* (2010), Reinbek: Rowohlt, 2011.

Hawking, Stephen: *Eine kurze Geschichte der Zeit* (1988), Reinbek: Rowohlt, 2018.

Hegel, G. W. F.: *Gesammelte Werke*, Hamburg: Felix Meiner, 1968–2019.

Hegel, G. W. F.: *Phänomenologie des Geistes* (1807), Hamburg: Felix Meiner, 1988 (Nachdruck 2011).

Hegel, G. W. F.: *Vorlesungen über die Philosophie der Geschichte*, Stuttgart: Reclam, 1961.

Hegel, G. W. F.: *Wissenschaft der Logik, Erster Band. Die objektive Logik. Erstes Buch. Das Sein* (1812), Hamburg: Meiner, 1999.

Hemer, Colin: *The Book of Acts in the Setting of Hellenistic History*, Tübingen: J. C. B. Mohr, Paul Siebeck, 1989.

Hengel, Martin: *Judentum und Hellenismus: Studien zu ihrer Begegnung unter bes. Berücks. Palästinas bis zur Mitte d. 2. Jh.s v. Chr.* (1969), Tübingen: Mohr, 1988.

Hengel, Martin: *Studien zur Christologie, Kleine Schriften, Teil IV*, Tübingen: Mohr Siebeck, 2006.

Herodot: *Historien*.

Herzen, Alexander Iwanowitsch: *Byloe i dumy*, (London 1853), übers. von C. Garnett, *My Past and Thoughts, The Memoirs of Alexander Herzen* (1968), rev. von H. Higgens, eingel. von I. Berlin, 1968. Repr.: London: Chatto and Windus, 2008.

Hesiod: *Theogonie*.

Hippolytus: *Widerlegung aller Häresien*.

Holmes, Arthur F.: *Wege zum ethischen Urteil: Grundlagen u. Modelle* (1984), Wuppertal: Brockhaus, 1987.

Honderich, Ted (Hg.): *The Oxford Companion to Philosophy*, Oxford, 1995, 2. Aufl., Oxford: Oxford University Press, 2005.

Hooper, Judith: *Of Moths and Men*, New York: Norton, 2002.

Hooykaas, R.: *Religion and the Rise of Modern Science* (1972). Repr.: Edinburgh: Scottish Academic Press, 2000.

Hospers, John: *An Introduction to Philosophical Analysis* (1953), 4. Aufl., Abingdon: Routledge, 1997.

Houghton, John: *The Search for God – Can Science Help?*, Oxford: Lion Publishing, 1995.

Hoyle, Fred und Chandra Wickramasinghe: *Cosmic Life-Force, the Power of Life Across the Universe*, London: Dent, 1988.

Hoyle, Fred: *Das intelligente Universum: eine neue Sicht von Entstehung und Evolution* (1983), Frankfurt a. M.: Umschau, 1984.

Hoyle, Fred und Chandra Wickramasinghe: *Evolution aus dem Weltraum* (1981), Berlin: Ullstein, 1983.

Hume, David: *Dialoge über natürliche Religion* (1779), Hamburg: Meiner, 2016.

Hume, David: *Eine Untersuchung über den menschlichen Verstand* (1748), Hamburg: Meiner, 1993.

Hume, David: *Ein Traktat über die menschliche Natur, Buch 1: Über den Verstand* (1739–40), Hamburg: Meiner, 1989.

Hume, David: *Ein Traktat über die menschliche Natur, Buch 2: Über die Affekte / Buch 3: Über die Moral* (1739), Hamburg: Meiner, 1978.

Hunt, R. N. Carew: *The Theory and Practice of Communism*, Baltimore: Penguin Books, 1966.

Husserl, Edmund (Hg.): *Jahrbuch für Philosophie und phänomenologische Forschung*, 1. Bd., Teil 1 (1913), Verlag von Max Niemeyer, Halle a. d. S.: 1913.

Huxley, Julian: *Ich sehe den künftigen Menschen: Natur und neuer Humanismus* (1964), München: List, 1965.

Huxley, Julian: *Religion Without Revelation*, New York: Mentor, 1957.

Huxley, Thomas: *Method and Results: Collected Essays*, Bd. 1, London: Macmillan, 1898.

I

Isherwood, Christopher (Hg.): *Vedanta for Modern Man* (1951). Repr.: New York: New American Library, 1972.

J

Jacob, François: *Chance and Necessity: An Essay on the Natural Philosophy of Modern Biology*, New York: Alfred A. Knopf, 1971.

Jacob, François: *The Logic of Life: A History of Heredity*, New York: Pantheon Books, 1973.

Jaeger, Werner: *Die Theologie der frühen griechischen Denker* (1963), Stuttgart: Kohlhammer, 2009.

James, E. O.: *Christianity and Other Religions*, London: Hodder & Stoughton, 1968.

Jaroszwski, T. M. und P. A. Ignatovsky (Hg.): *Socialism as a Social System*, Moskau: Progress Publishers, 1981.

Jeremias, J.: *Neutestamentliche Theologie, Teil 1: Die Verkündigung Jesu* (1971), 2. Aufl., Gütersloh: Gütersloher Verl.-Haus Mohn, 1973.

Joad, C. E. M.: *The Book of Joad: A Belligerent Autobiography (= Under the Fifth Rib)*, London: Faber & Faber, 1944.

Johnson, Phillip E.: *Objections Sustained: Subversive Essays on Evolution, Law and Culture*, Downers Grove, Ill.: InterVarsity Press, 1998.

Jones, Steve: *Gott und die Gene: die Berichte der Bibel und die Erkenntnisse der Genetik* (1996), Hamburg: Hoffmann und Campe, 1998.

Josephus, Flavius: *Jüdische Altertümer.*

K

Kant, Immanuel: *Grundlegung zur Metaphysik der Sitten,* Frankfurt a. M.: Suhrkamp, 2007.

Kant, Immanuel: *Kritik der reinen Vernunft* (1781/87), Hamburg: Meiner, 1998.

Kant, Immanuel: *Kritik der praktischen Vernunft* (1788), Hamburg: Meiner, 2003.

Kant, Immanuel: *Metaphysische Anfangsgründe der Tugendlehre* (1785), Berlin: De Gruyter, 2019.

Kant, Immanuel: *Prolegomena zu einer jeden künftigen Metaphysik, die als Wissenschaft wird auftreten können* (1783), Hamburg: Meiner, 2001.

Kantikar, V. P. (Hemant) und W. Owen: *Hinduism – An Introduction: Teach Yourself* (1995). Repr.: London: Hodder Headline, 2010.

Kaye, Howard L.: *The Social Meaning of Modern Biology, From Social Darwinism to Sociobiology* (1986). Repr. mit neuem Epilog: New Brunswick, N.J.: Transaction Publishers, 1997.

Kenny, Anthony: *An Illustrated Brief History of Western Philosophy*, Oxford: Blackwell, 2006. Zunächst veröffentlicht unter dem Titel *A Brief History of Western Philosophy*, 1998.

Kenyon, D. H. und G. Steinman: *Biochemical Predestination*, New York: McGrawHill, 1969.

Kenyon, Frederic: *Our Bible and the Ancient Manuscripts* (1895), 4. Aufl. (1938). Repr.: Eugene, Oreg.: Wipf & Stock, 2011.

Kilner, J. F., C. C. Hook und D. B. Uustal (Hg.): *Cutting-Edge Bioethics: A Christian Exploration of Technologies and Trends*, Grand Rapids: Eerdmans, 2002.

Kirk, G. S., J. E. Raven und M. Schofield: *Die vorsokratischen Philosophen: Einführung, Texte und Kommentare* (1957), Stuttgart: Metzler, 1994.

Kirk, M. und H. Madsen: *After the Ball*, New York: Plume Books, 1989.

Knott, Kim: *Der Hinduismus: eine kleine Einführung* (1998), Stuttgart: Reclam, 2000.

Koertge, Noretta (Hg.): *A House Built on Sand: Exposing Postmodernist Myths About Science*, Oxford: Oxford University Press, 1998.

Kolbanovskiy, V. N.: *Communist Morality*, Moskau, 1951.

Krikorian, Yervant H. (Hg.): *Naturalism and the Human Spirit* (1944). Repr.: New York: Columbia University Press, 1969.

Kuhn, Thomas: *Die Struktur wissenschaftlicher Revolutionen* (1962), Frankfurt a. M.: Suhrkamp, 1996.

Kurtz, Paul: *The Fullness of Life*, New York: Horizon Press, 1974.

Kurtz, Paul: *The Humanist Alternative*, Buffalo, N.Y.: Prometheus, 1973.

Kurtz, Paul (Hg.): *Humanist Manifestos I & II*, Buffalo, N.Y.: Prometheus, 1980.

Kurtz, Paul (Hg.): *Humanist Manifesto II*, Buffalo, N.Y.: Prometheus Books, 1980. http://americanhumanist.org/Humanism/Humanist_Manifesto_II (aufg. am 11.09.2015).

L

Lamont, Corliss: *A Lifetime of Dissent*, Buffalo, N.Y.: Prometheus Books, 1988.

Lamont, Corliss: *The Philosophy of Humanism* (1947), 8. Aufl., Emherst, N.Y.: Humanist Press, 1997.

Labica, Georges: *Karl Marx – Thesen über Feuerbach*, Berlin: Argument-Verl., 1998.

Lapouge, G. Vacher de: *Les Sélections Sociales*, Paris: Fontemoing, 1899.

Leakey, Richard: *Die ersten Spuren: über den Ursprung des Menschen* (1994), München: Goldmann, 1999.

Leitch, Vincent B.: *Deconstructive Criticism: An Advanced Introduction*, New York: Columbia University Press, 1982.

Lenin, Wladimir: *Materialismus und Empiriokritizismus: kritische Bemerkungen über eine reaktionäre Philosophie* (1927), Berlin: Dietz, 1989.

Lenin, Wladimir: *Werke* (erschienen im Dietz Verlag). Siehe: www.mlwerke.de.

Lennox, John C.: *Stephen Hawking, das Universum und Gott*, Witten: SCM Brockhaus, 2011.

Lennox, John C.: *Hat die Wissenschaft Gott begraben?: eine kritische Analyse moderner Denkvoraussetzungen*, Witten: SCM Brockhaus, 2009.

Lennox, John C.: *Vorher bestimmt?: die Souveränität Gottes, Freiheit, Glaube und menschliche Verantwortung* (2017), Dillenburg: Christliche Verlagsgesellschaft, 2019.

Leslie, John: *Universes, London*, Routledge, 1989.

Levinskaya, Irina: *The Book of Acts in its First Century Setting*, Bd. 5, Diaspora Setting, Grand Rapids: Eerdmans, 1996.

Lewis, C. S.: *Die Abschaffung des Menschen* (1943), Einsiedeln: Johannes, 2015.

Lewis, C. S.: *Gedankengänge: Essays zu Christentum, Kunst und Kultur* (1967), Basel: Brunnen, 1986.

Lewis, C. S.: *Gott auf der Anklagebank* (1971/79), 3. Taschenbuchaufl., Basel: Brunnen, 1998.

Lewis, C. S.: *Pardon, ich bin Christ: meine Argumente für den Glauben* (1952), Brunnen, Basel: 2001.

Lewis, C. S.: *Transposition and other Addresses* (1949), London: Geoffrey Bles, 1949.

Lewis, C. S.: *Über den Schmerz* (1940), Basel: Brunnen, 1991.

Lewis, C. S.: *Wunder: möglich, wahrscheinlich, undenkbar?* (1947), Basel: Brunnen, 2012.

Lewontin, Richard: *The Dialectical Biologist*, Cambridge, Mass.: Harvard University Press, 1987.

Locke, John: *Versuch über den menschlichen Verstand* (1689), in 4 Büchern, Bd. 1, Buch I und II, Hamburg: Meiner, 1981.

Locke, John: *Versuch über den menschlichen Verstand* (1689), in 4 Büchern, Bd. 2, Buch III und IV, Hamburg, Meiner: 1988.

Long, A. A.: *Hellenistic Philosophy* (1974), 2. Aufl., Berkeley, Calif.: University of California Press, 1986.

Lossky, N. O.: *History of Russian Philosophy*, London: Allen & Unwin, 1952.

Lukrez (Titus Lucretius Carus): *Über die Natur der Dinge.*

Lumsden, Charles J. und Edward O. Wilson: *Das Feuer des Prometheus: wie das menschliche Denken entstand* (1983), München: Piper, 1984.

M

Mabbott, J. D.: *An Introduction to Ethics*, Hutchinson University Library. London: Hutchinson, 1966.

McKay, Donald: *The Clockwork Image: A Christian Perspective on Science*, London: InterVarsity Press, 1974.

Majerus, Michael: *Melanism: Evolution in Action*, Oxford: Oxford University Press, 1998.

Margenau, Henry und Roy Abraham Varghese (Hg.): *Cosmos, Bios, and Theos: Scientists Reflect on Science, God, and the Origins of the Universe, Life, and Homo Sapiens*, La Salle, Ill.: Open Court, 1992.

Marx, Karl und Friedrich Engels: *Werke* (erschienen im Dietz Verlag, Berlin). Siehe: www.mlwerke.de.

Mascall, E. L.: *Words and Images, a study in the Possibility of Religious Discourse*, London: Longmans, 1957.

Mascarō, Juan (Übers.): *The Upanishads*, Harmondsworth: Penguin, 1965.

Maslow, Abraham: *Psychologie des Seins: ein Entwurf* (1968), München: Kindler, 1973.

Masterson, Patrick: *Atheism and Alienation*, Harmondsworth: Pelican, 1972.

May, Rollo: *Antwort auf die Angst: Leben mit einer verdrängten Dimension* (1967), Stuttgart: DVA, 1982.

Medawar, Peter: *Ratschläge für einen jungen Wissenschaftler* (1979), München: Piper, 1984.

Medawar, Peter und Jean Medawar: *The Life Science*, London: Wildwood House, 1977.

Medawar, Peter: *The Limits of Science*, Oxford: Oxford University Press, 1985.

Metzger, Bruce: *Der Text des Neuen Testaments: Eine Einführung in die neutestamentliche Textkritik* (1964), Stuttgart: Kohlhammer, 1966.

Mill, John Stuart: *Der Utilitarismus*, in: Schroth, Jörg (Hg.): *Texte zum Utilitarismus*, Stuttgart: Reclam 2016.

Millard, Alan: *Pergament und Papyrus, Tafeln und Ton: lesen und schreiben zur Zeit Jesu* (2000), Basel: Brunnen, 2000.

Miller, David, Janet Coleman, William Connolly und Alan Ryan (Hg.): *The Blackwell Encyclopaedia of Political Thought* (1987). Repr.: Oxford: Blackwell, 1991.

Monod, Jacques: *From Biology to Ethics*, San Diego: Salk Institute for Biological Studies, 1969.

Monod, Jacques: *Zufall und Notwendigkeit: philosophische Fragen der modernen Biologie* (1970), München: Piper, 1971.

Morris, Simon Conway: *The Crucible of Creation: The Burgess Shale and the Rise of Animals* (1998), Oxford: Oxford University Press, 1999.

Mossner, Ernest C. (Hg.): *David Hume, A Treatise of Human Nature*, London: Penguin, 1985.

Moule, C. F. D.: *The Phenomenon of the New Testament: An Inquiry into the Implications of Certain Features of the New Testament*, London: SCM, 1967.

Murphy, John P.: *Pragmatism: From Peirce to Davidson*, Boulder, Colo.: Westview Press, 1990.

N

Nagel, Thomas: *Das letzte Wort* (1997), Stuttgart: Reclam, 1999.

Nagel, Thomas: *Letzte Fragen* (1979), Darmstadt: Wiss. Buchges., 1996.

Nahem, Joseph: *Psychology and Psychiatry Today: A Marxist View*, New York: International Publishers, 1981.

Nasr, Seyyed Hossein und Oliver Leaman (Hg.): *History of Islamic Philosophy*. Teil 1, Bd. 1 von: *Routledge History of World Philosophies* (1996). Repr.: London: Routledge, 2001.

Nettleship, R. L.: *Lectures on the Republic of Plato*, London: Macmillan, 1922.

Newton, Isaac: *Principia Mathematica.* London, 1687.

Nietzsche, Friedrich: *Jenseits von Gut und Böse* (1886), Hamburg: Nikol, 2017.

Noddings, Nel: *Caring: A Feminine Approach to Ethics and Moral Education* (1984). Repr.: Berkeley, Calif.: University of California Press, 2013.

Norris, Christopher: *Deconstruction: Theory and Practice* (1982), London: Methuen, 2002.

O

Olivelle, Patrick: *The Early Upanishads: Annotated Text and Translation* (1996). Repr.: Oxford: Oxford University Press, 1998.

O'Meara, Dominic J.: *Plotinus: An Introduction to the Enneads*, Oxford: Clarendon Press, 1993.

P

Paley, William: *Natural Theology on Evidence and Attributes of Deity* (1802). Repr.: Oxford: Oxford University Press, 2006.

Patterson, Colin: *Evolution* (1978), Ithaca, N.Y.: Cornstock Publishing Associates, 1999.

P. Cornelius Tacitus: *Annalen,* lateinisch – deutsch, hg. von E. Heller, Mannheim: Artemis & Winkler, 2010.

Peacocke, Arthur: *The Experiment of Life,* Toronto: University of Toronto Press, 1983.

Pearsall, Judy und Bill Trumble (Hg.): *The Oxford English Reference Dictionary*, Oxford: Oxford University Press, 1996.

Pearse, E. K. Victor: *Evidence for Truth: Science*, Guildford: Eagle, 1998.

Penfield, Wilder: *The Mystery of the Mind*, Princeton, N.J.: Princeton University Press, 1975.

Penrose, Roger: *Computerdenken: die Debatte um künstliche Intelligenz, Bewußtsein und die Gesetze der Physik* (1986), Heidelberg, Berlin: Spektrum, Akad. Verl., 2002.

Penrose, Roger: *Der Weg zur Wirklichkeit: die Teilübersetzung für Seiteneinsteiger* (2004), Heidelberg: Spektrum, Akad. Verl., 2010.

Peterson, Houston (Hg.): *Essays in Philosophy*, New York: Pocket Library, 1959.

Pinker, Steven: *Der Sprachinstinkt: wie der Geist die Sprache bildet* (1994), München: Droemer Knaur, 1998.

Plantinga, Alvin: *Gewährleisteter christlicher Glaube* (2000), Berlin: De Gruyter, 2015.

Platon: *Der Staat.*

Platon: *Des Sokrates Verteidigung.*

Platon: *Euthyphron.*

Platon: *Phaidon.*

Platon: *Timaios.*

Plinius der Jünger: *Briefe.*

Plotin: *Enneaden.*

Polanyi, Michael: *Implizites Wissen* (1966), Frankfurt a. M.: Suhrkamp, 1985.

Polkinghorne, John: *One World: The Interaction of Science and Theology*, London: SPCK, 1986.

Polkinghorne, John: *Reason and Reality: The Relationship between Science and Theology* (1991). Repr.: London: SPCK, 2011.

Polkinghorne, John: *Science and Creation: The Search for Understanding* (1988), rev. Ausg., West Conshohocken, Pa.: Templeton Foundation Press, 2009.

Polkinghorne, John: *Science and Providence: God's Interaction with the World* (1989). Repr.: West Conshohocken, Pa.: Templeton Foundation Press, 2011.

Popper, Karl R. und John C. Eccles: *Das Ich und sein Gehirn* (1977), München: Piper, 1991.

Popper, Karl R.: *Die Welt des Parmenides: der Ursprung des europäischen Denkens* (1998), München, Zürich: Piper, 2005.

Pospisil, Leopold J.: *Kapauku Papuans and their Law*, Yale University Publications in Anthropology 54, New Haven, 1958.

Pospisil, Leopold J.: *The Kapauku Papuans of West New Guinea, Case Studies in Cultural Anthropology* (1963), 2. Aufl., New York: Holt, Rinehart and Winston, 1978.

Powers, B. Ward: *The Progressive Publication of Matthew*, Nashville: B&H Academic, 2010.

Poythress, Vern S.: *Inerrancy and the Gospels: A God-Centered Approach to the Challenges of Harmonization*, Wheaton, Ill.: Crossway, 2012.

Pritchard, J. B. (Hg.): *Ancient Near Eastern Texts Relating to the Old Testament*, Princeton, 1950, 3. Aufl., Princeton, N.J.: Princeton University Press, 1969.

Putnam, Hilary: *Vernunft, Wahrheit und Geschichte* (1981), Frankfurt a. M.: Suhrkamp, 1995.

R

Rachels, James: *Elements of Moral Philosophy*, New York: McGraw-Hill, 1986.

Ragg, Lonsdale und Laura Ragg (Hg.): *The Gospel of Barnabas*, Oxford: Clarendon Press, 1907.

Ramsay, William: *St. Paul the Traveller and the Roman Citizen*, London: Hodder & Stoughton, 1895.

Randall, John H.: *Cosmos*, New York: Random House, 1980.

Raphael, D. D.: *Moral Philosophy* (1981), 2. Aufl., Oxford: Oxford University Press, 1994.

Rawls, John: *Eine Theorie der Gerechtigkeit* (1971), Berlin: Akad.-Verl., 2013.

Redford, Donald B. (Hg.): *The Oxford Encyclopaedia of Ancient Egypt*, Oxford: Oxford University Press (2001); DOI: 10.1093/acref/9780195102345.001.0001.

Reid, Thomas: *An Enquiry Concerning Human Understanding*, Oxford: Clarendon Press, 1777.

Reid, Thomas: *An Inquiry into the Human Mind on the Principles of Common Sense* (1764). Repr.: Cambridge: Cambridge University Press, 2011.

Renfrew, Colin: *Archaeology and Language: The Puzzle of Indo-European Origins* (1987). Repr.: Cambridge: Cambridge University Press, 1999.

Ricoeur, Paul: *Hermeneutics and the Human Sciences* (1981), Repr.: Cambridge: Cambridge University Press, 1998.

Ricoeur, Paul: *Interpretation Theory: Discourse and the Surplus of Meaning*, Fort Worth, Tex.: Texas Christian University Press, 1976.

Ridley, Mark: *Evolution: Probleme – Themen – Fragen* (1985), Berlin: Birkhäuser, 1992.

Rodwell, J. M. (Übers.): *The Koran*, hg. von Alan Jones, London: Phoenix, 2011.

Rorty, Richard: *Consequences of Pragmatism: Essays, 1972–1980*, Minneapolis, Minn.: University of Minnesota Press, 1982.

Rose, Steven: *Darwins gefährliche Erben: Biologie jenseits der egoistischen Gene* (1998), München: Beck, 2000.

Ross, Hugh: *The Creator and the Cosmos*, Colorado Springs: NavPress, 1995.

Ross, W. D.: *The Right and the Good*, Oxford: Clarendon Press, 1930. Repr.: 2002.

Rousseau, Jean Jacques: *Der Gesellschaftsvertrag* (1762).

Russell, Bertrand: *Moral und Politik* (1962), München: Nymphenburger Verl.-Hdlg., 1973.

Russell, Bertrand: *Philosophie des Abendlandes: ihr Zusammenhang mit der politischen und der sozialen Entwicklung* (1946), 2. Aufl., Köln: Parkland, 2009.

Russell, Bertrand: *Probleme der Philosophie* (1912), Frankfurt a. M.: Suhrkamp, 1969.

Russell, Bertrand: *Religion and Science*, Oxford: Oxford University Press, 1970.

Russell, Bertrand: *The Autobiography of Bertrand Russell. 1967–69*. Repr.: London: Routledge, 1998.

Russell, Bertrand: *Understanding History* (1943), New York: Philosophical Library, 1957.

Russell, Bertrand: *Warum ich kein Christ bin* (1957), Berlin: Matthes & Seitz, 2017.

Russell, L. O. und G. A. Adebiyi: *Classical Thermodynamics*, Oxford: Oxford University Press, 1993.

Ryle, Gilbert: *Der Begriff des Geistes* (1949), Stuttgart: Reclam, 1973.

S

Sagan, Carl: *Unser Kosmos: eine Reise durch das Weltall* (1980), München; Zürich: Droemer Knaur, 1982.

Sagan, Carl: *Der Drache in meiner Garage oder die Kunst der Wissenschaft, Unsinn zu entlarven* (1996), München: Droemer Knaur, 2000.

Sagan, Carl und Jerome Agel: *Nachbarn im Kosmos: Leben und Lebensmöglichkeiten im Universum* (1973), München: Kindler, 1975.

Sandbach, F. H.: *The Stoics* (1975), rev. Ausg., London: Bloomsbury, 2013.

Sartre, Jean-Paul: *Das Sein und das Nichts* (1943), Reinbek bei Hamburg: Rowohlt, 1991.

Sartre, Jean-Paul: *Existentialism and Human Emotions*, New York: Philosophical Library, 1957.

Sartre, Jean-Paul: *Existentialism and Humanism*, London: Methuen, 1948.

Sartre, Jean-Paul: *Die Fliegen/Die schmutzigen Hände. Zwei Dramen* (darin enthalten: *Die Fliegen* [1943]), Reinbek: Rowohlt 1984.

Sartre, Jean-Paul: *Drei Essays* (darin enthalten: *Ist der Existentialismus ein Humanismus?*) (1946), Frankfurt: Ullstein, 1964.

Schaff, Adam: *Marx oder Sartre?: Versuch einer Philosophie des Menschen* (1963), Berlin: VEB Dt. Verl. d. Wissenschaften, 1965.

Scherer, Siegfried: *Evolution. Ein kritisches Lehrbuch*, Weyel Biologie, Gießen: Weyel Lehrmittelverlag, 1998.

Schmidt, W.: *The Origin and Growth of Religion*, übers. von J. Rose, London: Methuen, 1931.

Schroth, Jörg (Hg.): *Texte zum Utilitarismus,* Stuttgart: Reclam 2016.

Scruton, Roger: *Modern Philosophy* (1994), London: Arrow Books, 1996.

Searle, John R.: *Die Konstruktion der gesellschaftlichen Wirklichkeit: zur Ontologie sozialer Tatsachen* (1995), Reinbek bei Hamburg: Rowohlt, 1997.

Searle, John R.: *Geist, Hirn und Wissenschaft* (1984), Frankfurt a. M.: Suhrkamp, 1989.

Selsam, Howard: *Sozialismus und Ethik* (1943), Berlin: Dietz, 1955.

Shakespeare, William: *Wie es euch gefällt.*

Sherrington, Charles S.: *The Integrative Action of the Nervous System* (1906). Repr. mit neuem Vorwort: Cambridge: Cambridge University Press, 1947.

Sherwin-White, A. N.: *Roman Society and Roman Law in the New Testament. The Sarum Lectures 1960–61.* Oxford: Clarendon Press, 1963. Repr.: Eugene, Oreg.: Wipf & Stock, 2004.

Simplicius: *Commentary on Aristotle's Physics* (oder: *Miscellanies*), in: Kirk, G. S., J. E. Raven, und M. Schofield: *The Presocratic Philosophers: A Critical History with a Selection of Texts* (1957), rev. Ausg., Cambridge: Cambridge University Press, 1983.

Simpson, George Gaylord: *The Meaning of Evolution: A Study of the History of Life and of Its Significance for Man*, The Terry Lectures Series (1949), rev. Ausg., New Haven, Conn.: Yale University Press, 1967.

Singer, Peter: *Leben und Tod: der Zusammenbruch der traditionellen Ethik* (1994), Erlangen: Fischer, 1998.

Singer, Peter: *Praktische Ethik* (1979), 3. erw. und rev. Ausg., Stuttgart: Reclam, 2013. Hier übersetzt nach: Singer, Peter: *Practical Ethics* (1979), 2. Aufl., Cambridge: Cambridge University Press, 1993.

Sire, James: *Die Welt aus der Sicht der anderen: Informationen über Weltanschauungen*, Neuhausen: Hänssler, 1980.

Skinner, B. F.: *Jenseits von Würde und Freiheit* (1971), Reinbek: Rowohlt, 1973.

Skinner, B. F.: *Lectures on Conditioned Reflexes*, New York: International Publishers, 1963.

Skinner, B. F.: *Wissenschaft und menschliches Verhalten* (1953), München: Kindler, 1973.

Sleeper, Raymond S.: *A Lexicon of Marxist-Leninist Semantics*, Alexandria, Va.: Western Goals, 1983.

Smart, J. J. C. und Bernard Williams: *Utilitarianism: For and Against* (1973). Repr.: Cambridge: Cambridge University Press, 1998.

Smith, Adam: *Der Wohlstand der Nationen: eine Untersuchung seiner Natur und seiner Ursachen* (1776), München: Beck, 1974.

Smith, John Maynard und Eörs Szathmary: *Evolution: Prozesse, Mechanismen, Modelle* (1995), Heidelberg, Berlin, Oxford: Spektrum, Akad. Verl., 1996.

Smith, Wilbur: *Therefore Stand*, Grand Rapids: Baker, 1965.

Sober, E.: *Philosophy of Biology* (1993), rev. 2. Aufl., Boulder, Colo.: Westview Press, 2000.

Social Exclusion Unit: *Teenage Pregnancy*, Cmnd 4342, London: The Stationery Office, 1999.

Sophokles: *Antigone*.

Spencer, Herbert: *Social Statics*, New York: D. Appleton, 1851.

Stalin, Josef: *Werke* (erschienen im Dietz Verlag). Siehe: https://kommunistische-geschichte.de/stalin-werke/.

Stam, James H.: *Inquiries into the Origin of Language: The Fate of a Question*, New York: Harper & Row, 1976.

Starkey, Mike: *God, Sex, and the Search for Lost Wonder: For Those Looking for Something to Believe In* (1997), 2. Aufl., Downers Grove, Ill.: InterVarsity Press, 1998.

Stauffer, Ethelbert: *Jesus – Gestalt und Geschichte*, Bern: Francke Verlag, 1957.

Storer, Morris B. (Hg.): *Humanist Ethics: Dialogue on Basics*, Buffalo, N.Y.: Prometheus Books, 1980.

Stott, John R. W.: *The Message of Romans*, Leicester: InterVarsity Press, 1994.

Strabo: *Geography*, übers. und eingel. von Duane W. Roller als *The Geography of Strabo*, Cambridge: Cambridge University Press, 2014. Übers. von H. C. Hamilton und W. Falconer, London, 1903, Perseus, Tufts University, http://www.perseus.tufts.edu/hopper/text?doc=Perseus%3A-text%3A1999.01.0239 (aufgerufen am 11.09.2015).

Strabon: *Geographika*.

Strickberger, Monroe: *Evolution* (1990), 3. Aufl., London: Jones and Bartlett, 2000.

Strobel, Lee: *Der Fall Jesus: ein Journalist auf der Suche nach der Wahrheit (1998)*, Asslar: Projektion J Verlag, 1999.

Suetononius Tranquillus, Gaius (Sueton): *Kaiserbiographien,* Lateinisch und Deutsch von Otto Wittstock, Berlin: Akademie Verlag, 1993.

Sunderland, Luther D.: *Darwin's Enigma*, Green Forest, Ark.: Master Books, 1998.

Swinburne, Richard: *Die Existenz Gottes* (1979), Stuttgart: Reclam, 1987.

Swinburne, Richard: *Glaube und Vernunft* (1981), Würzburg: Echter, 2009.

Swinburne, Richard: *Gibt es einen Gott?* (1996), Frankfurt a. M.: Ontos, 2006.

Swinburne, Richard: *Providence and the Problem of Evil.*, Oxford: Oxford University Press, 1998.

T

Tada, Joni Eareckson und Steven Estes: *Wie das Licht nach der Nacht: Hoffnung, die im Leiden trägt* (1997), Bielefeld: CLV, 2005.

Tax, Sol und Charles Callender (Hg.): *Issues in Evolution*, Chicago: University of Chicago Press, 1960.

Thaxton, Charles B., Walter L. Bradley und Roger L. Olsen: *The Mystery of Life's Origin*, Dallas: Lewis & Stanley, 1992.

Thibaut, George (Übers.): *The Vedānta Sūtras of Bādarāyana* mit Kommentar von Śankara, 2 Teile, New York: Dover, 1962.

Torrance, T. F.: *The Ground and Grammar of Theology*, Belfast: Christian Journals Limited, 1980; und Charlottesville: The University Press of Virginia, 1980. Repr. mit neuem Vorwort: Edinburgh: T&T Clark, 2001.

Torrance, T. F.: *Theological Science*, Oxford: Oxford University Press, 1978

U

Unamuno, Don Miguel de: *The Tragic Sense of Life*, übers. von J. E. Crawford, 1921. Repr.: Charleston, SC: BiblioBazaar, 2007.

V

von Kirchmann, J. H.: *René Descartes' philosophische Werke*, Abt. 1, Berlin: Heimann, 1870.

von Neumann, John: *Theory of Self-Reproducing Automata*, hg. und erg. von Arthur W. Burks, Urbana: University of Illinois Press, 1966.

W

Waddington, C. H. (Hg.): *Science and Ethics: An Essay*, London: Allen & Unwin, 1942.

Wallis, R. T.: *Neoplatonism* (1972). Repr.: London: Duckworth, 1985.

Ward, Keith: *God, Chance and Necessity* (1996). Repr.: Oxford: Oneworld Publications, 2001.

Warner, Richard und Tadeusz Szubka: *The Mind-Body Problem*, Oxford: Blackwell, 1994.

Weiner, Jonathan: *Der Schnabel des Finken oder der kurze Atem der Evolution* (1994), München: Droemer Knaur, 1996.

Welch, I. David, George A. Tate und Fred Richards (Hg.): *Humanistic Psychology*, Buffalo, N.Y.: Prometheus Books, 1978.

Wenham, John: *Easter Enigma – Do the Resurrection Stories Contradict One Another?*, Exeter: Paternoster Press, 1984. Repr. als *Easter Enigma: Are the Resurrection Accounts in Conflict?*, Eugene, Oreg.: Wipf & Stock, 2005.

Wesson, Paul: *Beyond Natural Selection* (1991). Repr.: Cambridge, Mass.: Massachusetts Institute of Technology Press, 1997.

Westminster Shorter Catechism (Der kürzere Westminster Katechismus) (1647). Siehe z. B.: https://www.bucer.org/fileadmin/_migrated/tx_org/mbstexte061.pdf (aufgerufen am 15.01.2020).

Wetter, Gustav: *Der dialektische Materialismus*, Wien: Herder, 1956.

Whitehead, Alfred North: *Prozess und Realität: Entwurf einer Kosmologie* (1929), Frankfurt a. M.: Suhrkamp, 1995.

Wilson, Edward O.: *Die Einheit des Wissens* (1998), München: Goldmann, 2000.

Wilson, Edward O.: *Genes, Mind and Culture*, Cambridge, Mass.: Harvard University Press, 1981.

Wilson, Edward O.: *Biologie als Schicksal: Die soziobiologischen Grundlagen menschlichen Verhaltens* (1978), Frankfurt a. M.: Ullstein, 1980.

Wilson, Edward O.: *Sociobiology: The New Synthesis. Cambridge*, Mass.: Harvard University Press, 1975.

Wimsatt, William K. und Monroe Beardsley: *The Verbal Icon: Studies in the Meaning of Poetry* (1954). Repr.: Lexington, Ky.: University of Kentucky Press, 1982.

Wippel, John F. (Hg.): *Studies in Medieval Philosophy*, Bd. 17 von: *Studies in Philosophy and the History of Philosophy*, Washington D. C.: Catholic University of America Press, 1987.

Wittgenstein, Ludwig: *Über Gewissheit* (1969), Frankfurt a. M.: Suhrkamp, 1990.

Wolpert, Lewis: *Unglaubliche Wissenschaft* (1992), Frankfurt a. M.: Eichborn, 2004.

Wolters, Clifton (Übers.): *The Cloud of Unknowing* (1961). Repr.: London: Penguin, 1978.

Wolstenholme, Gordon/Jungk, Robert (Hg.): *Das umstrittene Experiment der Mensch: 27 Wissenschaftler diskutieren d. Elemente e. biolog. Revolution* (1963), München: Desch, 1966.

Wolterstorff, Nicholas: *Divine Discourse: Philosophical Reflections on the Claim that God Speaks* (1995). Repr.: Cambridge: Cambridge University Press, 2000.

X

Xenophon: *Memorabilien.*

Y

Yancey, Philip: *Warum ich heute noch glaube: Menschen, die mir halfen, die Gemeinde zu überleben* (2001), Wuppertal: R. Brockhaus, 2002.

Yockey, Hubert: *Information Theory and Biology,* Cambridge: Cambridge University Press, 1992.

Z

Zacharias, Ravi: *Jesus – der einzig wahre Gott?: Warum mich von allen Religionen nur eine überzeugte* (2000), Gießen: Brunnen-Verlag, 2018.

Zacharias, Ravi: *The Real Face of Atheism*, Grand Rapids: Baker, 2004.

Zaehner, Z. C. (Hg.): *The Concise Encyclopedia of Living Faiths* (1959), 2. Aufl., 1971. Repr.: London: Hutchinson, 1982.

ARTIKEL, ABSTRAKTE, KAPITEL UND VORTRÄGE

A

Adams, R. M.: *Religious Ethics in a Pluralistic Society*, in: G. Outka und J. P. Reeder, Jr. (Hg.): *Prospects for a Common Morality*, Princeton, N.J.: Princeton University Press, 1993.

Alberts, Bruce: *The Cell as a Collection of Protein Machines: Preparing the Next Generation of Molecular Biologists*, Cell 92/3 (06.02.1998), 291–4. DOI: 10.1016/ S0092-8674(00)80922-8.

Almond, Brenda: *Liberty or Community? Defining the Post-Marxist Agenda*, in: Brenda Almond (Hg.): *Introducing Applied Ethics*, Oxford: Wiley Blackwell, 1995.

Alpher, R. A., H. Bethe und G. Gamow: *The Origin of Chemical Elements*, Physical Review 73/7 (Apr. 1948), 803–4. DOI: 10.1103/PhysRev.73.803.

Anscombe, G. E. M.: *Modern Moral Philosophy*, Philosophy 33 (1958), 1–19.

Asimov, Isaac (Interview mit Paul Kurtz): *An Interview with Isaac Asimov on Science and the Bible*, Free Enquiry 2/2 (Frühj. 1982), 6–10.

Auer, J. A. C. F.: *Religion as the Integration of Human Life*, The Humanist (Frühj. 1947).

Austin, J. L., P. F. Strawson und D. R. Cousin: *Truth, Proceedings of the Aristotelian Society, Supplementary Volumes, Vol. 24, Physical Research, Ethics and Logic* (1950), 111–72. http://www.jstor.org/stable/4106745. Repr. in: Paul Horwich (Hg.): *Theories of Truth*, Aldershot: Dartmouth Publishing, 1994.

B

Bada, Jeffrey L.: *Stanley Miller's 70th Birthday. Origins of Life and Evolution of Biospheres* 30/2 (2000), 107–12. DOI: 10.1023/A:1006746205180.

Baier, Kurt E. M.: *Egoism*, in: P. Singer (Hg.): *A Companion to Ethics*, Oxford: Blackwell, 1991. Repr.: 2000, 197–204.

Baier, Kurt E. M.: *Freedom, Obligation, and Responsibility*, in: Morris B. Storer (Hg.): *Humanist Ethics: Dialogue on Basics*, Buffalo, N.Y.: Prometheus Books, 1980, 75–92.

Baier, Kurt E. M.: *The Meaning of Life*, 1947, in: Peter Angeles (Hg.): *Critiques of God*, Buffalo, N.Y.: Prometheus Books, 1976. Repr. in: E. D. Klemke (Hg.): *The Meaning of Life*, New York: Oxford University Press, 1981, 81–117.

Baker, S. W.: *Albert Nyanza, Account of the Discovery of the Second Great Lake of the Nile, Journal of the Royal Geographical Society* 36 (1866). Auch in: *Proceedings of the Royal Geographical Society of London 10* (1856), 6–27.

Bates, Elizabeth, Donna Thal und Virginia Marchman: *Symbols and Syntax: A Darwinian Approach to Language Development*, in: Norman A. Krasnegor, Duane M. Rumbaugh, Richard L. Schiefelbusch und Michael Studdert-Kennedy (Hg.): *Biological and Behavioural Determinants of Language Development* (1991). Repr.: New York: Psychology Press, 2014, 29–65.

Behe, Michael J.: *Reply to My Critics: A Response to Reviews of Darwin's Black Box: The Biochemical Challenge to Evolution, Biology and Philosophy* 16 (2001), 685–709.

Berenbaum, Michael: *T4 Program*, in: *Encyclopaedia Britannica.* https://www.britannica.com/event/T4-Program (aufg. am 02.11.2017).

Berlinski, David: *The Deniable Darwin, Commentary* (Juni 1996), 19–29.

Bernal, J. D.: *The Unity of Ethics*, in: C. H. Waddington (Hg.): *Science and Ethics: An Essay*, London: Allen & Unwin, 1942.

Black, Deborah L.: *Al-Kindi*, in: Seyyed Hossein Nasr und Oliver Leaman (Hg.): *History of Islamic Philosophy*, Teil 1, Bd. 1 von: *Routledge History of World Philosophies* (1996). Repr.: London: Routledge, 2001, 178–197.

Boghossian, Paul A.: *What the Sokal hoax ought to teach us: The pernicious consequences and internal contradictions of „postmodernist" relativism, Times Literary Supplement*, Kommentar (13.12.1996), 14–15. Repr. in: Noretta Koertge (Hg.): A *House Built on Sand: Exposing Postmodernist Myths about Science*, Oxford: Oxford University Press, 1998, 23–31.

Briggs, Arthur E.: *The Third Annual Humanist Convention, The Humanist* (Frühj. 1945).

Bristol, Evelyn: *Turn of a Century: Modernism, 1895–1925*, Kap. 8 in: C. A. Moser (Hg.): *The Cambridge History of Russian Literature* (1989). Rev. Ausg., 1992. Repr.: 1996, Cambridge: Cambridge University Press, 387–457.

C

Caputo, John D.: *The End of Ethics*, in: Hugh LaFollette (Hg.): *The Blackwell Guide to Ethical Theory*, Oxford: Blackwell, 1999, 111–128.

Cartmill, Matt: *Oppressed by Evolution*, *Discover* Magazine 19/3 (März 1998), 78–83. Repr. in: L. Polnac (Hg.): *Purpose, Pattern, and Process*, 6. Aufl., Dubuque: Kendall-Hunt, 2002, 389–397.

Cavalier-Smith, T.: *The Blind Biochemist*, *Trends in Ecology and Evolution* 12 (1997), 162–163.

Chaitin, Gregory J.: *Randomness in Arithmetic and the Decline and Fall of Reductionism in Pure Mathematics*, Kap. 3, in: John Cornwell (Hg.): *Nature's Imagination: The Frontiers of Scientific Vision*, Oxford: Oxford University Press, 1995, 27–44.

Chomsky, Noam: *Review of B. F. Skinner, Verbal Behavior*. *Language* 35/1 (1959), 26–58.

Chomsky, Noam: *Science, Mind, and Limits of Understanding*, Abschrift des Vortrags vor der Science and Faith Foundation (STOQ), Vatikan (Jan. 2014). Keine Seiten. http://www.chomsky.info/talks/201401--.htm (aufgerufen am 03.08.2017).

Chruschtschow, Nikita: *Ukrainian Bulletin* (1.–15.08.1960), 12.

Coghlan, Andy: *Selling the family secrets*, *New Scientist* 160/2163 (05.12.1998), 20–21.

Collins, Harry: *Introduction: Stages in the Empirical Programme of Relativism*, *Social Studies of Science* 11/1 (Feb. 1981), 3–10. http://www.jstor.org/stable/284733 (aufgerufen am 11.09.2015).

Collins, R.: *A Physician's View of College Sex*, *Journal of the American Medical Association* 232 (1975), 392.

Cook, Sidney: *Solzhenitsyn and Secular Humanism: A Response*, *The Humanist* (Nov./Dez. 1978), 6.

Cookson, Clive: *Scientist Who Glimpsed God*, *Financial Times* (29.04.1995), 20.

Cottingham, John: *Descartes, René*, in: Ted Honderich (Hg.): *The Oxford Companion to Philosophy*, Oxford, 1995, 2. Aufl., Oxford: Oxford University Press, 2005.

Crick, Francis: *Lessons from Biology*, *Natural History* 97 (Nov. 1988), 32–39.

Crosman, Robert: *Do Readers Make Meaning?*, in: Susan R. Suleiman und Inge Crosman (Hg.): *The Reader in the Text: Essays on Audience and Interpretation*, Princeton, N.J.: Princeton University Press, 1980.

D

Davies, Paul: *Bit before It?*, New Scientist 2171 (30.01.1999), 3.

Dawkins, Richard: *Put Your Money on Evolution*, Rezension von Maitland A. Edey und Donald C. Johanson: *Blueprint: Solving the Mystery of Evolution*, Penguin, 1989. *The New York Times Review of Books* (09.04.1989), Abs. 7, 34–35.

Dembski, William: *Intelligent Design as a Theory of Information*, Perspectives on Science and Christian Faith 49/3 (Sept. 1997), 180–190.

Derrida, Jacques: *Force of Law: The „Mystical Foundation of Authority"*, in: Drucilla Cornell, Michel Rosenfeld und David Gray Carlson (Hg.): *Deconstruction and the Possibility of Justice* (1992). Repr.: Abingdon: Routledge, 2008.

Dirac, P. A. M.: *The Evolution of the Physicist's Picture of Nature*, Scientific American 208/5 (1963), 45–53. DOI: 10.1038/scientificamerican0563-45.

Dobzhansky, Theodosius: *Chance and Creativity in Evolution*, Kap. 18 in: Francisco J. Ayala und Theodosius Dobzhansky (Hg.): *Studies in the Philosophy of Biology: Reduction and Related Problems*, Berkeley, Calif.: University of California Press, 1974, 307–336.

Dobzhansky, Theodosius: Diskussion einer Arbeit durch Gerhard Schramm, *Synthesis of Nucleosides and Polynucleotide with Metaphosphate Esters*, in: Sidney W. Fox (Hg.): *The Origins of Prebiological Systems and of Their Molecular Matrices*, 299–315. Protokoll einer Konferenz in Wakulla Springs, Florida, 20.–30.10.1963, unter der Schirmherrschaft des Institute for Space Biosciences, der Florida State University und der National Aeronautics and Space Administration, New York: Academic Press, 1965.

Dobzhansky, Theodosius: *Evolutionary Roots of Family Ethics and Group Ethics*, in: *The Centrality of Science and Absolute Values*, Bd. 1 von: *Proceedings of the Fourth International Conference on the Unity of the Sciences*, New York: International Cultural Foundation, 1975.

Documents of the 22nd Congress of the Communist Party of the Soviet Union, 2 Bände, Documents of Current History, Nr. 18–19, New York: Crosscurrents Press, 1961.

Dose, Klaus: *The Origin of Life: More Questions Than Answers, Interdisciplinary Science Reviews* 13 (Dez. 1988), 348–356.

Druart, Th.-A: *Al-Fārābī and Emanationism*, in: J. F. Wippel (Hg.): *Studies in Medieval Philosophy*, Bd. 17 von: *Studies in Philosophy and the History of Philosophy*, Washington D. C.: Catholic University of America Press, 1987, 23–43.

Dyson, Freeman: *Energy in the Universe, Scientific American* 225/3 (1971), 50–59.

E

Eddington, Arthur: *The End of the World: From the Standpoint of Mathematical Physics, Nature* 127 (21.03.1931), 447–53. DOI: 10.1038/127447a0.

Edwards, William: *On the Physical Death of Jesus Christ, Journal of the American Medical Association* 255/11 (21.03.1986), 1455–1463.

Eigen, Manfred, Christof K. Biebricher, Michael Gebinoga und William C. Gardiner: *The Hypercycle: Coupling of RNA and Protein Biosynthesis in the Infection Cycle of an RNA Bacteriophage, Biochemistry* 30/46 (1991), 11005–18. DOI: 10.1021/ bi00110a001.

Einstein, Albert: *Physics and Reality* (1936), in: Sonja Bargmann (Übers.): *Ideas and Opinions*, New York: Bonanza, 1954.

Einstein, Albert: *Science and Religion* (1941), veröffentlicht in: *Science, Philosophy and Religion, A Symposium*. New York: The Conference on Science, Philosophy and Religion in Their Relation to the Democratic Way of Life (1941). Repr. in: *Out of My Later Years* (1950, 1956) (auf Deutsch erschienen als: *Aus meinen späten Jahren*, Stuttgart: DVA, 1984). Repr.: New York: Open Road Media, 2011.

Eysenck, H. J.: *A Reason with Compassion*, in: Paul Kurtz (Hg.): *The Humanist Alternative*, Buffalo, N.Y.: Prometheus Books, 1973.

F

Feynman, Richard P.: *Cargo Cult Science*. Repr. in: *Engineering and Science* 37/7 (1974), 10–13. http://calteches.library.caltech.edu/51/2/CargoCult.pdf (Faksimile), aufg. am 11.09.2015 (urspr. gehalten als Eröffnungsrede am Caltech 1974 in Pasadena, Calif.).

Fletcher, J.: *Comment by Joseph Fletcher on Nielsen Article*, in: Morris B. Storer (Hg.): *Humanist Ethics: Dialogue on Basics*, Buffalo, N.Y.: Prometheus Books, 1980, 70.

Flew, Anthony: *Miracles*, in: Paul Edwards (Hg.): *The Encyclopedia of Philosophy*, New York: Macmillan, 1967, 5:346–353.

Flew, Anthony: *Neo-Humean Arguments about the Miraculous*, in: R. D. Geivett und G. R. Habermas (Hg.): *In Defence of Miracles*, Leicester: Apollos, 1997, 45–57.

Flieger, Jerry Aline: *The Art of Being Taken by Surprise*, Destructive Criticism: Directions. SCE Reports 8 (Herbst 1980), 54–67.

Fodor, J. A.: *Fixation of Belief and Concept Acquisition*, in: M. Piattelli-Palmarini (Hg.): *Language and Learning: The Debate Between Jean Piaget and Noam Chomsky*, Cambridge, Mass.: Harvard University Press, 1980, 143–149.

Fotion, Nicholas G.: *Logical Positivism*, in: Ted Honderich (Hg.): *The Oxford Companion to Philosophy*, 2. Aufl., Oxford: Oxford University Press, 2005.

Frank, Lawrence K.: *Potentialities of Human Nature*, *The Humanist* (Apr. 1951).

Frankena, William K.: *Is morality logically dependent on religion?*, in: G. Outka und J. P. Reeder, Jr. (Hg.): *Religion and Morality*, Garden City, N.Y.: Anchor, 1973.

G

Genequand, Charles: *Metaphysics*, Kap. 47 in: Seyyed Nossein Nasr und Oliver Leaman (Hg.): *History of Islamic Philosophy*, Bd. 1 von: *Routledge History of World Philosophies*, London: Routledge, 1996, 783–801.

Genné, William H.: *Our Moral Responsibility*, *Journal of the American College Health Association* 15/Suppl. (Mai 1967), 55–60.

Gilbert, Scott F., John Opitz und Rudolf A. Raff: *Resynthesizing Evolutionary and Developmental Biology*, *Developmental Biology* 173/2 (1996), 357–372.

Ginsburg, V. L.: *Poisk* 29–30 (1998).

Gould, Stephen Jay: *Evolution as Fact and Theory*, in: Ashley Montagu (Hg.): *Science and Creationism*, Oxford: Oxford University Press, 1984.

Gould, Stephen Jay: *Evolution's Erratic Pace, Natural History* 86/5 (Mai 1977), 12–16.

Gould, Stephen Jay: *Evolutionary Considerations,* vorgetragen auf der McDonnell Foundation Conference, *Selection vs. Instruction,* Venedig, Mai 1989.

Gould, Stephen Jay: *In Praise of Charles Darwin,* vorgetragen auf der Nobel Conference XVIII, Gustavus Adolphus College, St. Peter, Minn. Repr. in: Charles L. Hamrum (Hg.): *Darwin's Legacy,* San Francisco: Harper & Row, 1983.

Gould, Stephen Jay: *The Paradox of the Visibly Irrelevant, Annals of the New York Academy of Sciences* 879 (Juni 1999), 87–97. DOI: 10.1111/j.1749-6632.1999.tb10407.x. Repr. in: *The Lying Stones of Marrakech: Penultimate Reflections in Natural History,* 2000. Repr.: Cambridge, Mass.: Harvard University Press, 2011 (auf Deutsch erschienen als: Gould, Stephen Jay: *Die Lügensteine von Marrakesch: vorletzte Erkundungen der Naturgeschichte; Essays,* Frankfurt a. M.: Fischer, 2006.)

Gribbin, John: *Oscillating Universe Bounces Back, Nature* 259 (01.01.1976), 15–16. DOI: 10.1038/259015c0.

Grigg, Russell: *Could Monkeys Type the 23rd Psalm?, Interchange* 50 (1993), 25–31.

Guth, A. H.: *Inflationary Universe: A Possible Solution to the Horizon and Flatness Problems, Physical Review* D 23/2 (1981), 347–356.

Guttmacher Institute: *Induced Abortion in the United States,* Informationsblatt, New York: Guttmacher Institute, Jan. 2018. https://www.guttmacher. org/fact-sheet/ induced-abortion-united-states (aufgerufen am 01.02.2018).

H

Haldane, J. B. S: *When I am Dead,* in: *Possible Worlds* (1927), London: Chatto & Windus, 1945, 204–211.

Hansen, Michèle, J. Kurinczuk, Carol Bower und Sandra Webb: *The Risk of Major Birth Defects after Intracytoplasmic Sperm Injection and in Vitro Fertilization, New England Journal of Medicine* 346 (2002), 725–730. DOI: 10.1056/NEJMoa010035.

Hardwig, John: *Dying at the Right Time: Reflections on (Un)Assisted Suicide,* in: Hugh LaFollette (Hg.): *Ethics In Practice,* Blackwell Philosophy Anthologies, 2. Aufl., Oxford: Blackwell, 1997, 101–111.

Hawking, S. W.: *The Edge of Spacetime: Does the universe have an edge and time a beginning, as Einstein's general relativity predicts, or is spacetime finite without boundary, as quantum mechanics suggests?*, American Scientist 72/4 (1984), 355–359. http://www.jstor.org/stable/27852759 (aufg. am 15.09.2015).

Hawking, S. W.: *Briefe an den Herausgeber*, Antwort auf den Brief von J. J. Tanner bezüglich des Artikels *The Edge of Spacetime*, American Scientist 73/1 (1985), 12. http://www.jstor.org/stable/27853056 (aufgerufen am 15.09.2015).

Hawking, S. W. und R. Penrose: *The Singularities of Gravitational Collapse and Cosmology*, Proceedings of the Royal Society London A 314/1519 (1970), 529–48. DOI: 10.1098/rspa.1970.0021.

Hocutt, Max: *Does Humanism Have an Ethic of Responsibility?*, in: Morris B. Storer (Hg.): *Humanist Ethic: Dialogue on Basics*, Buffalo, N.Y.: Prometheus Books, 1980, 11–24.

Hocutt, Max: *Toward an Ethic of Mutual Accommodation*, in: Morris B. Storer (Hg.): *Humanist Ethics: Dialogue on Basics,* Buffalo, N.Y.: Prometheus Books, 1980, 137–146.

Hookway, C. J.: *Scepticism*, in: Ted Honderich (Hg.): *The Oxford Companion to Philosophy*, Oxford, 1995, 2. Aufl., Oxford: Oxford University Press, 2005.

Hoyle, Fred: *The Universe: Past and Present Reflections*, Annual Reviews of Astronomy and Astrophysics 20 (1982), 1–35. DOI: 10.1146/annurev. aa.20.090182.000245.

Hursthouse, Rosalind: *Virtue theory and abortion*, Philosophy and Public Affairs 20, 1991, 223–246.

Huxley, Julian: *The Emergence of Darwinism*, in: Sol Tax (Hg.): *The Evolution of Life: Its Origins, History, and Future*, Bd. 1 von: *Evolution after Darwin*, Chicago: University of Chicago Press, 1960, 1–21.

Huxley, Julian: *The Evolutionary Vision: The Convocation Address*, in: Sol Tax und Charles Callender (Hg.): *Issues in Evolution*, Bd. 3 von: *Evolution after Darwin*, Chicago: University of Chicago Press, 1960, 249–261.

I

Inwood, M. J.: *Feuerbach, Ludwig Andreas*, in: Ted Honderich (Hg.): *The Oxford Companion to Philosophy*, Oxford, 1995, 2. Aufl., Oxford: Oxford University Press, 2005.

J

Jeeves, Malcolm: *Brain, Mind, and Behaviour*, in: Warren S. Brown, Nancey Murphy und H. Newton Malony (Hg.): *Whatever Happened to the Soul: Scientific and Theological Portraits of Human Nature*, Minneapolis: Fortress Press, 1998.

Johnson, Barbara: *Nothing Fails Like Success, Deconstructive Criticism: Directions. SCE Reports* 8 (Herbst 1980), 7–16.

Josephson, Brian: *Briefe an den Herausgeber, The Independent* (12.01.1997), London.

K

Kant, Immanuel: *Beantwortung der Frage: Was ist Aufklärung?*, Berlinische Monatsschrift 4 (Dez. 1784), 481–494. Repr. in: *Kant's Gesammelte Schriften*, Berlin: Akademie Ausgabe, 1923, 8:33–42.

Klein-Franke, Felix: *Al-Kindī*, in: Seyyed Hossein Nasr und Oliver Leaman (Hg.): *History of Islamic Philosophy*, Bd. 1, Teil 1 von: *Routledge History of World Philosophies* (1996). Repr.: London: Routledge, 2001, 165–177.

Kurtz, Paul: *A Declaration of Interdependence: A New Global Ethics, Free Inquiry* 8/4 (Herbst 1988), 4–7. Auch veröffentlicht in: Vern L. Ballough und Timothy J. Madigan (Hg.): *Toward a New Enlightenment: The Philosophy of Paul Kurtz*, New Brunswick, N.J.: Transaction Publishers, 1994 (Kap. 3, *The Twenty-First Century and Beyond: The Need for a New Global Ethic and a Declaration of Interdependence*).

Kurtz, Paul: *Does Humanism Have an Ethic of Responsibility?*, in: Morris B. Storer (Hg.): *Humanist Ethics: Dialogue on Basics*, Buffalo, N.Y.: Prometheus Books, 1980, 11–24.

Kurtz, Paul: *Is Everyone a Humanist?*, in: Paul Kurtz (Hg.): *The Humanist Alternative*, Buffalo, N.Y.: Prometheus Books, 1973.

L

Lamont, Corliss: *The Ethics of Humanism*, in: Frederick C. Dommeyer (Hg.): *In Quest of Value: Readings in Philosophy and Personal Values*, San Francisco: Chandler, 1963, 46–59. Repr. aus Kap. 6 von: Corliss Lamont: *Humanism as a Philosophy*, Philosophical Library, 273–297.

Larson, Erik: *Looking for the Mind* (Rezension von David J. Chalmers: *The Conscious Mind: In Search of a Fundamental Theory*), *Origins & Design* 18/1(34) (Winter 1997), Colorado Springs: Access Research Network, 28–29.

Leitch, Vincent B.: *The Book of Deconstructive Criticism*, *Studies in the Literary Imagination* 12/1 (Frühj. 1979), 19–39.

Lewis, C. S.: *The Funeral of a Great Myth*, in: Walter Hooper (Hg.): *Christian Reflections*, Grand Rapids: Eerdmans, 1967, 102–116.

Lewis, C. S.: *The Weight of Glory*, in: *Transposition and other Addresses,* London: Geoffrey Bles, 1949. Repr. in: *The Weight of Glory and Other Addresses,* HarperOne, 2001 (auf Deutsch erschienen als *Das Gewicht der Herrlichkeit und andere Essays*, Basel: Brunnen, 2005).

Lewontin, Richard C.: *Billions and Billions of Demons*, *The New York Review of Books* 44/1 (09.01.1997).

Lewontin, Richard C.: *Evolution/Creation Debate: A Time for Truth*, *BioScience* 31/8 (Sept. 1981), 559. Repr. in: J. Peter Zetterberg (Hg.): *Evolution versus Creationism*, Phoenix, Ariz.: Oryx Press, 1983. http://bioscience.oxfordjournals.org/content/31/8/local/ed-board.pdf (aufg. am 15.09.2015).

Lieberman, Philip und E. S. Crelin: *On the Speech of Neanderthal Man*, *Linguistic Inquiry* 2/2 (März 1971), 203–222.

Louden, Robert: *On Some Vices of Virtue Ethics*, Kap. 10 in: R. Crisp und M. Slote (Hg.): *Virtue Ethics*, Oxford: Oxford University Press, 1997.

M

Mackie, J. L.: *Evil and Omnipotence*, *Mind* 64/254 (Apr. 1955), 200–212.

McNaughton, David und Piers Rawling: *Intuitionism*, Kap. 13 in: Hugh LaFollette (Hg.): *The Blackwell Guide to Ethical Theory*, Oxford: Blackwell, 2000, 268–287, Kap. 14 der 2. Aufl., Wiley Blackwell, 2013, 287–310.

Maddox, John: *Down with the Big Bang*, *Nature* 340 (1989), 425. DOI: 10.1038/340425a0.

Marx, Karl: *Differenz der demokritischen und epikureischen Naturphilosophie*, in: Marx, Karl und Friedrich Engels, *Werke*, Bd. 40, Berlin: Dietz, 1985.

Marx, Karl: *Thesen über Feuerbach* (1845), in: Georges Labica: *Karl Marx – Thesen über Feuerbach*, Berlin: Argument-Verl., 1998.

May, Rollo: *The Problem of Evil: An Open Letter to Carl Rogers*, Journal of Humanistic Psychology (Sommer 1982).

Merezhkovsky, Dmitry: *On the Reasons for the Decline and on the New Currents in Contemporary Russian Literature*, Vortrag im Jahr 1892, in: Dmitry Merezhkovsky: *On the reasons for the decline and on the new currents in contemporary Russian literature*, Petersburg, 1893.

Meyer, Stephen C.: *The Explanatory Power of Design: DNA and the Origin of Information*, in: William A. Dembski (Hg.): *Mere Creation: Science, Faith and Intelligent Design*, Downers Grove, Ill.: InterVarsity Press, 1998, 114–147.

Meyer, Stephen C.: *The Methodological Equivalence of Design and Descent*, in: J. P. Moreland (Hg.): *The Creation Hypothesis*, Downers Grove, Ill.: InterVarsity Press, 1994, 67–112.

Meyer, Stephen C.: *Qualified Agreement: Modern Science and the Return of the „God Hypothesis"*, in: Richard F. Carlson (Hg.): *Science and Christianity: Four Views*, Downers Grove, Ill.: InterVarsity Press, 2000, 129–175.

Meyer, Stephen C.: *The Return of the God Hypothesis*, Journal of Interdisciplinary Studies 11/1&2 (Jan. 1999), 1–38. http://www.discovery.org/a/642 (aufg. am 03.08.2017). Die Zitate stammen aus der archivierten, repag. Version. http://www.discovery.org/scripts/viewDB/filesDB-download. php?command= download&id=12006 (aufg. am 03.08.2017).

Miller, J. Hillis: *Deconstructing the Deconstructors*, Rezension von Joseph N. Riddel. *The Inverted Bell: Modernism and the Counterpoetics of William Carlos Williams*, Diacritics 5/2 (Sommer 1975), 24–31. http://www.jstor.org/stable/464639 (aufg. am 03.08.2017). DOI: 10.2307/464639.

Monod, Jacques: *On the Logical Relationship between Knowledge and Values*, in: Watson Fuller (Hg.): *The Biological Revolution*, Garden City, N.Y.: Doubleday, 1972.

N

Nagel, Ernest: *Naturalism Reconsidered* (1954), in: Houston Peterson (Hg.): *Essays in Philosophy*, New York: Pocket Books, 1959. Repr.: New York: Pocket Books, 1974.

Nagel, Thomas: *Rawls, John*, in: Ted Honderich (Hg.): *The Oxford Companion to Philosophy* (1995), 2. Aufl., Oxford: Oxford University Press, 2005.

Nagler, Michael N.: *Reading the Upanishads*, in: Eknath Easwaran: *The Upanishads* (1987). Repr.: Berkeley, Calif.: Nilgiri Press, 2007 (auf Deutsch erschienen als: Easwaran, Eknath: *Die Upanischaden,* eingel. und übers. von Eknath Easwaran, München: Goldmann, 2018).

Neill, Stephen: *The Wrath of God and the Peace of God*, in: Max Warren: *Interpreting the Cross*, London: SCM Press, 1966.

Newing, Edward G.: *Religions of pre-literary societies*, in: Sir Norman Anderson (Hg.): *The World's Religions*, 4. Aufl., London: InterVarsity Press, 1975.

Nielsen, Kai: *Religiosity and Powerlessness: Part III of „The Resurgence of Fundamentalism",* *The Humanist* 37/3 (Mai/Juni 1977), 46–48.

O

The Oxford Reference Encyclopaedia, Oxford: Oxford University Press, 1998.

P

Palmer, Alasdair: *Must Knowledge Gained Mean Paradise Lost?*, *Sunday Telegraph*, London (06.04.1997).

Penzias, Arno: *Creation is Supported by all the Data So Far*, in: Henry Margenau und Roy Abraham Varghese (Hg.): *Cosmos, Bios, Theos: Scientists Reflect on Science, God, and the Origins of the Universe, Life, and Homo Sapiens*, La Salle, Ill.: Open Court, 1992.

Pinker, Steven und Paul Bloom: *Natural Language and Natural Selection*, *Behavioral and Brain Sciences* 13/4 (Dez. 1990), 707–27. DOI: 10.1017/S0140525X00081061.

Polanyi, Michael: *Life's Irreducible Structure. Live mechanisms and information in DNA are boundary conditions with a sequence of boundaries above them*, *Science* 160/3834 (1968), 1308–12. http://www.jstor.org/stable/1724152 (aufg. am 03.08.2017).

Poole, Michael: *A Critique of Aspects of the Philosophy and Theology of Richard Dawkins*, *Christians and Science* 6/1 (1994), 41–59. http://www.scienceandchristianbelief.org/serve_pdf_free.php?filename=SCB+6-1+Poole.pdf (aufg. am 03.08. 2017).

Popper, Karl: *Scientific Reduction and the Essential Incompleteness of All Science*, in: F. J. Ayala und T. Dobzhansky (Hg.): *Studies in the Philosophy of Biology, Reduction and Related Problems*, London: MacMillan, 1974.

Premack, David: *„Gavagai!" or The Future History of the Animal Controversy*, Cognition 19/3 (1985), 207–96. DOI: 10.1016/0010-0277(85)90036-8.

Provine, William B.: *Evolution and the Foundation of Ethics*, Marine Biological Laboratory Science 3 (1988), 27–28.

Provine, William B.: *Scientists, Face it! Science and Religion are Incompatible*, The Scientist (05.09.1988), 10–11.

R

Rachels, James: *Naturalism*, in: Hugh LaFollette (Hg.): *The Blackwell Guide to Ethical Theory*, Oxford: Blackwell, 2000, 74–91.

Randall, John H.: *The Nature of Naturalism*, in: Yervant H. Krikorian (Hg.): *Naturalism*, 354–382.

Raup, David: *Conflicts between Darwin and Palaeontology*, Field Museum of Natural History Bulletin 50/1 (Jan. 1979), 22–29.

Reidhaar-Olson, John F. und Robert T. Sauer: *Functionally Acceptable Substitutions in: Two α-helical Regions of λ Repressor*, Proteins: Structure, Function, and Genetics 7/4 (1990), 306–316. DOI: 10.1002/prot.340070403.

Rescher, Nicholas: *Idealism*, in: Jonathan Dancy und Ernest Sosa (Hg.): *A Companion to Epistemology* (1992). Repr.: Oxford: Blackwell, 2000.

Ridley, Mark: *Who Doubts Evolution?*, New Scientist 90 (25.06.1981), 830–832.

Rogers, Carl: *Notes on Rollo May*, Journal of Humanistic Psychology 22/3 (Sommer 1982), 8–9. DOI: 10.1177/0022167882223002.

Rorty, Richard: *Untruth and Consequences*, The New Republic (31.07.1995), 32–36.

Ruse, Michael: *Is Rape Wrong on Andromeda?*, in: E. Regis Jr. (Hg.): *Extraterrestrials*, Cambridge: Cambridge University Press, 1985.

Ruse, Michael: *Transcript: Speech by Professor Michael Ruse*, Symposium, *The New Antievolutionism*, 1993 Annual Meeting of the American Association for the Advancement of Science, 13.02.1993. http://www.arn.org/docs/orpages/or151/mr93tran.htm (aufgerufen am 03.08.2017).

Ruse, Michael und Edward O. Wilson: *The Evolution of Ethics*, *New Scientist* 108/1478 (17.10.1985), 50–52.

Russell, Bertrand: *A Free Man's Worship*, 1903, in: *Why I Am Not a Christian*, New York: Simon & Schuster, 1957 (auf Deutsch erschienen als: Russell, Bertrand: *Warum ich kein Christ bin*, Berlin: Matthes & Seitz, 2017). Auch in: *Mysticism and Logic Including A Free Man's Worship*, London: Unwin, 1986.

Russell, Colin: *The Conflict Metaphor and its Social Origins*, *Science and Christian Belief* 1/1 (1989), 3–26.

S

Sanders, Blanche: *The Humanist* 5 (1945).

Sanders, Peter: *Eutychus*, *Triple Helix* (Sommer 2002), 17.

Sayre-McCord, Geoffrey: *Contractarianism*, in: Hugh LaFollette (Hg.): *The Blackwell Guide to Ethical Theory*, Oxford: Blackwell, 2000, 247–267, 2. Aufl., Wiley Blackwell, 2013, 332–353.

Scruton, Roger: *The Times* (Dez. 1997), London.

Searle, John: *Minds, Brains and Programs*, in: John Haugeland (Hg.): *Mind Design*, Cambridge, Mass.: Cambridge University Press, 1981.

Sedgh, Gilda et al.: *Abortion incidence between 1990 and 2014: global, regional, and subregional levels and trends*, *The Lancet* 388/10041 (16.07.2016), 258–267. DOI: http://dx.doi.org/10.1016/S0140-6736(16)30380-4.

Shapiro, James A.: *In the Details ... What?*, *National Review* (16.09.1996), 62–65.

Simpson, George Gaylord: *The Biological Nature of Man*, *Science* 152/3721 (22.04.1966), 472–478.

Singer, Peter: *Hegel, Georg Wilhelm Friedrich*, in: Ted Honderich (Hg.): *The Oxford Companion to Philosophy*, Oxford, 1995, 2. Aufl., Oxford: Oxford University Press, 2005.

Skorupski, John: *Mill, John Stuart*, in: Ted Honderich (Hg.): *The Oxford Companion to Philosophy*, Oxford, 1995, 2. Aufl., Oxford: Oxford University Press, 2005.

Slote, Michael: *Utilitarianism*, in: Ted Honderich (Hg.): *The Oxford Companion to Philosophy*, Oxford, 1995, 2. Aufl., Oxford: Oxford University Press, 2005.

Slote, Michael: *Virtue Ethics*, in: Hugh LaFollette (Hg.): *The Blackwell Guide to Ethical Theory*, Oxford: Blackwell, 2000, 325–347.

Sokal, Alan D.: *Transgressing the boundaries: towards a transformative hermeneutic of Quantum Gravity*, Social Text (Frühj./Sommer 1996), 217–252.

Sokal, Alan D.: *What the Social Text Affair Does and Does Not Prove*, in: Noretta Koertge (Hg.): *A House Built on Sand: Exposing Postmodernist Myths About Science*, Oxford: Oxford University Press, 1998, 9–22.

Solzhenitsyn, Alexander: *Alexandr Solzhenitsyn – Nobel Lecture*, Nobelprize. org., Nobel Media AB 2014. http://www.nobelprize.org/nobel_prizes/literature/ laureates/1970/solzhenitsyn-lecture.html (aufg. am 15.08.2017).

Spetner, L. M.: *Natural selection: An information-transmission mechanism for evolution, Journal of Theoretical Biology* 7/3 (Nov. 1964), 412–29.

Stalin, Josef: *Rede vom 24.04.1924*, New York, International Publishers, 1934.

Stolzenberg, Gabriel: *Reading and relativism: an introduction to the science wars*, in: Keith M. Ashman und Philip S. Baringer (Hg.): *After the Science Wars*, London: Routledge, 2001, 33–63.

T

Tarkunde, V. M.: *Comment by V. M. Tarkunde on Hocutt Article*, in: Morris B. Storer (Hg.): *Humanist Ethics: Dialogue on Basics*, Buffalo, N.Y.: Prometheus Books, 1980, 147–148.

Taylor, Robert: *Evolution is Dead*, New Scientist 160/2154 (03.10.1998), 25–29.

W

Walicki, Andrzej: *Hegelianism, Russian*, in: Edward Craig (allg. Hg.): *Concise Routledge Encyclopedia of Philosophy*, London: Routledge, 2000.

Wallace, Daniel: *The Majority Text and the Original Text: Are They Identical?*, Bibliotheca Sacra, April–Juni, 1991, 157-8.

Walton, J. C.: *Organization and the Origin of Life*, Origins 4 (1977), 16–35.

Warren, Mary Ann: *On the Moral and Legal Status of Abortion*, Kap. 11 in: Hugh LaFollette (Hg.): *Ethics in Practice: An Anthology*, 1997, 72–82, 4. Aufl., Oxford: Blackwell, 2014, 132–140.

Watters, Wendell W.: *Christianity and Mental Health*, The Humanist 37 (Nov./Dez. 1987).

Weatherford, Roy C.: *Freedom and Determinism*, in: Ted Honderich (Hg.): *The Oxford Companion to Philosophy*, Oxford, 1995, 2. Aufl., Oxford: Oxford University Press, 2005.

Wheeler, John A.: *Information, Physics, Quantum: The Search for Links*, in: Wojciech Hubert Zurek: *Complexity, Entropy, and the Physics of Information*, Protokoll des *1988 Workshop on Complexity, Entropy, and the Physics of Information*, Mai–Juni 1989, in Santa Fe, N. Mex. Redwood City, Calif.: Addison-Wesley, 1990.

Wigner, Eugene: *The Unreasonable Effectiveness of Mathematics in the Natural Sciences*, Richard Courant Lecture in Mathematical Sciences, vorgetragen an der New York University, 11.05.1959. *Communications in Pure and Applied Mathematics*, 13/1 (Feb. 1960), 1–14. Repr. in: E. Wiger: *Symmetries and Reflections*, Bloomingon, Ind., 1967. Repr.: Woodbridge, Conn.: Ox Bow Press, 1979, 222–237.

Wilford, John Noble: *Sizing Up the Cosmos: An Astronomer's Quest*, New York Times (12.03.1991), B9.

Wilkinson, David: *Found in space?*, Interview mit Paul Davies. *Third Way* 22:6 (Juli 1999), 17–21.

Wilson, Edward O.: *The Ethical Implications of Human Sociobiology*, Hastings Center Report 10:6 (Dez. 1980), 27–9. DOI: 10.2307/3560296.

Y

Yockey, Hubert: *A Calculation of the Probability of Spontaneous Biogenesis by Information Theory*, Journal of Theoretical Biology 67 (1977), 377–398.

Yockey, Hubert: *Self-Organisation Origin of Life Scenarios and Information Theory*, Journal of Theoretical Biology 91 (1981), 13–31.

FRAGEN FÜR LEHRER UND SCHÜLER/STUDENTEN

TEIL 1:
ANTWORTEN EINFORDERN

KAPITEL I/1: FÜHREN ALLE RELIGIONEN ZUM SELBEN ZIEL?

Einleitung

1.1 Wieso und wodurch hat Religion im Laufe der Jahrhunderte einen so schlechten Ruf erlangt?

1.2 Sind Religionskriege irgendwie zu rechtfertigen?

1.3 Was ist Ihrer Meinung nach der Hauptzweck von Religion?

1.4 Was ist der Unterschied zwischen Moralphilosophie und Religion?

1.5 Was hat Wahrheit mit Religion zu tun?

Was die Hauptreligionen mit „Gott" meinen, was sie über die materielle Welt lehren und wie sie mit Schuld umgehen

1.6 Buddha selbst wandte sich ursprünglich vom Hinduismus ab. Wie kommt diese Tatsache in der Lehre des ursprünglichen Buddhismus zum Ausdruck?

1.7 Was ist der Unterschied zwischen der Hindu-Philosophie und der volkstümlichen Hindu-Religion?

1.8 Mit welchen moralischen Schwierigkeiten ist die Lehre des Pantheismus behaftet?

1.9 „Manche Leute finden die Lehre der Wiedergeburt attraktiv, weil sie jenen eine zweite Chance zu bieten scheint, die das Gefühl haben, sie hätten sich in diesem Leben nicht allzu gut verhalten." Kommentieren Sie diese Aussage.

1.10 Bewerten Sie die moralischen Auswirkungen der Reinkarnationslehre.

1.11 Wie würden Hinduismus und Mahayana-Buddhismus Ihre Bewertung der materiellen Welt und des menschlichen Körpers verändern (wenn überhaupt)?

Die Frage der Erlösung in den drei monotheistischen Religionen

1.12 Welche Einstellung haben Christen zum heiligen Buch des Judentums? Was bedeutet: „Das Neue Testament ist ein jüdisches Buch"?

1.13 Welche Einstellung hat der Koran zum Alten und Neuen Testament?

1.14 Was ist das „Problem der Schuld"?

1.15 Was glauben Muslime, was beim Endgericht passieren wird?

1.16 Was tun Juden jedes Jahr an Jom Kippur, dem Versöhnungsfest? Welche Bedeutung hat das für sie (siehe 3Mo 16)?

1.17 Welche Bedeutung hat der Tod Jesu für Christen?

KAPITEL I/2: DIE HISTORIZITÄT DES NEUEN TESTAMENTS

Die Historizität des christlichen Evangeliums

2.1 Welche zwei Bücher steuerte Lukas zum Neuen Testament bei?

2.2 Welche Indizien gibt es, die zeigen, dass Lukas bei beiden Büchern die Absicht hatte, dass diese als Geschichtsschreibung und nicht als Mythos oder Legende betrachtet werden?

2.3 Warum ist die Geschichte ein so wichtiges Element im christlichen Evangelium? Wie unterscheidet sich das Christentum in dieser Hinsicht vom Buddhismus?

2.4 Wie viel Zeit verging laut Lukas nach dem Tod Christi, bis die erste christliche Predigt gehalten wurde? Worum ging es darin (siehe Apg 2)?

2.5 Welcher Zusammenhang besteht zwischen der alttestamentlichen Geschichte und dem christlichen Evangelium? Warum ist dieser Zusammenhang wichtig?

2.6 Vorschlag für eine Gruppenarbeit: Lassen Sie einen Schüler/Studenten den Text aus Apostelgeschichte 13,15-42 laut vorlesen, während die anderen zuhören. Fragen Sie die Klasse/Gruppe dann, was die wichtigsten Elemente in diesem Text sind, und bitten sie, diese mit der Auflistung unter der Überschrift „Zwei Beispiele für die frühe christliche Verkündigung" zu vergleichen.

Die Verlässlichkeit der historischen Quellen

2.7 Was ist der Unterschied zwischen der Arbeitsweise von Historikern und Naturwissenschaftlern?

2.8 Was deutet darauf hin, dass der Autor des Lukasevangeliums und der Apostelgeschichte ein zuverlässiger Historiker war?

2.9 Bitten Sie die Klasse/Gruppe, mit ihren Eltern (oder besser noch ihren Großeltern) über einige ihrer frühesten Erinnerungen zu sprechen. Stellen Sie fest, wie weit diese reichen. Stellen Sie fest, wie weit die Erinnerung des Lehrers/Dozenten reicht! Vergleichen Sie Ihre Erkenntnisse mit den Zeitabständen, die oben in Zusammenhang mit dem Neuen Testament diskutiert wurden. Diskutieren Sie, was die Klasse/Gruppe über die Authentizität der Berichte denkt.

Belege aus nicht christlichen Quellen

2.10 Was können wir über Jesus aus den Belegen lernen, die nicht aus dem Neuen Testament, sondern aus anderer antiker Literatur stammen?

2.11 Was können wir aus Plinius' Brief an den Kaiser über die Verehrung Jesu lernen?

Die Manuskripte des Neuen Testaments

2.12 Wie sehen die Manuskript-Belege für den Text des Alten Testaments im Vergleich zu den Belegen für andere antike Texte aus?

2.13 Inwiefern hilft uns die Tatsache, dass wir viele Manuskriptfunde des Neuen Testaments haben, den Originaltext zu bestimmen?

2.14 Welche Schwächen sehen Sie in dem Argument, das Neue Testament sei unzuverlässig, weil es so viele Male abgeschrieben wurde?

Der Kanon des Neuen Testaments

2.15 Was ist mit dem „Kanon" des Neuen Testaments gemeint? Auf welcher Grundlage wurde entschieden, dass die Bücher Autorität besitzen und daher in den Kanon mitaufgenommen werden sollten?

2.16 Warum wird das *Barnabasevangelium* nicht als Teil des Kanons betrachtet?

2.17 Wie stark sind die Beweise, dass Jesus wirklich am Kreuz starb?

2.18 Warum steht der Tod der Person Jesus Christus so stark im Mittelpunkt der Verkündigung der frühen Christen?

KAPITEL I/3: DIE PERSON JESUS CHRISTUS: FIKTION, MYTHOS ODER REALITÄT?

Ist die Person Jesus Christus in den Evangelien eine Erfindung?

3.1 Lesen Sie das erste Kapitel von *Der Meister und Margarita*. Warum dachten Berlioz und Besdomny, die Person Jesus Christus sei eine literarische Erfindung?

3.2 Warum erscheint uns Sokrates, so wie Platon ihn beschreibt, wie eine reale Person?

3.3 Was waren die jüdischen, griechischen und römischen Idealbilder eines Helden? Begründen Sie, warum Jesus keinem von diesen entsprach. Welche Bedeutung hat dies dafür, dass Jesus als historische Person (statt als fiktive Person) gesehen werden kann?

3.4 Warum war die Verkündigung des Kreuzes für die Juden skandalös und erschien den Griechen töricht?

3.5 Welche Belege gibt es, dass die Botschaft, dass Jesus kam, um für die Sünden der Menschen zu sterben, auf Jesus selbst zurückgeht und keine Erfindung der frühen Christen ist?

3.6 Lesen Sie Jesaja 53 und diskutieren Sie in der Klasse/Gruppe, inwiefern hier der Tod des Messias beschrieben wird.

Welche Beweise gibt es, dass Jesus behauptete, der Sohn Gottes zu sein?

3.7 Welche Beweise gibt es, dass Jesu Behauptung, der Sohn Gottes zu sein, kein primitiver Aberglaube ist?

3.8 Was meinte Jesus, als er behauptete, der Sohn Gottes zu sein? Begründen Sie Ihre Antwort.

3.9 Welche Beweise würden Sie aus Jesu Lehre und Verhalten ableiten, die zeigen, dass er weder größenwahnsinnig noch ein Hochstapler war?

3.10 Wie kann Christi Behauptung, Sünden zu vergeben, als Beweis für die Tatsache dienen, dass er behauptete, Gott zu sein?

Woher kommt letztendlich der Beweis, dass Jesus Gottes Sohn ist?

3.11 Was bedeutet: „Gott ist sein eigener Beweis (und muss es sein)"?

3.12 Lesen Sie Johannes 5. Was können Sie daraus über Jesu Beziehung zum Vater lernen?

3.13   Welche Bedingung legte Christus für die Erkenntnis fest, ob seine
        Lehren wahr oder falsch sind? Warum gibt es Ihrer Meinung nach
        eine solche Bedingung?

3.14   Lesen Sie die Geschichte des Blinden in Johannes 9. Welches Experi-
        ment schlug Jesus vor, damit der Mann sein Augenlicht wiedererlan-
        gen würde? Meinen Sie, der Mann tat richtig daran, auf das Experi-
        ment einzugehen? Warum?

3.15   Geben Sie mit eigenen Worten die Diskussion zwischen dem Blinden
        und den Pharisäern und anderen wieder, die nicht überzeugt waren,
        dass ein Wunder stattgefunden hatte. Was halten Sie von ihren Argu-
        menten und seinen Erwiderungen?

3.16   Welches Experiment können wir durchführen, um zu überprüfen, ob
        die Behauptung Christi, der Sohn Gottes zu sein, wahr ist?

KAPITEL I/4: DIE AUFERSTEHUNG CHRISTI
UND DIE FRAGE DER WUNDER

Das größte Wunder

4.1   Warum ist die Auferstehung Christi für das christliche Evangelium so
        wichtig?

David Hume und die Wunder

4.2   Was bedeutet: „Ein Naturgesetz ist nicht nur eine Beschreibung, son-
        dern auch eine Vorhersage"?

4.3   Was ist mit „Gleichförmigkeit der Natur" gemeint? Kann man die
        Gleichförmigkeit der Natur beweisen?

4.4   Wie unterminiert David Humes Kausalitätstheorie die Wissenschaft?
        Was halten Sie von Whiteheads Argument mit der Glühbirne?

Wunder und die Naturgesetze

4.5   „Wunder verletzen die Naturgesetze und sind daher unmöglich." Diskutieren Sie diese Aussage.

4.6   „Die Autoren des Neuen Testaments kannten die Naturgesetze nicht, und deshalb glaubten sie so leicht an Wunder." Stimmen Sie dem zu oder nicht? Begründen Sie Ihre Antwort.

4.7   Warum sind die Naturgesetze für den christliche Standpunkt wichtig?

Beweise für die historische Tatsache der Auferstehung

4.8   Was heißt es, Glaube und Beweise ins Verhältnis zu setzen? Tun wir das immer?

4.9   Wie vernünftig ist es zu meinen, dass die Jünger Jesu bewusste Betrüger waren, als sie die Auferstehung Christi verkündigten?

4.10   Zu welchen Zweck entstand die christliche Gemeinde?

4.11   „Wunder bedrohen die Grundlagen des Naturalismus." Diskutieren Sie diese Aussage.

4.12   Warum ist der Glaube an die Ordnung der Natur letztendlich vom Glauben an einen Schöpfer abhängig?

KAPITEL I/5: DIE BEWEISE FÜR DIE AUFERSTEHUNG

Jesu Tod

5.1   Warum betonten die frühen Christen die Tatsache, dass Christus tot war?

5.2   Warum ist die Theorie, Jesus sei ohnmächtig geworden und habe später das Bewusstsein wiedererlangt, unhaltbar?

5.3   Welche Beweise gibt es, dass Jesus wirklich tot war?

Das Begräbnis Jesu

5.4   Warum ist es wichtig, wie, wo und von wem der Leichnam Christi bestattet wurde?

5.5   Was bedeutet es, dass die Autoritäten den Stein, der den Eingang zum Grab Christi verschloss, offiziell „versiegelten"? Welche Folgen hätte es gehabt, wenn dieses Siegel gebrochen worden wäre?

Die Tatsache des leeren Grabes

5.6   Die frühen Christen pochten darauf, dass sie am Tag der Auferstehung das Grab Christi leer vorfanden. Was zeigt uns dies über die Bedeutung des Begriffes „Auferstehung", so wie die frühen Christen ihn verwendeten?

5.7   Was können wir aus der Tatsache ableiten, dass die jüdischen Autoritäten die Geschichte in Umlauf brachten, die Jünger hätten den Leichnam gestohlen, bevor die Christen selbst irgendetwas sagten?

5.8   Finden Sie es wahrscheinlich, dass die Wachsoldaten vor dem Grab einschliefen?

5.9   Warum versuchte Pilatus Ihrer Meinung nach nicht, die frühen Christen zu verhaften, als diese anfingen, die Auferstehung Jesu von den Toten zu verkündigen?

5.10   Denken Sie, die Jünger könnten sich im Grab geirrt haben?

5.11   Was schlossen Petrus und Johannes aus der Art und Weise, wie die Grabtücher dalagen?

Augenzeugen der Erscheinungen Christi

5.12   Von welcher Art von Erscheinungen Christi zwischen seiner Auferstehung und seiner Himmelfahrt berichteten die frühen Christen?

5.13   Gibt es für die Vermutung, diese Erscheinungen seien einfach Halluzinationen gewesen, eine ausreichende Grundlage?

5.14   Unter welchen Umständen und vor welcher Art von Leuten ereigneten sich diese Erscheinungen?

5.15   Diese Erscheinungen wurden immer von Worten begleitet, die Christus sprach, und/oder von etwas, was er tat. Was für Botschaften vermittelten diese Worte? Was bewies das, was er tat?

Die psychologischen Beweise

5.16   Wie lauten Humes Kriterien für Zeugen? Halten Sie diese für fair? Welches Gewicht haben Ihrer Einschätzung nach die Augenzeugenberichte in Zusammenhang mit der Auferstehung?

5.17   Wie erklären Sie den Mangel an Gegenbeweisen der jüdischen Autoritäten?

5.18   Lesen Sie die Berichte über die Bekehrung des Saulus von Tarsus (Apg 9,1-19; 21,37–22,21; 26,1-32). Warum verfolgte Saulus die Christen? Was denken Sie über Paulus' Erklärung dafür, warum er Christ wurde? Fällt Ihnen eine Erklärung ein, die noch überzeugender wäre?

5.19   Was überzeugte a) Johannes und b) Maria wirklich, dass Jesus von den Toten auferstanden war?

5.20   Warum begannen die frühen Jünger nicht, zum Grab Jesu zu pilgern und es zu einem Heiligenschrein zu machen?

5.21   Wie ist das Wesen der „neuen Beziehung", die Maria Magdalena und alle Nachfolger des auferstandenen Christus mit ihm haben?

Die Beschaffenheit des Auferstehungsleibes

5.22   Welchen Beweis liefern die frühen Christen, dass Christi Auferstehungsleib ein physischer Körper war?

5.23   Wie unterschied sich Christi Körper vor der Auferstehung von demselben Körper nach der Auferstehung?

5.24 Wie kann uns die Analogie von *Flächenland* helfen, die Eigenschaften von Christi Auferstehungsleib zu verstehen?

5.25 Was zeigt der Bericht über Thomas über Jesu Einstellung zu Zweifeln? Was denken Sie – was überzeugte Thomas wirklich am Ende?

5.26 Muss man unbedingt sehen können, um glauben zu können? Ist es für (körperlich) blinde Menschen möglich zu glauben?

5.27 Warum waren die Jünger auf dem Weg nach Emmaus so niedergeschlagen? Welche neuen Dinge lernten sie aus dem Alten Testament, die ihre Meinung änderten? Was überzeugte sie wirklich, dass es Jesus war, mit dem sie gesprochen hatten?

5.28 Welchen Beweis für die Auferstehung, den wir in diesem Kapitel diskutiert haben, finden Sie am interessantesten und warum?

TEIL 2:
DEN SCHMERZ DES LEBENS ERTRAGEN

DAS PROBLEM DES MORALISCH BÖSEN

KAPITEL II/1: AUF DER SUCHE NACH ANTWORTEN AUF DAS PROBLEM DES MORALISCH BÖSEN

Das Ausmaß des Problems

1.1 Was sind die zwei Hauptursachen, durch die Leid über die Menschheit kommt?

1.2 Was ist der Unterschied zwischen Naturkatastrophen (die manchmal als „das natürlich Böse" bezeichnet werden) und dem moralisch Bösen?

1.3 Das moralisch Böse wirft zwei Fragen über Gott auf, eine grundlegender als die andere. Wie lauten diese?

1.4   Wie würden Sie Iwans Reaktion auf das moralisch Böse in *Die Brüder Karamasow* beschreiben? In welcher Hinsicht unterscheidet sich Philos Reaktion in David Humes Werk von der Reaktion Iwans?

1.5   Wie reagieren Sie persönlich auf das Problem des moralisch Bösen? Denken Sie, es gibt irgendeine Hoffnung, dass das moralisch Böse in der Welt einmal überwunden wird, oder irgendeine Strategie dafür?

1.6   Welche praktische Schwierigkeit ergibt sich bei jedem Versuch, eine zufriedenstellende Antwort auf das Problem des moralisch Bösen zu finden?

Eine philosophische Darstellung des Problems und die versteckten Mängel in der atheistischen Herangehensweise an das Problem

1.7   Wenn Sie das Problem des moralisch Bösen mit formalen philosophischen Begriffen beschreiben wollten, wie würden Sie dies tun?

1.8   Halten Sie es für unvorstellbar, dass Gott einen moralisch hinreichenden Grund haben könnte, das Böse in der Welt zuzulassen? Wenn ja, welchen?

1.9   Eine Form des Atheismus behauptet, Menschen seien nicht mehr als die Produkte geistloser Materie und Kräfte. Welche Auswirkungen hat diese Sicht auf die Kategorien des moralisch Guten und des moralisch Bösen? Stimmen Sie dieser Sicht zu?

1.10   Eine andere Form des Atheismus meint, moralische Standards und Gesetze stammten nicht von Gott, sondern seien von Menschen im Laufe ihrer sozialen Evolution geschaffen worden, und diese soziale Evolution werde am Ende zu einer allgemeinen Harmonie führen. Welche große Unzulänglichkeit liegt in dieser Sicht?

1.11   Was hätte Iwan Karamasow über die in der vorherigen Frage ausgedrückte Sicht gedacht?

1.12   Welche Fragen wirft die Vorstellung eines Endgerichts in Ihnen auf? Würden Sie sagen, dies ist

a) unmöglich?
b) moralisch inakzeptabel?
c) etwas, was wünschenswert ist und was man begrüßen sollte?
d) etwas, vor dem man Angst haben sollte?

KAPITEL II/2: DER FREIE WILLE DES MENSCHEN: DIE HERRLICHKEIT UND DER PREIS DES MENSCHSEINS

Die Freiheit des Willens

2.1 Welche Beweise gibt es, die die Behauptung stützen, dass Menschen einen freien Willen und Entscheidungsfreiheit besitzen? Stimmen Sie der Behauptung zu?

2.2 Welche Sicht haben extreme Deterministen? Mit welchen Argumenten untermauern sie ihre Sicht?

2.3 „Niemand glaubt wirklich an einen extremen Determinismus." Welche praktischen Beweise deuten darauf hin, dass diese Aussage stimmt?

2.4 Was bedeutet:
a) Handlungsfreiheit?
b) Willensfreiheit?
Wie unterscheiden sie sich? Veranschaulichen Sie Ihre Antwort mit praktischen Beispielen.

2.5 Was ist der Unterschied zwischen Geschmäckern, Instinkt und kulturellen Konventionen auf der einen Seite und moralischen Standards auf der anderen Seite? Wie beeinflusst dies unsere moralischen Entscheidungen?

2.6 Was bedeutet „verminderte Zurechnungsfähigkeit"? Wie sollten Leute mit verminderter Zurechnungsfähigkeit behandelt werden?

2.7 Befreien eine geschwächte Willenskraft und eine reduzierte Entscheidungsfreiheit eine Person auch unbedingt von ihrer moralischen Verantwortung?

Die Unentbehrlichkeit des freien Willens für die Moral

2.8   Welche Auswirkungen hat die Forderung, Gott hätte die Menschen so erschaffen sollen, dass sie nicht fähig gewesen wären, Böses zu tun?

2.9   Was ist der Unterschied zwischen einem hochentwickelten Computer und einem Menschen? Wie veranschaulicht Searles Gedankenmodel des „Chinesischen Zimmers" diesen Punkt?

2.10   „Menschen sind moralische Wesen, Computer nicht." Erklären Sie, warum Computer das nicht sind.

2.11   Stimmt es, dass Menschen nicht wie Maschinen oder Tiere behandelt werden wollen? Wenn ja, warum nicht?

2.12   Wie unterscheidet sich tendenziell die Einstellung der Leute zum freien Willen und zur moralischen Verantwortung,
a) wenn sie etwas Gutes getan haben?
b) wenn sie etwas Schlechtes getan haben?
Ziehen Sie daraus den Schluss, dass die Leute keinen freien Willen und die damit verbundene moralische Verantwortung haben wollen?

Die Unentbehrlichkeit des freien Willens für die Liebe

2.13   Stimmen Sie Sartre zu, dass der freie Wille für wahre, mündige Liebe unentbehrlich ist?

2.14   „Gott ist kein Tyrann. Er hat uns den freien Willen und die Freiheit gegeben zu entscheiden, ob wir ihn lieben und ihm gehorchen wollen oder nicht." Diskutieren Sie diese Aussage.

Eine gewisse Autonomie der Natur

2.15   Was ist mit „eine gewisse Autonomie der Natur" gemeint?

2.16   Warum verlangt das Geschenk des freien Willens und der Entscheidungsfreiheit an die Menschheit eine gewisse Beständigkeit der Natur? Welche Auswirkungen hat dies auf die Möglichkeit des Raubbaus an der Natur?

Ein Einwand gegen den freien Willen

2.17 Analysieren Sie, ob J. L. Mackies Argument schlüssig ist oder nicht.

2.18 „Gott gab dem Menschen nicht die Erlaubnis, sich für das Böse zu entscheiden, aber er gab ihm die Fähigkeit, sich für das Böse zu entscheiden, wenn er dies wollte." Veranschaulichen Sie die Bedeutung dieser Aussage anhand der Geschichte in 1. Mose 2 und 3.

2.19 „Entscheidet man sich dazu, Gottes Wort nicht zu gehorchen, entscheidet man sich automatisch für das Böse." Warum ist dies so?

KAPITEL 3: WARUM GREIFT GOTT NICHT EIN UND GEBIETET DEM BÖSEN EINHALT?

Trägt Gott die Verantwortung?

3.1 Warum ist es zu einfach, wenn man sagt, Gott sollte das Böse einfach vernichten und nur das Gute übrig lassen?

3.2 Warum müssen wir für eine vollständige und faire Beurteilung der Sünden eines Menschen auf das Endgericht warten?

3.3 Worin liegt die Gefahr, wenn man das Böse in der Welt so diskutiert, als seien wir nur unbeteiligte Zuschauer?

3.4 Hätten Sie auf die Frage des Zeitungsherausgebers so wie G. K. Chesterton geantwortet?

3.5 Überprüfen Sie sich selbst anhand der Checkliste in Galater 5,19-21. Wie gut schneiden Sie in dem Test ab?

Buße

3.6 Ein Mann sieht davon ab, einen Goldbarren zu stehlen, weil er weiß, dass er in dem Moment, in dem er ihn berührt, einen tödlichen Stromschlag erleiden wird. Ist sein Verhalten eine wirklich moralische Handlung? Wenn nein, warum nicht? Welches Motiv müsste er haben, damit sein Verhalten als wahrhaft moralisch zählen würde?

3.7 Worauf möchte Glaukon mit seiner Erzählung des Mythos von Gyges hinweisen?

3.8 Stimmen Sie zu, dass viele Leute, die nicht öffentlich als Kriminelle bekannt sein wollen, sich aber doch an rechtswidrigen Machenschaften beteiligen würden, wenn dies niemals ans Tageslicht käme? Würden Sie unter dieser Voraussetzung ebenso handeln?

3.9 Stimmt es, dass in dieser Welt Leute manchmal Nachteile oder sogar Verfolgung erleiden, wenn sie sich weigern, mit dem Bösen zu kooperieren, und darauf bestehen, das Richtige zu tun?

3.10 „Die Menschheit musste die Natur des Bösen kennenlernen, indem sie seine Konsequenzen erleiden musste." Kommentieren Sie diese Aussage.

3.11 Stimmt es, dass wir die Natur des Bösen nicht nur durch das Fehlverhalten anderer kennenlernen, sondern auch, indem wir beobachten, welchen Schmerz unser eigenes Fehlverhalten bei anderen erzeugt? Nennen Sie Beispiele.

3.12 Sehen Sie irgendwelche Parallelen zwischen Glaukons Voraussage und dem, was Christus widerfuhr?

3.13 „Das Kreuz Christi offenbart die Natur des Bösen, das in jedem menschlichen Herz schlummert." In welchem Sinne trifft dies zu?

3.14 Wählen Sie zwei Schüler/Studenten aus, die für die folgende Aussage argumentieren, und zwei, die dagegen argumentieren. Dabei ist wichtig, dass jeder Sprecher seinen Standpunkt mit Beweisen stützt. Der Rest der Klasse/Gruppe darf sich ebenfalls beteiligen. Am Ende soll die Klasse/Gruppe abstimmen, ob sie der Aussage zustimmt oder nicht:

„Angesichts des moralischen Fortschritts der Menschheit in den letzten 4000 Jahren können wir zuversichtlich sein, dass die Menschheit in relativ naher Zukunft das Böse überwunden und aus dieser Welt verbannt haben wird."

KAPITEL 4: GOTTES GERICHT ÜBER DIE WELT

Freude über Gottes Gericht?

4.1 Warum könnte jemand das Kommen von Gottes Gericht als etwas betrachten, was man mit Freude begrüßen sollte?

4.2 Denken Sie, dass Gott (wenn er existiert) in unsere Welt eingreifen und dem Bösen schließlich einmal ein Ende bereiten sollte?

Einwände gegen Gottes Gericht

4.3 Warum lehnen Ihrer Einschätzung nach viele Menschen die Vorstellung eines Endgerichts wie das, von dem die Bibel spricht, ab?

4.4 In welchem Verhältnis stehen Vergebung und Reue? Sollten wir auch Menschen vergeben, die nicht bereuen, was sie getan haben?

Ein verbreitetes Missverständnis über die Vergebung

4.5 Was ist der Unterschied zwischen „die Macht haben zu richten" und „würdig sein zu richten"? Worauf basiert das moralische Recht Christi, der Richter über Menschen zu sein?

Ist eine Entscheidung, die zu unserer ewigen Verurteilung führen kann, wirklich frei?

4.6 Was bedeutet: „Die Entfremdung der Menschheit von Gott beruht im Grunde genommen auf einem falschen Verständnis des Charakters Gottes"?

4.7 Wie ist Gottes Antwort auf den wahnwitzigen Wunsch des Menschen, Gott gleich zu sein?

4.8 Mit welchen Mitteln versucht Gott laut der Bibel, die Liebe und den Gehorsam der Menschen zurückzugewinnen, ohne ihnen den freien Willen zu nehmen?

Wird Gottes Gericht unmenschlich sein?

4.9 Warum wird nach der Bibel Gottes zukünftiges Gericht nicht unmenschlich sein? Was bedeutet es, dass das Gericht „durch einen von ihnen" gesprochen werden wird?

4.10 Wie wird Gott schließlich das Böse vernichten?

DAS PROBLEM DES NATÜRLICH BÖSEN

KAPITEL 5: DAS PROBLEM VON SCHMERZ UND LEID

Das Problem

5.1 Was ist mit dem Ausdruck „das natürlich Böse" gemeint?

5.2 Was ist Ihrem Verständnis nach „das Problem des Leids"?

5.3 „Das Problem von Schmerz und Leid wird auf zwei Ebenen wahrgenommen." Welche zwei Ebenen sind gemeint? Und warum erfordert jede dieser Ebenen eine andere Antwort?

Das Problem als das sehen, was es wirklich ist

5.4 Was bedeutet: „Der Atheismus entledigt sich des Problems, aber nicht des Leids"?

5.5 „Der Atheismus nimmt einem jede Hoffnung." In welchem Sinne trifft dies zu? Und inwiefern bewirkt das, dass es so schwer ist, Leid zu ertragen?

5.6   Was würden Sie sagen, um einen jungen Freund zu trösten, der unheilbar an Krebs erkrankt ist?

5.7   „Menschen sind, auch wenn sie selbst rational sind, letzten Endes die Gefangenen und Opfer von nicht rationalen Kräften." Was bedeutet das? Stimmen Sie zu, dass die Nichtrationalität am Ende über die Rationalität triumphieren wird?

5.8   Welche Hinweise deuten darauf hin, dass manche Mechanismen im menschlichen Körper von einer Intelligenz gestaltet wurden, die möglichen Schäden vorhersah und daher vorab Vorkehrungen für die Reparatur dieser Schäden traf?

5.9   Die Mechanismen des menschlichen Körpers sind so angelegt, dass einzelne Menschen schließlich sterben, aber die Menschheit als Ganzes auf unbestimmte Zeit weiterlebt. Warum, denken Sie, ist dies so? Ist die Menschheit als Ganzes das, was wirklich wichtig ist, und die einzelnen Menschen sind überhaupt nicht wichtig?

5.10   Lesen Sie erneut das Zitat von Paul Davies. Sind seine Argumente für Sie überzeugend?

5.11   Stimmen Sie dem Zitat von Hoyle und Wickramasinghe zu? Begründen Sie Ihre Antwort.

5.12   „Die Existenz von großem Leid in der Welt reicht nicht, um die Beweise zu widerlegen, dass die Welt designt wurde." Diskutieren Sie das Für und Wider dieser Aussage.

Unsere eigene Haltung zum Schmerz
5.13   Nennen Sie Schmerzen, die gut und nützlich sind.

5.14   Wie kann die Existenz von Schmerz und Leid in der Welt zur Charakterbildung beitragen?

5.15   Stimmen Sie der im Text zitierten Aussage von Dostojewski zu, dass wahrhaft große Menschen auf Erden tiefe Trauer erfahren müssen?

5.16 Wie erklären Sie die Tatsache, dass manche Leute um des Sports willen freiwillig beträchtliche Schmerzen riskieren (oder sogar den Tod)?

5.17 Bewundern Sie den Abenteuergeist von Astronauten? Oder finden Sie, dass man mit Raumfahrtmissionen waghalsig Menschenleben aufs Spiel setzt?

5.18 Stimmen Sie zu, dass sich Menschen in gewissem Sinne den Naturgewalten überlegen fühlen? Wenn ja, in welchem Sinne?

5.19 Sind Sie dankbar für die Erfindung von Schiffen, Zügen, Autos, Flugzeugen, Elektrizität, Laserstrahlen und Atomkraft? Wenn ja, was sagen Sie dazu, dass zu ihrer Erfindung und bei ihrem Einsatz Menschen ihr Leben lassen mussten?

5.20 Was bedeutet: „Das Universum ist gut, aber nicht unbedingt sicher"?

5.21 Wäre das Feuer gut für uns, wenn es nichts verbrennen könnte?

5.22 Was bedeutet: „Es gibt Dinge, die Gott nicht tun kann"? Welche Dinge?

5.23 „Nach der Bibel erschuf Gott das Universum und erhält es. Aber das Universum ist kein Teil von Gott oder eine Emanation aus ihm. Die Natur besitzt eine gewisse Autonomie."
a) Was bedeutet dies?
b) Was ist der Unterschied zwischen der Schöpfung und der pantheistischen Emanation?
   (siehe den Abschnitt über „Plotin und das Problem des Bösen" in Kap. 2 von *Was ist Wirklichkeit?*)
c) Was bedeutet „Autonomie der Natur"?
d) Welchen Einfluss hat diese Autonomie auf die Interaktion zwischen dem Universum und uns?

KAPITEL 6: GOTTES HAUPTZIELE FÜR DIE MENSCHHEIT

Zwei Hauptziele

6.1   Wie realistisch ist Ihrer Ansicht nach die Behauptung der Bibel, die Menschheit sei geschaffen worden, um über die Erde und ihre Ressourcen zu herrschen? Inwieweit hat die Geschichte dies bestätigt?

6.2   Beschreiben Sie, was für Sie die bedeutendsten Fortschritte der Menschheit bei unserer Beherrschung der Natur sind. Begründen Sie Ihre Antwort.

6.3   Sind Sie stolz, ein Mensch zu sein? Wenn ja, warum?

6.4   Eines der ersten Dinge, für die die Menschen ihre neu gewonnene Macht über die Atomkernspaltung und -fusion einsetzten, war die Erfindung von Atombomben. Stellt es eine Gefahr für die Menschheit dar, dass es ihr kürzlich gelungen ist, den genetischen Code zu knacken? Wenn ja, wie könnte man diese Gefahr kontrollieren?

6.5   Was ist in der biblischen Terminologie der Unterschied zwischen „ein Geschöpf Gottes sein" und „ein Kind Gottes sein"?

6.6   Betrachten Sie erneut die Analogie mit dem Elektroningenieur, seinem Computer und seinem Kind. Was soll damit veranschaulicht werden?

6.7   Was sind nach der biblischen Begrifflichkeit die Bedingungen dafür, ein Kind Gottes zu werden?

6.8   Welche Einstellung hatten die frühen Christen zum Leid, und welcher Grundgedanke stand dahinter?

Warum dann so viel Schmerz und Leid?

6.9   Manchmal, wenn jemand von einer Katastrophe betroffen ist oder unter einer schmerzvollen Erkrankung leidet oder gar stirbt, kommentieren manche Leute dies so: „Er war so ein guter Mensch, er verdiente es nicht, so zu leiden." Was würde das Christentum zu so einem Kommentar sagen? Und was würde es nicht sagen?

6.10 Kommentieren Sie Butterfields Interpretation der Geschichte:

a) Würden Sie zustimmen, dass der Vergleich von Zivilisation mit Barbarei uns im Wesentlichen dieselbe menschliche Natur zeigt, nur unter verschiedenen Umständen?

b) Hat es jemals eine Zeit in der Geschichte gegeben, in der menschliche Selbstsucht und Selbstbezogenheit völlig verschwunden waren? Wird es jemals eine solche Zeit geben? Wenn ja, wie und durch welche Mittel kann dies geschehen?

c) Könnte man jemals die Polizei ganz abschaffen, ohne dabei die Sicherheit zu gefährden? Wenn nein, warum nicht?

d) Was meint Butterfield mit „Selbstgerechtigkeit", und warum betrachtet er sie als falsch
1) in der politischen Theorie?
2) in internationalen Beziehungen?
3) im Leben von Privatbürgern?
Meint er damit, dass man sich niemals sicher sein kann, dass manche Dinge richtig und andere Dinge falsch sind?

e) Kommentieren Sie Butterfields Antwort auf die Aussage des Bischofs. Was meint er in diesem Kontext, wenn er sagt, es sei unerlässlich, der menschlichen Natur zu misstrauen?

f) Stimmen Sie zu, dass ein Studium der Geschichte Butterfields Interpretation bestätigen würde? Führen Sie historische Belege an, um Ihre eigene Interpretation zu stützen.

KAPITEL 7: DIE GEBROCHENE MENSCHLICHE NATUR UND DAS NATÜRLICH BÖSE

Was genau stimmt nicht mit der menschlichen Natur?

7.1 In der biblischen Theologie wird das, was Adam und Eva taten und was in der Folge geschah, als „Sündenfall" bezeichnet. Was ist mit diesem Begriff gemeint?

7.2 Was bedeuten in der biblischen Lehre die Fachbegriffe
a) „Sünde" (als Grundprinzip)?
b) „Fleisch" (als Beschreibung von Menschen)?

7.3 „Adams Ungehorsam entstand aus einer grundlegenden Meinungs-verschiedenheit mit Gott über die Natur des Lebens und die Mög-lichkeit des Todes." Kommentieren Sie diese Aussage als Interpretati-on der Geschichte vom Sündenfall. Ist sie angemessen?

7.4 Was war die Motivation des Menschen, von dem verbotenen Baum zu essen? Was, denken Sie, war falsch daran (wenn es überhaupt falsch war)?

7.5 Wer war wohl der Verführer? Beachten Sie Offenbarung 12,9; 20,2-3.7-8; 2. Korinther 11,3; Johannes 8,44. Gibt es solch einen Verführer heute noch?

7.6. Was ist „Egoismus"?

7.7 „Nicht von Brot allein soll der Mensch leben." Was bedeutet das? Stimmt es? Was sind Ihrer Erfahrung nach weitere Faktoren, die für ein erfülltes Leben notwendig sind?

7.8 Was bedeutet: „Der Tod kann auf verschiedenen Ebenen der mensch-lichen Erfahrung stattfinden"?

7.9 Was soll mit der Analogie von der jungen Frau und dem Verlobungs-ring aufgezeigt werden?

Die Konsequenzen von Adams Sünde

7.10 Wie beschreibt der Bericht vom Sündenfall die unmittelbaren Aus-wirkungen ihres Ungehorsams auf Adam und Eva? Ist diese Ge-schichte realistisch?

7.11 Welcher starke Einwand wird von vielen Biologen gegen die biblische Lehre vorgebracht, dass der leibliche Tod des Menschen die Folge der menschlichen Sünde ist? Wie gültig ist dieser Einwand?

7.12 „Die Bibel sagt nirgendwo, dass der Mensch in seinem ursprüngli-chen Schöpfungszustand eine wesenhafte, inhärente Unsterblichkeit besaß." Was bedeutet diese Aussage, und wie relevant ist sie für den Einwand aus der vorherigen Frage?

7.13 Was bedeutet: „Die Schöpfung ist der Nichtigkeit unterworfen"? Was bedeutet nichtig?

7.14 Würden Sie sagen, dass der heutige Umgang des Menschen mit den Ressourcen der Erde in irgendeiner Weise mangelhaft oder gar bösartig ist?

7.15 „Die Natur selbst rebelliert manchmal dagegen, dass der Mensch sie ausbeutet." Fällt Ihnen hierzu ein Beispiel ein?

7.16 Auch wenn es viel Gutes und Edles in der menschlichen Natur gibt, würden Sie zustimmen, dass jeder Mensch auf die eine oder andere Weise fehlerhaft ist? Wenn ja, wie erklären Sie dies?

7.17 Betrachten Sie die Analogie von dem Kind, dessen Mutter mit Drogen handelt und das selbst drogenabhängig ist. Wem würden Sie die Schuld für das spätere Verhalten des Kindes als erwachsener Mann geben? Der Mutter oder dem Mann?

7.18 Was bedeutet Ihrer Meinung nach das Bibelzitat aus Römer 5,19?

KAPITEL 8: SCHMERZ, LEID UND DER EINZELNE

Gott sorgt sich um jeden Einzelnen

8.1 Was ist Ihrer Meinung nach wichtiger: die Menschheit als Ganzes oder der Einzelne? Gibt es überhaupt so etwas wie „die Menschheit als Ganzes"? Hat sie jemals irgendwann existiert?

8.2 „Totalitäre Systeme neigen dazu, der Masse oder der ‚Rasse' größeren Wert beizumessen als dem Einzelnen." Diskutieren Sie diese Aussage.

8.3 „Gott ist so groß, dass er sich um die Gefühle, die Anliegen und das Schicksal jedes Einzelnen sorgen kann." Auf welche Weise hat Christus diese Sorge Gottes zum Ausdruck gebracht?

Die Reihenfolge der Erlösung

8.4.   Was ist mit „Reihenfolge der Erlösung" gemeint?

8.5   Was tat Gott, um Adams und Evas Entfremdung zu überwinden? Wie half ihnen dies, sich dem Leid des Lebens zu stellen? Auf welche Weise war dies eine symbolische Geste?

8.6   Wie diente diese symbolische Geste im Laufe der Jahrhunderte als Metapher? Und wofür steht diese Metapher im christlichen Denken?

8.7   Worauf beruht die Zuversicht der Christen, dass Gott für sie und nicht gegen sie ist?

8.8   Wie gab Gott Adam und Eva in der Geschichte vom Sündenfall Hoffnung, als sie mit Schmerz und Leid konfrontiert wurden?

8.9   Warum ist es für uns wichtig, dass wir zwangsläufig mit den schmerzlichen Konsequenzen unserer Entscheidungen konfrontiert werden und solche Erfahrungen machen?

Gottes Absicht, dem Menschen Hoffnung für die Zukunft zu geben

8.10   Inwiefern erfüllt Christus im christlichen Glauben die Verheißung Gottes über den „Nachkommen der Frau"?

8.11   Stimmt es, dass Menschen generell Angst vor dem Tod haben? Warum? Haben Sie selbst Angst vor dem Tod?

8.12   Wie kann die Angst vor dem Tod die moralischen Werte und das Verhalten der Menschen verzerren?

8.13   In welchem Sinne befreit Christus nach der Bibel Menschen von der Angst vor dem Tod?

8.14   Finden Sie den Glauben an eine leibliche Auferstehung absurd? Wenn ja, warum? Was würde ein Christ darauf antworten?

8.15   „Der Glaube an ein Leben nach dem Tod macht das Leben im Hier und Jetzt unendlich wichtig." Warum ist das so?

KAPITEL 9: HERRLICHKEIT DURCH LEID

Die Zukunft der Welt und das Ende des Leids

9.1 Was ist nach der Bibel die Rolle von Christus im Hinblick auf das erschaffene Universum?

9.2 Was ist die biblische Sicht der Zukunft der Welt und des Endes von Schmerz und Leid?

9.3 Warum ist für Christen die leibliche Auferstehung Christi von entscheidender Bedeutung für die Zukunft des physikalischen Universums?

9.4 „Gott wird genauso wenig das physikalische Universum aufgeben wie den menschlichen Körper des Sohnes Gottes." Kommentieren Sie diese Aussage.

9.5 Meinen Sie, dass die Geschichte und Entwicklung unseres Planeten zu allen Zeiten gleichförmig gewesen ist?

9.6 Denken Sie, dass die Zukunft unseres Planeten auf jeden Fall frei von irgendwelchen großen Katastrophen sein wird?

9.7 Glauben Sie, dass die Wissenschaft schließlich Krankheit, Leid und Tod beseitigen wird? Ist dies Ihre persönliche Hoffnung?

9.8 Denken Sie, dass die Sonne ewig existieren wird? Was wird mit der Erde passieren, wenn die Sonne erlischt?

9.9 Denken Sie, dass das Universum a) in sich zusammenfällt, b) sich ausdehnt und den Hitzetod erleidet oder c) ewig bestehen wird?

9.10 Was ist die christliche Einstellung zum Streben der Medizinwissenschaft, die Ursachen und Heilmittel für Krankheiten, Schmerzen und Leiden zu finden und das menschliche Leben zu verlängern?

Das Leiden Gottes

9.11 Wie lautet die biblische Antwort auf die Kritik, die biblischen Verheißungen für die Zukunft seien über viele Jahrhunderte hinweg nicht erfüllt worden und deswegen nicht vertrauenswürdig?

9.12 Was bedeutet: „Es gibt Dinge, die noch nicht einmal die göttliche Liebe durch den Einsatz bloßer Kraft tun kann"? Welche Dinge sind hier gemeint?

9.13 Inwiefern kann man sagen, dass Gott gekreuzigt wurde, als Christus gekreuzigt wurde?

9.14 Worauf wartet die Schöpfung laut der Bibel noch, das zunächst geschehen muss, bevor sie von ihrem Leid erlöst werden kann? Und warum muss sie darauf warten?

9.15 Wie veranschaulicht Ihrer Meinung nach die Begebenheit von Mose und der Schlange das, was Christus dem Theologen damals sagen wollte?

9.16 Was könnte jemanden dazu bringen, nicht nur an die Existenz Gottes zu glauben, sondern ihm auch zu vertrauen?

9.17 Warum musste Gott laut der Bibel leiden, damit der Menschheit vergeben werden konnte? Warum wäre es unangemessen für Gott, wenn er versuchen würde, jemand durch den Einsatz bloßer Kraft zu bekehren?

9.18 Wodurch erweist sich Glaube als echt, und warum gehört dazu auch Leid?

9.19 Was bedeutet, dass Glaube gereinigt werden muss? Wovon? Und wie geschieht dies?

9.20 Laut der Bibel ist Christus nun im Himmel. Warum ist er dazu qualifiziert, den Menschen zu helfen, die hier auf der Erde leiden?

Einige letzte Beobachtungen über das Ziel des Leidens

9.21 Wenn Gott leiden kann, inwiefern verändert dies die Formulierung des Problems des Leids?

9.22 Aristoteles und Plotin gründeten ihre Gotteskonzepte auf ihren eigenen abstrakten philosophischen Prinzipien.
a) Welche Gotteskonzepte ergaben sich daraus für sie?
b) Waren sie überzeugend?
c) Was ist falsch daran, auf diese Weise zu entscheiden, wie Gott ist? Vergleichen Sie damit die Herangehensweise von Wissenschaftlern an das Universum.

9.23 Woher behaupten Christen, ihr Wissen über Gott zu erhalten?

9.24 Was bedeutet es, wenn man sagt, dass Gott teilnahmslos ist?

9.25 Was bedeutet es, wenn man sagt, dass Gottes unveränderliche Natur nicht statisch, sondern dynamisch ist?

9.26 Welche praktischen Auswirkungen ergeben sich für uns Menschen aus der Tatsache, dass Gott leiden kann? Welchen Unterschied würde es machen, wenn er es nicht könnte?

9.27 Welche Antworten (wenn überhaupt welche) kann man auf die ungleichmäßige Verteilung des Leids geben?

9.28 Hat Leid irgendeinen praktischen Nutzen? Wenn ja, welchen?

TEIL III: WAS IST WIRKLICHKEIT?
FRAGEN FÜR LEHRER UND SCHÜLER/STUDENTEN

KAPITEL 1: DER INDISCHE PANTHEISTISCHE MONISMUS

Historische Einleitung

1.1 Wann nahm die indische Zivilisation ihren Anfang?

1.2 Was bedeutet es, dass Sanskrit zur indoeuropäischen Sprachfamilie gehört? Können Sie noch weitere Mitglieder dieser Sprachfamilie nennen? Ist auch Ihre Sprache darunter?

1.3 Welche grundlegenden Überzeugungen würde man bei einem strenggläubigen Hindu erwarten?

1.4 Wie unterscheiden sich die Bedeutungen von „Brahman" und „Brahmā"?

1.5 Was bedeuten die Begriffe „Atman", „Samsara" und „Moksha"?

1.6 Wie unterscheiden sich die Lehren des Hinduismus über den Schöpfer von denen des Judentums, des Christentums und des Islam?

1.7 Was sind die Veden und die Upanischaden? Warum werden sie als *Shruti* bezeichnet?

1.8 Warum ist Shankaras Philosophiesystem als „Advaita-Vedantismus" bekannt?

Shankaras Advaita-Vedanta-Philosophie

1.9 Was ist nach Shankara die letzte Realität? Wie ist sie beschaffen? In welcher Beziehung stehen wir zu ihr?

1.10 Welche unterschiedlichen Auswirkungen haben diese beiden Behauptungen?
   a) Das Universum und alles, was in ihm ist, sind Emanationen von Gott selbst.

b) Das Universum und alles, was in ihm ist, wurden von Gott aus dem Nichts heraus erschaffen.

1.11 Die Existenz des Bösen ist für den Pantheismus ein unlösbares Problem. Warum?

1.12 Der gesunde Menschenverstand sagt uns, dass die Individualität unserer Freunde real und wertvoll ist. Warum sagt Shankara, ihre Individualität sei eine Illusion? Und was meint er damit?

1.13 Was bedeuten die beiden berühmten Sätze des Hinduismus „Atman ist Brahman" und „Das bist du"?

1.14 Welche unerwünschte Strafe wird laut Shankara jenen auferlegt, die weiterhin meinen, sie seien eigenständige Individuen?

1.15 „Was eine Sache ist und welche Funktion sie hat, ist viel wichtiger als die Frage, woraus sie besteht." Kommentieren Sie diese Aussage und veranschaulichen Sie Ihre Antwort mit Beispielen.

1.16 Ist es Ihrer Meinung nach wahrscheinlich, dass der Schöpfer weniger komplex ist als wir?

KAPITEL 2: GRIECHISCHE PHILOSOPHIE UND MYSTIK

Die Hauptbedeutung der griechischen Philosophie und wichtige Vorbemerkungen

2.1 Was war neu in dem Ansatz, den die ionischen Philosophen wählten, um das Universum zu verstehen?

2.2 Woran war Sokrates besonders interessiert? Wie sollte man nach seinem Vorschlag in moralischen Fragen entscheiden, z. B. was der Sinn des Lebens ist und wie wir uns verhalten sollten?

2.3 Um das Universum zu verstehen, wandten sich die ionischen Philosophen von den alten Göttermythologien ab. Heißt das, sie waren alle Atheisten?

2.4 Was ist Ihrem Verständnis nach der Unterschied zwischen den Begriffen „Emanation" und „Schöpfung"?

2.5 Was bedeutet die Aussage, dass sich die griechischen Götter *innerhalb* dieser Welt befinden, nicht *außerhalb* wie in der jüdischen, christlichen und islamischen Theologie?

Die Suche nach dem Stoff, aus dem die Welt besteht, und wie funktioniert das Universum?

2.6 Was war laut Thales, Anaximander, Anaximenes und Empedokles der Urstoff des Universums?

2.7 Was war Ihrer Meinung nach Anaximanders brillanteste Vermutung?

2.8 Was wollte Heraklit mit der Analogie des Bogens und der Bogensehne veranschaulichen?

2.9 Empedokles' Verwendung der Begriffe „Liebe" und „Hass" für die Beschreibung der physikalischen Kräfte, die im Universum wirken, mag uns vielleicht plump erscheinen. Gibt es hier irgendeine Ähnlichkeit zu der Art und Weise, wie physikalische Kräfte heutzutage beschrieben werden?

2.10 Wie viele Jahrhunderte vergingen nach Empedokles, bevor Newton in der Lage war, die Schwerkraft mathematisch zu beschreiben?

2.11 Was war das Bemerkenswerte an Anaxagoras' Theorie?

2.12 Können Sie die Fehlschlüsse in Parmenides' Argumenten erkennen?

2.13 Beschreiben Sie einige der Unterschiede zwischen der Atomtheorie von Leukipp und Demokrit und der modernen Atomtheorie.

2.14   Was ist der Hauptpunkt in Cornfords Kritik an Leukipps und Demokrits Atomtheorie? Ist seine Kritik fair?

Die Suche nach dem Sinn und Ziel des Menschen

2.15   Welchen neuen Schwerpunkt brachte Sokrates in die antike griechische Philosophie ein?

2.16   Warum war Sokrates von Anaxagoras' Theorie enttäuscht? Und warum meinte er, dass Theorien wie die von Anaxagoras niemals angemessen erklären könnten, warum Sokrates im Gefängnis sitzen blieb und nicht versuchte zu entkommen?

2.17   Stimmen Sie Sokrates zu, dass es einen Sinn hinter der menschlichen Existenz gibt? Was ist für Sie die Hauptaufgabe der Menschheit?

2.18   Erklären Sie mit eigenen Worten den Unterschied zwischen der Beschreibung einer Sache und der Definition einer Sache.

2.19   Warum ist es wichtig, definieren zu können, was Gerechtigkeit ist?

2.20   Würden Sie Sokrates zustimmen, dass es manche Dinge im Leben gibt, die wichtiger sind als das Leben selbst?

2.21   Die Sophisten sagten, es gebe keinen Geist hinter dem Universum. Platon argumentierte, es müsse einen Geist hinter dem Universum geben. Was würden Sie sagen?

2.22   Was ist für Sie Gerechtigkeit? Und wie sollten wir entscheiden, was sie ist? Ist sie
a) ein Maßstab, den jeder von uns für sich selbst bestimmt?
b) ein Maßstab, den die Mehrheit der Leute in einer Nation festlegt?
c) ein Maßstab, der von einem internationalen Gremium wie den Vereinten Nationen festgelegt werden sollte?
d) ein Maßstab, der unabhängig davon existiert, was einzelne Personen oder Nationen denken, dem sich aber die ganze Welt unterordnen sollte?

2.23 Gibt es ein höchstes Gut, das wir alle im Leben suchen sollten? Wenn ja, was ist es? Aristoteles sagte, es sei die Glückseligkeit. Die Epikureer sagten, es sei das Vergnügen. Die Stoiker sagten, es sei ein Leben im Einklang mit der Vernunft. Christen sagen, es sei, Gott zu dienen und sich für immer an ihm zu erfreuen. Was sagen Sie?

2.24 Nennen Sie die vier Ursachen des Aristoteles und erklären Sie deren Bedeutung.

2.25 Denken Sie über ein Teleskop nach:
wenn die Materialursache das Material ist, aus dem es besteht;
wenn die Wirkursache der Hersteller ist;
wenn die Formursache sein Design, seine Form und die Anordnung der Linsen ist;
was ist dann seine Zweckursache?

2.26 Stimmt es, dass der Hersteller bereits die Zweckursache im Kopf haben musste, bevor das Teleskop hergestellt wurde? Würde das auch auf das Universum zutreffen?

2.27 Erklären Sie die Bedeutung der Begriffe „möglich" und „wirklich" in Aristoteles' Philosophie.

2.28 Ist ein menschlicher Embryo bereits ein Mensch? Und sollte er als solcher behandelt werden?

2.29 Sokrates, Platon und Aristoteles meinten alle, dass es einen Geist hinter dem Universum geben müsse. Hatten sie damit recht?

2.30 Welche Kritiken werden an Aristoteles' Gottesbegriff geübt? Sind diese fair?

Neuplatonische Mystik

2.31 Was meint man, wenn man Plotins Philosophie als „negative Theologie" beschreibt?

2.32 Was ist nach Plotin die Einstellung des Einen gegenüber den Menschen?

2.33 Warum reicht Vernunft allein nicht aus, um zu entdecken, wie Gott ist?

2.34 In welcher Hinsicht ähnelt Plotins Philosophie dem Hinduismus?

2.35 „Durch seine Mystik erhielt Plotin kein Wissen darüber, wie Gott ist." Diskutieren Sie diese Aussage.

2.36 Was sind die moralischen Auswirkungen von Plotins Reinkarnationslehre?

KAPITEL 3: NATURALISMUS UND ATHEISMUS

Der materialistische Naturalismus: Die letzte Realität ist leblose, geistlose Materie

3.1 Was bedeutet für Sie der Begriff „Natur"? Was würden Sie alles in diesen Begriff miteinschließen?

3.2 Wie würden Sie Naturalismus definieren?

3.3 Was ist der Unterschied zwischen Hinweisen darauf, dass etwas wahr sein könnte, und Beweisen, dass etwas wahr ist?

3.4 Würden Sie zustimmen, dass der materialistische Naturalismus eine Glaubensaussage ist? Oder denken Sie, man kann beweisen, dass es keine übernatürliche Welt gibt? Und wenn ja, wie?

3.5 Wenn geistlose Materie die letzte Realität ist, wie ist dann Ihrer Meinung nach die menschliche Vernunft entstanden? Denken Sie, dass Ihr Geist aus nichts weiter als geistloser Materie besteht?

3.6 Diskutieren Sie in Ihrer Klasse oder Gruppe die Sätze auf den Seiten 410–411, die sich gegen den materialistischen Naturalismus wenden.

3.7 Was meint Prof. Davies mit „Informationstheorie" und „Komplexitätstheorie"?

3.8. Woher kommen Ihrer Meinung nach ursprünglich die grundlegenden Gesetze der Physik? Es war große Intelligenz nötig, um sie zu entdecken und zu verstehen; und man braucht hochentwickelte Mathematik, um sie auszudrücken. Stimmen Sie Prof. Davies zu, dass sie von einer intelligenten Quelle gekommen sein müssen? Oder finden Sie es einfacher anzunehmen, dass sie einfach unabhängig von der Vernunft existieren?

Reaktionen auf den materialistischen Naturalismus

3.8 Wer waren die Stoiker? Welche Einstellung hatten sie zur Atomtheorie von Leukipp und Demokrit und warum?

3.9 Nennen Sie einige der Bedeutungen des griechischen Wortes *logos*.

3.10 Welchen Gottesbegriff hatten die Stoiker?

3.11 Was meint das Neue Testament, wenn es Jesus als den *Logos* bezeichnet (Joh 1,1-3)? Wie unterscheidet sich dies von dem stoischen Verständnis von *logos*?

3.12 Das stoische Ideal war, dass die Menschen „im Einklang mit der Natur" leben sollten. Was meinten sie damit?

3.13 Welche moralische Schwierigkeit bringt die stoische Vorstellung mit sich, dass Gott in allem ist?

3.14 „Für Carl Sagan ist der Kosmos ein Ersatzgott." Was heißt das? Stimmen Sie dem zu?

3.15 Warum ist für Prof. Davies das Leben ein „unglaublich unwahrscheinlicher Zufall"?

3.16 Was im Hinblick auf Gott missfällt Prof. Davies? Und warum? An was für einen Gott glaubt er?

3.17 Mathematische Gesetze können uns helfen zu verstehen, wie die Welt funktioniert. Warum ist der Gedanke schwierig, dass sie die Welt erschaffen haben könnten?

3.18 Wenn es um die Frage geht, ob wir an Gott glauben oder nicht – in welchem Maße werden wir dabei von unseren persönlichen Vorlieben und Abneigungen beeinflusst?

KAPITEL 4: CHRISTLICHER THEISMUS

Gott ist die letzte Wirklichkeit, und man kann ihn erkennen

4.1 Wenn die Bibel sagt: „Im Anfang war das Wort", was ist mit „das Wort" gemeint?

4.2 Hatte „das Wort" jemals einen Anfang?

4.3 Durch welche Mittel wurde laut der Bibel das Universum erschaffen, und durch welche Mittel wird es erhalten?

4.4 Was bedeutet: „In ihm war Leben, und das Leben war das Licht der Menschen" (Joh 1,4)?

4.5 Auf welche verschiedenen Arten sprach Gott vor dem Kommen Christi zur Menschheit?

4.6 Lesen Sie im Alten Testament Jesaja 53. Finden Sie heraus, wann dies geschrieben wurde. Wie genau wurde hier Ihrer Meinung nach vorhergesagt, was Jesus widerfahren würde?

4.7 Welche Hinweise liefern uns das Alte und Neue Testament, dass Gott persönlich ist?

4.8 Glauben Christen an drei Götter?

4.9 Jesus war sicherlich ein Mensch. Behauptete er selbst, auch Gott zu sein?

4.10 Welche Bedeutung hat laut dem Neuen Testament Christi Tod am Kreuz?

4.11 Warum brauchen wir nach der Bibel den Heiligen Geist? Was tut er für uns?

Unser Verhältnis zur letzten Wirklichkeit

4.12 Wie unterscheidet sich die biblische Sicht der Schöpfung von anderen Sichtweisen, die wir in diesem Abschnitt behandelt haben?

4.13 Welche Haltung hat die Bibel zur Materie und zum menschlichen Körper?

4.14 Was meint die Bibel, wenn sie sagt, dass Mann und Frau im Bilde Gottes geschaffen wurden? Wie sollte das unsere Einstellung gegenüber anderen Leuten beeinflussen?

4.15 Welche Auswirkungen hat es, wenn man sagt, dass Menschen Emanationen von Gott sind?

4.16 Fassen Sie mit eigenen Worten zusammen, was Kolosser 1,16-17 über das Verhältnis des Sohnes Gottes zur Schöpfung sagt.

4.17 Welche zwei Gebote sind nach Christus die größten aller Gebote?

4.18 Was bedeutet: „Wir sind keine Roboter"? Stimmt das?

4.19 Die meisten Leute betrachten sich selbst als rationale Menschen. Wie würden Sie dann die tragische Situation erklären, in der sich unsere Welt befindet?

4.20 Denken Sie, dass alles im Universum vorherbestimmt ist? Oder würden Sie zustimmen, dass es darin ein großes Maß an Freiheit und Offenheit gibt? Haben Sie das Gefühl, Sie könnten sich frei entscheiden? Wenn ja, entspricht dieses Gefühl den Tatsachen?

4.21 „Das Leben ist es wert, gelebt zu werden." Diskutieren Sie diese Aussage.

ANHANG: WAS IST WISSENSCHAFT?

Die wissenschaftliche Methode

A.1 Welche unterschiedlichen Verwendungen des Wortes „Wissenschaft" haben Sie schon gehört? Wie würden Sie sie definieren?

A.2 Auf welche Weise ist Induktion sowohl Teil unserer alltäglichen Erfahrung als auch der wissenschaftlichen Arbeit?

A.3 Wie unterscheidet sich Deduktion von Induktion, und welche Rolle spielen beide bei wissenschaftlichen Experimenten?

A.4 Sagt Ihnen die Idee der „Falsifizierbarkeit" zu oder finden Sie sie eher unbefriedigend? Warum?

A.5 Wie unterscheidet sich Abduktion sowohl von Induktion als auch von Deduktion, und in welchem Verhältnis stehen die drei zueinander?

Wie erklärt die Wissenschaft Dinge?

A.6 Wie viele Erklärungsebenen fallen Ihnen ein, um einen Kuchen zu erklären (wie, woraus und warum wurde er gemacht?)? Was können Wissenschaftler uns hierzu sagen? Was kann „Tante Olga" uns sagen?

A.7 Auf welche Weise ist Reduktionismus in der wissenschaftlichen Forschung hilfreich, und auf welche Weise kann er die wissenschaftliche Forschung einschränken oder ihr sogar schaden?

A.8 Wie reagieren Sie auf die Aussage des Physikers und Theologen John Polkinghorne, Reduktionismus verbanne „unsere Erfahrungen von Schönheit, moralischer Verpflichtung und religiöser Erfahrungen auf den epiphänomenalen Müllhaufen. Er zerstört auch die Rationalität"?

Grundlegende Vorannahmen bei der wissenschaftlichen Arbeit

A.9 Was bedeutet die Aussage: „Beobachtungen sind abhängig von einer Theorie"?

A.10 Nennen Sie ein paar der Axiome, auf denen Ihr Denken über wissenschaftliches Wissen beruht.

A.11 Welche Rolle spielt Vertrauen bei der Gewinnung von Wissen?

A.12 Welche Rolle spielt Glaube bei der Gewinnung von Wissen?

A.13 Wie entstehen laut dem Physiker und Wissenschaftsphilosophen Thomas Kuhn neue wissenschaftliche Paradigmen?

BIBELSTELLENVERZEICHNIS

WEITERE RELIGIÖSE SCHRIFTEN

WEITERE ANTIKE LITERATUR

David W. Gooding (1925–2019) war emeritierter Professor für alttestamentliches Griechisch an der *Queen's University Belfast* und Mitglied der *Royal Irish Academy*. Er war als internationaler Bibellehrer tätig und hielt Vorträge über die Authentizität der Bibel und ihre Relevanz für Philosophie, die Weltreligionen und das alltägliche Leben. Er veröffentlichte wissenschaftliche Artikel über die Septuaginta und alttestamentliche Überlieferungen sowie Auslegungen zum Lukas- und Johannesevangelium, der Apostelgeschichte, dem Hebräerbrief, dem Gebrauch des Alten Testaments im Neuen Testament und mehrere Bücher, die sich mit kritischen Argumenten gegen die Bibel und den christlichen Glauben auseinandersetzen. Seine Analyse der Bibel und unserer Zeit hat das Denken von Wissenschaftlern, Lehrern und Studenten gleichermaßen geprägt.

John C. Lennox (geb. 1943) ist emeritierter Professor für Mathematik an der *University of Oxford* und *Emeritus Fellow* in Mathematik und Philosophie der Wissenschaften am *Green Templeton College*. Er ist auch *Associate Fellow* der *Saïd Business School*. Zudem ist er Lehrbeauftragter am *Oxford Centre for Christian Apologetics* (Zentrum für christliche Apologetik in Oxford) und ein *Senior Fellow* des *Trinity Forum*. Neben seinen akademischen Publikationen hat er Bücher über das Verhältnis von Wissenschaft und Christentum, zum 1. Buch Mose, zum Buch Daniel sowie zur Lehre von der Souveränität Gottes und dem freien Willen des Menschen veröffentlicht. Er hält international Vorträge und hat an einer Reihe von TV-Debatten mit weltweit führenden atheistischen Denkern teilgenommen.

David W. Gooding (rechts)
und John C. Lennox (links)

© *Barbara Hamilton*

David Gooding / John Lennox
Was ist der Mensch?
Würde, Möglichkeiten, Freiheit und Bestimmung

Wie sollen wir unseren Weg finden in einer sich rasant verändernden Welt? Traditionelle Ideen und Werte werden radikal infrage gestellt. In dieser Buchreihe, die mit „Was ist der Mensch?" beginnt, nehmen Gooding und Lennox unterschiedliche Weltanschauungen unter die Lupe: Was ist die Wahrheit über unsere Welt? Dabei hören sie auf die Bibel als Gottes Offenbarung, nehmen aber auch auf, was Intuition, Wissenschaft, Philosophie und die Geschichte zu sagen haben.

Was ist der Grundwert eines Menschen? Wo ist menschliche Freiheit gefährdet? Was sind die Maßstäbe für Moral? Welche Macht hat der Mensch über die Natur, und wo sind die Grenzen? Und was ist die letzte Bestimmung des Menschen? Warum leben wir?

Dabei wird deutlich: Es geht nicht nur darum, die großen Fragen des Lebens zu beantworten, sondern auch darum, bessere Fragen zu stellen als bisher. Die Buchreihe „Die Suche nach Wirklichkeit und Bedeutung" stellt sich dieser Herausforderung.

Gb., 400 S., 15,1 x 22,8 cm
Best.-Nr. 271 651
ISBN 978-3-86353-651-0

David Gooding / John Lennox
Was können wir wissen?
Können wir wissen, was wir unbedingt wissen müssen?

„Was ist Wahrheit?", fragte Pilatus, als er Jesus verhörte. Gibt es überhaupt eine für alle gültige Wahrheit? Das ist eine zentrale Frage dafür, wie wir die Welt grundsätzlich sehen. Und hier gibt es sehr unterschiedliche Antworten. Hinter der Wahrheitsfrage verbergen sich weitere wichtige Themen, die die Wissenschaft, Philosophie, Ethik, Literatur, aber auch unser tägliches Leben betreffen: Was können wir überhaupt wissen? Wie ist das Verhältnis von Glauben und Denken? Die Autoren Gooding und Lennox gehen in ihrem Buch diesen Fragen nach: Ist wirkliche Erkenntnis möglich, und welche Grenzen hat sie? Sie gehen auch auf die postmoderne Debatte des Wahrheitsrelativismus ein. Dabei wird deutlich, dass es nicht nur um die Frage geht, was Wahrheit ist, sondern auch darum, wer die Wahrheit ist.

Dies ist das zweite Buch der Reihe „Die Suche nach Wirklichkeit und Bedeutung", die den großen Fragen der Weltanschauungen nachgeht. Dabei hören die Autoren auf die Bibel als Gottes Offenbarung sowie auf andere führende Stimmen unserer Zeit.

Gb., 448 S., 15,1 x 22,8
Best.-Nr. 271 698
ISBN 978-3-86353-698-5

David Gooding / John Lennox
Was sollen wir tun?
Was ist das beste Konzept für Ethik?

Wir sind nicht die erste Generation, die mit der ethischen Frage ringt. Deshalb präsentieren Gooding und Lennox im 3. Band der Reihe *Die Suche nach Wirklichkeit und Bedeutung* die wichtigsten ethischen Theorien. Diese Konzepte erheben alle den Anspruch, allgemeingültige Grundprinzipien zu vertreten.

Die Autoren vergleichen die Vorteile und Schwächen, prüfen die Grundlagen und obersten Ziele jedes Systems und seine konkreten Regeln für den Alltag. Dabei wird deutlich, dass selbst die besten Theorien unmöglich konsequent befolgt werden können. Die christliche Ethik unterscheidet sich hier an einem ganz entscheidenden Punkt.

Gb., 464 S., 15,1 x 22,8 cm
Best.-Nr. 271 727
ISBN 978-3-86353-727-2

John Lennox
Vorher bestimmt?
Die Souveränität Gottes, Freiheit, Glaube und menschliche Verantwortung

Sind wir frei – oder bestimmt Gott alles im Voraus? Eine kontroverse Frage unter Christen. Doch häufig ersetzen Schlagworte wie *Prädestination* und *Determinismus* eine gründliche Bibelexegese. Der Autor setzt sich respektvoll-kritisch mit aktuellen Positionen auseinander, um dann wesentliche Bibeltexte zu diskutieren. Er hält bewusst an der völligen Souveränität Gottes fest, betont aber auch die gottgegebene menschliche Verantwortung. Das Ergebnis ist ermutigend: Ein Christ kann sich seines Heils gewiss sein, aus einem ganz bestimmten Grund ...

Gb., 400 S., 13,5 x 20,5 cm
Best.-Nr. 271 616
ISBN 978-3-86353-616-9

institut für glaube und wissenschaft

Das Institut für Glaube und Wissenschaft will seit seiner Gründung 1999 Denkanstöße und Orientierung in einer pluralistischen Gesellschaft geben und den Dialog zwischen Wissenschaft und christlichem Glauben fördern.

Dies tun wir durch Vorträge, interdisziplinäre Tagungen sowie Publikationen und zwei Websites. Ergänzend zu unserer Buchreihe über Glaube und Wissenschaft sollen unsere Dokumentarfilme die wissenschaftliche Diskussion verständlich und anschaulich nahebringen und kommen auch im Schulunterricht zum Einsatz. Unsere Internetseiten bieten eine umfangreiche Textsammlung zu Ethik, Geschichte, Literatur, Naturwissenschaft, Philosophie, Psychologie, Theologie und Zeitfragen.

Auf **www.begründet-glauben.org** finden Sie Videos, Audios und Texte, die Fragen beantworten und nach Schwierigkeitsgrad sortiert werden können. Auch einen Podcast bieten wir an. Das Institut gehört zur SMD e.V. **(www.smd.org).**
www.iguw.de
www.begruendet-glauben.org mit dem Begründet-glauben-Podcast
www.shop.iguw.de